领导学

陈树文◎编著

第2版

Managerial Leadership

清華大学出版社
北京

内 容 简 介

本书建立了完备的理论体系，内容涵盖知识经济与现代领导、领导理论、领导模式与领导体制、领导环境、领导者的思维、领导方法与领导艺术通论、团队领导的方法与艺术、领导沟通的方法与艺术、领导决策的方法与艺术、领导激励的方法与艺术、危机领导的方法与艺术、领导者的语言方法与艺术等，系统、完整地体现领导学的理论、知识、方法，有助于读者建立起领导学的整体意识，全面认识和把握领导系统的内在关系、各个环节及其衔接和转换的机理。

书中案例丰富，主要选择了中国文化和市场经济背景下的案例，绝大部分是作者采集于中国领导界的实际案例，实用性强。可供高等院校的工商管理、公共管理等专业本科生、研究生使用，也可用作各类工商管理培训教材，适合追求卓越的中高层管理者和想要实现基业常青的企业决策者们阅读。

图书在版编目（CIP）数据

领导学/陈树文编著. —2版. —北京：清华大学出版社，2017（2022.9重印）
ISBN 978-7-302-45962-0

I. ①领… II. ①陈… III. ①领导学 IV. ①C933

中国版本图书馆CIP数据核字（2016）第310384号

责任编辑： 杜春杰
封面设计： 刘　超
版式设计： 魏　远
责任校对： 王　云
责任印制： 刘海龙

出版发行： 清华大学出版社
网　　址：http://www.tup.com.cn，http://www.wqbook.com
地　　址：北京清华大学学研大厦A座　　邮　　编：100084
社 总 机：010-83470000　　邮　　购：010-62786544
投稿与读者服务：010-62776969，c-service@tup.tsinghua.edu.cn
质量反馈：010-62772015，zhiliang@tup.tsinghua.edu.cn
印 装 者： 三河市龙大印装有限公司
经　　销： 全国新华书店
开　　本： 185mm×260mm　　**印　　张：** 26.75　　**字　　数：** 648千字
版　　次： 2011年6月第1版　2017年3月第2版　**印　　次：** 2022年9月第4次印刷
定　　价： 69.80元

产品编号：070531-02

第2版前言

《领导学》作为21世纪工商管理特色教材，由清华大学出版社2011年6月第一次出版发行后，得到了大学本科、研究生、MBA、EMBA、党政领导和企业领导的认可和欢迎，先后数次印刷，需求量仍然不减。

此次再版的《领导学》在保留了原书体系、体例和特色的基础上，又增加了以下新的内容。

1. 大量地增加了工商企业界领导者的真实案例。这些案例有成功的经验，也有失败的教训，无论是成功还是失败的案例，都是极为宝贵的。它从正反两个方面帮助学员深入领会和运用领导学的原理、方法和艺术。需要说明的是，增加的大量案例是我从各种书籍、报纸、杂志以及网络上收集，并经过我的加工整理而成，很难一一列出具体的出处，在此向初创者表示深深的敬意和谢意！

2. 增加了具有时代感很强的内容。例如，在第一章增加了“第四节互联网时代的领导力”。大环境变了，传统的领导模式、领导方式、领导方法、领导手段、领导工具也必须做适应互联网要求的改变，这样才能“领”，才能“导”。这一节系统地阐释了互联网时代领导力转变与提升，对原书第一章“知识经济与现代领导”作了进一步的扩展与深化。

3. 增加了中国领导者“微言大义”的语言艺术。我总结了中国领导人的讲话特点，发现我国几代领袖都有“微言大义”的讲话风格，就是用含蓄微妙的语言，通俗地表达精当深远的义理。我将这一研究在本书第十二章第四节中作了深入的论述，阅读者可以从中领略中国领袖者在这一方面的风格和风采。

歌德有句名言：“所有好的都已经被想到了，人们需要的是再思考”。《领导学》是厚厚的一本书，它是纸上的书，更是实践的书，它需要研读者静下心来深入细读和领悟，你真正地把“静”“读”“悟”的工夫下到，你就会“构造一个其他人都愿意听从你的世界。”

作　者

2017年1月

第1版前言

领导活动是人类历史上产生最早、范围最广、影响最深、高度综合的社会实践活动。领导学是研究和探索领导活动过程中的特殊矛盾及其发展变化规律的科学，是一门融领导的科学性、艺术性和实践性为一体的综合性学科。研究领导工作规律及其方法的科学的生命力就在于积极适应社会发展的新变化。21世纪的主导型经济形态是知识经济，知识经济亦称智能经济，是指建立在知识和信息的生产、分配和使用基础上的经济。它是和农业经济、工业经济相对应的一个概念。在知识经济社会中，社会的发展因素越来越复杂，变化越来越迅速，整个社会越来越走向综合化。在这种情况下，领导活动的重要性更加凸显，更加需要科学的理论和方法来武装自己，博弈世界。建立具有知识经济形态和更大实践价值、成熟而完备的领导学理论体系，是促进知识经济发展和繁荣的时代呼唤。

本书着眼于知识经济时代的特点，梳理学科思路，构建领导学科体系。

第一章　知识经济与现代领导：旨在从知识经济的角度扩展领导学的学科视野，使领导学能面向知识经济所带来的社会群体及其每个社会成员的生产生活方式和思想价值观念日趋多样的深刻变化来阐述学理。

第二章　领导理论：现代社会要求领导者能够统观全局、审时度势，而这单凭个人的经验与智慧是很难胜任的，需要有规范、完整、系统的领导理论作指导。该章全面介绍了目前得到公认或有影响力的西方领导学经典理论，并努力将其融入中国本土的前沿研究，使领导理论和方法更具有流变的、灵动的智慧。

第三章　领导模式与领导体制：这是领导活动展开的框架和结构，是保证领导活动顺畅进行的重要因素。该章重点研究领导模式、领导体制对领导活动成败和成效的影响，进而指明了知识经济时代符合领导过程及其活动规律的领导模式和领导体制。

第四章　领导环境：领导环境是领导活动赖以展开的基本条件，是现代领导理论的一个基本研究范畴。该章主要阐述制约和推动领导活动开展、影响领导行为模式的组织内部和外部的环境气氛与条件，领导者的领导风格与环境匹配，组织的现状与环境要求相协调，组织的结构与环境发展相适应等问题。

第五章　领导者的思维：领导者的领导能力在一定程度上就体现在思维的多元化和把多元化的思维灵活地、创造性地运用到领导实践中。该章系统地研究了思维在领导活动中的灵魂作用、领导者的思维品质、领导者思维品质的提高路径。

第六章　领导方法与领导艺术通论：领导方法和领导艺术是领导活动中表现出的创造性和有效性。领导活动就是把领导规律创造升华到领导艺术的境界，不讲究领导方法与艺术当不好领导。该章研究的重点内容是卓越的领导者如何在错综复杂的领导活动过程中，通过领导方法和领导艺术把领导规律演绎得出神入化。

第七章　团队领导的方法与艺术：组织竞争力强大的根源，不在于其组织成员个人能力的卓越，而在于其组织成员整体“团队合力”的强大。该章主要研究领导者如何建设团队组织，锻造团队精神，打造整个团队的和谐及坚强的执行力。

第八章　领导沟通的方法与艺术：领导者的沟通，是领导者驾驭领导舞台，统一组织成员意志，实现上下同欲，形成巨大组织合力不可缺少的领导艺术。该章阐释了领导沟通的策略、领导沟通的艺术、跨文化沟通、领导沟通的境界。

第九章　领导决策的方法与艺术：领导决策是领导工作的中心环节，领导决策是衡量领导者水平的主要标志。领导决策正确与否，关系到领导活动乃至整个事业的兴衰成败。该章全面地揭示了现代领导决策的要素与程序、科学的现代领导决策体制、现代领导决策的模式、科学决策的艺术。

第十章　领导激励的方法与艺术：激励是领导的基本职能，是领导艺术的核心。学习领导激励方法，掌握领导激励艺术，既是新形势下提高领导水平的必然要求，又是现代领导者必须具备的基本技能。该章着重研究激励的功能、激励的理论、激励的机理、激励的方法、激励的艺术、激励的创新。

第十一章　危机领导的方法与艺术：领导活动过程中突发的危机事件具有紧迫性和破坏性，因此危机是对领导者能力的一次全面检验。在危机日益常态化的形势下，领导者只有掌握危机的领导方法与艺术，才能够在各种危机袭来时采取积极果断的措施，运用领导艺术创造性地转危为机。该章系统地研究了危机的特征、危机事件产生的原因及其类型、危机处理的方法与艺术。

第十二章　领导者的语言方法与艺术：语言是一门艺术，它是反映领导者综合素质的一面镜子，也是领导者的第一职业要求。领导者崇高的思想品质、超凡的智慧谋略、卓越的才华能力、迷人的风度魅力，都以艺术的语言作为载体。该章深入地研究了领导语言的功能、领导语言的类型、领导语言的技巧。

本书体现了领导科学的基本框架，涵盖了领导方法与艺术的基本内容。此外，为了方便学习，本书在编写体例上作了实用性安排：各章开篇有引导案例，行文中根据领导学的基本原理穿插一些分享案例，每章的最后还有案例讨论。让读者通过对真实而典型的领导活动案例的分析研究，深入领会和运用领导学的原理、方法和艺术。

本书在写作的过程中，参阅了国内外大量的领导学方面的书籍，目的是汲取学科精蕴，贯通前沿思想。本书可作为大学本科、研究生、MBA、EMBA 教材，也可供政府、企业领导和相关人员自学和参考。

作　者

2011 年 1 月

目录

第一章 知识经济与现代领导

引导案例

奥博美是上海一家电子消费产品设计公司，主要从事通信及电子产品的研究、开发、生产与销售，在业内相当知名，委托其进行产品整体设计或部分设计的大客户有不少是国内外的知名手机企业。短短几年内，奥博美从仅有3个人的团队迅速发展成200人以上的规模，其中高级专业科研人员有一百余人。

随着公司知名度的提升，跨国企业客户开始对奥博美提出更高的期望，希望设计周期更短、故障率更低、新品投产更快。如果无法理顺管理，奥博美公司将错失发展良机。在这样的背景下，经理李向石提议并经过公司管理层讨论，奥博美开始跨出向知识经济发展的脚步，实现信息化。

为了尽快实现信息化，奥博美立即联系了国内首屈一指的两个ERP软件供应商——红心软件（化名）及蓝科软件（化名）。经过对比，奥博美管理层认为红心软件更胜一筹：两家软件公司的“成功客户”名单中均不乏大名鼎鼎的企业，然而，红心软件的客户中有一家手机制造企业，而蓝科软件则没有手机制造业的客户。由于国外软件在性价比上无法跟“国货精品”媲美，且实施期长达半年以上。为了应付即将到来的业务旺季，奥博美公司最终打消了进一步考察国外软件公司的念头，决定使用“符合中国特色的软件”。

随着实施的开展，奥博美公司高层发现原先设想的蓝图与实际结果大相径庭：软件商“三个月完工”的承诺化为泡影，系统上线运行的日期开始变得遥不可及。造成实施进度拖延的原因是所谓的“二次开发”：红心软件宣称，其先前提到的手机制造业成功客户只应用了其ERP产品中的MRP（物料管理）模块，该模块只能管理制造范畴的BOM（产品物料清单），而并非产品设计范畴的BOM，要实现后一种数据管理模式，红心软件不得不“按照客户方的具体要求”进行漫长的“二次开发”。

公司领导李向石了解原因后，懊悔地大呼：“早知道应当在作购买决策之前先到真正的成功案例那里见识一下人家是怎么用的！”目前的问题使局面变得更加棘手：对内加剧了混乱；对外加大了与跨国公司客户进行数据同步的难度。

知识经济，从其初现端倪之时，便酝酿着多方面的深刻变革。随着知识经济的发展，人类社会进入一个崭新的时代，从经济结构到社会结构，从生产方式到生活方式，从组织行为到公众观念等都在发生着变革；知识经济的兴起既带来了新的发展机遇，又提出了严峻的挑战。从上述案例中可以看到，知识是一把双刃剑，用好了，可以展现其华丽的一面；用得不好，它可怕的一面将会泛起冷冷白光。而这把“双刃剑”就掌握在领导的手中，决定着企业的发展和未来。正如兰德公司所说，世界上每100家破产倒闭的大企业中，85%是因为企业管理者的决策不慎造成的。在知识经济所带来的机遇与挑战面前，作为21世纪国家竞争力、企业竞争力核心因素的领导者能否顺应变革，转变角色，不断提高领导能力，将直接关系到一个国家、一个政府、一个部门或一个企业的前途和命运。

第一节 领导概述

一、传统领导界说

“领导”一词其实是我们人类最熟悉不过的字眼，领导活动是人类最常见的活动。在人类的一切行为中，都能找到领导的影踪。从国际到国内，从社会、企业到家庭，从职业到行业，人们总是在感受着领导，认识和探索着领导行为及其规律。

领导，在英文中称为Lead、Leader或Leadership，既是一个动词，也是一个名词。领导是什么，这一看似普通而简单的问题，回答起来却是一个特别而复杂的难题。可以说，“领导”一词与“爱情”或“美”差不多，人人都感受其存在和魅力，却无人能给它一个简短而准确的定义。传统的中外学者和领导实践者从各自的角度出发赋予它不同的解说，有人认为领导是一个过程，有的人定义领导为管理，而有的人定义领导为影响，有的人则认为领导是一种关系等。正如巴斯所说：“有多少个研究领导学的学者，就有多少种关于领导的定义。”

造成传统学者和领导实践者对“领导含义是什么”的看法不统一的原因，主要有以下几点。

（1）领导是多学科的研究对象。如社会学、心理学、社会心理学、人类学等学科，都把领导作为自己的研究对象，并从本学科的范围和理论来研究它。而各学科的“壁障”的存在使不同学科学者之间很少交流，加之缺少对其他学科领域的知识和理论的理解，因此造成对领导含义界定上的不同。

（2）领导活动在不同类型组织中的差异。如领导活动在企业、政府、学校、医院等不同类型组织中不尽相同，各有各的表现，各有各的特点。即使在同种类型组织中，领导活动的实践内容也是千差万别。于是，专门研究特定类型组织中的领导活动或者研究同种类型中不同领导活动内容的学者们对领导便有不同的定义。

（3）领导者在领导系统中所处领导层次的不同。高层领导者的职责主要是为组织制定战略，为了组织的发展而进行变革等；而基层领导者的主要职责是监督、激励下属好好工作，提高工作效率等。他们所承担的任务、接触的对象都不相同。因此，专门研究特定领导层次上的领导活动的研究者就不会用一个领导的概念来囊括所有领导层次的领导活动。

（4）领导实践具有鲜明的时代特色。每个时代组织的外部环境不一样，领导者关注的领导目标也不一样，领导实践活动的内容也必然会随着时代的发展有着各自的特色。如在工业化时代，领导者将主要精力用在协调组织内部活动、提高组织生产效率上。而到了后工业化时代，领导者又将重心转到如何创新、如何激励上。这样不同时期的领导学研究者便有了对领导的不同理解和定义。

虽然传统领导理论中对领导的界说并不统一，但是，我们认真地对传统领导的界说进行梳理，就会发现在这种多元界说中还是存在着主旋律的，即从四个不同的角度去界定领导这一概念。

（一）领导中心说

领导中心说——领导就是领导者依靠由权力和人格所构成的影响力，去指导下属实现符合领导者意图和追求的目标。这一视角关注的是领导者的能力。如彭宁顿（Pennington）、霍夫（Hough）和凯西（Case）认为“领导是通过命令获取他人顺从、信赖、尊敬和忠诚合作的方式，是把个人意志加于他人的艺术”。在他们看来，领导是由权力和他们的领导地位的影响力构成的，是一种声望和权威的结果。关于领导者的权力，一些管理学家从不同的角度将权力划分成不同的形式。

（1）管理学家亨利·法约尔将权力划分为职务权力和个人权力。前者是由领导者所在的职位形成的，后者则是由其个人的能力、经验、背景和道德等形成的。

（2）“古典组织理论”的创始人马克斯·韦伯认为任何组织都必须有某种形式的权力作为基础。有三种纯粹形式的权力：理性—合法的权力、传统的权力和超凡的权力。传统权力是靠世袭得来而非靠能力，其根本在于古老传统的神圣性。超凡权力过于带有感性色彩和非理性，其基础在于对某一人的超凡魅力的信服，对其英雄业绩或高尚道德的虔诚信仰。只有理性—合法权力才能作为理想组织结构的基础，因为它是依法建立起来的权力体系，其实质在于其合乎理性和法律。

（3）管理心理学家弗兰奇（Franch）将权力划分为五种形式。① 合法权力，是由组织等级体系中的职位来体现的。② 奖赏权力，是指领导者可以决定是否给予下属奖酬的权力。③ 强制权力，又称惩罚权力，是指领导者通过惩罚下属的不符合组织利益的行为来影响下属行为的权力。④ 个人影响权，这一权力与职位无关，是指领导者因为自身的经历、背景、品格等受到追随者的尊敬。⑤ 专长权，是一种知识化的权力，是领导者依靠自身广博的知识、高深的技术和丰富的经验等来影响下属的能力。其中合法权力、奖赏权力和强制权力主要来自于领导者在组织中所处的职位，而个人影响权和专长权则与职位无关。

概括起来，领导者的权力由两个方面构成：一是组织赋予的法定权；二是领导者个人的影响权。组织法定权是由组织中领导的职位所产生的权力，受到法律的支持。这类权力与担任职位的人无关，只与该职位有关。而个人影响权是一种内在的权力，与职位无关。有的人虽然职位不高，但却在群体中有很强的影响力。

（二）领导互动说

领导互动说——任何领导活动都是在领导者和被领导者的互动过程中共同实现符合

他们双方追求的目标。该过程是领导者个人品质、追随者个人品质和某种特定环境互动的过程。在这个互动过程中，领导者与追随者相互影响，而他们都处在一个特定的环境之中，又共同被环境所影响，但不是被动地受环境影响，而是他们也会对环境产生一定的影响。领导互动说强调领导是组织内部相互作用产生的一种效果，认为领导是在组织内部的人与人之间相互作用、相互影响的一种结果。如巴斯于 1990 年在他与斯托克蒂尔合著的《领导手册》一书中将领导定义为："组织内部两个或两个以上的人之间的相互作用，这种相互作用通常会涉及建立或重建一种架构，以及组织成员的意见和期望。"再如，皮格斯（Pigors）认为："领导是相互刺激的过程，这个过程通过有关个体差异的相互作用在追求共同事业过程中控制人际能量。"

（三）领导结构说（领导角色说）

领导结构说——领导是在一定组织结构中展开的一种特殊活动。领导者乃是这一结构中的特殊角色，领导者通过角色权力的运作实施对组织活动的控制。如斯托克蒂尔认为："领导是基于期望相互作用来开创和维持组织结构的角色"。领导结构说关注的是领导者在组织中扮演的角色，突出强调领导者在组织中是一个独特的无法替代的角色。西方学者们从不同的角度对领导者在组织中扮演的角色进行划分。主要有以下几种观点。

1. 亨利·明茨伯格的观点

著名管理学家亨利·明茨伯格经过长期研究认为，领导者扮演着十种不同的但又高度相关的角色。这十种角色可以进一步组合成三个方面：人际关系方面、信息传递方面和决策制定方面，如表 1-1 所示。

表 1-1 明茨伯格的领导者角色理论

角色	描述	特征活动
	人际关系方面	
1. 挂名首脑	象征性的首脑，必须履行许多法律性的或社会性的例行义务	欢迎来访者，签署法律文件
2. 领导者	负责激励和动员下属，负责人员配备、培训和交往的职责	实际上从事所有的有下级参与的活动
3. 联络者	维护自行发展起来的外部接触和联系网络，向人们提供恩惠和信息	发感谢信，从事外部委员会工作，从事其他有外部人员参加的活动
	信息传递方面	
4. 监听者	寻求和获取各种特定的信息（其中许多是即时的），以便透彻地了解组织与环境；作为组织内部和外部信息的神经中枢	阅读期刊和报告，保持私人接触
5. 传播者	将从外部人员和下级那里获得的信息传递给组织的其他成员——有些是关于事实的信息，有些是解释和综合组织中有影响的人物的各种价值观点	举行信息交流会，用打电话的方式传达信息
6. 发言人	向外界发布有关组织的计划、政策、行动、结果等信息；作为组织所在产业方面的专家	举行董事会议，向媒体发布信息

续表

角　色	描　述	特征活动
决策制定方面		
7. 企业家	寻求组织和环境中的机会，制定改进方案以发起变革，监督某些方案的策划	制定战略，检查会议决议执行情况，开发新项目
8. 混乱驾驭者	当组织面临重大的、意外的动乱时，负责补救行动	制定战略，检查陷入混乱和危机的时期
9. 资源分配者	负责分配组织的各种资源——事实上是批准所有重要的组织决策	高度调度、询问、授权，从事涉及预算的各种活动和安排下级的工作
10. 谈判者	在主要的谈判中作为组织的代表	参与工会进行的合同谈判

（1）人际角色。人际角色直接产生自领导者的正式权力基础，领导者在处理与组织成员和其他利益相关者的关系时，他们就在扮演人际角色。领导者所扮演的三种人际角色分别是挂名首脑、领导者和联络者。

（2）信息角色。领导者要负责确保和其一起工作的人具有足够的信息，从而能够顺利完成工作。领导者既是所在单位的信息传递中心，也是组织内其他工作小组的信息传递渠道。领导者所扮演的信息角色是监听者、传播者和发言人。

（3）决策角色。领导者在组织中不仅要明确组织的战略目标，还必须对组织资源进行有效配置等。领导者所扮演的决策角色分别是企业家、混乱驾驭者、资源分配者和谈判者。

明茨伯格的角色理论是在观察具体的日常管理活动的基础上得出的，它有两个缺陷：一是没有总结出组织中各层次领导者的共性，因为各层次的领导者所扮演的角色的侧重点不同，所以应该进一步研究所有领导者的共性；二是该理论中的角色界定不够清晰。

2. 史蒂芬·R. 科维的观点

科维领导艺术中心的创始人史蒂芬·R. 科维在其《新型领导者的三种角色》一文中阐明了他对组织领导者角色的观点。

（1）组织文化的创建者。他认为，21 世纪的领导者将根据原则创造文化和价值体系。他们必须拥有眼光和勇气，通过不断学习来适应环境的变化。

（2）坚持原则的模范。他认为，组织领导的成败依赖于原则的坚持——授权、信任和可行性等原则。无论何时，只要一个人或组织坚持原则，他就会成为其他人或其他组织的典范。正是这种典范作用，使组织成员受到其影响。

（3）培养青年人强烈责任感的责任者。他认为，许多社会问题——毒品、犯罪和家庭破裂等，都是社会结构的缺陷，这些缺陷形成恶性循环，而政府和社会部门对此无能为力。要解决这些问题，家庭是培养社会责任感的最佳摇篮。领导者在家庭中不仅负有以身作则的责任，而且还要创造环境和机会去培育孩子的社会责任感。

（四）领导目标说

领导目标说——领导活动的焦点在于实现一个符合群体需要的公共目标。例如，Tead 认为“领导就是影响人们朝着某个他们希望的目标而合作的活动”。领导目标说强调领导就是以身作则，引导和鼓舞部下的士气，发挥集团内成员的全部力量，为实现目标而令其成员努力进步。也就是说，领导的目的就是达到组织目标和满足组织成员需要，而领导的过程中要激励、引导下属跟随自己为实现目标而竭尽所能。艾森豪威尔认为，领导就是决定该去做的事以及使他人也希望做这件事的能力。豪斯和米切尔也指出“领导是影响和支持他人为了达到目标而富有热情地工作的过程。在帮助个体或群体确认目标以及激励和协助他们达到一定目标的过程中，领导是一个重要因素。如果没有领导，一个组织中就只会有混乱的人群和机器，如同交响乐没有指挥而只有音乐家和乐器一样”。

上述关于领导的种种界定对我们理解领导已做出了有价值的贡献，但没有一个理论能够完全解释领导行为，也不能精确地预测领导潜能。因此，为了更好地解释领导行为的复杂现象，在吸收上述领导理论和概念的基础上，对领导进行再认识就是非常明智的。

二、对领导的再认识

从上述分析中可以看出，领导是一个发展着的概念，伴随着社会的进步和生产力的发展，有关领导的含义日益丰富起来，领导工作的重心也发生了变迁。尽管我们现在还不能给它下一个简短而精确的定义，因为现在就下定论很可能为时过早，但我们仍需用一种综合的、战略性的目光来重新审视“领导”二字。现代领导者的轮廓大致可以通过以下六个方面显现出来，即美国学者彼德·斯科尔特斯在其所著的《戴明领导手册》中概括的新领导能力：（1）系统观，即能以系统来思考并知道如何领导系统；（2）权变观，即能了解在计划与解决问题等工作上的变异；（3）学习发展观，即能了解人们如何学习、发展和改善，并能领导真正的学习与改善；（4）人本观，即能了解人们以及他们为何如此做；（5）整体观，即能了解系统、变异、学习和人类行为之间的相依和互动，并能知道某一部分如何影响其他部分；（6）战略观，即能给组织以愿景、意义、方向和焦点。

经济全球化、国家间竞争的日益加剧、公共管理效力的革新、行政机构的国际化、企业跨国经营的普及、变革着的劳动力都对现代领导提出了新的要求。“今天的领导已不单单是坐在高级办公室中的少数领导人员，而是大量的、在各自工作岗位上的所有领导人员。领导已不只是组织中的某一职位，而是一种积极的、有影响的力量。领导地位的获得不是基于某个职位和身份，而是基于领导者的威信和声望。领导地位可能来自于个人的热情、权威、可信、知识、技能或者超凡的魅力；简而言之，它来自于领导者对其下属所产生的影响力。”

综合学者们从各自的研究角度出发，给予领导的不同解释，我们择其共性的一面就可以把领导概念定义为：领导是在社会共同活动中，具有影响力的个人或集体，在特定的结构中，通过指挥、引导和鼓励部下为了实现组织目标及个人价值而努力的过程。这个概念强调四个基本要素：（1）领导者必须有部下和追随者，群体生活是领导得以诞生的前提。追随者和部下是领导活动中执行具体决策方案和命令及实现组织目标的具体行动者。没有追随者的领导者谈不上是一个领导者，这是领导的本质。（2）领导者必须拥有影响部下的能力，这种能力既包括组织赋予领导者的权力，也包括领导者个人的影响力。组织赋予领导者的权力就是职权，是在职位基础上产生的，没有职位就没有权力。例如，法家代表人物韩非云："尧为匹夫，不能治三人；而桀为天子，能乱天下。"意思是说，尧是古代的圣明之君，可当他没有取得帝王地位的时候，连三个人也治理不了；桀虽然昏聩无能，可他坐在天子的位置上，却可以搅得天下大乱。可见，能否领导下属的关键在于是否拥有权势。有权就能驾驭人，无权就不能驾驭人。诸葛亮道："夫兵权者，三军之司命，主将之威势。将能执兵之权，操兵之要势而临群下，譬如猛虎，加之羽翼而翱翔四海，随所欲而施之；若将失权，不操兵势，安如鱼龙脱于江湖，欲求游洋之势，奔涛戏浪，何可得也。"说的是，将军没有兵权就像鱼龙离开海洋一样，纵使有天大的本领，也无从施展。可见权力对于领导者是何等重要，权力和驾驭不可分离。个人的影响力，是指领导者因为自身的经历、背景、专业知识和品格等受到追随者的尊敬并进而影响下属的能力。正是靠着这种影响力，领导者才能把组织中的人吸引到他们身边；靠影响力，才能获得组织成员的信任；靠影响力，才能使下属心甘情愿地全力以赴地为领导者工作。作为领导者，拥有个人的影响力比组织赋予的职位权力更重要。黛布拉·本顿说："人们需要领袖，也会选择领袖。不过，他们所选择的不尽然是拥有'权力'的老板，而是拥有'魅力'的领袖。"（3）领导的目的是指挥或引导、激励部下达到组织的目标，目标是规定领导活动方向和归宿的载体，同时，组织的目标与个体的目标要协调一致，以共同创造未来。领导的目的是使追随者心甘情愿地，而非勉强地、被迫地为实现组织目标而努力。（4）领导有其特定的环境，领导环境是指制约和推动领导活动开展的各类自然要素和社会要素的组合。它包括组织外部环境和组织内部环境、正式的和非正式的、动态的和静态的、紧急的和常规的环境等。环境的不同影响着领导者的领导方式。

分享案例

2001年9月11日，当两架恐怖分子劫持的飞机撞向美国纽约市世贸大厦时，纽约市长朱利安尼正在城市另一端的半岛饭店参加一个会议，并打算在会议结束后参加纽约市长初选的投票。朱利安尼一听到消息就立即取消了所有活动，赶往世贸中心。同时通过助手无线电指挥启动应急方案，并联络警察局切断从曼哈顿到运河街的交通，以保证进入现场的应急车辆和撤离现场的人们能够通行无阻。随后，抢救伤亡人员的救护车辆和应急方案也确定了。朱利安尼来到世贸大厦，加入临时指挥中心，并亲自到现场协助消防人员指挥人群撤离。距离第一架飞机撞上世贸中心北塔已经过去两个小时六分钟，广播里第一次传来政府的声音，朱利安尼通过纽约第一新闻台向纽约市民发表现场讲话。

讲话过后，临时指挥小组又进行了搬迁，搬到纽约市警察学院——一个相对安全的地方。朱利安尼和幕僚们在就如何保护整个城市，如何往城市运送资源，如何取得联邦政府的资源，试着期望接下来还有什么可以获取，在哪儿设立政府，需要做些什么来保证城市服务设施的运作，各个机构目前运转如何，哪些机构需要立即帮助，我们需要什么，需要哪些人，我们的人怎么样了，如何把信息传递出去，何时、何地对人们说些什么……作出种种决定。朱利安尼召开记者招待会，向大家通报政府的营救行动，详细讲述整个行动计划，并向所有市民保证：现在整个城市已经安全了。通过记者招待会，朱利安尼把所有人的注意力集中起来，以保证所有人朝着一个方向前进。

两天之内，朱利安尼几次通过广播对全体市民讲话，“站在这里，眼前就出现了一片光辉的景色……林荫路的尽头是巨人们的坟冢，而我们就站在这些巨人的肩上……”他用坚定的语气鼓励人民走下去。

9月10日，人们见到的朱利安尼市长还是一个以惩治纽约犯罪为主要任务的表情严肃、说一不二的管理者。24小时后，世人再见到他时，他已经变成了一位关怀备至、富有同情心和面对突发性危机事件有非凡处理能力的领导者。一场灾难，使朱利安尼转眼间从管理者的位置换到了领导者的位置。而朱利安尼的表现也很好地诠释了领导与管理二者之间的区别和联系。

三、领导与管理的关系

领导与管理是领导学和管理学的核心范畴，二者关系密切。我们先来看看著名管理学家斯蒂芬·P. 罗宾斯对领导与管理的关系的理解，他在《管理学》一书中写道：管理者是受到上级任命在岗位上从事工作的，他们的影响力来自这一职位所赋予的正式权力；与此形成对照，领导者可以是上级任命的，也可以是从群体中自发产生出来的，领导者可以运用正式权力之外的活动来影响他人。他认为，从理论上说，所有的管理者都应该是领导者。但是，未必所有领导者都必须具备有效管理者应具备的能力或技能。

从历史上看，领导科学脱胎于管理科学，原初领导与管理的功能是二位一体的，也谈不上领导与管理职能的分离，领导者也是管理者，这种原始的混沌状态造成人们今天区分二者的困境。同领导概念一样，对于领导与管理是否应该分离，在理论界也存在分歧。

目前对二者关系的探讨主要有以下四种演进的观点：（1）同一论。领导和管理不分，两种概念交替使用，主张管理就是领导，领导就是管理；领导者就是管理者，管理者就是领导者。这一论点思考的依据是：一方面，领导渗透于组织内部，扩展到从上至下每一层组织等级之中，就像人们不可能逃脱管理经营过程一样，人们更加不可能逃脱领导经营过程。组织的负责人既要当领导者又要当管理者。另一方面，无论领导还是管理，都是人们通过组织系统朝向目标的运动。持这种观点的学者认为“好的领导仅仅是好的管理，坏的管理只不过是坏的领导”。（2）部分—整体论。持这种观点的学者或者主张领导是管理行为执行过程中的一个重要部分，是管理中的更高层次，或者主张“管理是领导行为执行过程中的一个部分”，是领导的一种职能或功能。世界知名的管理学和领导科学权威约翰·科特说：“领导补充了管理，但不能替代管理。”（3）迥异论。持这种观点的学者认为，领导与管理都是各自完整的行为体系，而不是属于对方的一部分，因而领导者与管理者的职能和功用也不尽相同。（4）互补协调论。持这种观点的学者认为，领导与管理在功用和形式上的差别会引起潜在的冲突，有力的领导可能扰乱有序性，削弱管理层的基础；有力的管理可能会打消管理行为所需的冒险意识和积极性。由此得出必然的结论是：组织要发展，有力的管理和有力的领导二者缺一不可。管理与有效的领导行为相结合，能创造出更为有序的变革过程，有效的领导与高效管理相结合，将有助于产生必要的变革，同时使混乱的局面得到控制。

以上四种观念的演进，反映出现代领导科学的不断发展和变化。实际上，通常意义上的管理科学出现只有百年的历史。随着工业经济时代的高歌猛进，企业组织和政府组织越来越复杂，维持秩序且能提高经济效益的科学管理应运而生，并不断完善发展。在这个过程中管理是一个大概念，领导在管理当中只是一个从属概念、次要的概念。这是因为在工业经济时代，机器、厂房、土地、矿山、森林等资源比人力资源更重要，所以以人为中心的领导就没有得到人们的重视。伴随着经济的高速发展，人力资源的开发和管理变得越来越重要，因而与人相关的领导活动就显得越来越重要。当工业经济开始让位于知识经济的时候，原本从属于管理范畴的领导就自然而然地从管理中日益凸显出来，成为全新的概念。

全新的领导概念与知识经济是紧密联系的：知识经济伴随着不停的变革，而领导的作用就是预见变革、适应变革并进一步推动积极变革；知识经济时代服务型企业、服务型政府、服务型社会中介组织越来越普遍，领导观念也向服务型转化；知识经济时代是学习型社会，领导观念中就注入了学习使命；知识经济时代人的自主性增强，相应地出现了“自我领导”和“超级领导”的概念。所谓“自我领导”，就是领导者引导和带领组织成员，使他们成为自己领导自己的人，有时也称之为“平面领导”“平民化领导”。所谓“超级领导”，就是对自我领导进行领导，即“服务型”“指导型”的领导。“超级领导”是相对于传统的科层制的金字塔式的“垂直领导”而提出的新概念。超级领导具有软领导、自领导、互领导的特征。它不以简单地发布命令为工作内容，而是尽力鼓励和帮助成员适应变化和需要，最大限度地发挥自身潜能，使他们和组织一起成长。超级领导是一种现代高效的领导方式，它会使领导者的能力通过被领导者无限地延展，从而增强组织的创造力，壮大组织的发展能力，实现组织目标。总之，知识经济时代弘扬人和知识的主题，领导就成为这一时期的主旋律。这样，领导从管理中分化超越出来，并且具有了它相对独立的意义。

（一）领导与管理的差别

如果把领导与管理的区别看作现代领导理论出发点的话，那么，如何理解这两个概念就成了解开这一问题的关键所在。通常所指的“领导”是指率领、带领、引导、指导、服务等方面的一种行为，这可以说是领导概念中第一层次的含义。由此可以引申出表率、指挥、协调、创新等第二层次的含义。从此出发还可以引申出第三层次的含义，如指挥之下可以有目标、计划、决策，表率之下可以有示范、楷模，协调之下有平衡、沟通、融通、变通等含义。通常所指的“管理”是指管辖、治理和控制的一种行为。从管辖来看，它所指的是一个有具体的区域和内容范围；从治理来看，它所指的是在具体管辖区域内能够使社会活动（或组织活动）由无序走上有序的过程；从控制来看，管理者不断控制各个具体环节，使工作按原来设定的方向高效进展，直至完成任务。打个形象的比喻，领导者好比一个前进队伍中的带队者，他处在队伍的最前头，决定整个队伍的前进方向、前进速度，并在前方为大家呐喊鼓劲，激励大家向目的地全速前进。而管理者就好比在队伍中维持秩序的人，他的任务是维持队形、协调队员之间的关系等，以使队伍更好地到达目的地。

约翰·科特在《变革的力量——领导与管理的差异》一书中精辟地分析了二者之间的区别。他从企业领导和企业管理的角度，将领导与管理的区别完整地提炼出来。他认为，管理和领导虽然定义不同，但有诸多相似之处。二者都涉及对所需做的事情作出决定，建立一个完成某项计划的人际关系网络，并尽力保证业务得以完成。然而，相似性不能掩盖差异性。他认为领导和管理的功用不同，领导带来变革，而管理是为了维持秩序，使组织高效地运转。所以，领导主要包括三层含义：一是为组织确立发展方向和前进目标，并制定进行变革的战略。管理的确立发展方向和规划目标过程趋向于注重几个月到几年的时间范围，强调微观方面，注重风险的排除以及合理性；领导过程通过开发未来前景而确定前进的方向，发展方向和前进目标的拟订着重于更长的时间范围，强调宏观方面，注重敢冒一定风险的变革战略以及人的价值观念。二是动员和联合群众，形成联盟，对愿景目标达成共识并投身于实现这一目标。管理行为的企业组织和人员配备趋向于注重专业化，挑选和培训合适的人担任各项工作，要求服从安排；而联合群众的领导行为则注重于整体性，使整个群体朝着正确的方向前进，并且投入进去，实现所确定的目标。三是吸引和鼓舞、调动组织成员的工作积极性和创造性，战胜各种障碍从而完成奋斗目标。领导者用愿景和目标与组织中的其他成员进行交流，并以此吸引和激励他们克服障碍达到这一愿景和目标。管理行为的控制和解决问题常常侧重于抑制、控制和局限性；而领导的激励和鼓舞则侧重于授权、扩展，并不时创造出惊喜来激发群众的积极性。

约翰·科特进一步指出，管理主要侧重于处理复杂的问题，领导主要处理变化的问题。要达到组织的最佳效果，领导与管理具有同等的重要性，二者不可偏废。但是，大多数组织总是过于强调管理而忽视了领导的重要性，故更应该加强开发组织中的领导作用。

另外一些专家学者从领导和管理职能与功用的不同来区别领导者和管理者。

尼克松在《领导者》（又译《领袖们》）一书中提出领导者与管理者的区别：（1）领导者做正确的事，管理者是把事情做正确。（2）领导者必须想到后天，管理者只想到今天和明天。（3）领导者代表历史的方向，管理者代表一种过程。（4）领导者即使下了台，仍然有追随者；管理者没有了管理对象，就什么都不是。

美国著名学者劳伦斯也指出了领导者和管理者的区别：（1）领导者侧重于调动人、激发人，在于创造一种意识，向职工灌输这种意识，借以调动职工的力量；管理者则侧重于指示和控制别人。（2）领导者塑造价值观，调动和激发人；管理者主要靠物质、地位、安全等因素调动人。（3）领导者支持和推动职工个人创造力，并鼓舞其能力；管理者则只是适应形势的要求，允许职工做现在需要做的事。（4）领导者根据企业各方面的成就及其对社会的贡献来看待企业效益；管理者则主要依据各个局部经济技术指标评价企业。

美国南加州大学教授华伦·本尼斯教授认为：区分领导者与管理者是件相当重要的事。领导者能够战胜周围复杂、无常、动荡、含糊的环境所带来的（有时仿佛不约而同冲向我们的）极有可能令人窒息的各种困难（如果我们任其自由发展），而管理者遇到这些困难时只能缴械投降。领导者与管理者之间还有其他差别，主要表现在以下几个方面：（1）管理者善于管束，领导者善于革新；（2）管理者是模仿者，领导者是原创者；（3）管理者因循守旧，领导者追求发展；（4）管理者依赖控制，领导者营造信任；（5）管理者目光短浅，领导者目标远大；（6）管理者问怎样做和何时做，领导者问做什么和为何做；（7）管理者只顾眼前，领导者放眼未来；（8）管理者接受现状，领导者挑战未来；（9）管理者是听话的士兵，领导者是自己的主人；（10）管理者习惯正确地做事，领导者注重做正确的事。

综合不同学者对领导与管理关系区别的论述，二者的差别可以概括为以下几点。

1．领导与管理的目标不同

通过计划、组织、控制等手段，合理组织人、财、物要素资源，从而提高组织运行的效率和效益，这是管理所追求的最高目标。其工作重心是解决效率、效益、效果问题，主要根据既定的目标政策，进行战术运行的职能性工作，实施具体的计划、组织、控制，尤其关注工作的完成过程，追求把工作干得出色。也就是说，在传统的管理活动中，人只是实现利润的工具而已。即使到了行为科学管理时代，人的地位的提高也只是相对于其他资源而言，仍然处于管理对象的地位。而领导的本质是领导者通过教育、鼓励、引导等手段，带领人们实现共同的目标。组织价值是工具，组织中的人是本位。领导者、被领导者都是组织的主人，人们需要组织，是因为组织能满足人的各种需要。其重心是解决方向、目标、路线问题，主要进行战略指导的综合性工作，研制目标规划、方针政策、规范章法，尤其关注组织的长期发展，重视组织战略发展目标的确定和长远发展方向的把握。

2．领导与管理的着眼点不同

管理强调维持目前的秩序，它的价值观建立在一个假设前提上：现存的制度、法规是至高无上的。制度和法规的存在就是为了规范人们的行为，使其按照管理者的愿望运行，不出问题、不出差错、不折不扣地服从命令，完成组织交代的任务，这就是优秀的管理。领导的精华在于对前景的不断关注和强调未来的发展。领导的价值观可以这样描述：通过社会经济的持续增长，更好地满足人的需求，完善人格，提升人性，实现人生的价值。所以，管理过度将会导致墨守成规，强调短期利益，侧重回避风险，从而扼杀了组织的生机。只有领导积极进取的精神，才能不断地给组织输送和注入新的活性因素，激发其勃勃生机。

3．领导与管理的权力基础不同

管理者总是偏爱职位权的行使，不仅是因其具有法律或制度赋予的强制性，容易达到控制的目标（其实往往适得其反），更在于他们本身缺乏专长权和个性权，也在于他们的目标就是简单维持秩序。领导者更偏重于“专长权和个性权”的行使，两者虽然缺乏强制性，但领导者却能以自己的知识和才能、品质和心理素质产生一种特殊的领导魅力，从而影响被领导者，并且这种影响完全出于内心认同，具有归心的效应。

4．领导与管理的工作对象不同

管理的对象可以是人、财、物、时间、信息，主要是对人、财、物、时间、信息的支配和控制，挖掘物质资源潜力，因此管理有强制性，注重权力、法律、制度的力量，主要依靠约束力和人们的被迫服从。领导的对象只能是人（包括个体和群体）及其事业，而事在人为，所以领导主要是对人的思想和行为进行指导，调动人的智力资源的潜力，这也要求领导有导向性，手段要让人信服，注重思想、威信、榜样的力量，主要依靠吸引力和人们的自愿服从。

5．领导与管理对员工的态度不同

由于管理者追求的目标是秩序，同时，他们的权力基础就是具有强制性的职位权，所以他们总是喜欢控制员工。在他们眼中，最好的员工就是听话、少说少想、多干活的员工。正如伦敦商学院教授加里·哈默在《管理谋杀创新》一文中分析到的：因为资源分配歧视、旧思维模式的桎梏、太多管理、太少自由等原因，使得管理可以让员工更顺从、更勤奋，但却不能让员工更创新、更忠诚。而领导者认为，有才能、有想法的员工创新能力强、潜力大，能够积极地、主动地实现共同的目标，可达到事半功倍的效果。

6. 领导与管理的思维方式不同

管理的思维方式属于分析型，管理者的思维更具有逻辑性和精确性，擅长于细致周密地分析问题，论据准确，论证充分，提出的解决问题的方案更具有可操作性。领导的思维方式属于综合型，领导者的思维更具有广阔性、敏捷性、灵活性、深刻性和创造性，善于归纳、总结，习惯于从多领域、多层面、多角度系统地深入思考问题，由此及彼，由表及里，由浅及深，整合各种理论、各种知识、各种观点、各种意见，然后准确地判断和作出富有想象力的结论。

7. 领导与管理的结果不同

管理者缺乏进取精神，更由于缺乏才能和品质，他们充其量只能为企业守住从前的成果，而领导者的主要贡献并非利润，他们为企业创造了“精神财富”。

（二）领导与管理的联系

对领导与管理的联系，人们较容易达成共识。由于领导与管理是一对相互共存而又相对独立的社会控制行为，并且往往为同一个行为主体所并用，因此，它们既有各自的适用领域，同时也是互为补充、互相作用、互相渗透和互相转化的。

1. 主体的共同性

领导与管理的联系，最明显地表现为行为主体的共同性。尽管现代社会的发展已经越来越促使领导与管理的职能分开，由此也使得领导者与管理者有了一定的分工。但是，这种分工并没有也不可能促使领导与管理主体彻底分离。何况对绝大多数组织来说，是永远都不能把领导者与管理者的角色绝对分开的。例如，我国各级政府领导班子就基本上是既领导也管理。这种行为主体的共同性决定了领导与管理实际上密不可分。因此，作为行为主体，就要善于根据自己在组织中的角色地位，确定在日常工作中是多一点领导还是多一点管理，以及在什么情境下实施领导或者实施管理等。

2. 目标的互动性

任何组织、集团乃至社会都既需要设计远景目标，又需要确立近期的奋斗目标，而且这两者之间总是密切联系、互为补充和相互作用、相互渗透、相互转化的。一般来说，领导的远景目标可以产生巨大的感召力，它使人们看到前途，产生理想，受到鼓舞；而管理的近期奋斗目标则总与人们的现实需要和利益结合在一起，是既可望也可即的，所以必然对人们产生现实的激励作用。与此同时，尽管领导的远景目标总是从全局和长远出发，令人鼓舞。但这些目标并不能孤立地存在，而是必须被分解为管理所确定的阶段性或局部性乃至某些个人的目标和任务，否则，领导的远景目标就成了空洞的、无用的东西。当然，领导的远景目标对管理发生深刻的影响并不会因此而失去自己固有的独立性，恰恰相反，这种影响本身就是领导目标独立性的一种生动体现。事实上，当领导的远景目标被转化为具体的管理目标时，作为一种象征或感召力，这种远景目标对人们仍将继续发挥鼓舞和感召作用。同样，管理目标也是相对独立的，它的确立除了要依据于领导的远景目标以外，还要考虑到主客观条件的限制等诸多相关因素。在大多数情况下，管理目标也会对领导的远景目标产生重大影响：当管理目标总是能够顺利达成时，就会大大增强领导远景目标的感召力；反之，如果管理目标屡屡受挫，就会影响甚至从根本上动摇领导远景目标的感召力。

3. 职能的互补性

正如科特所言：组织要发展，领导与管理“两者缺一不可”。的确，对一个组织来说，如果只注重管理而不注重领导，那么，这种社会控制行为就是僵化的、没有活力的，因而注定会使组织、集团或者社会走向衰亡；反之，如果领导过分而管理不足，那么，组织、集团或者社会就会失去应有的规范和秩序，变得软弱涣散，或者使变革和创新变成狂热，向着不理智的方向发展。所以，只有有力的管理和有力的领导联合起来，才能带来满意的效果。现代社会要求领导者和管理者不仅要善于管理，而且要善于领导。

4. 行为的转化性

从本质上看，领导与变革和创新是密切联系的。甚至可以这样说：领导即变革和创新。如果社会或组织没有变革和创新的需要，那么有管理也就足够了。而一旦社会或组织潜在地需要变革，或者就正处在变革当中，那就必须要有领导。这是因为，所谓变革，首先意味着要破坏今天，即破除今天那些不符合变化了的实际而阻碍事业发展的既定规则、程序、制度、法律以及习惯势力、陈旧的观念和思维方式等。这就必然会引起人们在利益上以及思想观念等方面发生某些冲突和改变，产生某种阵痛和震荡。于是，能否指出能够被人们接受的远景目标和前进方向，并说服和引导人们放弃旧的东西，树立新的价值观念和思维方式，引领着人们朝着新的目标和方向前进，就成为变革能否顺利进行并最后达成的关键。这就需要领导，需要有密切联系群众而又高瞻远瞩的领袖来影响、引导、率领人们进行这种变革和创新。而一旦变革告一段落，创新任务基本完成，组织进入一个相对平稳的发展时期，卓越的领导就必然要让位于高效的管理。

领导与管理的互相转化是经常的、大量的，也是有规律的。一般来说，当组织或事业初创的时候应当是领导与管理并重。而当组织或事业发展到一定阶段，处于相对平稳发展时期的时候，管理就显得突出重要。当组织中的矛盾日积月累，已经无法在旧有的秩序和体制框架中解决的时候，变革的要求就被提到议事日程上来，这时提出新的远景目标和富有创新的方略，并引导和激发人们做出某种改变，就成为必需。随之，以管理为主就开始向领导为主转变。相应地，变革的过程也就成为创新体制和重建秩序的过程。从现实情况看，在这个过程中，最难的是领导者或管理者自身能够主动地做出改变。而在通常情况下，组织也很难形成一种可以根据组织或事业发展的需要来不断更换领导人的机制。因此，怎样促进领导与管理相互转化的问题，就成为领导变革中一个极为重大的课题。

（三）对领导与管理的关系的再认识

大量研究表明，人们对领导的认识的确存在很大差异。许多人通过案例研究试图建立一般性概述，其实是并不严格的归纳研究，对领导工作的界定并不能为领导本身确立某种清晰的边界，有时甚至前后矛盾。在实践中，我们也容易发现某些管理者拥有良好的领导才能，而管理者中也不乏善于计划执行和控制的管理者。事实上仅有好的领导并不能保证事业的成就，优秀的管理和优秀的领导相结合，才能构成组织成功的关键基础。总体来看，西方学者对于领导与管理关系的探讨，也并不是把两者截然分开，而是为了使领导和管理工作能够适应已经高度发展的经济和科技进一步发展的客观需要，他们提出的“做领导型的管理者”的口号就说明了这一点。反而在中国国内，一些学者却把两者完全分离开来，借用某些西方学者的词汇，大谈特谈它们各自完全独立、自成系统的意义，而且还把此看作是对领导和管理科学的新贡献。当然，学者对这个概念有自己的理解也未尝不可，但问题在于，这些学者们终究不是在欣赏一件艺术品，而是要以它作为实践与创新的基础，这就无法回避领导实践的检验，这种理想的说辞和社会实践的脱离，使得领导与管理实践者无所适从。尽管我们不能说将领导与管理完全分离的提法是不负责任的，但这种区分确实过于绝对化，大有把领导者说成超凡、神秘的英雄，而管理者却成了低智能的老粗和机械贯彻领导意图的工具之嫌，这样就以领导湮没了管理，退回到特质论的窠臼，贬低了管理者的作用。实际上，这是关系到“管理者要不要领导？领导者要不要管理？”的问题，显然，答案是肯定的。因此，我们要重新审视领导与管理的区别与联系的现代价值，根据领导实际去深究其真实内涵很有必要。

对繁复的社会事实进行分类和概括，这是人们认识和了解社会的一种基本手段；而且把传统所谓的“管理”与现代社会的“领导”进行区分，恐怕也不能说是错误。不过，在这样做的时候确实面临着某种危险，那就是把对象简单化和将概念绝对化。事实上，作为一种社会控制行为实践，“领导”与“管理”这样一对概念的运用，已经具有某种绝对的意味，这一点不仅表现在人们对这样两种社会控制行为所作的截然划分上，也表现在他们对这种区分后面的支持性理论的不自觉上面。为了揭示这种状况，本书借用《易经》以阴阳两极建构宇宙生成图式来说明领导与管理的职能关系，如图 1-1 所示。并试图通过将相关概念语境化和相对化的办法，达到对这些概念以及概念后面的理论的反思，在领导与管理的区别和联系中重新把握被遮蔽的领导社会现实。

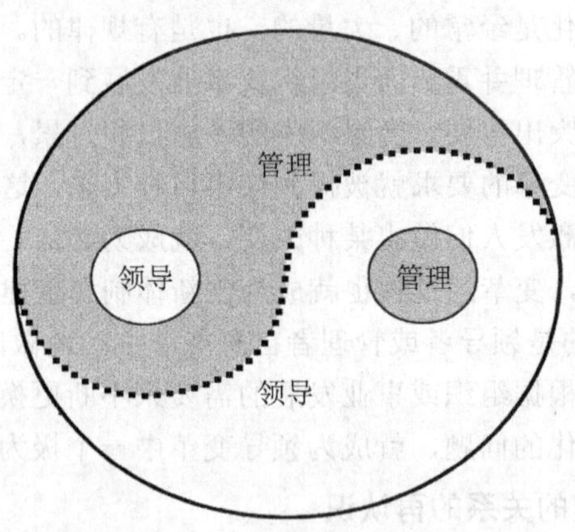

图 1-1　领导与管理职能关系图

（1）如果说传统的管理活动包含着领导活动，那么，现代的领导活动更离不开管理活动。理论上的界定和划分对领导与管理实践的确具有重要的指导意义，尤其是对领导者和管理者在工作对象、职能特点、工作目标的确立上面更是如此，但在社会运行操作中把两者截然分开进行是行不通的。实际上，两者存在着交叉的部分，这一部分我们称之为战略管理，如图 1-2 所示。正如前面对领导与管理关系中所阐述，在领导工作中包含着管理因素，同时，在管理工作中也包含着领导因素。

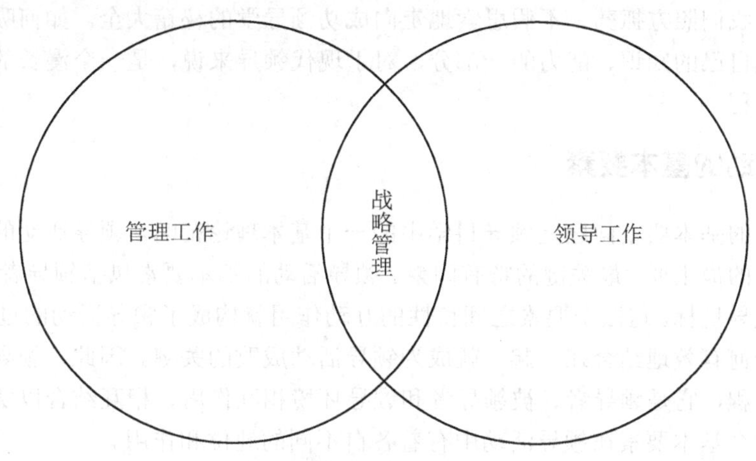

图 1-2　领导与管理的交叉职能

（2）从社会运行机制上看，领导与管理二位一体，两面互动，一物二体，一体两面，一心二门，正如图 1-1 太极阴阳鱼所示：领导与管理构成社会组织运行的整体，中间的 S 形虚线既划分出两者的区别界限，又通过虚线的镂空表明两者处在互动转换的动态之中，如鸟之双翼，似唇齿相依；阴阳鱼眼处于两个不同的机体之内，既显现出两者的联系，又展示出在其中的作用和地位，此两面是均衡，而非平行的或平等的两面的相反相成，其动力即来自这两面的不平衡。所谓阳中有阴，阴中有阳，既不是把矛盾的双方的对立看成是僵死的、绝对的，亦不把矛盾的统一看成是双方的机械相加，或一方吃掉另一方，而是在相互补充、互相渗透、互为存在的前提下，由矛盾主动方面对于被动方面的作用，从而构成新的均衡稳定、动态和谐的统一体。两者此消彼长，相反相成，合二以一，构成新的统一体。可以说，这一图式为人们深刻理解和正确把握领导与管理的关系，廓清理论表述的含混与障碍扫清了道路，也正是通过把领导与管理一分为二与合二以一的整体综合方式，才使得我们在今天认识和分析领导活动时更加具有科学性和现代性。

（3）无论从理论的角度，还是在现实的实践中，绝对的领导与绝对的管理都只是一个人为构造的概念，支撑这一构造的一系列二元对立实际上并不存在。相反，实际情况可能是，“管理”中有“领导”的生长点，“领导”也可以从“管理”中获取养分。在“管理”与“领导”、传统与现代之间，可能存在着一些人们从来没有注意到的结合点。也就是像有些专家学者所分析的那样，关键是执行者如何把握主次位置关系、强弱量度。如果真是这样，我们便不得不重新检讨近几年来中外领导理论与实践，不得不重新看待和评估今天仍然备受推崇的所谓领导和管理大师们的教义，不得不重新检讨和调整我们对待管理与领导的立场和态度。

所以，应十分注意领导思维与管理思维的联系与差别，领导与管理的这些联系与差别由来已久，但在当今的特定条件下，更显得突出和重要。因为现代领导的核心任务就是处理好同巨变的时代变革所引起的复杂性、模糊性、不确定性等因素之间的关系，没有什么比这个更重要的了。这使得领导行为的重要性在今天得到了极大的显现。对领导行为的原则和规律的总结虽然有些已很清楚，然而这里没有简单的方程式，没有缜密的科学的演算，也没有能够让我们照方抓药、不假思索地走向成功领导学的秘籍大全。如何吸收它们，怎样把它们变成自己的知识、能力的一部分，对于现代领导来说，是一个漫长的，可以说是终身学习的过程。

四、领导活动的基本要素

领导活动的基本要素问题是领导科学中的一个基本理论范畴。领导活动的基本要素是构成领导活动的最主要、最关键的特有因素。领导活动的基本要素包括领导者、被领导者、领导环境和领导目标。这四个要素之间良性的互动作用就构成了领导活动的过程，换言之，这四个要素如何有效地结合在一起，就成为领导活动成败的关键。因此，领导就被理解为一个动态的过程，它是领导者、被领导者和领导环境相互作用、相互结合以实现领导目标的过程。这四个基本要素在领导活动中有着各自不同的地位和作用。

（一）领导者

领导者包括领导个体和领导群体两个层面。大部分情况下，领导者是以个体的形式出现的，如 E. P. 霍兰德说："一般情况下，领导者就是指一个人，该人拥有一定的地位，可以对特定的其他人施加影响。"但并不排斥群体成为领导者的情况，如企业中的董事会便是在组织中扮演着领导者的角色。领导者在领导活动过程中处于一个极其重要的地位，它不仅要树立正确的领导理念，而且还要激发下属的潜能，更为重要的是他要把领导目标内化为下属为之奉献的导引力量，使整个组织在一种积极的状态中运转。与此同时，领导者还要根据组织内部和外部环境的变化，充分发挥领导群体的整体效能，及时调整领导战略和领导方法，以提高组织抵御和抗击各种风险的能力。国家缺少技术可以引进，企业缺乏资金可以贷款，家庭位置不好可以搬家，但是在任何一个机构和组织，如果缺乏领导，那也就没有生存的机会了。

因此，在任何组织机构与企业中，如果说管理者起着左脑的作用而科研人员起着右脑的作用，那么领导者就必须两者兼而有之，既要有行政管理才能，又要具备想象的天赋。领导者的真正作用就在于想方设法合理地分配、组合各种各样的资源，使得人尽其能、物尽其用。当然，领导者主要是围绕前景规划、创意、指导等激励人心的方面，而不是每天具体的实施。领导的影响力应该大于其本身的能力，否则他难以领导他人，他必须能激励人们做事，而不是坐在他们头顶监督——那是管理的事，而不是领导该做的。尽管领导者各有天赋，但他们不能把自己看作是独唱演员，而应看作合唱者或者指挥。学会领导，从某种程度上说，就是学习应付变化。今天的人们总是管理得太多，而领导得太少。就现实而言，领导者的重要性毋庸置疑，第一，它决定着组织机构的成败；第二，现在各国人民普遍关注各组织机构的廉政问题；第三，高层领导是现代社会组织的核心和依靠。

从不同的角度可以将领导者划分为不同的类型。

马克斯·韦伯按照权力的不同，将领导者相应地划分为以下三种类型。

（1）超凡魅力的领导者。该类型的领导者是基于被领导者对领导者的超凡魅力的信仰，而不是基于某种形式的强制力量。其特点是被领导者对领导者绝对服从和信赖。

（2）世袭型领导者。该类型的领导者是基于权力世代相传的传统。被领导者对这种领导者的服从是对拥有这种不可侵犯的地位的个人的服从。

（3）法理型领导者。这类领导者的权力是由理性和法律赋予的。在领导者与被领导者的关系中，法律具有至高无上的地位，在法律面前人人平等，都要受到法律的约束。

德里克·托灵顿以领导者在组织中所处层次为标准，将领导者分为以下四类。

（1）最高层管理者。这类人员相对地独立于组织之外，大部分时间与外界接触，很少与下级在一起。

（2）高层管理者。他们主持事务和工作，致力于政策的制定和贯彻。大部分时间与外界、同僚以及部下接触。

（3）中层管理者。他们主要在组织内工作，起到上传下达的作用，致力于组织的正常运转。

（4）基层管理人员。他们相对独立于管理的等级制度之外，大部分时间与下级在一起，主要从事执行和监督工作。

此外，领导者还可以按照其产生的方式分为正式领导者和非正式领导者。正式领导者是通过规则、规程等在团体或组织中被给予正式地位、名称和权限的人，他们拥有合法的权力进行奖励和处罚，其影响力来自于他们所在的职位所赋予的正式权力，其重要功能表现为通过领导活动达到组织目标。非正式领导者则是从某一个群体中产生出来的，未在正式组织中拥有管理职位，不是运用正式权力来影响他人的人，其领导者的地位主要是因他们具有诸如高尚的品德、丰富的经验等而赢得的。非正式领导者总是按人们的需要进行活动，以满足人们的情感需要为宗旨。

分享案例

GE 每年都招募大批的年轻毕业生，有工程、销售、财务等各方面的人才，公司会通过仔细观察，发现他们的潜能，培养他们的领导力。科卡伦说："我们很少招募只有专业知识而没有领导力的人。"他认为，一个好的领导人绝不只是规划前景，而会给团队一个明确的目标，提供充分的资源，给员工充分发挥自身能力的自由，能激励别人去达到大家共同的目标，这个人还要有出色的影响力，具有热情和激情，能令大家热爱自己的工作，自觉为公司的目标努力奋斗。

"另外，一个好的领导人绝不是机械地教下属怎么做事，而会启发他们思考，给他们留下发挥潜能的余地，并且让员工感受到领导者对他们的关心。"

基层员工的领导力何以体现呢？科卡伦对这一点的回答是，对领导的理解并非那么狭窄，并不是只有在领导岗位上的人才需要领导，一个基层的员工也应该具有自我领导能力，应对自身具有高标准的要求，不断学习，并对工作保持热爱之情。

公司需要愿意挑战自我的人。那些乐于学习和迎接挑战、自我要求比较高的人会以身边优秀的人作为尺度，渴望做得更好，所谓见贤思齐。在 GE，工作并不容易，竞争和挑战的氛围很浓，公司需要发现能够自然适合这种文化的人。例如在一场考试中，如果测试的结果相当理想，已经处在前面 5%的水平，仍有些学生并不满足，会重新审视试卷找出错误，有时他们会经过反复核算，坚信自己是对的，然后找到教授加以证明。“我们喜欢这样的人，我们寻找这样的人，因为他们具有最大程度的自觉。”

GE 通过招募有领导力的员工，通过适当的企业机制，将“领导”这一看似不可分的上层建筑分化为多层自我领导，实现了个体领导和群体领导的巧妙结合。其表象为每个人自我领导，其实质却是公司领导策略的极大成功，科卡伦不失为一名优秀的领导者。

（二）被领导者

被领导者是指在领导活动中执行具体决策方案和实现组织目标的行动者。被领导者具有以下特征：（1）他们处于被支配的地位。被领导者执行领导者的命令，在领导者的指导下工作。（2）被领导者是具体工作的执行者。领导者制定决策、命令等，被领导者给予贯彻执行。（3）被领导者在一定条件下可能变成领导者。随着被领导者知识、经验的增加，以及人际沟通能力、决策能力的提高，被领导者可能变成领导者。

被领导者是领导者这一概念产生意义的前提，当然也是领导活动得以发生的基础。在领导活动中，被领导者发挥着特殊作用，具有双重地位。一方面，在与领导者的关系上，被领导者处于从属地位，相对于领导者来说是客体，受领导者影响，接受领导者统领引导，使自己的思想和行为遵循一定的规范和原则，履行自己的职责，发挥自己的积极性和创造性。但是被领导者面对领导者的统领、引导行为，也不是被动地接受。领导者的思想和行为方式在一定条件下也要受动于被领导者。在领导活动过程中，被领导者的思想与行为在一定条件下对领导者也有制约与影响作用。另一方面，相对于作用对象、目标和客观环境所构成的情境客体要素来说，被领导者又与领导者共同组成领导活动的主体，被领导者在领导活动中起着重要的基础和能动作用。

领导活动的顺利推行必然是在群体成员积极参与、领导者与被领导者相互沟通的过程中实现的。这是领导活动不同于其他所有社会活动的一个最重要的特点，即领导行为和领导目标之间的间接性。它决定了领导目标的实现不是依靠领导者自身的身体力行去实现的，而是依靠群体成员的积极行动得以实现的。这样就使得领导者必须将群体成员视为一种唯一的能够扩大资源的资源，而不是将自身的利益需求置于首要地位。被领导者并不是单纯意义上的被支配者：一方面，被领导者与领导者的对应性存在，构成领导者具有实际意义与作用的条件；另一方面，领导者与被领导者从来不是天生而就的，也不是一经划分便无更改可能的事情，二者的位置具有调整的可能性；同时，在组织生活中，我们经常会发现，一些被领导者因为具有较高的才能与威信，事实上发挥了领导者的作用。要使被领导者成为自愿者，自愿者不需要合同，他们需要契约，契约式的关系使人们感到自由，而不是无能为力。契约式的关系建立在对价值观、目标管理过程、共同的信念之上。契约式的关系满足人们的深层需要，使工作变得有意义而易于完成。正如比特·德拉克指出的：领导的主要目的是产生一个为了共同事业而团结在一起的团体。组织和领导都不可避免地要跟人打交道，所以价值、承诺、信仰和热情都是组织内部的基本因素。因为领导是跟人打交道而不是跟物打交道，所以没有价值、承诺和信仰的领导是不近人情也是有百害而无一益的。尤其是在今天变化无常的社会环境中，目标并不是目的，而是创造未来的过程。

（三）领导环境

领导环境就是直接和间接地制约和推动领导活动展开的各种自然要素和社会要素的组合，是政治、经济、文化和自然要素影响领导行为模式的社会氛围和外在条件。领导活动总是要在一定环境中进行，领导者和被领导者只有在一定的环境中，才能求得生存和发展。离开领导环境，领导活动就失去了存在的可能性和现实性。构成领导环境的要素层次多、范围广，既有政治、经济、文化、自然等各个方面的宏观环境，又有涉及人们思想观念、活动方式和心理状态的微观环境。领导环境是客观存在的，但并不意味着人们在客观环境面前无能为力。相反，人们可以正确地认识领导环境，发挥主观能动性，分析和掌握领导环境发展变化的规律，很好地利用、改善领导环境。

从领导环境的地位作用看。领导环境就是同领导成败得失直接相关的外在条件，是领导主体赖以生存发展和发挥作用的综合性客观基础和客观条件。因此，领导环境具有它自身的特点，简单概括起来说，领导环境具有特定环境的稳定性、随社会变迁产生变化的动态性、常量与变量交互作用的复杂性、主观与客观互动的交错性。在对领导环境加以研究与改良的过程中，对此特性应当加以把握。

任何领导活动必须在适应或有效改善外在环境的前提下，才能获得有效性。把领导活动封闭在组织内部就能取得成功的想法已被实践证明是错误的，情势理论认为，任何一个优秀的领导者都会把领导方式与环境力量的相关性置于重要地位。

（四）领导目标

领导者的职责是确定组织发展的主要方向和整体目标，领导活动的最终目的是实现领导目标，在实现目标的过程中绝不是追求领导自身的单一化收益，而是使组织价值、个体价值和组织领导自身的价值三个方面都获得社会的肯定。领导者必须引导下属走上一条能够使下属和组织双方都能满意和受益的道路。只有当领导者的谋略或结构行为适应于工作的特点，适应于下属的要求、能力和人格的时候，他们的工作绩效才能达到最佳。

所以，我们绝不能把领导理解为以领导者为原点的单一的、自上而下的权力运动过程中进行的行为。它实际上是将领导者、被领导者、环境和组织成员都能接纳的目标贯通在一起的行为，其中领导者的发动作用和被领导者的执行功能都应该是等量齐观的重要因素。这种二元性的往复运动——从力量到力量的转移注入，从力量的二次传递再回到原动力上，循环往复以至无穷。领导者与被领导者的这种相互作用可以创造出和谐的人际氛围，好比指挥与乐队的流畅配合能够演奏出美妙的华彩乐章，这种相互性会创造出属于自己的节奏、活力和势头。这里面的动力来自一种积极的自我意识，而不是奖赏和处分。这一理想和目标并不是高不可攀的，而是值得为之奋斗的。每一位伟大的领导都是现实的梦想家，他将远景规划的能力和付诸行动的领导管理能力有机地结合起来。知道自己想要什么并能付诸行动是成功领导的两大法宝。

领导者一手树立组织为之努力奋斗的理想，并有将其具体化、清晰化的特殊才能。相应地，领导者要正确把握住当时形势下的思维萌芽，并使领导目标清晰化。要想实现领导目标，必须通过大量的沟通工作，领导者的力量同他们进行思想沟通的能力是成正比的。因为，目标和梦想不可能以命令的形式在企业和组织中扎根，也不可能在高压政策下开花结果。其实现过程应该是一个说服引导的过程，一个创造激情与责任感的过程。大多数领导者不惜耗费大量时间和精力来和建议者、顾问人员、其他领导人员、专家学者、规划人员以及形形色色来自组织内外的人员进行交流和探讨，建立起正式及非正式的交流渠道，因为这样做有利于时代、有利于组织、有利于为了这个目标而努力奋斗的劳动者个人。优秀的领导者富有一种天生的能力，善用最生动的语言、最恰当的比喻来表达思想，并在最大限度上避免误会和歧义的发生。当然，它不只是词语的堆砌搭配和响亮的口号，而是像动情的诗篇和悠扬的乐曲一般，具有不可抗拒的美感。他们能打动人的内心，能在听众的感情需要中激起共鸣。使新思想和新路线成为一种人格化的东西，这需要不断地重复和强调，而且必须要把这一目标融入到企业文化和组织文化中，融入到组织和企业的战略部署和决策制定的过程中。同时，对目标还必须进行不断的修正、完善，以适应不断变化着的新形势。

五、领导的作用

世间万物都在不断地变化。随着世界各国的变革浪潮，信息技术的纷至沓来以及国际竞争的加剧，各种矛盾从来没有像今天这么尖锐。可以说，领导问题，细而言之关系到各部门、各单位的工作能否顺利开展，大而言之与国家命运、事业前途紧密相连。因而领导的作用也日益凸显。总的来说，领导的作用主要体现在实现组织目标和满足组织需要的前提下，尽可能地满足组织成员的需要。一方面，领导者站在整个组织的高度考虑问题，实施领导行为以有效地实现组织目标，但在这个过程中，若忽视组织成员的需要，组织成员就不可能心甘情愿地追随领导者，没有追随就没有影响力，没有影响力就无法实施领导，也就无法引导组织向目标前进。另一方面，如果领导者只考虑到组织成员的需要，使其完全取代组织目标，那么组织目标就无法实现，最终组织成员的需要也就无法真正得到满足。

（一）领导是个人权力的放大器和给人以激励的变压器

真正的领导者并不是职位的占有者，而是依靠个人权力这一放大器使其影响力能够跨越组织边界、超越时空的特殊角色。也就是说，一个优秀的领导者不仅属于一个封闭的组织，引发组织变革的力量，从组织的上层下移到基层，而且属于整个社会。这样，领导者的个人影响力就成为影响社会的重要力量，领导者不仅能够为一个组织创造一种传统，缔造一种精神力量，而且也能够创造一种被整个社会所共享的精神财富。单纯追求个人和组织效益的领导恐怕难以为整个社会所承认。故高尚的领导价值观必须建立在有益于社会的标准之上，以确保组织共同理想和个人价值的实现，引领人们走向更高品质的生活。

领导的重要特性之一就在于它依靠积极功能推动社会风气的发展。领导不是统治，也不是压制，更不是飞扬跋扈，而是一种凝聚人心、培养新人的积极力量。换言之，人们不能以占据领导职位作为巩固自身社会优势的资本，更不能将其视为自己与众不同的标志。领导的生命力在于群体之中，深藏于群体的认同与追随之中。没有追随者就不称其为领导，这是领导学中的经典命题。追随来源于主动奉献和自愿服从，应鼓舞人们工作而不是强迫人去工作。领导之所以能够从其他的社会活动中独立出来，成为一种富有召唤力的活动，关键在于人们能够在领导这一特殊的领域中看到希望。领导的魅力和价值就在于它是一种提出希望和理想并能将其转化为现实的行动。杰克·韦尔奇曾经说过：虽然我不是吊灯中最耀眼的一个，但多年以来，我始终相信自己能使所有的"灯泡"发射出最大的光亮。让你的成员重新充电，充满新鲜血液。台地石油公司创始人之一布勒·皮肯斯说道："领导能力是那种把良好的意图转变为积极的行动的品质；它能够将一群散漫的个体组织成一个强大的团队。"美国国际电报电话公司总裁赫拉尔德·格尼恩说："任何公司里的任何一个执行总裁的首要任务是为整个公司制定工作目标，指出公司工作的远景。他的责任是向自己的下属员工们指明前进的方向，告诉他们球门在哪里，该往哪里冲，又应该通过什么样的方式来实现这些目标。他是唯一能够做到这一点的人。"

领导者要珍视智力资本及其提供者，使群众自觉成为变化的因素和变化的媒介，此即"转化型领导行为"。转化型领导行为所带来的重大变化反映了由领导者和被领导者所共同组成的利益集团。实际上，领导者将获得解放后的被领导者重新集中在对一个共同目标的追求上。首先，管理行为强调的是遵从，领导行为强调的是力量的移注。领导行为是集体性的，在领导者与被领导者之间存在着一种共生的关系，其集体性则来自被领导者的需求与愿望同领导人对其的理解之间的相互作用、相互联系。其次，它具有因果性，通过领导行为可以创造和确立能够激励成员奋发向上、满足他们具体需求的组织结构。再有，它具有道德上的意图性与提升性。领导者可以用自身的聪明才智，选择构筑在成员所应具有的关键价值、观念基础之上的组织目标和愿景，并创建和确立起与之相支持、相适应的社会组织建筑结构。最后，它还有助于培养和促进被领导者在自由、自主、公正、自我实现等方面建立起更加清晰、更高层次的意识。

（二）领导是引领变革与创新的发生器和催化剂

领导作为组织的一种引导力量，具有发展趋向和变革趋向。李嘉诚曾说："企业从呱呱落地到长大成人必然要经过许多阶段和历程，希望一个管理模式走到头是幼稚的，也是不现实的。"摩托罗拉公司董事会主席罗伯特·W. 加尔维说道："革新是一个了不起的词。它是我们的企业前进的推动力。"在领导活动中，矛盾经常出现，冲突时常发生，更为重要的是领导者要在艰苦多变的社会环境中带领整个组织向前发展，这是一种前瞻性、预测性、冒险性的行动。在这个过程中领导者必须发现挑战的时机，以驱动变革、生长、创新和提升，任何过度的延误都会使问题恶化。领导者要不断实践、不断冒险并从错误中吸取教训，绝不能只说不做，他们要为组织提供一种变革力量，催生新的价值观念。正是他们不断地引领变革和创新挑战未来，才使得这个世界变得与众不同。

唐纳德·N. 苏说道："等到公司逐渐成熟时，当初被创始人一再强调的价值观，最后通常会演变为僵化原则与规定，收录在厚厚的员工手册内。过去是活生生的价值观，后来却渐渐变成过时的教条。与其说它们能鼓舞士气，不如说它们会产生压抑作用；与其说它们能集中力量，不如说它们在迫使人们无意识地服从。"可见，当制度化的程序日益成为组织发展的障碍时，就会产生变革的召唤。对陈规陋习的厌恶促使领导者必须使组织能够获得新型的概念与技能，这时领导者应该把自己视为是改革的代理人，他既能为抛弃以前的程序和取得成功的程序提供一种安全感，又能对自己组织文化的特征了如指掌。因此，作为变革代理人的领导者，必须为组织提供新的定义与概念，必须通过创建年轻的组织和庄严的承诺，使变革的力量能够转化为现实的成果。

分享案例

“不创新，就灭亡”，美国福特公司的创始人亨利·福特如是说。他说这句话，是由于他曾因停滞不前、不去创新，导致公司失去了昔日的辉煌。

福特汽车公司的创始人老福特是一个农民的儿子，他搞汽车工业为什么能一下子就脱颖而出呢？因为他非常了解当时美国农村的情况：地广人稀，需要农用客货两用车。那时候道路状况不好，农民的文化水平又不高，农民需要的是操作简单、坚固耐用并耐得住颠簸的汽车。所以他结合这个特点，生产出了操作简单、结实耐用、价格低廉的“T”型车，迎合大多数人的需要，福特汽车很快占据了世界汽车市场68%的市场份额。

在这个过程中，老福特不断创新，当时其他汽车制造厂的工人都是每天工作10小时，每天3美元。他却推出“8小时工作制”“每天5美元”，这表面上对公司的原始积累很不利，但是却吸收了很多熟练工人，提高了工作效率。

另外，他还发明了“生产流水线”，并创造性地提出了“科学管理”这一管理理论。当时可以用富可敌国来形容福特家族。但是，后来老福特的创新就开始教条化了。到20世纪20年代时，美国社会进入了大众化富裕时代。老福特是农民的儿子，他认为应该坚持勤俭生活，“新三年，旧三年，缝缝补补又三年。”他还在拼命似地生产“T”型车，强调提高质量、降低成本。可是美国人已经不需要这种车了，因为道路已经修好，人们开始要求车子速度快、款式新、节能、造型美观、具有个性化。福特汽车公司的产品不仅造型和颜色单调，而且耗油量大、废气排放量大，完全不适应日益紧张的石油供应市场和环保要求了。小福特建议老福特推出豪华型轿车，但老福特拒绝了。而此时通用汽车公司和其他几家公司则紧扣市场需求，制定正确的战略规划，生产节能减排、小型轻便的汽车，在20世纪70年代的石油危机中，跃然居上，使福特汽车公司濒临破产。

老福特这才意识到自己的判断错误，转而根据小福特的意见推出豪华型轿车，但是先机已经失去，直到今天，福特汽车也没有夺回它昔日龙头老大的宝座。在这种情况下，老福特用血的教训总结出了领导学上的这句至理名言：“不创新，就灭亡”。

（三）领导也是生产力，是增强综合国力的发动机

21世纪是知识经济时代，这是任何国家和政府及企业组织都不能等闲视之的。为了在未来的经济和国家地位上取得领先的位置，各国都或迟或早地采取了相应的对策。21世纪的领导与领导者，是国家竞争力的核心、企业竞争力的核心，也是领导力的直接来源。从理论上讲，领导的强弱、正误将是决定我们在各个方面乃至整体上能否胜出的关键因素，这意味着领导力已经成为我们制胜新世纪的关键力量。

领导力即由领导素质、领导体制、领导环境及一定物质基础和精神力量等多种因素综

合作用所产生出来的最高组织性作用力，是领导主体用于引导、推动一个组织群体或社会应对并制胜挑战和竞争，达到共同目标的核心力量。在生产部门，它是发动和主导生产活动并成功克服各种困难以创造更多财富的能动性保证。因而，它是最核心的生产力，也是增强综合国力的核心要素。在社会生活中，它就是凝聚力、启发力、号召力和鼓励力，根本地决定着一个组织群体或社会的内部关系、精神面貌和发展潜力。因而，它是组织的群体或社会的黏合剂、推进剂和动力源泉。

领导虽然不像科学技术那样直接创造财富，但是它可以通过对资源的有效整合和领导体制的规范作用使物质资源在组织中得以增升。从人力资源的观念来看，人是唯一一种能够扩大资源的资源，而领导活动的主要对象就是人。领导活动通过人与人的组合产生一种放大效应，从而领导活动便起到了生产力的作用。由此可见，领导活动之所以被社会所必需，关键在于领导相对于科学技术这一第一生产力来说也是一种必不可少的生产力要素。领导作为组合资源、扩大能量的力量，对现代社会日趋重要。

总之，领导力以组织群体或社会为依托，以领导人才为主体，以领导素质为先决条件，以领导决策和谋略为主要内容，集中表现为领导能力和领导水平，根本上决定着角逐交锋的得失成败，是任何一个组织群体或社会在竞争中赖以生存和发展的决胜实力。

第二节　知识经济与领导变化

进入 21 世纪，世界多极化和经济全球化趋势进一步发展，科技进步日新月异，综合国力竞争日趋激烈，一场新的技术革命和产业革命正在世界范围内兴起，一种全新的经济正在形成和发展。世界经济正在从长期处于统治地位的工业经济向知识经济转变，科学技术特别是信息技术的迅猛发展，深刻影响着人们的生活、工作和思维方式。领导活动作为社会活动的一个重要内容，当然也受其影响，随之发生深刻的变化。

一、知识经济的内涵及其特征

（一）知识经济的内涵

自 20 世纪 90 年代以来，联合国经贸组织、世界银行的年度报告等正式文件中都正式使用了知识经济这一概念，用以概括正在全球兴起的以知识为基础的经济。对于什么是知识经济，国内外许多专家学者提出了各种看法。总部设在巴黎的世界“经济合作与发展组织”（OECD）认为知识经济是建立在知识和信息生产、分配、消费（使用）之上的经济形态，是相对于农业经济和工业经济而言的新型经济形态，知识经济把知识作为重要的资源，把人创造知识和利用知识的能力看作是经济发展的最重要的因素。我国著名学者吴季松博士在他的专著《知识经济》一书中，给知识经济下了一个明确的定义：“所谓知识经济，是区别于以前的以传统工业为产业支柱、以稀缺自然资源为主要依托经济的新型经济，它以高技术产业为第一产业支柱，以智力资源为首要依托，因此是可持续发展的经济。”可以看出，知识经济在本质上是“以智力资源的占有、配置，以科学技术为主的知识的生产、分配和消费（使用）为最重要因素的经济”。

总结不同学者提出的知识经济的概念，可以把知识经济的内涵概括为以下两层含义。

第一层次：知识经济是人类经济发展的一个新阶段。知识经济最重要、最突出的内涵是经济活动的智能化。知识经济是由农业经济、工业经济向智能化发展而来的。

第二层次：知识本身已成为一种最重要的资源、资本和要素。知识经济不仅与其他诸如劳动、资金等要素相结合，大大提高这些要素在经济发展、产值增加中的作用，并且知识本身还成为一种独立的要素，在经济社会发展中发挥着越来越重要的作用。

按照知识经济的上述两层含义，就很容易理解为什么在实践中把当代高科技产业作为知识经济的别称。因为当代新型科学技术的发展和应用产生了一系列高科技产业，这些高科技产业具有很高的知识含量和很强的成长性，已经成为一些国家经济增长的新源泉，其产值远远超过传统产业。也容易理解为什么把信息经济看成是知识经济。因为信息产业的发展在各个科技产业中起着带头的作用，信息技术正在促使社会经济活动智能化，正在深刻改变着社会经济生活的各个方面。

（二）知识经济的特征

知识经济作为全新的经济形态，具有以下六个方面的特征。

1．知识经济是以人为本来提高配置智力资源的经济

在知识经济条件下，知识价值的提高意味着知识的主体——人的地位的提升。一方面，知识经济在资源配置上以智力资源、无形资产为第一要素，通过知识和智力对自然资源进行科学、合理、综合和集约的配置。所以，在知识经济中对智力资源——人才和知识的占有就显得尤为重要。谁拥有最丰富的人才资源，谁就可能掌握最尖端的科学知识，谁就能获得最有力的竞争优势。在知识经济条件下，开发与配置智力资源的能力是领导者最主要的能力。作为一个国家、一个地区或一个单位，要想获得长足的发展，必须树立以人为本的意识，全方位地开发人才。另一方面，智力既是个人的特殊财富，又是社会拥有的一种资本。知识经济时代，智力、知识、信息的无形资产的投入在经济发展中起着决定性的作用。由于某些关键知识、技术或信息可以对社会局部甚至全局产生深刻的影响，这些关键资源可能成为“含金量”极高的稀有资源，也是社会发展的制高点，掌握这些关键资源的社会组织价值增值的速度可以急剧膨胀。相反，如果未能及时地获得或接近这些关键资源，则会处于落后地位。个人所进行的信息加工和知识创造都是个体的创造性思维活动，是不可见和无法强迫的。只有通过以人为本的领导管理方式，才能激发出人的创造欲望，开发他们的潜能，以获取充足的智力资源，从而支撑社会经济、实现组织及自身的发展。

2．知识经济是一种创新型经济

知识的使用过程必然会推动知识的不断创新，因而创新是知识经济的灵魂。创新也是经济增长和社会发展的不竭动力，从本质上看，人类文明的发展进步是科学技术、政治和经济制度、文化和价值观念等方面变革和创新的结果。在农业经济时代，信息传播的速度和范围十分有限，变革与创新对生存和发展的影响还不很明显。工业经济时代，信息和通信技术迅速发展，变革与创新的作用日益突出，但由于工业化生产在很大程度上还是靠无节制地开发自然资源和扩大生产规模来达到发展的，是一种数量增长型经济，变革与创新还没有引起足够的重视。而在知识经济时代，随着知识和信息源大大丰富以及信息传播多向快速分流，创新已经成为一个民族、国家及组织和企业的生命源泉。特别是对于一个企业而言，在技术和产品的生命周期日益缩短的知识经济时代，不创新就会灭亡，唯有全面创新才能赢得和保持竞争优势。正如现代管理大师盖瑞・海默尔所说："未来成功的主导因素是创造力而不是经验。"

3．知识经济是一种信息化、网络化、全球化的经济

知识经济在生产中以高技术产业为支柱，现在全球互联网已经显示出信息社会的端倪，由于信息社会中信息技术的充分应用、信息处理价格的降低、通信和计算机技术的"数字趋同"以及国际网络化进程的加快，使信息、知识的创造、存储、学习和使用方式产生了第二次革命，从而使知识的商品化、信息的商品化能力大大提高，使信息、知识应用于制造业、服务业的速度大大加快，进而引起全球经济增长方式发生根本性的变革。正是由于知识经济以信息技术的充分发展为基础，而互联网的崛起、电脑的广泛普及标志着人类在跨入信息时代的同时，正在从两个方面接受信息化的根本改造：一方面，信息化建立了企业与市场之间的桥梁，企业可以快速、准确地了解市场动态和顾客需求，传统的大规模生产和推销可能被灵活高效的信息服务所取代；另一方面，信息技术由过去的大型主机统一处理信息和发布指令，发展到个人电脑成为信息形成、处理、发布和传输的主要角色，提高了人与人之间交换信息及协调合作的水平，使众多电脑组成的网络得以在商业活动中完成最佳媒体的作用。通过网络及数字化技术等高科技手段，在全球范围内通过软性操作系统整合优势资源，既增加了社会组织运行的效率和活力，又避免了常规运行中的硬件投入，从而大大降低了组织运营成本。同时传统组织中金字塔形等级森严的直线式组织体系和集中控制集权化管理正在逐步失去作用，跨地区、跨国家的经营管理的交流，只有通过建立共同的组织文化内容，通过以文化为导向的知识领导，才能够不断融合多元文化，通过全球化把各种稀缺资源集合在一起，实现最佳优势互补，成为多元文化、合作文化和共享文化的集合，以在更为广泛的基础上赢得竞争优势。跨国公司、区域性和全球性的经济组织纷纷出现，全球经济一体化的趋势十分明显。越来越多的经济要素、经济领域和国家地区纳入了全球性的经济循环当中，成为世界经济链条上密不可分的一环。世界经济一体化成为发达国家和发展中国家发展知识经济的前提条件，经济一体化为发达国家的高科技产品提供了广阔的市场，促进发达国家高科技产业得以迅速发展；发展中国家目前尚处于工业化未充分发展的阶段，全球一体化使发展中国家可以把整个世界中高新科技作为发展知识经济的基础资源，从而发展中国家可以跨过工业化充分发展阶段，直接迈入知识经济阶段。

4．知识经济是一种可持续发展的经济

工业革命之后兴起的自然经济创造了日益丰富的物质财富，社会经济发展获得空前的速度和规模，促进了人类文明的发达和繁荣。但是，工业社会中技术发明的指导思想是单一的尽可能多地利用自然资源，以获得最大利润，而不考虑或极少考虑环境效益、生态效益。自然经济对自然资源的过度依赖和消耗，严重污染了自然环境，破坏了自然界的生态，从而损害了人类赖以生存的地球，危及人类的长期发展。知识经济产生在多种自然资源近乎耗竭、环境危机日益加剧的时代，它把科学与技术融为一体，反映了人类对自然界与人类社会的科学全面的认识。事实上，要实现可持续发展，仅仅对环境污染进行控制是不够的，必须在能源、运输、制造业、建筑业和农业技术等方面进行全面彻底的改革，树立"防胜于治”的领导预见性观念。绝不能牺牲环境而单纯追求经济的一时发展，这种残酷的教训和给人类带来的悲剧绝不能再度重演。这就要求用先进的科学技术手段，使人们能够更有效地使用资源，用清洁可再生能源代替矿物燃料，研究开发效率更高的材料，实行封闭的工业生态循环，把污染控制在第一发生现场。知识经济将科学、合理、综合、高效地利用现有资源，同时开发尚未利用的自然资源来取代已经耗竭的稀缺自然资源。总之，知识经济作为一种新的经济形态，它以知识的生产和人的智力的充分发挥为支撑，以信息化和网络化为基础，通过企业持续、全面的创新，最合理、最有效地利用资源，促进科技、经济、社会的和谐统一，实现可持续发展。

5. 知识经济的生产方式呈现出非标准化、高速化和小型化的特点

农业经济的生产方式是分散的小生产，农产品受自然环境影响较大，农产品基本上是同质的。工业经济是集中的、标准化生产，它以工厂为中心，形成大规模、标准化、专业化生产，这种生产方式忽略了需要的多层次性，最终导致了产品过剩和资本过剩。而在知识经济时代，由于新型技术的迅猛发展，信息源和通信手段的丰富，多样化代替了标准化，转为了小批量、多品种、高效率的“柔性”生产方式，以快速满足客户的个性化需求。且知识经济时代生产方式分散化，企业职工通过网络系统在家里或分散的小办公室里面就能指挥车间的运转，这样既可以节约职工因上下班拥挤而花费的时间成本，又提高了工作效率。

6. 实践主体知识化、信息化

知识经济与以往的经济形态的最大不同之处在于，它的繁荣不是直接取决于资源、资本等的数量和规模，而是直接依赖于知识和有效信息的积累与利用。知识和人是一个统一体。知识是客体，人是主体，是知识的载体，是知识的创造者、承担者和消费者。在知识经济时代，人们掌握和运用知识的程度水平，成为影响个人社会分配数量的最主要的依据。掌握现代知识和信息技术，并具有创新、创造和运用能力的人将成为知识经济中的主力军，这就对知识经济时代的实践主体提出了知识化、信息化的发展要求。同时，随着信息技术的不断发展和广泛应用，各行各业都在不同程度上实现了信息化和网络化，这就为人们学习掌握科技知识创造了更好的条件。在知识成为经济增长的内在核心因素的知识经济时代，“信息化”“知识化”的实践主体以其独特优势不断开拓着具有广泛选择性的新的实践领域，成为社会运动的枢纽和历史的代言人，作为中心角色在当代实践活动中发挥着先导作用，受到全社会的高度重视。

二、知识经济带来领导观念的变革

观念和思维方式的创新是一切创新的先导。这是因为思路决定出路，理想在你自身，但是障碍也在你自身。没有创新的观念和思维便没有创新的方法，没有创新的方法便没有解决新问题的能力。在知识经济条件下，比以往任何时候都更需要领导者思想观念、思维方式的变革。知识经济引起的思想观念的变革是全方位的，在所有观念的变革中，领导观念的变革具有统领性。

（一）新的决策观念

知识经济的领导决策必须知识化、科学化，决策的方式更加民主化、系统化、程序化。

各级领导者必须比以往任何时候更加清醒地认识到知识在决策和管理中的地位和作用，高度重视经济、贸易和科技信息设施的国内和国际网络化，加强对进入国际信息高速公路的建设和统一领导。领导者必须清楚地认识到：21世纪是人类更加依靠知识而非过多依靠自然资源的时代，知识被广泛用于节约自然资源的经济领域，它将成为经济发展的第一位资源，成为国家、产业和企业竞争的重要决定因素。在知识经济时代，世界的各个方面联系更加密切，领导决策的要素及其影响方面更加广泛，有些影响甚至在决策前难以预料。在这种情况下，领导者能否总揽全局，抓住系统整体，全面把握决策的各个因素，是实现科学决策和整体最优的关键。应根据宏观调控作用在知识经济中日益增强的趋势，掌握科学决策的主动权，充分利用各类科学技术知识为科学决策和科学管理服务，使决策知识化。决策的民主化、系统化，体现在尊重知识、尊重人才上，应当吸收各学科、各阶层人士和群众的广泛参与决策过程。科学的决策应有长期性、系统性和一致性，也就是要有预见性和全面性。要做到决策和管理的科学化、民主化、系统化，应力求决策程序化。为了适应知识经济的特点，决策程序一般应划分为准备阶段、谋划阶段、抉择阶段、控制与修正阶段为宜。这种程序决策不仅要求改变完全受个人知识、情绪局限的某个人冥思苦想或灵机一动的古典决策方式，而且应改变受缺乏知识、缺乏准备、人际关系复杂影响的会议决策方式。程序决策要求决策者群体在准备充分的情况下对提出的几个不同方案进行讨论，择优决策，对事不对人，而且每个决策者都应根据实践结果对自己所做出的评估承担责任。另外，当代世界是各个部分相互依赖的、多层次的、纵横交错的立体网络的整体，世界任何一部分的正常状态一旦被打破，都会引起连锁反应，从而影响世界的整体。现在，事物的相关性比历史上任何时代都要复杂，若不能把握它们的整体性，则寸步难行。所以，任何国家的现代决策都不能无视对世界整体其他部分所产生的影响，这是当代世界的一个显著特点。这就要求我们突破传统的乡土观、民族观和国家观，以全球性、开放性思维替代狭隘的封闭思维，以整体思维取代片面性、局部性思维。

（二）新的资源观念

知识经济的第一资源是智力资源。知识成为科学开发利用资源的首要资源。作为领导者应树立这样的新资源观，确认知识在经济运行、开发资源中的地位和作用，这对掌握领导知识经济发展的主动权具有十分重要的意义。众所周知，从亚当·斯密、大卫·李嘉图到凯恩斯的主流经济学的理论，都认为构成经济活动基础的资源是土地、资本和劳动，知识被排除在生产要素之外。20世纪初，熊彼特的“技术创新与经济发展长波理论”揭示了在时间上不均匀分布的技术创新群是造成经济波动的原因。保罗·罗默教授提出的“新经济增长理论”则对知识在经济发展中的作用进行了理论概括，强调必须承认知识能够提高经济效益，在计算经济增长时，必须把知识直接放在生产体系中考虑，把知识列入生产函数。作为领导者必须从传统的资源观中解脱出来，充分认识知识是一个重要的生产要素，而且还要认识到，知识与其他生产要素不同，它可以重复使用，在使用过程中其价值不会减少反而会增加。领导者应自觉地更新资源观念，开发知识资源，大力发展知识密集型高新技术产业，发挥高新技术在改革传统产业、调整产业结构方面的作用，大力发展信息产业，大力发展与知识和信息相关的服务业。

（三）新的市场观念

随着高新科技的迅速发展和知识经济的悄然兴起，“网络经济”已经成为市场的新特征，电子商务将促成传统经济的一次革命。目前正日益发展的跨国公司在世界经济一体化中，开始形成不同于传统市场的竞争，形成你中有我、我中有你，既互相合作又彼此竞争的新局面。这些市场新特点，领导者和决策部门、管理部门必须予以高度重视，领导者应该树立起全球视野下的市场观念，强化在竞争中联合、联合起来竞争的意识，打破过去消极被动应战的局面，主动走出去，勇敢地参与国内国际两个市场的竞争，以竞争开拓市场，以联合适应区域经济集团化，增强市场竞争力，从而提高驾驭市场经济和知识经济的领导能力和领导艺术。

（四）新的发展观念

知识经济是促进人与自然协调、可持续发展的经济。它与传统的发展观是相对立的。传统的发展观是一种旧的工业化模式，即片面地利用科学技术追求经济的高速增长，随之带来了人口膨胀、土地侵蚀、生态破坏、环境污染、能源短缺、资源枯竭等一系列严重问题。知识经济的发展观则是一种可持续化的发展观，反映了人类对自然界、对社会科学的全面认识。因此，高新技术的指导思想是科学、合理、综合、高效地利用现有资源，同时开发尚未利用的自然资源来取代已近耗竭的稀缺自然资源。传统工业经济是资金、设备、有形资产的投入起决定性作用，而知识经济则是知识、智力、无形资产的投入起决定性作用。在知识经济的作用下，投资方向正发生着深刻的变化，由有形资产向无形资产倾斜，当代经济竞争正在从有形竞争转向无形竞争。在这种情况下，各级领导者应树立投入和发展的新观念，把握住知识经济是以无形资产投入为主的规律和特点，掌握正确的投入方向和未来的经济发展趋势。讲政绩一定要注重可持续发展，要有战略思维。有些地区的领导不能正确处理当前与长远利益的关系，甚至置国家和人民的利益于不顾，急功近利。例如，在招商引资中，一些外国企业使用我国的廉价劳动力和土地空间，把一些高耗能、高污染的产品转移到中国来生产，而我们有些领导者却沾沾自喜地宣称要把中国变成世界的加工厂和生产车间（实际上是实验场和垃圾场），而且还将其作为自己的政绩和飞黄腾达的资本，这不能不说是中国的悲哀。据中国环境科学院一项研究估计，我国近年来仅因环境污染和生态破坏造成的直接经济损失就在 1 000 亿元以上，使我们国家成为世界加工厂和垃圾场。所以无论政府领导还是工商企业领导，都不要见利忘义，坑害国家、民族和人民，造成无法挽回的损失，否则贻害无穷。

分享案例

“低碳”在前几年还被作为一种前卫的城市和企业发展理念，而如今，成功的案例就在人们身边。青岛啤酒作为国内大型企业，作为“低碳经济”的践行者，其发展特色被总结为“碳管理”理念。青岛啤酒股份有限公司董事长金志国认为，啤酒行业转变经济增长方式迫在眉睫，他认为碳管理管好了是资产，管不好就是负债。碳管理绝不仅仅是碳减排这么简单，建立一个“低消耗、低污染、高产出”的经济模式才是问题的关键所在。目前，青岛啤酒内部管理已经实现了“碳闭环”。二氧化碳是啤酒生产过程中产生的副产物，同时也是啤酒生产中不可或缺的主要原料，以前经过技术处理后大部分都排放掉了，现在通过加装二氧化碳回收装置，对二氧化碳进行收集、加工，然后用于生产所需。2006—2009年四年间，青岛啤酒公司的二氧化碳回收总量超过 21 万吨。实施碳的闭环管理，既减少了环境污染，又降低了成本、增加了效益。

青岛啤酒的领导者把新的发展理念贯彻到企业的实践中，使企业取得了良好的发展，并在未来的竞争中占据了有利地位。知识经济领导理念是时代发展不可逆转的产物，谁走在前面，谁就会获得胜利。

（五）新的创造观念

知识经济是 21 世纪的主导型经济，这种全新的经济形态的主要基础是知识的创新。谁的创新能力强，谁就占主导地位。在知识经济时代，一家企业可以因发明一项技术而大大获利，但只要其他企业发明一种比它更好的同类产品，那么，原先的这项技术就会马上失去价值。在现代竞争条件下，技术革新层出不穷、接二连三，小生产条件下那种“江山代有才人出，各领风骚数百年”的状况已经一去不复返了。在这种形势下，如果缺乏创新意识，昨天的英才就会变为今天的庸才。因此，努力培养和提升整个民族的创造性思维能力，已经成为今天非常迫切的战略任务。

对于 21 世纪的知识经济，发展的决定因素和国际竞争的成败关键就是创新的能力。创新是知识经济的灵魂。创造性的问题是一个很复杂的问题，在高新技术生产时期，关于创造性的观念与小生产时期的创造性观念是大不相同的。小生产时期创造性的表现集中于人际关系，在政治上的创造性收益大，因而博得官员、领导的赞赏。而在知识经济的高新技术生产时期，在社会价值上的创造性收益大，可获得专利权，博得企业家和社会的广泛赞赏。在知识经济的条件下，人生的最大价值在于为社会创造价值。在知识经济中，领导者的首要任务就是领导创新。作为领导者，一方面要发现和尊重人才，因为大部分的创新来源于人才的创造性。要有鉴赏他人创造性的能力，应该是“爱才如命”，而不是“爱财如命”。另一方面，领导者要有组织创新的能力，要善于营造有利于创新的条件和环境，激励人的创新智慧。

分享案例

“全优七效”牙膏的开发，不是佳洁士中国研发团队第一次针对中国本土市场开发产品。早在 1996 年进入中国市场之初，佳洁士就是宝洁产品线上较为水土不服的一个分支，当时中国市场上的牙膏所使用的研磨剂大都来自于低品质的天然石灰，容易对口腔造成损伤，但价格较为便宜，售价偏高的佳洁士牙膏难以迅速切入市场。出师不利让佳洁士研发经理熊青云意识到了解中国市场的重要性，其随后推出的降低牙膏制造成本的创新技术为佳洁士赢得了 3%的市场份额，打开了市场，但仍处于很低的水平。

在接下来的几年中，佳洁士将深入了解消费者需求作为一切研发生产的出发点。佳洁士品牌经理熊青云一次在山东出差时，她看到当地有人就着大蒜吃面条后拿出茶叶咀嚼，以去除口气，这一发现给熊青云等研发人员带来了灵感，也成为日后佳洁士茶爽牙膏的创意起点。在进行充分的市场调研后，熊青云组织佳洁士研发团队又迅速推出了符合中国消费者偏好的天然配方——盐白牙膏、草本牙膏等产品。一系列的本土化研发让佳洁士在国内牙膏市场所占份额迅速增长，超越高露洁，成为中国牙膏市场上的领头大哥。

熊青云创新的可贵之处在于，她将团队创新定位于符合中国消费者需求，改变了原来的以降低生产成本为宗旨的创新起点，营造了一个新的创新环境，使开发的产品取得了成功。

（六）新的人才观念

知识经济的发展取决于智力资源的占有，而人才是智力资源的载体，因此人才的发现和选拔是知识经济的命脉，人才对知识经济的作用远远超过了人才对农业经济的作用，也大大超过了人才对工业经济的作用。知识经济是一种新型的经济，它需要的人才也是一种新型的人才。按照新的人才观念和新的选拔方法，选拔出有国际竞争能力的高技术产业创业人才，对于迎接知识经济的挑战，是至关重要的。人才观念的核心问题是人才选拔的标准。知识经济人才的首要标准是真正有知识，主要是真正有现代科技知识。一个人的观察、分析、判断和归纳的能力在很大程度上取决于其掌握的现代科技知识和经历的社会实践。对于知识经济人才的全面素质要求，有关学者和专家概括为八个因素：思想品质、逻辑思维能力，民族文化知识及现代科学技术知识，创造性，服从命令的能力，与他人合作的能力，欣赏他人创造性的能力，社会和亲属关系状况及个人历史。在这八个因素中，最重要的是思想、知识和创造性。用新的人才观念全方位地认识和选拔人才，不仅着眼于科学研究人才、技术开发人才，而且着眼于相关的管理经营人才。用新的选拔方式在尽可能大的范围内广泛征求群众意见，并且发挥专家评议委员会的作用，把推荐与评议结合起来，尽可能拓宽选才渠道，高效率地培养、使用和激励人才，充分发挥人才的创造性。

（七）新的道德、法律观念

知识经济社会是法律保障下诚实的社会，因为在知识和科学面前是来不得半点虚假的。由于知识经济是以知识和科学为基础的，因此，在知识经济社会中的不诚实就是要搞垮经济，破坏社会。在知识经济社会中，对于诚实不仅有道德观念、社会风气的约束，而且有法律上的保障。在未来的知识经济中，知识产权将受到更为严格有力的保护。剽窃科研成果、侵犯知识产权等不诚实的欺骗行为，更是对知识经济社会的栋梁——创新型人才的扼杀，必须用法律惩处。成功的领导者放眼于世界的利益，而欺骗世界或试图欺骗世界的领导者最终必定失败。“安然”不安、“世通”不通、“安达信”不信（假账丑闻，数字游戏）引起人们对美国模式的怀疑和思考及信任危机，也应该引起现代领导者对“诚信道德的回炉”的反思。无论是国家领导还是企业总经理抑或非营利企业的领导者，在这个充满发展变化因素的时代里，信任是取得领导成功的关键因素，没有公共道德的国家是无法生存的，没有共同理想的国家是不会发展的。

（八）新的领导权威观念

领导者总是和权力联系在一起的。权力是随着组织生产而形成的，所以自古以来，对权力的认识也随着生产发展而变化。知识经济社会是靠知识和能力加强领导权威的社会。从高新技术革命来看，生产组织复杂，千差万别，变化迅速，人们创造力的发挥会带来巨大的效益，从而大大加强了领导权威。在知识经济的条件下，从一定意义上说，权力是以智慧的能力去影响别人的思想和行为的机会。身为领导者即掌权者，就要有智慧，这种智慧是知识、能力和品格的统一体。这就需要领导者有丰富的自然科学和社会科学知识来理解被领导者的情感和自我成就的需求，以知识教育他们、引导他们，为他们创造所需要的环境，公正地评价他们的成就。如果领导者知识不足，只凭手中权力控制下属，仅靠规章制度组织生产，就会使高技术失去创新。这样的领导者是一天也混不下去的。领导者一定要转变传统的领导权威观念，自觉从用权力控制人转变到用知识服务人，把权力转化为引导、调节、治理，着眼于开发人的智力、激励人的创造性。

为了迎接知识经济的挑战，领导者应清醒地认识知识经济的特点和规律，更新观念，全面提高自身的素质。不仅在知识和能力上提高自己，而且在品质和性格上塑造自己，做一个有理想、有道德、有知识、有能力的高素质领导者，在领导未来的知识经济的发展中永远立于不败之地。

（九）新的学习观念

知识经济时代，组织要在竞争中立于不败之地，关键在于其对知识资本的获取和运用。一个组织竞争力的真正来源不在于知识本身，而在于是否拥有“学习如何去学习”的能力。因此，新的组织领导模式必须致力于废除那些扼杀学习的绩效评估制度，创造有利于激发创意和尝试错误的环境，从而从根本上创立学习型组织，培养组织成员追求新知识、自我超越、勇于接受挑战和不断创新的系统思考心智模式。

三、知识经济对领导活动的深远影响

（一）领导方式和角色的变化

随着信息高速公路的发展，人们可以超越时空进行自由广泛的信息交流，利用先进的网络技术，人们足不出户就可以在网上完成办公、会议、指令、报告等。由于办公方式由集中到分散演化，身在全国各地、世界各地的领导人和被领导者都可利用网络完成领导活动；网络领导的发展使得指示命令指挥关系也会更多地变为一种合同契约关系；管理网络系统、办公自动化系统将会在领导活动中广泛运用，领导的效率将得到大幅度提高。领导活动将走出具体，变得更为宏观，领导的服务职能将变得更加突出。电子商务与电子政务的结合可以创造出无限商机。政府和企业组织结构将由金字塔型变为组织网络型趋势，政府的一些职能（如经济管理职能）将发生转变，一些职能将交给市场，一些职能将转移给社会中介组织。网络的运用可以改变传统的上级讲什么他学什么的传声筒式的以会议落实会议、以文件落实文件、以讲话落实讲话、以决议落实决议的“文山会海——享乐会议”的现状，领导体制中可以减少纵向层级，上下级的关系将会越来越弱化，领导的地位也不会像以前那么至高无上、无可动摇了。随着领导环境、领导条件、领导技术的变化，将会带来领导方式、领导方法、领导角色的变化。在传统领导活动中，被领导者整体素质偏低，主要依靠职位权力实现领导目标。在知识经济时代，被领导者自主意识和文化水平有了很大的提高，同时，现代民主领导体制日益完备，对领导者法定权力约束极严，被领导者更乐于接受他们发自内心认同和尊敬的领导者。所以领导方式由权力强制型向人格魅力型转变。传统的领导角色强调的是领导者在组织中的主体地位和作用，而被领导者在组织中处于从属地位，很难发挥其主体作用。知识经济时代的领导者应该成为组织成员的“服务者”，他们不仅仅发号施令，更是为被领导者提高服务，以充分发挥他们的主体作用。

（二）领导作风的转变

人们对陈腐、累赘的官僚机制深恶痛绝，对一些贪婪、胆怯而又缺乏远见卓识的伪领导也嗤之以鼻。在等级森严的权力体制内往往把事情复杂化，他们害怕简化，一旦处事简化就意味着失去手中的权力，这种官僚主义控制和等级森严的特权所引起的隐藏成本，不仅劳民伤财、浪费资源，也成为滋生腐败的温床。一些无能的领导者喜欢躲在职衔与地位象征之后，依仗层级权威发号施令，原因或许就在于此。

知识经济时代，人们的文化程度大大提高，民主意识大大增强，信息技术高度发达，将使领导过程、领导素质、领导能力、领导水平大白于天下，领导将告别神秘，甚至变得无密可保、无隐私可言，官僚主义将无藏身之地，形式主义将逐渐失去基础，各种不正之风和消极腐败现象也会在民主力量和公开的阳光之下得到有效的遏制。知识经济时代领导管理活动的公开化程度提高、透明度增强，将会带来领导作风的转变。

（三）领导权力的转移

知识经济的发展将会带来领导权力的转移。在农业经济时代，权力的来源多是武力和暴力；工业经济时代，权力的来源又开始转向财富；进入知识经济时代，权力来源的特征也有了新的变化，社会的主宰力量将由金钱转向知识。谁拥有知识谁就拥有权力，谁就有发言权、支配权。谁抓住知识经济，谁就能领导世界。谁能否认比尔·盖茨在数字化时代帝王般的地位？他的软件每一次的更新换代令多少使用者臣服？他那 Windows 小小的窗口，疆域已远大于成吉思汗的帝国。

第三节　现代知识领导

一、知识领导的含义及其特征

随着知识经济时代的到来，领导思想和领导方式必将发生根本性的变革。知识经济条件下，经济和社会发展中的知识含量高，对过去一直贯穿和渗透于农业经济（劳力经济）和工业经济（资源经济）中的知识的作用就凸显得日益充分，知识和信息逐步成为与人力、资金并列的第三大“战略资源”。因此，知识领导被提上议事日程，现代领导必然是知识领导。

（一）什么叫知识领导

知识领导作为一门科学，是不断发展和丰富的学科。有关知识领导的定义并不统一，如美国生产力研究中心对知识领导的定义是：企业知识领导是指为提高企业竞争力而对知识的识别、获取和充分发挥其作用的过程。美国德尔福集团创始人卡尔·弗拉保罗的定义是：知识领导就是运用集体的智慧提高应变和创新能力。综合一些知识经济学者和专家的看法，知识领导就是运用集体的智慧提高应变和创新能力，它是为组织实现显性知识和隐性知识共享提供的新途径。显性知识和隐性知识的概念由日本学者野中郁次郎在 20 世纪 90 年代提出。显性知识有一定的存在形式和固定的载体，可以被明确地表达和描述出来。隐性知识是存在于个人内心里面，尚未完全表现出来的，或存在于团体的特殊关系之中，或存在于特定的规范、态度、信息流程以及决策方式之中，也有可能存在于企业之外或企业之间，它没有独立的载体。知识领导既着眼于获得显性知识，更着眼于获得隐性知识，因为显性知识易于整理和进行计算机存储，而隐性知识则难以掌握，它集中存储在被领导者所取得的经验之中。知识领导的实施在于建立激发被领导者参与知识共享的机制，以培养组织创新和集体创造力。

（二）知识领导的特征

知识领导思想是一种全新的领导思想，它既继承了人本领导思想的精髓，又结合知识经济这一新的经济形态的特点予以创新。知识领导本身有不同于其他领导的独特之处。

1．知识领导更加重视对被领导者的精神激励

组织中被领导者之所以重要，并不是因为他们已经掌握了某些秘密知识，而是因为他们拥有不断创新和创造新的有用知识的能力，即他们是组织创新的主体力量。因此，如何采用适当的激励机制激发被领导者的创造力，在知识经济条件下的社会发展中就显得非常重要。在传统的领导过程中虽然也有精神激励，但更多的是物质激励。在知识经济时代，领导者尤其应重视精神激励，且不只是那种给予赞赏、表扬或荣誉的传统式精神激励，而是一种新型的精神激励，即赋予更大的权力和责任，使被领导者意识到自己也是领导者的一员，进而更好地发挥自觉性、主动性和首创性，充分挖掘自己的潜能以实现其自身的人生价值。

分享案例

中国的企业有很大一部分属于劳动密集型的中小企业，员工工时长、工作累、报酬低，劳资矛盾突出，经常为人诟病。而“海底捞”火锅店在这样技术含量不高的行业，却创造出了令人羡慕的高昂士气、充满激情的员工团队和出色的业绩。

1994 年，还是四川拖拉机厂电焊工的张勇在家乡简阳支起 4 张桌子，利用业余时间卖起了麻辣烫。截至 2008 年，“海底捞”在全国 6 个省市开了 30 多家店，张勇成了 6 000 多名员工的董事长。张勇认为，人是“海底捞”的生意基石。客人的需求五花八门，单是用流程和制度培训出来的服务员最多能达到及格的水平。制度与流程对保证产品和服务质量的作用毋庸置疑，但同时也压抑了人性，因为它们忽视了员工最有价值的部位——大脑。让雇员严格遵守制度和流程，等于只雇了他的双手。

大脑在什么情况下才有创造力？心理学家的研究证明，当人用心的时候，大脑的创造力最强。于是，让服务员都能像自己一样用心就变成张勇的基本经营理念。怎么才能让员工把“海底捞”当成家？答案很简单：把员工当成家里人。“海底捞”的员工住的都是正规住宅，有空调和暖气，可以免费上网，步行20分钟即可到达工作地点。不仅如此，“海底捞”还雇人给员工宿舍打扫卫生、换洗被单。“海底捞”在四川简阳建了“海底捞寄宿学校”，为员工解决子女的教育问题。“海底捞”还想到了员工的父母，优秀员工的一部分奖金每月由公司直接寄给员工的父母。

要让员工的大脑起作用，除了让他们把心放在工作上，还必须给他们权力。200万元以下的财务权都交给了各级经理，“海底捞”的服务员都有免单权，不论什么原因，只要员工认为有必要，都可以给客人免费送一些菜，甚至免掉一餐的费用。聪明的领导者能让员工的大脑为他工作，当员工不仅仅是机械地执行上级的命令时，他就是一个领导者了。按照这个定义，“海底捞”是一个由6 000名领导者组成的公司。

“海底捞”把培养合格员工的工作称为“造人”。张勇将造人视为“海底捞”发展战略的基石。“海底捞”对每个店长的考核只有两个指标：一是客人的满意度，二是员工的工作积极性，同时要求每个店按照实际需要的110%配备员工，为扩张经营提供人员保障。“海底捞”这种以人为本的策略取得了极大成功，值得借鉴和学习。

2．知识领导重视知识的共享和创新

知识领导的一个突出特点就是自身创新能力的不断增强，利用最新的信息技术来实现所需信息的获取和传递。创新是知识经济的核心内容，是企业活力之源。未来知识经济条件下组织与组织之间的竞争取决于组织的整体创新能力，即运用集体的智慧，提高应变力和创新力，增强组织的竞争能力。技术创新、制度创新、管理创新、观念创新，以及各种创新的相互结合、相互推动，成为企业经济增长的引擎。所以有效的知识领导所要求的远不止仅仅拥有合适的软件系统和充分的培训。它要求组织的领导层把知识共享和创新视为赢得竞争优势的支柱，与被领导者共同分享他们所拥有的知识，并且要求领导层对那些做到这一点的人予以鼓励。

3．知识领导对知识和人才高度重视

重视人才，是知识经济时代领导战略的重中之重。因为知识经济的发展取决于智力资源的占有，而人才是智力资源的载体，只有那些具有创造性的人才，才能抢占知识经济发展的制高点。美国斯坦福国际研究所所长米勒在对知识经济深入研究后揭示了知识经济的核心和本质，他指出：“知识经济即人才经济。”离开了人才，大谈知识经济就毫无意义。近几年来世界知识经济的兴起和发展实践表明，一个国家进入知识经济时代的首要条件就是拥有一大批高新技术领域的专门人才。世界各国尽管有着各自不同的战略构想、发展战略，但有一点是相同的，就是都强调用全球的眼光、争一流的意识来培养创新人才。

对于显性知识的取得、分享可以通过计算机的网络化和软件系统来实现。对于隐性知识，除了重视被领导者自身的能力发挥以外，还应重视组织内外专家学者及领导层的智慧作用，即人才智力的高效能发挥。在信息的利用上，必须把信息与信息、信息与人、信息与过程联系起来，从而进行大量创新。总之，对知识的重视使得组织成为“学习型组织”，要求每个成员不断地获取知识和自学成才，发挥知识团队的整合效应。需要指出的是，知识经济社会不仅需要一流的人才，还需要有一定层次结构的知识劳动大军。面对我国数量庞大、素质相对不高的人才资源，要迎接知识经济的挑战，抓住机遇，缩短与发达国家的差距，提高全民族的科学文化素质是当务之急。

4．知识领导重视组织文化建设

与传统领导一般只重视规章制度建设不同，知识经济时代的知识领导强调组织文化建设。每一个成功的组织都必须有自己的组织精神，用一种共同的价值观来熏陶全体成员。独特的组织文化全面地影响着各项领导职能的实现，以及集体效力的发挥。英特尔为适应知识创新的需要，在公司中确立了企业文化的六项准则：客户服务、员工满意、遵守纪律、质量至上、尝试风险和结果导向。

5．知识领导重视领导方式的转型

同知识经济的时代特征相适应，知识领导需要有新的领导方式，让每个被领导者都有参与领导的机会。重视领导方式的转型，就是：建立激励被领导者参与知识共享的机制，把知识的创造和有效沟通作为重要职能，培养组织集体创新能力，增强组织的竞争能力，发挥组织的整合效应；通过教育和引导，让被领导者能够自我教育、自我管理、自我领导；更好地运用政策手段，制定合理配套政策，为知识经济的发展创造良好的政策环境，保证各方面创新工作协调有序进行；更好地运用法律手段，制定科学完善的法律法规，并加大执法力度，为组织的发展创造良好的内、外部环境；将系统方法、信息方法、控制方法、结构功能方法、模型化方法等现代科学管理方法引入领导工作，努力提高领导工作的科学化水平。领导层要不断进行学习，扩展被领导者的能力。未来的领导应是集体领导，集中被领导者智慧、统一被领导者行为的领导，领导必须以身作则。

6．知识领导重视社会整体目标

知识经济时代，领导者在追求组织自身价值目标的同时，还追求整个社会的发展目标。因为社会环境的改善有利于组织的发展，组织是在与社会的相互促进中成长壮大的。组织为适应社会现实发展和未来发展的需要，在领导中更强调快速反应、灵活机动、超前领先和开拓创新。

二、知识领导所需的领导能力

（一）强化以人为本意识，提高配置智力资源的能力

领导者的真正作用就在于想方设法合理地分配、组合各种各样的资源，使得人尽其才、物尽其用。实践证明，拥有资源优势、资本优势，未必拥有发展优势，人才才是真正的战略资源。正如吉姆·柯林斯所说：“那些成功实现从优秀到卓越转变的公司的人士心里十分清楚，任何卓越公司的最终飞跃，靠的不是市场，不是技术，不是竞争，也不是产品。

有一件事比其他任何事都举足轻重：那就是招聘并留住好的员工。”拥有人才，才拥有真正的优势，因为一切科学技术都必须靠人才掌握开发和应用，科学技术只有被人所用才能成为推动社会发展的关键因素和决定力量。如果一个国家成功地吸引了最聪明、最有能力和最具奉献精神的人力资源，就会进一步强化国家竞争力。知识经济的价值体现在对知识和智力的占有，“尊重知识，尊重人才”是知识经济的价值取向。口号和讲稿不会带来变革，领导者必须明白变革的发生是因为你把正确的人放到正确的位置上，因此，知识领导所需要的领导力就是要强化以人为本意识，提高配置智力资源的能力。

（二）强化变革意识，提高创新能力

知识经济是一种智力经济，也叫智力竞争经济。实力竞争的核心是创造力和创新力。由于人的创造力和创新力，对世界各国、各组织、各企业的社会进步事业繁荣和经济发展越来越起到难以估量的作用。创新已成为决定未来事业发展的关键。当今世界上任何一个国家、任何一个企业和任何一项事业的成功经验和失败教训都足以证明：创新则生，守旧则死。创新是一个民族进步的灵魂，是国家兴旺发达不竭的动力。今天世界已经进入了一个引人注目的创新时代，尤其是在政治经济体制的理论研究与创新管理思想和经营理念的创新、技术创新等方面，大规模和高速度的发展要求领导者必须强化变革意识、提高创新能力。经济的技术基础是信息技术和通信技术的全面发展，信息高速公路把地球变成了村庄，由于知识信息源的极大丰富、多向分流和快速成熟，知识更新的改变加快，知识新颖性将很快消失，报废率提高，社会需求更加多元化和多样化，技术产品的生命周期将日益缩短，知识经济社会中变革的加快进一步增强了对领导能力的需求。事实上，变革需要领导创新，需要动员群众参与，需要组织攻坚；反过来，变革的实践又能提高领导人的能力，更新领导人的观念，推动领导创新。

分享案例

英特尔公司之所以能够在竞争激烈的微处理器市场上永保霸主地位，就得益于其以“奔腾”般的速度进行产品创新，其产品更新换代速度之快几乎无人能及。

1995 年，当高级微型器件公司、Cyrix 以及别的公司过来争抢芯片市场时，英特尔公司立即生产新型奔腾芯片，掀起了一场耗资 1.5 亿美元的电视广告战。此外，英特尔公司每个季度还有高达 35%的削价。结果，奔腾芯片的销售额比 486 芯片初期销售额的增长速度快了 8 倍。对英特尔而言，它并没有太多的选择余地——对手们正在加速挑战的力度。AMD 公司的 486 产品比英特尔公司晚了 3 年，但在奔腾面世仅两年后它就向市场投放了自己的 586 芯片；NexGen 公司开始出售奔腾级芯片只比英特尔公司晚 18 个月。所以英特尔公司必须刺激对几乎没有竞争对手的尖端芯片的需求，以保障其 55%的利润率。

对于英特尔公司而言，产品创新，奔腾不止，这是别无选择的生存之路。英特尔公司永远是领头羊，市场还没准备好，英特尔公司就去推动它，“让对手永远跟着我们好了。”英特尔公司成功的主要奥秘是以技术为先导，不断地赶超对手，在推动市场需求的同时，进行技术的创新。英特尔公司一直都在开发最新的产品，并力求保证产品的质量最好，从而占有大量的市场。

英特尔公司传奇总裁安迪·格罗夫有一句名言："在硅谷，创新是唯一的出路。淘汰自己，否则竞争将淘汰我们。"

（三）强化学习意识，提高应变能力

知识经济社会是知识密集型社会，其消费以高技术产品和通过信息产生的新知识为主，社会价值的增长主要是通过知识信息实现的。知识量的急剧增长和社会行为的知识化是知识经济的重要特征。因此，知识经济社会是一个学习型社会，领导者也应当是学习型领导。任何个人、任何组织都要不断学习才能增强生存能力，否则就会被社会所淘汰。领导者应该是站在时代前列的人，善于学习的人，及时把握时代脉搏从而掌握领导知识经济工作主动权的人。当今世事变化更为频繁，技术、经济、社会、政治上的变革频率更快，社会规律比自然规律更加复杂，更加具有不确定性。复杂的世界要求领导者（尤其是高级领导者）具有解决各种难题的能力、防范风险的能力、归纳复杂问题的能力和及时预警、应变、快速反应、采取应急措施的能力。要求领导者不仅擅长解决组织文化和政治方面的问题，而且在解决技术问题上也是行家里手。我国在处理SARS这一突发事件中，有些地区领导反映出领导不力、应急措施缓慢、欺上瞒下、不敢承担责任、指挥混乱，虽有网络的存在但沟通不畅、更无专业意识和危机意识等问题，从而造成SARS的大面积流行和失控，给人民群众的生命财产和国民经济的发展带来不应有的重大损失。这从反面印证了领导能力的重要性。今天志大而才疏的领导，只能带来灾难。

（四）强化素质修炼意识，提高非权力影响力

领导者的影响力包括两个方面：一是组织赋予的职务权带来的强制性影响力；二是由个人素质产生的非强制性影响力。前者对下属是外来的作用，其效果是使人敬畏、服从；而后者对下属主要是内在的作用，其效果是使人信服、信赖、积极响应。知识经济的发展中作为社会成员的个体不同以往，他们一般都具有较高的文化修养，更富创造性、独立性和民主意识，他们最崇敬的是领导者的品德魅力、知识能力和成功经历。在努力做到通过学习加强理论功底，拓宽知识面的基础上，领导者必须要勇于实践，在实践中增长才干，提高能力，善于总结，勤于思考，敢于自我否定，从而使自己的非权力影响得到进一步提升。

分享案例

刘备是我国古代著名的君主，拥有一批忠心耿耿的下属。长坂坡一战时，赵云数进数出曹营拼杀，险些将性命丢在曹营，费尽九牛二虎之力后方将幼主阿斗救出。刘备从赵云手中接过阿斗，不仅没有表现出应有的高兴，反而将自己的亲生儿子掷之于地，说："为你这乳子，几乎损我一员大将。"赵云一见此情景，立时被感动得涕泪涟涟，连忙抱起被刘备抛掷于地的阿斗，跪下说："赵云就是肝脑涂地也不能报主公的知遇之恩啊！"

关羽被东吴杀害以后，刘备报仇心切，竟不听诸葛亮劝告，亲自率军出征，攻打东吴。

结果大败，自己也病倒在白帝城的永安宫，刘备知道自己病难以治好，便派人日夜兼程赶到成都，请诸葛亮来嘱托后事。刘备叫诸葛亮坐在身旁，用手摸他的肩背说："自从得了丞相，我发展了自己的事业，只是由于知识浅薄，没听丞相的话，遭到今天的失败，实在后悔万分。看来我这病是难好了，我儿子能力太弱，不得不将大事托你。"叫儿子叩拜诸葛亮，又对百官说："我已把国家大事托拜给丞相，要我儿子待他像父亲一样，诸位也不可怠慢。"诸葛亮感动得痛哭流涕，后来鞠躬尽瘁，死而后已。

刘备在复杂的政治斗争实践中领略到遵循儒家政治思想理念对于角逐天下的重要性，十分注意自身品德人格的修养，树立贤德之君的风范，临终时仍不忘留下遗诏告诫刘禅："勿以恶小而为之，勿以善小而不为。惟贤惟德，能服于人。"正是这个"惟贤惟德，能服于人"的基本政治理念，铸就了刘备一生受人敬重的品格魅力，成就了刘备的一生霸业。

（五）树立全球化、开放性的领导思维

领导者要以世界的眼光和全球的视野，深入观察和分析世界发展变化的状态和态势，根据国际市场和全球经济与技术发展的趋势来决定自己的发展方向、目标和重点，并且以无比开放的心态迎接这种变化所带来的机遇和挑战。领导者要树立系统性、全局性的领导思维。领导者在领导活动过程中，特别是在战略决策的制定中，要抓住系统的整体性，充分考虑和把握系统内部不同要素之间的有机联系和相互作用，站在整体立场和宏观立场上分析问题，以做到总揽全局，高瞻远瞩。面对经济全球化，没有一个企业的生产经营不直接或间接与全球化竞争相关联，因此，企业领导者要面向全球开发与配置资源，组织生产经营活动，使企业具有对全球战略环境及本企业条件的分析判断能力，具有适应全球竞争的能力和技巧，并建立一套基于国际分工协作的高效生产体制和面向全球的国际市场营销体制，迅速准确地把握市场信息。

三、知识领导的实施

知识领导的实施在于建立激励被领导者参与知识共享的机制，设立知识总监，培养组织创新和集体创造力。为此，实施知识领导应做好以下工作。

（一）调整组织结构，将组织建成知识型组织

传统的组织结构是严格按照刚性领导的要求设计的，领导者与被领导者、领导者与领导者、被领导者与被领导者之间等级森严，被领导者的信息、意见和建议要通过一定的组织结构逐级汇报，不能越级。知识领导则要打破这种组织设计，建立能适应经济要求的知识型组织结构，任何一名被领导者的信息、意见或建议都可以通过简化了的组织结构直接传输到组织最高领导层。正如美国《福布斯》杂志所说的："在这种新的环境里，组织内和组织之间即竞争对手之间进行合作将成为常事……跨学科和跨地点的协作小组将变得更加普遍。逐级汇报的等级制度也将被淘汰。"美国网络公司（USA Networks）的副总裁乔丹·利比特也认为："雇员天生就具有竞争性。要重新调整公司的重心，把它建成知识型公司，并建立有利于雇员彼此进行合作的创造性方式。"知识经济要求每个人都能有机

会施展才能，并注重通过知识的共享、信息的沟通，促进组织效率的提高。为适应这种需要，领导组织形式将是扁平化的，这种组织形式的中间管理层次大大减少，机构精简；组织成员与领导成员保持尽可能近的距离，能更多地相互了解和沟通；具有柔性化的特点，具有高度的适应性，能使组织及时地适应环境的变化；坚持信息共享，信息传递通畅，有利于透明、公平、民主的决策机制的形成。同时，知识经济条件下的领导组织还会呈集中的趋势，因为只有建立强有力的决策领导中心，才能提高组织的市场预见能力，做出组织的长远战略发展规划，与实力雄厚的大型企业集团竞争，在科学技术的研究与开发、人才的吸引与培训方面等发挥强大优势。总之，知识经济条件下的领导组织方式无论具体形式如何，都将以人的个性、创造性的充分发展为原则。任何一名被领导者的信息、意见和建议都可以通过简化了的组织结构直接传输到最高领导层。

因此，在知识经济条件下的领导目标会导向更加充分地体现社会责任感，领导追求的目标不再是孤立的，而是更多地追求组织与环境的和谐统一；追求经济、政治、文化与生态环境的和谐健康发展，已成为知识经济时代领导战略的重要目标和宗旨。

（二）建立便于组织成员相互交流的设施和环境

要实行知识领导，最基本的是建立一个能为公开交流提供完好基础设施的网络。当代信息科技特别是国际互联网的蓬勃发展，改变了人类的生产、生活方式，特别是极大地改变了经济社会发展的运行环境，把全球带进了“数字化”“网络化”“信息化”时代，这样组织内部的领导手段和设施也就不可避免地与各种数字、网络、信息联系到了一起。事实上，各种数字、网络、信息对领导活动的影响是很大的：一方面它提出了知识领导的要求；另一方面又使知识领导成为可能，并且降低了建立知识领导基础设施所需的成本。现在，不仅美国、日本等国家在各级各类组织内部基本实现了领导工作的数字化、网络化、信息化，而且还出现了“虚拟领导”“虚拟政府”“虚拟政党”“虚拟决策”等带有革命性变革的举措。我国一些水平较高的机构及组织的数字化、网络化领导也已取得重大进展。最近几年，我国每年有数百万台计算机被安装到各级各类党政机关和企事业单位，国家及许多地方启动了各项信息网络工程。这一事例表明，我国领导工作的信息化进程明显加快，同时，由于人力成本快速上涨、计算机价格大幅下降的双重经济驱动，使得我国的各级各类组织及其领导能够在与发达国家差距并不太大的条件下，逐步跨入数字化、网络化、信息化领导时代。英特尔公司非常重视公司内部沟通体系的建设，在英特尔总部，专门设有一个“全球员工沟通部”，促进英特尔沟通体系与团队发展。英特尔公司推崇并采取开放式的沟通模式，内部的沟通是双向的，既有自上而下的沟通，也有自下而上的沟通。公司的高层管理人员会经常通过英特尔内部网络，向全球员工介绍公司最新的业务发展以及某个专门问题的情况。英特尔通过这些方式力求创造平等的沟通环境。

（三）设立知识主管

美国德尔福集团创始人卡尔·弗拉保罗认为：“那种认为人在没有先例可循的情况下，能够训练有素地丰富、支配和领导不断发展的知识中心的观点未免要求太高。”正是因为认识到了这一点，各种组织才提出设立知识主管。弗拉保罗解释说，知识主管的地位居于首席执行官和信息主管之间，他对于组织运作过程的作用就如同信息主管对于技术开发的作用。当然，我们不能把知识主管等同于现在某些组织已经存在着的信息主管。如果把信息主管错误地改为知识主管，就等于犯了把知识领导简单地看作信息管理的错误，这将导致错误地把知识领导工作的重点放在技术和信息开发上，而不是放在创新和集体的创造力上。信息管理主要侧重的是建立并维持一个通畅且高效的信息网络，从事信息的收集、检索、挑选、分类、存储、传输和分析等。尽管在信息管理的高级阶段，信息管理人员也参与一些商业竞争方面的战略分析，但对如何运用信息来进行企业创新在信息管理中并没有什么特殊的要求，而且往往企业的信息管理者和信息的使用者之间沟通不够。而知识领导则是对包括信息在内的企业所有的知识实施全面管理，把企业的知识资源统筹起来，与其他资源相结合致力于企业的创新活动。

（四）建立透明、公平、民主化的决策机制

知识领导的核心在于强调每一个被领导者，即知识的创造者的价值和作用。在知识高度发达的今天，决策透明、公平、民主化显得更重要。这方面的事例在当今的国际经济和社会发展中不胜枚举，其中经验和教训也非常深刻，建立透明、公平、民主的决策机制已成为世界性的潮流。决策是否透明、公平、民主，已成为判断领导工作成败得失的一个重要标准。对此，美国哈佛管理杂志告诫所有的领导者和管理者：要想凝聚人心，团结员工，进而取得事业的成功，公平、透明的决策过程比加薪更有效！

（五）创造有利于每位被领导者创造力发挥的文化氛围

实施有效的知识领导，不仅要求拥有合适的软件系统和充分的培训，还要求组织的领导层把集体知识共享和创新视为赢得竞争优势的支柱。如果组织里的成员为了自己的利益而隐瞒信息，如果组织里所采取的安全措施常常是为了鼓励保密，而非信息公开公享，那么这些将对组织构成巨大的威胁。相比之下，知识领导要求被领导者共同分享他们所拥有的知识，并且要求领导层对这样的氛围进行强化，以推进知识的创新和组织集体创造力的提高。激发每个被领导者的创意是知识领导的首要任务，这必须成为现代领导的共识。

知识领导的实施要解决如何实现知识领导的问题，涉及知识领导的客体——知识、主体——管理知识的人、工具——实现技术、保障机制——制度等众多不同的层面，是一个复杂的综合性问题。而在知识领导实践中，很多企业无法明确到底什么才是企业的知识，即不能定义出真正的企业核心知识，同时也没有理解知识领导的内涵和外延，导致了企业的知识领导活动不能对企业的具体业务、流程起到很好的支持作用。因此，企业在实施知识领导时至少应该达到三个目标：第一，必须能帮助企业明确方向、把握重点，有效组织、发展和完善自身的核心知识资产，从而不会在知识领导庞杂的内容中迷失方向；第二，必须能理清知识领导与企业其他管理的关系，使知识领导能够有效地支持企业各方面的业务活动；第三，知识领导的实施应该是一套系统的方法，以更全面地指导企业的知识管理实践活动。

由于知识经济是一个全新的经济形态，这种经济建立在知识和信息的生产、分配与使用之上，知识经济时代的到来必将推进社会转型，掀起人类文明的第三次浪潮。它将建立起一个充满理性的知识化社会，一个创新的社会，一个诚实守信的社会，一个公正发展的社会。这是时代赋予当代领导者的历史使命。

第四节　互联网时代的领导力

一、互联网与互联网时代

（一）互联网和互联网+

互联网（英语：Internet），又称网际网络，互联网始于1969年美国的阿帕网。是网络与网络之间所串联成的庞大网络，这些网络以一组通用的协议相连，形成逻辑上的单一巨大国际网络。这种将计算机网络互相联接在一起的方法可称作“网络互联”，在这基础上发展出覆盖全世界的全球性互联网络称互联网，即是互相连接一起的网络结构。

互联网+，通俗地说，就是利用信息通信技术以及互联网平台，让互联网与传统行业进行深度融合，创造新的发展生态。简单地加以概括：“互联网+”就是“互联网+各个传统行业”。

互联网具有以下特征。

1.“链接”变连接

互联网内各个节点、各类要素之间正在从原来封闭的、单纯的互换“链接”向广泛的、有效的“连接”转变，从相对轻的弱连接向深度的数据交互的强连接转变。社会化网络将连接一切，连接未来是互联网+的目标。

2. 开放+分布

互联网的结构是按照“包交换”的方式连接的分布式网络，一站之内的模式彻底终结。从网络层、数据层、终端层、OS层、Web层到应用层，“开放”正在重塑整个互联网的产业结构体系。互联网的大平台要开放，中小服务商也是在开放布局的基础上提供分布式的服务。开放变成一种生存的必需手段，不开放，就无法获得更多的连接，越开放连接越广、连接越厚，价值越大正是因为“开放+分布”这种特征，在技术的层面上，互联网绝对不存在中央控制的问题。即不可能存在某一个国家或者某一个利益集团通过某种技术手段来控制互联网的问题。

3. 创新+生态

所谓“互联网+”，实际上是创新2.0下的互联网发展新形态、新业态，是知识社会创新2.0推动下的互联网生态演进。互联网+，生态是非常重要的特征，连接互动、移动设备、应用服务、开发者及开发平台构成了以移动互联网为纽带的生态系统，而生态的本身就是创新的。我们推进互联网+的生态化，就是要把过去制约创新的环节化解掉，把孤岛式创新连接起来，造就无所不在的创新，推动知识经济社会以用户创新、开放创新、大众创新、协同创新为特点的生态创新，让创业并努力者有机会实现价值，让人们生活更绿色、环境更生态。

4. 跨界与融合

互联网能够不受空间限制来进行信息交换，互联网+就是跨界，跨界就是重塑融合。实现跨界了，创新的基础就更坚实；能够融合协同了，群体智能才会实现，从研发到产业化的路径就会更垂直。跨界融合，协同共荣，已经成了互联网发展的重要景象。

（二）互联网时代

回望人类历史，科学技术带给人类社会发展的巨大推动力，并以技术为标志先后划分出了农耕时代到工业时代到知识时代，互联网技术的诞生又使人类社会进入到了前所未有的互联网时代。比照农耕时代、工业时代和知识经济时代，互联网在经济领域引发各产业生产方式、生产关系、生产要素的重新组合、建构。互联网，正以改变一切的力量，在全球范围掀起一场影响人类所有层面的深刻变革，互联网技术正开创人类一个全新的时代。互联网时代具有以下特点。

1. 重新定义人自身存在的目的

与传统工业时代不同的分工协作方式、产业链关系、消费与生产的关系相比，互联网时代解构了原有的价值链条、产业组织形式和产业格局，创造了全新的产业生态和经济模式，同时给人与机器的赛跑提出新的时代性命题。曼纽尔·卡斯特尔（美国南加州大学传播学院教授）指出："网络的形式，将成为贯穿一切事物的形式，正如工业组织的形式，是工业社会内贯穿一切的形式一样。"凯文·凯利（《失控》作者、《连线》杂志创始主编）也指出："我们通过结合把自己变成一种新的更强大的物种，互联网重新定义了人类对自身存在的目的。"

2. 最大限度地释放人性

人性的光辉是推动科技进步、经济增长、社会进步、文化繁荣的最根本的力量，互联网的力量之强大来源于对人性最大限度地释放，对人的创造性发挥的最大限度地重视。麻省理工学院电脑科学实验室的高级研究员 David Clark 曾经写道："把网络看成是电脑之间的连接是不对的。相反，网络把使用电脑的人连接起来了。互联网的最大成功不在于技术层面，而在于对人的影响"。这种影响就是对人的最大限度尊重、对人生体验的最大限度敬畏、对人的创造力的最大限度发挥，也就是对人性光辉的最大释放。

3. 重塑社会结构

互联网业打破了原有的社会结构，使社会的政治结构、经济结构、地缘结构、文化结构在互联网的基础上重新塑造。权力、议事规则、话语权不断在发生变化。互联网已经越来越广泛地普及到地球的各个角落，深入生产生活的方方面面，如人际交往、工作方式、商业模式、企业形态、文化传播、社会管理、国家治理……都因为互联网而发生了不同以往的结构性变化和重塑。

4. 重整社会治理

传统的社会治理模式，是由政府行政主导或"单中心"治理模式下的公共服务和公共治理，互联网正在将社会治理主体多元化，包括市场主体、社会组织、基层自治组织和社会个体等，多元的社会主体，在更加多样、更加前沿的线上和线下空间不断发展壮大，成为政府社会治理有力的分担者和合作者。互联网也正在将社会资源更加合理地集中到"市场的手"配置中，形成更有效率、更加以人为本的社会治理结构。在"线上"和"线下"治理制度"真空"和治理"盲点"，继续由"政府的手"的力量维护社会的稳定与公平正义。这种对社会治理的重新整治，是符合"善治"发展规律的。

二、互联网时代对领导者的挑战

互联网时代，领导活动环境、元素、过程和结果都带来了崭新的变化，也对领导者提出了新的挑战，具体如下。

（一）领导者的威权地位受到了挑战

农耕时代和工业化时代，领导者和被领导者之间存在严重的信息不对称。由于领导者拥有的各种资源比被领导者多，领导者往往比被领导者掌握更多的资讯，在这种全景的社会里，领导者处于威权地位。在互联网时代，全景社会进入共景社会，信息公开化程度大大增强，领导者失去了把控信息资源的优势，也就相应地失去了原来那种因信息资源优势而产生的威权地位，相比而言，被领导者在互联网的共景社会里，掌控的信息资源并不会比领导者少，被领导者多元化的认识、多元化的存在、多元化的意识开始挑战领导者的权威。

（二）领导者中心化被挑战

在农耕时代和工业时代，传统的领导活动是一个系统性的活动，在这个系统活动中领导者是中心，被领导者只能在中心的领导者的指挥和支配下进行规定性活动。在互联网时代，网状结构的互联网，没有中心节点，不是层级结构，任何人都可以参与进去，尽管不同的点存在着不同的权重，但没有一个点是绝对中心，每个参与者都可以发表自己的观点，每个个体都可以成为信息的控制中心，人人都有了自己的声音，不再只是领导者为中心的时代。马克·波斯特在其著作《信息方式》中指出："互联网是去中心化的传播系统，互联网也是在基础性的组织层面上去中心化的"。互联网的技术结构决定了它内在的精神，是去中心化，互联网这种去中心化的属性，反映在领导活动中，就是挑战领导者的中心化领导方式，决策往往是大众做出来的，低层的力量越来越不容忽视，要求领导者要学会非中心化的教练式、指导式的领导方式。而这对于习惯于以我为中心的领导者来说，无疑是一个严峻的挑战。

（三）领导者遭遇了应对变化敏感度的挑战

互联网的交换具有时域性（更新速度快），工业时代相对农耕时代，虽然变化速度大幅度加快，但是远远不如互联网时代变化的速度。在互联网时代，互联网上的一切都是快速变化，领导者必须要快速地感知和把握住变化的过程，要在变化过程中快速地找到适应变化的组织形式和人才类型，而且还要马上知道变化的结果。变化太快，没有第二次机会。如果领导者没有对互联网带来的瞬息万变的敏感度，第一时间非常果断地、准确地做出适应改变的决定，就必然会被淘汰，这也是领导者所遭遇的以前没有过的挑战。

（四）领导者面临引导舆论的挑战

在工业时代，媒体还只是一个宣传工具，出现某些事件，领导还可能控制甚至封杀。但在互联网时代，媒体不再是传统观念中的宣传工具，而是一种信息传播的载体，互联网通过大量的、每天至少有几千人乃至几十万人访问的网站，实现了真正的大众传媒的作用。特别是微博、微信等新媒体工具被广泛使用后，形成了宽泛的、公开的全民媒体和个体媒体。一个事件，特别是危机事件，网下冒烟了，网上就会着火，成千上万的网民会参与进来，发表评论进而转发传播，信息不受时空限制，形成舆论压力。这种挑战是领导者不能避免的。如果你不能引导舆论，那你就会被舆论引导，甚至会被舆论推倒，而很多的领导者往往缺乏这种引导舆论的意识和能力。

（五）领导者面对现代领导方式的挑战

工业时代是以大规模标准化生产，提高产量和效率来获得企业的发展和竞争优势，市场营销注重品牌化策略，信息的传递主要是单向性的，企业可以利用信息不对称来获取比较利益。与这种时代背景相适应，领导力更多的是要求设定清晰的目标、明确的计划，严格的单方面集体管理和控制等方面能力。我们所学习的很多领导力的理念、模式、技巧和工具等也都是基于工业时代的研究成果，但是，互联网时代的来临，交换信息具有互动性（人与人、人与信息之间可以互动交流），信息交换趋向于个性化发展（容易满足每个人的个性化需求），更加强调以个性的用户需要为导向，通过小规模的快速迭代的生产来满足用户的个性化需求。基于工业时代的研究成果所形成的领导理念、模式、技巧和工具等已经无法完全适应移动互联网时代的领导力要求了，那么，如何形成与互联网时代相适应的现代领导力的理念、模式、技巧和工具，也是今天的领导者绕不开的、必须迎接的挑战。

三、互联网时代领导者的能力提升

2014 年 11 月 19 日到 21 日，“互联互通、共享共治”为主题的首届世界互联网大会在浙江乌镇召开。习近平总书记在贺词中指出：当今时代，以信息技术为核心的新一轮科技革命正在孕育兴起，互联网日益成为创新驱动发展的先导力量，深刻改变着人们的生产生活，有力推动着社会发展。互联网真正让世界变成了地球村，让国际社会越来越成为你中有我、我中有你的命运共同体。同时，互联网发展对国家主权、安全、发展利益提出了新的挑战，迫切需要国际社会认真应对、谋求共治、实现共赢。面对新形势、新挑战，迫切需要领导干部真正把握互联网的技术本质，树立起互联网思维，提升互联网领导力。

（一）树立互联网的思维方式

思维方式是最重要的领导能力。互联网思维就是在云计算、大数据、移动互联网等背景下去系统思考和解决问题的思维方式。它是云计算、大数据、移动互联网发展和应用实践在人们思想上的反映，没有互联网，也就没有互联网思维。今天互联网已经成为这一轮科技革命的时代标志，相应地，互联网思维不单单是成了客观需要的社会思维方式，而且也是成了时代思维方式。因此，对于生活在这个时代的每一个成员来说，互联网思维就是一种必须具有的思维方式。有了互联网，领导者没有互联网思维，就不能卓有成效地开展适应互联网时代的领导活动。有人说，过去企业和企业领导者的失败是因为竞争对手，现在企业和企业领导者的失败则是因为落后于时代的思维方式。因此，领导者必须树立互联网的思维方式，积极主动地思考如何利用互联网作为新型工具服务于领导活动。是否利用互联网，在一定意义上成了传统领导与智慧领导的根本分野。

互联网思维是人类独有的一种思维方式，也具有人类思维的共性。思维形式离不开概念、判断、推理；思维方法使用分析和归纳、综合和演绎；思维类型包含抽象思维、形象思维、直觉思维等共性的人类思维方式。互联网也不排斥和取代其他经济思维、政治思维、法治思维、道德思维、战略思维等思维方式，相反，互联网思维要通过整合和运用这些思维来提升自己的思维。

互联网思维是以收集、积累、分析数据，用数据“说话”的一种大数据思维。在互联网时代，对客观世界的测量和记录的大数据就是资源、财富、竞争力。对大数据进行收集、积累、分析，依据大数据决策，就是领导的大数据思维，也就是真正意义上的互联网思维。

（二）学习和掌握互联网的知识

互联网的出现，使领导活动产生了许多新的思维意识、新的思考方式、新的观念、新的模式、新的形态、新的传播方式、新的体验、新的工具、新的价值等，可以说，互联网对领导活动的本质虽然并没有改变，但是在领导模式、领导方法、领导艺术、领导手段、领导工具等方面却发生了很大变革甚至是颠覆的改变。因此，在互联网时代，领导者如果对互联网漠不关心、一无所知，或者抱着不求甚解的态度，自己的工作舞台、领导活动空间、领导活动的方式方法就会落后于时代，不仅领导活动的意义和价值会萎缩，而且领导者自己以及他所领导的组织或企业也会被时代淘汰。海尔张瑞敏说道，“在互联网时代，传统的管理模式都不奏效了，现在必须去打造新的。所以这个其实是个机遇也是挑战。没有成功的企业，只有时代的企业”。

这个世界一切都在发展变化，唯一不变的就是变。在互联网时代，这个定理不仅没有改变，而且由于互联网的推动，这个世界的方方面面都以我们无法想象的、前所未有的速度快速进行变革。这是每一位领导者备受挑战而又不得不承认的事实，每一位领导者只有认真学习互联网知识，努力掌握互联网特点，充分了解互联网作用，才能以高效的方式利用互联网平台和工具，提高快速反应能力，在迅速变革的大转折时代跟上节奏，开展最为高效的适应时代变化的领导活动。

（三）提升互联网的领导力

所谓互联网领导力，就是在互联网的平台上构建领导力，或者说是利用互联网的领导力。提升互联网的领导力，需要领导者探索和创新领导方式和方法。

1. 实施愿景和使命领导

德鲁克曾说，“发现一个领导者最有效的办法是，看其是否有心甘情愿的追随者。”人们为什么愿意在你领导的这个组织或企业做事，就是要让他们感觉到这个组织或企业有充满阳光的愿景，有一个愿景要求下的使命，感觉到自己的人生能做出很大贡献，实现自己的人生价值，这样他们就会成为领导者“心甘情愿的追随者”。如果让组织成员看不到愿景和使命，在你提供的工作平台上实现不了人生价值，他感觉自己在这个组织或企业就像一个奴隶那样劳作，他绝对不会成为领导者“心甘情愿的追随者”，特别是互联网时代的今天，为组织成员提供多重选择机会和条件，很容易就会另择高就。所以，在互联网时代，能否向人们传达组织或企业的愿景和使命，传达人生的价值，赢得人们对愿景和使命的向往和支持，对人生价值的认可和追求，是提升领导力的关键所在。

2. 善用民智民力提升决策的科学性

开放、平等、互动、协作、共享，目前被公认是互联网的几个特点，其中的互动更是最重要的特点。因此，在决策过程中实现领导者与被领导者最优化互动，也是互联网领导力的重要提升路径。领导在作决策时要通过互联网这种互动特点，由“暗箱”式决策转变为公开、透明的科学决策，由“断之于独”的决策转变为“谋之于众”科学决策，问计于下属，问智于下属，尊重民意、扩大民主参与增量，不仅倾听专家和下级领导者的声音，而且倾听最接近答案的一线人员的声音，这会使决策更具有科学性；决策制定后，又可以通过互联网互动特点与下属互动交流，坦诚沟通，以获得下属的理解，汇聚支持力量，使作出的决策得到更有基础的贯彻和落实。

3. 强化协同合作的团队领导

历史的舞台和市场经济舞台，都不是英雄单打独斗的舞台，而是团队打天下的舞台。在今天的互联网时代，团队的作用更加明显，因而领导好团队更是领导力提升的重要方面。互联网是一个容纳人的空间，互联网时代，组织或企业就像是一个网络，把松散的组织成员正在变成一种具有形成集体与群体意志的团队，创建一个向前看齐的共同目标。领导者要适应互联网所带来的新形势，既有担当精神，又有团队领导、协同合作意识，学会与团队共同学习、探索、成长，共享成果。互联网时代，一切都在快速变化，并呈现出更加不确定性的状态，传统的严格管理和控制那种扼杀多样性领导方式，不能有效地应对不确定性，只能增加风险而不能降低风险。强化协同合作的团队领导，更多的授权给团队成员发挥主观能动性，激发团队成员的创造性，就能更好地应对互联网时代快速变化和不确定性，从而提升领导力，取得更好的领导绩效。

案例讨论

艾华士——可口可乐首席执行官，他整理数据和管理的方式令信息时代以前的任何行政主管都望尘莫及。

在艾华士时代的可口可乐公司，业务计划不再是每年一次形式上的东西，而是高层主管之间不断讨论的结果；技术不再只是不错的玩意，而是成败攸关的东西。扑面而来的大量信息并没有让艾华士手足无措。他坚持认为，接触大量的信息是进行实时决策必不可少的。那种高高在上的首席执行官早已过时，而“野战排长式”的首席执行官渐成气候。公司高级副总裁、负责拉美业务的蒂姆·哈斯说，过去那一代的高级主管的作风更多的是“不要带给我问题，带给我解决问题的方法，艾华士就是因为善于想办法而出人头地的”。艾华士曾经说过，在这个错综复杂而又瞬息万变的世界上，首席执行官不可能坐在行政套间里根据猜测来决策。他认为，美国企业中的行政主管中有许多人“正在令人惊讶地变得与世隔绝”。

刚进可口可乐公司时，艾华士发现，公司需要两个半月的时间才能收集到偏远地区经营活动的财务结果。现在他把这个过程缩短为5天，并竭力促成了在公司内部重新开辟尽可能多的信息来源。如今，在美国的大部分地区，可口可乐公司的营销人员能够知道两天前某种品牌某种包装的饮料在某个零售点的表现情况。这使他们能够迅速发觉百事可乐的价格动向，并作出反应。可口可乐公司曾经利用几乎是即时的奥运会电视收视率和观众构成成分等信息，在一天之内制作出新的电视广告片。“这家公司对信息的利用登峰造极，简直就像机器一样”，董事会成员沃伦·巴菲说。

艾华士平易近人，喜欢和三教九流的人聊天。等级观念荡然无存——因为它使所有的事变得拖拖拉拉；老一套的案头工作也被取消。艾华士宁愿雇员们把自己当成是知识型工作人员——他们的办公室就是他们随身携带的信息，加上技术支持，他们在任何地方都能工作。对于可口可乐这80%的利润来自海外的大公司来说，这一点实在是太重要了。艾华士致力于使下属的各国分部之间、各主管之间、经理之间的经验交流实现制度化，致力于把可口可乐变成一家“具有学习能力的公司”。

讨论问题：

1．艾华士怎样看待知识经济与领导的关系？

2．艾华士怎样将知识经济融入到自己的领导理念和方法中？

3．在知识经济的背景下，艾华士选择了构建怎样的企业？采取了哪些方法来领导和管理企业？

第二章 领导理论

引导案例

安东尼和布伦达同时被提升为美国东海岸东部大学的基层管理人员。安东尼领导着学校一个由5个人组成的绿化小组，这个小组主要负责校园东区的花草树木的修剪工作。布伦达则是校邮电所的负责人。

布伦达在工作中表现出许多领导才能，邮电所的同事们都一致推荐她为负责人。邮电所是全校最安定、出勤率最正常的一个单位之一。人们问布伦达，为什么她与职工的关系能这么融洽同时又将邮电所管理得这么好，她说："我把我的同事当作人看待，我关心他们的疾苦，同时，我也使大家都了解我们要做什么。这样，大家就能共同努力。我还经常注意别人在工作中好的表现，在总结评价时进行表扬，大家也通过小结懂得了今后应更好地改进工作。除此之外，最主要的是，我注意在不同的情况下采用不同的管理方式。对于日常性的工作，用不着我每天去讲怎么做和做得怎么样，但有了新的工作内容，我就向大家讲一下，使大家知道如何去做。"

而安东尼的情况则与布伦达很不一样。在他的小组里，职工的情绪低落，缺勤情况严重。根据记录，最近有几个组员表现很不好，对工作不负责任。当人们问起安东尼这是怎么回事时，他回答说："我还不知道问题的症结在哪里。但是，我认为应该平等地对待工人。我也尽量使大家能了解我对工作的计划和要求，对每一件工作，我都给他们讲清楚应如何去做，而且我总是在他们身边进行监督。同时，在发放奖金时，我也平均地发放，我没有亏待任何一个人。"

从以上案例中可以发现，同时提升的两个领导者，他们的管理实践时间相同，其管理的结果却完全不同。这种不同来自于他们对工作的态度、对职责的划分和对下属的关心。作为一名领导者，布伦达做到了高主导和高关心，取得了良好的效果。安东尼平等对待每一个人，认真做每一件工作，似乎也没有错，却没有得到好的效果。这就说明作为一位领导者，不仅仅需要具备优秀的道德品质和个人素质，还要有一些作为领导独有的特质和行为。这就把研究的视角引入到了领导理论的范畴。

长期以来，西方各国的管理学家、行为科学家以及心理学家都非常重视对领导及领导理论问题的研究，从不同的角度对领导行为进行研究，提出了有关领导行为的多种诠释和理论。大体上看主要分为以下几个阶段：20 世纪 30 年代开始的领导特质理论，集中研究有效领导者身上所具有的个人特征，以领导者为中心，目的是要找出领导者与非领导者的区别。20 世纪 40 年代主要是领导行为理论，该理论将研究中心转为研究领导者的工作作风和领导行为对领导有效性的影响，并将各种领导行为进行分类。强调通过领导活动对组织成员施加影响，激发员工的工作热情来完成组织的任务。20 世纪 60 年代后，研究者们开始强调组织的环境对领导有效性的影响，从而形成了领导权变理论。该理论从组织所处的环境去研究如何使领导行为与环境相互适应，以达到最佳的领导效果。在 20 世纪 80 年代，科学技术的迅猛发展和信息化的实现使西方社会进入知识经济时代，新的领导理论应运而生，其中魅力型领导理论和变革型领导理论备受关注。

第一节　领导特质理论

领导特质理论又叫领导特性理论、领导素质理论。早期的管理学研究十分重视对领导者应有的素质和个性进行研究，认为领导的素质是与生俱来的，他们具备一些不同于他人的特点，如充满智慧，目标明确，有远大的理想、坚韧的毅力等。英国前首相玛格丽特·撒切尔执政时期，她的领导风格非常引人注目，人们常常这样描述她：自信、铁腕、坚定、雷厉风行……这些特点均指的是她的特质。无论是撒切尔首相的拥护者还是批判者，都认为她具有这些特质。领导特质理论的基本出发点是：能否成为成功的领导，主要决定于他们是否具有领导的特质。每个人与他人相比，都有其自身独特的特点，有的人刚柔并济，能伸能屈；有的人胆小懦弱，遇事总避之不及；有的人乐善好施，愿意帮助人……一些领导行为的研究者们希望通过对领导的特质进行研究，找出一些领导具有的相同特质，进而找出成为领导的特质规律，从而解决什么样的人适合当领导的问题。总结出具有规律性的、具有普遍性的领导者的一般特征，这就产生了领导特质理论。

一、领导特质理论的相关研究

（一）斯托格蒂尔的六类领导特质

美国俄亥俄州立大学工商研究所的斯托格蒂尔教授曾两次对特质理论做过详细的研究。1904—1948 年，斯托格蒂尔做过 124 次有关这方面的研究，研究结果虽然找到了一些领导的共同特质，却不能证明哪些素质与领导成就有关。1949—1970 年，斯托格蒂尔又对有关的 163 位领导者的素质进行了研究。这个研究包括更多的管理选择研究，更多的可能与非正式领导者有关的品质和技能，以及测定技术的更大的多样性。从两次研究中，斯托格蒂尔找到了六种类型的领导特质：（1）身体特性。如精力充沛、有干劲、仪表出众等。（2）社会背景特性。如受教育的程度和社会地位等。（3）智力特性。如超群的智慧，很好的口才、判断力、果断性等。（4）性格特性。如自信、有控制力、正直、见解独到、进取、有独特的创造力等。（5）工作方面的特性。如有责任感、事业心，追求成就，重视任务的完成等。（6）社交技能特性。即成功的领导者具有广泛的社交能力，善交际，能与人合作开展工作等。斯托格蒂尔在第二次研究中发现了一些新增的品质与技能（如表 2-1 所示），他认为这些品质是成功的领导者的特征。

表 2-1　领导者的品质与技能特征

品　质	技　能
适应情景	聪明（智能）
对社会环境的警觉心、成就导向	概念技能
确定	创造性
合作	礼貌和老练
果断	演说流利
可依赖性	指导工作
统治（权力动机）	组织（行政能力）
精力（高活动水平）	劝导
坚持	社会技能
自信	
忍耐紧张	
愿意承担责任	

斯托格蒂尔把领导者的特征总结为：强烈地被责任和完成任务所驱动，在追求目标方面强烈而持久，在解决问题上大胆而创新，在社会情景中追求行动的主动，自信和见解独到，愿意接受决策和行为的结果，有能力影响他人的行为，能够为现实中的目的建立社会交互系统。

此外，斯托格蒂尔还明确地表示以下观点（仍然不存在普遍性领导品质的证据）：拥有一些品质和技能能增强领导的有效性，但它们不能保证领导者真正有效；拥有一定品质的领导者可能在一种情景下是有效的，但在另一种情景下却是无效的；两个拥有不同品质的领导者可能在同一情景下都是成功的。

（二）德鲁克的“五项主要习惯”

20 世纪 70 年代德鲁克在《有效的管理者》一书中指出，管理者都具有很好的智力、很好的想象力和很好的知识标准。但是一个管理者，其有效性同他的才能、知识等没有太大的关联。有效的管理者和无效的管理者在性格、才智方面没有太大的区别。有效性是一种后天的习惯，可以通过后天的学习来培养。德鲁克认为优秀的管理者应该具备以下五种习惯：（1）善于利用自己的时间。时间是有限的，是不可再来的，所以有效的管理者往往会合理安排这有限的时间，管理自己的时间，统筹地安排一些工作，争取用最少的时间获得最大的收益。（2）注重贡献，确定自己努力的方向。他们并非为工作而工作，而是为了一个目标而工作。（3）善于发现和用人之所长。包括自己的长处、上级领导的长处和自己下属的长处。（4）分清事情轻重缓急，分清主次，集中精力于主要领域。致力于在主要领域获得卓越成果。（5）能做有效的决策。一项决策可能会引致议论纷纷，有效的领导能够在众口难调的情况下做出统一的决策判断。

分享案例

谷歌公司有一个奇特的规定：你可以不用干活，就能正常领取工资，唯一的条件是你不能离开公司。有人把这种规定戏称为“板凳留人”。

2009年，受世界性经济衰退影响，谷歌计划通过裁员和减少一些项目来减少开支，降低风险。但是，就在公司高层酝酿这一计划时，消息则不胫而走，引起了巨大反响：公司上下人心惶惶，一些资深的老员工更是很愤慨，一些中层管理人员和处于关键岗位的技术人员甚至扬言要再起炉灶，直接与谷歌竞争。迫于压力，谷歌采取了缓兵之计，规定被裁减的员工仍可以在公司工作两个月，并且有机会申请公司内部的其他职位。如果60天后没能找到合适的职位，就必须从谷歌离职。两个月后很多员工被离职。为了找到新的经济增长点，尽快扭转公司效益下滑的趋势，谷歌高层不得不对前边放弃的项目进行重申审视，从中发现了一个能盈利的好项目，在进行策划时，遇到了一个很棘手的难题：因为这个项目被裁减，相关的开发人员也随之离职。

同样为这个难题伤脑筋的谷歌联合创始人佩奇，却意外地发现了这个项目开发团队的人员名单，他为人才的流失感到惋惜，随后，作出召回这些人才的决策。佩奇首先试着联系名单上的相关人员，并委婉地表达了想重新聘用的意向，却遭到了这些人的一致拒绝。佩奇并没有因此而放弃自己的决策和坚定的选择，亲自逐个登门拜访，并答应给他们3倍的工资，同时向他们承诺永远不会再被裁减。

佩奇的亲自登门拜访和诚恳的态度打动了这个项目团队成员的心，答应回公司继续这个项目的开发。正如佩奇所预料的那样，一个月后，该团队拿出了一个堪称完美的项目策划，一年后，这个项目成为谷歌公司新的盈利点。

通过这次教训和经验的总结，佩奇和公司高层作出了一项规定：员工如果暂时没有合适的工作和项目计划，可以赋闲数月甚至数年寻找适合自己的工作或思量自己新的项目计划，即使这个项目计划可能会失败，也仍然可以照领工资，如该公司产品负责人乔纳森虽然离开岗位已多年，但是工资单上依然保留他的名字，他的办公室和行政助理还都在。显然，这个决策留住了大批人才。

2004年，首席品牌官艾若拉突然离职后，佩奇马上任命了坐在“板凳”上很久的销售第一任负责人奥米德接替。佩奇的板凳留人术，让谷歌多年来一直拥有秘密的人才库，保持着超越竞争对手的优势。

佩奇把板凳留人称为“任性制度”，并说：我们的任性制度一是为了自己，二是间接打败对手。与让这些人投奔竞争对手或者创办对谷歌构成竞争威胁的公司造成的损失相比，挽留人才付出的那点工资简直不值一提。“佩奇这种善于发现人才，留住人才和分清轻重缓急的有效决策的特质，让谷歌渡过了危机，也获得了长足发展的人才资源。

（三）吉塞利的研究成果

为研究有效领导者的素质，吉塞利曾调查了90个企业的300名经理人员，在其《管理才能探索》一书中研究了 12 种个人素质，并将这些素质对有效领导的重要性总结为如表 2-2 中所列的三类。

表 2-2 个人素质对管理成功的重要性

重 要 性	个 人 素 质
非常重要	督察能力 首创精神 对事业成就的需要 才智 对自我实现的需要 自信心 决断能力
中等重要	对工作稳定的需要 要与工人阶级保持密切关系 对金钱奖励的需要 处理事务的成熟程度
最不重要	男性—女性

（四）包莫尔的领导特质论

美国普林斯顿大学的包莫尔教授提出了作为一个领导者应具备的十大条件，颇具代表性：（1）合作精神。即愿意与人一起合作，与人一起不是压服而是有效的沟通和说服。（2）决策能力。即具有依赖事实进行决策的能力，而不是依赖想象进行决策，具有高瞻远瞩的能力。（3）组织能力。即善于发掘下属的能力，能有效地组织人力、财力和物力。（4）精于授权。即能大权独揽，小权下散。（5）应变能力。即善于应变，不墨守成规，能随机应变。（6）敢于求新。对新事物、新环境、新理念有敏锐的感知能力。（7）勇于负责。即对下级、上级及产品用户和社会有高度的责任心。（8）敢担风险。即敢于承担企业发展不景气的风险，有创造新局面的决心和信心。（9）尊重他人。即重视和采纳别人的意见，不盛气凌人。（10）品德高尚。即品德为社会人士和企业员工所景仰。

分享案例

瑞士雀巢公司发展到 20 世纪 70 年代末和 80 年代初时，世界爆发了严重的危机，雀巢公司的经营业绩也受到了巨大的影响，一度出现停滞不前甚至滑坡的局面。其时马歇尔出任公司总裁。他敏锐地发现：广大消费者的口味越来越世界化，据这一情况，他提出把食品按各地不同的口味略加调整和改进，及开发在世界各地畅销的新型食品的设想。这个设想最终迎来了雀巢公司的重新崛起。

20 世纪 80 年代中期，雀巢公司经过调查发现：欧美的物质水平发展很高，但有些有钱、有闲阶级的人士情感十分空虚，他们把情感寄托在小猫小狗的身上，对待小动物宠爱有加、呵护备至。马歇尔感到，如果经营与这些动物的衣食住行、生老病死有关的行当，肯定有厚利可图。据这一判断，雀巢公司开发了“宠物食品”，短短几年时间，雀巢公司生产和销售的“宠物食品”就占了75%的市场份额。

雀巢公司的成功是与领导人马歇尔的敏锐的洞察力分不开的，在当今社会激烈的竞争中，如何抓住商机成为领导人需要具备的素质，而成功地抓住商机就需要具有敏锐的洞察力。敏锐的洞察力就是优秀领导的一种特质。

（五）日本企业要求领导者应具有的10项品德和10项能力

日本企业要求领导者应具有的10项品德和10项能力，如表2-3所示。

表2-3　领导者的10项品德和10项能力

10项品德	10项能力
责任感	思维决策能力
使命感	规划能力
信赖性	判断能力
积极性	创造能力
忠诚老实	洞察能力
进取心	劝说能力
忍耐性	理解他人能力
公平	解决问题能力
热情	培养下级能力
勇气	调动积极性能力

（六）鲍尔的领导特质论

麦肯锡公司创始人之一鲍尔在他1997年出版的著作《领导的意志》中指出，领导应具备14种品质：（1）值得信赖，即行动正直。鲍尔特别指出，一个领导应该说实话，这是赢得信赖的良好途径，是通向成功的入场券。（2）公正。办事公正才能赢得别人的尊重，办事不公正是个严重的问题，因为这意味着为某些人开了先例，会引起混乱。（3）谦逊的举止。傲慢自大、不可一世会给领导者带来害处。随和、平易近人、不拘礼节对领导赢得尊重是有益的，有利于其更好地领导工作。（4）倾听意见。领导者过早地发表自己的意见，会失去一些学习倾听的机会。领导者应善于倾听别人的意见，并不是简单地听，还应有引导式的提问。只有善于倾听，领导者才能获悉别人未察觉的机会或问题。（5）心胸宽阔。自信是一个优点，但过于自信会导致自我吹嘘或狂妄自大，容易变成自我信徒或指挥他人的长官，易变得心胸狭窄。这主要还是归咎于命令加控制的体制，容易使一些领导者陷入自我陶醉的境界。如果领导能够虚心地倾听下属的意见，对有用的意见或建议愿意予以采纳或付诸实施，必然会激发员工努力工作的斗志，这是市场竞争的一个巨大的优势。（6）对人要敏锐。领导者应养成能够推测人们内心想法的能力，如能了解其内心想法便能更好地说服他们。对人敏锐意味着领导者对人的感情也是敏锐的，领导者对人要谦和、谨慎、体贴、理解，说话不要打击人的自信心、自尊心，不要打击人的斗志。（7）对形势要敏锐。这里的形势不是指政治形势、经济形势等宏观形势，而是指工作中出现的各种各样的情境。领导者应善于观察事实并做出抉择，同时应敏锐观察有关人员的情感和态度。（8）进取。领导者应不满足现状，不断进取，不断创新，更快更好地发展。（9）卓越的判断力。行动中的判断力包括：有效地解决问题的能力，制定战略的能力，确定重点以及直观和理性判断的能力，判断力也包括对合作者和对对手的潜力加以评估的能力。领导者要把确定的信息、可能的信息和直观的推测结合起来，从中得出结论，而日后事情的发展证明这种判断是正确的。（10）宽宏大量。即领导者能容忍各种说法，不管好的坏的，不要因为小事而大动干戈，对其进行处罚，要以宽容心来让各种不好的观点自行灭亡，要以宽容来赢得各界尊重。（11）灵活性和适应性。领导者应该灵活地看待各种问题，要清醒地看到各部门不断变化的东西，以及需要不断改进学习的东西，并且要不断地加以变革，使公司的发展速度不落后。领导者应该能很快适应各种不断变化的环境，并且能很好地处理不断出现的问题。（12）稳妥而及时的决策能力。领导者要认准时机，把握好决策的时机和决策的内容与质量。（13）激励人的能力。领导者能通过榜样、奖金、分红、表彰等形式表扬一些表现好的和有进步的、有突出贡献的人，使他们获得满足感，并且激发这些人的工作激情，同时也给其他人更加努力提供动力。（14）紧迫感。领导者有了紧迫感，对组织和领导工作上会有很大的推动力，同时也为员工做好了榜样，这在竞争激烈的环境中很重要。

分享案例

1993年，拉森和盖茨都遇上了麻烦。拉森试图收购一家资金管理公司，但结果失败了，拉森有三个嗷嗷待哺的孩子，而盖茨那时虽然已经是美国首富，但还没有成立基金会，越来越多的人批评他不做慈善。当年3月，媒体还曝出盖茨的投资管家曾经涉嫌银行诈骗，而盖茨本人对此一清二楚。舆论压力迫使盖茨要找一名新的投资管家，这个人必须“既干净又聪明”。

这年夏天，拉森接到了一个猎头的电话。猎头要求拉森提供13个联系人的电话，已对他做背景调查。拉森想：“想不到他们也玩FBI的把戏。”令拉森没有想到的是，猎头真的给13个联系人打了电话，并且和每一个人都聊了一个多小时。最后，猎头得出结论：在拉森的职业生涯中，他没有对任何客户说过假话，没有开过空头支票，完全符合盖茨对投资管理家的特质要求。

当得知老板是盖茨时，拉森很犹豫，因为“他刚刚解雇了一个投资管家，我想他可能很难相处。”拉森决定先和盖茨见一面谈谈。没想到谈话很投机。拉森愉快地接受了这份工作，成为盖茨在华尔街的耳朵和眼睛。

拉森吸取了前任公共形象不佳的形象，采取低调的投资管理策略。1994年，他成立卡斯凯德投资公司，取这个名字的原因，是“它在大西洋西北海岸非常普通”，卡斯凯德公司位于西雅图郊区的一座无标志建筑物内。很多卡斯凯德员工甚至不知道自己的老板是盖茨。拉森会随时把100多亿美元的项目分包给25名外部基金经理，这样就不会有人了解到盖茨整体的资金动向。因为对老板保护有加，拉森甚至获得“盖茨看门人”的绰号。该公司此后每年都会获得稳定收益。1995 年以来盖茨基金会年回报率为 11%。得益于拉森保守的策略，2008 年，全球金融危机来袭时，卡斯凯德的亏损要小于道琼斯工业平均指数全年 27%的降幅。

拉森不只会赚钱，还会省钱。尽管卡斯凯德掌握了豪华连锁酒店，但是，管理人员出差，一般都住比较便宜的酒店。目前，拉森早已扬名华尔街，但他依然与盖茨保持适当的距离，尽量避免在公开场合与老板见面，以突出和维护盖茨的主体形象。

（七）彼特的不胜任领导职位的人的 12 种品质

美国管理学家彼特从反面把难以胜任领导职位的人的 12 种品质做了研究归纳，这 12 种品质是：（1）对别人麻木不仁，吹毛求疵，举止凶狠狂妄。（2）冷漠，孤僻，骄傲自大。（3）背信弃义。（4）野心过大，玩弄权术。（5）独断专行。（6）无法建立同心协力队伍的能力。（7）心胸狭窄，挑选无能之辈当下属。（8）犟头犟脑，无法适应不同的上司。（9）目光短浅，缺乏战略头脑。（10）偏听偏信，过分依赖一个顾问。（11）懦弱无能，不敢行动。（12）犹豫不决，缺乏决断力。

分享案例

三国时期，蜀后主刘禅懦弱无能，缺乏头脑，凡事全靠诸葛亮等一帮忠臣，这些大臣相继死后，蜀国很快就被魏所灭。刘禅投降后，司马昭同刘禅一起欢宴，特地为刘禅表演故国蜀地的音乐舞蹈，在旁的人们都为刘禅的亡国感到悲伤，而刘禅却欢乐嬉笑，无动于衷。司马昭看见这种情形就对贾充说：“想不到刘禅竟糊涂到了这种地步，即使诸葛亮活到这时，也帮助不了这个昏庸的君主，何况是姜维呢！”贾充说：“他要是不这样昏庸，殿下您又怎么能吞并他呢。”

又有一天，司马昭问刘禅：“你很思念蜀国吗？”刘禅说：“这里很快乐，我不思念蜀国。”郤正知道了这事就指点刘禅说：“如果司马昭再问起时，你应哭泣着回说：‘先人的坟墓都葬在蜀地，我是天天都在惦念着。’”等到后来司马昭再次问他时，刘禅便照着郤正教他的话回答，说完并闭上眼睛，想装出要哭的样子。司马昭于是说：“为何你刚才所说的话，像是郤正的语气呢？”刘禅听了大惊，睁眼望着司马昭说：“您的话确实没有错。”左右的人都笑了。

一个好的领导可以发挥其领导能力和人格魅力，带领团队冲破重重障碍，从逆境走向成功；而一个不称职的领导不仅仅会碌碌无为，甚至会将团队推入深渊。像刘禅这样懦弱胆小、缺乏智慧的人，根本不具备一位领导者应该具备的品质，本无法担任领导职务，却被推上了领导的岗位，其结果只能是带领团队走向灭亡。

（八）柯克帕切克和洛克的领导特质理论

柯克帕切克和洛克经研究发现：领导者与非领导者之间主要有六种不同的特质，这六种特质对一个人能否成为有效的领导者起着至关重要的作用。它们分别是进取心、领导愿望、诚实与正直、自信、智慧和工作相关知识。表 2-4 简要描述了这六种特质。

表 2-4 区分领导者与非领导者的六项特质

内 容	表 现
进取心	领导者表现出高努力水平，拥有较高的成就渴望
领导愿望	领导者有强烈的愿望去影响和领导别人，他们表现为乐于承担责任
诚实与正直	领导者通过真诚与无欺以及言行高度一致而在他们与下属之间建立相互信赖的关系
自信	下属觉得领导者从没有缺乏过自信。领导者为了使下属相信他的目标决策的正确性，必须表现出高度的自信
智慧	领导者需要具备足够的智慧来收集、整理和解释大量信息，并能够确立目标，解决问题和作出正确的决策
工作相关知识	有效的领导者对于公司、行业和技术事项拥有较高的知识水平。广博知识能够使他们作出富有远见的决策，并能理解这些决策的意义

（九）皮奥特维斯基和罗克的领导特质研究

两位管理学家皮奥特维斯基和罗克在 1963 年出版了一本名为《经理标尺：一种选择高层管理人员的工具》的著作，其中列出成功经理的个人特质如下：（1）能与各种人士就广泛的题目进行交谈。（2）在工作中既能“动若脱兔”地行动，又能“静若处子”地思考问题。（3）关心世界局势，对周围生活中发生的事也感兴趣。（4）在处于孤立环境和困难局势时充满自信。（5）待人处事机巧灵敏，而在必要时也能强迫人们拼命工作。（6）在不同的情况下根据需要，有时幽默灵活，有时庄重威严。（7）既能处理具体问题，也能处理抽象问题。（8）既有创造力，又愿意遵循惯例。（9）能顺应形势，知道什么时候该冒险，什么时候谋求安全。（10）做决定时有信心，征求意见时谦虚。

分享案例

李光耀在新加坡执政期间，多次到访中国，给中国人留下了幽默灵活和庄重威严的特质。有记者曾经问他：“多年前，您在谈到中美关系对周边国家的影响时，有句经典的比喻：两头大象打架，受伤的会是小草。在当今国际形势下，您对这句话有何新的注解？”李光耀打比方说：“如果两只大鲸鱼争斗起来，一定会掀起大浪。而如果他们浓情蜜意，海面也一样无法平静。所以，邓小平说得好，中美关系好也好不到哪儿去，坏也坏不到哪儿去。”这番幽默的话，博得全场大笑。

当年，谷牧到新加坡访问时，送给李光耀一方镌刻着一章《论语》的鲁砚。面对这一特殊礼物，李光耀风趣地说：“中国有句古话说：‘半部《论语》治天下’。新加坡没那么大，一章就够了。”引得众人捧腹大笑。

1997年，香港回归中国前夕，有一位记者采访李光耀：“1997年后，香港将遭遇什么？”李光耀回答道：“1998”。记者本想诱使李光耀说出不利于香港回归的话，李光耀马上意识到记者的提问很尖锐，于是他机智巧妙又庄重威严地曲解为“下一个年份”，言外之意，就是平稳过渡，继续向前。

（十）亨利·法约尔的研究成果

现代经营管理之父亨利·法约尔认为，大企业的高层领导者应具备以下几项素质：（1）身体健康并且体力好。（2）有智慧并且精力充沛。（3）道德品质方面，有深思熟虑的、坚定的、顽强的决心；积极、有毅力，必要时很勇敢；勇于负责，有责任感，并关心集体利益。（4）有丰富的文化知识。（5）有管理才能。（6）对所有基本职能都有一般性概念。（7）在企业特有专业方面有尽可能大的能力。

分享案例

美国前总统查德·尼克松所著的引人入胜的《领导者》一书中，对法国总统查尔斯·戴高乐的评价是，后者是他所见过的最伟大的领导者之一。尼克松基于观察，列出了戴高乐的一些情况：（1）他体现出高贵的尊严。戴高乐有一种坚决的气质，向外表达着与他人的距离和他的高傲。他高大的身材和高傲的举止不断传达着一个信息：他不是普通人。（2）他精于公开演讲的艺术。他有很深沉、平缓的嗓音和平静、自信的举止。（3）他扮演着自己的角色。他与新闻界的会面就好像皇室与群众的会面一样。这些都是作为一个卓越的领导者所应具备的特质。

二、对领导特质理论的评析

特质理论主要研究领导者的个人特性，以期预测选择具备什么素质的人作为领导最合适。这种理论产生的原因有二：一是为了选拔和预测的需要；二是确定哪些方面能造就一个有效的领导者。这种理论阐述的重点是作为一个有效的领导者应具备的素质。

（一）领导特质理论的有效性

领导者的素质确实对组织的运作起到很大的作用，因为领导者的素质影响领导决策，而领导者的一些决定往往会对组织的发展起决定作用。在影响组织未来成功与否的因素中，领导现已成为关键的因素。我们正朝着一个用技术和资金能够创造的世界前进，但是只有人——能计划的人，能创造的人，能做出决策的人，才能领导这个世界用技术和资金朝着和谐、合理的方向发展。良好的领导者素质是一个组织发展的关键，领导者是组织的核心，肩负着承上启下的重任，要率领群众不断拓展，不断前进。因此领导者素质的好坏很可能会成为一个组织兴衰成败的关键所在。

领导特质理论的研究对改善和提高领导状况起到一定的积极作用。可以借助领导特质理论的研究来认识领导者的内在情况，发现其优点，以此来选拔人才、使用人才和培训人才会更有借鉴性，更切合实际，更有针对性，效率更高。尤其是对领导者的培训等起到很好的借鉴作用，对此，领导者的特质理论有一定的权威性和广泛的影响。

通过对领导素质的研究，不仅可以揭示许多领导者成败的缘由，还可以给那些准备进入领导行列以及在领导职位上不能得心应手的人们一些借鉴，让他们不断完善自我，结合周围的环境，弄清楚要很好地领导组织运作，促进组织发展，自己究竟缺少什么特质，鼓励他们通过不断实践和学习来培养、加强这些特质，成长为一个出色卓越的领导者。

（二）领导特质理论的不足

领导特质理论主要是指有效领导者要具有一定的品质与特征，藉此，才能将有效领导者与差绩效领导者区别开来。领导特质理论集中研究有效的领导者应具有的个人特征。早期的关于领导的研究（传统特质理论）之所以集中发掘个人特质和领袖人物超人的魅力，因为这样可以把领导者与他们的跟随者区分出来。探寻领导特质，领导学家们为此做过非常多的研究。为的是让人们相信一个毋庸置疑的结论：领导者天生与一般人不同。领导特质理论侧重于比较领导者与被领导者、高层领导者与基层领导者、成功的领导者与不成功的领导者之间的个体差异，试图确定成功的领导者具有什么样的人格特质，也就是确定具有什么样特性的人适合做领导者，进而在此基础上确定进行什么样的训练能够培养出胜任领导工作的人。然而，大量研究使人们得出这样的结论：具备某些特质确实能提高领导者成功的可能性，但没有一种特质是成功的保证。为什么领导特质理论在解释领导行为方面并不成功？经过几十年的研究和实践，许多学者都对特质理论提出了种种异议。究其原因主要有以下几点：（1）它忽视了下级的需要。总是从领导者自身来考虑，而没有考虑下属及其他人的适应性。（2）它没有指明各种特质之间的相对重要性。各种特质不分主次，地位等同。（3）它没有对因与果进行区分。（4）它忽视了情境因素。一个领导者能否成为有效的领导者，不仅取决于他本身的素质，还取决于其行为和所处的环境。这些方面的缺乏使研究者将注意力转向其他方向。20 世纪 70 年代以来，人们从注重技术训练和管理方法中得到启示，逐步认识到领导者的特性是在实践中形成的，于是提出了现代特质理论。

现代特质理论研究者密切联系管理实践，认为领导者的一些特质并不一定是天生的，而是可通过学习和实践后天养成的。并改进研究方法，从动态的角度深入研究领导者的素质特征。例如，领导们有一个希望达到的理想目标，为此目标能够全身心地投入和奉献；反传统；非常固执而自信；是激进变革的代言人，而不是传统现状的卫道士。现代特质理论的这一思路表明领导更像是一种风格，它不但强调领导者的实质，也强调领导者的外在表现。同时，它否定了领导者是天生的，认为成功的领导者可以通过后天塑造，从这个意义上讲，它比传统素质理论更进了一步。

总的来说，用领导者的特征来解释领导行为并不成功，原因是：（1）并非所有领导人都具备该理论指出的领导特征，而许多非领导人也可能具备其中大部分或全部特征。

（2）这些研究都是描述性的，该理论没有指明一项特征应该达到多大程度。（3）许多已完成的研究对哪些特征是领导应该具备的特征并无一致看法。各研究者所列的领导特性说法不一，包罗万象。如著名的管理学者尤克尔所说的，“关于领导者的特质、行为、权力以及作为预测领导效能的情境变量方面的经验性研究虽已有数千项，但是，大多数研究结果却是相互矛盾和相互排斥的。”如一项研究成果认为该特性对组织的发展起到改进的积极的效率影响，但另一成果可能认为该领导特质对组织的发展会起到消极的作用。这种研究的典型方法是鉴定已委派领导者的特性，包括精力、能力、方向与目的感、友好、真诚、有魅力、仪表好、有恒心、有干劲等。但遗憾的是对此结论并不一致，甚至对一些更重要的结论也不一致。

总之，大半个世纪以来的研究得出这样的结论：具备某些特征确实能提高领导者成功的可能性，但却不能证实哪些特征与领导者的成效攸关，没有一种特征是成功的保证。随着领导行为理论的兴起，特征理论大大丧失了它的可接受性。领导特质理论为选拔与培训领导者提供了依据，但至今还没有研究证实哪些特性是成为成功领导者必须具备的条件。特质理论只是说明一个领导者具备哪些特质会有较大的机会有效地领导下属，领导的成败除了受领导者的特性影响外，还受各种环境因素影响。因此，虽然在过去的十多年中研究者对特质理论表现出很大的兴趣，但从20世纪40年代开始特质理论就已不再占据主导地位了。20世纪40年代至60年代中期，有关领导的研究着重于对领导者偏爱的行为进行考察。但不可否认的是，只要领导现象存在，对领导的特质理论的研究就不会终止，因为人们始终在不断认识自己，不断完善自己，更需要认识那些带领人类前进的领导主体。

第二节　领导行为理论

由于在特质理论的研究中未取得预期的效果，因此一些学者开始转而研究领导行为，希望通过调查研究找出领导者行为与领导效果之间的关系。在领导行为的研究中，主要是通过领导者对生产工作或对人的关心程度、注重程度来划分不同的领导方式。研究领导行为理论的目的在于提高对各种具体的领导行为的预见性和控制力，改进工作方法和领导效果。研究的侧重点在于确定领导者应具有什么样的领导行为以及哪一种领导行为的效果最好。

一、领导行为理论的相关研究

（一）领导行为四分图理论

1945年，美国俄亥俄州立大学商业研究所在斯托格蒂尔和沙特尔两位教授的带领下，对大型组织的领导行为作了一系列深入研究。从近千个领导行为因素中，他们通过团体中成员评估自己的领导人，最后归纳出两种主要的领导行为，即“主导型领导行为”和“关心型领导行为”。该理论主要是对这两种行为的有效性问题进行分析研究。这是首次尝试用二维空间来表示领导行为，为以后的研究开辟了一条新的途径。

主导型领导行为指的是将重点直接放到组织绩效上的领导行为。这种领导是以工作为中心，它包括组织工作、工作关系和确定目标的领导行为。这类领导行为的特点是将下属的工作规定得十分明确、十分具体，任务委派得很具体、很有计划，由领导确立好组织目标和抓好组织管理，严格要求下属，要求员工保持一定的绩效标准，并强调工作的最后期限，确保其有效地完成任务。

关心型领导行为指领导对组织成员的情况关心，试图与下属建立相互信任、融洽的工作关系。这种领导以人际关系为中心，领导和下属的相互关系体现为互相信任、互相尊重，上级关心并体谅下属的一些困难，考虑下属的意见和感情，与下属进行沟通、交流并鼓励他们参与制定一些决策，通过让下属参与组织管理来提高下属对组织的热爱和工作积极性。

主导型领导和关心型领导是两种不同的领导行为，两者结合可以形成四种领导风格，如图 2-1 所示。

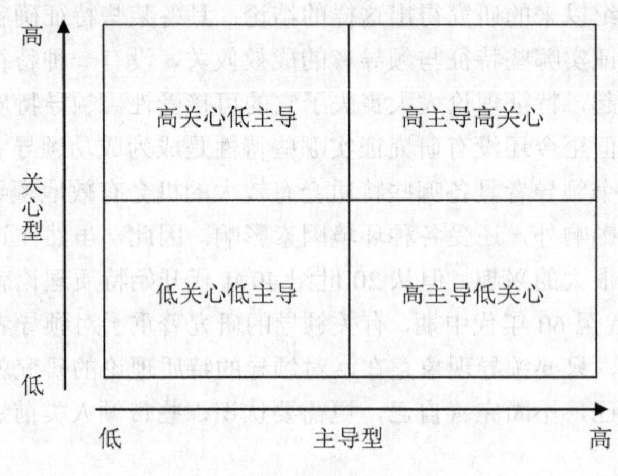

图 2-1　领导行为四分图

我们来看一下这四种领导风格。

1．低关心低主导的领导行为

对组织的任务分配及领导下属工作效率不高，任务完成绩效低。同时和下属的关系方面也不融洽，各方面都不尽如人意，领导有效性最差。

2．高关心低主导的领导行为

这种领导关心领导者和下属的关系问题，注意与下属之间的沟通交流，相互尊重，相互信任，有很好的群体气氛，而把完成工作任务、实现组织目标放在次要地位。与下级关系较好，但在工作任务的组织安排上会存在问题，因此工作绩效不是很高，这种领导通常与其上级的关系不是很好，会引起上级的不满。

3．高主导低关心的领导行为

对实现组织目标、完成工作任务最关心，一心放在工作绩效的提高上。但是对下属的关心不够，和下属之间的沟通交流较少，独断专行，和下属关系不是很融洽。这样的领导上级比较满意，但是会引起下属的不满。

4．高主导高关心的领导行为

这种领导对工作和下属都很关心，因此能很好地保证任务的完成和实现组织的目标，又满足下属的合理要求，因此能和下属在融洽的气氛中高效率地完成任务。既能得到下属的尊敬，又能使下属满意，因此大多情况下，这种领导是最受欢迎、最有绩效的。

以上这四种领导风格，总的来说，高主导高关心型领导风格是最有效的，但有时具体情况具体分析，在一定情况下可能会是另外的风格比较有效。例如，在下属之间关系不融洽的情况下，可能下属之间会有意见分歧，这时领导还得以组织绩效为中心，对决策的制定要斩钉截铁，要做出专断的决策以保证组织的正常运行。这时可能高主导低关心的领导风格对组织的某一段的运行更有好处。

（二）管理方格理论

在俄亥俄州立大学领导行为四分图的基础上，美国得克萨斯州立大学心理学教授布莱克（R.R.Blake）和莫顿（J.S.Mouton）于 1964 年出版的《管理方格》一书中提出了管理方格理论。这种理论认为领导的行为方式由“以员工为中心”和“以生产为中心”两个因素组成。如图 2-2 所示，这是一张九等分的方格图，横坐标表示领导对生产的关心程度，纵坐标表示领导对人的关心程度。在坐标图上由下至上、自左至右由 1～9 划分 9 个格，作为标尺。整个方格共有 81 个小方格。每个小方格都表示“关心生产”和“关心人”这两个基本因素相结合的领导方式，如在评价领导人时，就按两个方面的因素寻找交叉点。例如，某领导关心生产高达 9，而关心员工只为 1 的话，那么他就属于 9.1 的类型。

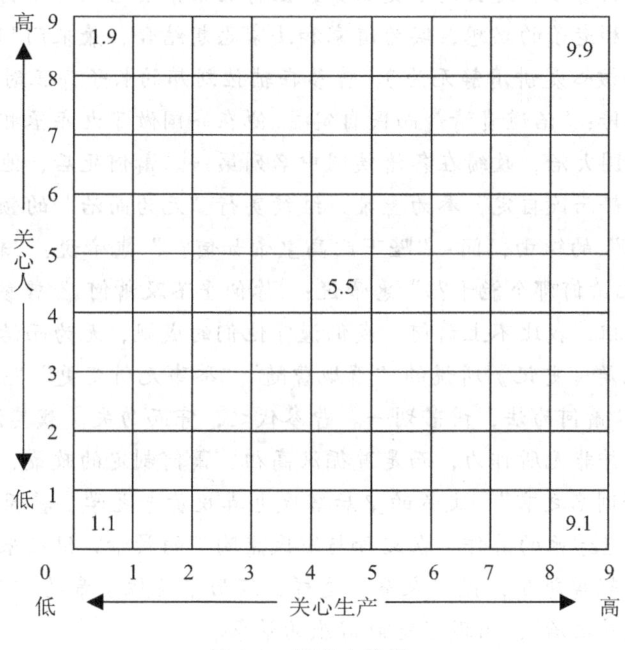

图 2-2 管理方格图

对生产的关心主要表现为：对工作生产上所持的态度、对生产的程序、生产的决策、生产的结果、研究的创造性、生产的质量、服务的质量等的关心程度。

对人的关心主要表现为：保持职工的自尊、帮助职工建立自信、听取职工意见及反映的问题并加以解决、保持良好的工作气氛和具有满意感的人际关系等。

布莱克和莫顿提出的这种管理方格图，主要是避免在组织的管理中采取极端的领导方式，即或者以工作生产为中心，或者以人际关系为中心。通过这一理论提出领导的行为方式有很多种，根据具体情况可以具体问题具体分析，在不同场合采取不同的领导方式。如图 2-2 所示，共有 81 种由“关心生产”和“关心人”这两个最基本因素不同程度相结合所构成的领导方式，图中“1.1”“9.1”“1.9”“9.9”“5.5”描述了五种领导类型。

下面对这五种主要的领导类型予以详细解释。

（1）“1.1”型领导——被称为“贫乏型领导”（也称“虚弱型领导”）。这种类型的领导对生产和员工都表现出极大的不关心，对必需的工作付出最少的努力以维持恰当的组织成员的关系，尽最小的努力来维持自己的职务，领导人几乎放弃自己领导人的职责，抱着“多一事不如少一事”的态度来进行工作。一般来说，组织中有这样的领导者，组织的发展就会停滞不前，甚至会在这种激烈的竞争环境中被其他组织所吞噬。大多数情况下可以说这种管理是领导者和整个公司的失败。但也不排除个别情况，如当下属素质都很高，全部为自我实现型的高成熟度的成员时，这种领导方式也是可行的，即所谓的“无为而治”。

分享案例

汉朝的著名人物曹参，是县衙小吏出身，他特别推崇黄老之学（黄老之学始于战国盛于西汉，假托黄帝和老子的思想，实为道家和法家思想结合，兼采阴阳、儒、墨诸家观点而成。这种思想的核心是讲清静无为）。曹参在辅佐刘邦的长子齐王时，得到专门研究黄老之学的盖公的真传：“治道贵清静而民自定。”他在齐国做了九年丞相，实行无为而治的领导方略，结果齐国大治，政绩在各诸侯国中名列第一。萧何死后，他被调到中央继任丞相，把“治道贵清静而民自定”奉为圭臬，继续实行“无为而治”的领导方略。曹参向惠帝解释“无为而治”的缘由，问：“陛下比高皇帝如何？”惠帝说：“我哪可比高皇帝！”又问：“陛下看我比萧何哪个能干？”惠帝说：“你似乎不及萧何。”曹参说：“陛下说的是。既然陛下比不上高祖，我比不上萧何，我们谨守他们的成规，无为而治岂不很好？”惠帝说：“很好。”这就是《史记》所说的“萧规曹随”“举事无所变更”“一遵萧何约束”。也是当时民谣所说：“萧何为法，讲若划一。曹参代之，守而勿失。载其清静，民以宁一。”曹参的无为而治，并非无所作为，而是遵循汉高祖、萧何制定的政策，继续照办，不作更张。文帝本人“好刑名之言”，文帝的皇后窦氏也喜欢黄老之学，甚至强令其子（包括后来的景帝）研读黄老学派的著作。在文帝与窦氏熏陶下的景帝，继续采用黄老之学，宽松刑法，精简官吏，轻徭薄赋，提倡农桑。这样，经历了几位皇帝的“无为而治”，缔造了历史上有名的“文景之治”，出现了空前富庶的景象。

高祖死后，惠帝即位，实权操在吕后手中，继续实行无为而治。司马迁在《史记》中说：“政不出房户，天下晏然。刑罚罕用，罪人是希，民务稼穑，衣食滋殖。”文帝时期依然如此。

（2）“9.1”型领导——被称为“权威与服从型领导”（也称“任务型领导”）。这是一个把完成任务放在第一位、对人漠不关心的领导行为。这种领导者权力很大，重点关注工作的计划、程序的安排、职工的工作完成程度等，并尽可能地设计一种环境，使人员不打扰工作的进行。这种领导有独裁专权的性质。在这种领导方式下，员工成了机器，完全听命于领导的安排，失去了进取探索的精神，把员工的创造性完全封闭住了。同时他们也认为，人们只有按照某种规定被约束、被控制住、被领导的时候，组织的生产目标才能得以实现。这样的领导人常抱着“不生产就灭亡”的心态来领导组织运行。

（3）“5.5”型领导——被称为“中庸之道型领导”（也称“组织人型领导”）。这种领导既表现对工作的关心，也对人关心。这种领导奉行中庸之道，走中间道路，位于方格图的中心。这种领导对人的关心度和对生产的关心度是平衡的，既不偏重于生产一方，也不过分偏重于人的一方。平时注意与下属沟通，关心下属的问题，和下属关系融洽适度。并在这种气氛下做适度的工作，不偏不倚，对人和生产都持以中等程度的关心。在解决生产与人的矛盾时，可能会放弃某种东西的一半来获得另一种东西的一半，不能使两者很好地结合。这种领导方式得到适中的绩效，缺乏进取革新精神，员工的创造性得不到完全的发挥，因为在一些方面，人们愿意通过一些退让在其他方面得利，因此只能完成中等水平的进展，组织得到中等水平的绩效而已。这类领导对组织工作的发展抱着“今年比去年的业绩稍微好一点就行”的态度行事。

（4）“1.9”型领导——被称为“乡村俱乐部型的领导”。这种领导对员工的需要关心备至，非常注重与员工的沟通交流，注意了解他们的问题，强调满足人们的需要，力图建立一个舒适、友好的工作环境，让员工们在融洽的气氛中工作。他们坚持的信条是只要职工的心情舒畅就会有工作激情，就会把生产搞好。但是这种领导过于强调对职工的各种需要的满足。在组织中，人是决定性的因素，他们会用各种间接的方法来领导，希望创建友谊和同志间的合作，而不是命令式的领导，有时往往会宁愿失去一些组织的利益来满足人的需要。因此，对组织生产的规章、制度、任务、工作进程等重视不够，会影响工作的绩效。

（5）“9.9”型领导——被称为“团队协作型领导”（也称“战斗集体型领导”）。这种领导既对生产极度关心，也对人极度关心，力求促成二者的和谐进步。这种领导方式的存在表明“对生产的关心”和“对人的关心”二者是可以很好地结合的，并不是冲突对立的。通过协调各种关系，要把组织的目的和人们的需求有效地结合，调动所有成员的积极性，发扬“众人拾柴火焰高”的精神，同心协力促进工作任务的达成，并取得最好的绩效。这种类型的领导试图通过创建一种共同负责的气氛来面对激烈的竞争环境，调动所有员工的工作积极性，使团队成员能够在一起为使生产效率更高而工作，从而达成组织的目标。其行为特征是对生产的关心和对人的关心一体化，让职工了解组织的目的。当职工真正了解了组织的目的并关心其成果时，他们会有最大的工作效能，自我发挥，自我控制，并能发挥其最大的创造性、进取心，发挥最大的潜能，取得最好的工作绩效。总的来说，这种团队协作型领导是最受欢迎的领导型态。

对以上五种领导类型，总的来说，“9.9”型是最受欢迎、最有效率的。按降序排列依次是“9.1”“1.9”“5.5”“1.1”。但是在现实领导环境中，很少会出现这五种领导模式，因为他们都是处于极端的类型。管理方格理论比管理四分图理论划分得更具体，考虑的情况更多。管理方格在确定和区分领导风格方面是个有用的管理工具，管理方格理论对改进管理方法和管理作风、提高管理水平和工作效率有很大的作用。但它没有解释一名管理者为什么采用不同的领导方式。

后来，布莱克和麦肯斯进行进一步的研究，又增加了两种类型的领导方式。

（1）"9+9"型领导——被称作"家长主义型领导"。这种领导类型是将"1.9"型和"9.1"型领导方式同时使用或者快速交替使用，形成一种新的领导方式，不同于以前的"1.9""9.1"两种领导方式。而它与"9.9"型领导方式的主要区别在于家长主义型领导是一种复杂的领导方式，它是通过奖励和惩罚的方式来使人们进行生产。它综合了"1.9""9.1"两种领导方式的特点，一方面像"9.1"领导方式那样严厉和苛刻，另一方面又像"1.9"领导方式那样仁慈和亲切，而"9.9"型领导方式则将关心员工和关心生产两个方面看成一个整体。

（2）"机会主义"领导方式。这种领导方式是任意几种或所有的管理方格领导方式的组合，如何组合则是根据领导者个人利益的需要而定。运用这种领导方式的领导者会根据正在和他们交往的对手的情况，考虑对方能给他们带来什么，由此来决定如何组合管理方格中的领导方式。显然，这样的领导者是自私的，是不会过多地考虑组织目标和利益的。

（三）PM 型领导理论和 CPM 型领导理论

美国学者卡特赖特（D.Cartwright）和赞特（A.Zander）在他们合著的《团体动力学》一书中提出三种领导类型：目标达成型（简称 P 型），这是以完成组织目标、达成任务为主的领导方式；团体维持型（简称 M 型），这是以维持团体关系为主的领导方式；两者兼备型（简称 PM 型），这种领导方式对完成任务和维持团体关系同等关注。

后来，日本三隅二不二教授在日本对此也做了很多的研究，并创立了著名的 PM 型领导理论。他把研究主要放在第一线的领导上，但也对中层领导作了研究。P 职能（Performance）是为达成组织的特定目标作努力，如制定组织计划、考察工作效率等，为实现组织目标，领导会采取措施将成员的工作动力引向达成任务的目标，使目标明确化，员工工作任务明确化，评定员工的成果；M 职能（Maintenance）是领导者为强化和维持团体功能做的工作，为达到这样的目的，领导会注意与员工之间的关系，调和大家之间的感情，激励大家共同努力、和谐发展。三隅教授将领导的行为方式分为 P、M、PM、pm 四种。为了测定 P、M 的因素，他通过设计关于下属情况的八个方面来测定 P、M 的职能。这八个方面是工作激励、对待遇的满意程度、企业保健、精神卫生、集体工作精神、会议成效、沟通、功效规划。每个方面都有 5 个问题，每个问题 5 分。由于这八个方面可以划分为绩效性行为或维持性行为，因此在 PM 图中找出相应的位置，将最后的得分放在一个坐标轴上来衡量，就能很明显地看出此领导是属于哪种风格的领导。例如，若某组织的 P、M 的平均值为 30，而该组织某个领导的 P、M 的平均得分是 25、27，那么他就是属于 pm 型的领导风格，如图 2-3 所示。

从图 2-3 可以看出，平均得分是 25、27 的领导在这个图中表现出的是 pm 型领导。

下面来看一下 PM 矩阵图。PM 矩阵图不像管理四分图那样是四等分的，而是可能有大有小的四分，四分线代表被测群体中所有成员的平均值，是相对灵活的。四个区分别是 pm 区（低绩效—低维持）、P 区（高绩效—低维持）、M 区（低绩效—高维持）、PM 区（高绩效—高维持），如图 2-4 所示。

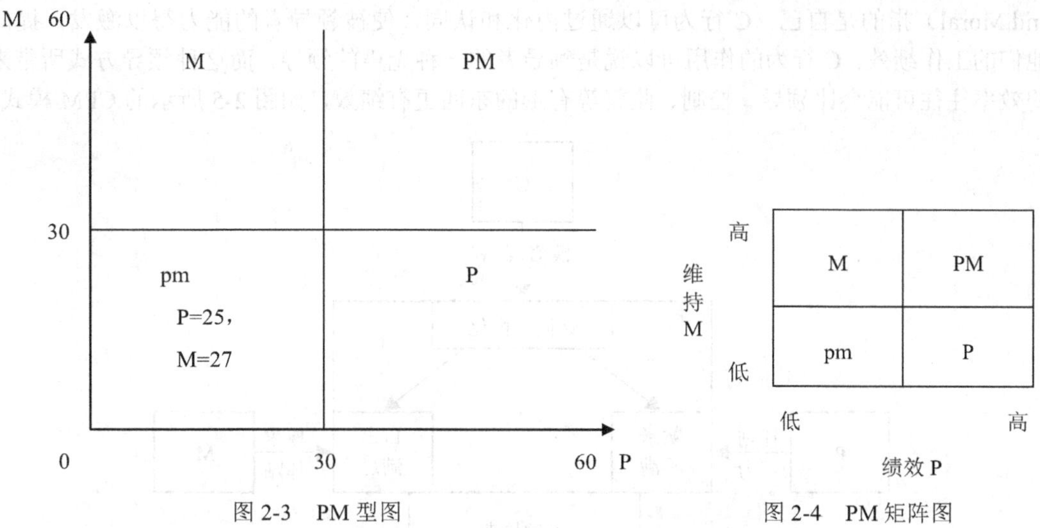

图 2-3　PM 型图　　　　图 2-4　PM 矩阵图

三隅教授做了大量的调查研究，研究对象包括企业及一些政府机关，结果发现了以下几种管理类型。

- PM 型：以执行任务和团体关系两者都为重，既努力实现组织的生产目标，又关心人员的需要。这种领导人员的组织生产效率最高，信赖度也最高。
- P 型：以完成组织目标、执行任务、履行职责为主，将成员的注意力引向工作目标。
- M 型：注重团体气氛，以维持和谐的团队关系为主，注重对下属的激励。

P 型和 M 型在调查结果里表明其绩效处于中位。

- pm 型：既不关注目标也不关注团队和谐，两者皆弱。这种领导方式使组织的生产绩效最低，信赖度也最低。

从表 2-5 来看看四种类型的绩效。

表 2-5　管理类型与绩效

管理类型	生产量	对领导者的信赖依赖程度	团结力
PM	最高	最高	最高
P	中间	第二	第二
M	中间	第三	第三
pm	最低	最低	最低

目前有许多国家和地区对这一理论进行研究，将这一理论结合本国文化和一些环境作适当的调整。针对这一理论，我国学者徐联仓、凌文铨等经过大量的调查研究，并结合我国的国情，对此理论进行调整，并提出了 CPM 理论。P 和 M 所表示的东西和 PM 理论是一样的。中国人自古以来重视人的“德”的方面，因此，在中国评价领导者的领导行为时，有必要考虑个人品德因素。出于这种观点，在设计量表时，加入 C 因素，以测定领导者的个人品质。C 表示的是个人品德，即起着模范表率的作用。采用如何处理公与私的关系作为评价个人品德的内容，这是由于公与私的标准具有稳定性，基本上不受时代和政治的影响。可以看出，P（Performance）指的是工作，M（Maintenance）指的是员工，C（Character and Moral）指的是自己。C行为可以通过内化和认同，使被领导者的能力得以激发，提高他们的工作绩效。C行为的作用可以说是领导者的一种无声的领导，而这种领导方式所带来的效率往往可能会比领导、控制、监督等有形的东西更有绩效，如图2-5所示的CPM模式。

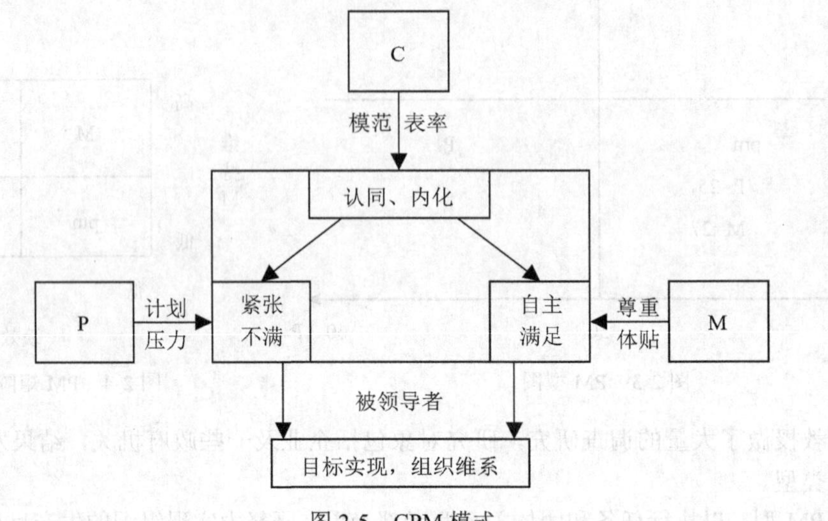

图2-5 CPM模式

从上面的CPM模式图可以很清楚地看出，各个领导方式在组织领导中所起到的作用。其具有较好的组织内部结构和很高的领导可信赖性。在三种领导方式的配合下，综合成一体，可以弥补各方面单独成立的局限性，推动整个组织向更好、更高的目标前进。

CPM理论还探讨了中国人的内隐领导理论。内隐领导理论是指追随者拥有的关于领导者应该具备的特质或行为的信念以及预期，是个体用于区分领导者与非领导者类别的“内部标签”。中国的内隐领导理论的因素结构可以分为以下四个维度。

（1）个人品德因素。该因素要求领导者要诚实正直、廉洁无私、以身作则。中国人将“德”看成是领导的首要特质。

（2）目标有效性因素。该因素表明在中国人的领导概念中，也包括与有效地完成工作目标有关的特质。领导者被认为应该有远见卓识、善于决策、办事果断，这些特质有助于他们所领导的组织目标的实现。

（3）人际能力因素。这是与社会成熟性有关的领导特质。领导者应善于社交、有说服力。另外，中国人似乎不仅关心领导者的人际技巧，也注意其外表的魅力。

（4）多面性因素。这是指领导者应掌握有关专业知识和技能，多才多艺，兴趣广泛，既富有想象力，又有冒险精神。

（四）管理系统理论

20世纪40年代，美国密歇根大学社会研究中心利克特教授等开始研究以生产为中心和以人为中心两种领导方式哪一种更有效，他们观察了7家高生产效率的企业和10家低生产效率的企业，发现在高生产效率的企业中，采用以人为中心的管理方式的有6家，只有1家采用了以生产为中心的管理方式；而低效率的企业中，以生产为中心的企业有7家，以人为中心的企业只有3家。关于这个，利克特教授做了大量的研究，并于1967年在《人群组织·它的管理与价值》一书中提出管理系统理论，也被称为支持系统理论。通过对数百个组织机构的研究，他把领导方式归纳为以下四种。

1. 严厉的专制独裁式领导

这种领导比较独断专权，将权力集于一身，对下属只有命令式的管理，控制监督。对下属缺乏信任，对组织决策的制定不允许下属参与，很少听下属的意见，对他们的情况也不关心。这种领导认为，组织的发展是由他们来制定决策，下属只有遵从他们的命令来行事，下属要按照他们的控制来完成任务，经常用控制惩罚的方式逼迫下属进行工作，使被管理者不能从内在的愿望来努力工作。管理者与被管理者很少有互动关系，彼此缺乏信任，被管理者对领导人缺乏信任、依赖感。沟通采取的是自上而下的方式。

2. 仁慈的专制领导

这种领导和下属有折中的沟通，在做决策时适当地听取下属的意见，但主要决策还是领导做出，下属只是参与提出意见，并没有做出决策的权力。上级和下级之间有一定的互动关系，有一定的沟通，但下属仍然不能自如地在领导面前提意见，对领导还有一种仰视甚至恐惧心理，和领导交流时仍要选好时机。交流并不在平等的气氛中进行。激励手段是报酬制度和某些惩罚。

3. 协商式的民主领导

上级和下级之间有相当多的交流，有很好的互动，但是仍有一定的限度，有一定的互相信任度，但相互间不是完全信任。决策权仍在领导者手中，但领导者会听取员工的很多意见，允许他们参与协商，会授予下属部分权力，但重要问题的决策权仍在领导的手中。上下级有较多的沟通，有很高的信任度。采用奖励激励方法，偶尔也会有惩罚，但也采取制订参与制度的计划。

4. 参与式的民主领导

这种领导对部下完全信任，上下级交流在一种平等的气氛下进行，沟通方式可是上级和下级、下级和上级，或者是平行沟通。在一定的范围内授予下级一些自主决策的权力，领导者与被领导者是互动与合作的关系。工作任务是在和谐、平等、友好的氛围内完成的。所有层次的人都具有组织目标的责任感，团队合作尽力地去实现它们。激励是通过参与方式之上的报酬制度来实现的。

对比一下四种领导方式，各自的特点比较如表 2-6 所示。

表 2-6 利克特的四种领导方式的比较

组织变数 \ 领导方式		严厉的专制独裁式领导	仁慈的专制领导	协商式的民主领导	参与式的民主领导
上下关系	信任程度	对下属没有信心，不信任	有一定的信心和信任	有相当的但不完全的信任	有完全的信任
	交往	极少交往或交往在恐惧不信任之下进行	在上级屈就、下级惶恐之下进行	在相当的信任下进行	和谐友好的交往，有很好的依赖感
	沟通程度	很少沟通	有一定的沟通	沟通较多	完全沟通
员工激励	奖惩程度	恐吓威胁，偶尔有奖励	奖惩都有	奖励为主，偶尔惩罚	奖励、启发、自觉
	参与程度	极少参与决策	下属有提意见的权力，决策由领导决定	领导做主要决策，下属对具体问题可做决策	下属参与甚至完全参与决策

管理系统理论认为，领导者应该发扬民主参与的精神，考虑下属的情况、想法，听取下属的意见，与下属很好地交流，并能适度放权给部下，以发扬他们的创造精神。只有民主管理才能调动员工的积极性，进而充分发挥个人才能，为组织目标的实现做出最大的努力。由于领导者关心员工，员工才能从内心信服领导者的领导，并能配合领导者做好生产任务的完成。因此参与式领导在大多数情况下还是比较受欢迎的。

利克特理论对我国实行民主管理制度也有一定的借鉴价值，提供了一定的理论依据。民主的含义各有不同，但总结一点，就是民众参与，只有领导者与民众互相信任，才能同心协力，发扬民主团体精神，共同努力，共同进步，共同和谐美好地发展。

（五）领导风格理论

最早对领导风格进行研究的是社会心理学家勒温，他也是领导风格理论的创始人。为了分析不同领导风格对群体行为所产生的影响，勒温于 1939 年进行了有关实验研究。他把一群十几岁的儿童分成三个组，由三个经过专门训练、代表三种经典领导风格——专制型（独裁型）领导风格、民主型领导风格和放任型领导风格——的成人分别在各个小组担任领导，组织儿童进行制作假面具的活动。根据实验研究，勒温提出了基于领导者权力运用的领导风格分类。

1．独裁型领导风格

领导者个人决定一切，采用命令方式告知下属使用什么样的工作方法。这种领导者要求下属绝对服从，单边做出决策，不允许下属参与。权力掌握在领导者个人手中，偏重运用集权推动工作，而不注意授权。这种领导风格的主要优点是决策制定和执行速度快，领导效率较高。其主要缺点是下属依赖性大，主动性不易发挥，领导者工作量大，不易发挥下属的创造性和工作积极性。

2．民主型领导风格

领导者在决策时考虑员工的利益，就拟议的行为和决策同下属磋商，鼓励下属参与有关工作方法与工作目标的决策。这种领导风格有利于集思广益、制定出质量更好的决策，同时还能使决策得到认可和接受，从而减少决策的阻力，并增进下属的自尊心和自信心，提高他们的工作热情和工作满意度，自觉地为实现特定领导目标而努力。其缺点在于决策制定耗时长，领导者周旋于各派意见之间，容易举棋不定、优柔寡断。

3．放任型领导风格

领导者极少运用其权力，对下属采取自由放任的态度，认为领导者的职责仅仅是为下级提供信息并与企业外部进行联系。他们只做任务布置，既不监督执行，也不检查完成情况。这种领导风格虽能培养下属的独立性，但由于领导者的无为和下属各自为政，容易造成意见分歧、决策难以统一等现象。

二、对领导行为理论的总体评析

对上面介绍的五种领导行为理论作一下图表的归纳，如表 2-7 所示，让我们更清晰地了解它们。

表 2-7　五种领导行为理论的归纳

理　　论	领导行为类型的划分依据	领导的行为类型
管理四分图理论	主导型还是关心型两种因素	高关心低主导；高主导低关心；低关心低主导；高主导高关心
管理方格理论	关心人还是关心生产	贫乏；权威与服从；中庸；俱乐部式；团体协作
PM 领导理论	关系维持和绩效实现的重视程度	P、M、PM、pm
管理系统理论	上下级沟通和信任程度及参与决策的程度	严厉的专制独裁式领导；仁慈的专制领导；协商式的民主领导；参与式的民主领导
领导风格理论	参与决策的程度	独裁型领导；民主型领导；放任型领导

哈多德·孔茨曾在其《管理学》一书中说过，领导工作就是要成为联结两方面的桥梁，一方面是合理的和考虑周到的计划，经过仔细设计的组织机构，人员配备的良好规划和有效的控制技术；另一方面是职工有被理解和受人激励的需要，以及尽他的一切能力为实现企业目标和部门目标作出贡献的需要。领导行为理论研究的就正如哈多德·孔茨所说的两方面。

领导行为理论与领导特质理论具有不同的实际意义，领导特质理论为组织中的正式领导岗位选拔“正确”人员提供了一个基础；领导行为理论则找到了领导者应具备的一些具体行为特征，可以通过训练使人们成为领导者。领导行为理论在于了解领导者的行为是否具有与别人不同之处，是否有独特之处。领导行为理论着重从领导者的作风和行为分析领导的有效行为，试图探求什么样的领导行为能导致领导成功。领导行为理论的提出为领导者的培训提供了广阔的天地，通过对总结出的具体行为和经验进行有针对性的培训，可获得大量的、有效的、卓越出色的领导者。

通过对领导行为理论的研究分析可以看出，注重团队精神的领导所带领的组织的绩效会比较高，但这仍然有一些情况要具体问题具体分析，要根据当时的环境改变自己的领导方式。有时候有指挥能力的专制领导处理一些问题及所做的决策更有效，如在军队中专制领导导致部队战斗力最强。著名的西点军校在训练学员时最强调“服从命令是士兵的天职”，因为在紧急情况下，是没有时间也没有条件允许部下进行争论的。如消防队队长在紧急状态下，不可能花费长时间开会商量灭火的最佳方案，而采取专断的作风应该更有效等。在组织中领导表现出高领导关怀或非常注重员工的行为的话，这样的领导往往会很受员工的欢迎，也很能带动部下高效率地完成任务；但组织如果遇到紧急、相对含糊不明的任务时，如何完成任务，果断指挥员工完成任务的领导会更受欢迎、会更有成效。

虽然行为理论的研究者做出种种努力，但在确定领导行为类型与群体工作绩效之间的一致性关系上仅获得了有限的成功。它所欠缺的是情境变化时，领导风格未发生相应变化。领导的类型与绩效之间的关系显然依赖于情境因素。领导是一个动态过程，领导工作的效率取决于领导者、被领导者以及环境的相互作用。可见，脱离了环境特性因素，去寻找一种“万能的”领导行为或作风，自然与特质理论一样，也无法得出科学的结论。但是研究者们已渐渐认识到，领导的效能不仅仅取决于领导者的行为方式，还取决于领导环境给领导者提供的控制和影响结果的程度。也就是说，领导行为与领导者所处的环境的相互影响、相互作用对领导效能产生作用。不存在任何环境下都与领导的成功相关、普遍适用的领导者行为。正如不同的国家的领导者为了组织的发展会结合自己国家独特的情况来制定独特的制度，走适合本国发展的独特的道路。道理是相通的。其他组织的发展也是如此，适合自己的东西才是最好的东西。

虽然领导行为理论有所不足，但就像领导特质理论一样，相关研究仍然是不可或缺、不可停止的。领导行为理论的研究成果可以使领导的队伍不断壮大，它给领导的培训提供基础与借鉴，经过恰当的培训，可以使我们拥有更多有效的领导者。

第三节 领导权变理论

领导行为的有效性不仅仅取决于领导的特性及其个人行为，而且与领导的环境密切相关。一种领导风格在一种情况下是有效领导，而在另一种情况下可能就是无效的。领导的过程是一个动态的过程，应随着当时的情境变化而改变领导行为。领导的权变理论是近年来国外行为科学家重点研究的课题。这种理论的主要特点是从考查领导者与被领导者的行为和环境的相互影响出发，来寻求领导的有效行为，探究针对不同的情况，采用何种工作作风和领导行为才能取得最佳效果。下面选取几个比较有代表性的权变理论加以介绍和评析。

一、领导权变理论的相关研究

（一）菲德勒领导理论

1. 菲德勒领导理论提出的两大因素

菲德勒（Fiedler，1967）的领导权变理论大概是最早、最著名的权变理论了。该理论认为领导方式应该根据环境而定。菲德勒将领导行为与情境因素之间建立了一个模型，人们称之为菲德勒权变模型（Fiedler Contingency Model）。他认为有效的领导不仅和领导者自身的个性有关，还与不同的情境因素、领导者以及群体成员之间的相互作用有关，可归结为两个因素：领导者的风格和情境类型。

（1）领导者的风格。菲德勒认为领导者的风格是领导有效与否的一个重要影响因素。领导风格是在各种领导场合里，激励领导者行为的个人基本需求。菲德勒明白了这种风格的重要性，因此试图来找出这种风格是什么，于是他设计了 LPC 表（Least Preferred Co-worker，即最不愿共事的同事测度表）来测度领导者的风格。问卷调查表由 16 组对照形容词构成，例如，高效—低效、开放—保守、友好—不友好、紧张—轻松等，在这 16 组形容词中按照 1~8 个等级进行评估。测度结果，如果你把与你最难共事的同事描述成积极的，说明你注重与同事的关系，那么你就是关系导向型的；相反，如果你把最难共事的同事描述成消极的，说明你是以生产效率为重的，那么你是任务导向型的。但仍会有一些人是处于中间部分的（大约 16%），这些人是属于什么型的，菲德勒倾向于由他们自己来决定。不管是什么类型的领导，菲德勒认为其领导风格是与生俱来的，是不可改变的。让一个关系导向型的领导来组织一个应该注重生产的任务时，若想达到好的绩效，要么就得改变情境，要么就得替换领导人，不然是不会取得好的绩效的，因为领导风格是不可改变的。LPC值高的人是想通过别人的尊重和欣赏来得到满足，而LPC值低的人是希望通过完成高效率的任务来获得满足的，这种风格根深蒂固，不可更改。

（2）情境类型。菲德勒使用了三个因素来描述领导情境，它们是领导与下属的关系、任务结构和职位权力。① 领导与下属的关系。领导与下属的关系这个因素指的是组织的氛围，领导者对职工的信任和依赖以及下属对领导者的满意感和尊敬感、信赖感等。这个因素非常重要，因为一个组织就是一个团队，就是一个整体。这个团队是否能够合作起来共同努力、和谐发展，是组织能否高效发展的一个重要因素。一个领导者既有工作才干，能有效地安排任务、组织工作，又能和下属建立融洽的关系，得到下属的信赖和尊敬，那么这样的领导必定会带领组织很好地发展。② 任务结构。任务结构是指分配给下属的任务结构化程度、组织任务的指标、任务的性质、任务的内容，以及下属是否明确、是否知道自己应该做什么、该朝哪个方向努力。如果这些东西明确，那么下属的责任心会加强。菲德勒用四个标准来测量任务的程度性：一是决策或解决问题的方法可检验程度。那些可以通过客观评价的方式来检验的任务是结构性强的。如送货人员送多少货是可以用数字来准确衡量的，这样的任务结构性强；而像软件开发人员，其软件开发到何种程度，并不能简单地看出，因此这种任务的结构性比较弱一些。二是任务目标的明确程度。即下属是否对自己的工作任务很了解，是否对任务的目标很明确。三是完成任务的方法和途径的可供选择性。四是解决方法的特性。如一个明确的问题（数字、年代问题）可能答案只有一个；但是关于一些问题的看法（这样可供讨论、可以表述自己想法的问题），其答案可能就会是仁者见仁、智者见智了。③ 职位权力。职位权力是指领导者所拥有的指挥控制下属的权力，或者说领导的强制权、法定权和奖励权。这种权力拥有的大小可能对领导者的领导起到不同的效果。如领导者的权力较大，那么领导者在完成任务时就可以按自己的意志来指挥下属工作，对下属的控制力和影响范围就比较大，在一些情况下效率会比较高。若法定领导者的职务权力比较小，领导者就需要与下属搞好关系来使组织任务得以完成，在一些情况下这样的领导者可能会被动一些。

领导者的这三种情境因素对领导来说影响很大。菲德勒对这三种因素进行评估，将这三种环境变数组合成八种情况，如表2-8所示。每个领导者都可以从这八种情境类型中找到自己的类型。

表 2-8 八种情境类型

情　境	1	2	3	4	5	6	7	8
领导者与下属的关系	好	好	好	好	好	差	差	差
任务结构	明确	明确	不明确	不明确	明确	明确	不明确	不明确
职位权力	强	弱	强	弱	强	弱	强	弱
领导的有效性程度	最有利	比较有利	比较有利	中等有利	中等有利	不太有利	不太有利	最为不利

菲德勒指出当处于两个极端时，即条件最有利或最不利的情况下，采用任务主导型的指令性的领导方式是最有效的。而当处于中等位置时，采用关系导向型的领导方式最有效。

2．改变领导的有效性的方法

菲德勒权变理论认为，领导的风格是与生俱来的，很难改变的，那么要改变领导的有效性有两种方法：① 替换领导者来适应当时的情境。如一个球队，长时间以来该队教练无法领导队伍前进得更快，打得更好，那么我们就应考虑他所处的情境，既然这么长时间无法改变这种情境，就应该考虑更换领导人来改变这种状况。② 改变环境来适应领导者的领导方式。通过重新建立任务，或者是提高或降低领导者的职务权力，如在任命、奖惩、职务安排等方面的权力来改变环境因素。如某一个公司员工因对公司某些规章制度不满，而掀起大罢工，停止了生产，这样毕竟会影响组织的任务完成效率，因而领导者不得不考虑改变一下情境，考虑员工们所反映的那些规章制度是否真的有所欠缺，是否应该有所纠正与改进，从而满足下属们的需要。

3．菲德勒模型的意义和不足

菲德勒的这种权变理论对领导理论的发展起到很大的作用。下面来分析一下菲德勒模型的意义和不足。

（1）菲德勒模型的意义。

① 这个模型最大的作用就是超越了以往对领导理论的模式的定义，而是将领导的模式与环境因素相结合、相适应来讨论。它表明不存在一种绝对好的领导方式，企业的领导人必须具有适应力，应对不断变化的情况。

② 这个模型特别强调效果，它的出发点不是强调从领导者的素质来看领导者应具有什么样的行为，而是从领导的有效需要来看领导者的行为的。

③ 这个模型告诉人们应该在决定领导方式、领导行为上采取具体问题具体分析的方法，依照具体情况来选择领导人，做到完美的配合。

（2）菲德勒模型的不足。但是这种理论仍然存在不足。从 LPC 测度表来看，在调查时，回答者的分数并不稳定，测出来的结果也不稳定。再看三个权变变量——领导者与下属的关系、任务结构、职位权力，对他们的测量过于复杂困难。如很难断定领导者与下属的关系的程度，以及任务的程度、职权的大小等，这些都很难客观衡量。

（二）路径—目标理论

路径—目标理论是近年来国内外很受关注的领导理论之一。该理论由加拿大多伦多大学教授伊万斯于 1963 年首先提出，后由其同事豪斯和华盛顿大学教授米切尔予以扩充和发展，于 1974 年发表了《关于领导方式的途径—目标模式》一文。这是一种典型的领导权变模式，它把激发动机的期望理论和领导行为四分图理论结合在一起。它的主要观点是领导者应该帮助下属达到组织和个人的目标，为他们扫清前进道路上的障碍，尽可能为他们提供好的条件，确保下属的目标与组织的总体目标相一致。所谓的“路径—目标”可以简单地理解为领导者尽自己所能为下属能够达到组织目标而寻找好的路径，披荆斩棘，为员工铺平道路。领导者在这方面发挥的作用越大，对下属的激励程度就越高，目标就越容易实现。

1．路径—目标理论提出的四种领导类型

（1）指导型领导（Directive Leader）。这种领导明确告诉下属应该做什么，并对他们的工作进行指导，以确保他们能够很好地按计划完成任务。该领导风格适用于下属完成分派的任务存在困难，或他们是在一个几乎没有程序和政策的组织中接受模糊的任务时，在指导没有经验的下属时也十分适合。但对于有着丰富经验的下属来说，指导型的领导行为只会令下属感到反感。

（2）支持型领导（Supportive Leader）。这种领导平易近人，能够注意下属的动向，并适时地给予慰问与关怀，让员工感到很友善。这种领导会使员工内化、感动，能很好地激励员工，但是却忽视了工作的完成，不会用工作绩效来激励员工。当工作环境不好，下属工作受挫或工作压力大时，下属会情绪低落，这时支持型领导风格会很有效。

（3）参与型领导（Participative Leader）。这种领导能够听取员工的意见，允许他们共同磋商参与制定决策，这样能够增强他们的主人翁的责任感。这是一个很懂得激励的领导形式。对于有内在控制能力的下属，由于他们认为自己具有影响力，因此特别喜欢参与决策。参与型领导行为适用于这种情形。

（4）成就型领导（Achievement Leader）。这种领导喜欢将工作的目标制定得很高，很有挑战性，以此来激励下属的潜能，相信下属的能力，相信他们会干得很出色，并不断地提高目标，以求更大的发展。该领导风格对工作中很少有挑战且能力较强的下属而言，可以增加激励效果和提高工作绩效。

路径—目标理论与菲德勒的权变理论不一样，菲德勒认为领导的风格是不可改变的，但是豪斯认为领导可以根据环境来改变领导风格，以使自己的风格适应环境。他认为领导者的身上同时存在这四种类型的领导风格，领导者可以根据环境来选择领导类型。

2. 影响选择领导类型的因素

那么领导者如何选择领导类型呢？路径—目标理论认为有两种因素在影响，即下属的个人性格特点和环境因素。

（1）下属的个人性格特点。下属的个人性格特点包括专业技能、交际能力、教育程度、动机、满足感、对成就的需求等，是影响领导者选择什么类型的领导方式的重要因素。如果职工的素质能力低，或不愿参与决策，这时领导人选择指导型领导方式会比较有效。如果职工素质较高，对公司决策的制定比较积极，那么，对能力强、经验丰富的下属来说，选择参与式领导方式会比较有效。对于内控型的下属及相信自己的命运自己能够掌控的下属而言，参与型的领导会更让他们满意。支持型与成就型也是如此，领导的类型依情境而变换。

（2）环境因素。环境因素包括工作任务的明确程度、工作群体的关系、完成任务的资源条件等。如任务比较明确，员工掌握得比较充分，则不需要领导的过多指导了，那么指导性领导就是多余的；当任务不明确，工作压力过大时，就需要指导型的领导。当工作群体存在着激烈的冲突时，指导型领导会带来更高的工作满意度；当下属执行结构化的任务时，支持型领导会给员工带来更大的满足感和高绩效。

豪斯认为“高工作”是指让员工完成工作任务，为其扫清道路上的障碍；“高关系”是指满足员工的需要。“高工作”和“高关系”的组合不一定是最有绩效的组合，因为我们还要考虑上面所说的两种变量的存在。

3. 路径—目标理论的领导过程

领导者应该根据周围环境以及下属的需要确定一个明确的目标，目标在该理论中扮演着重要角色，目标设置得是否成功，关系到组织的绩效和领导者的领导成果。目标的设置既要考虑组织的需要，也要考虑组织成员的需要，并将目标的实施与报酬联系在一起，帮助员工扫清目标实施途中的障碍。好的目标才能产生方向性和激励性。目标设置好了，可以说领导的过程就有了方向，领导工作就完成了一半，剩下就是路径的改善，是实施的过程了。目标实施的过程中，领导者应该了解目标实施的程序，并且能够洞察下属的心理，为下属提供物质与精神上的支持，以求高效率地达到要完成的组织目标。领导者应该根据环境适时地改变自己的领导方式，达到行为与情境的最完美的组合。将这个过程串联起来，如图 2-6 所示。

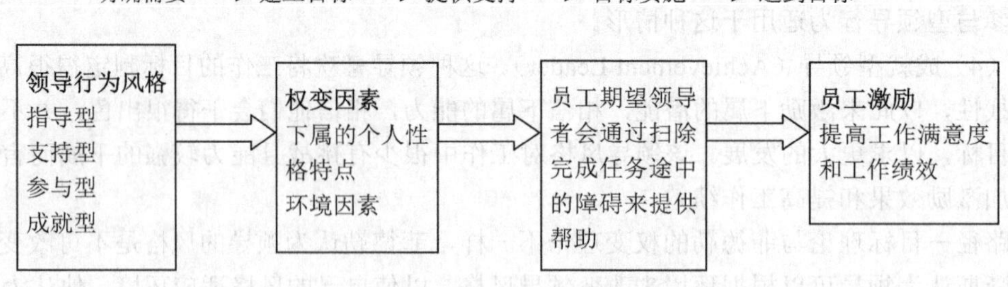

图 2-6　路径—目标模型图

4. 对路径—目标理论的评析

（1）路径—目标理论提出的意义。路径—目标理论提出两类因素作为领导行为与结果之间的中间变量，它们是下属的性格特点和环境因素，这两种因素决定领导的类型。该理论对于领导者的管理工作确实提供了很多启发。它比较好地解答了领导者在目标、任务、情境及下属的特点不同的情况下该如何选择领导方式的问题，使领导者明白，当他们弥补了员工和工作环境方面的不足时，就会对员工的绩效和满意度起到积极的影响。有效的领导者知道在不同的环境下运用不同的领导方式是必要的。这方面该理论比菲德勒理论要灵活得多，菲德勒理论认为领导风格是与生俱来的、不可改变的，要想改变要么替换领导者，要么改变情境。但豪斯认为领导者可以根据情境改变领导风格来适应环境。领导者可以通过改善路径来提高下属的绩效和满意程度，同时可以增加报酬来激励员工朝组织目标前进。他告诉人们激励方式有三种：① 使下属明白到达目标后可以获得的利益，以此来激发他们的动力。② 支持和满足下属的需要，并使他们在工作中得到满足，以激励他们的工作动机。③ 帮助下属明确目标、掌握方法，提高他们对实现目标的期望值。因此，路径—目标理论可以帮助领导者在不同的情境下恰当地选择领导类型，从而激励和满足员工，得到高绩效。

（2）路径—目标理论的不足之处。路径—目标理论虽然得到很多人的承认，但仍然有许多学者质疑，该理论仍有不足之处，主要在于此模型过于复杂，难运用于实际，而且其变量也没有明确的测量标准；影响领导类型转换的变量不仅仅是下属的性格特点和环境因素两个；该理论缺少对领导者自身的特点的考虑。因此，对于领导途径—目标理论的研究还应不断深入、不断完善，特别是中间变量方面有待于进一步扩展、完善。

（三）领导生命周期理论

领导生命周期理论又称为情境领导理论，是由美国学者科曼首先提出，后经赫赛和布兰查德进一步发展完善的。该理论是在俄亥俄州立大学的管理行为四分图理论基础上建立起来的，并与阿吉里斯的不成熟—成熟理论结合起来，创造了一个三维结构的有效领导模型。这一理论的特点是不仅考虑领导者的风格，还要考虑下属的成熟程度。这里的成熟并不是指年龄或生理上的成熟，而是指心理或人格上的成熟。赫塞和布兰查德认为成功领导者应该根据下属的意愿和成熟程度来选择领导类型。

下属的成熟程度是通过下属的工作能力、专业技能、受教育程度、承担责任的能力等方面来衡量的。赫塞和布兰查德将成熟度定义为：个体对自己的直接行为负责任的能力和意愿，它包括工作成熟度和心理成熟度两项要素。前者包括一个人的知识和技能；后者指一个人做某事的意愿和动机。由此，他们把下属的成熟度由低到高设定为四个阶段：第一阶段为不成熟阶段，这些人对于执行某任务既无能力又不情愿。第二阶段为初步成熟阶段，这些人缺乏能力，但愿意从事必要的工作任务。第三阶段为比较成熟阶段，这些人有能力却不愿意干领导者希望他们做的工作。第四阶段为成熟阶段，这些人既有能力又愿意干领导者让他们做的工作。科曼认为，任务行为、关系行为和下属的成熟度之间不是一种直接的关系，而是一种曲线的关系，如图 2-7 所示。

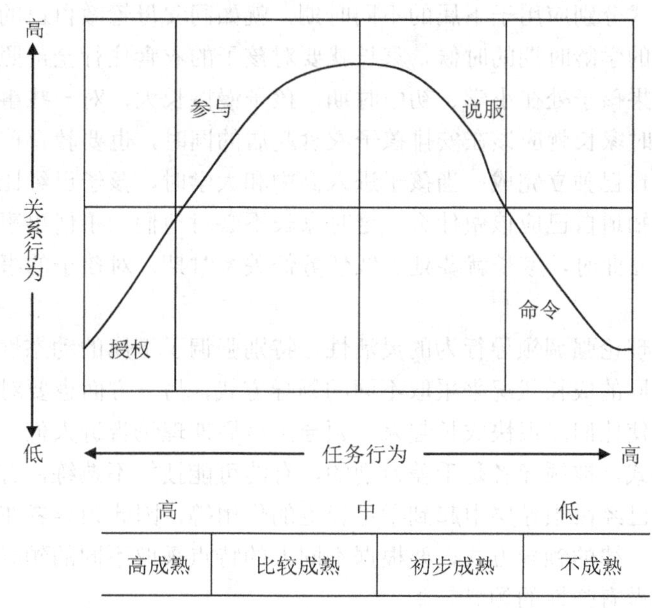

图 2-7　生命周期理论模型

这条曲线可以使领导者了解领导方式与下属成熟度之间的关系。图 2-7 中曲线表示有效领导者行为。从曲线中可以看出四种情况下的四种领导方式。

1．命令式领导

当下属处于不成熟阶段时，领导应该采取高任务低关系式的命令式领导。因为下属不够成熟，必须对他们进行工作的命令式的安排并给予监督指导，领导告诉下属何时何地应该做什么，强调指导性行为。

2．说服式领导

当下属处于初步成熟阶段时，领导应采用高任务高关系的说服式领导。这时的下属还不够成熟，缺少一些必要的工作能力，不能独立胜任工作，一些工作并不能放手让他们做，应该以命令指导为主，但适当地根据他们的能力给予其机会自我锻炼、不断成长。

3．参与式领导

当下属处于比较成熟阶段时，这时的下属有一定的自我管理、自我控制的能力，掌握了一定职业技能，一般是业务骨干或基层领导人员，希望有机会参与决策，不希望事事领导做主、事事接受领导的命令。领导者在领导这样的下属时，要注意与下属沟通，领导者的任务行为要适当减少，要保持下属的积极的工作热情，因此采取参与式领导的效果最好。

4．授权式领导

当下属的成熟程度达到相当高的程度时，由于下属有较高的工作能力，有完成工作的责任心和自信心，能够自己胜任工作，因此，应该给予下属更多的自主权，减少对工作任务指导性的安排，领导只是给予少许监督，听取一些反馈意见就好，采取授权式领导的效果最合适。

这四种领导方式分别应用于下属的不同时期，就如同父母管教自己的孩子一样。如当孩子还处在不成熟的学龄时期的时候，家长就要对孩子的衣食住行全部照顾周全，对他们进行安排；但是如果孩子处在小学、初中时期，孩子慢慢长大，对一些事情有所了解，懂得了一些东西，这时家长就应该在安排孩子衣食起居的同时，也要教育孩子有些事情自己能完成的应学会由自己独立完成；当孩子进入高中和大学时，孩子已经比较成熟，自我掌控能力已经很强，知道自己应该做什么，这时家长不必对他们的事情事事进行干预；当孩子进入社会、成家立业时，家长就要处于低任务低关系时期，对孩子的事适时提点意见就够了。

领导生命周期理论强调领导行为的灵活性，特别强调了下属的动态性，在领导中一方面要根据下属的不同的成长状况来采取不同的领导方式，另一方面也要对不同的下属采取适合他们的培训，使他们能很快成长起来。领导生命周期理论告诉人们，对不同的对象要采取不同的领导方式，被领导者是千差万别的，有的可能技能不熟练，有的可能已经是业务骨干，有的可能已经在领导层中起到举足轻重的作用等，因此领导者在进行领导时不能对所有人使用千篇一律的领导方式，要根据不同人的特点采取不同的领导方式，要随环境的改变而改变，要做有弹性的领导。

分享案例

肯德基是世界著名的快餐连锁店，从 1986 年进入中国，到目前为止，已经在中国的各大城市随处可见。为什么肯德基的发展这么迅速？就是因为它们把握了商机，采取了特许经营模式。

所谓特许经营是指由特许经营者向转让者付一定的转让费而获得专利、商标、产品配方或其他任何有价值方法的使用权，转让者不控制特许经营者的战略和生产决策，也不参与其利润分配。肯德基所采用的经营手段正是这种特许经营的加盟的方式，肯德基提供品牌、管理和培训以及集中统一的原料、服务体系，合作方利用统一的品牌、服务来经营，最后双方按照约定来分享商业利益。

因为当时肯德基并不了解中国文化，与中国文化分隔较严重，所以特许经营成为肯德基进入中国市场的首选经营方式。特许经营的好处是肯德基公司可以在投资很少的情况下确保得到稳定的收入，它会对现有的经营状况产生杠杆作用。在那些能轻易避免特许商偏离肯德基公司经营规程的行为的地方，这是一个非常具有吸引力的选择。

肯德基自身的经营理念、管理模式、服务理念都已经非常成熟，再加上这种“授权式”的生产发展模式，就不难理解它为何能短短二十几年之内就在中国餐饮业占据如此大的市场份额了。它成功的模式充分说明：当基本条件成熟时，采用授权式领导会取得意想不到的成功。

（四）领导连续统一体理论

美国学者坦南鲍姆和施密特在 1958 年提出了领导连续统一体模型。他们认为领导方式是多种多样的，并不是只有专制型和民主型两种极端方式，而是在两者之间，按领导者授予下属自主权程度划分，存在多种过渡形式。图 2-8 描述了这一理论的基本内容和观点。

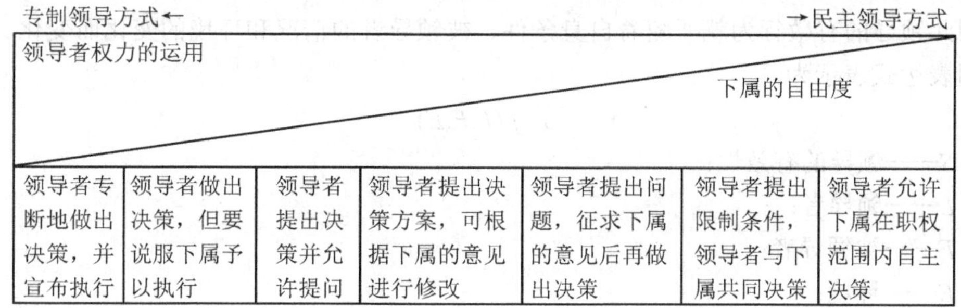

图 2-8　领导连续统一体理论

该理论提出的七种领导风格，没有哪一种总是正确或错误的。采取何种领导方式合适，取决于领导者、被领导者和组织所处的环境。坦南鲍姆和施密特认为，影响一名领导者领导方式的最重要的因素是：领导者的个性因素，如他的价值观、管理哲学等；下属对领导者行为的影响因素，如下属承担风险的态度、下属的知识和经验等；情境因素，如组织的价值准则、需要解决的问题的性质等。

（五）领导者参与模型

维克多·弗罗姆和菲利普·耶顿根据领导行为和决策参与之间的关系，于 20 世纪 70 年代初提出领导者参与模型，而后许多学者通过研究又加进新的观点和见解，丰富和发展了该模型。他们认为领导者的行为必须加以调整以适应任务的结构。任务的结构可能是常规的、非常规的，或介于两者之间的某种形式。他们提出了五种领导风格：（1）裁决型领导风格。领导者独自做出决策，以宣布或说服方式告知群体成员。（2）特别磋商型领导风格。领导者与个别群体成员交流问题所在，获得他们的建议，最后做出决策。（3）群体磋商型领导风格。领导者通过会议形式向所有群体成员说明问题所在，获得他们的建议，并在此基础上做出决策。（4）推动和促进型领导风格。领导者通过会议形式向群体告知问题所在，领导者扮演助推器的作用，明确具体的问题并规定决策的范围。（5）授权型领导风格。领导者让群体做出决策，但要求在规定的限制条件内完成。

该理论认为领导者应该根据一些有关决策方面的权变因素确定哪种领导风格最有效。这些权变因素在具体情境中表现为：决策的显著性、承诺的重要性、领导者的专业化、承诺的可能性、群体的支持性、群体的专业化、团队的实力。

二、对领导权变理论的评析

上面所介绍的五种领导权变理论，虽然在如何评价领导的有效性问题上有所不同，但五种理论都强调情境的作用，强调领导行为应随情境的变化而变化。各种权变理论从不同的角度和侧面，具体研究和分析了领导者如何根据不同的环境改变自己的领导方式，以及如何改变环境中的某些因素，使之适合自己的有效领导方式。

权变理论告诉人们，任何一种具体的领导方式都不能、也不可能处处适用，领导的行为要想有效，就必须随着被领导者的特点和环境的变化而变化，而不能一成不变。这是因为任何领导者总是在一定的环境条件下，通过与被领导者的相互作用去完成某个特定目标。因此领导的有效行为就要随着自身条件、被领导者的情况和环境的变化而变化。这种关系用表达式表示为

$$S=f(L,F,E)$$

式中：S——领导的有效性；

L——领导者；

F——被领导者；

E——环境；

f——函数关系。

这个公式比较恰当地表达了领导者与被领导者的关系，表明了影响领导有效性行为的各种因素。在公式中，变量的定义域和取值范围以及它们之间的函数关系还没有公认的结论，而且今后也很难会有普遍适用的解析表达式。这一方面说明领导问题是一门深奥的学问，想成为一个优秀的领导者，必须有一种永不满足的学习和探索精神；另一方面也说明制约领导有效行为的因素不确定性太大，衡量一个领导的有效性是十分困难的。同一个领导，此时此地是一个成功的领导，在彼时彼地却可能毫无建树。这就要求各级领导应该用历史的、全面的、发展的眼光来看待自己的工作。

权变领导理论有辩证的思想，强调具体问题具体分析，特殊环境特殊对待。如果着重于提高领导者的绩效，那么菲德勒权变理论和路径—目标理论比较有效；如果强调下属的

成熟程度，领导生命周期理论比较有效。领导权变理论探讨了影响有效领导方式的各种因素，包括领导者自身的特点、下属的特点、群体组织结构特点等。

领导权变理论给了人们一个重要的启示：领导的品质特性对成功有重要影响，领导者的领导行为对于领导的有效性密切相关，领导行为应该随着环境的变化而变化。所以在培训领导者时，在注重领导者素质提高的同时，也要根据情境因素选择适合的领导行为，才能不断提高领导和管理效率。

分享案例

日本太阳公司总经理能村龙太郎曾取得一新产品“太阳浴池”（即一个塑料制成的可折叠的、可供小孩玩耍的浴池）的专利。能村社长对这个产品很有自信，他认为一定好卖，因为家长会很愿意为孩子买这种东西。但是销售的结果却很让人失望，销路一直停滞不前，最后他们不得不停止这项产品的生产。事后能村社长总结失败的原因，主要是由于为保证质量，他们采用了高科技来生产产品，因此成本很高，价格也很昂贵。而在当时日本经济虽然已经有了惊人的发展，但是人们消费能力仍然有限，况且这种家庭浴池充其量不过是一个儿童的小小玩具而已。在一般家庭还未达到经济丰裕的时候，高价出售这种浴池产品，失败是必然的。这是一个环境制约生产的典型例子。这说明领导者在制定决策时如果脱离社会环境而做决策，必然不会收到成效。

我们现在所处的世界是一个日新月异的世界，无时无刻不在发生着令人惊异的变化，所以墨守成规的方式正在逐渐被淘汰，当今的世界属于那种能随情景变化而抓住适当时机予以变化的人。正如我国伟大的领导人邓小平一样，当香港的发展水平与大陆有相当的差距，大家都还在迷茫如何能够成功收回香港，并且继续保持它的经济繁荣时，邓小平先生纵观当时世界及中国实情，根据当时的环境提出了伟大的“一国两制”理论，成功地使香港和澳门得到回归，并且使其继续不断繁荣发展。一个国家两种制度，这种想法在一些人看来是不可想象的，但是它确实是适应国情，适应当时的环境，并收到了意想不到的成功。因此我们说邓小平是一位了不起的、伟大的领导人。他将权变理论运用得游刃有余，这也是权变理论的一个成功的典型。由此可见权变理论对一个成功领导者所起的作用。

分享案例

刘备率军平定益州之后，想要把城内好的田庄宅院赏赐给手下的有功官员。这时，赵云劝阻说：“益州百姓不断遭受战乱的袭扰，如今好不容易安定下来，主公应该将这些田庄赏赐给他们，这样可以使他们安心地生活下来，恢复生产，而且还能赢得民心。而不应夺过来赏赐手下将士。”刘备听后觉得非常有道理，很高兴，就按照赵云的想法去办了。

同时，刘备又叫诸葛亮拟定治理国家的各种条例。诸葛亮根据益州的实际情形，拟定了若干法例，其中刑法定得很重。法正看后很不解，对诸葛亮说："想当年汉高祖刘邦约法三章，天下百姓高呼万岁、感恩戴德。而军师你定的法律也太严了。我建议您还是将刑法改得稍微和缓松弛些。"

诸葛亮听后却对法正严肃地说："你只知其一不知其二啊！高祖的时候，秦朝的刑法暴虐，全天下都痛恨，所以只要高祖采用宽大的政策，就可以顺应民心，为民爱戴。而如今刘璋生性软弱，对人民既无恩德也无威望，法令松懈，官吏不敢惩治不法之徒，豪强专横成性、无法无天。为了解决这陈年重疴，我们必须重法严治，要求军民上下一心遵守法律，才能保蜀地安宁兴旺。如果继续用高官厚禄来宠幸，一旦有一天宠爱到了极点，无法继续的时候，他们就会变得贪婪残忍，会过河拆桥的。我之所以这样定法律，就是希望对官位严格限制，升一级才感到光荣。恩德与光荣并行，上下都有个节制。这样，治国的原则和道理才能显现出来。"法正听完诸葛亮的讲解后十分佩服，从此刘备治下的军民都安定了下来。军队安心驻守，骚乱也很快被平定。

其实，蜀国一直是三国之中实力最弱的一国，地域狭小，人户稀少，极盛时户不过28万，人口亦不满百万，军队仅能保持10万之数，而且由于开发较晚，经济相对落后。要想在三国中鼎足而立，就必须着力革除积弊，改良政治，巩固军队，恢复经济，以增强实力。这也要求诸葛亮必须从整肃纲纪、严刑峻法入手，奉行以法治国的对内方针。诸葛亮认为，治国不能无法，治乱世则尤其如此，"威武加则刑罚施，刑罚施则众奸塞。不加威武则刑罚不中，刑罚不中则众恶不理，其国亡"；有法又不可不严，"人不畏法"是"必败之征"，只有以法治国，才能收到"法行知恩""恩荣并济""上下有节"的实效。

因此，诸葛亮入蜀之初便与法正、刘巴、李严、伊籍等人依据和增删秦汉旧律，共同制定了蜀国的法典《蜀科》。此外，他还亲自起草了各种科条律令数十则，其内容包括《八务》《七戒》《六恐》《五惧》等。

一个国家或者一个组织，它的生命力就在于不断权变创新。权变创新，迎来的是事业的兴旺与发达；因循守旧、墨守成规的人，只能当"维持会长"，永远不会有超凡脱俗的成功。法正只知道刘邦进汉中与百姓"约法三章"的经验，却不知两地在历史背景、客观条件上的不同，刘邦进汉中面对的是秦朝的暴政，在苛刻的法律下饱受压迫的老百姓早已喘不过气来，"约法三章"让百姓有了解放的感觉。刘备入川面对的是刘璋废弃了法制，只用恩惠收买人心，恩惠达到无以复加的程度，还有人起来造反。所以拟定治国安邦条例绝不能因循守旧，应该因时因势而定，时移则势移，势移则情变，情变则法不同。诸葛亮坚持"治世以大德，不以小惠"，以严济宽，以猛纠驰，用重法治理巴蜀，而且完全取得了成功，说明他对权变创新智慧的理解和运用是相当成熟的。

第四节　魅力型领导理论

20世纪20年代，韦伯将"魅力型"一词引入社会学领域，用它来描述一种社会权威，即魅力型权威。而组织行为学对魅力型领导的研究起步较晚，但是自豪斯于 1977 年提出魅力型领导理论以来，理论界和实务界一直在对这一新的领导模式进行积极的研究和探索。尤其是 20 世纪 90 年代以来，魅力型领导理论得到了广泛的实证支持，成为领导学领域的研究热点。根据康格的观点，魅力型领导风格兴起的原因主要有两个：一是在复杂动荡的环境中，组织需要魅力型领导者来有效地实施变革，以适应外界环境；二是组织面临着不断提高员工忠诚度和绩效的挑战，魅力型领导者与下属之间基于情感依附形成的领导者—下属关系，能够改变下属的价值观、信仰和态度，使其对领导者高度忠诚、信任和服从，进而取得超越组织期望的业绩。

一、魅力型领导理论的相关研究

（一）韦伯首次提出此概念

对领导者魅力的研究可以追溯到韦伯（M. Weber）。在分析组织性质时，韦伯根据组织发挥功能时依赖的类型，认为存在法理型、传统型、魅力型三种类型。魅力型领导是以个人性格为依据进行领导的。韦伯将魅力描述为："那些领导者展示了一项卓越的使命或行为过程，它们自身不能对潜在的追随者产生影响，但是正因为追随者认为他们的领导者具有特殊的天赋，所以该项使命或行为才能得以进行。"

（二）罗伯特·豪斯的研究

魅力型领导理论是罗伯特·豪斯在马克斯·韦伯理论的基础上提出来的，豪斯认为具有超凡魅力的领导者拥有极大的影响力，具有强大的自信心、强大的支配力以及对于信念和道德的坚定性，他们往往能够提出富有想象力的更远大的目标，他的所作所为给下属很大的感染力，能够赢得下属的支持，下属认为跟随这样的领导人是正确的选择。它们归因于杰出的领导能力。罗伯特·豪斯认为，魅力型领导有三项特质：（1）有预见性。魅力型领导有很好的洞察力和眼光，订立远大的目标，并且用积极行动让下属学习怎样达到这些目标。（2）充满活力。以个人对工作的投入、对自己信仰的坚定信念和高度的自信心来推动下属的工作。（3）赋予下级能力。如表现出对他们的支持，了解他们和对他们有信心。

（三）沃伦·邦尼斯的研究

豪斯的理论总的来说还处于初级阶段，沃伦·邦尼斯对美国 90 多位最成功、最杰出的领导人进行研究，总结出了他们共同具有的特点：（1）有远见和战略意识，能够提出远大的目标；（2）能够使下属明确此目标；（3）坚持不懈地追求目标；（4）清楚自己的优势所在。

（四）康格和卡依格的研究

对于魅力型领导理论的特征方面，麦吉尔大学的康格（J.A.Conger）和卡依格（R.N.Kanungo）作了更详细的研究，他们总结出几条魅力型领导的特征：对组织及其目标具有理想的观念，并且这些观念与现状有些冲突，有敢冒个人风险的意愿，使用打破常规的方法，对目标有坚定信念等。魅力型领导的基本特征如表 2-9 所示。

表 2-9 魅力型领导的基本特征

基本特征	详细解释
有强烈的自信心	他们对自己的能力充满信心
有制定远大目标的能力	能够制定远大目标，远见卓识，能够根据实际情况制定合适的战略性的目标，为下属工作指明方向，并能够带领他们不懈追求
具有清楚地传达目标的能力	能够将目标清楚明白地传达给下属，让下属明白自己的任务责任，以便使他们充分发挥自身的潜能
对目标抱有坚定的信念	他们对自己制定的目标充满自信，并且为完成目标会竭尽全力，甘愿自我牺牲
不循规蹈矩	具有创新精神，不安于现状，打破常规，不断使组织奔跑在前列
作为变革的代言人出现	他们对于工作的决策和执行不墨守成规，不稳步不前，不是传统现状的卫道士，而是站在时代的前列，敢说敢做，不断地进行大刀阔斧的改革，是改革的先锋
对环境很敏感	对周围环境的变化很敏感，对有利环境还是不利环境能够判断准确，并能适时地抓住时机，充分利用有利环境，限制不利环境的发展

（五）柯林斯的研究

美国学者柯林斯曾花 5 年时间，对美国的卓越公司（在 15 年期间公司的平均累计股票收益率是大盘股指的 3 倍以上的上市公司）的领导人进行了研究。他发现卓越公司的领导层都有相似的特征，他们都谦虚平和，不骄傲自满，默默无闻，从不张扬，少言寡语，处事低调，不浮躁夸张，不崇尚形式，崇尚简单主义，只是一心一意做好自己的事，一心一意地管理好公司。卓越的领导人都拥有谦虚的个性和对任务完成和目标达成的坚定信念，它们拥有一项高贵的品质，那就是鞠躬尽瘁的奉献精神，它们永远把公司的利益放在第一位，公司的利益永远高于个人的财富和名誉。当公司获得成功时，领导人会把成功归功于自身以外的因素；但是如果公司进展不顺，他们则会把责任归于自己，而不是埋怨别的因素，激励自己更加努力。而这一点是许多领导人所做不到的，在一些事情的处理上，领导人往往碍于面子，很少主动承担责任，他们会把责任归咎于下属办事不力或运气不好等，这样的领导人往往不能取得下属的支持与信任。柯林斯通过这个调查总结出：有魅力、有名望的领导是企业的财富，但不要忘记他也是债务。

（六）沙米尔的研究

1993 年，沙米尔（Shamir）等人对豪斯 1976 年魅力型领导理论进行了修正和扩展，考虑了人的动机，更详细地描述了领导者对追随者的影响过程，提出了魅力型领导的自我概念理论。该理论集中于解释与魅力型领导相关的具有代表性的深层次动机，认为追随者的自我概念是对这些动机的最好解释。

沙米尔的自我概念理论基于自我概念的激励意义假设，解释魅力型领导者如何使下属与动机相联系的自我概念发生作用，认为领导者能够影响追随者的最重要来源是社会认同、内在化以及个人的集体认同感。其核心是魅力型领导者通过角色模范和框架线，影响追随者的自我概念而对其进行激励，可以概括为四种典型的领导行为：改变追随者对工作性质的认知；提出一个有诉求力的愿景；在追随者中培养一种深层次的集体认同感；提高个人和集体的自我效能。

（七）巴斯的研究

在巴斯（1985）看来，魅力是一种归因现象，它的产生取决于领导者的个性和行为特征，同时也与追随者的个性特征有关。在魅力型领导关系中，追随者崇拜领导者，认同并渴望模仿领导者。他指出，当团体或组织发生持续性危机时，魅力型领导便容易兴起。魅力型领导者的人格特质为自信与自尊、自主、转化的能力、解决内在冲突的能力。巴斯的模型的核心思想在于，认为魅力型领导者能够激励追随者承诺并实现超期望绩效。在这里，影响机制主要涉及三个过程：一是领导者强化追随者关于愿景重要性和价值的认识；二是领导者引导追随者为了集体的利益和目标而超越个人私利；三是领导者激发并满足追随者的高层次需要。

分享案例

周恩来是中国新民主主义革命和社会主义建设中最具魅力的领导之一。在东关模范学校读书时，他就提出“一物不知，学者知耻”，主张对各种学科“深究而悉讨”“慎思而明辨”。其英迈刚毅之性迥异于常人。渊博的知识为周恩来更好地从事中国革命和建设打下了良好基础。尼克松在《领导者》一书中写道：“他和我们的谈话从政治到历史、哲学，所有这些，在谈论中自始至终都游刃有余。”在个人风度上，周恩来堪称楷模，一直为人们所敬仰。美国人克拉默·威利这样评价道：“周恩来年轻时是一位精神抖擞的英俊小伙子，即使到了老年，他那乌黑发亮的眼睛，富有表达能力的双手，以及高雅的风采都构成毫无疑问的吸引力。”一位为之倾倒的人士曾经说：“周可以望你而且就凭那么一看，便可以博得你的好感，使你着迷。”法国前总理孟戴斯·弗朗斯也说：“他的态度和谈吐与众不同，有时连讥笑的态度也是具有魅力的。”周恩来还是一个演讲才能十分突出的领导者。他善于根据不同的对象，采取不同的演讲风格。有时情绪激昂，并不时挥动手臂；有时幽默风趣，讲话如行云流水，成语典故俯拾皆是，并因此而打破僵局，活跃气氛，化解矛盾；有时像涓涓细流，滋润心田；有时像黄河巨浪，振奋人心，鼓舞士气，催人奋起。周恩来的演讲，针对性强，富有吸引力和逻辑性，具有“一言之辩，重于九鼎之宝；三寸之舌，强于百万之师”的强烈影响力。这也是他独具魅力的重要原因之一。

新中国成立后，周恩来在外交上取得的成就堪称巨大，他为我国赢得了很高的国际声誉。讲诚信，是中华民族的传统美德。取信于民，是周恩来一向遵循的行为准则。法国人卡罗尔说：“所有亲自耳闻目睹的人都承认，即使是棘手问题他也能立即处理，而且从不‘食言’。”凭着良好的人格信誉，周恩来赢得了与他接触的外国政府首脑和外交家的一致崇敬与信任。

正是由于周恩来独特的、无与伦比的个人魅力，才使得他不仅仅赢得国内人民的爱戴，也赢得了友人和对手的尊重。当 1976 年 1 月 8 日，周恩来不幸逝世时，世界各国都进行了悼念活动，没有任何人唱反调，这也是世界历史上罕见的事。他的事迹充分表明领导的魅力在领导活动中的重要性。

二、对魅力型领导理论的评析

（一）魅力领导相关因素评析

研究者们主要从两个方面对魅力领导进行了研究，一方面是集中研究具有魅力的领导者的个人素质特征，另一方面的研究集中于魅力领导易于产生和更有效的情境。研究魅力领导的学者们试图确认具有领导魅力的领导者的个性特征。他们认为这些非凡领导者是以个人的感召力来影响下属行为的，其才能是可以通过培训获得的。他们认为魅力领导者的关键特征是：自信，有远见，清楚表述目标的能力，对目标有坚定信念，不循规蹈矩，是改革的先锋，对周围环境很敏感等。

研究者认为，与领导魅力有关的因素包括领导者的超凡素质、领导者与追随者的特殊关系、情境等。领导魅力不仅是指一个人具有某些超群的特征，它还包括一个社会过程，是各种因素复杂地相互作用的产物。领导者的魅力是这些因素的综合体。领导者自身的因素包括领导者的目标愿景、修辞技能、形象与信任的构建、个人化的领导等；追随者的因素包括对领导者和愿景的认同、提高情绪层次、自愿从属于被领导者、对员工参与的感觉；情境因素包括危机、任务的相互依赖性等。其中危机往往起着重要的作用，没有危机，激进的愿景不可能对追随者具有吸引力，没有激进的愿景，具有独特品质的人可能会是一个具有员工感召力的人，但不一定会成为魅力领导人，给组织带来那么大的变革。

虽然豪斯等领导学家认为魅力是指领导者通过自己的行为、信念和个性，对下属的信念、价值观、行为及绩效产生广泛而深刻的影响的能力。或者说，魅力是一种关系，而不是领导者的个人素质，因为魅力只有在下属的认可下才存在，或者需要下属以特殊的行为来证明。但是，领导者的素质有利于魅力的形成，魅力领导对下属的有效性，实际是组织任务的情境与领导者素质特征相互关联、相互作用的过程。

在魅力领导的研究中，更重要的是多数领导学家同意这样的观点，即认为魅力领导作为领导者的一种素质特征，在某些情境下，比相反的情境下更容易形成和更为有效。这也是权变理论或情境理论的具体应用，也就是将素质与情境因素结合起来，研究领导素质与情境相互作用对领导效果的影响问题。本书认为，领导魅力的研究实质上是对领导素质研究的复归。但是它与传统领导素质理论研究的区别在于将素质与情景因素相结合来研究领导的特质，可以说是领导特质理论的扩展。

魅力型领导的产生是个人特征与情境因素结合的结果，因而魅力在本质上是不稳定的，对企业的持续发展而言，魅力型领导必须转化为制度模式才能取得长时间的高效。

（二）魅力领导理论的影响

对魅力领导的研究是近年来领导领域的一个热点问题。魅力型领导理论认为，下属在观察领导者的行为时，总将其原因归结为伟人式的或超凡卓越的领导能力，而领导者正是通过调动其追随者情感上对组织愿景与共同价值观强烈的忠诚来激励与领导他们。通过自身的能力帮助下属提高他们对工作的重要性和价值的认识，从而使下属转变观念。“如果老板需要，我愿赴汤蹈火”，这就是领导魅力的体现。

领导魅力是领导能力的最高境界，一名领导学专家说：“魅力就是这么一种能力，它通过你与他人在身体上、情感上以及理智上的相互接触，从而对他人产生积极的影响。”一个领导者一旦拥有了这个魅力，必然会拥有众多的追随者，这便是具有一定领导能力的外在表现，领导魅力间接影响领导能力的表现。领导魅力有助于团结下属，下属们如果受到某个有魅力的领导人的吸引，会产生积极的情感反应，这种情感反应与人们对美丽的景色、一张美丽的照片或者对着那些觉得美好的事物所做出的反应是一样的，能够凝聚你的力量被它所吸引。领导魅力能够增强领导效果，领导魅力会使你在你的职位上变得更加有效，能激励别人认同你的观点并帮助你实施你的计划。这是魅力领导所起的积极作用。

分享案例

在商界中，西南航空公司的前任首席执行官赫布·凯莱特是具有超凡魅力的领导人之一。他举手投足之间都散发着无穷的领导魅力，在一些大型的会议上，只要他一进会场，全场的目光都会集中在他的身上，具有相当的感召力。他在平时工作中给下属很好的印象，得到下属的支持和拥戴，下属很多会抱着“我愿意以我的职业生涯作赌注，一心一意追随着他的领导”这样的心态来跟随他进行工作。因此在他的领导期间，公司绩效稳步提高，这就是领导魅力的体现，他将领导魅力理论运用到了极致。

魅力型领导理论是一个比较新的领导理论，它给人们展示了领导的魅力，并且为培养具有魅力的领导提供了很好的素材。为了使领导能够更好地团结下属，更好地感召下属，更好地提高领导效果，简而言之，为了能够有更多的富有魅力的领导者出现，对于魅力型领导理论的研究还要不断地发展继续。

第五节　变革型领导理论

一、变革型领导理论提出的必要性

与魅力型领导理论关系较为密切的一个领导理论是变革型领导理论，变革型领导理论也是近年来学者们比较关注的理论之一。中国加入 WTO 后，面临着越来越复杂的竞争环境：全球经济一体化、国内经济工业化和工业现代化及迅速城市化的环境和不容乐观的管理现状，技术和顾客需求变化的速度越来越快，外部和内部信息量成倍增长，企业规模和企业的业务范围不断扩大，大多数员工的素质有待提高，人力资源特别是高级管理人才、高级专业技术人才相当稀缺。诸多因素给领导者带来了许多新的挑战，这些挑战都是传统的领导理论所没有解决和不能解决的。通用电气的前任 CEO、著名领导人杰克·韦尔奇曾说过：“长期以来，我们相信，如果一个机构的内部变革速度慢于外部的变革速度，其末日就不远了。唯一的问题是这一末日何时来临。”可见对一个组织的发展来说，变革的重要性。而作为组织的先锋领导者，更应该重视变革的作用。

二、变革型领导理论的相关研究

变革型领导一词首先由唐顿（Downton）于1973年在《反叛领导》一书中提出，接着由伯恩斯（J.M.Burns）于1978年在《领导》一书中予以概念化。但是变革型领导理论的发展，是由巴斯于1985年在《领导与超越期望的绩效》一书中建构而成的。变革型领导理论强调领导者必须具有远见卓识，为下属提供工作价值和目标愿景，热衷于满足下属更高的需求，使下属成为更完备的人，他们鼓励下属为了组织的利益而超越自身的目标，其结果是使上下级之间建立一种互相刺激和提高的关系。这种领导往往通过三种方法来确保自己领导行为的有效性，这三种方法是：（1）想办法提高自己的追随者的层次。（2）创造优秀的组织文化，整合下属的个人价值观，使其价值观与整个组织的目标价值一致，使他们能为组织的利益而奋斗。（3）激发下属追随者的奉献精神，使他们把组织和自己看作一个整体，愿意为组织的利益而牺牲自己个人的利益，培养他们舍小家而为大家的精神。

具体来说，变革型领导的特征主要包括以下四个因素：具有领袖魅力、对下属有感召力、智力刺激、个别化关怀。具备这些特征的领导者通常具有强烈的价值观和理想，他们能成功地激励员工超越个人利益，为了团队的伟大目标而相互合作、共同奋斗。

1．具有领袖魅力

具有领袖魅力是指能使他人产生信任、崇拜和跟随的一些行为。它包括领导者成为下属行为的典范，得到下属的认同、尊重和信任，具有高度自信，有远见卓识，对环境敏感，勇于变革，坚信目标一定能够达成。这些领导者一般具有公认较高的伦理道德标准和很强的个人魅力，深受下属的爱戴和信任。大家认同和支持他所倡导的愿景规划，并对其成就一番事业寄予厚望，追随者认为他有超自然的和无与伦比的影响力。

2．对下属有感召力

变革型领导者用简单明确的方式表达意图，使下属明白自己的奋斗目标；领导者向下属表达对他们的高期望值，激励他们加入团队，并成为团队中共享梦想的一分子。在实践中，领导者经常会采取有效的措施，发挥领导者的非权力性影响力，以此来激励和鼓励下属付出努力，实现组织目标。往往运用团队精神和情感诉求来凝聚下属的努力以实现团队目标，从而使所获得的工作绩效远高于员工为自我利益奋斗时所产生的绩效。

3．智力刺激

领导者鼓励下属对遇到的问题和困难采用变通的方式，创造性地加以解决，鼓励下属创新、挑战自我，包括：向下属灌输新观念，启发下属发表新见解，鼓励下属用新手段、新方法解决工作中遇到的问题等。提倡变革、创新、细致周密的处事作风。通过智力激发，领导者可以使下属在意识、信念以及价值观的形成上产生激发作用，并使之发生变化。

4．个别化关怀

个别化关怀是指变革型领导不是给下属分配完任务后就对下属不管不问了，而是关心每一个下属，重视个人需要、能力和愿望，耐心细致地倾听以及根据每一个下属的不同情况和需要区别性地培养和指导每一个下属。这时变革型领导者就像教练一样，针对不同下属的情况给予培训和指导，并积极地沟通，解决他们的问题。

墨菲等人从巴斯对变革型领导的定义出发，认为变革型领导是一个持续的反作用链。他从理论的角度出发，分析了在医院环境下对于护士的领导行为的有效性。他认为，变革型领导的个性化关怀、智能激发和有效地沟通可以鼓励、启示和激发下属达成组织目标。变革型领导可以提供一种更加积极的环境，通过共同努力、分享信息和权力，提高下属的满意感，减轻人力和资源短缺的负担。

美国管理学家傅伊德在前者的基础上又提出了变革型领导所必须具备的五种新的领导技能，如表 2-10 所示。

表 2-10　五种领导技能

领 导 技 能	内　　容
有远见卓识	对组织的内外部环境能够清楚地掌握，并能高瞻远瞩地制定一些决策，推动组织更高更远地发展
控制技能	有控制下属的能力，能够用自己独特的领导魅力感召下属按照自己的意图进行工作
价值观的综合技能	把员工的一些需求整合起来，使其个人价值观与组织的价值观统合一致，达到组织的高效
授权技能	愿意与下属分享权力，让下属适当管理自己，并指导下属正确行使权力
自知能力	明确自己的需求和目标，也了解下属的需求和目标

傅伊德认为这些领导技能不是与生俱来的，而是通过不断学习、实践培养起来的。

三、对变革型领导理论的评析

（一）变革型领导理论的不足

变革型领导理论是一个相对较新的理论，其研究是比较适合当今社会的发展的。但它也有一些缺陷和不足：（1）变革型领导在四个特征的概念划分上缺乏清晰的划分标准。四个特征两两之间存在内容上的潜在重叠，彼此之间划分的尺度也不严格，而且变革型领导与一些管理行为也存在重叠。缺乏清晰的概念划分使人们对这种领导理论的运用缺乏必要的依据，不知该从何入手。（2）变革型领导将领导更多地视为人的个性品质，而非一种科学的、可以加以学习的指导性行为。如果领导力是人的个性品质，要训练使之发生改变将是一件非常困难的事。例如领导者魅力往往被视作领导者所具有的个人魅力，而非一种领导者对下属施加的影响性行为。（3）变革型领导理论主要来自于西方大型企业高层领导者的研究。变革型领导是否适用于和如何适用于低层领导者，以及它对不同文化环境的适用性等还有待于更多的实证研究。（4）变革型领导通过制定远大目标、号召变革、培养下属来实现领导，存在被误导为不良用途的可能。谁能肯定变革型领导者就一定能提出一个好的新愿景，谁又能肯定变革型领导者给员工指导的价值观就一定更适合整个组织团队的发展。（5）变革型的领导是一个比较新的理论，对它的研究缺乏大量的社会调查，缺乏大量的实践，研究并不是很系统化。

（二）变革型领导理论的作用

变革型领导理论不同于魅力型领导理论。魅力型领导理论只是让下属感受领导的魅力，受其魅力感召；而变革型领导理论则是重在对下属能力的培养，使他们不仅能够完成分配的任务，还完全能够解决领导者所提出的问题，尽最大能力发挥他们的潜力。

变革型领导者很受下属的欢迎，因为他们给下属很大的自由控制的权力，注意培训提升下属的能力，并将下属的物质追求提升到精神需求的层次。可以说，变革型领导者给下属描绘了一个很好的、美丽的蓝图，并激励他们朝着这个蓝图不断进取、不断努力。变革型领导者是自己保持稳重的个性，但是对追随者和企业创造变革。通用电气前总裁杰克·韦尔奇就是一个成功的变革型领导者，他不仅有独特的个人超凡魅力，而且注重对员工能力的培养，注意对企业进行变革，给通用公司创造了很高的业绩和世界知名度。正如他所说："在每一次发动变革运动时，确立一个清晰的目的或指标。为变革而变革的做法是愚蠢的，只会产生消极影响。"

尽管变革型领导理论有种种缺陷和不足，它仍是一门有价值的学说。变革型领导理论除了概括那些正处于变革中或准备变革的领导者的一些典型特征，更从广泛的意义上指导领导者应该怎么做。该领导理论不仅适用于招聘、甄选、晋升以及培训与发展，也适用于改善团队发展、制定决策、质量创新和机构重组等。总之，变革型领导理论是一门可以被广泛学习和运用的学说。

对领导理论的研究一直是领导学的一个永恒不变的话题。作为一个组织的领导，一直是这个组织甚至可以说是一个时代的先锋，它代表了一个组织甚至是一个时代的发展方向。在任何一个组织中，领导者都处于特殊的地位，对整个组织的成败起着至关重要的作用。在以上各种领导理论的回顾和简评中可以看到，领导现象是一个极其复杂的问题，领导既是科学又是技能，它既需要理论指导，又必须经实践而获得经验。只有理论而无经验当不好领导，只靠经验会导致片面化。对于实践中的领导者而言，应该用领导理论来指导自己的实践。

第六节 其他领导理论

20 世纪末 21 世纪初，经济的发展、管理理论的演进为领导理论开拓了更为广阔的研究空间。当代西方各种领导理论学派的建立并不是以单一的标准和原则为基准的，而是建立在更加综合、更加现代的管理理念之上，但仍未形成一个完整的科学体系。比较有代表性的理论有以下几种。

一、愿景型领导理论

1995 年，库泽斯和博斯纳提出了一个清晰、完备的愿景型领导模式，主要考虑下属的观点以及他们对领导者的预期，认为领导者的愿景是否具有前瞻性是组织能否开展变革的首要条件，具有前瞻性的愿景是组织开始重大变革的基本因素。研究发现，领导者改变下属和组织的能力取决于自身的信誉度，而忠诚、前瞻力和号召力是支持领导者信誉的要素。该理论强调领导行为中奖励和认知的重要性，认为领导者需要通过对陈旧观念和假设的不断质疑来引导新的共同愿景，通过授权、激励和适当的角色作用鼓励下属完成新愿景。其最大的贡献是把具有前瞻性的愿景建构与组织文化的建构联系在一起，其领导模型被学术界称为“榜样型领导模型”，如图 2-9 所示。

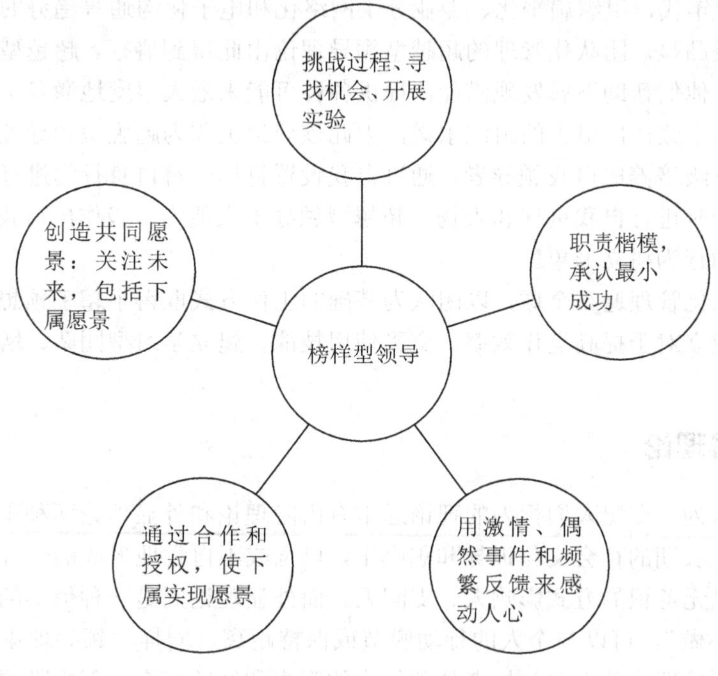

图 2-9　榜样型领导模型

二、领导替代理论

史蒂文·克尔和杰米耶提出了领导替代理论。该理论将环境因素分为两组：替代因素和抵消因素。替代因素是指下属、任务和组织中可能替代领导发挥作用的因素；抵消因素则是指下属、任务和组织中阻碍领导发挥作用或使领导行为无效的因素。该理论认为在一定条件下，抵消因素和替代因素使领导的作用大大削弱或被替代。如组织的结构和制度、员工的经验和自觉性、员工的自尊和自立、工作群体的团结协作等，这些因素会使领导行为变得多余和不重要，从而起到替代领导的作用；而如果下属对领导的激励毫无兴趣，便会导致领导行为没有任何意义，从而起到抵消领导的作用。

三、价值领导理论

在知识经济环境下，以豪斯教授为代表的学者对 20 世纪 70 年代以后的领导学理论和实验进行高度综合，90 年代初提出了以价值为基础的领导学理论。

基于价值的领导是相对于制度管理而言的。该理论认为，领导者与其下属之间是以价值观为基础的关系。领导者通过明确表达愿景，向组织和工作注入价值观，使它们与跟随者所持有的价值观和情感产生共鸣，从而唤醒跟随者对集体和集体愿景的认同，实现跟随者自我功效和自我价值的提高。

四、超越型领导理论

20 世纪 90 年代，组织扁平化、专业分工网络化和电子化沟通等趋势的加剧促使团队化管理模式日益凸显。团队化管理的超越型领导理论由此得到盛行。超越型领导比变革式领导更进一步，他们帮助下属发现潜能，提供各种可能来最大限度地激发下属能力。通过充分授权，鼓励下级作出更大的组织承诺，因此该理论也称为超脱型领导理论。这种领导方式关键是把下级培养成自我领导者，通过自我设置目标，对自身行为进行内在强化，自我安排职务，同时进行自我批评和表扬。超越型领导本人能为下级作出自我领导的榜样，通过令人信服的行为树立形象。

今天，团队化管理遍布全球，以团队为基础的工作方式取得了超乎预想的效果。超越型领导模式的建立对于提高运作效率、交叉使用技能、建立学习型团队、增进满意度都有显著效用。

五、内隐领导理论

心理学家认为，支配人们行为的理论通常有内隐理论和外显理论两种不同的形态。内隐理论是人们在长期的社会文化训导和熏陶下，自觉或不自觉地形成的一种思维和行为定势，它们通常以无意识的方式影响人、支配人。而外显理论则是一种信奉的理论，外显理论可以“只说不做”，可以与个人的行动脱节或保持距离。同样，领导理论也有外显与内隐之分。外显领导理论基于对领导者外部行为的观察和经验研究，而内隐领导理论则是来源于人们内心中关于领导的概念化。因此，外显领导理论基于行为论，而内隐领导理论立足于人格特质论。

格雷夫斯（Graves）、斯滕柏格（Sternberg）等人分别于 1982 年、1985 年对内隐领导理论的定义进行了论述，他们认为内隐领导理论是探明人们“内心”关于领导概念的结构，这种结构以某种形式已经存在于人们的头脑中，它既含有领导者是什么，又含有领导者应该是什么样的等概念。也就是说，是个体用于区分领导者与非领导者类别的“内部标签”。实质上，内隐领导理论是以存在于追随者头脑中的领导原型或者以理想领导者实例为基础的认知分类模型。尽管人们的认知可能是不真实的，但他们仍然运用感觉来评价，并且以此来辨别领导者与非领导者以及有效的领导者与无效的领导者。许多学者肯定了内隐领导理论的价值，如施瓦茨-肯尼（Schwartz-Kenney）和布拉斯科维奇（Blascovich）（1996）研究指出，内隐领导理论可以为理解领导现象提供基础，也可以为发展外显理论提供所需的概念框架。更近的研究表明，关于领导者的推断与人们的心理编码相一致。这表明内隐领导理论可为认知领导者提供参考依据。

案例讨论

王平作为 IT 公司技术开发部的一名技术专员，在技术方面有着丰富的经验。同一部门的每一位同事都认为他的技术水平非常高，工作非常出色，十分佩服他。不久前，前任经理调职后，王平被总经理提升为技术部经理。

王平上任后，下定决心要把技术部管理好，一定要高标准、严要求。一个月之内，部门同事就领教了他的“新官上任三把火”。在王平升任部门经理的第二天，同事小张由于堵车迟到了 3 分钟，王平狠狠地批评了他，并说：“技术开发最重要的就是时间，不需要没有时间观念的人。”一个星期后，同事小刘由于忙着招待客户，把一份技术改革方案晚交了一天，王平又大发雷霆，批评小刘之后，还公开表示如果再有这样的事情，就把小刘辞退。一次遇到紧急工作，王平需要迅速整理一份资料，同事大李忙了两个通宵把资料赶了出来交给他，他连一句表扬的话都没有。在月底的月度总结会上，还指出大李的技术水平不过硬，建议他调任到其他部门工作。

很快，总经理发现，技术开发部的工作效率明显降低，员工的工作热情不高，缺勤现象严重，还有很多员工跳槽或主动要求调到其他部门工作，整个部门完全没有和谐的工作气氛，总经理决定要改变这个现状。

讨论问题：

1. 作为一名部门经理，王平的职责是什么？
2. 从领导理论上看，王平的领导出现了什么问题？
3. 如果你是总经理，你将如何解决这一问题？

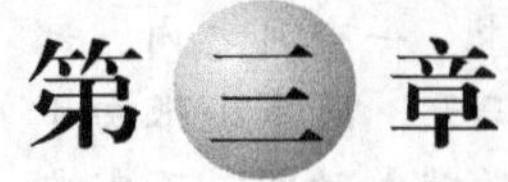

第三章 领导模式与领导体制

引导案例

IBM是美国也是全世界最大的电子计算机制造商，创建于1911年。目前，在世界132个国家和地区设有子公司和营业点，拥有39个生产厂、3个基础研究部、22个产品研究所及13个科学中心。它的主要产品反映着当代尖端技术发展的水平。

IBM原来以生产大型计算机为主，小型计算机市场被日本和美国其他公司占领。随着计算机的快速发展，小型计算机市场发展迅速，IBM面临着失去市场主导权的位置。在这样的危机面前，IBM果断选择了改革体制。

IBM的领导体制改革过程大致上分成三个阶段：第一阶段，进行组织改革试点，在公司设立“风险组织”；第二阶段，全面调整与改革总公司的领导组织，形成新的领导体制；第三阶段，调整与改革子公司的领导体制。改革从1980年至1984年，历时四年。

总公司除了提供必要的资金和审议其发展方向外，不干涉子公司任何经营活动，故有“企业内企业”之称。子公司可以设立自己的董事会、自行筹集资金和决定经营策略等，在产销、财务、人事等方面被授予较大的自主权。设立这种组织的目的在于激发个人的创造性和企业家精神，使大企业在组织上具有活动力，能在小型机和微型机等急剧发展的高技术领域不断开发出有竞争力的新产品和有前景的产品。

独立经营单位，由于既有小企业的灵活性，又有大公司的实力（奖金、技术、营销系统），故而较之一般独自创办的风险企业有较大的优越性。IBM将这一组织形式运用于个人电脑开发，仅用11个月就完成了通常需要4年的从研制到生产的全过程。1984年，IBM个人电脑销售达50亿美元，占公司总销售额的10%，占美国市场的21%。

IBM的例子告诉人们，领导模式和领导体制是领导活动得以展开的组织体系和载体，是充分发挥领导功能、提高领导效率的关键环节，而且从来就没有固定不变的、适用于一切组织的领导模式和领导体制，总是要根据环境的变化和自身的发展不断地调整、改革和创新。即使是最优秀的组织也不例外。因此，领导模式的选择、领导体制的建设是关系到领导活动成功与否的核心问题。对历史上的领导模式和领导体制，对当今的领导模式和领导体制进行客观的、科学的剖析，深刻地理解各种领导模式和领导体制的优缺点，有利于建立和完善领导模式与领导体制。

第一节 中国传统领导模式的影响因素及特征

中国传统领导模式受中国传统文化的熏陶，固然有“以人为本”经典的领导模式，但是由于受落后的生产力条件所限，人也被物化来管理，从而形成了一种极具中国特色的领导模式。这种模式经过历史的洗礼和验证，仍然具有其生存和发展的科学性和合理性，但随着中国市场经济体制建设的大力发展，知识经济时代的来临，传统领导模式已经不能再与当前的生产力水平相适应，并且逐渐显现出种种问题与不足。所以有必要分析中国传统领导模式，对比中国传统领导模式和现代领导模式，进而揭示传统领导模式在现阶段暴露出来的问题，并且对其转变的必要性及转变途径进行阐述，进一步完善和发展具有中国特色的领导模式。

“传统”指的是人们在自己的文化、历史背景下所形成的一些观念、想法以及做法，中国人讲求家族式思考方式，在这样一种观念下产生领导模式就是中国传统的家族式领导模式。家族式领导是将严格的纪律性和权威与慈父般的德行综合地表达在人格氛围中的领导行为。由于特殊的历史背景，家族式领导具有鲜明的特点，因此，分析其影响因素为完善传统领导模式提供了前提条件，而研究其主要特征有助于把握传统领导模式的本质，使中国传统领导模式的改革做到有的放矢。

一、中国传统领导模式的影响因素

人类早期为了在艰险的自然环境中得以生存和发展，为了能更好地实现同一目标，自发形成了组织。随着生产力的改善、人类社会的进步，经济体制也不断演变。从封建社会以农业为主的经济体制开始，经历近代工业革命带来的大换血，生产以机器为中心，以工业为主的经济体制得到发展，进而社会形态发生改变，知识经济时代，信息和科学技术成为组织发展的动力。组织的目标也发生了变化，已经不是单纯满足于实现目标，而是如何能最大限度地促进效率的提升，追求利益最大化。因此，生产力水平、经济体制和社会文化是领导模式的重要影响因素。

（一）生产力水平对领导模式的影响

生产力是生产关系的基础，不同的生产力水平必然对领导模式提出不同的要求，任何领导模式的形成与转换归根结底都是由生产力水平决定的。生产方式落后，人们的生产和生活都较为简单，社会组织主要是政治组织，由此产生的最初的领导方式主要是权力的运用，表现为专制与独裁，即使对经济的管理也是以行政制约的方式为主。新中国成立初期，我国生产力水平低下，刚从战争中走出来的人们的主要需求和价值取向停留在食物、住所、安全、公平待遇的阶段，也就是马斯洛需求层次理论中所说的生理需要、安全需要和社交需要，与之相应的领导模式以“管家型”为主，主要依靠个人威望、信誉和经验来管理。当时的生产力水平和人们的需求使农业成为支柱，而这种劳动方式下的领导模式正是为农业服务的，当然也适应当时的以农业为主的生产力水平，但却与国际环境下迅速发展的工业时代极不相称。工业时代的领导模式是随着机器大工业生产的诞生而形成并发展起来的，生产规模的扩大和生产的社会化，使生产组织和社会组织都变得复杂。工人成为组织的员工，身在集体中使工人们对归属、组织的认同甚至成就感产生要求，也就是马斯洛所说的社交需要和尊重需要。因此，相应的领导模式也发生了改变，领导模式呈现多元化。近几年，继农业经济、工业经济之后，世界又逐步步入知识信息经济时代，知识经济是以知识为基础的经济，具体是指以现代科学技术为核心的，建立在知识和信息的生产、传播、使用和消费之上的经济。知识经济的核心是知识，灵魂是创新，基本特征是高效率。进入知识经济时代，信息化、知识化成为一个企业在激烈的竞争中立于不败之地的必备条件，而企业对于掌握信息和知识的人才更是趋之若鹜，因此在企业中员工能更自主、更主动地为企业创造价值，进而实现马斯洛的需要层次理论中最高级别的需要——自我实现需要，领导模式更加复杂多变。

（二）经济体制对领导模式的影响

领导模式由生产力水平决定，而生产力水平主要是通过经济体制对领导模式发挥作用。计划经济体制下生产力水平低下，生产、分配、消费以及人们的社会生活有较明确的规范，社会呈严密的金字塔型组织，计划到了一根针，社会和人民都被计划的框架框着，其领导模式主要表现自上而下以行政命令的方式领导，具有直接性、命令性、强制性、随意性等特点。市场经济体制下生产力水平得到提高，以市场为导向，不再以人的意志为主。市场经济体制为公平交换提供了一个平台，对外界信息的收集和处理就十分重要，因此调动员工的积极性和竞争意识尤为重要，自上而下强制性的领导模式已经不能再生存下去。同时市场经济内在的平等性、利益性、竞争性、开放性等特点，要求其领导模式必然表现为间接性、调控性、服务性、法治性、科学性等特点。

（三）社会文化对领导模式的影响

社会不同的历史文化背景使领导者的思维方式和领导行为也不一样，产生的领导模式也必然不同。例如霍夫斯泰德（Hofstede）在其著作《文化的后果》以及一些研究中提出，任何领导方式取决于文化传统。Chemers 则坚持个别化的研究途径，并将领导视为一种镶嵌在文化底下的特定行为。美国是个移民国家，民主和自由是美国特有的社会背景，所以美国的企业中重视对员工的激励，充分调动员工积极性；而日本受东方文化熏陶，而且日本人多地少，是寸土寸金的地方，所以日本企业注重对先进技术的开发，日本员工勤劳、能忍耐，有句话说："日本让整个世界忙起来"，说的就是这个意思。中国传统文化以农业经济作为建设文明的基点，最终演进成一种高度发达、极端成熟的农耕文化形态。农耕文化形态中人们生存的最大特点是聚族而居，群体协作。这种人际间相依为命、依靠群体力量与大自然抗争的生存习惯，牢牢扎根在民族灵魂的深处，内化为个体对群体的强烈的依附心理，因此形成了重群体、轻个体的领导模式。

对人性善及人性恶观点的不同，其领导模式也会不同，性善论强调教化，性恶论重视法治。中国本土文化受"儒家"思想的影响，"家族观念"根深蒂固，"王权主义"深入人心。传统的领导模式在中国传统文化背景下形成，深受代表专制社会主流的"皇权意识"

的影响，这也决定了中国传统领导思想的本质是专制的。这一点西方人是做不到的，因为西方历史文明是二元的，君权是一元，教权是一元，很难形成中国这种君权神授、集君权与神权于一体、高度集权的君主专制。中国从来就不是一个宗教性的国家，唐朝时佛教的兴盛也只是帝皇者拿来禁锢人民思想的利用品。中国传统文化价值观中，如“缺乏民主精神”“官僚主义严重”“法制观念较为淡薄”“消极保守色彩较浓”等现象也潜移默化地影响着中国传统领导模式的发展。

二、中国传统领导模式的特征

领导模式即领导者为实现领导目的，在特定环境下运用合法权力对被领导者施加影响的方式。中国传统领导模式受到生产力发展水平、经济体制和传统文化思想的影响，在领导职责、领导方法、沟通方式、决策方法、用人思想等方面无不体现其“中国特色”，即“在一种人治的氛围下，显现出严明的纪律与权威、父亲般的仁慈及道德廉洁性的领导模式”。这种领导模式渗透在领导职责、领导方法、沟通方式、决策方法和用人思想上。

（一）领导职责

中国传统的领导职责就是领导一切，实行大事小事都要管的家长制模式，“官本位”思想。这种模式受到中国父权制的影响，强调领导的权威性是不可挑战的，所谓“说你行你就行不行也行，说不行就不行行也不行，不服不行”。处在这种模式下的领导者和下属的关系，就像父与子、君与臣的关系，在这种角色扮演中，领导者像君主一样用专权树立自己的威严，舍不得也不能放权或授权给下属，这无疑也给领导活动带来很多负担。在这种领导模式指导下的领导活动的结果很容易导致组织效率低下，阻碍企业发展。大中型企业实行政企分开，明确领导权责，正是要解决这一传统模式带来的诟病。

（二）领导方法

因为领导职责不明确，领导者过于专权，难免一叶障目，所以传统领导的方法也无法注意到激励的运用，无法调动下属的积极性、主动性与创造性，没有充分考虑工作环境和下属的特征，领导权力过于集中，也没有注意提高雇员的绩效和满意度。

（三）沟通方式

传统领导方法采用单向沟通方式，自上而下，只有下达，没有上传，信息不对称，领导者无法真正理解任务所处环境的变化、特征和下属的特征，因此也就无法认清实现目标过程中的障碍，并设法排除它。显然这种方式缺乏认清实现目标的路径及可能遇到的障碍的能力。而且，领导者与下属之间透明度不高，缺少双方交流的沟通方式，这样极易引起矛盾冲突和摩擦，难以实现组织目标。领导者对领导目标实际环境不了解，也极易使领导者作决策时出现偏差，导致领导目标无法实现。

（四）决策方法

传统的领导方法在决策时缺乏程序化，往往是一个人说了算，没有决策前的审时度势，广采众议，兼听则明；也没有决策后动员各方力量共同完成决策目标。完全“断之于独”“暗箱操作”。通常表现为“要求”或“命令”，没有强有力的外部监督，尤其缺少舆论监督。这种决策方式的最大弊端在于容易导致上级领导的“利己行为”，另外一方面也无法保证其决策结果的实用性、广泛性。

（五）用人思想

传统领导方法在用人方面管得过死，选拔人才渠道单一，人情大于选贤，一些真正的能人往往没有竞争机遇，长期被埋没，不仅优胜劣汰的局面不能形成，有才能的人纷纷外流，企业损失巨大，而且无法激发组织的活力，使组织丧失生存和发展的机遇。

中国传统领导模式在这五个维度所表现出的特征，揭示了传统领导模式的本质和弊端，抓住这些弊端能更迅速准确地解决本质问题，从“根儿”上去除诟病。

第二节　中国传统领导模式与现代领导模式的比较

随着现代企业制度的建立，现代领导模式应运而生。中国人眼中的“领导”逐渐从神坛上走了下来，不再是权威、伟大和神秘的化身，而是能走在人群中，有团队意识的团队领导、平民领导。通过传统领导模式与现代领导模式的比较，可以揭示传统领导模式存在的问题，也可以为传统领导模式的转变和创新提供有益的启示。

一、在领导目标的实现上比较

传统领导依自己的经验来领导，自上而下，下达命令。下属必须贯彻上级意志，必须奉行上级的指令；上级主要依靠行政手段强行约束、规范下级行为，而不注重对下属进行积极性的激励和企业文化教育，使其有组织归属感。现代领导方法则主要依靠激励来调动下属的积极性、主动性与创造性，以实现组织最高管理目标。调动下属，发挥集体的最高能量，是现代领导方法最基本的特征。而且知识经济时代的领导提倡以人为本，人本管理是指一切管理活动以人为根本出发点，调动人的积极性，反对靠权力不靠人，强调人的需求是多种多样的，尽量发挥人的自我实现精神，充分发挥人的主观能动性，以调动人的积极性为主要目的。松下公司在员工激励上独辟蹊径，它有自己的企业歌曲，通过歌曲来激励员工，宣传企业文化和价值观，并让员工一起唱公司歌曲，使员工深感为企业的一分子，从而调动员工的积极性和激发员工的归属感。这么做的原因是松下公司深知企业的生存和发展离不开全体员工的齐心合力，企业在危机时，更需要员工众志成城，发挥企业的凝聚力，共渡难关。

二、在沟通方式上比较

传统领导方法对下属主要采用命令式的单向沟通方式，旨在贯彻自己的意图，不太重视下属潜能的发挥，下属只能被动地服从，因而容易产生上下抵触的矛盾，增加摩擦，最终自己的意图也难以实现。但其实一线员工由于长期的经验累积，比起领导者来，在信息掌握和技术熟练程度上都略胜一筹，对实际情况有最直接和最深刻的感知。所以现代领导方法对下属主要采用双向沟通的方式，不但向下属传输自己的意图和指令，而且倾听下属的建议和意见，相互补充，追求完善，达成共识。

分享案例

宝马在业界有着勇于创新的声誉。这种声誉的由来，要从宝马创新的沟通方法上说起。每个星期五的下午4点，当大多数德国工人驾车远行度周末的时候，慕尼黑宝马研发中心大楼内的一个个小咖啡室里，挤满了经理、工程师、设计师和市场营销经理。伴随着他们无止无休的讨论，公司提供的牛奶和咖啡全被喝光了。这种情景在底特律的车厂是见不到的。宝马首席设计师艾德里安·范·霍伊顿克说："午餐和休息的时候，大家也在讨论各种观点和方案。这在常人看有点儿像发疯，但这会让事情进展得更快。"

这种情景的背后，有着宝马最新的行为管理沟通理论支持。高层顾问和专家认为，这种双向甚至多向的沟通方式在大型组织里引起的喧哗和混乱，对创新来说极其重要。宝马特别想让知识存在于几万名员工的头脑中，而不是在他们的计算机里。融合脑力对释放奇思妙想很是必要。

宝马公司除了提供沟通的途径，还鼓励人们在上班的第一天开始就建立自己的人际关系网络。宝马的员工们都认为，要推动创新，就要丢掉正规的会议、层级，就不能唯命是从。每个员工很快就感觉到，提出新鲜的观点是首要任务。

将宝马公司与通用和福特对比来看，后两家公司正是由于层级制度比较严重，束缚了新的思想，降低了对新事物的反应，才会面临困境。而宝马则通过沟通破除官僚体制，在快速多变的市场中前行。正如哈佛大学的卡伦·斯蒂芬森教授所说："要确保企业不出意外，需要一线员工不断提出优化建议，这一点层级制度无法做到，而采取双向沟通的方式，你才能有更多的机会去获取知识，快速地解决问题。"

三、在领导策略与措施的选择上比较

传统的领导方法在决策时，多数表现为"暗箱操作"，"必须这样做"成为传统领导者管理策略的主要特征。这种管理策略在一个较大的管理范围内使用很明显是不恰当的，执行效果也很难令人满意。市场经济与信息时代更需要的是战略型领导模式。战略型领导模式具有较强的策划与设计功能，具有较高层次的宏观思路与较强的决策能力。战略性的设计与策划旨在让组织整体运作合理有效。由此可见，未来的领导应该是具有宏观决策能力、策划与设计能力、战略规划与管理能力的高级管理者。现代领导方法为实现决策目标，对下属的管理侧重于"如何使下级主动去做""怎样才能做得更好"。在管理上除了更多地应用激励方式外，还使用一系列有针对性的、周密的和有较高约束力的制度，如合理的考核制度、监督制度及分权分责制度等，同时还让员工参与监督管理。

四、在用人思想及方法上比较

传统领导方法在用人时，往往以自己的好恶取人，"任人唯亲"，左边照顾，右边平衡，嫉贤妒能。其结果是贻误事业，使组织丧失发展机遇，甚至造成不应有的损失。而现代领导方法在选人用人时，引进竞争机制，优胜劣汰，综合考察人才的各方面能力和素质，"任人唯贤"，能者上，庸者下，为人才的成长开路。

分享案例

可口可乐人经常说："我们是一家培养人才的公司，生产碳酸饮料不过是我们的副业。"的确，在可口可乐公司的观念里，人才是企业最重要的经营资源，是一切财富中最为宝贵的财富。正确地制定和选择人才战略，努力开发和挖掘人才，充分发挥各类人才的积极作用，是可口可乐公司走向兴旺发达的关键。可口可乐公司在中国能够迅速发展很重要的一个原因，就是公司对于人才选、育、用的重视。

可口可乐公司的一个选人特点是人才本土化。在可口可乐（中国）公司，99%以上的可口可乐系统员工是中国籍员工，在可口可乐北京区，除总经理和财务总监来自台湾地区和澳大利亚，其他清一色是大陆本土人。

所有管理人员不但能讲流利的英语，还有一口流利的汉语，许多外籍同事甚至还能用粤语和其他方言交流。公司里所有文件的来往也均用中英文两种文本。

在人才引进方面，可口可乐公司的一位领导曾经这样说过："可口可乐公司在人才引进方面，最注重的是每一个人对可口可乐品牌是否有一片赤诚热爱之情，是否能够全身心地投入工作，努力地为公司做出贡献。"据可口可乐大中华地区人力资源总监介绍："其实这还是最基本的原则。除此之外，公司招聘人员时，还会要求进行笔试、面试、答辩、演讲等多轮考试，以保证所择人才英语听说写精通、计算机操作熟练、管理或技能水平娴熟、语言表达通畅且富感染力、公关能力强等。"

拥有着120多年历史的美国可口可乐公司正是凭借着这样的选人方式，才能不断地补充优秀的员工，多年来一直都被公认为是世界的第一品牌，被美国《商业周刊》以696.4亿美元的价值列为世界品牌之冠。

第三节　中国传统领导模式存在的主要问题

通过以上的分析和比较，可见中国传统领导模式在思想、文化、制度上还存在着很多缺陷，影响了领导效率和领导结果，已经不适于新的经济时代和经济体制的快速发展。追根到底，中国传统领导模式存在的主要问题有以下几个方面。

一、思想上存在"官本位"观念

所谓"官本位"，就是"以官为本"，即官、吏、僧、道、士、农、工、商各个阶层，以官为尊。一切为了做官，有了官位，就什么都有了，"一人得道，鸡犬升天"。"官本位"

的等级观念是在小农经济基础、以皇权为中心的等级制以及儒学观念三者相互依存的条件下产生的，是在我国几千年封建社会里形成的，是历史遗留下来的陈腐的社会意识。至今，“学而优则仕”“官本位”等观念作为一种根深蒂固的社会观念和社会现象还在顽强地表现着。特别是各级政府和企事业单位的一些官员和领导干部由于放松世界观的改造和党性锻炼，自觉不自觉地做了这种“官本位”等级观念的俘虏。不可思议的是如今跑官、买官、卖官的现象依然存在，弄虚作假、虚报浮夸、骗取荣誉和职位的现象更是屡见不鲜，这些都是与工业文明、信息时代以及未来企业格格不入的。“新官上任三把火”到底该不该烧，以及官员为求政绩，不惜劳民伤财也要硬上项目等现实问题成为社会话题。而要铲除“官本位”的等级观念，关键是各级领导机关和领导干部要树立“权力是人民赋予的”观点。现在流行的“公仆式”领导就要求领导者要以人为本，因为服务的对象是人，员工的工作意愿和态度对企业的发展至关重要，所以领导者对员工的态度要诚恳，要懂得如何激励和做好员工的思想工作，处处为员工着想，摒弃做官就是作威作福的思想。美国西南航空公司、TD 工业公司、Synovus 金融公司等知名企业都将公仆型领导作为公司的管理哲学。这些公司的高层管理人员认为，公仆型领导者具有无私奉献的品质，更加重视员工、合作伙伴、顾客以及社会的利益。与传统的权威型或专断型领导方式相比较，公仆型领导方式更有利于员工的健康成长和企业的长远发展。因此，要创造共同愿景，要最大限度地实现民主管理，发挥员工的主人翁作用。

二、文化上受封建官僚主义的制约

（一）封建专制对中国传统领导模式的影响

封建文化中，皇权最大，君权神授，几千年里封建社会从开始到发展、壮大，以专制主义为核心的政治文化，曾经并且仍然对人们的政治生活有很深的影响，高度集权的封建时代独裁专断的恶习深扎于一些领导者的头脑中，遇事贪图便宜、因循守旧、消极避世等顽疾一时扫除不净。虽然社会形态发生了变化，但是封建专制主义思想有其相对独立性，作为一种沉重的历史惯性，它不可能很快消失。因此造成在中国传统领导模式中，许多领导者认不清自己的职责，一心贪图仕途，一旦成为权力者后，就忘记了作为领导者的本职工作，搞特权、特殊化，腐化变质。

（二）官僚主义对中国传统领导模式的影响

官僚主义在封建社会的最后一个朝代，官僚最腐败的一个朝代——清朝中，尤为显眼。《儒林外史》《官场现形记》等作品以清朝官场为表现对象，集中描写封建社会崩溃时期旧官场种种腐败、黑暗和丑恶的情形，构成了一幅清朝官僚的百丑图。尽管官僚主义是小农经济的产物，同社会化的大生产根本不相容。但是在已进入知识经济时代的今天，由高度集权的领导体制产生的官僚主义仍在领导生活中存在着，对领导效能产生了严重的危害。

（三）人治领导文化对中国传统领导模式的影响

中国传统文化具有鲜明的伦理化特征。受儒家思想的影响，许多政治、哲学、道德、审美等观念的产生，都是以“礼”为起点和轴心的，它要求人们在复杂的社会关系和社会矛盾中关注人所处的社会环境，极力维系平衡和谐的秩序。在古代社会中，血缘宗法关系严重地制约着社会政治、经济制度。中国的父权制强调下位者服从（或孝）的义务，赋予他们象征着顺从的角色义务，并且依据一套角色关系（如父子、君臣、夫妇）限定其权力与服从的行为。这也就是家族式领导模式的本质所在，这种关系通过深层的心理积淀，仍然有形无形地影响着领导文化的建设。“关系”一词，是中国特有的，西方人起先对这个词理解不了，由于在中国凡事讲关系，关系不到事就办不了，关系浅事情办起来就麻烦，所以渐渐地西方学者开始对“关系”这个有中国特色的词进行研究。重血缘关系产生了“任人唯亲”的封建领导用人文化，并且各种领导环境都有这种血亲关系的影响，于是产生了“裙带”关系的复杂人情网络。“看面子”“拉关系”“走后门”则成为有些领导者的“日常行为准则”。太重人情，以致情大于法，以人情领导而不以法制领导。“人治”的关系网盘根错节，牵扯甚广，并且紧密结实，但是人治领导文化与市场经济建设是格格不入的，我们必须以法领导，克服人治领导文化的不良影响。

第四节　中国传统领导模式向现代领导模式的转变

一、领导模式的选择

领导模式即领导者为实现领导目的，在特定环境下运用合法权力对被领导者施加影响的方式。它主要包括领导者、客观环境、被领导者、领导目的四个基本要素。其中每一个要素的变革都会对领导模式产生影响，导致领导模式的转换甚至根本变革。

领导模式可以被划分为V型、A型、M型三种。

（一）V型领导模式

V型领导模式中，领导者能克己以让众人，主动承担群体的责任与风险，与他人易于相处，保持一种低姿态，在处境困难、群体的共同追求尚且难于实现的情势下，表现出坚定不移的信念和坚韧不拔的奋斗意志。V型领导模式的形成出于自然，在群体追求共同目标期间，能汇聚群体的巨大力量，方法简单易行。但是群体追求的共同目标一旦到手，领导人“势低”的形势即告破除，众人为了争夺一己之私，立即会把领导人的领导地位视为最有利的“高位势”。这种观点的突然转换，犹如谷底突然爆发出一座高山，水四散而流成必然之势，内部争夺利益的内讧将无法制止，于是组织突然分崩离析也就不足为奇。V型结构的领导组织具有自组织性，无须外力的干预就能够自己创生。

分享案例

20世纪80年代陈天生创业三起三落，失败时不名一文，四处漂泊；成功时坐拥数百万资产，荣获首届全国十佳青年称号。他和他的追随者一道在广州办过技术经济发展公司、在鼎湖搞过科技实业城、在蒲圻修过赤壁长江大桥，每次事业上都取得了成功，但是成功之时，也是失败之始。他和他的追随者就像一群“西部淘金者”，在挖到金子之前，不论发生什么天灾人祸，彼此都能团结一心，可一见到金子，便开始残酷地争夺与厮杀。他的创业就像经历一个又一个的怪圈，环环相扣，一圈比一圈大。陈天生创业，红火，转眼间烟消云散，孤身一人，又回到原点。

陈天生的这种创业现象被称为“陈天生怪圈”，这种现象之所以会反复出现，就是因为他的管理模式出了问题。V 型领导在前期确实能够汇聚群体，向着目标共同奋斗，而目标一旦到手，内讧无法停止。因此，V 型领导一定要把握住时机，在适当的时机转型，才是领导成功之道。

（二）A 型领导模式

A 型领导模式是一种建立于“层级组织”基础上的领导模式，或称为“官制体系”。其基本构架是：制度化、法规化的正式领导职位；严格规定的等级层次结构；明确划分的责、权、利体制和规定的工作关系；以职务能力为主要依据的选用和等级升迁制度。整个组织犹如一座金字塔，领导者高居塔尖，这种结构把个人的需求与组织紧紧地捆绑在一起，个人需求的满足有赖于组织目标的达到，而且个人想得到的那一份不得不依靠个人在组织中的层次等级而定。因而，一种无形的束缚使个人在群体所追求的目标达到后，不再能自由放任地争夺利益，从而使组织具有一定程度的稳定性。A 型结构的稳定性很有限。首先是处于顶端的领导人，处于高危的平衡状态，在任何外力或内力的作用下，唯有合力恰好为零的情况下领导人的地位才能稳定。其次，处于第二等级职位者，阻碍其上升的因素自然是最高领导人，所以必然不失时机地攻击最高领导人，同时伺机削弱同级的竞争者，以图升迁。因而内部争斗不断，有愈演愈烈之势。再次，等级制度赋予的职务权力，尤其是最高领导人的至高无上的权力，明显具有两面性，是一把双刃剑。其消极的一面极其容易伤到自己，造成组织成员的离心和剧烈反抗，最终动摇整个组织。此外，在 A 型领导模式中，强烈的向上爬的欲望容易促使整个组织畸形发展成倒金字塔。A 型组织是由高层次子系统控制低层次子系统的、一层一层的他组织重叠而成的、复杂的系统，具有明显的层次性，层次性有利于组织的稳定。当外力显示出独立特性的时候，整个系统显然是一个他组织。只有在外力明显与系统内力相关联而转化为系统的一大要素时，外力才会被纳入整个系统之内，作为一大内力而转变为自组织。内耗只能使领导人下台、换人，只要外力还能控制系统，整个组织就不会自行崩溃，这是 A 型组织的最根本性的优点。

（三）M 型领导模式

M 型领导模式集合了 V 型和 A 型结构的长处，是一种互补而成的新型结构。在这种领导模式中，主要领导居山顶之谷，高而不危；次主要领导处顶尖之位，居高而临下，可尽其力。在现代企业管理中，往往大量采用 M 型领导模式，董事长居山顶之谷，总经理处顶尖之位。如美国钢铁大王卡内基、速食业鼻祖克罗克、日本的松下电器、中国台湾轮胎等世界知名公司都采用 M 型领导模式，取得了令人称道的业绩。这种领导模式可以用四个特征来描述：（1）领导者勇于承担群体苦难与重大责任，恭谦待人，以此行为而非仅仅靠法定职位来建立和维护自己的领导权威。(2) 领导者拥有可靠精干、德才兼备、结构合理的班底。最高领导者除了全局性的决策和协调等职责之外，能通过充分授权使辅佐人员分担重任，让得力的下属成为名副其实的中坚力量。而在下层中也具有同样性质的结构关系，从而形成一种人人都觉得自己身居要职的奇妙的分形结构。(3) 领导群体明确划分为高层、中层、基层三个领导层次，三个层次各有其职，分工而合作，形成完整的领导结构体系。高层注重天时地利人和，使企业内外和谐而得以生存和发展；中层注重安人遂事而使企业有实效；基层注重章法，善于协作，具有效率而使企业得到实利。三层次的合理结构产生完善的企业整体领导功能。(4) 有明确的纵向升迁阶梯及横向回报规则。升迁阶梯保留了 A 型结构所具有的对企业成员的约束力；合理的回报规则保证了企业成员的活力。对于现代企业来讲，M 型领导模式最为适用。

分享案例

M 型领导不仅仅是现代西方社会的研究成果，早在我国古代，刘邦和刘备两位君主的领导模式就显示了 M 型领导的雏形。刘邦文有张良，武有韩信，治国有萧何，这三人都是各自领域的奇才，取得过许多丰功伟绩。刘邦的领导就是自己“居山顶之谷，高而不危”，将张良、韩信、萧何这三人“处顶尖之位，居高而临下”，通过这种 M 型的合理调配，让他们发挥自己最大的力量，成为治国的中坚力量。这样，刘邦的天下就固若金汤了。同样，刘备依靠自己的仁德招募大量的能臣武将，诸葛亮、张飞、关羽……有了这些贤臣，刘备只需要将他们进行合理分工，便可三分天下，创立蜀国。这些都是我国古代人对 M 型领导这一理论的验证。

现代企业家、被誉为“经营之神”的日本松下电器董事长松下幸之助，极力主张采用强过自己的人，认为员工某方面的能力强过自己，领导者才有成功的希望。他认为，即使一个才智出众的人，也无法胜任所有的事情，所以唯有知人善用的领导者，才可完成超过自己能力的伟大事业。然而一般人最容易犯的错误，就是高估自己的能力，而不肯接受他人的忠告，领导者最应留意这点。

二、中国传统领导模式向现代领导模式转变的分析

随着改革开放进程的发展，传统领导模式与现时期社会主义建设的格格不入日渐明显，传统领导模式向现代领导模式的转变也成为不可回避的问题。

（一）从利益角度分析

利益分析作为哲学、社会科学分析的基础性范畴和方法，能从根本上揭示社会现象的本质。当然，最根本的判断标准是“应该主要看是否有利于发展社会主义社会的生产力，是否有利于增强社会主义国家的综合国力，是否有利于提高人民的生活水平。”改革开放以来，我国逐步从计划经济变为市场经济体制，从粗放式经营方式到集约型经营方式，以

及国际竞争的加剧，地球村的形成，使我国传统领导模式的弊端日益凸显，实质上凸显了组织利益与个人利益的差别与冲突。原有的传统领导模式已经完全跟不上社会高速发展的步伐，这就迫使传统领导模式转型。要正确处理这种利益关系，必须平衡利益主体的权利和义务，才能使领导发挥效能。这就要求领导模式从以组织利益为中心的领导模式走向兼顾个人利益的领导模式。

（二）从权力角度分析

领导模式从权力取向的领导模式走向服务和影响取向的领导模式。所谓权力取向的领导模式，是指领导的影响力是单向的，其运行是“从较高势能点出发的、自上而下的线性运动过程”，也就是家长式领导模式。这种取向因其在实践中屡遭困境而在改革时代受到批判和反对。所谓服务和影响取向模式的领导，是指领导不再单方面直接参与经济活动和社会活动，而是为参与经济活动和社会活动的个人提供信息和服务，也就是公仆式领导模式。“领导的职责是掌舵而不是划桨”成为服务和影响取向领导模式的基本纲领。显然，这一功能的转变要与领导模式的转变相一致。

（三）从领导的主体进行分析

21 世纪将是一个协作与开放的时代，它强调群体力量，强调组合效应、分工明确、互为条件、缺一不可。特别是信息时代，信息开放、共享更有利于协作，所以这是工业社会和信息社会特有的思维方式和行为方式。这一时期领导理念将从单一主体走向多元主体。这一转变使得原有的传统领导理念从倚重“管理”走向倚重旨在实现组织利益的多主体之间的协商、协调、监督、契约等方式，使得这些主体成为实现组织利益不可或缺的力量。在信息时代，生产经营诸多要素更加有机地结合在一起，你离不开我，我离不开你，形成了诸多要素协作运转的有机系统。因此对企业领导的素质要求不仅仅局限其是否具有某种特殊才能或单一专业优势，更重要的是，领导应该具有协调与沟通、社交与公关能力，21 世纪是头脑风暴的时代。

三、中国传统领导模式向现代领导模式转变的途径

秉承中国传统思想的精华，“以人为本”以及中国人民在经历过抗日战争和解放战争的洗礼后所培养的集体主义精神，中国应该在传统领导模式的基础上取精华、去糟粕，定位中国国情，探索中国式领导模式，改善传统模式。

（一）实行扁平化领导

前文提到中国传统领导模式中集权主义严重，所以集权方式要发生转变，领导权力应该延展到组织的各个层次，从旧式的控制领导转向以参与式领导为标志的新型领导，最大限度地利用人力资源，使全体员工都能参与企业的管理和运行。领导机构设置随之也应该有相应的改变，尽可能减少中间层，缩短信息传递链，拓宽信息传递渠道，使上层和下层之间充分交流，以减少信息失真，加强员工对于企业政策措施以及目标任务的认识，从而使措施或者目标能顺利贯彻和实现。员工参与管理，可以起到监督的作用，减少领导过程中的小失误，提高领导效率。尽量减少皇权意识和权威意识，权力分散与上传下达渠道相

结合，努力营造一个宽松的、和谐的组织环境。

分享案例

20世纪90年代后期，杰克·韦尔奇被称为“全球第一CEO”。1981年，当他执掌GE时，公司机构臃肿、等级森严、反应迟钝，正走下坡路。杰克·韦尔奇对企业内部实行扁平化改造，从管理层级上是将管理层次从8层精简为3层。在薪酬体系改造上，将工资层级从29个级别调整为5个组线条的级别，这也是扁平化的改革；当然，砍掉25%的企业，削减了十余万份工作，将350个经营单位裁减合并成13个主要的业务部门，则更是大手笔的企业扁平化的改造。

杰克·韦尔奇强调“无边界合作”，一直致力于打破公司内部的各种障碍，加强自上而下、自下而上和跨部门的团队工作，改进公司内部的协作以及与供应商和客户的合作关系。因为全世界每天有数十亿美元被浪费在组织间缺乏沟通即互相竞争上面，而这些组织本该为共同的目标而努力：为客户创造价值。杰克·韦尔奇所谓的“无边界合作”，则正是企业组织与外部环境之间扁平化的最好体现。杰克·韦尔奇已经将扁平化管理从企业组织内部延伸到企业组织外部，因此，企业的规模、资源、边界等就更为广大。

通过杰克·韦尔奇对公司的扁平化管理可以发现，组织扁平化不只是要节省开支，更重要的是改善了管理的功能。它将原本属于企业的责任交还给了企业，使得业务流程优化，能够快速地应对市场变化，做出应变措施。当然，这种扁平化管理的前提是要提高员工的个人素质，鼓励员工自我提升和创新，确保各个岗位的员工能够胜任自己的工作。

（二）决策方式广泛参与化

现代领导模式要求决策方式是一种集体决策制度，集思广益，决策层必须找到决策依据，并历经反复的论证过程，充分发挥集体的力量，从而最大限度地减少决策失误，减少盲目性、主观性，从实际情况出发，客观、科学地进行决策。共同的价值观对于团体来说非常重要，团体赖以运作的价值观是有效团体研究中最为重要的一个变量。通过广泛的团体协作，组织制定的政策更加贴近成员的利益，从而有利于新政策的彻底贯彻。同时，也有利于领导责任的改变。因为在这种模式下，领导不需要管理所有的事务，只需抓住大的方面，把握好方向性的问题即可。而且参与本身就是一种激励，有助于激发组织成员的工作积极性、创造性和责任感。综上所述，广泛分享决策权应该成为现代领导模式所具有的特点之一。

分享案例

乔布斯的成功，得益于他的天才和能力，更得益于他精心打造出来的“噪音团队”。

乔布斯小的时候，常常为一位70多岁的丧偶老人家的地里除草。有一天，老人从自家车库里拉出来一台老旧式磨石机，架子上只有一个马达、咖啡罐和将两者连接起来的皮带。他们又在后院里捡了一些石头放进罐里，加了点水和粗砂粉，然后把罐子盖上。老人打开马达，机器发出异常的噪音。老人说："明天我们再来看看。"

第二天，乔布斯和老人一起打开罐子，拿出来的是惊艳的石头。老人对乔布斯说："看到没有，原来普通的石头，经过互相碰撞，互相摩擦，发出噪音，却变成了美丽光滑的石头。"

这件事给了乔布斯智慧的启迪，在苹果公司他打造出了一支"噪音"团队。每当要作新产品开发决策时，乔布斯就让各有想法的团队成员广泛参与进来，并激励他们各执己见，互相砥砺，制造一些"噪音"。结果会让团队成员的智慧和思想在激辩中更充分地展现，从而帮助乔布斯决策和制造出更受市场青睐的高端、成熟的产品。

（三）确立共同目标

建立符合组织发展的目标，既具有前瞻性、可持续性，又能够增强组织的凝聚力，改变成员与组织间的关系。确立共同目标将会给组织带来巨大的威力，在共同目标的指引下，通过建立激励机制能够鼓舞士气，促使员工不断学习、不断超越自我，努力实现组织的宏伟目标。这种努力不是组织强求的，而是一种出自内心的渴望。中国本来就是一个重视规矩、崇尚文化的国家，也习惯于在集体中找到归属感，详细的规章制度只能把中国人本来就容易禁锢的思维框住，所以通过建设企业文化，影响员工思维方式，调动员工的积极性和创造性，才能使企业步入自觉管理的正轨。

（四）实行预防式领导

中国人的传统思想中总是存在着"找工作就要找个'铁饭碗'"的观念，虽然目前越来越多的年轻人已经渐渐地脱离了这种状态，但是有这种想法的人仍然不在少数。比较起西方自由的契约式的雇佣方式，中国人更乐于能够长期相对安定地在一个地方工作，所以实行稳定的预防式管理制度会给组织带来巨大的正面效应。当然，这里并不是否定优胜劣汰机制，而是提倡一种内部竞争机制。当员工的工作能力不够或者态度有问题时，应该给予其改造的条件和机会，而不是一下子就让其下岗。建立员工改造系统是实施稳定人事政策的补充，也是新领导模式所具有的特点。

（五）推行文化领导

文化领导就是通过领导活动的实践，塑造优质的组织文化，形成一种软规范，不断将文化的力量转为领导力，从而影响组织成员的信念、价值观、行为，并得到组织成员认同的领导模式。与传统领导模式相比，文化领导具有两方面优势：一方面，文化领导的实践过程是通过文化的作用，影响并改变被领导者的思维模式，使其潜意识地认同组织文化，并体现到实际工作中，所以文化领导对被领导者的作用具有本原性；另一方面，文化领导是以人为中心，以文化为手段的一种领导模式，因此，领导者在做出行为选择时，总是会自觉不自觉地受到文化的引导作用，所以文化领导又对领导者的行为具有导向性作用。

第五节 领导体制

领导活动的展开并不是无序的、混乱的，任何组织中的领导活动都有其遵循的规则，都是在一种制度化的规则中展开的。因此领导活动中的领导体制就成为领导学研究的重要内容之一。领导体制是领导活动和领导模式的载体，它具有多方面的内容。领导体制具有自然属性和社会属性，它在领导活动中有着重要的地位和作用。领导的组织结构有多种形式，领导体制有多种类型，它们各具特色，应根据具体条件，正确处理其相互关系。

一、领导体制的含义和内容

一般来说，领导体制是指为实现领导意图和职能的机构设置以及管理权限划分的制度。换句话说，领导体制就是领导系统上下左右之间的权力划分以及实施领导职能的组织形式和组织制度。领导体制具体规定了领导的程序、方法、领导者产生的方式、领导者的权限划分和活动原则，是领导关系的制度化、体系化，是实现领导的工具，是领导者实施领导活动的载体，是领导活动的内在机制。

领导体制的主要内容有以下四个方面。

1．领导组织结构

领导组织结构就是领导组织内部各个基本要素的构成。领导的组织结构就像大楼的框架一样，支撑着领导职能的正常发挥。组织学家提出，组织战略、组织环境、组织规模和科技等对组织结构有明显影响。如钱德勒在《战略与结构》一书中，最早系统地论述了组织战略对组织结构的影响。他在深入研究美国100多家企业的发展历史后，得出结论：企业从开始时的单一产品战略发展到后来的多种经营战略时，其组织结构也随之发生着变化。钱德勒的战略—结构理论如表3-1所示。

表3-1 战略—结构理论

时　间	T	$T+1$	$T+2$
产品多样化战略	低	中	高
相应的组织结构	简单型结构	职能型结构	部门化结构

2．领导的层次与跨度

所谓领导层次，是指纵向组织结构的等级层次。有多少等级层次，就有多少领导层次。领导跨度亦称“领导控制跨度”，指一个领导者能直接有效地指挥下级的幅度。在同样规模的组织中，领导跨度扩大可使领导层次减少，加快信息传递，减少信息失真，以使高层领导尽快发现问题，及时采取措施，还可以降低管理人员数量，从而降低管理费用的支出。但领导跨度大，上级主管需要协调的工作量就大，当直接指挥的下级数目呈数字级数增长时，主管领导需要协调的关系呈几何级数增加。领导者有效领导跨度取决于以下一些因素：（1）能力因素。如果领导者和下属的能力强，则领导跨度可以大一些。（2）计划的明确程度。如果计划制定得很明确，则领导跨度可以宽一些。（3）工作标准化程度。下属工作的标准化程度高，则领导跨度大。(4) 信息沟通技术。组织使用先进、高效的信息沟通技术，可以更快、更全面地了解下属的工作情况，领导跨度就大些。(5) 组织环境。组织环境变化大，组织中遇到的新问题就多，那么领导者的领导跨度就小些。

一般原则是：下层领导跨度可以大些，甚至可以达到30人；上层则应该小些，一般3～9人，是金字塔式的领导层次。但是领导跨度究竟以多大跨度为宜，至今还是一个没有完全解决的问题。美国管理协会曾对100家大企业进行过一次调查，调查结果显示，公司总经理的下属人员从1人至24人不等，其中有26名总经理的下属人员在6人以下，总平均下属数为9人。有学者根据统计分析，提出领导机制"二八律"，其基本要点是：在一般领导机构中，担任正职的领导者宜有两位副手和八位下属，担任副职的领导者则应当有两位助手和八位下属。这种理论可供各级领导者在建立领导组织结构时作为参考。

3. 领导机构中各部门之间的职责与权限划分

这种权限划分要求建立严格的从上而下的领导行政法则和岗位责任制，对各个领导部门（领导干部）的职责权限作出严格而明确的规定。这是领导体制的核心问题。责权要做到对等，没有明确的权力，或是权力小于职责的要求，就不能使职责得到履行。相反，赋予某职位的权力不能超过其应负的职责，否则就会导致权力的滥用。

4. 领导干部的管理制度

领导干部的管理制度，即狭义的人事制度，包括选举、招考、任免、考核、弹劾、轮换、回避、离退休方面的制度。它是国家政治制度的组成部分。

二、领导体制的二重性

领导体制的出现和发展是人类领导艺术活动的客观要求。在现实的社会生活中，领导活动必须以一定的组织机构为载体，才能保证参加实现目标的各要素系统地、有机地联系起来，实现决策、指挥和协调等多项职能。所以，领导者要做的第一件事就是"组织落实系统"，即组成一个健全而有效的组织机构。凡是领导活动都离不开领导体制，这是人类社会的客观现实。然而，不同的社会形态中的领导体制又有不同的具体内容。这种形式的普遍性与内容的特殊性的矛盾运动，内在地决定了领导体制具有二重性，即自然属性和社会属性。

综观人类历史，领导体制的产生是人类领导活动的客观要求。它具有与人类社会生产力相适应的自然属性。从现代社会管理形态来看，不论社会制度性质如何，都存在一个组织机构设置与管理效率的关系问题（如集权与分权的关系）。其动作状态既与社会制度有关，也与组织机构设置有关。就组织机构设置本身来说，它不是不同社会制度的国家本质区别的标志。例如，当今世界各国都有混合使用一长制和委员会制，资本主义国家是这样，社会主义国家也是这样。

领导体制是领导者或领导机关制定并采用的、主观见之于客观的产物。它以一定的存在方式和行为规范来保证领导活动正常进行。现实的领导体制不仅是领导者的人数和领导方式问题，而更主要是领导者是谁和为什么目标而从事领导活动的问题。作为行为主体的领导者，是代表一定的经济利益、政治利益的"社会人"。从总体上说，作为客体的客观环境制度则是一定社会形态的社会客体（或其表现）。领导体制作为主体作用于客体的工具，虽然不同于社会的根本制度（经济制度、政治制度），但受制于一定社会的经济制度、政治制度，并对具体制度起传导作用。所以，领导体制具有与一定的生产关系、上层建筑相联系，并维护和发展它们的社会属性。

领导体制以领导权限为中心内容，以实现国家和社会管理的目标为主要职能。按照历史唯物主义的原理，物质生活的生产方式制约着整个社会生活、政治生活和精神生活，自然也制约着领导体制。按照内容决定形式、形式为内容服务的原理，在领导体制的二重性中，社会属性是它的本质属性，自然属性是服务于社会属性的。

全面、正确地认识领导体制的二重性有着重要的意义。一方面，我们应该认识到，历史上的领导体制、国外的领导体制，可以为我们提供参考和借鉴。在这个问题上采取虚无主义，厚今薄古，一概排外，狭隘的闭关锁国态度都是非科学的。另一方面，也是更为重要的方面，我们要区别不同社会制度下的领导体制的本质，区别社会主义的领导体制和资本主义的领导体制的不同本质，在坚持社会主义方向的前提下，从我国的国情出发，批判地继承、吸收历史上的、国外的领导体制的合理因素，积极搞好我国领导体制的改革，建设有中国特色社会主义的领导体制。实践告诉人们，盲崇或盲拒历史的、国外的领导体制都是极其有害的。

三、领导体制的作用

一个组织的领导活动能否正常运转，主要取决于领导体制的优劣。一个领导系统的建立完全是根据领导体制设置的，所以领导体制对领导系统有着全局性的影响。而且，一个组织的领导体制一旦建立起来，就处于相对稳定的状态，而组织的一切权限划分、结构设计、领导程序和领导方法等都是由领导体制决定的，所以领导体制也对领导活动具有重要作用。

1. 科学的领导体制是领导活动正常进行的组织保证

（1）领导体制可以协调领导机构的内部分工。在稍微大型一点的组织中，都需要有一套领导机构，因此，领导常常不是一个人的事，而是许多机构或个人之间分工合作的过程。这就需要有一种合理的体制来协调各个机构或个人的关系，才能使领导活动和谐地进行。

（2）领导体制可以沟通领导者与被领导者的关系。领导活动是一个复杂的社会系统工程，只有建立起领导体制，才能在领导者与被领导者之间架起相互联系、沟通的桥梁，形成实践主体。只有以组织为依托，共同作用于客观世界，才能保证领导活动朝着组织目标正常进行，取得改造客观世界的良好效果。

（3）领导体制是领导者获取职权的制度保证。领导者只有获得合法的职权，才能将组织成员组织到一起，形成层次分明、行动统一、目标明确的有机整体。领导者对被领导者的思想、行为的引导、规范也需要有一定的职权。而领导者只有借助于领导体制才能取得合法的职权。

2. 科学的领导体制是提高整体领导效能的重要因素

提高整体领导效能是领导活动的基本目的。领导体制作为根本性的领导制度和组织制度，作为领导活动主体的内在机制，从根本上决定并制约着每个领导者、领导集团和工作人员在领导活动中的地位、作用，决定着领导结构和领导方式。它对于领导效能的发挥，必然起着根本性、全局性、稳定性和长期性的作用。

效能=目标方向×工作效率

为了提高整体领导效能，要求有正确的目标方向与高效率的工作，而这两方面都直接同科学的领导体制有关，包括领导机构是否健全、职责权限的划分是否合理、领导层次与幅度是否得当、干部管理制度能否促进人才积极性的发挥、领导工作方法是否科学等。如果它们是健全的、合理的、得当的、促进的、科学的，各类领导机构及其成员就会在整个领导体系中，各司其职，各显其能，和谐合作，相得益彰，保证决策及时、正确，提高工作效率，产生较高的领导效能；否则，就会出现决策迟缓、失误，互相推诿，内耗丛生，办事低劣等结果。

3．科学的领导体制是正确规范领导行为的根本机制

邓小平同志在深刻总结我党历史经验的基础上指出："我们过去发生的各种错误，固然与某些领导人的思想、作风有关，但是组织制度、工作制度方面的问题更重要。这些方面的制度好可以使坏人无法任意横行，制度不好可以使好人无法充分做好事，甚至会走向反面。领导制度、组织制度问题更带有根本性、全局性、稳定性和长期性。"这是由领导体制的本质决定的。领导体制是关于领导活动中人们基本行为的规范。而广义的规范包括体制、制度、法律、政策、条例、规章等，它具有合法性、强制性、稳定性、全面性的特点。在确定各类具体规范时，特别要强调的是贯穿于其中的符合现代社会发展基本精神的一点，即法治比人治更根本。领导者手中握有权力，要防止权力运行中的消极腐败现象，充分发挥领导者的积极性和才能，固然同领导者的个人的素质、领导班子结构等方面的机制有关，但是根本性的制约机制还是领导体制。实践证明，单靠选拔优秀人才，用人治理社会是不够的，要强调法制，强调法律、政策、制度。在知人善任的同时，更要努力建立健全一种合理、科学的领导体制，这是领导活动中至关重要的任务。

4．领导体制是领导者对外代表组织同社会发生联系与作用的合法化证明

领导活动既要在组织内进行，又要同社会发生广泛的联系并发生作用。也就是说，在对外交往过程中，组织总是需要一定的、具体的人代表组织参加各种社会活动和发生各种联系。此时，作为代表人的领导者其代表资格只有由领导体制赋予，才会被社会所承认和接受。

四、合理的领导组织结构

组织结构就是组织内部各个组成因素相互联系、相互作用的方式或形式。领导组织结构包括领导机构系统及领导班子内部两方面各种因素之间的一定关系，它是领导体制的一个组成部分。

领导组织结构包括两种基本的关系：一是纵的关系，即隶属的领导关系；二是横的关系，即平行的各个部门之间的协作关系。领导组织结构有下述五种组织形式。

1．线性结构

这是传统的领导体制模式。有时也称"军队式结构"。如果是单纯的直线性结构，则是从上到下的"金字塔"形的阶梯等级。线性结构中的每一级都要直接接受更高一级领导的管辖，同时它又对下一级拥有全权。这种结构的领导类型是一长制，首长对下属全部工作全权领导。在这个系统中，信息只沿着垂直线自上而下传递。线性结构的组织原则，是根据任务的性质确定领导者的管理制度。线性结构最早是由马克斯·韦伯提出来的。他认为，理想的行政组织体系的结构分为三层：最高管理层、行政管理层和一般员工。这三个层级分别对应于现在组织中的高、中、基层管理者。他认为这种结构是最理想的一种组织结构。线性结构的优点是系统内部上、下、左、右的关系一目了然；职责分明，分工明确，权力集中，命令统一，行动迅速，有利于提高整体效率，它比较适用于重复的、简单的工作和简单的低层的组织。但对于复杂的、非标准的、综合性的大型组织，就显得不能完全适应，因为在这些组织中，个人的知识和能力无法满足所有的管理职能的要求，而且在部门之间协调方面也存在相当大的困难。为适应新的需要，必须分解线性结构，于是产生了职能性结构。

2. 职能性结构

职能性结构是在“科学管理之父”泰勒提出的职能工长制的基础上演化而来的。职能性结构就是为了完成较复杂的任务、完成一些特定管理功能而成立某些专门性机构，完成这项功能的所有人员和部门都归该机构管辖，而这些机构的领导人对其职能范围内的问题拥有全权。即采用专业化分工的职能管理者代替直线制中的全能管理者。举例来说，工厂中的办公室、计划科、技术科、人事科、财务科等就是职能机构。这些机构与工厂各个生产车间的关系，从干部的角度看，科长与车间主任是平级的；但从工作的角度看，这些科室分别在各自的职能范围内对所涉及的人、事拥有一定的指挥权，它们各自从特定的方面协助厂长对生产车间实行领导。

职能性结构的长处是便于分门别类地进行专业化的领导与管理；可以大大减少上级的指挥工作量，上级领导可以集中精力去抓大事；职能主管对其所管辖的专业工作可以做得更深入、细致，对下属的指导可以更具体。但在实际生活中，许多不同的事常常要由同一人或同一个组织单位来做。结果，一个基层组织往往会接到来自许多职能部门的指令，这就是通常说的“上面千条线，下面一根针”。这样就出现了两个问题：一是下级接到的指令太多，负担很重；二是指令之间如果存在矛盾和抵触，就会令下级无所适从。于是，原来意义上的职能性结构又有了发展，产生了直线职能制和直线职能参谋制。前者是把职能部门仅仅作为领导的参谋和助手，不能直接对下级行使指挥权；后者是在前者的基础上，另外设立上级附属的参谋人员或参谋机构，以克服直线职能制的缺点。

3. 混合型结构

混合型结构领导体制是线性结构与职能性结构相结合的、克服两种结构缺点的一种综合式结构。它以直线式结构为基础，在每个领导层次都设立了从事专业管理的职能部门，作为该级领导者的参谋部门，按职能分工分别处理各类问题。这些职能部门拟定的有关指令应由行政领导人批准下达，职能部门本身不能直接指挥或命令下级领导和下属职能部门。这样它既保持了直线制的集中统一指挥的优点，又汲取了职能制发挥专业管理的长处，从而提高了领导工作的效率。

4. 事业部制结构

事业部制组织结构最初是由美国通用汽车公司总裁斯隆提出来的，故被称为“斯隆模型”，也被称为“联邦分权制”。总公司按产品、地区、客户等标准分设若干个事业部或分公司。各事业部或分公司是一个具有独立产品、拥有独立利益和责任的部门，实行独立核算。总公司实行集中政策下的分散经营，各事业部通过下设的职能部门来协调管理该分部的生产经营活动，总公司将政策的集中控制与业务的分散运作有机地结合起来。其最大的特点是“集中决策，分散经营”。

事业部制组织形式的优点是公司能把经营多元化业务的事业部专业化管理和公司总部的集中统一领导很好地结合起来，提高了领导的灵活性和适应性，有利于调动事业部领导的积极性和责任感，有利于培养综合性的领导人才。其缺点是由于机构在事业部的重复，造成资源配置的重复和管理人员的浪费；各事业部领导往往从本部门利益出发考虑问题，忽视整个组织的利益，形成本位主义；对领导者的综合素质能力要求较高。

事业部制能够对市场变化做出灵活响应，因而成为在全球范围内从事各种经营业务的大公司普遍采用的一种组织形式。

5. 矩阵制结构

矩阵组织是在同一组织机构中把按职能划分部门和按产品等划分部门结合起来，使同一名员工既同原职能部门保持组织和业务上的联系，又参加产品和项目小组的工作。按项目来组织“项目组”，由项目经理负责整个项目工作，组内成员来自各个职能部门，一项任务完成后成员又回到原部门。其最显著的特征是它突破了传统的行政式组织结构的“一个员工向一个上司负责”的管理规则，每个员工同时隶属于两个性质有别的部门。

矩阵组织的优点是某些专业人员可同时参加几个项目的工作，这样既有效地利用了人力资源，又有利于发挥专业技术人员的作用；可以集中各方优势来解决同一项目问题，增强了组织对外的适应性；职能人员直接参与项目，在重要决策问题上有发言权，使得他们增强了责任感，激发了工作热情。其缺点是责任与权力不对等，出现问题时，不能明确责任；职能经理和项目经理为争夺人力等有限资源时容易产生矛盾；容易造成双重领导，使工作人员无所适从。

合理的领导结构除上述的领导组织合理结构外，还包括领导机构的合理组织原则。即领导结构应按照精兵简政、厉行节约、提高效能、防止官僚主义的原则来建立，大体上包括情报机构、信息机构、参谋咨询机构、决策机构、执行机构、监督机构、反馈机构、评价和奖惩机构。

五、现代领导体制的类型

前文侧重从领导机构内部各方面的相互关系形式研究了领导体制组织结构方面的内容。这里拟从组织机构的具体内容，尤其是各部门之间的职责与权限划分的重要内容，揭示现代领导体制中权力关系的几种基本类型。

现代领导体制纷繁复杂，但基本类型有以下四种。

1. 一长制和委员会制

按领导机关中最高决策人的人数划分，有一长制和委员会制的领导体制类型。

一个组织的领导机关，其法定最高决策权力完全集中在一位行政首长身上的领导体制，称之为一长制（即首长制），又称独任制。如法定的决策权力由两位或两位以上的行政首长行使，则称之为委员会制，其遵循的原则是少数服从多数。

一长制的优点是：权力集中，责任分明，行动迅速，指挥灵敏，冲突较少，效率较高，规章制度严，易于考核优劣。一长制可以有效地防止推诿和扯皮，消除或减少产生没有个人意志、不负责任的现象。然而，由于一个人的知识、能力、精力毕竟有限，加上监督机制不可能十分完备，容易产生专断指挥，易于养成家长制作风，形成独断专行的局面，导致对问题处置欠周详，尤其是万一决策上失误，就会因为权力集中而产生严重后果，这是一长制的缺陷。

委员会制的优点是：能够集思广益，减少决策失误。委员来自不同的方面，有代表性，有利于系统内部的协调。各委员分工合作，可以减轻主要负责人的工作负担，也可以避免个人滥用职权。委员会制使下级领导干部和职工有可能参与决策的制定，一方面有利于决策的执行，另一方面参与本身就是一种重要的激励方式。委员会制的缺点是：权力分散，责任不明确，行动迟缓，效率较低，难于考核优劣。在现实生活中，其具体表现为：名曰集体负责，实为无人负责；议而不决，决而不行，坐失良机，贻误工作；委曲求全，折中调和等。

比较而言，这两种领导体制难于在绝对的意义上区分优劣，而只能在社会事务的处理过程中灵活运用。张居正说："天下之事，虑之贵祥，行之贵力，求之贵果，断之贵独。"据此，属于速决性的、执行性的、技术性的、纪律性的、突发性的等领导活动，宜采用首长制的方式处理。属于方针政策、规范制定以及立法性、协调性、综合平衡等领导活动，用委员会制的方式处理为宜。在实际的领导活动中，这两种体制正以各种方式相互联系和相互渗透。首长制的行政首长常常依靠各种专门委员会协助处理问题；委员会制也向责任主体明确化的方向发展，如减少委员人数，减少虚职，明确分工，以提高办事效率，把首长负责与集体负责统一起来。

2. 层次制和机能制

按组织系统内部各机构的职权性质和范围来划分，有层次制和机能制的领导体制类型。

层次制是指一个组织从纵向划分为若干层级，每一个下属层级对上一个层级负责，每一层级的领导范围完全相同的领导体制，也称直线制、分级制或系统制。这是一种传统的领导体制和组织，如前述的直线式的"金字塔"形结构形式。层次制使从指挥中心到最基层形成一个像台阶那样的指挥系统。每个层级的领导者所管辖的业务性质相同，只是管辖的空间范围随层级降低而缩小，如我国行政系统中的国务院和省、县、乡（镇）各级人民政府，军队系统中的军、师、团、营等。

机能制是指领导机关中平行地设置若干部门，每一职能部门所管辖的范围都以本行政机关的整体为对象，只是各部门所管辖的内容分工不同而已，如国务院设各部、委、办，省政府设各厅、局等，部队的军部设司令部、政治部、后勤部等。机能制又称为分职制。

层次制的优点在于：指挥统一，权力集中，层次分明，整齐划一；各级领导者业务性质大体相同，干部升迁和调动均能很快胜任。同时，由于这种体制强调掌握与熟悉各方面业务，有利于培养具有统筹安排、综合平衡能力的"通才"。但层次制也容易造成领导事无巨细，事必躬亲；中间层次太多，领导艺术难以发挥；层级过多、指挥不灵，容易造成信息阻塞。

机能制的优点是：分工精细，领导者各司其职，业务熟悉，工作效率高，有利于培养精通各门业务的专家，提高干部的专业文化水平。缺点是：专业性强，造成机构臃肿，人浮于事，领导者协调任务繁重；政出多门，无所适从；由于不了解全局，办事容易违反经济原则和效率原则；分工过细造成领导者业务水平过于集中在本部门，业务面过于狭窄，容易产生本位主义。

在现代领导组织中，上述两种体制必须混合使用，兴利除弊，彼此相长。

3．完整制和分离制

按下级所对应上级的数目来划分，有完整制和分离制的领导体制类型。

属于同一个领导层级的各机关，或者一个机关中的各个构成单位，所接受的上级指挥、控制和监督完全集中于一位行政首长或者是一个上级机关的，称之为完整制，或称集约制、一元统属制（通常称一元化领导）。同一层级的各机关，或一个机关的各构成单位，所受到上级的指挥、控制和监督不集中于一位领导者或一个上级机关的，称作分离制，或称独立制、多元统属制。通常所说的“条块分离”式领导就是这种分离制的领导艺术体制。

完整制的优点是：权力集中，易统筹计划，责任分明，减少相互推诿、扯皮，避免工作重复和减少“内耗”，有利于提高工作效率。完整制的缺点是：权力高度集中，易滋生首长的独断专行，压制下属各单位在贯彻执行政策上的主动性、积极性与创造性，使下级养成对上级的依赖性等，行动迟缓，效率低下；而权力一旦使用不当，则会产生严重的后果。

分离制的优点是：权力分散，便于互相牵制，适于防止专断与滥用权力；有利于发现和培养人才，所谓“乱世出英雄”，就是在完整制削弱的情况下英雄辈出；此外，在分离制的情况下即使上级领导机关不健全、不称职或决策失误，也不至于对全局发生重大影响；有利于发挥下属的积极性和创造性。分离制如果发挥得不好，其缺点和后果也是十分突出的，如各独立单位各自为政，权力冲突，工作重复，内耗严重，造成人力、物力、财力的浪费。

以牛顿体系为特征的近代科学，把世界看作一个封闭的系统，倾向于强调系统的均匀、线性关系、平衡、稳定、有序。而现代非平衡系统理论，也称开放系统理论，则把世界看作一个开放的系统，注意研究多样性、不平衡、非线性关系、不稳定、无序诸现象，提出开放系统的自组织功能是动态的活结构，是非平衡的、有抗干扰能力的、适应环境变化的有序结构。这种结构对环境开放，能吸收外界能量，而内部矛盾的元素间又有一种围绕目标的协同作用。协同作用越强，结构功能越好，并产生结构功能增大现象。按照非平衡系统理论的观点，可以将领导体制视为一个大系统，而将领导体制的结构、规则、运行方式等因素分别视为一个个子系统。把耗散结构理论、协同学、超循环理论用于领导体制改革进程的研究，有助于开阔视野。完整制与分离制的固定形态实际上是不存在的，只有不断地研究新情况，解决新问题，在体制结构上表现出动态性管理，才能使完整制、分离制两方面的功能在有机结合中发挥得更好，使两者的负效应压缩到最小程度。

随着社会分工的不断发展，科技水平的不断提高，社会协调发展与高度综合的内在趋势日益明显；加上发展社会主义市场经济，使各方面的经济关系变得复杂，出现了利益关系在整体基础上的多元化，因而各地区、各部门的联系不可能是完整的体制，许多地方要用经济杠杆来支配。在这样的情况下，严守完整制是行不通的。

我国由于各种复杂的原因，存在着权力过分集中、党政不分、政企不分的弊病。体制改革的一个主要内容就是合理、适度分权，扩大地方、部门和企业的自主权，使领导体制充满活力。但是要清醒地认识到，分离制是同完整制密切联系的，而且有些领域、有些计划、有些时候还要强调完整制。例如，从确保某些战略重点目标的实现和外贸、外事整体利益不受损害出发，严守完整制是应该的。在特定条件下为加强宏观控制，实行完整制也是必要的。

总之，完整制与分离制是一个矛盾的两个方面，它们各有利弊。有效的领导体制应当是完整地分权，做到统分相宜、统分相长，防止“一放就乱，一统就死”的现象发生。

4. 集权制与分权制

按权力的集中程度划分，有集权制与分权制的领导体制类型。

集权制是指一切最后决定权都集中在上级领导机关和领导者手中，下级机关很少或没有自主权，下级必须完全遵照上级的指示或决定办事的领导体制。分权制是指下级机关或下级领导者在自己管辖的范围内，有独立决定问题的权力，上级指示对下级权力范围内的事不加干预的领导体制。

集权制的优点是：政令统一，标准一致，力量集中，指挥方便，能够统筹兼顾，利于重点建设，命令容易得到贯彻执行。其缺点是不能因地、因时制宜，不利于发挥个性，适应能力不强，容易助长上级独断专横的作风。

分权制的优点在于：可以使下级独立自主地工作，发挥自身的特长和创造性；能根据客观环境的变化灵活地处理问题，环境适应力比较强。分权制的缺点是：政令不统一，各方常常发生矛盾和冲突，难以协调，不利于团结协作精神的培养，也容易产生本位主义、分散主义，使国家集体利益受到损害。

中央和地方、上级和下级，需要处理好集权和分权的关系。二者首先应当进行适当的划分，但是对二者不能绝对地分割，它们是一种对立统一的关系。它们双方是互相依存、相互作用的。没有上级，也无所谓下级，反之亦然。正确处理二者的关系，既要求必要的集中统一，又要求相对的独立自主。我们坚持的组织原则是民主集中制。从这一规定性出发，所谓集权制是在自下而上的广泛民主基础上的集权制。我们讲的集权制是与分权制相结合的集权制，它应促使中央和地方、上级和下级两个方面的积极性都充分发挥，并使之有机地结合起来。但从历史上看，我们以往较多地强调了集权，忽视了必要的分权，以致在实际工作中造成了消极的影响。如何从体制结构上更好地使集权和分权相结合，以形成良好的运行机制，这是亟需认真研究的一个重大理论问题，也是在当代有中国特色社会主义建设的伟大实践中，极具现实主义的课题。

分享案例

有7个人组成了一个小团体共同生活，其中每个人都是平凡而平等的，没有什么凶险祸害之心，但不免自私自利。他们想用非暴力的方式，通过制定制度来解决每天的吃饭问题：要分食一锅粥，但并没有称量用具和带刻度的容器。

大家试验了不同的方法，发挥聪明才智、多次博弈形成了日益完善的制度。大体来说主要有以下几种。

方法一：拟定一个人负责分粥事宜。很快大家就发现，这个人为自己分的粥最多，于是又换了一个人，总是主持分粥的人碗里的粥最多最好。这就是权力导致的腐败。

方法二：大家轮流主持分粥，每人一天。这样等于承认了个人有为自己多分粥的权力，同时给予每个人为自己多分的机会。虽然看起来平等了，但是每个人在一周中只有一天吃得饱而且有剩余，其余 6 天都饥饿难挨。这就是绝对权力导致了资源浪费。

方法三：大家选举一个信得过的人主持分粥。开始这品德尚属上乘的人还能基本公平，但不久他就开始为自己和善于溜须拍马的人多分。这种方法重复了权力导致的腐败的结果。

方法四：选举一个分粥委员会和一个监督委员会，形成监督和制约。公平基本上做到了，可是由于监督委员会常提出多种议案，分粥委员会又据理力争，等分粥完毕时，粥早就凉了。

方法五：每个人轮流值日分粥，但是分粥的那个人要最后一个领粥。在这个制度下，每个主持分粥的人都认识到，如果 7 个碗里的粥不相同，他确定无疑将享有那份最少的。结果 7 个碗里的粥每次都是一样多，就像用科学仪器量过一样。

六、新型领导组织结构

随着科学技术的空前发展，国内外市场竞争的日趋激烈，人类社会在国际政治、经济、社会等方面的巨大变化，组织为适应环境变化和提高内部运作效率，领导体制也正发生变化，出现了一些新型领导组织结构。

1. 网络组织结构

网络组织结构将企业内各项工作（包括生产、销售、财务等），通过承包合同交给不同的专业企业去承担，而总公司只保留为数有限的职员，它的主要工作是制定政策及协调各承包公司的关系。网络组织结构的优点是可使企业减少行政开支，具有较强的应变能力。缺点是总公司对各承包公司控制能力有限。

2. 簇群组织

簇群组织是将公司员工组成为 20～50 人的“簇群”，每个“簇群”包括不同专业人才，他们紧密合作，全力负责一个业务计划或主管一项商品。在这种组织结构下，企业取缔中层管理人员，采用集体领导、集体负责制。其优点是集思广益，沟通与决策素质得以提高。但是这种组织结构对员工要求甚高，他们的配合和领导素质变得至关重要。

3. 虚拟组织

虚拟组织是由不同的企业（或其中一些部门）按某一特定任务要求而临时组建的组织。它没有固定不变的组织系统和内部命令系统，但却是一个经济实体，任务完成后就宣告解散。

虚拟组织在传统组织的基础上经过彻底的改造而产生，与传统组织相比，有许多不同之处。首先，虚拟组织几乎没有界限，不同的企业和供应商之间可以根据用户的不同需要随时进行组合。其次，组织结构和岗位责任经常变化。最后，在虚拟组织中工作的员工所从事的不再是过去那种接受上级指令、被动应付式的工作，而是充满挑战性的工作。

虚拟组织的思想和组织形式帮助人们打破原有的企业组织领导体制，发挥各自的优势和长处，进行企业和企业间的重新组合，在求得整体优势的前提下获得各自企业的最大效益，从而提高社会的效益。

案例讨论

ABC公司是一家中等规模的汽车配件生产集团。最近，有关方面对该公司的三个重要部门经理进行了一次有关领导类型的调查。

1. 安西尔

安西尔对他本部门的产出感到自豪。他总是强调对生产过程、出产量控制的必要性，坚持下属人员必须很好地理解生产指令，要求得到迅速、完整、准确的反馈。安西尔遇到小问题时，会放手交给下级去处理；当问题很严重时，他则委派几个有能力的下属人员去解决问题。通常情况下，他只是大致规定下属人员的工作方针、完成怎样的报告及完成期限。安西尔认为只有这样才能更好地合作，避免重复工作。

安西尔认为对下属人员采取敬而远之的态度，对一个经理来说是最好的行为方式，所谓的“亲密无间”会松懈纪律。他不主张公开谴责或表扬某个员工，相信他的每一个下属人员都有自知之明。据安西尔说，在管理中的最大问题是下级不愿意接受责任。他讲到，他的下属人员可以有机会做许多事情，但他们并不是很努力地去做。

他表示不能理解在以前他的下属人员如何能与一个毫无能力的前任经理相处，他说，他的上司对他们现在的工作运转情况非常满意。

2. 鲍勃

鲍勃认为每个员工都有人权，他偏重于管理者有义务和责任去满足员工需要的学说。他说，他常为他的员工做一些小事，如给员工两张下月即将举行的艺术展览的入场券。他认为，每张门票才15美元，但对员工和他的妻子来说它的价值却远远超过15美元。通过这种方式，也是对员工过去几个月工作的肯定。

鲍勃说，他每天都要到工厂去一趟，与至少25%的员工交谈。鲍勃不愿意为难别人，他认为安西尔的管理方式过于死板，安西尔的员工也许并不那么满意，但除了忍耐别无他法。鲍勃说，他已经意识到在管理中有不利因素，但大都是由于生产压力造成的。他的想法是以一个友好、粗线条的管理方式对待员工。他承认尽管在生产率上不如其他单位，但他相信他的雇员有高度的忠诚与士气，并坚信他们会因他的开明领导而努力工作。

3. 查里

查里说，他面临的基本问题是与其他部门的职责分工不清。他认为不论是否属于他们的任务都安排在他的部门，似乎上级并不清楚这些工作应该由谁做。查里承认他没有提出异议，他说这样做会使其他部门的经理产生反感。他们把查里看成是朋友，而查里却不这样认为。查里说过去在不平等的分工会议上，他感到很窘迫，但现在适应了，其他部门的领导也习以为常了。

查里认为纪律就是使每个员工不停地工作，预测各种问题的发生。他认为作为一个好的管理者，没有时间像鲍勃那样握紧每一个员工的手，告诉他们正在从事一项伟大的工作。他相信如果一个经理声称为了决定将来的提薪与晋职而对员工的工作进行考核，那么，员工则会更多地考虑他们自己，由此而产生很多问题。

他主张，一旦给一个员工分配了工作，就让他以自己的方式去做，取消工作检查。他相信大多数员工知道自己把工作做得怎么样。

如果说存在问题，那就是他的工作范围和职责在生产过程中发生的混淆。查理的确想过，希望公司领导叫他到办公室听听他对某些工作的意见。然而，他并不能保证这样做不会引起风波而使事情有所改变。他说他正在考虑这些问题。

讨论问题：

1．你认为这三个部门经理各采取的是什么领导模式？这些模式都是建立在什么假设的基础上？试预测这些模式各将产生什么结果。

2．是否每一种领导模式在特定的环境下都有效？为什么？

3．从领导模式上你对这三个部门经理有什么好的建议？

第四章 领导环境

引导案例

在第一金融担保公司工作的三年里，玛丽·简既不是第一个上班，也不是最后一个下班的人。她的工作准则是今日事今日毕。其他人为提高工作效率，总是想方设法把事情交给她处理，结果也总能保证他们的工作在第一时间高品质地完成。遇到同事的孩子生病或有重要约会，她都能主动分担他们的工作。作为一名职业经理，她还能认真倾听同事的想法，了解部下所关心的事情，领导她的部门出色地完成每一项任务。她得到了下属的喜爱和尊敬，赢得了“难不倒”的美誉。

几个星期前，玛丽·简慎重而又有些不情愿地接受了提升：担任第一金融担保公司三楼业务部的经理。虽然公司对她接手三楼寄予厚望，但她却是硬着头皮接受了这份工作。三楼的运营部门人数众多，绩效却不理想。“反应迟钝”“争权夺利”“行尸走肉”“令人厌恶”“不紧不慢”“贫乏消极”是这个团队的标签。尽管公司所有人都害怕与三楼发生任何联系，但公司绝大部分事务又都必须要与三楼打交道。主管之间总在传说一些三楼闯祸的小道消息，凡是到过三楼的人都把它描绘成一个死气沉沉、足以令人窒息的地方。玛丽·简还记得一位经理开玩笑，说她应该得诺贝尔奖。当她问他是什么意思时，他说：“我想我可能发现了三楼还有生命存在的迹象。”于是，大家哄堂大笑。

在三楼上任后的五周，玛丽·简的工作主要是努力去熟悉工作和周围的人，并在日记里记下寻找改善目前工作处境的方法：“星期五，天气寒冷，沉闷，但办公室的环境比起窗外的景色来显得更加沉闷，没有一点活力，有时很难让人相信三楼还有活着的人。看来只有为婴儿洗礼或参加婚礼这类活动，才会给三楼带来一点活力。事实上，工作中发生的任何事情都无法使他们兴奋起来。我手下有 30 位员工，其中多数人做事缓慢，工作不饱和，工资很低。他们中有些人好几年都是每天按同样的方法重复着节奏缓慢的工作，简直对工作厌烦透了。他们看起来都是好人，但无论从前多么能干，如今都已‘好汉难提当年勇’了。沉闷的气息太浓重，能使新来的人和他们一样迅速失去活力。当我在小工作间走动时，就觉得空气中所有的氧气都好像被抽走了，令人几乎不能呼吸。上周，我发现有 4 名员工还不会使用两年前就安装好的计算机系统，他们说他们喜欢按老方法工作。我担心有很多这样令人不可思议的事情还没有暴露出来。”

“早上，先是发现客户的一份重要文件不见了，有人说最后一次看见是在三楼；然后，另一个部门的一名员工实在无法忍受三楼无人接听电话而亲自跑到三楼，因此出现了非常不愉快的场面。还好，这些我还能对付。接下来，律师的电话被连续挂断三次，为此律师大发其火；紧跟着又猛然发现今天三楼许多请病假的人当中的一名员工手头有一个重要的项目到期了。上午最后一件急事解决之后，我筋疲力尽。”

玛丽·简在新的岗位上遇到了巨大的困难。员工不了解他们所珍视的安定可能只是一种假象，不了解为了公司能在快速兼并的金融服务市场竞争中生存，他们都需要加以改变。员工只是在按他们的方式各行其是、墨守成规，整个领导的环境一团糟。

随着经济与社会的不断发展，环境对社会经济生活的影响越来越重要。“环境”已成为现代人类生活和实践中的大概念。任何一种领导活动都是在特定的领导环境中产生、形成和发展，任何领导活动的成败都与领导环境的优劣和影响有关。领导者只有正确认识和适应环境，才能全面、准确地把握整个领导过程和发展方向。所以，认识到自身所处的领导环境并采取措施改变它，是玛丽·简和我们每一位领导面临的首要任务。

第一节　领导环境的概述

一、领导环境的概念

什么是环境？以往的社会科学曾经对环境作过许多定义，关于环境的学说已从生态学视野扩展到综合性科学范畴。

美国的哲学家、教育家杜威（John Dewey，1859—1952）先生从生态学的角度给出的环境的定义是，生物实行它的特别活动时有关系的种种情况的总和。这是从空间范围定义环境是由明确空间界限环绕而成的区域。但是随着社会的发展，环境这个概念逐渐突破了其狭窄的空间属性，而被赋予了新的意义。所以，现在所说的环境一般是自然环境和社会环境的概括。自然环境也是生态环境，是所有的生命体的生存空间和生活条件。在大自然生态系统中，人类和其他生物通过生态环境不断进行物质、能量、信息的交换和循环。大气和水的污染指数、生物存活的数量都是衡量自然环境好坏的指标。所谓社会环境，即是同伴的一切活动，这种活动与每个当事个人的活动有密切联系，一切个人的活动与别人的活动有了关系的时候，就有了社会的环境。而人从事所有活动必然脱离不了从事活动的环境，在任何情况下都会受到环境的影响和制约，那么任何的领导活动也是在一定的环境中展开的，脱离环境的领导活动是不存在的。

何谓领导环境？我国有学者给领导环境下的定义是，领导者开展领导活动、实施领导职能的整个背景、舞台和条件。他们认为领导环境是一个巨大的“环境圈”，是一个多侧面、多层次、多因素的动态系统。我们认为领导环境是指在除了领导者自身因素外，对领导活动及其目标有制约和推动作用的各种自然要素和社会要素的组合，是领导者所面对的周围全部现实条件和外在客观情况，包括政治、经济、文化和自然要素等影响领导行为模式的社会氛围和外在条件。这些外在条件是在领导主体周围已存在和即将发生，并能影响其领导活动及其结果的一切现实因素。不论领导的内部环境，还是领导的外部环境，都不同程度地、直接地或间接地作用于领导者（或领导集团），影响和制约着领导目标的实现程度和领导效能的高低。并且，领导的内部环境和领导的外部环境间也是相互作用的。对领导环境的概念还可以从以下几个方面加以理解。

（1）领导环境虽然可以由领导者感知，并且领导者也可以对其在一定程度上施加影响，但从根本上说，它是不以领导者意志为转移的客观实际。环境本身具有自身的变化规律，因此，无论从适应环境、利用环境还是改造环境来考虑，都要正确认识环境，以遵循规律为前提。

（2）领导环境还是一种态势，这是由于制约领导者所有的各个方面的因素和条件都处在环境的动态发展中，并由此派生出许多不同矛盾和变化，形成一种新的情况和问题。

（3）领导环境包含组织特有目标所指向的工作任务，这是不能忽视的重要内容。工作任务与领导环境密切相连，不可分割。

（4）领导环境是独立于领导者而存在的，由于不同领导者的个体差异，在知识结构、自身素质以及经历等方面的不同，所以，不同的领导者对同一环境的判断往往是不相同的，进行领导活动的重点也不同。

（5）在实际的领导活动中，领导环境只能直接或者间接地制约领导者思想和行为的某一部分，对于每一个从事具体领导工作的领导者来说，所涉及的领导环境比一般理论上的领导环境可能在内容、时间、空间上少得多。

（6）影响领导活动的因素和条件既包括客观的物质因素和条件，也包括主观的精神因素和条件。领导者不仅需要认识、适应、利用和改造客观因素和条件，还需要注意对主观因素和条件同样的对待。因为客观与主观的因素和条件总是相互交织，又相互影响。

（7）领导环境是一个发展着的历史概念。自然界在发展变化，人类社会也在发展变化，领导目标及其工作任务也在发展变化，领导环境也随之而发展变化。

领导活动总是在一定的环境下进行，领导活动的成败总是在受到领导环境制约和影响之后发生的。领导环境既是领导资源和能量的出处，也是领导资源和领导能量的作用处、回归处；既是诸如得失成败等领导结果的最重要前提和原因之一，也是领导活动所影响的对象和所创作的作品。

领导环境与一般环境的联系与区别：首先，一般环境可以理解为整个世界，包括自然界、人类社会和思维。在这种情况下，领导环境只是在整个环境中，进入领导活动全过程相关那部分，是一种具有相对于领导而言的专门性的特定环境。其次，领导环境可以作为领导者认识和改造的对象，这与领导活动所要达到的目标有一致之处。领导环境与管理环境的联系与区别是，领导环境具有管理环境的一般属性，是涉及组织目标战略决策的管理环境，是发挥领导引路和指路作用的管理环境。因此，领导环境只是管理环境中的一部分。

总之，领导环境是领导主体的总依托和总舞台。脱离领导环境就无法实施领导的作用和价值。

分享案例

据《三国演义》讲，公元208年，曹操率八十万大军大败刘备，进逼东吴。东吴的孙权为了自身利益与刘备结成联盟，共同抗击曹军。

当时，刘备派到东吴去的使者是诸葛亮，东吴的三军都督是周瑜。周瑜心胸狭窄，见诸葛亮处处高他一筹，不禁妒火中烧，就想寻机杀掉诸葛亮。一天，周瑜会集大将，并请来诸葛亮共议实战措施。两人都认为江上作战需多配置弓箭。周瑜便说："如今军中正缺箭用，想请先生监造十万枝箭，不知可以否？"诸葛亮已明白周瑜要干什么，但为了抗曹大局，他还是答应道："大战在即，十天太晚了，三天就可造好。"周瑜一见诸葛亮上钩，大喜过望，紧盯一步，说："军中无戏言。"诸葛亮正色道："愿立军令状。三日造不出，杀罚随都督。"周瑜十分高兴，忙取来笔墨，让诸葛亮立下军令状，又暗中吩咐在原料供应上做文章，让匠人拖延时间，单等三日后惩治诸葛亮。

诸葛亮立下军令状后，一连两天只是饮酒作乐。到了第三天，鲁肃前来问计，诸葛亮请鲁肃拨给快船二十只，每只船上都扎满草人，以及青布幔子，然后把鲁肃请到船中，于四更时分，命士兵将二十只船划向北岸。鲁肃见这么几个人去冲曹营，吓得不得了，忙问诸葛亮干什么？诸葛亮笑而不答。这时候，长江水面大雾弥漫，对面看不见人。诸葛亮命令士兵们把船头朝西尾向东一字排开，又命令士兵在船上擂鼓呐喊。鲁肃吓得面如土色，制止不住。

曹军听到震天动地的鼓声，飞报曹操。曹操见大雾甚重，怕有埋伏，便不让军士出击，只令手下人放箭射击，阻挡敌军进攻。又命从军营调弓箭手来支援，共集合了万余名弓箭手，放起箭来。没用多久，船上的草人全部中了箭。诸葛亮与鲁肃在船内只管饮酒谈笑。过了一些时候，诸葛亮又命令船队调转船头，让另一面靠近曹军水城，继续受箭。

日出雾散，诸葛亮命令船队迅速返航。这时，每条船上已有五六千枝箭。诸葛亮对鲁肃说："十万枝箭如期缴纳，没费东吴半点力气，将军没有想到吧？"

鲁肃对诸葛亮佩服得五体投地，说："先生真是神人啊，你怎么知道今天有如此大雾？"诸葛亮笑道："为将而不通天文，不识地理，不晓阴阳，那是个庸才。我在三天前就已算定今日有大雾，所以才敢提出三日的期限。周都督让我办十万枝箭，工匠料物都不应手，那不是明摆着要杀我吗？我诸葛亮命大福大，他是杀不了我的。"鲁肃把诸葛亮"草船借箭"的经过告诉给周瑜，周瑜叹道："诸葛亮真是神机妙算，我不如他啊！"

诸葛亮"借"天时而实现人谋。天时是领导者实现自己任务和目标的环境条件。诸葛亮凭借自己的天文知识，了解天数，知道第三天将"大雾漫天"，并料定"曹操于重雾中必不敢出"。果然，曹操闻报东吴兵到后传令："重雾迷江，彼军忽至，必有埋伏，切不可轻动。可拨弓弩手乱箭射之。"在天时的帮助下，轻而易举地得到了十万枝箭。

二、领导环境的特征

领导环境概念是一个发展变化着的综合体系。随着领导实践的深入发展和活动方式的增多，领导环境的范畴也随之扩大并且复杂化。因此，领导环境是领导科学研究中不可忽视的重要问题，认识和把握领导环境的基本特征，有助于领导者全面和准确地实施科学领导。领导环境既具有环境的一般特点，也有其独特特征。

（一）领导环境的一般特征

1. 客观性

客观性是领导环境的基本特征。客观的含义就是独立于意识之外，事物的性质和规律不随意愿而改变。领导环境是独立于主体之外客观存在的，不以领导者的主观意志为转移。领导环境中的自然条件、社会条件和文化条件，既蕴含物质关系，又蕴含意识形态或人际关系，而这一切又都有其各自的存在方式和运行规律，都不会依主观而改变。因此，无论领导者和被领导者的所有活动都是在这个客观环境中进行并发挥作用。领导环境的这种客观性要求领导者认识到，除了人们的意识之外，还必须充分认识和把握独立意识之外的领导环境，必须时时刻刻从实际出发，确保进行科学的领导行动。领导者要善于把自己与环境联系起来，自觉培养领导环境意识，这不仅是因为领导环境是领导者制定方针、路线和政策的重要依据，更重要的是领导环境影响和制约着领导工作的成功或失败。

2. 多变性

领导环境的多变性也是领导环境的动态性。一方面，在一定的时间、空间范围内，不同领域的领导活动有各自不同的特点，也就是说，环境因素不是绝对的，它会随条件而变化。这就导致领导环境总是发生新的变化，产生新的问题，给领导活动及结果都带来不确定性。另一方面，领导者思维方式和能力水平等的不同，也会导致对同一环境有不同的认识，造成领导环境的不确定性。另外，人的思想、情感、精神、事物的发展过程、变化周期，政策法律的执行情况、实际结果，领导人的主观意愿、决策水平，组织的协作方式、行为效果等都决定了领导环境的多变性，也是多变的领导环境对领导者的考验和挑战。领导者处于多变的领导环境中，不仅要注意环境的发展趋势，还要及时了解环境的转变，是良性转变还是恶性转变，注意到环境的变化，才能够与环境协调发展。领导者要及时认识、控制坏的可能，把坏的可能及时消除在萌芽状态；同时发挥主观能动性，创造条件，使坏的可能向好的可能转化，使好的可能变成现实。

3. 复杂性

领导环境的复杂性是环境多样性的进一步表现。这种复杂性不仅表现在环境本身的意义和运动上，而且更表现在多因素的相互作用和相互结合上。首先，环境自身某些的界限是难于划分的，常常互相交叉，难于分别。这些环境的交叉可以是政治环境与经济环境交叉、社会环境与文化环境交叉等。其次，领导环境是发展变化的，在一定条件下，有利环境与不利环境可以相互转换。再次，领导者参与领导环境当中，与环境相结合的时候更是错综复杂。这不仅是因为领导环境是发展变化的，更在于领导者难于把握这种变化的趋向和规律。作用于领导环境中的各种因素，既有固定因素，又有随机因素，既有可控因素，又存在不可控因素，这些因素在领导主体意志的参与下，也会发生变化。

4．风险性

领导环境既具有确定性，又具有不确定性，这就使得在利用和改造领导环境的过程中，具有潜在的风险性。领导环境越是具有不确定性，利用或改造的风险必然就越大；反之，风险就越小。如果是由于领导者认识上所带来的对领导环境的不确定，这是领导环境的认识风险。认识风险可能导致领导者的主观盲动主义，在领导方向和路线上容易犯错误。这种风险带来的危害是毁灭性的。而环境本身的不确定性，是领导环境的固有风险。这种风险是不以人的意志为转移的，是无法避免的。领导者只能够通过深化对环境的认识，适时调整领导决策和组织行为，才能有效地回避或减少固有风险。

（二）领导环境的特殊特征

1．系统性

领导环境是一个复杂的系统，由处于不同层次的要素组成的一个整体系统。这个系统是由多方面的具体环境构成，同时这些环境又包括一系列的内容和要素。一方面这些要素是由更小的子要素组成的子系统；另一方面诸多子系统又是构成领导环境大系统中的重要元素，具有不同的形态和特质，遵循不同规律。它们不是一个一个孤立地、分别地对领导活动发生影响，而是在一定的领导活动周围构成一个相互联系、相互作用和影响的环境磁场，而且系统里一个环境因素的变化常常会引起其他因素的变化。领导环境的系统性要求领导者在对待领导环境问题上，首先必须树立系统观念，重视系统整体功能的发挥。其次，领导者可以站在系统高度，来努力调整系统子因素间的关系，使领导环境系统为领导系统服务。

2．特定性

领导环境的特定性有三方面的含义：一是指领导环境与其他环境的差异与不同。环境的范围很大，但是领导环境只是被限定的特定环境，这个环境与其他环境不同。二是领导环境只围绕和适合于领导这种最重要的社会活动；其他一般意义上的环境并不直接构成领导环境，亦不对其产生直接、有效的影响 。三是指领导环境对环境的主体，也就是领导者的特别适用性。例如，在政治环境中适应的领导者不一定同样适应经济环境，换了环境后可能倍感吃力，难见成效。在不同行业，甚至在相同行业，不同的微观环境下，同一领导者的境遇也有可能大相径庭。同样地，某领导者在一个领导环境中难以适应、不能成功，是因为这个特定的环境并不能与领导者相辅相成，但不能否定在其他环境下就不能取得成就。

3．可塑性

领导环境虽然是客观的、多变的，但并不能说人们在环境面前就无所作为。领导者不能做环境的奴隶。领导环境的可塑性说明领导环境本身是一个弹性系统，是可以被领导者利用和改造的。这种利用和改造并不是说随意的，而是通过正确认识领导环境并发挥主观能动性来深入分析和正确掌握它的发展变化和规则规律，加以科学引导，并部分或全部地利用、改造和建设领导环境，使之更适合于领导活动的实质、特征和需要。从辩证法的观点看，绝不能把人和环境对立或分开来看，而是要将二者结合。做到既重视客观环境，又会在认识环境的基础上改造和加以利用，是客观环境的规律性和主体的能动性相结合，完善领导活动。

领导环境的一般特征和特殊特征构成领导环境的客观性、多变性、复杂性、系统性、特定性和可塑性。这些特征都是对领导环境从不同角度的观察和考量，是从不同侧面对领导环境特征的认识。领导者熟悉和掌握这些特点，对于领导者在领导环境中进行有效的工作有至关重要的作用。因此，领导者要想塑造一种有益于领导活动推进的环境，就必须认真分析所处环境的特点、探索其发展趋势和规律，以便自己能应付各种环境状况，把握工作主动权，做好领导工作。

分享案例

唐太宗李世民在位 23 年，唐朝经济发展，社会安定，政治清明，人民富裕安康，出现了空前的繁荣。由于他在位时年号为贞观，所以人们把他统治的这一段时期称为“贞观之治”。“贞观之治”的出现是我国历史上最为璀璨夺目的时期。

贞观之初，百废待兴，在唐太宗的带领下，全国上下一心，经济很快得到了好转。到了贞观八九年，牛马遍野，百姓丰衣足食，夜不闭户，道不拾遗，出现了一片欣欣向荣的升平景象。

唐太宗首重民本环境的建设。唐太宗从隋末波澜壮阔的农民战争中认识到人民群众力量的伟大，吸取隋朝灭亡的原因，非常重视老百姓的生活。他强调以民为本，即“民，水也；君，舟也。水能载舟，亦能覆舟”。他爱惜民力，从不轻易征发徭役。他患有气疾，不适合居住在潮湿的旧宫殿，但他一直在隋朝的旧宫殿里住了很久。他还下令合并州县，革除“民少吏多”的弊利，大大减轻了人民负担。

唐太宗十分注重法治环境的建设，他曾说：“国家法律不是帝王一家之法，是天下都要共同遵守的法律，因此一切都要以法为准。”法律制定出来后，唐太宗以身作则，带头守法，维护法律的划一和稳定。在贞观时期，真正地做到了王子犯法与民同罪。执法时铁面无私，但量刑时太宗又反复思考，慎之又慎。他说：“人死了不能再活，执法务必宽大简约。”由于太宗的苦心经营，贞观年间法制情况很好，犯法的人少了，被判死刑的更少。据载贞观三年，全国判死刑的才 29 人，几乎达到了封建社会法制的最高标准——“刑措”即可以不用刑罚。

唐太宗还特别注重经济环境的建设，贞观王朝一改历史上一贯奉行的“抑商”的歧视政策，不但不歧视，还给商业发展提供了许多便利条件。在唐太宗的倡导下，贞观王朝的商业经济有了迅速和长足的进展，新兴的商业城市像雨后春笋般兴起。当时世界出名的商业城市有一半以上集中在中国，除了沿海的交州、广州、明州、福州外，还有内陆的洪州（江西南昌）、扬州、益州（成都）和西北的沙州（甘肃敦煌）、凉州（甘肃武威）。首都长安和陪都洛阳则是世界性的大都会。从商业城市的设立，到丝绸之路的开通，使得品种繁多的大宗货物在东西方世界往来传递，促进了唐朝的工商业兴盛发达，推动了贞观盛世的实现。

唐太宗也加强了领导系统性环境的建设。贞观王朝的三省职权划分则初步体现了现代化政治特征——分权原则。中书省发布命令，门下省审查命令，尚书省执行命令。一个政令的形成，先由诸宰相在设于中书省的政事堂举行会议，形成决议后报皇帝批准，再由中书省以皇帝名义发布诏书。诏书发布之前，必须送门下省审查，门下省认为不合适的，可以拒绝"副署"。诏书缺少副署，依法即不能颁布。只有门下省"副署"后的诏书才成为国家正式法令，交由尚书省执行（当时的贤臣魏征就供职于门下省）。

唐太宗也注重廉政环境的建设，在李世民统治下的中国，皇帝率先垂范，官员一心为公，吏佐各安本分，滥用职权和贪污渎职的现象降到了历史上的最低点。尤为可贵的是：李世民并没有用残酷的刑罚来警告贪污，主要是以身示范和制定一套尽可能科学的政治体制来预防贪污。在一个精明自律的统治者面前，官吏贪污的动机很小，贪官污吏也不容易找到藏身之地。

卓越领导的产生必然是建立在对领导环境充分认识的基础之上。唐太宗李世民正是抓住了贞观之初内外环境的特点，采取了有针对性的措施，才创造了贞观之治这一旷古盛世。

第二节　领导环境的构成

环境本身就是一个相当复杂的系统，领导环境是环境中的一种特殊系统，其具体内涵十分广泛。可以说，自然、社会、人文、历史、政治、经济和文化都是构成领导环境的因素和变量。虽然构成领导环境的因素和变量众多，但是并不是所有的环境因素都发生关系。虽然确定领导环境的边界并非易事，但是有一点是可以确定的，就是影响领导活动的因素都是有边界、有范围、有层次的，而且这种边界的确定往往是人为的，也就是说，环境边界的确定会因为人们认识差异、立场角度的不同而不同。因此，研究领导环境的构成也就十分有意义。只有确定那些直接或间接作用于领导系统的环境因素，清楚哪些变量是构成领导环境的主要因素，才更利于把握对领导活动的影响。综合考察整个社会环境，可以发现领导环境主要由三大类因素构成：第一类是自然环境；第二类是制度性环境下的政治和经济因素；第三类是人文环境下的文化与科技因素。

一、第一类因素：自然环境

自然环境包括"天然的自然环境"和"人化的自然环境"，前者指人类实践未曾改造过的自然环境，后者指人类实践曾改造过的自然环境。人生存在自然环境中必然要受自然环境的影响，但是自然环境对领导活动有什么影响，在以往的领导学和管理学研究成果中并没有定论，但是各种自然要素相互作用构成的环境，为领导环境和领导活动提供了资源条件。例如，在母系社会奠定领导地位的决定因素就是艰苦的自然环境，妇女因其独特的性别较男性更能适应自然的生存，为社会的相对稳定提供保障，因此在母系社会中，妇女是家庭的领导者。自然要素对领导的影响虽然没有处于决定性的地位，但忽视了它就有可能无法准确、客观地解释领导活动。总体来说，对领导环境起重要作用的自然因素主要包括以下三点。

1．地理位置

地理位置对领导环境的影响十分明显。对于大陆文明和海洋文明来说，就可能出现不同的领导组织结构和领导体制。我们知道，不同的地理位置会有着不同的政治、经济、文化、军事等传统条件，这些不同的条件就构成了不同的领导环境。例如，我国的东南沿海和西北内陆有着不同的地域环境，其领导环境也就自然不同。在这些不同的领导环境中，会成长出精通商业管理、农业管理、林业管理等不同类型的领导人才。

2．人口

人口对领导环境的影响主要表现在两个方面：一方面是人口数量；另一方面是人口分布。人口数量的多少和人口密集程度对领导工作有直接的影响。人口数量和密度过大，会加大领导者工作难度。人口分布的状况直接影响领导职能，同时也在一定程度上制约或决定着领导的内容。例如，在人口稠密的地区，领导者不仅要对人口的增长速度进行控制，而且要注意解决由于人口多、密度高等特点所带来的诸如人口老龄化问题、生活问题、住房问题等一系列的附加问题。因此，人口的分布状况不同，不仅可以直接影响领导主体的工作内容，有时还会增加领导的一些新职能。

3．人工生态系统

所谓人工生态系统，就是人类按照自己的需求，通过对自然生态系统的改造而建立起的一些新的生态系统，如城市、乡镇、社区等都属于这个范畴。以我国的城市和乡村对比为例，就可以发现二者对领导活动产生的不同作用，对领导活动的管理侧重点也有所不同。城市的情况是人口众多、资源稀少、污染严重，社会犯罪都比乡村的情况严重得多。相对于城市而言，乡村的以上问题就要比城市好得多，但是在交通、教育、卫生保健、生计等方面存在的问题则要比城市严重。可见，不同的生态系统状况，许多因素都会给领导系统以有力的影响。

二、第二类因素：制度性环境

1．政治因素

政治因素是指对领导活动具有现实的或潜在的作用与影响的政治力量、政治制度、体制、方针政策，同时也包括对领导活动加以限制和要求的法律和法规等。政治因素是构成领导环境的一个重要方面。因为任何领导活动都是一种社会人的行为，它总是与一个国家的政治传统、政治体系、政治权利结构和法律制度等联系在一起。国家政治法律决定和制约着领导活动，是实现有效领导的前提条件。任何组织所采取的领导体制及其倡导的领导文化观念无不受到国家政治乃至国际政局的影响。组织内部的领导活动及变革必须在政治权利所允许的限度之内。对于一个工商组织，其所在的国家的总体稳定性及政府对企业的作用所持的具体态度，对企业组织内部的领导管理十分重要。例如，在发达国家强调生产经济是法制经济，他们通过健全的法律体系将所有组织的行为纳入法律的调整范围，其法律制度包括竞争的促进、环境的控制、消费者保护、工会与管理当局的关系以及某些行业的管制。而在一些不发达国家中，政治对企业的影响更大。我国在 20 世纪 80 年代以前，采取的经济体制就是计划经济，企业运作尤其是国有企业在很大程度上受国家政治决策影响，领导者的管理活动都是跟着国家政策精神走。领导者是否有足够的自主性和规范性是衡量政治法律环境影响领导行为的重要指标。政治环境因素对领导活动的影响具有直接性和难以预测性的特点。概括地说，现代社会中对领导环境的影响主要体现在以下五个方面：（1）政体类型。一个国家的政体决定了国家管理的基本体制。例如美国是联邦体制国家，实行的是分权管理，政策法规比较灵活多样；而实行中央集权制的国家（如俄国），则政策法规都比较集中统一。假如一家跨国企业在美国和俄国都开设分公司，那么这两家分公司的组织环境和领导者环境都会大不相同。（2）政局的稳定性。国家在政治上稳定，对领导者长期计划和管理活动的正常进行都是至关重要的。如果在政权领导、政治体制和社会政治形式发展都极不稳定的地区，各类组织都面临着动荡不安的领导环境，那么这种环境将会严重地影响组织管理和计划。因为如果没有一个稳定的国家和政治环境，根本就无法进行任何有效的领导活动，更不用说领导的合理性。（3）国家方针政策及这些方针政策的连续性和稳定性。国家的方针政策导向和体制改革方向也与领导环境有着直接的关系。当这些方针政策导向和政治体制改革的方向同社会发展的趋势相一致时，组织的领导者所面临的领导环境就相对有利；如果这些方针和政策导向及政治体制改革方向同社会发展的趋势相悖时，那么领导者面临的领导环境就相当不利。国家的政策与方针的改变和调整会直接影响组织的领导环境。（4）法律规定。国家的法律规定一切组织和个人在国家各项活动中的权利和义务，是所有的领导者决策和执行领导活动的依据。不同国家、法律给组织的领导者带来的领导环境的差异性也很大。例如在美国，领导者只要在其合法权限内就可以合理解雇其员工，而且领导者在法律的保护下也不会为此招致太多麻烦。但是在日本，这种做法就行不通，因为日本的法律对员工的保护是领导者和公司都不得随意解雇员工。（5）各种政治利益集团。一方面，这些集团会通过议员或代表来发挥自己的影响，政府的决策会去适应这些力量；另一方面，这些集团也可以利用传播媒介等对领导活动施加影响。

此外，政治因素还包括国际政治局势、国际关系等国际政治形势及其变化。

2. 经济因素

经济因素是人们社会生活的基础，是由社会生产力和生产关系的状况决定的，具体就是说社会生产力的性质、发展水平、生产资料的所有制形式和成熟程度等。不同国家、不同地区都存在着生产力水平的差异，其经济环境也大不相同。经济基础决定上层建筑，经济环境对领导活动有决定性的影响，领导活动受经济环境条件的制约。衡量经济因素通常包含三个方面：（1）经济制度，也是一个国家的生产资料所有制的形式，是整个经济环境的基础条件。生产资料所有制不同，会影响组织的管理方式与目标。例如，在民营企业和私有制企业中，企业的领导者必须根据出资的多少决定管理企业权利的大小，而在公有制为主导的企业中，领导在行使管理权力时就必须要考虑所有制形式，实行民主管理方式。（2）经济发展水平。经济发展水平是指一个国家经济发展的规模、速度和所达到的水准。反映一个国家经济发展水平的常用指标有国民生产总值、国民收入、人均国民收入、经济发展速度和经济增长速度。我们知道，不同的经济制度会对领导活动产生不同的影响，但这并不表明同一经济制度下的不同领导者的领导行为方式或手段都完全相同。除了经济制度这一根本因素之外，经济发展水平对领导活动也有着重要影响。在经济发展水平较高的地方，组织的领导者所赖以凭借的物质技术基础就强，因此领导者在领导工作过程中的空间会更广，领导者的领导魅力就更大，对追随者的影响方式和手段也就更多、更灵活，领导者的工作效能也更高。（3）金融政策和市场条件。财政、税收和金融积极政策是国家宏观管理的手段。金融政策可以通过控制信贷来影响和引导一个组织的发展方向；税收政策通过调节国家、企业、个人三者之间的收税比例来影响组织的受益；财政政策通过加强资金监管和控制资金流向等措施来降低组织成本以及最大限度地实现社会公平。这些经济政策都会形成一定的经济压力和吸引力并最终作用于组织的发展。此外，市场是每个组织与外部发生各种联系的媒介。组织活动所需要的各种人力、物力、技术和信息等资源需要不断地从市场输入，同时又要不断地向市场输出自己的产品、人才和劳务。因此市场的繁荣与疲软，市场体系的完善程度和竞争的激烈程度，都会给组织发展造成不同的环境压力。

三、第三类因素：人文环境

1. 文化因素

文化这个词语有着广泛的意义。从广义上讲，文化的概念等同于文明，包括人类一切创造活动及其成果。或者说，文化是人类的精神活动及其产品的总称。狭义的文化概念包括人的生活方式、习俗、语言、宗教、信仰、艺术、道德等内容，既包括人的思维方式，也包括行为方式。这些因素是人类在长期的生活和成长过程中逐渐形成的，人们总是自然地接受这些准则。社会文化是联系历史的纽带，也是联系人与人的桥梁。由于社会文化对领导活动产生重要影响，领导学对不同文化中的领导行为特别关注，许多学者对此进行了研究。斯托格蒂尔说，我们必须思考独特的或一般的领导活动与特定环境之间的关系，在这种特定背景下的领导要求对一般的文化制度进行检验和考察。文化环境因素对领导活动的影响是间接的、潜在的和持久的。领导文化作为文化大范畴中的一部分重要内容，是指领导者在长期的领导活动中逐渐形成的一种特有现象，是领导者的宗旨，领导者的精神，领导者的风格，领导者与下属沟通的技巧、礼仪与魅力多方面的综合反映。确切地说，领导文化是领导成员在领导活动中产生并通过后天学习和社会传递形成的反映领导实践的观念意识，是客观领导过程在领导成员心理反映上的积累或积淀，是领导成员普遍认可的价值观念、共同信守的行为模式和广泛流传的态度作风，包括领导意识、领导观念、领导态度、领导价值观和领导行为模式等。领导文化是领导系统中的软组织、软结构，它可以塑造人的行为和组织形象，因此组织能否建立其新的领导文化体系成为当今衡量领导者成功与否的标志。我们在吸收改造传统领导文化、发展现代领导文化的过程中，特别要注意建设现代化的领导文化。因为人生存在社会环境中，要受到所处环境的影响，领导成员也不例外，必然会受到文化的熏陶。社会文化环境为领导者提供文化条件和精神动力，因此，良好的文化环境是领导者获取成功的重要因素之一。

2. 科学技术与教育因素

科学技术因素是指一个国家、地区和单位的科学技术水平、科技政策、科研能力及科技开展动向等。科技是第一生产力，振兴经济必须振兴科技。科学技术不仅改变了传统组织间的关系以及市场竞争规则，而且正在从根本上改变了组织模式和管理模式。如随着科技的发展，出现了虚拟企业、学习型组织等新的组织模式，管理思想上也出现了诸如业务流程再造、供应链管理等新的管理思想。同一般环境相比，技术因素最活跃，变化迅速，其社会影响广泛而深入。科技的发展不仅直接影响组织内部的经营和管理，同时还与其他环境因素相互依赖、相互作用，对组织发展带来有利或不利的影响。与科学技术环境联系最密切的就是教育环境。法莫尔和里奇曼认为，“组织机构的品质与效率在很大程度上取决于组织结构成员的整体素质，因此一个国家教育的性质与质量是决定其管理者水平的关键因素。”领导者的教育程度与领导者素质对领导行为的影响是巨大的。受过高等教育与系统培训的领导者和管理者往往更见多识广、高瞻远瞩，在挑选和评价下级时更为具有目的性。这种类型的领导者比较信任下级，敢于授权给下级，在引进辅助决策或提高生产的现代技术方面，他们也更善于宏观部署。因此，组织领导必须重视组织教育，将在职培训与在职教育放到战略高度加以认识，不断提高组织成员的总体素质，才能使组织具有持续的竞争力。

分享案例

第 32 届美国总统富兰克林·罗斯福一直被视为美国历史上最伟大的总统之一，是 20 世纪美国最受民众期望和爱戴的总统，也是美国历史上唯一连任 4 届总统的人，任职长达 12 年。在美国乃至世界经济发展史中，罗斯福的“新政”给人们留下了极其深刻的印象。

1929 年 10 月 24 日这一天，美国金融界崩溃了，股票一夜之间由 5 000 多亿美元的顶点跌入深渊，使 5 000 多亿美元的资产一夜间化为乌有，价格下跌之快，连股票行情自动显示器都跟不上趟，股票市场的大崩溃导致了持续四年的经济大萧条，从此美国经济陷入了危机的泥淖，以往蒸蒸日上的美国社会逐步被存货山积、工人失业、商店关门的凄凉景象所代替。86 000 家企业破产，5 500 家银行倒闭，全国金融界陷入窒息状态，千百万美国人多年的辛苦积蓄付诸东流，GNP 由危机爆发时的 1 044 亿美元急降至 1933 年的 742 亿美元，失业人数由不足 150 万猛增到 1 700 万以上，占整个劳动大军的四分之一还多，整体经济水平倒退至 1913 年。农产品价值降到最低点，农民将牛奶倒入大海，把粮食、棉花当众焚毁的现象屡见不鲜。

富兰克林·罗斯福就是在这种情况下取代了焦头烂额的胡佛，当选为美国第 32 届总统。他针对当时的实际，顺应广大人民群众的意志，大刀阔斧地实施了一系列旨在克服危机的政策措施，历史上被称为“新政”。新政的主要内容可以用“三 R”来概括，即复兴（Recover）、救济（Relief）、改革（Reform）。由于大萧条是由疯狂投机活动引起的金融危机而触发的，罗斯福总统的新政也先从整顿金融入手。在被称为“百日新政”（1933 年 3 月 9 日至 6 月 16 日）期间制定的 15 项重要立法中，有关金融的法律占 1/3。

在“百日新政”期间，罗斯福在解决银行问题的同时，还竭力促使议会先后通过了《农业调整法》和《全国工业复兴法》，这两个法律成了整个新政的左膀右臂。罗斯福要求资本家们遵守“公平竞争”的规则，订出各企业生产的规模、价格、销售范围；给工人们订出最低工资和最高工时的规定，从而限制了垄断，减少和缓和了紧张的阶级矛盾。

新政的另一项重要内容是救济工作。1933 年 5 月，国会通过联邦紧急救济法，成立联邦紧急救济署，将各种救济款物迅速拨往各州，第二年又把单纯救济改为“以工代赈”，给失业者提供从事公共事业的机会，维护了失业者的自力更生精神和自尊心，而且以工代赈的形式修建的一大批工程项目，不仅大大缓解了失业困难，刺激了经济的早日复苏，而且许多基础设施建设使美国经济受益无穷。

罗斯福发表了“炉边谈话”，以浅显易懂的语言向国家民众讲述国家的政策与方针，鼓舞了美国人民，为从经济危机中走出来起到了推动作用。

罗斯福的“新政”号准了美国经济环境和社会环境的脉搏，“使人们能够重返工作，使我们的企业重新活跃起来”的口号，符合广大劳动人民的利益，充分唤起了他们的积极性。到 1939 年，罗斯福总统实施的新政取得了巨大的成功。新政几乎涉及美国社会经济生活的各个方面，其中多数措施是针对美国摆脱危机，最大限度减轻危机后果的具体考虑，还有一些则是从资本主义长远发展目标出发的远景规划，它的直接效果是使美国避免了经济大崩溃，有助于美国走出危机。从 1935 年开始，美国几乎所有的经济指标都稳步回升，国民生产总值从 1933 年的 742 亿美元又增至 1939 年的 2 049 亿美元，失业人数从 1 700 万下降至 800 万，恢复了国民对国家制度的信心，使危机中的美国避免出现激烈的社会动荡。“新政”留下了大量防止再次发生大萧条的措施和政策，为美国投入二次大战及战后的快速崛起创造了有利的环境和奠定了坚实的基础。罗斯福基于对政治、经济和社会环境的准确判断，凭借“新政”的领导方式，一举成为挽救美国的英雄，成为自亚伯拉罕·林肯以来最受美国和世界公众欢迎的总统而永载史册。

第三节　领导活动与领导环境

一、领导活动的含义与基本要素

（一）领导活动的含义

领导活动就是领导者通过一定的组织形式，率领和协调追随者，为实现预定目标，共同作用于领导环境的一种行为过程。领导活动中的预定目标，即预见，是依据事态的内在矛盾，对事态性质的转化、发展的趋势、发展的可能结果的基本判断。预见属于领导活动中的认识活动，是所谓认识世界。

这里预见事态的规律与把握领导活动的本质属于同一层次的问题，反过来看，能够把握到领导活动的本质，预见到事态发展的趋势和规律，也正标志着领导活动走向真正的成熟。当然领导活动并不仅仅是认识世界，对事态和事变采取超然或漠不相关的静观和预测，而是更积极参与事变和改造世界的活动，引导变革，借助事态转化，发展本身的力量，通过影响群众来促进事态朝着预期的方向和结果的发展，引导变革属于领导活动中的实践活动，即所谓改造世界。

（二）领导活动的基本要素

关于领导活动的基本要素问题，目前有三要素、四要素、五要素等说法，正在深入探讨之中。五要素说认为领导活动的基本要素包括领导者、被领导者、领导目标、领导手段、领导环境五个基本要素。我们认为领导是一个社会组织系统，这个系统由领导者、被领导者、领导环境三个要素构成。领导者就是在一定的组织体系当中，处在组织指挥、协调和控制地位的个人和集体，是领导活动的自觉发动者。在领导活动中，他们处于主导的重要地位。这是因为，一方面，任何领导活动都需要领导者，以保证其统一性、整体性和效能性；另一方面，在领导活动中，领导职能的履行、领导目标的确立、领导手段的采用都必须通过领导者，领导者起着其他任何要素都不可代替的作用。被领导者就是按照领导者的决策和意图，为实现领导目标，从事具体事件活动的个人和集团。它构成领导活动的主体，是实现预定目标的基本力量。被领导者的地位与作用是不以人的主观意志为转移的，也是无法替代的。领导者与被领导者之间的关系是领导活动中的基本关系，二者之间相互依存、相互制约。既有因为地位不同，从而观察和处理问题的角度就不同而使两者产生冲突的一面，也有因为同一组织的生存和发展共同努力而产生的协调统一的一面。从最一般意义上来说，领导者与被领导者的关系就是权威和服从的关系。领导环境是指独立于领导者之外的客观存在，是对领导活动产生影响的各种因素总和。领导者只有正确认识环境、适应环境、利用和改造环境，才能构成有效的领导活动，领导者在全部领导活动中处于矛盾统一体的主要方面。

二、领导环境对领导活动的影响

（一）领导环境对领导活动的影响作用

心理学家曾用“力场”的概念来形容环境对人行为的作用，即人的某一行为是其自身内驱力与环境作用相互综合决定的。同样，领导环境也会对领导成员继而对领导活动产生重要影响。领导环境对领导活动的方方面面都有影响作用，最基本表现在促进作用、调节作用两个方面。

1. 领导环境对领导方式的促进作用

高明的领导者总是能够很快适应环境，并能够根据环境的变化选择最佳的行为方式。任何领导方式的确定都不是随心所欲的，而是根据领导环境的变化和组织的任务目标确定的。在领导活动中领导者往往要综合运用行政的、经济的、法律的、思想政治工作的现代领导方法，要运用诸多的领导艺术形式，所有这些方法的采用都要受环境的影响和制约。所谓要权变，指的就是依据环境的变化来确定领导的方式方法。领导环境的变化，必然会对领导主体的行为产生较大的影响。为了自身和组织的生存与发展，领导主体要根据环境变化而产生的新要求改变自己的行为方式，同时根据领导环境的要求对领导活动进行相应的变革。在20世纪50年代，我国是计划经济时期，但是受中国自身条件的制约，事实上，“理想的”计划经济制度在中国难以实现。所以当时领导者的主要武器就是阶级斗争，所有的领导活动都是按照上级指示和要求，当然领导效能也不理想。而在市场经济时期，则既提倡奉献，也给予合理报酬。精神鼓励与利益驱动同时实施，领导活动才能收到满意的效果。由于不同环境需要采取不同的领导方式，因此领导者的领导方式也必须与时俱进，根据形势的发展及时改变自己的领导方式。

2．领导环境对领导职能有调节作用

在一个组织机构，领导者具有选人、用人、指挥、协调、监督、总结等领导职能。这些领导职能及各种职能发生作用的方式、方法、特点及范围都要受到环境的影响和制约。如果领导职能的发挥不能适应环境的限制，领导者就要及时调整方案，否则这些职能不仅不能产生作用，甚至会有相反的效果。在领导活动中，领导者一定要科学界定客观条件——环境因素，充分利用天时地利，在人和的促进下，使领导职能得到充分的发挥。

（二）领导环境对领导活动的影响机制

领导环境对领导活动的影响最早是体现在影响领导效能的高低上，而这种影响是通过一定机制来实现的。为更深入地认识领导环境的影响，就必须进一步地认识这种影响的具体机制。大体来说，这种机制包括以下三个方面。

1．领导环境通过影响领导活动主体而影响领导效能

领导效能的发挥是在领导环境中进行的，领导环境是领导主体的生存空间和发展空间。领导活动作为社会历史性活动，是指在特定的时间、空间里和条件下进行的，人们特定地认识和改造世界的活动。领导活动需要什么样的领导者和被领导者，都应根据客观领导环境提出的要求来决定。领导环境和领导职能的变化是确定需要什么样的领导活动主体的最根本的依据。因为环境因素的变化，领导者和其他组织成员在心理状态上也会发生变化，各方面的行为都会受环境影响，从而领导活动也会有相应的变化。良好、有利的环境可以使正确的领导决策得到强化，更利于执行，从而使领导目标得到更好的实现。不利的领导环境中的某项因素能够阻碍正确的领导行为的实施，从而妨碍领导效能的发挥与提高，也可能诱发错误的领导行为，从而导致领导目标无法实现。

2．领导环境通过影响领导过程而影响领导效能

领导环境可以影响领导活动的运行，或加快运行或延缓运行甚至使领导活动完全终止。环境对领导过程的影响主要体现在对决策的影响上。领导决策必须充分考虑环境因素，才可能有正确的决策目标和方案，并有条件加以实施。如领导者会运用“SWOT 分析法”综合考虑企业自身的优势和劣势以及外部环境带来的机遇和挑战，就能为整个企业或者企业中的某个部门确定其正确经营活动的基本方向和战略。从环境因素的可控程度看，可把决策分为确定型决策、风险型决策和不确定型决策。领导者在选取决策方案时，会根据组织所处环境的类型，利用其中的一个决策方法来进行决策方案的评估和选择。领导决策在执行过程中是否顺利，也要受到环境对执行活动的支持和参与程度的影响。例如，在 20 世纪 80 年代初期，鼓励外资企业进入中国市场这项政策正是在改革开放的大好环境下做出的决策，从而外资企业在中国迅速崛起，推动了中国经济的发展。

3．领导环境通过影响领导方法而影响领导效能

在领导活动中，领导者往往要运用各种综合的领导方法和手段，这不仅是科学，还是一种艺术。领导者要运用诸如用人的艺术、授权的艺术、激励的艺术等领导方法来进行管理。而领导者所用的领导方法和艺术都不是固化的，虽然领导者可以由自己领导特质和风格来选用某种领导方法和领导艺术，但是选择的正确与否不是取决于领导者的主观意愿，而是看所运用的方法能否适应现实的需要，是否与环境相匹配。领导者必须根据环境条件设计和调整自己的领导决策，才能对组织成员形成有效的影响。

（三）领导活动对领导环境的反作用

领导环境对领导活动有制约和影响作用，反过来，领导活动也反作用于领导环境。领导活动可以根据环境特点来随时予以改变和调整，为自身提供发展需要的土壤和空间。正因为领导活动需要根据环境而改变，这种改变在环境面前可能是积极的也可能是消极的，所以，领导活动对领导环境的反作用也有两个方向，可以是正方向的，也可以是负方向的。沿同一方向起作用，领导活动就会发展得更好、更快；沿相反方向起作用，环境就会成为活动的阻力和障碍，并引起大量活动的消耗和浪费。既然领导活动对领导环境的反作用有两个方向，那么在研究二者关系时，就要注意把握二者之间的度，激发其积极作用，限制其消极作用。

发挥领导活动的积极作用，需要做好对环境的适应和改造。对领导环境的利用和改造的前提条件是对环境的规律和特点有充分的认识和了解，要求领导者在周密调查的基础上展开领导工作。环境的特点是复杂多变的，领导者要积极发挥主观能动作用，这不仅是对环境认识和改造的必要条件，也是对环境利用和改造的结果，切不可主观和片面地研究问题，做出错误的判断和决策。通过对各种情况和问题进行分析，弄清楚它们之间的内在联系，以改善环境为前提，对组织的领导环境有正确的认识。在此基础上，根据客观环境的特性和要求，采取适当的方式方法展开领导工作，使领导活动符合领导环境的情况和发展规律，就是适应环境的工作。为了能够适应环境，领导者要根据领导环境和领导活动的需要，提高自身素质与修养，选择最恰当的领导角色，同时要勇于改变自我和挑战自我，以适应环境的需要。环境不可能去适应人的活动，只能是人适应环境。人类活动的本质就是不断认识世界和改造世界的过程，领导活动更是如此。领导者能动地改造领导环境，目的就是使环境更有利于领导目标的转化和实现，最终达到领导环境的优化。改造领导环境是一项艰难而长期的工作，仅凭领导者一己之力难以实现。因此，领导者要与下级团结一致，发挥集体力量和智慧，循序渐进，逐步实现对领导环境的改造和优化。

领导活动对领导环境的反作用是一个有机联系的整体，是连贯而持续的活动。认识和把握领导环境的特点与规律是前提，适应领导环境是手段，改造环境是目标。通过一系列的反作用活动，最后实现领导环境与领导活动的有效融合，促进领导效能的发挥才是最终目的。

分享案例

有人曾问硅谷直觉软件公司（Intuit）的 CEO 史蒂夫·贝内特，要是他在自己的公司也采用通用电气杰克·韦尔奇那种高压手段的话，结果将如何？他回答说：“别人肯定会把我赶下台。生搬硬套通用电气和其他公司的经验，错误地加以应用，最终结果只可能是这样。”具有讽刺意味的是，在这之后不久，以管理手段严厉著称的贝内特就在直觉软件公司业绩下滑后遭到解职。

另一个例子是詹姆斯·韦伯，他在杜鲁门政府中管理美国预算局政绩突出，成为国务院二号人物之后表现却不尽如人意，但最后在美国国家航空航天局局长任上又获得了巨大成功。原因是，韦伯的量化分析能力在他所担任的两个职务中发挥了很好的作用，但在外交领域却不适用。

理查德·纽斯塔德指出：“在不同的环境中，根据领导者个人工作风格是否适应机构需要和外部条件，领导的影响力会出现消长。”为什么有的领导者在某些环境中取得了成功，但换了环境却遭遇失败呢？用一句俗语回答就是：不同的马适应不同的场地。有的马在硬地上跑得好，有的则适合跑泥地。领导者的技巧也会适应不同的环境，领导是一门“互动艺术”，领导者要跟着环境和目标的变奏而“跳舞”。

三、创造良好的领导环境

任何组织都存在于一定的环境之中，环境对组织中个体的行为产生着重要影响。领导环境是实现领导活动的基本条件，任何一种领导活动，都是在特定的领导环境中产生、形成和发展的。只有当领导者和领导环境二者都达到最优时，才能取得最佳的领导效能。任何环境都有优劣之分，创造良好的领导环境，即使没有条件也要创造条件，使恶劣的环境变优越，良好的环境更加优化，从而使领导环境在质量上和结构上达到最优化，最大可能地缩小环境带来的负面影响和负效益。因此，探索建立优良的领导环境的有效途径和方法，对最大限度提高领导效能具有十分重要的意义。总结现实的领导情况，领导者可以从以下几个方面着手优化领导环境。

（一）优化环境的途径

1. 优化制度环境

考察某些劣质环境成分的产生根源，多在于体制和制度的不尽合理。只有深入进行经济体制和政治体制改革，才能从根本上优化领导环境。领导活动的制度环境主要是指在领导活动中有助于实现以“法治”取代“人治”，从大范围来讲，是指与规范领导行为有关的以领导体制为主及各种法律、法规、政策、规定等制度构成的法制系统。从小范围来讲，是指领导环境中规范工作人员的政策、规定以及要求。它与领导素质的提高和领导活动的成功有着十分重要的直接联系。尤其是其领导体制，它是否科学、合理、完善、规范，起着决定性的作用。如果领导体制存在很大弊端，整个制度环境存在一定缺陷或没有成为可以制约领导活动的制度网络。实践证明，科学的领导体制能为领导者认识能力的提高和发挥提供广阔的空间。因此，领导环境的优化，首先要搞好领导体制改革，建立高度民主、法制完备、富有效率的政治体制。领导体制改革的一个基本要求是合理划分权限原则，这也是领导体制科学化的一个基本要求。合理划分职责权限旨在最大限度地发挥各级各类组织和机关的功能，调动他们的积极性，发挥所有人员最大能力。

2. 优化工作环境

优化工作环境，首先要优化地理环境。这里的地理环境是特指办公场所的位置与周围状况。办公场所选在良好的地理环境中，不但可以凭借优越的自然位置让工作人员心情愉悦，还可以促进领导者的身心健康，提高工作效率。具体说，办公场所的选址应贯彻环境尽量优美、交通方便、绿色环保等原则。领导者办公场所的绿化是不能忽视的。外部环境清新怡人，不仅可以让人精神放松，还是调节周围小气候的有效方式。室内环境同样要注重绿化环境，配置花草树木，也会增光添彩。室内的绿化是“无声音乐”，领导者在绿化后的环境内办公，可以心旷神怡，提高工作效率。室内环境的优化，同时要注重空气环境、光线环境和声音环境的有效结合。空气环境的好坏，对人的行为和心理都有影响。因此，办公环境的空气质量要注重温度、湿度、清洁度和流动速度四个标准。办公室的光线要有适当的照明，不宜过亮，眩光会造成人的眩晕感。照明应有一定的稳定性，以保护领导者的视力为前提。办公环境保持肃静和安定，以使领导者聚精会神地从事工作。一般来说，在安静的场所中工作，其工作效率往往比较高；反之，就会分散精力与注意力，影响效率甚至决策失误。优化工作环境的另一层含义是建立实事求是、一切从实际出发的工作氛围。在领导活动过程中，要想使各项工作卓有成效，切忌弄虚作假，脱离实际。我们要把背离实事求是的不利因素从领导活动的工作环境中清除出去，以保持良好的工作环境。

3. 创造和谐氛围

领导者创造良好的领导环境，除了优化外部硬组织环境，还要优化内部软组织环境。内部软组织环境包括和睦的组织气氛，规范有效的工作秩序以及融洽的人际环境。和睦的气氛就是一种非排斥性的情感环境。在一个组织内部，如果成员之间的气氛是和睦的、轻松的，那么他们的关系就比较融洽，成员之间的团结与协作程度也较高；反之，如果组织内部的气氛是紧张的、不和谐的，其成员之间也会互相排斥，工作效率必然低下。组织气氛和睦融洽，也有利于领导者建立规范的工作秩序。规范的工作秩序可以使领导者按部就班、井然有序地处理好各项事物，使整个组织高效和谐地运转，对领导活动有保证和推动作用。在组织内部环境中，领导者最需花费精力优化的就是人际环境，人际环境是一个组织最有影响力的心理环境。创造良好的人际环境，就要处理好上下左右人员的关系，以便更好地发挥下属的积极性。领导者与自己的追随者相互尊重、相互了解、相处和睦，就能使组织形成一个团结一致，具有非凡战斗力的集体，也更容易实现领导目标。领导者使自己处于一个良好的人际环境中，领导工作会开展得更好。

4. 优化社会环境

优化社会环境，首先要大力发展社会生产力。因为微观领导环境的状况受制于生产力的发展水平，必须与一定历史时期的生产力状况相适应。只有大力发展社会生产力，才能较好地满足人们的物质需求，促进人们的观念更新。另外，人是构成领导环境的决定因素，是领导环境中最活跃的成分。必须努力提高社会成员的思想道德和科学文化素质，以优化社会环境。

（二）优化环境的原则

优化的实质是为了让领导效果更好，消耗最小。优化领导环境，就是按照领导环境的固有规律，为领导活动创造一个有利的环境条件，目的就是用最小的消耗获得最大的效能。领导环境的优化有四个原则，即整体优化原则、功能优化原则、结构优化原则和动态优化原则。

1. 整体优化原则

环境优化体现在环境中各项要素的联系上，任何孤立的事物都不存在优劣之分。所谓优劣的比较都是在事物与事物的联系中体现的。不同环境之间的相互联系和相互作用，使不同环境处于不同的状态上。有时某一环境各要素之间比较协调一致，就处于有利地位，反之则处于不利地位。因此，环境优化最主要的是整体优化，研究环境各个要素之间的关系，使所有的要素处于整体优化之中，并相互联系和相互影响。例如，在市场环境中，既要考虑积极影响，也要考虑消极影响，兴利除弊，把消极影响降到最低限度。在优化组合中，既要注意优化效应，又要注意劣化效应。总之，着眼于整体优化，使不同的环境之间形成一个有机整体，让整体环境优化发挥整体效能。

2. 功能优化原则

功能优化是对环境发挥的用途进行加工，让原有的功能最大发挥绩效。就好比一个企业，要从事正常的商品生产和经营活动，就必须不断同外界发生物质、能量和信息的交换，及时了解市场需要状况、国家政策法令等。这是企业必需的生产活动，这种向外部环境输出的活动是社会经济系统的一部分。只有当输出大于输入时，才有经济效益和社会效益，企业才能为社会做出自己的贡献。企业与环境的这种相互作用就是企业的社会功能。功能优化还要注意三点：一是重视外部环境的研究，否则难以具有针对性地进行优化。二是强化内力。增强自身的适应能力、应变能力和制作能力。三是反馈调节。从输出的结果上认识效能，注重反馈，适时改变和调整，增强原有功能。

3. 结构优化原则

结构优化是通过人工的办法改变事物的内部结构，达到改善环境的性能。环境系统的功能是由系统结构决定的，如组织结构、素质结构等。结构优化有以下几种方法：一是序列易位。通过对环境系统的要素、层次的序列变化或位置转移，引起环境系统整体功能的变化。二是要素重组，即重新组合环境要素和层次而引起整体性能的变化。如精简机构、减少层次等。三是构型变换。如有的企业设有多家分企，有集体也有个体。事物的性质由于结构不同而不同，通过人工的组合，达到优化环境的目的。

4. 动态优化原则

领导环境本身具有多变性，优化环境也是一个动态过程。某些环境是从劣到优地发展变化，有些是上下波动，有些则朝相反方向变化，从优到次优，从优势变成劣势。不同环境之间的适应，也是动态调整的过程。所以，环境的优化过程体现在互济的发展变化之中，不能因循守旧、停滞不前。

总之，领导环境是领导的依托，是领导实施活动和运作的前提和基础。领导环境有环境的一般特征，但是也具有自身的特殊特征，把握好领导环境的特征能够更好地开展领导活动。领导活动离不开领导环境，但是同时也受到领导环境的制约与限制，领导主体也能与领导环境进行充分良好的互动，领导环境对领导活动的影响与反作用是同时进行的。因此，创造良好的领导环境对领导者的领导活动非常重要，只有充分地融入并顺应领导环境，领导主体才能在该环境中发展起来，才能取得成功。

案例讨论 1

20 世纪 60 年代，三个名牌大学的大学生毕业后各奔前程，少有来往，某天在党校学习时不期而遇，由于工作的需要，他们都被推上了领导岗位，分别在三个局担任局长。B 约 A、C 两位老同学周末到家一叙。老同学聚会，自然而然地谈起了各自走马上任后的情况。

A 说，他上任后做的第一件事是，分头召集机关处室负责人的座谈会，通过这种座谈形式，让大家了解自己，也使自己熟悉各处室负责人，从而对局内的整个情况有个大概了解。

B 与 A 的情况不同，他选择的第一件事是，与局领导班子的其他成员逐个谈心，向他们了解局里的情况，同时也谈了自己新上任的一些想法，借以沟通思想，使彼此有所了解，为今后顺利开展工作打下了基础。

C 走马上任后的第一件事是，通过多种渠道采取各种形式，广泛地开展调查研究，在较短的时间内基本掌握了该局的历史、现状，以及当前面临的问题，同时与上下左右沟通了思想，建立了感情，密切了相互之间的联系。

A 与 B 两人对 C 的做法很感兴趣，C 接着说，他上任后的第二件事是，要求全局各处室群策群力，拿出“两制一规范”的方案。所谓“两制”，就是岗位责任制、奖惩制；所谓“一规范”，就是职位分类规范。C 亲自挂帅抓这项工作，他与各处室领导密切配合，分工合作，出主意，想办法，制定了岗位责任制、奖惩制、职位分类规范。使大家明确，局机关是为基层服务的，通过“两制一规范”的制定，使局机关全体成员各司其职，各负其责，减少了扯皮现象，克服了官僚主义，提高了工作效率，做到优胜劣汰，奖罚分明。这样，逐步建立起一支素质好、技术过硬、清正廉洁、效率高、有实绩的干部队伍。C 上任后的第三件事是，提议创办一张小报（快讯），他与大家一起讨论办报方针和信息输入、信息输出渠道等事宜，通过讨论使小报编辑人员明确，这是一张信息快报，要求编辑人员把从国外书报杂志中看到的有关新技术、新知识、新书目及时传递，其中，涉及经济、科技、规划、管理等新动向的信息，要及时反映给局领导。

C 谈完后，三个老同学展开了热烈的讨论。

讨论问题：

1. 从创造良好的领导环境角度来看，A、B、C 上任后不同的工作，谁最能创造良好的领导环境？为什么？

2. A、B、C 就任的领导岗位所面临的领导环境包括哪些方面？

3. 制约和影响 A、B、C 领导岗位工作的环境因素有哪些？

4. 如果是你就任上述领导岗位，应采取什么方法优化领导环境？

案例讨论2

某市下辖甲、乙两个县级区和一个经济开发区。经过近十年的发展，经济开发区的基础设施建设基本齐备，各项功能逐步完善。为了降低工业用地价格，提升工业发展后劲，以确保市本级经济的又好又快发展，根据市领导的意见，市经委会同有关部门提出了一个新的发展方案：在横跨甲、乙两区和经济开发区的地方划出一块土地，新建一个经济开发区，管理权归属经济开发区。在对方案进行征求意见时，一种赞成意见认为，现有经济开发区的工业用地面积逐渐减少，而且地价与周边地市相比也偏高，不利于吸纳新的有规模的工业企业来置业办厂，也不利于原有工业企业扩大增量，这就阻碍了市本级经济的可持续发展。异地新建经济开发区的设想是一种远见，虽然在细节上还有待推敲和完善，但是总体上体现了可持续发展的战略，方案是可行的。一种反对意见则认为，现有的经济开发区的各项配套设施完善，用电、用水、通信、交通等问题均已解决，开办企业比较容易，也不需要政府再增投大笔资金搞配套基础设施。因此，在经济开发区现有工业区块的周边进行延伸、扩大，与异地建新的经济开发区相比，前者既见效快，投资支出也少。另一种反对意见来自于甲、乙两区的干部群众，他们认为新的发展方案是“切蛋糕”“摘桃子”。因为这一方案所要占用的土地，正是两区各自经过多年基础设施建设的投入和招商引资的辛勤努力培育出来的工业园区，工业发展势头很好，且其税收收入分别占到两区各自地方财政收入的40%～50%。一旦这两个工业园区划归经济开发区，两区的财政收入将少了一大块，势必影响两区现有的经济社会各业的发展。为此，两区的各级干部群众强烈反对这一新的发展方案，并要求当地区委、区政府予以坚决抵制，以保障两区的既得利益。

讨论问题：

1．从领导环境的视角，谈谈你对该发展方案的认识。

2．假如市委市政府通过该方案，你作为区里的主要领导将如何为落实好该方案创造良好的领导环境？

3．结合本案例，分析领导环境对领导活动的影响。

第五章 领导者的思维

引导案例

1770年，英国人霍克发现了澳大利亚大陆，那时澳大利亚一片荒芜，亟待开发，于是掀起了开发澳洲的热潮。可是人手不够怎么办？有议员提议把囚犯拉到澳大利亚去。于是英国政府就把大批囚徒发配到那里去开垦处女地。这是个好主意！但是，英国政府没有这么多船运送大批的囚徒，就征收了民间的船，谁运得多、拉得多，给钱就多。

开始，政府支付费用的方式是事前支付，即根据上船人数支付费用和粮食，私人船主为了谋取利益，就拼命装囚犯，将囚徒的生活标准压到最低，生存条件非常恶劣。有些船主甚至故意断水断食，航行时间2～3个月，囚徒死亡率超过了12%，部分船只甚至高达37%。这种事传到英国，为了改变这种状况，英国政府派官员随船监督，派医生负责医疗，对囚徒生活标准做了严格规定，情况却没有一点好转。有些官员被贿赂，有些不接受贿赂、认真监督的官员和医生甚至被扔进大海。后来，一位国会议员终于想到，问题的关键是在于支付费用的方法不对，只要改变一下思维，即把事前支付费用改变为事后根据船主的绩效支付费用，就会解决这个问题。于是，政府采纳了他的建议：在英国装多少人不管，只在澳洲上岸时清点人数后支付费用，并以此核准运费及旅途花销。在这种付费的思维方式下，所有船主打的算盘是最好一个都不死，每死一个都是自己的净亏损。船主立刻改善了一切运送条件，千方百计让每一个囚徒健康抵达，粮食带够，水带够，药品带够，还让每个囚犯每天必须吃两个橘子，补充维生素C，每天把囚犯带到甲板上做运动，呼吸新鲜空气。死亡率很快降到1%以下，运送几百人的船只在海上颠簸数月有时竟无一人死亡。

从这一案例中，可以得到这样的认知：思维能力既是领导者的领导力，更是领导者的领导智慧。整个领导活动突出地表现在领导思维上。卓越的领导者必然具备卓越的思维能力和独特的思维方式。如何把握思维这一领导活动的灵魂，提升领导者的思维品质，是每一位追求成功的领导者需要思考的问题。

第一节　思维是领导活动的灵魂

思维及思维方式是人类所特有的一种精神活动，人是万物之灵长，灵就灵在人具有独特的思维能力。思维是在表象、概念的基础上进行的分析、综合、判断、推理等认识活动过程。思维代表着人类智慧以及认识、把握世界的一种活动和这种活动的能力。人类的思维活动是一切活动的先导和起点，先导和起点正确与否，决定着其后续活动的走向和正误。辨别一个领导是否高明，主要看他的眼界和思维方式。领导者的个体思维与一般个人思维在性质上没有什么不同，都具有一般社会思维的各种形式和特点，但领导者由于特定的社会地位和职务分工，又使他们个体思维具有独自特点。领导思维是指在领导活动中领导者为实现领导目标而进行的理性思维活动。它是领导者在长期实践中形成的、与领导活动相适应的一种思维格局，是领导活动诸要素中最关键的要素，它为领导决策提供新的思维视角、新的思维空间和新的思路。科学、正确的思维方式有助于领导者正确认识世界，把握客观事物发展的规律和时代的发展要求，有助于领导者提高判断能力并作出正确的决策和行动。伟大的思想家和哲学家柏拉图曾说，思维是灵魂的自我谈话。思维是对领导活动起指导和决定作用的因素，是领导活动的灵魂。这种灵魂的地位表现在领导活动中的各个方面。

一、思维是领导活动各个要素协调的血脉

领导活动源于思维。说到底，领导活动就是用思考的力量来改造世界。没有思维就没有远见和目标，没有远见和目标就没有领导活动。领导活动是一个复杂的系统工程，领导者必须具有科学的思维头脑，从战略高度思考全局，规划全局，才能赢得驾驭全局的主动权。旧的思维方式，由于其要素陈旧性、牢固性、成见性，成为建立新的思维方式的无形阻力，是使思维方式不断科学化的重大障碍，因此，改变思维定势，打开思维空间也是以领导智慧提升领导能力的前提和条件。领导活动是由领导者、被领导者、领导环境和领导目标四大要素构成的。这四大要素相互作用的过程构成了领导活动的全部内容。实现人与人、人与目标、人与环境以及目标与环境之间的协调，是领导活动正常有效地进行的基本保证。领导活动的正常有效开展，需要充分发挥领导者和被领导者的主观能动作用，制定适宜的领导目标，积极地认识、适应领导环境，利用和改造领导环境，实现领导目标。而要做到这些，就离不开思维的全面渗透。领导者的协调艺术与思维的作用相辅相成，互为条件。一方面，有效的思维能够促进协调状态的快速形成，协调状态又能够帮助领导活动顺利开展；另一方面，领导活动的进展与领导者的思维状态密切相关，当领导活动中的各个要素处于不协调状态时，就要相应地转变领导思维，调整工作重点。可见，思维就是渗透在这有机整体中的血脉。没有这种血脉的交融、渗透，这个机体就没有生机活力。什么部位血脉不通，什么部位就无法做功；哪个方面思维短路，哪个方面的工作就没有出路。

二、思维是领导活动各项工作开展的推动力

领导工作主要包括科学决策、战略谋划、选人用人、组织协调和监督制约等内容，领

导者的这些工作开展都离不开思维的有力推动。领导活动中制定决策方案、谋划战略或提出措施，实际上就是一个发现问题、分析研究问题、解决问题的动态过程。这个过程需要领导者认真思考，从调查研究、收集信息到找出问题、确定目标、制定行动方案，对各种方案和措施进行价值评估，权衡利弊得失，最后从中选择出科学的方案和正确的措施。每一步都需要领导者具有准确、全面、灵活的思维。可见，思维是领导活动中的决定性力量。领导活动就是领导者借助于思维这种“神奇的力量”来确立目标、研究相关因素，调动大家的积极性、主动性、创造性，实现目标，达到预期效果的活动。

领导对下属的思想教育工作是领导活动的重要工作，思想教育工作讲究的是以理服人、以情感人。思维的作用就是将领导者的理性与情感相互协调，既不能只讲理性不讲情面；也不能只顾感情而缺乏理性。思维就是帮助领导者达到这样一个过程。没有思维的作用，思想教育工作就不可能做到把大道理讲实，把小道理讲透，把歪道理讲倒，不可能使人心服口服，取得良好的成效。思维是领导活动的原动力，如果把领导活动比喻为一辆包括调研、谋划、决策、用人等一系列环节的列车的话，思维就是为这辆列车提供动力的燃料。没有思维燃料的有力推动，这辆列车势必寸步难行。

三、领导活动整体绩效的优化需要思维提供智力

在市场经济和知识经济的新时代，高绩效越来越被组织和领导者所重视。那么是否能以最低的投入换取最有效率的结果，将是考察领导者是否合格、是否有发展前途的最重要标准。领导者更多的是承担着一个组织的成败荣辱，因此，他不仅扮演着领头羊的角色，更扮演着指挥家的角色。如同豪斯和米切尔所说：“如果没有领导，一个组织中就只会有混乱的人群和机器，就如同交响乐没有指挥而只有音乐家和乐器一样。”领导活动的整体绩效如何，抛开各种客观因素，从主观方面来考量，领导者的思维是一种决定性因素。要追求整体绩效的优化，领导者必须具备“科学系统论”这样现代的思维方式。它不但重视元件的优化，而且更重视整体的优化，是通过寻求优化的整体结构，来达到优化整体绩效的目的。领导者借助思维活动确立目标，并研究组织相关的内外部环境因素，想方设法并通过各种途径调动大家的积极性，实现目标、达到预期。如果说领导活动是一场众人瞩目的演出的话，思维就是一个神秘而又神奇的主宰：说它神秘，因为它看不见、摸不着；说它是神奇的主宰，因为它在很大程度上决定着这场演出是枯燥还是精彩。因此，古往今来的有识之士、领导者都特别强调在工作中要注重思维。管理学之父彼得·德鲁克有一个著名的观点：“在制定任何决策、采取任何行动时，领导者必须把绩效放在首位。管理层只能以所创造的经济成果来证明自己存在的价值和权威。”这句话无疑给所有的领导者都敲响了警钟，它时时刻刻告诉我们：领导者必须注重思维提高绩效的作用。通往高绩效的必经之路就是领导者要不断思考，不断锻炼思维的灵活度。世界著名的IBM公司的总裁老托马斯·沃森要求在所有厂房和办公室内都挂上写有“思考”字样的牌子，以便随时提醒人们什么是最重要的事情，永远不能因为各种杂事而忘记了思考。在他看来，思考就是他的企业取得成功的决定要素：大家开动脑筋进行思考，企业才能做强、做好。

没有思考就没有远见，没有远见就没有正确的领导。高效思维就像一张领导在头脑中

织补的渔网，越是运用思维的能力，越能够增加效率，出少力，成大功。领导者应当充分认识到思维助燃的作用，领导者不要总是满足于为各种具体事务而忙碌，要做到超脱繁琐事务，多让出些时间去思考、制定战略、安排优先顺序，减少重复工作量，多享受思维带来的收益。

分享案例

20 世纪 70 年代，年轻女孩尼儿嘉·赛蒂进入纽约一家电子公司，担任老板的助理。当天，老板在会议室里接待几个加工企业的代表。最后，老板看中纽约西郊的一家芯片加工企业，要和这家企业签合约。赛蒂留下另外那几个要离开的业务代表，随后，她把老板请进办公室，问老板："您对每一项业务的合作伙伴都特别信任吗？"老板说："那是当然，任何一个产品，我只与一家合作，正因为这样，我们之间特别信任。"

赛蒂说："比如公司里有个经理，你把公司的一切寄托在他身上，他当然会很满意。可是，万一要辞职呢？他掌握着公司的整个命脉，一旦离去，公司就会受到很大的影响。

老板有所醒悟，赛蒂进一步说："为了避免风险，你就要给经理安排至少三个助手，分管具体工作，比如一共有 10 项工作，让经理负责 7 项，其他 3 项由三个助手平分。这样即使这个经理要离开，你也能迅速在三个助手中抽调一个出来，接替他的工作，公司运行就会保持连续性。"

老板说："你说得很有道理，可这和芯片加工合作有什么关系呢？"赛蒂解释说："其中的道理是一样的。你把所有的产品交给一家公司去做，这家公司万一出现问题，你怎么办？就算有人肯帮你做，你也要付出更大的成本。假如你有 1 万个芯片需要加工，不如分成 7 000 个和 3 000 个，让你最放心的一家公司负责加工 7 000 个，另外 3 家公司各自负责 1 000 个，这样，哪怕那家大公司出现问题无法再进行生产，另外的三家公司也能很快接过项目，继续生产。"老板对赛蒂的一番话深以为然，他对这项合作重新作了调整。

三年后，爆发了一场金融海啸，那家大公司一夜倒闭，无法为任何合作伙伴供货。就在同行们叫苦连天的时候，赛蒂所在公司，因为有另外三家备份公司供货，不仅没有受到影响，反而借机扩大了市场。

后来，赛蒂自立门户，创办了一家名为"Syntel"的外包公司，并取得了辉煌的业绩，这都得益于她的"7+3"的思维提供的智力。美国《名利场》曾经做过这样的描述："她的智慧和远见在于，把 10 拆成 7+3，无论世道怎么样，她始终都能规避风险，屹立于市场，她的成功是必然的。"

四、思维创新是一切领导活动中创新的源泉

人生的改变，源于思维。事业的发展，也源于思维。思维创新是一切创新的源泉，新的思维，创造新的事业，带来新的命运。"创新"作为一种才识，就是具有开拓性思维和

从经验、事实、材料中提炼出创新思想的能力。一个新思维，就是最“神奇”的领导力，也是领导活动中的决定性因素；领导者是脑力劳动者、智力工作者，他们主要凭借着自己的智能和思想觉悟来履行领导职责，凭借自己的思维能力和精神境界为社会做出应有的贡献。突破原有的思维定势，进行创新思考，是领导者成功的法宝。美国著名心理学专家丹尼尔·高曼曾说：“要想在事业上有所成就，将以有无创造性思维的力量来论成败。”

分享案例

齐桓公问管仲：“我想增加一点税收，增加一个税种。”管仲问：“什么税种？”齐桓公说：“房产税。”管仲说：“不行”。齐桓公说：“为什么不行？”管仲说：“你这等于叫老百姓拆房子。10间不住了，住3间，拆7间。”

齐桓公说：“那增加人口税，按人头收税。”管仲说：“那不行，这等于让老百姓控制情欲，老百姓家庭不快乐。”齐桓公说：“要不然增加一个牲畜税，鸡鸭猪都收税。”管仲说：“这也不行，这等于杀生。”齐桓公说：“那能不能增加树木税。”管仲说：“那也不行，那等于纵容滥砍盗伐。”齐桓公生气了，说：“这也不行，那也不行。难道让我去向神仙征税？”管仲点头说：“有道理。”见齐桓公听得一头雾水，管仲解释说：“历来先王都是因势利导，圣人都讲以柔克刚，无为而治。”齐桓公说：“讲具体一点。”管仲说：“在尧舜时期，有五位大贤人，对国家贡献很大，但是一直未得到纪念。咱们修一座庙来供奉纪念他们，号召百姓来朝拜、祭祀，祭品除了花和果以外，主要用小鱼和鱼干。这样推行一段时间市场上鱼的价格就会成倍长，而鱼虾税原来就有。由于鱼不断地涨价，鱼的销量又增大了，这就会增加很多税。您看，我们一方面推崇仁义，纪念先贤；另一方面又增加了税收。比您那乱七八糟的增加税种强多了。”齐桓公称赞管仲这种创造性思维是“好主意！”

五、思维能力是衡量领导者总体能力和水平的根本标志

领导者的能力和水平主要不是体现在“做”上，而是体现在“想”上。领导者作为领导活动中占主导地位的思维主体，必须有良好的思维品质。领导者没有与众不同的思维，就没有与众不同的思路和与众不同的创造，因而也就没有与众不同的收获。领导者不要总是满足于为各种具体事务而忙碌着，要做到超脱繁琐事务，抽出时间坐下身来、静下心来思考“主意”，聪明地去工作。法国作家维克多·雨果说：“没有任何东西比得上一个适时的主意。有时一个小时的思考胜过几年的蛮干。”美国作家肯·布兰查德也在这方面做过很好的论述：“很多人总想象着在办公桌上贴着一个标签，写道：不要总是坐在这里，干点什么。我曾经收到的最好的建议是将这个标签改写为：不要光去做事情，坐下来想一想。如果你不能让出些时间去思考、制定战略、安排优先顺序，你的工作就会变得更加辛苦，同时你将不能享受聪明地去工作所带来的收益。”

分享案例

1956年2月，日本索尼公司的副总裁盛田昭夫又踏上美国的土地，寻找产品的销路。不久，盛田昭夫遇上了一位经销商，这个拥有151个联号商店的买主说，他非常喜欢这个晶体管收音机，他让盛田给他一份数量从5千、1万、3万、5万到10万台收音机的报价单。这是一桩多么诱人的买卖啊！盛田昭夫不由地心花怒放，他告诉对方，请允许给一天的时间考虑。回到旅馆后，盛田昭夫刚才的兴奋逐渐被谨慎的思考取代了，他开始感到事情并非这么简单。

一般来说，订单数额越大当然就越有钱可赚，所以价格就要依次下降。可是眼前索尼公司的月生产能力只有1 000台，接受10万台的订单靠现有的老设备来完成，难于上青天！这样就非得新建厂房，扩充设备，雇用和培训更多的工人不可，这意味着要进行大量的投资，也是一笔危险的赌注。因为万一来年得不到同样数额的订货，引进的设备就会闲置，还要解雇大量的人员，将会使公司陷入困境，甚至可能破产。

夜深了，盛田昭夫仍在继续苦思良策，他反复设想着接受这笔订货可能产生的后果，测算着价格和订货量之间的关系。他要在天亮之前想出一个既不失去这桩生意，又不使公司冒险的两全其美的妙计。他在纸上不停地计算着，比划着，忽然他随手画出一条“U”字形曲线。望着这条曲线，他的脑海里如闪电般出现了灵感——如果以5千台的订货量作为起点，那么1万台将在曲线最低点，此时价格随着曲线的下滑而降低，过最低点，也就是超过1万台，价格将顺着曲线的上升而回升。5万台的单价超过5千台的单价，10万台那就不用说了，差价显然是更大了。按照这个规律，他飞快地拟出一份报价单。

第二天，盛田昭夫早早地来到那家经销公司，将报价单交给了经销商，并笑着说：“我们公司与众不同，订货价格先是随订数增加而降低，然后它又随订数增加而上涨。就是说，给你们的优惠折扣，1万台内订数越高，折扣越大；超过1万台，折扣将随着数量的增加而越来越少。”经销商看着手中的报价单，听着他怪异的言论，眨巴着眼，感到莫名其妙，他觉得自己似乎被这位日本人所玩弄，于是竭力控制住自己的感情说：“盛田先生，我做了快30年的经销商，从没有见过像你这样的人，我买的数量越大，价格越高。这太不合理了。”盛田昭夫耐心地向客商解释他制订这份报价单的理由，客商听着、听着，终于明白了。他会心地笑了笑，很快地和盛田昭夫签署了一份1万台小型晶体管收音机的订购合同。这个数字对双方来说，无疑都是最合适的。就这样，盛田昭夫用一条妙计就使索尼公司摆脱了一场危险的赌博。

改变思维定势、打开思维空间，是以领导智慧提升领导能力的重要前提和条件。盛田昭夫的“U”形线既获得了订单又规避了盲目扩张的风险，可谓是一箭双雕之举。领导活动源于思维。盛田昭夫正是运用了思维的力量来改造领导活动，突破了传统的、定势思维的禁锢，从长远的角度去观察与思考自身的领导活动，以公司长远的利益为出发点，通过有远见、高效率的思考，提高公司整体绩效。

第二节　领导者的思维品质

领导者的思维品质，是指领导者自身所具有的决定领导思维水平和能力的各种品质和特性。领导者的思维品质是一个系统概念，是由各种影响领导思维质量的内在要素有机组成的。这些要素是领导者在先天基础上，通过后天的学习和锻炼逐步形成的，决定着领导者思维水平和能力，并在其领导思维过程中发挥重要作用。如果将人比喻成主机，身体是我们的硬件的话，思维就是我们的软件。领导活动的高效、良性地运行，既要强化自己的硬件，也要优化自己的软件，要充分发挥思维在领导工作中的重要作用。领导者在领导活动中是组织者、决策者，作为领导活动中占主导地位的思维主体，必须有良好的思维品质，在思维领域追求独到、力求最佳，达到一个更高的境界。领导活动对领导者提出的思维品质诉求，概括地总结为十个"度"。

一、思维的高度

所谓思维的高度，就是高瞻远瞩。古人云："不谋万世者，不足谋一时；不谋全局者，不足谋一域。"高瞻远瞩就是要善于着眼全局，从长计议。着眼全局，是从横向、空间的角度来说的；从长计议，是从纵向、时间的角度来说的。它要求领导者不能斤斤计较局部得失，不能仅仅考虑眼前利益，而是要在了解过去、把握现在、预测未来的基础上谋划全局，分析可能出现的各种情况，站在事物发展规律的制高点上，积极拓展思维时空，延伸思维视野。领导者既要看到事物的现状，更应看到事物的发展趋势和未来。只有这样，才能真正透彻地认识和利用环境，确立目标，使领导活动在高水平上运作。毛泽东就是在战略上最能够高瞻远瞩的领导人。新中国成立后，美国继续在军事上援助蒋介石，同时扶持朝鲜、越南等国的反动势力，建立针对中国的包围圈。1950 年 6 月 25 日，朝鲜内战爆发，美国采取武装干涉政策。毛泽东立即向美国发出警告，勒令其不得越过三八线。狂妄不可一世的麦克阿瑟自以为刚刚打完解放战争的中国军队装备低劣、经济落后、国力与美国相差十万八千里，不可能出兵援朝，更无力与强大的美军对抗。于是不顾毛泽东的警告，继续向鸭绿江推进。对于抗美援朝战争，中央内部的分歧是很大的，特别在苏联出尔反尔由出兵支援变为不出兵的情况下，包括林彪等政治局常委在内的很多领导人都不主张抗美援朝。毛泽东综合各种情况，从捍卫中国主权和领土完整的战略出发，高瞻远瞩，力排众议，点将彭德怀，果断作出抗美援朝的英明决策。抗美援朝的胜利在政治上极大地提高了中华人民共和国的国际威望。

所谓思维的高度还包括惯于先睹，就是要养成见微知著的思维习惯。领导者要有战略家的长远战略眼光，避免鼠目寸光；要有预言家的远见卓识，力戒浅见与短视；要善于静中见动，预见未来；深思致远，谋划未来；揭示规律，把握未来。首先，从具体、微观的角度来说要学会抓苗头：在具体工作中要警惕"破窗效应"。所谓"破窗效应"，是关于环境对人们心理造成暗示性或诱导性影响的一种认识。说明某种不良环境因素一旦出现，就会在心理上对人们产生相当程度的暗示性和诱导性，若不采取及时措施矫正和补救，就会导致更多的问题出现，甚至引发严重危机。所以当一种现象、一个问题刚刚出现苗头的时候，就要求领导者能够敏锐地预计其发展后果，积极主动地把问题解决在萌芽状态，避免错误扩大，而不是要等到发展到不可收拾的地步才去匆忙应对。如当年红极一时的民营企业三株集团，在一位客户将其告上法庭时不以为然，未及时对出现的“破窗”进行修补，结果一审败诉，经媒体报道后全国消费者都认为其产品有毒，信誉和形象一时尽毁，市场急剧萎缩，三株集团因为这场官司损失高达 10 亿元，原有市场已丧失大半。其次，从总体、宏观的角度来说要学会看趋势：作为一名现代的领导者，在考虑问题的时候，一定要认清世界、国家的发展变化趋势，认清本地区、本行业的发展变化趋势，对这些情况有清醒的认识，有总体的把握，做到心明眼亮。作为一个领导者，如果没有见微知著的敏锐，没有驾驭全局的意识，就无法正确地认识领导环境，科学地确定领导目标，也不能紧紧地把握工作的主动权，获得良好的领导绩效。

分享案例

美国斯坦福大学心理学家詹巴斗曾做过这样一项试验：他找来两辆一模一样的汽车，一辆停在比较杂乱的街区，一辆停在中产阶级社区。他把停在杂乱街区的那一辆的车牌摘掉，顶棚打开，结果一天之内就被人偷走了。而摆在中产阶级社区的那一辆过了一个星期也安然无恙。后来，詹巴斗用锤子把这辆车的玻璃敲了个大洞，结果，仅仅过了几个小时，它就不见了。

政治学家威尔逊和犯罪学家凯琳依托这项试验，提出了一个“破窗理论”。这一理论认为：如果有人打坏了一个建筑物的窗户玻璃，而这扇窗户又未得到及时修补，别人就可能受到暗示性的纵容去打烂更多的窗户玻璃。久而久之，这些破窗户就给人造成一种无序的感觉。那么在这种公众麻木不仁的氛围中，犯罪就会滋生、蔓延。

“破窗效应”在社会管理和企业管理中给我们的启示是：必须及时修好“第一个被打碎的窗户玻璃”。我们中国有句成语叫“防微杜渐”，说的正是这个道理。

二、思维的广度

所谓思维的广度，就是拓展思路，统筹兼顾。思维的广度也就是整体思维方式，就是领导在思考和处理问题时，把整体作为自己思考、研究和解决问题的出发点和落脚点。领导者要善于全方位思考问题，既要看到事物内部诸要素之间的相互联系和相互作用，还应看到该事物与其他事物之间的联系和影响。事物的发展是多元、多维、多变的，但它们不是孤立的，而是紧密相联、相互影响，特别是今天世界全球化，事物的发展呈现出高度分化和整体化的双重趋势。这使思维对象的多元、多维、多变性更加突出，要求思维必须有大系统、高层次的更大覆盖面。领导者必须破除静止、孤立、平面的思维方式，树立多方位、多层次、多变量的整体思维方式。自觉地实现单维思维向多维思维转化，从个人思维转向集体思维，把纵向思维与横向思维、经验思维与理论思维、正向思维与逆向思维、点线思维与立体思维、逻辑思维与灵感思维有机地结合起来，从而全面地分析问题和正确地处理问题。思维广度的特点是：（1）突破思维的狭隘性。全局谋划。全面思维则通过多种多样的思维活动，从思维的各个层次出发，多角度、多方面、多向度、多变量地系统考察事物。多从几个角度想想，多想几种解决的方法，防止固执己见，防止钻牛角尖，防止专制武断。单向性思维容易导致思维及其结论的片面性，单向性思维就是从一个方面、一个层次或一个角度去观察事物、思考问题的思维方式。综合有效地利用各种思维方式，达到思维的最佳效果。跨时空和地域，在较广泛的领域进行全面思考，思路开阔，思维余地广大，统揽全局、规划全局、驾驭全局，争取全局的主动和成功。不能只局限于局部、部分而丢了全局和整体，就事论事，就局部问题而论局部问题，就会顾此失彼，或只顾眼前而忘了长远和根本。方向对了，全局性工作开展就顺利；方向错了，全局性工作就受挫折。（2）克服思维的机械性，统筹兼顾。领导者不仅要从全局性、总体性的视野思考问题和解决问题，还要意识到全局是由局部组成的，没有局部就没有全局，局部与全局又是相对独立的。在比较大的范围内是局部性的问题，在比较小的范围内就是全局性的问题。围绕工作重点、主要矛盾和中心工作，要优化事物结构，提高整体功能，又要抓住主要矛盾、突出战略重点，不能平均用力，要学会“弹钢琴”的工作方法。既能够准确地对问题内部的诸多复杂因素进行排序和分类，又能够从中分辨出主要因素和问题的本质。不仅要把战略的中心放在全局上，还要放在那些关系全局的重要局部上。如我们党的十一届三中全会把党和国家的工作重点转移到社会主义经济建设上来，其他工作都要围绕并服务于经济建设这个中心。（3）重点突破。总揽全局，整体推进，既不能单出头，唱独角戏；也不能不分轻重缓急，眉毛胡子一把抓，必须抓住牵一发而动全身的关键环节、影响方面、决定因素和主攻方向重点突破和推进。（4）把握联系。善于从事物的相互关联中认识事物，多方向、多角度地分析问题，往往会触类旁通。要从思维对象的左右联系、上下贯通、纵横对比中抓住问题的实质。思维的横面要宽，不能直线思维，把问题放在一个开放的环境里去思考。

有思维广度的领导者，善于全面、立体地看待问题，对围绕问题多角度、多途径、多层次、跨学科地进行全方位研究。科学技术的发展为广度思维提供了新的思维工具，信息网络空间和“虚拟现实”不仅超越了物理的四维时空，而且造成了更多维数的可能性空间，领导者可以通过它获得实际的经验或体验，用它来设计现实的世界，并预知未来的实践。领导者必须善于从事物相互关联中认识事物，考虑问题，把它们作为系统来通盘运筹，而不是只抓一点、不计其余。事物是纵横交错的立体网络，是相互关联的有机整体，分析问题的各个环节，大胆设想，综合思考，有时还要作突破常规、超越时空的大胆构想，从而抓住重点，形成新的思路。如果只是简单狭隘地认识与对待它，只能是“只见树木，不见森林”，做出错误决策，陷入思想和工作误区，干无视系统关联、缺乏思维广度的蠢事。

分享案例

公元 1008 年，开封一场大火，北宋皇城毁于一旦。宋真宗任命晋国公丁渭主持重建全部宫室殿宇。皇城大都是砖木结构，建筑材料必须从远地通过汴水运进。丁渭深思熟虑，规划并实施了一个至今令人拍案叫绝的施工方案。按照这一方案，挖街取土，就地烧砖，渠成引水，运送建材（本地砖瓦和外地石木），宫殿完工，渣土回填，恢复街道。这就巧妙地解决了取土之难、运输之难、清场之难，可谓“一石三鸟”，使重建皇城事半功倍，如图 5-1 所示。

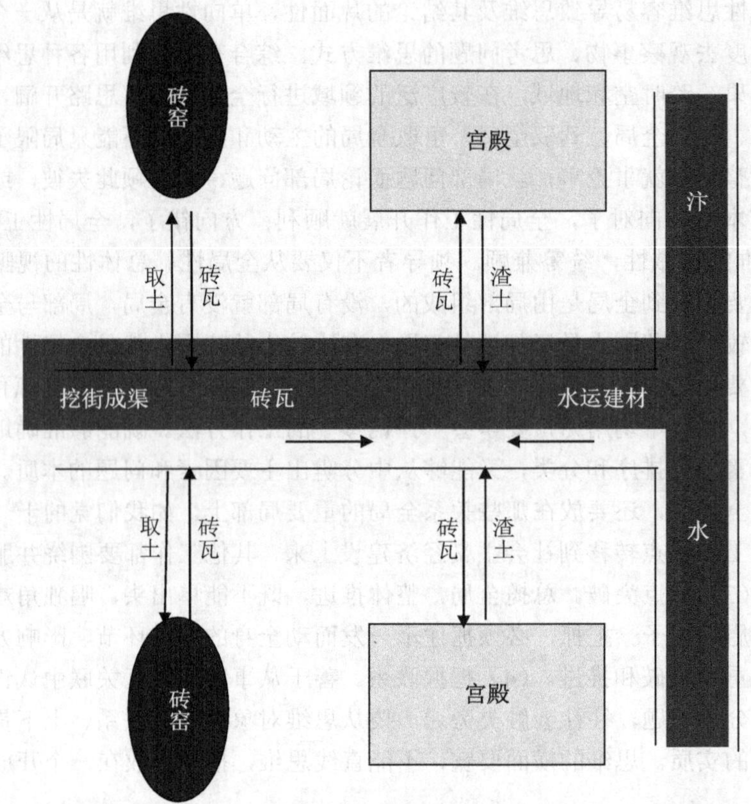

图 5-1 晋国公重建皇城的施工方案

晋国公重建皇城的施工方案运用行列式的相关知识，进行精确计算，使重建工程的各个工序在时间、空间上彼此协调、环环相扣，体现了思维的广度的品质。

三、思维的深度

所谓思维的深度，就是追根溯源，科学探寻。领导者的思维深度是对事物发展的预见和远见卓识。规律是深藏于现象背后内在的东西，是感性所达不到和把握不住的，必须发挥意识的能动性，才能透过现象抓住事物的本质，达到对规律的认识和把握。领导者要善于由表及里，由浅入深，透过现象看本质，不被表面现象所迷惑，就像世界著名企业家杰克·韦尔奇所指出的那样，领导人必须不断地向更深处挖掘，必须剥掉外层而寻求问题的本质。缺乏这样一种思维品质，不能从本质上认识事物，不能把握事物发展的规律，就不可能做好领导工作，就会把事业引向歧途。

作为领导者应当具有这样的思维深度，从深层次认识目前面对的各种突出问题，对问题的本质进行由远到近、由表及里、层层递进、步步深入的思考。另外，要做到对事物本质的把握，领导者还需具备理论思维。理论是对事物本质和规律的认识，可以作为指导实践的先导。领导者只有养成理论思维的习惯，善于从零乱繁杂的日常事务中跳出来，把实践中取得的经验进行系统的思维加工，从理论与实践的结合上去粗取精、去伪存真，把感性认识上升为理性认识，进而在思维升华中形成理论共识，才能卓有成效地指导实践。否则，认识和行动就会因为缺乏主动性、灵活性而陷于被动。

领导者要有思维的深度，思维就不要只局限于某一平面，要着眼于长远。系统思维的着眼点不仅是眼前，更为注重的是长远。不要搞短期行为，不能只追求一面，而损害四面八方，更不能以牺牲后代人的发展为代价。不能以一个人、一代人的政绩，成为几代人的包袱。短期利益驱动下的目光短浅行为要不得。领导者脑子里要有“全息”图片。把思维的触角从单面和个体拓展到各个部分和各个方面，从更高的层次、更广阔的背景和更广泛的关系中进行综合和系统分析。不留“大包袱”“大后患”。人类社会的发展是一项系统工程，不是一维的而是多维的，是一个包括政治、经济、社会、文化、环境、人口、资源等多种因素、多重联系的网络系统。系统思维就要有思维的超前性，处理好当前与未来发展之间的关系，今天的发展要为未来的发展留有广阔的余地。善于由过去和现在推测、估计事物发展的趋势和可能出现的结果，不为当前的现象所迷惑。善于从整体和全面出发去思考和发现问题，把问题和对象放在与之紧密联系的有机体中去分析研究，从问题和对象所固有的各个方面和各种联系上去把握问题、思考问题。善于把一些具体问题提到战略的高度来认识和处理。

分享案例

1971 年，当日本外汇储备达到 60 亿美元的时候，日本麦当劳总裁藤田田先生进行了深度的思考，得出了颇具预见性的结论：日本的外汇储备将很快突破 100 亿美元，届时美元将大幅度贬值，日元将相应升值。虽然在这个时期出口业务很景气，但是藤田田却对公司机构进行了内部调整，将出口科人员减至经理、顾问经理和打字员三个人，其他人员全部并入进口科，并要求出口科以后的业务除仅有的一点外，其余的全部停止。

藤田田这种深度的思维和行为，遭到了职员的大肆责难：“经理，日元究竟能不能升值还不一定，您怎么就能如此决定？”“经理，您要我们眼睁睁地看着赚钱的机会溜走吗？”甚至一些优秀的职员都哭着向藤田田抗议。藤田田的回应是：“我可以不赚钱，但我不希望去做亏本生意。现在去接出口业务一定会亏掉老本。”

作出这样的决定以后，有的同行也讥讽他：“因为你停止了出口业务，我们接到一笔 500 万美元的生意，感谢你给我一个赚钱的机会，同时还请你不要生气。”面对指责、抗议、挖苦，藤田田还是坚持己见，并提醒大家：“现在若为一股无法控制的力量牵制，那将来是要亏本的。”可是，每当他这样提醒大家的时候，就有人讲：“又在说梦话！”与他们企业有关系的银行领导也质问他：“为什么要停止出口业务？”藤田田回答：“因为社会今后要发生动荡。”他的话让银行领导一副狐疑的表情。

时年6月，日本外汇储备又增加了10亿美元。至7月，外汇储备达到79亿美元，而且美元依然如潮水般涌入日本市场。很快风暴就来了，美元大跌，日元大涨。很多日本企业因为这一汇率上的巨大变化而大亏其本，甚至破产，而藤田田却以他超人的深度思维所产生的预见力和防范措施避开了这场灭顶之灾。

四、思维的强度

所谓思维的强度，就是拒绝思维懒惰，增强思维的钙质。领导者必须具有思维的强度，独立自主地考虑问题，不盲从于权力、威势、经典。充当思想强者，显现思想风骨，善于明辨是非，避免人云亦云、摇摆不定。有了这样一种思维品质，才可能在迷雾重重中认清方向，在众说纷纭中坚定立场，在大政方针中把握精髓，在领导工作中创出新意。而缺乏这种思维品质的人，在思维上从众的人，就只能是别人的追随者而不是拥有追随者的领导者，正如明朝思想家李贽所说的那样：“尊孔子不知孔子何自可尊，所谓矮子观场，随人说妍，和声而已”，这种人很难成为一个优秀的领导者。作为高屋建瓴的领导者，就要增强思维钙质的含量，增强思维硬度，坚决不在别人的思想航道上随波逐流，相反，要成为新思维的创造者，成为领跑者。

思维的强度的另一层含义是要求领导者要主动思考。被动性的思维方式是一种机械的直观反映论，只看到事物相对静止的一面，看不到事物变化发展的绝对性，在领导实践当中表现为忙于应付。在知识经济时代，科学正在以前所未有的速度发展，实践节奏加快。这种客观态势要求领导者确立主动性思维方式，不再追求某种一经确定就不再变化的思维目标，而是以未来发展为视角，根据情况变化及时调整行为目标。

分享案例

二次世界大战刚结束的时候，堤义明到其父亲为创办人的西武集团帮忙。西武集团仅仅是一个铁路运输公司，由于日本有限的资源瓶颈，铁路运输行业的前景很不明朗。

有一次，公司开会讨论企业发展战略方向，有人主张继续开发其他铁路线；也有人主张扩展海上运输。这些提议因为没有亮色的前景，都被否决掉了。在大家一筹莫展之际，堤义明提出了进军地产行业。堤义明的这一惊人提议，遭到了很多人的反对：多年的战争，使日本民众生活苦不堪言，地产业也因此名存实亡，要想在地产行业取得业绩，至少还不是现在时，而是多少年以后的未来时。

堤义明认为，正是因为这一点，我们才应该趁早涉入地产行业，抢占先机。他的父亲堤康次郎认可了儿子的提议。但他只同意把地产行业作为一个新目标来考虑，不投入更多的资金，并且根据地产行业的发展情况，随时调整公司的发展方向。堤义明说：“那就意味着我们要多绕上一个大弯，浪费许多无畏的路程。”在场的人反问堤义明：“我们一边紧盯着目标一边往前跑，怎么会多绕一个大弯呢？”

堤义明解释说：“市场一直在用特定的速度往前走，把市场比作是一条河，我们地产项目便是这条河上的漂浮物。如果我们站在离河 300 米远的地方，紧盯着那个漂浮物跑去，随着目标物的移动，最终我们会发现自己跑出的是一条弧线。如果我们能够把目光移动到目标移动的前方，等我们跑到时，目标也刚好到那里，这样我们所跑的路就是一条直线。”这番话引起了在座的所有人的深思，形成了这样的共识：别盯着目标跑弯路了，要进军房地产业。随后在大阪东京等风景秀丽的地方，建起了大型的溜冰场、高山滑雪场、多功能游泳池等。投资房地产业之初，没有什么成效，可是一段时间后，地产投资获得了巨额回报。在几十年的发展中，堤义明购买了日本 1/6 的土地，曾以 1 650 亿美元的财富，一度超过比尔·盖茨。

五、思维的韧度

所谓思维的韧度，就是保持弹性思维，使思维具有应变性、适应性和调适性。进入知识经济时代，社会经济、政治和文化都发生了巨大变化，现代科学技术高速发展，科学发明向生产力转化的周期大大缩短，时代的步伐已显著加快。为了适应实践的发展和时代的进步，领导者必须具有灵活应变的动态思维。领导者要自觉顺应时势的发展变化，把事物放到一定的时空条件中去认识，不脱离具体的环境背景来观察和考虑问题，要有应变、求变的意识。领导者要保持一种开放而具有弹性的思维，不要让一种强有力的假设变成头脑僵化的借口。优秀的领导者正在于他能带领部属灵活地适应各种环境变化的要求，能够为发展保留空间，为变化预备余地。正如明代政治家张居正所说：“韩非子言，为土木人，耳鼻欲大，口目欲小。盖耳鼻大则可裁削使小，口目小则可开凿使大。此可以为建制处事者之法。”领导者还要跳出“非此即彼”的两极式思维陷阱，善于机动灵活地考虑问题。凡事只能想到相对立的两面，正是陷入两极思维的表现。如果领导者以这样一种思维方式去认识事物、处理问题，必定陷入僵化、拘泥，导致可悲可笑的结局。领导者必须摆脱这种固化的思维模式，灵活变通才能从根本处解决问题，才不至于落入俗套，无所突破。

分享案例

我国伟大的改革开放总设计师邓小平，在大多数人局限在计划经济和市场经济是姓“资”还是姓“社”的问题的时候，率先突破了两极式思维的牢笼。1991 年底，邓小平针对当时计划经济和市场经济问题上的混乱，指出：“社会主义也有市场经济，资本主义也有计划控制。不要以为，一说计划经济就是社会主义，一说市场经济就是资本主义，不是那么回事，两者都是手段，市场也可以为社会主义服务。”邓小平坚持不拘泥于传统，不固守于本本，明确提出资本主义和社会主义的区别不在于市场还是计划，计划和市场仅仅只是发展生产的手段和工具，社会主义也可以搞市场经济的科学论断。邓小平的创新理论实现了市场与社会主义的“联姻”，它极大地解放和发展了生产力，极大地提高了人民的生活水平，使改革开放在几十年里取得了巨大成果。

六、思维的角度

所谓思维的角度，就是站在对方的立场和角度看待事物、理解问题，站在“非我”的角度审视自我、考虑问题。换位思考的思维能善于推己及人，理解别人，既不能迷失自我，又不能局限于自我、总是以自我为中心考虑问题。常言所谓“理解万岁”，把相互理解提到“万岁”的高度，就是因为人与人之间的理解特别重要，只有相互理解，才能减少人际交往中的摩擦，才有利于超越自我和推进工作的开展。不能相互理解，就是切断了领导与下属沟通的桥梁，领导者的决策无法正确传达给下属，下属也无法良好地执行，必然出现各自为政、各行其是的局面，领导活动的效能也大受影响。要很好地相互理解，就必须多多换位，先于自我，突破自我，超越自我，包括超越身份、地位、情感和利害关系。领导者不仅要做到“己所不欲，勿施于人”，更要做到“己所欲”，先“施于人”，从领导追随者的角度来看，便能够充分体会到领导者的关心与体贴。尤其是领导者自身是己所欲，而非他人所欲时，就更需要这种换位思考，避免因为一些不必要问题而影响正常的领导互动。古人所谓“置其身于是非之外，而后可以折是非之中；置其身于利害之外，而后可以观利害之变”，说的也是这方面的道理。上下级之间，正副职之间，党政领导之间，不同部门领导之间，支持者与反对者之间，当局者与旁观者之间，有时都需要有意识地作这样一种超越。领导者做到换位思考并非易事，因为习惯于单方的思维决策、行动部属，很难做到多方位、多角度思考。在众盲摸象的故事中，各执一词，谁也不能说服谁，谁也不能正确地描绘大象的模样，关键就在于他们都没能换个位置多角度地摸一摸那头立体的大象。在现实生活中，领导者也应当避免出现盲人摸象似的错误，通过角度思维增强思维的立体感，而不是以自我为中心，囿于己见。

思维的角度还包括逆向思维。逆向思维要求首先确定或设立一个可以达到的目标，然后从目标倒过来往回想，找出每一步的关键点及各种影响因素，然后逐一克服，最终达到目标。逆向思维就是对传统思维惯性的反思考。世界上的事物是对立的统一，反面、对立面是事物的客观存在。逆向思维不仅可以使思维的选择性增大，而且逆向思维能够丰富工作的内容，提高工作的质量和层次。所以，善于从相反的方向发现问题，进行对策思维是领导者不同凡响的领导本领和大智慧。逆向思维具体包括：（1）从事物的高层次形态认识事物的低层次形态。（2）从事物的深层次本质认识事物的浅层次现象。不仅能剥离事物表面现象看到事物的实质，而且能联系事物发展的脉络，看到事物现象的渊源和趋势。（3）从事物的旧体认识事物的新生。（4）从事物的静态认识事物的变化，从事物的动态看事物的规律。（5）从事物的整体认识事物的部分。（6）从事物的优势认识事物的劣势。（7）从事物的对称性认识事物的不对称性。

分享案例

佛罗里达州有个警察局长一到春天就头疼，因为这个城市里的大学生们总是在春假中做出疯狂举动。警察把这些犯了轻罪的年轻人关到监狱的单人房里，可一点都不起作用。因为在监狱的单人房里呆过，被认为是一件很酷也很具男子汉气概的事情，出去的年轻人会向朋友吹嘘他们曾在监狱呆过。警察决定要加重惩罚：对这些大学生的关押时间由一天改为两天，而且其间只提供面包和水，其他都没有，可是根本没有任何作用。于是，这个警察局长想到了相反的方法。他不再把这些大学生像对待成人一样去管制，而是像儿童一样对待他们。他只把他们关押一晚上，提供给他们婴儿食品。在监狱里吃婴儿食品，这可不是件光荣的事。很快，监狱里就没那么多的人了。

现存的不一定是最好的。佛罗里达州这位警察局长创新的特点是独辟蹊径、出奇制胜。领导思维不是一成不变的定势思维，而是不断创新、不断打破定势的思维。上述案例中的思维方式就是对司空见惯的似乎已成定论的事物或观点反过来思考的一种思维方式。敢于“反其道而思之”，让思维向对立面的方向发展，从问题的相反面深入地进行探索，树立新思想，创立新形象。人们习惯于沿着事物发展的正方向去思考问题并寻求解决办法。其实对于某些问题，尤其是一些特殊问题，从结论往回推，倒过来思考，从求解回到已知条件，反过去想或许会使问题简单化。

七、思维的密度

所谓思维的密度，就是严谨周到、翔实可靠。领导者具备这种思维品质的必要性在于领导工作影响的广泛性、深远性。重大问题一旦疏忽大意，损失必定难以预计。尤其是部属的工作都要根据领导的决策来进行和执行，一旦领导者在一些问题上没有严谨周到，仅仅凭借经验而武断结论，不仅无法提高领导效能，还会给领导工作增加负担，陷入困境。领导者有了思维的密度，就能够将每一个微小的细节之处都考虑在内，把自己的思路、方案建立在有根有据的基础上，充分考虑到盘根错节的所有相关条件，对任何问题的细枝末节都一丝不苟。正所谓“细节决定成败”。张瑞敏指出：“什么叫作不简单？能够把简单的事天天做好就是不简单。什么叫作不容易？大家公认的非常容易的事情，非常认真地做好它，就是不容易。”差之毫厘，谬以千里。领导者尤其要做到思维严谨周到，翔实可靠，提高自身的思想修为，让自己的思维成果经得起推敲和实践的检验。强调思维的密度并不意味着在领导工作中不冒任何风险，凡事都要四平八稳，有绝对把握。领导者虽然不能在工作中做到面面俱到，但是高密度思维成果能够发现细节中诱发危机的端倪，并且能够有效预防和阻止这些诱因，避免危及全局。

分享案例

解放战争的第三阶段，国民党由战略进攻转化为重点进攻，尽管当时的国民党统治区军力、财力、地域、人口等方面还占优势，但是毛泽东灵感的火花迸发，机敏地认识到这已是蒋介石的强弩之末，战略的转折点来了，毛泽东毅然决策，开始全国性的大反攻。

反攻之始，中央派刘邓率晋冀鲁豫野战军实行中央突破，打到外线去，把战争引向蒋管区，同时让陈毅、粟裕领导华东野战军为左后一军，挺进苏鲁豫皖。让陈赓和谢富治率领的太岳军团为右后一军，挺进到豫西，三军形成“品”字形结构，互成犄角之势进行策应。同时诱使西北胡宗南的主力去增援榆林，又诱使顾作同的部队到山东的胶东半岛的海滨一带，都置于无用武之地。这就保证刘邓大军千里挺进大别山，把尖刀插进国民党的心脏。连蒋介石的随军参谋长都沮丧地惊呼，他最担心的局面出现了。以这样的形式揭开了解放战争的序幕，大大地推进了解放战争的进程。

毛泽东抓住战略转折点的领导智慧真是高超，能够在我军相应的方面尚处在劣势的情况下，就洞悉出战略转折点的到来。毛泽东战略反攻的始战部署的思维也是极其周密。古今中外的军事家都特别重视始战，并且极为谨慎，但如此大的规模、如此巧妙、如此缜密的部署，却是前无古人的。

八、思维的亮度

所谓思维的亮度，就是突破定式，通透心智。领导者的思维要善于突破惯常的定式，不落俗套，不墨守成规，开创认识的新天地，有新思路才有新出路。邓小平同志说过：“没有创造性就没有中国特色的社会主义。”思维定势是指过去的思维成果如果被实践证明是正确的，或者未被证明是错误的，人们将产生对这种思维方式和思维成果的经验，以后遇到类似事物和现象时，人们仅凭经验就可以得到解决的思维方式。在现实生活中，大脑每时每刻都会处理大量信息，正是有了定势思维，在不自觉间省去许多摸索、思考的步骤，按照以前熟悉的路径思考问题，形成思维惯性。由于定势思维，领导者大大缩短思考时间，无法做到举一反三、触类旁通，思路堵塞，自然找不到解决问题的奥妙。相反，突破思维定势就能够化腐朽为神奇，从山重水复疑无路的困境中走出来，看到“柳暗花明”的又一村。邓小平“一国两制”的伟大战略构想，就是创造性思维的智慧之花在改革开放的中华大地上结出的丰硕的创新之果。领导活动中能够遇到的都是新情况、新问题，原有的经验无法解决这些新问题，这就需要开拓创新，思维定势不仅无能为力，而且还会成为领导者的“思维枷锁”，阻碍新思想产生，使人打不开思路，也跳不出框框，难以有新发展。1973年第四次中东战争爆发前，埃及军队进行了一次又一次的大规模军事调动和演习。起初，以色列对此极为警惕，可慢慢地便产生了一种思维定势：埃及调动军队不过是军事演习。因此，在10月6日，当埃及军队又一次进行大规模的军事调动向苏伊士运河集结时，以色列军方领导人基于以前形成的思维定势，对这次埃及军队调动不以为然，未作任何防范。

结果，埃及军队忽然向以色列发起进攻，一举攻破以色列花耗巨资修筑的“巴列夫防线”，将以军打得溃不成军。

分享案例

阿西莫是一个天才，在智力测试中他每次都是160分以上。一天阿西莫碰到他的老朋友，一个鞋匠。鞋匠说要考考他，阿西莫答应了。鞋匠说，一个聋哑人到五金店去买钉子，他左手按在柜台上作持钉状，右手对着左手作捶打状。售货员见状，拿来一把锤子，这位聋哑人摇了摇头，再一次重复敲打并用手指了指左手。售货员恍然大悟，于是赶紧拿来了钉子。鞋匠问，要是一个盲人去买剪刀，你说他会怎么做呢？大部分的人会在第一时间里迫不及待地伸出手作剪刀剪东西状，阿西莫这位天才也迫不及待地作剪刀状。鞋匠公布答案说，盲人又不是哑巴，他只需说出来就行了。

法国学者查铁尔说：“你在做事时如果只有一个主意，这个主意是最危险的。”打破惯性思维，是实现新增长的关键所在。很多领导流行的口头语是“不可能”、“做不到”和“没有办法”，他们拥有的只是一双“近视眼”和一个“平庸脑”，即使千载难逢的良机近在眼前，要么视而不见，要么不敢去争取，总是与机遇擦肩而过。领导者的思维要善于突破定势思维的局限，开创认识的新天地，只有新思路才会有新出路。

九、思维的速度

所谓思维的速度，就是灵敏迅捷，当机立断。在领导活动中，领导者经常会面临一些不期而遇的突发事件与危机情况。面对这些“不速之客”，领导思维必须以速度取胜，要灵敏迅捷地进行应对，不失时机地果断决策，忙而不乱，快速反应而又不失冷静。苏轼在《留侯论》中说：“天下有大勇者，猝然临之而不惊，无故加之而不怒。”作为领导者，泰山崩于前而心不惊，以静制动，镇定自若，这才是领导者应具备的思维品质。在危机面前方寸大乱、病急乱投医，或者举棋不定、无所作为，无疑是不能很好地胜任领导职能的。思维的速度体现在敏捷的反应上，突发事件来得突然、来得意外，领导者必须及时做出反应，当机立断，在行动中继续收集信息、观察变化、调整行动方案，以取得成功。另外，领导活动的拓展、社会经济的发展往往是与一定的机遇相联系的，而机遇总是稍纵即逝，如果优柔寡断、踌躇不决，那么即使再高明、再巧妙的方案或构想，也会在转瞬之间失去价值和效力。领导者必须在开始做事前要像“千眼神”那样察视时机，而在事情进行时要像“千手神”那样抓住时机。机不可失，时不再来。当断不断，终生遗憾。“经常听说的失败领导者的墓志铭是：他失去了主动权，别人先实现了他的设想。”要避免这种领导活动的悲哀，领导者就必须努力培养自己灵敏迅捷、当机立断的思维品质。善于把握最佳决策时机，从而使决策产生最大的效益。

分享案例

1999 年 11 月，英国大东电报局做出了一项重大决策，决定把其控股的香港电讯公司出售给新加坡的电信公司，从香港市场退出。消息传出后，整个香港都被震惊了。盈科公司李泽楷更是激动万分，第一时间做出收购的决定。李泽楷连忙飞往伦敦，要求与大东公司商谈收购事宜，但是大东对此并无兴趣。眼看大东公司与新加坡电信即将达成正式协议，李泽楷心急如焚，面对危机形势，他断然决定，立刻宣布将单方面对香港电讯进行收购。与此同时，李泽楷又与新加坡电信协商，希望能够双方合作，但是新加坡并无诚意，并且提出了极为苛刻的条件。李泽楷深知收购香港电讯的重要意义，又怎能放弃这样的机会，于是宣布单方收购香港电讯。在李泽楷强大的收购攻势下，新加坡公司只好放弃，最后盈科公司取得了决定性胜利。

十、思维的权变度

领导者还要有思维的权变度。要在一定的时空条件中去认识事物，不能脱离具体的环境背景来思考问题，具有应变求变的意识，超前预见。过去是现在的基础，未来又是现在的延续和发展。根据事物内在联系的发展规律，通过对事物过去、现在已有状况的系统分析，对事物发展的进程、阶段、规律和结局进行超前思考，以把握和赢得未来。权变思维在一定意义上讲，就是创新思维。纵观人类历史的发展，就是人类不断创新的历史，没有创新，人类就会停止在一个水平上，社会就不能进步。领导活动与创新活动密切相关。领导活动面对的内外部形势千变万化，知识不断更新，科技飞速发展，难点和热点、新机遇和新挑战不断出现，领导者在这种背景下，就不应该拘泥“典要”，而应唯变所适。没有创新思维，领导就不可能在层出不穷的新事物、新问题面前运筹帷幄、稳操胜券。（1）打破常规，冲破传统的思维定势。事物的发展有线性的常规，也有非线性的跨跃发展。创新思维是创造性、开拓性的思维方式，它要求排除思维障碍，改变习惯、保守性思维方式和固定概念的束缚，对已有的结论不轻信、不盲从，敢于提出疑问，敢于进行大胆的设想。（2）独具卓识，不人云亦云。不屈从于权势、权威的压力，不看上级的脸色行事，善于依据客观事实进行独立的思考。现实工作中一些化腐朽为神奇的成功事例就是因为突破了思维定势，实现了创新思维。（3）要有问题意识。人类思维意识结构中有种趋于平衡稳定的倾向，没有问题意识就很难打破思维的平衡状态，创造性思维就缺乏产生的条件。提出问题才能打开意识的阀门，进行创造性的思维。爱因斯坦说：“提出一个问题往往比解决一个问题更为重要，因为解决问题也许仅是一个数学上或实验上的技能而已。”（4）要超越环境。环境往往把人们的思路禁锢在某个范围之内。要善于从外界寻找解决问题的方法和途径，用他山之石来攻玉。（5）权变通达。创新是一个面向未来的过程，在这个过程中不论领导者的预见性多高，总会有一些不确定因素出现，原来确定的东西会变成不确定的，战略对象、竞争对手和环境都处于变化之中，任何基于已知信息而制定的战略都需要发展。

领导者要善于捕获信息、探测环境变化，按照事物发展的新动向、新关系、新矛盾，对原有的思维模式、思维因素进行重新筛选、组合、变化、补充和构思，提出新概念、新设想、新方案、新办法，对复杂的问题善于灵活变通，对随机性、突发性问题善于应变决断。不能只会呆板地做“规定动作”，还要善于做富有创造性的“自选动作”。曾经出错不可耻，从未创新才丢人。错有含金量，错误是过去留给现在和未来的金子。切不可习惯于在书本条条中寻找依据。

领导者思维的权变度还要求领导者要善于动态思维。当今社会可持续发展的节奏加快，每个国家、群体和个人都在这种急剧变动环境中生活。现代领导者思维的一个重要特点就是思维的静态性转向思维的动态性。领导者必须确立动态思维的方式，立足于社会发展的复杂性、偶发性、跳跃性，根据变动的情况及时调整行为目标和行为态度。动态思维方式是相对于静态思维方式而言的。静态思维是一种凝固的、死板教条的思维。这种思维方式静止地观察事物，看不到事物发展变化的规律，对事物发展的复杂性和突变性估计不足，忽视对事物现象进行跟踪研究和把握，使认识和决策与实际产生落差。动态性思维方式并不排斥静态思维方式，而是对静态性思维方式的发展和升华。领导怎样才能做到动态思维：（1）建立起时间和空间的坐标系统。善于对事物作纵向的历史性思考，又要善于对事物作横向的同时性分析。在事物的前后左右对比中找出自己的长短优劣，以扬长避短，发挥优势。（2）建立起线性和非线性的思维方式。在事物的发展过程中，有线性的常规发展，也有非线性的跨跃式发展。领导者必须善于从非线性变化的带有规律性的信息中激发自己动态性思维的灵感，把静态思维和动态思维相结合，在变动性加剧、节奏性加快的时代里，充分展示从容应对变化、遇时而勃发的领导智慧。

以上十个领导者应当重点掌握的思维“度”，构成了领导思维品质的多维立体结构。领导者只有努力提升对这十个高难的思维“度”，才能让思维成为领导活动的方向舵和主引擎。

分享案例

闻名于世的希腊船王奥纳西斯是在一场空前经济灾难后才开始发迹的。1929 年发生在世界范围内的经济危机，把阿根廷经济推入灾难的深渊。海上运输业也在劫难逃、首当其冲。奥纳西斯得知，加拿大国营铁路公司为了渡过危机，准备拍卖产业，其中 6 艘货船，10 年前价值 200 万美元，如今仅以每艘 2 万美元的价格拍卖。他像猎鹰发现猎物一样，极为神速地前往加拿大商谈这笔生意。这一反常举止令同行们瞠目结舌，海运业空前萧条，1931 年的海运量仅为 1928 年的 35%，老牌海运企业家们避之犹恐不及，奥纳西斯在这样的情况下，投资于海上运输，无异于将钞票白白抛入大海。许多人规劝他，好心的朋友们甚至认为他丧失了理智。他清醒地看到，经济的复苏和高涨终将代替眼前的萧条，危机一旦过去，物价就会从暴跌转为暴涨。如果能趁机买下便宜物，价格回升之后再抛出去，定能赚到可观的利润。海运业虽暂受冲击，也会随着经济的振兴，货物必将重新获得它应有的价值。奥纳西斯谢绝了同事和朋友们善意的劝阻，坚持己见，果断地将这些船只全部买下。

果然不出所料，神奇的机会来临了，经济危机过后，海运业的回升和振兴居各行业前列，奥纳西斯从加拿大购买的那些船只，一夜之间身价陡增。他一跃成为海上霸主，大量财富源源不断地流入腰包，他的资产成几倍、几十倍、几百倍地激增。1945年，他跨入希腊海运巨头的行列。

奥纳西斯在特定的时空条件下，通过缜密地分析认识到经济危机中掩盖的机遇，发现了市场的“间”“瑕”。他面临这一不期而遇的突发事件与危机情况时，灵敏迅捷地进行应对，不失时机地果断决策，采取投资行动，取得了竞争主动。

第三节　提高领导者思维品质的路径

要想把领导活动搞得有声有色、卓有成效，领导者必须积极自觉地提高思维的品质，提升的路径包括以下几个方面。

一、不断提高科学理论水平

任何一项领导活动要想取得预期的效果，都离不开理论的指导。深邃的理论思维是现代领导思维品质的基础。马克思把理论的作用形象地喻为交响乐中的“第一小提琴”。恩格斯也曾经说过：“一个民族想要站在科学的最高峰，就一刻也不能没有理论思维。科学理论知识是构成思维能力的基本要素，是决定思维的科学程度和发展水平的基础。思维是在掌握了一定的科学知识的基础上经过抽象概括和升华而形成的。领导者的思维活动是在一定知识的基础上进行的，是运用已有的知识去把握领导客体。科学理论知识对于领导者的重要性还在于：首先，当今社会，领导者只有具有广博的学识，才能认识和把握所要领导的对象，所以知识的水平及结构对提高领导者的思维能力和领导能力有着十分重要的作用。其次，领导艺术是对于各种知识的实际而巧妙地运用，没有知识的积累，也就无所谓艺术的运用，所以丰富的知识对于领导艺术提高也具有重要的作用。学习、运用科学理论，是现代领导者提高领导水平、实现领导工作科学化不可替代的有效途径，领导科学理论对领导实践具有重要的指导和帮助作用。

“气血虚弱，谓之身穷；学问空疏，谓之心穷。”一个“心穷”的人是不可能有良好的思维品质的，因为人的思维是受制于其知识水平的。如果领导者不注重理论学习，那么领导者的思维难免会僵化、陈旧和过时，表现出偏见、保守。以一成不变的尺度、牢固的成见去量度现实生活的变化，就会对新事物视而不见、听而不闻，对新出现的问题总是纳入一成不变的老框框，没有新的办法去对待和解决。科学理论知识是思维加工的重要原料，原料越是丰富、优质，思维机器的产品就越是量多质好。高尔基曾说：“懒于思索，不愿意钻研和深入理解，自满或满足于微不足道的知识，都是智力贫乏的原因。这种贫乏通常用一个词语来称呼，这就是‘愚蠢’。”一般来说，人的科学理论知识越丰富，就越容易发现新的问题，产生新的联想，提出新颖而又正确的见解。而要获得丰富、优质的知识，领导者就必须勤奋学习、认真学习，以求得认识的高度、广度、深度。历史上有许多伟大的人物、成功人士，都是通过不断地读书学习，充实自身的知识储备，优化自己的知识结构，更新自己的观念，使他们具有伟大的思想，做出正确的思考和伟大的贡献，成为伟大的人物。有的人讲，领导者的工作辛苦，任务繁忙，事情太多，根本没有时间学习，其实这只能是懒惰者的一个借口。古人所谓“善学者如闹市求前，摩肩重足，得一步便紧一步”，强调的正是一个“挤”字。要不断吸收科学理论营养，从而提高自己的思维品质，就必须坚持这种“挤”的精神，忙里偷闲，挤时间来学习。形势不断变化，经常出现新情况、新问题，这就需要领导者能够在繁忙的工作中挤出时间坐下来，增加科学理论的营养吸收，以新的思维来指导和领导工作。要正确把握好领导科学理论对实现领导工作科学化的重要意义，增强学习的紧迫感和自觉性。知识经济时代，领导者只有不断地学习，充分掌握各种现代知识，才能使思维方式得到升华，也只有提升了思维方式，才能去获得更多的知识。科学理论知识的强化，是现代领导者提高领导水平、实现领导工作科学化不可替代的有效途径。

二、总结提炼工作实践经验

一个人要进步，必须善于总结。一个党、一个国家、一个民族要发展，也必须善于总结。领导者的思想需要升华，领导者的思想需要归纳，领导者的思路需要延续，解决这些问题，必须做好总结归纳的任务。张申府先生曾经说过：“乐增乐的经验，苦增苦的经验，顺增顺的经验，逆增逆的经验，如此自当无往而不自如，无往而不有所悟。”只要能够以积极的心态去面对工作生活实践，在实践中寻找事物发展规律，从中吸取经验教训，克服工作的盲目性，有助于思维的理性升华。只有思维在为一定的实践目标服务时，才能形成集中的兴奋点，在一定条件下闪现出灵感的火花。没有任何事情真正有什么意义，除非我们愿意赋予它意义。积极的心态产生积极的思维和行为，不管在什么情况下，心态积极都会有收获。以积极的心态将事情做得圆满，既享受做的过程，也享受做的结果。反过来，如果认识不到事情的意义和价值，却又迫于各种压力，硬着头皮、充满抵触地去做这些事情，思维会僵化，做的过程会很痛苦，结果当然也往往不会好。在某种意义上，的确可以说是心态决定思维状态，心态不一样，产生的思维就不一样，领导活动的成效也就不一样。世界当代最杰出的成功学家拿破仑·希尔经过数十年的探索和研究，在其被誉为“造就政坛雄杰，铸成百万富翁”的巨著《创富学》一书中，总结出了成功学的十七条“黄金定律”，第一条便是积极的心态。积极的心态是成功领导者的心理法宝，也是善于发现和认识实践活动的意义，提升思维品质的心理素质。

总结提炼工作实践的经验，领导者就要深入调查研究，积极参与到实践当中，从而有效地把握大量的现象和事实材料。事件的原因和本质，由于其隐藏于各种错综复杂的现象之中，所以隐蔽性较强，并不容易看出来。通过各种调查方法，能大量地收集信息，掌握重要的第一手材料，知道得足够多，才能思维得足够好。实践是思维活动生命力的源泉，实践提供给思维感觉素材，使思维成为有源之水，产生出精神产品来，也使领导者增加丰富的工作经验，提供给领导者创造性的思维和创造性解决问题的方法、措施。正所谓“从群众中来，到群众中去”，领导者要把自己的方法拿到群众中去，听取群众的意见，从而使有价值的信息得到反馈，为修正和完善自己的思维提供依据。因此，调查研究、投身实践可以帮助领导者理清头绪，以最快和最有效的方法分析出事件的原因与实质，解决问题的新思维也就会浮出水面。

领导者在实践过程中多留心，做实践的有心人，打一仗进一步，吃一堑长一智，善于总结与评估，把实践经验上升为规律性的认识，便能使思维得到集聚和升华。

三、努力挖掘自身思维潜能

（一）激活自我，摒弃思想惰性

懒惰、好逸恶劳乃是万恶之源，懒惰会吞噬一个人的心灵，就像灰尘可以使铁生锈一样，懒惰可以轻而易举地毁掉一个人乃至整个民族。领导者尤其不可以做思维上的懒汉。在工作中遇到问题和难题不愿意动脑筋，想都懒得想，满足于从别人那里寻求现存答案，总是把问题推给下属，让下属去解决问题，而不是自我思索如何处理，这就是懒惰领导者的所为。某些领导者在思维方法上表现出类似“收发室”“传声筒”式的机械的思维方法，这种懒人的思维方法违背了从实际出发、实事求是原则，也使新鲜思想窒息于萌芽之中。所谓“脑子越用越好用，长久不用会生锈”，也就是说，不要做思想上的懒汉。领导者要激活自我，摒弃思想惰性，就要注意经常训练，刻意创新，克服从众心理。要勤于思考，勇于探索，锻炼自己的创新和开拓能力，关心时事，关心事物的发展，探索新事物、新问题、新情况、新思路，开发思维的主动性及想象力。领导者可以在平时工作中加强自我训练，包括去参加一些专门的思维训练活动，加以发展和锻炼理论思维。只有勇于不断挑战自我和超越自我，领导者才能不断地激活自我，让思维迸出智慧的火花。思维是领导者的灵魂，思维懒惰足以腐蚀灵魂。懒得动脑的人，容易变笨，懒得付之行动的人容易迟钝。摒弃思维惰性，可以帮助领导者从无知走向有知，从浅知走向深知，有效激活自己的思维潜能，把自己身上处于休眠状态的创造才干挖掘出来。

（二）开放自我，克服思维偏差

思维的创造性是指能独立思考并创造出有价值、新颖独特的思维结果的思维品质。创造性的思维来自于思想的解放。思维的能力是无限的。头脑的思维能力不应该被无形的牢笼封锁，总是凭借经验或惯例从以往的已知去寻找未知的答案，个体思维过于实际化，常常囿于具体的、感性的实际经验之中，只能让思维被束缚，造成领导者思想上的封闭和墨守成规。开放自我，就意味着破除思想的牢笼，摆脱思想禁忌，克服这些思维偏差，具有超越常规的思维方式，提升制约领导水平的空间。创新必须自始至终成为领导思维的最显著特征，领导者要以创新、开拓的思维来指导自己的行为活动。领导者只要借助已有的科技成果，开拓进取，从已知世界向未知领域开拓前进，充分发挥想象力和预见性，最大限度地开发自身的思维能动性，就能实现对自身、现实的超越，提高思维的创造性。这个世界从来都是先知先觉的人领导后知后觉的人，再开发不知不觉的人。并不是每个人都能走到先知先觉的金字塔尖，但是开放的思维总能帮助人更前一步。

（三）审视自我，涵养反思良习

爱迪生说过，不下决心培养思考习惯的人，便失去了生活中最大的乐趣。良好的习惯是在头脑中的重要资本，这个资本不断增值，并且能够让人一生不断地享有它的利息。领导者最应当养成的好习惯之一，就是对自我的反思。利用反思去总结过去，驳议现在，规划未来。人的思维和行为并非总是正确的，而往往会发生一些偏差，领导者为使自己的思维意向随时都不偏离正确的轨道，就需要具备一种自我觉悟、自我批判和约束的反思意识，以此对自己思维的内部结构和状态作监督和审视，淘汰违背思维原则的劣质思维，引导思维朝着正确的方向发展，从而正确地指导行为，形成由思维到行为的正确性与规范化。有一位伟大的领导者把反思提到了这样一个高度：一个人越注重反思、善于反思，就越优秀。这是值得我们认真琢磨的。涵养反思良习，一方面要在遭受挫败之时认真反思，吸取教训。如果说失败是成功之母，那么反思就是成功之父。失败与反思结合，才能酝酿成功。另一方面，越顺利、越得意时更要反思。任何一次失败都可能导致下一次的成功，任何一次的成功也可能导致下一次的失败。所以，无论成与败，都要及时认真地反思、总结经验。领导工作时刻处在过激流、闯险滩的危境下，小心谨慎，多加防范也难保一路平安；疏忽大意，思想麻痹，更会陷于重重危机之中。实践证明，领导者不断进行反思，对于提高领导水平、做好工作具有重要的意义。在实践中总结自身的体验、感受，完成工作任务的成败得失，“吾日三省吾身”，可以说这是一种科学思维过程、认识和实践的过程。只有在实践的过程中，不断进行反思，经验才能推广，教训才能汲取，从而不断地提高、完善自身的素养。

四、虚心借助外界聪明才智

从更广的视野考虑思维品质优化问题，就必须虚心借助外界聪明才智。“大智兴邦，不过集众思；大愚误国，不过好自用。”在领导活动中，需要辨识的事物纷繁复杂，仅凭自身力量难以胜任，这就需要“内脑”与“外脑”的配合。“内脑”是指领导者自身的脑袋，是领导者进行科学思维活动的载体；“外脑”是指领导者大脑以外的脑袋，通常称智囊团、思想库，是领导者智力的延伸。善于借助“外脑”，即合理利用自身以外的智能因素，如汲取下级的智慧、咨询专家的智慧、群众的智慧等。在知识经济时代，由于领导活动愈来愈复杂，智囊团的作用也愈来愈重要，已经成为领导者智力的重要组成部分，成为科学决策的可靠保证。只有高度重视外脑的领导者，才能博采众长，集众多智慧于一身，使自己思维独到，见解超群。集众人之智能为领导智慧之大能，是我们强化思维能力的应有之义。邓小平就明确讲过：“我没有发明什么改革的好形式，不过是把群众中创造的好形式加以总结、加以概括、加以提倡而已。”对于领导者来说，有时最智慧的东西不是高智商而是低姿态。身处高位而能把身段放低，用心去倾听，特别是认真听取与自己意见相左的意见，才能真正领略到集思广益的益处、群策群力的力度。这对于优化领导思维品质肯定大有帮助。著名的日本企业家松下幸之助曾说：“身为上司，最重要的就是具备一种在任何情况下都能听取部属意见的态度。”在美国学者詹姆斯·库泽斯、巴里·波斯纳看来，“听别人说话是卓越领导者的一个关键特点”。他们告诫领导者：“注意你的耳朵和嘴巴的使用频率，要让你听的次数是说的次数的两倍。”“当我们用心倾听，就会发现，根据我们的判断不可能成为老师的人，我们从他们身上也可以学到许许多多的东西。”三人行，必有我师。要集众人之智能为领导之大能，就必须注意去倾听。还应指出的是，借助“外脑”不等于放弃独立思考。你不能完全借用别人的观点，就好像你不能完全借用别人的眼睛一样。如果说“内脑”是主，“外脑”是客，那么，主人可以为客人创造宾至如归的氛围，让他们无拘无束地畅所欲言、献计献策，却不能简单地让他们代替自己当家做主。领导者应将这些意见进行分析、综合，形成自己的思路、方案，并作出最终的决定。毛泽东说过，领导的工作主要是出主意的，但更多时候是选主意。领导者要充分调动大家的创新积极性，把出主意的工作下放到群众中去，才能在优中选优，做出更优质的决策与方案。

五、切实加强思想环境建设

通过加强思想环境建设，为思维品质的提升创造良好的外界条件，使聪明才智得以更好地表现、发挥，从而有助于领导者达到前面提出的“十个度”的思维品质。良好的环境对领导者的思维发挥有着十分重要的作用。强调这一点的针对性在于领导者形成创造性思维存在两方面的阻力。第一重阻力是人们对独创性思维的偏见。在现实生活中，由于个体的局限，人们很容易对某一类事物产生比较固定、概括而笼统的看法，即社会偏见。这种偏见导致看人待事先入为主的观念，而不是从客观的角度分析。这种现象相当普遍，解决这方面的问题，既要解决思想问题，又要优化制度安排，双管齐下，拓展领导知识能力与判断能力。第二重阻力是对权威的迷信。人们对权威总是有一种推崇，不敢轻易碰触。对于任何权威，应当报以学习、研究的态度，而不能是迷信。迷信权威只能是脱离实际，陷入僵化。领导者要做到破除对权威的局限，就要做到发扬民主，广阔言路。真正使领导者具有民主的心态而不仅仅是摆出民主的姿态，给予下属更多的表达机会，加大交流、沟通的力度，把群众集体思维财富充分挖掘出来。激发良性竞争，相互取长补短。从制度、政策方面引导和激励大家在学习、思考、实践探索方面进行良性竞争，让那些勤于学习、勤于思考、勇于和善于探索的人得到激励，不愿学习、不愿动脑筋、不愿探索创新的人受到鞭策，加强思想环境建设可以在领导者的周围形成一种大家比谁学得精、想得深、探索得有效的良好风气，达到取长补短、增强能力的目的。

我们正处在一个日新月异的时代，任何故步自封、裹足不前的传统的保守思维方式都将被社会淘汰掉。在新世纪新阶段，发展要有新思路，改革需要新突破，领导的各项工作开展要有新举措，关键在于能否有效优化领导者的思维品质。思维品质决定领导活动的成就，对领导者来说，有什么样的思维，就会有什么样的成就。领导者只有自觉地进行思维品质的提升和思维方式的变革，才能为充分发挥自身的聪明才智创造条件，同时也为创造性的领导活动创造成就性条件。

案例讨论

就像比尔·盖茨代表了微软，乔布斯也被看作是苹果的品牌象征。他一成不变的牛仔裤和黑色高领衫，似乎也诠释了苹果独特高傲的品牌内涵。苹果之所以为苹果，在于它能够在工业化的乏味和枯燥之间让人看到灵感的光芒和创新的可能。乔布斯就是这股光芒的制造者，他的创新思维主导了苹果的不断发展。

乔布斯在2000年想出了“Think Different”（另类思考）的广告语，他希望这个斥资上亿美元的广告不仅让消费者重新认识苹果，更重要的是，能够唤醒内部员工的工作激情。

每当有重要产品即将完成时，苹果都会从这个产品的设计模式中摆脱出来，退回到产品的本源来思考。这种近乎病态的完美主义追求欲，成就了乔布斯的创新机器。

乔布斯的许多颠覆性的想法，大多是在乔布斯睡觉前产生。那是乔布斯可以游离公司业务，独立处理个人电子邮件的时候。乔布斯在六个不同的服务器注册了邮箱，并将地址公之于众，他每天都要收到300多封有效邮件。一些网友的疯狂设想给了乔布斯无尽的启迪。

当公司CEO无法把创新意识和消费意识叠加，公司的创新前景就会让人担忧。因此，有管理学家认为领导思维创新是企业创新要素中首当其冲的。乔布斯的思维创新不仅表现在他本人的高效创新思维上，还在于他能够亲身参与到创新实践的各个环节中去，甘愿做一个“看门人”，使员工亲眼看到公司领导层对创新目标和措施的投入和决心，这些都是激活创新文化的关键。

曾经在苹果高级技术部任职的一位高管认为，苹果公司设计方面成功的关键就在于，乔布斯在团队中引入了凝聚力和纪律观念。乔布斯对于最终产品有着明确认识，无论新的建议多有前景，无论团队如何抱怨，都不允许出现任何偏差。强大的凝聚力促使苹果具有了创造功能、简化产品的独特能力。在省略了很多民主议程之后，苹果呈现给世人的产品也因简洁而独具特色。

乔布斯挚爱创新，他说：“如果要做成一件事，你就要对它十分十分热爱，否则就没有任何意义。”黑T恤、牛仔裤和白球鞋武装起来的乔布斯，成为一个活生生的创新的自由精灵。

讨论问题：

1. 乔布斯的创新思维从哪些方面影响着企业的创新？
2. 乔布斯是如何将自己的创新思维付诸实践的？
3. 结合案例分析思维在领导活动中有哪些重要的作用？

第六章 领导方法与领导艺术通论

引导案例

在第二次世界大战中，联盟作战指挥权问题是一个非常敏感的话题，如果这个问题处理不好，盟军间的关系就有可能搞得很僵。1943年初，在北非的突尼斯战役中，艾森豪威尔就把参战的美军交给负责地面作战的英国将军亚历山大去指挥。对此，一些美国军官认为艾森豪威尔是在犯一个"不可饶恕的"错误，他们提醒艾森豪威尔说："第一次世界大战时，潘兴将军一直拒绝把美军与协约国的军队合并。"艾森豪威尔正色对这些人说："可是你们忘记了潘兴将军当时对法国元帅福煦说的话：'我们的每一个人，每一支枪和每一件东西都归您使用，只要您认为恰当就行。'在战场上，只要能战胜敌人，其他并不重要。"

实战证明，艾森豪威尔在北非战场把美军交给英军指挥是对的。英国人一直想在地中海地区集中主要力量打败德国人，而美国则坚决主张在欧洲大陆开辟第二战场打败德国人。艾森豪威尔在北非战场对英国人让一步，却为后来在欧洲开辟第二战场时赢得了英国人的配合。这就是一个大战略家的眼光。

当然，艾森豪威尔在尽力搞好与盟国军队的关系时，也不是无原则地迁就对方。1944年6月，盟军实施诺曼底登陆战役成功，正向法国纵深开展进攻。然而这时，英国牵挂他们的地中海战区，丘吉尔首相提出要将准备在法国南部登陆的盟军调往地中海战区，他对艾森豪威尔说："如果不能这样做，我将向国王辞去首相职务。"艾森豪威尔则坚决反对从欧洲大陆抽调兵力。他和丘吉尔会谈多次，最后终于说服丘吉尔放弃自己的决定。在最后一次会谈中，丘吉尔流了泪，一边抱怨艾森豪威尔不接受他的意见，一边同意继续在欧洲大陆集中兵力作战。

该和，则和；和时，保证不骄纵。该斗，则斗；斗时，保持斗而不破。这就是艾森豪威尔的领导方法与艺术。英国名将蒙哥马利在评论艾森豪威尔时说："他是了不起的最高统帅，是军事政治家。我认为，没有其他人能用他的方式把盟国军队组合成这样一部能征善战的机器，并且在许多冲突和干扰的成分之间保持平衡，这些成分不时地威胁着这艘航船。"

艾森豪威尔领导盟军的领导方法和艺术体现了领导者生机勃勃的创造力，它并不因循守旧，墨守成规，而是在刚柔相济中实现了同舟共济。领导方法与领导艺术是领导者正确决策和掌握领导工作主动权的重要基础，领导方法与领导艺术的好坏能够强化或减弱领导能力，进而影响到领导效能的高低。因此，要求每位领导者必须娴熟地掌握和运用好领导方法与领导艺术。

第一节　领导方法

一、领导方法的含义和特性

（一）领导方法的含义

方法是人们在认识和改造世界中必不可少的工具。从哲学上说，方法就是主体在认识世界和改造世界中所采用的方式或手段。在认识世界中所采取的方法，叫作认识方法或思想方法；在改造世界中所采用的方法，叫作工作方法或行动方法。

所谓领导方法，就是领导主体在特定的领导理论指导下和特定的领导环境中为实现领导目标、履行领导职责而采取的一系列方法、对策和技巧的总和。它不仅包括领导者个人的思想方法和工作方法，而且包括特定使用的工具，如政策、法令、规章、制度、会议、道德规范等上层建筑的有关范畴。毛泽东指出：“我们不但要提出任务，而且要解决完成任务的方法问题。我们的任务是过河，但是没有桥或没有船就不能过。不解决桥和船的问题，过河就是一句空话。不解决方法问题，任务也只是瞎说一顿。”这里把“过河”比喻成领导目标，把“桥或船”比喻为领导方法。领导者的领导活动都是围绕着完成一定的领导目标而展开的。领导者首先需要一定的方法，有了一定的方法，领导者的意图才能得以实现。领导方法作为一种知识体系，是从事领导活动的一种科学途径，这种知识体系一旦进入领导主体意识，为其掌握，就服务于领导主体目的并进行实际应用。所以，实际的领导方法不仅是方法论书本上纯概念的知识体系，而且是领导者在实践活动中的一种实践技能。领导方法是领导者发挥其影响力的最为广阔的领域。领导方法主要探讨在领导过程中如何操作才能取得更好效果的问题，这是一个相当大的领域，既包括专门具体的个别方法，也包括普遍通用的一般方法。每一方面、每一层次、每一行业、每一时代的领导都有自己的特定的方法，当然也可彼此借鉴和通用。任何领导工作都离不开领导方法，领导方式的具体运用也要借助领导方法。整个的领导活动就是把领导科学融入到领导方法中去，通过领导方法的灵活运用，把领导科学揭示的规律性的东西丰富多彩地贯彻到领导活动的全过程中去。

（二）领导方法的特性

领导方法起源于领导实践活动，所以领导方法的性质取决于领导实践的性质。领导方法具有以下特性。

1．领导方法的条件性

领导方法的产生和使用与一定条件有关。它受领导者、群众、系统的物质条件、环境等因素的制约，一般地说，领导者的知识越丰富，知识结构越合理，思想越敏捷，就越容易及时地根据客观需要提出恰当的领导方法。领导者的意志、兴趣、情感等心理特性，对领导者能否采用某种领导方法也有一定的制约。领导活动的对象是不一样的，各有其特殊性。面对这些千姿百态的对象，就不能采取千篇一律的方法，而必须针对不同的对象采取不同的方法。这就要求领导者必须适应领导实践客体，其领导方法也必须同自己所面临的领导活动相一致。对于一些“失效”的老方法，只要它们要求的条件具备了，就依然十分有效。

2．领导方法的动态性

恩格斯指出：“世界不是既成事物的集合体，而是过程的集合体。”说明世界是永恒发展变化的，当然也包括领导系统。由于领导系统的不断发展变化，就要求领导方法应“随时而变、因俗而动”，不断适应新时空条件下的领导系统，在领导系统发展过程中的不同阶段，应该及时采用不同的领导方法，就是在发展过程中的同一阶段，由于领导系统状态参数的涨落，领导方法也要有相应的变化，这好比舵手掌握舵机，要根据实际航行情况及时调整航位，才能保证舰船航行的正确方向，这就是领导方法的动态性。领导方法的动态性使领导活动协调和谐，缺乏动态性的领导方法会使领导活动变得生硬僵化。

3．领导方法的时效性

所谓时效性，是指领导方法的产生、发展和人们对它的熟悉、运用，需要一定的时间，也需要一定的过程。一种领导方法初始阶段，由于本身的不完善和人们的习惯势力等原因，其效应只有较小的增长。由于方法逐渐完善，人们日渐熟悉并看到它的作用，使其臻于成熟，其效应大增并随时间的增长而增长。但在时间、环境变化的同时，领导方法赖以存在的各种条件逐渐丧失，方法的效应就会随时间的增长而降低，表现出效应的衰老。不过方法效应的衰老一般不等于方法本身的衰老，只要它要求的条件具备了，它就还可以被使用。

4．领导方法的系统性

任何一级领导的领导方法都不是单一的方法，而是由若干方法组成的方法系统。从领导方法本身的特性看，方法具有条件性、目的性，由于条件的限制，要实现领导系统目标，特别当目标又是一个指标体系时，靠一种方法往往是困难的，需要若干方法联合使用。既然组成的是系统，就要求方法系统中每个领导方法之间、领导方法与方法系统之间相互作用、彼此影响，形成一个特殊的系统结构。而这个方法系统又具有不同于各组成领导方法独立功能的新功能。两千多年前，古希腊著名哲学家亚里士多德断言“整体（功能）大于部分之和”，人们形象地把它比喻为“1+1>2”。方法联合形成系统后，产生了系统效应。方法联合起来使用，比单独使用一种方法更能发挥其效能，还便于弥补互相之间的不足并提高了可靠性。这些领导方法包括行政方法、经济方法、法律方法、激励方法等，领导者要根据实际情况，合理组合各种领导方法，以达到领导的有效性。

二、传统领导方法

调查研究、群众路线和科学分析等传统领导方法是马克思主义的唯物观在领导工作中的应用与体现，是经过成功与失败的大量实践证明了的完全科学、有效、可靠的领导方法，所以，传统的领导方法值得我们学习和借鉴。另一方面，任何方法都是在具体的社会历史条件下被提出和采用的，又是在新的具体的社会历史条件下被改进和发展的。现代领导方法与领导艺术具有历史性和时代性，是历史实践的产物，因而一定要用发展的观点来对待过去多年形成的基本领导方法，必须随着社会历史阶段、随着客观实际的发展变化而不断地发展和丰富它。

（一）调查研究的方法

“没有调查，就没有发言权”，调查研究就是深入实际，对客观事物进行观察了解，详细搜集各种材料，并对这些材料进行科学的加工处理，从而认识和掌握客观事物的本质及其发展变化的规律，为做出正确决策提供科学的方法。

在领导者与被领导者、领导者与环境的关系中，被领导者和环境都是不以领导者主观意志为转移的客观存在。调查研究是认识客观事物的基本方法，当然也是领导者认识企业客观实际的基本方法。领导者做决策，是主观如何正确地反映企业的客观实际；将决策贯彻实施，争取达到预期目标。为了使主观指导符合企业客观实际，唯一的途径就是深入实际，调查研究，舍此无它途。再者，全面、准确、及时而又经济地掌握各种所必需的信息，会使企业及时捕捉市场机会、躲避经营风险，从而显著地增强企业的适应能力和竞争能力，大幅度地提高企业盈利水平。正如英特尔公司前董事长安德鲁·格罗夫所说：“信息收集是所有其他的管理工作的基础，这就是为什么我在选择这一活动上花费如此多的时间的原因。”所以，现代企业领导者仍须十分重视调查研究，掌握其科学方法，并基于此而不断改进领导工作。

分享案例

麦当劳快餐店创始人雷·克罗克，是美国社会最有影响的十大企业家之一。他不喜欢整天坐在办公室里，而是把大部分工作时间都用在“走动管理”上，即到各公司、部门走走、看看、听听、问问。麦当劳公司曾有一段时间面临严重亏损的危机，克罗克发现其中一个重要原因是公司各职能部门的经理有严重的官僚主义，习惯躺在舒适的椅背上指手画脚，把许多宝贵时间耗费在抽烟和闲聊上。于是克罗克想出一个“奇招”，将所有的经理的椅子靠背锯掉。开始很多人骂克罗克是个疯子，但后来不久大家就体会到了他的一番“苦心”。他们纷纷走出办公室，深入基层，开展“走动管理”。及时了解情况，现场解决问题，终于使公司扭亏为盈。

这一案例说明，人都是有惰性的，尤其是在安逸舒适的环境下，其惰性会更强。整天呆在办公室，不到外界走动，公司和外边的变化都不知道，如何把企业管理好？多出去走动走动，深入基层，了解更多的知识与信息，更贴近管理的现场，实地解决问题，肯定会有更好的工作效率。

（二）群众路线的方法

所谓“群众路线”，就是民主的方法。毛泽东曾说过：“如果没有民主，不了解下情，情况不明，不充分搜集各方面的意见，不使上下通气，只有上级领导机关凭着片面的或者不真实的材料决定问题，那就难免不是主观主义的。”人民群众是历史的创造者，他们既是社会实践的主体，也是认识的主体，有丰富的实践经验和极大的创造力。企业领导者只有走群众路线，虚心地向全体职工学习，充分发挥全体职工的积极性、主动性和创造性，才能形成正确的领导，才能带领全体职工完成企业的各项任务，实现企业的目标。另外，一方面，把自己的方法拿到群众中去，听取群众的意见，从而使有价值的信息得到反馈，可以为修正和完善自己的领导方法提供依据；另一方面，通过把自己的方法付诸实践的过程，可以检验、调整、丰富和发展自己的领导方法。因此，“一切为了群众，一切依靠群众，从群众中来，到群众中去”，是领导者在各项工作中必须始终如一、坚决贯彻的根本指导原则。具体工作中，领导者要注意以下几个环节：认真听取群众意见，当好“听众”和“小学生”；善于进行科学分析，发现和集中群众的正确意见；做好宣传教育工作，把领导决策化为群众的自觉行动；一般号召和个别指导相结合，鼓舞和引导群众前进；实行领导和群众相结合，为把领导决策变为群众行动提供组织保证。也就是说，将群众的意见（分散的无系统的意见）集中起来（经过研究，化为集中的系统的意见），又到群众中去作宣传解释，化为群众的意见，使群众坚持下去，见之于行动，并在群众行动中考验这些意见是否正确。然后再从群众中集中起来，再到群众中坚持下去。如此循环，一次比一次地更正确、更生动、更丰富。

（三）科学分析的方法

调查研究、群众路线都离不开科学分析的方法。因为只有依靠科学分析，才能透过调查了解到事物表面的现象，认识事物的本质、整体和内部联系；也只有依靠科学分析，才能真正把群众的智慧、经验和正确的意见集中起来。如果说调查研究、群众路线是为了获得丰富而合乎实际的感性材料，那么科学分析的方法就是泛指领导者的认识由感性上升到理性的抽象思维过程中，对于从实践中获得的感性材料进行加工制作的科学方法，既包括定性分析，也包括定量分析。尤其要求领导者工作中，要时时处处用系统的观点正确处理企业与外部环境、企业局部与整体、当前工作与长远工作、重点与一般工作等关系，进而推进企业管理实现系统优化。

分享案例

一个人能够改变环境，约翰·韦特利就是一个活生生的例子。他证明了杰出的领导者可以重塑一个组织。约翰·韦特利于 1990 年春季就任安格拉监狱看守长。当时，他面对的是一项极为棘手的工作。这所监狱的暴力和犯人的不满情绪已有很长历史了。其中谋杀、自杀和越狱的企图屡见不鲜，犯人们的心境可用四个字来概括：毫无希望。而看守们的工作士气也十分低落。由于服刑人员中无期徒刑犯占很大比例，使得监狱的管理和控制工作十分艰难。

不出三年，韦特利使安格拉监狱发生了巨变。监狱中暴力事件的数目大幅度下降，犯人的焦虑感和不安感也得到了缓解。事实上，包括死刑犯在内，整个监狱里几乎找不到一个韦特利的贬损者，一个叫凯利斯的死刑犯这样说：“监狱长这人真的很棒，他把我们当人看，而不是当作社会的垃圾。”

州司法部门对每月犯人的抱怨数目进行过客观的统计，韦特利接任工作后，犯人的抱怨次数从每月 50 次下降到 10 次。

韦特利为什么能为监狱带来这样积极的影响？他具备什么样的前任看守长们不具备的领导品质？从他的上任伊始的工作中，我们可以窥见一斑。上任伊始，他通过调查发现犯人对监狱的抱怨主要集中于监狱管理者对犯人的歧视与贬损。在这个封闭的社会中，看守拥有权威而犯人则是服从者。但韦特利改革了规章制度，他认为自己在这一系统中是犯人的辩护人，他要求把犯人作为有血有肉、有情感有需要的人看待。即使韦特利自己犯了错误，他也会当众承认。为了帮助犯人更好地度过空闲时间，他增设了基础阅读、计算机和法律知识课程。为了鼓励良好表现，他提供了各种各样的奖励措施，如增加会客时间，以及打电话、看电视的特权。

韦特利并非以人道主义做法（即对犯罪的宽容或对犯人的溺爱）取胜，他对死刑的宽松是因为他坚信这些因素转变一下就可以起到威慑作用。如果犯人并不作相应改变，他会毫不犹豫地实施惩罚。例如，犯人咒骂看守，就会丧失到小卖部买东西的特权，在饭厅中浪费饭菜，就会失去听广播的机会。

韦特利通过实地调查与分析，采取了独特的软硬领导法。通过对下属成熟度、任务性质等变量进行清醒的判断，然后作出灵活多变的调整，使其既能在软化过程中培植人格的感染力，又能在硬性的规定中展示自身不可侵犯的权威。

三、现代领导方法

现代领导是一种面向现在和未来的领导，它不仅需要实践经验的积累，而且同时也需要科学的前瞻。现代社会不仅追求效率，而且强调公平；不仅要发展经济，追求经济发展的高速度、高效益，而且也要保护生态环境，实现可持续发展；不仅发展科学，同时也发展民主；不仅追求物质的满足，同时也追求精神的文明；不仅要创造经济价值，而且要创造社会价值、生态价值。现代的领导必须兼顾现代社会多样性的价值需求——高效、准确、廉洁、公正、科学和民主，而后才能实现领导自身的价值。建立在这种基点上的现代领导方法有以下几种。

（一）授权领导方法

授权是指担任一定管理职务的领导，在实际工作中，为充分利用专门人才的知识和技能，或出现新增业务的情况下，将部分具体的解决问题、处理新增业务的权力委任给下属。魏征见唐太宗有句话：“不要代下司职。”曾国藩在总结自己作战经验时说：“用将则胜，自将则败。” 孔子也讲：“君子不器。”“器”是指具体的事、具体的工作。有效授权不仅是领导者有效领导的基本途径，也是锻炼下属、激励和培养下属的有效方式。日益增长的竞争环境和快速的变化需要更灵活的组织和新式的领导方法，以使所有人的贡献最大化。例如，迈克尔·哈默和詹姆斯·钱皮在 1993 年出版的《再造公司——企业革命的宣言》

一书中提出的业务流程再造思想就提倡授权的领导方法。过去由各部门分别从事相互关联的工作，现在由一个“流程工作小组”全程负责。流程工作小组成员不再从事某单项工作，而是完成一份全过程、完整的工作，这不但提高了他们的工作兴趣，而且使他们能从工作的全局来看待每一项具体的工作，从而提高了发现问题、解决问题的能力，成为一个通才。在职权范围内，流程工作小组可以自行决定工作的时间和方式，确定工作目标、质量标准等，小组成员从过去的被领导者变成了被授权者，大大提高了工作的主动性和积极性。彼得·德鲁克十分重视授权在目标管理中的作用。他认为，推行目标管理，就要在目标制定之后，上级根据目标的需要，授予下级部门或个人以相应的权力。否则，再有能力的下级也难以顺利完成既定的目标，“自我控制”也变成了一句空话。传统的组织是命令控制型的领导，权力存在于高职位、高层次和高头衔，它被高权力的人所固有，所以有可能极度用权。现代社会呼唤授权领导的一个原因是人们期望被领导的方式发生变化。在业务上，我们看到这样一种转换，从老式的工作导向到新式的价值导向，人们知道并相信自己的价值，而且他们正在创造的价值基于他们的贡献。

新一代的领导者更倾向于关系权力，人们相信每一个个体依靠和需要价值，更多的私人和职业关系被锤炼而不是职位。实现权力来自于发展信任和诚实的能力，创建合作团队，授权给每一个团队成员共同参与。人们更多的想法是靠个人相信的价值和规则去生活，而不仅仅是他们承担的责任。领导者要想赢得他们的信任，获得他们的追随与支持，实现有效的领导不再是以严格的集权结构、职位为中心（如图 6-1 所示），而必须是以相互依赖的关系为中心、以权力广泛共享为基础的领导（如图 6-2 所示）。

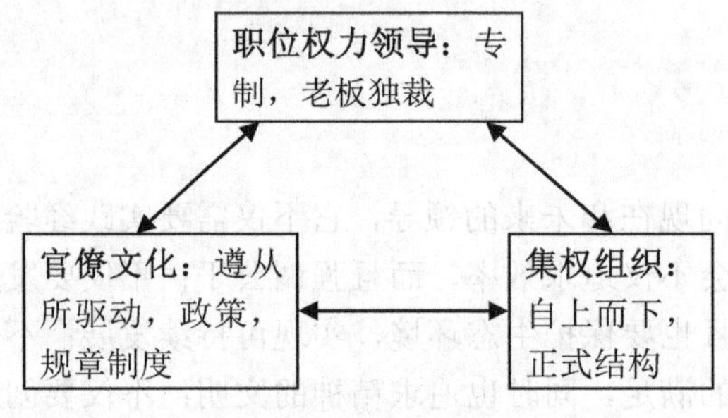

图 6-1 集权领导模式

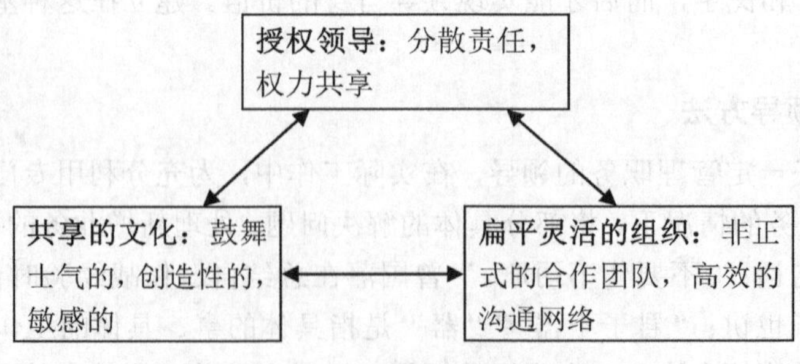

图 6-2 授权领导模式

授权能产生多大效果关键取决于被授权者对授权行为的一种心理认同程度，将它称为

"心理授权"。根据斯贝茨尔的研究，影响心理授权的因素主要有四个：（1）意义。工作的内容和结果与个人的价值和想法相一致。（2）自我决定。人们有能力决定何时和如何完成工作。（3）自我效能。人们对有能力去完成的工作高度自信。（4）影响。人们相信其可能对工作和工作环境有巨大的影响。同时，为了实施真正的授权，应该遵循以下原则：（1）授权任务要明确。（2）要选择合适的人选。（3）保持交流渠道开放畅通，以使上下级之间能够随时沟通。（4）建立适当的控制，确保权力得到恰当的使用。（5）对有效授权给予奖励。

分享案例

梁国君王很想把国家治理好。他勤于政事，日理万机。

首先，他制定了严格的法律，规定可以做什么，不可以做什么，如果违反了，将要受严厉的处罚。他制定的法律多如牛毛，连人们在大路上走路的姿势都做了严格规定。这样，写法律的竹简充斥宫中，人们连走路的地方都没有了。

其次，他精心选派了一大批官吏，从中央到地方，全都由自己任派，这些人层层负责，各司其职，严格规定了服从的制度。

就这样，他还是不放心，自己每天都要到各处巡查，监督各级官吏履行职责的情况。官吏稍有违背之处，他就大发雷霆，动辄撤职。

他非常认真地管理国家，可是效果并不如意，贪官污吏层出不穷，老百姓生活极其艰苦，盗匪迭起，社会秩序混乱不堪。梁王十分苦恼，却一筹莫展。后来，梁王听说杨朱满腹经纶，就向杨朱请教治政方法。

杨朱听了梁王的诉说，明白了问题的症结，他说："治理国家就好像把圆球放在手上玩耍一般容易，何必那么费心费力？"

自己的辛勤得不到认可，梁王心里当然很不服气，他说："你有一妻一妾都管不好，几亩大的田地连草都除不干净，却说治理天下像玩球似的，这有道理吗?"

杨朱回答道："你看见过放羊的情景吗？很多羊在一起的时候，让一个小孩拿着鞭子守护着，要羊群向东，就向东，要羊群向西，就向西。可是，如果让尧帝来把每只羊都牵上，还让舜帝拿着长长的鞭子跟在后面，羊反而不好放了，而且我还听说过这么一句话：能吞下大船的鱼不在支流中浮游，鸿鹄只在高天上飞，不落在低矮的屋檐上。为什么？因为它们志向高远。黄钟、大吕这样的乐器不和靡靡之音合奏，为什么？因为那是高亢的乐律。所以成大事者不拘小节。今天君王你身居高位，想成就大业，可是事无巨细，什么小事都管，结果往往做出越俎代庖的事来，使本来应该管的事反而没有管好，你说这样怎么能把国家治理好呢？"梁王听后恍然大悟。

现代组织中的一些领导人，喜欢把一切事揽在身上，事必躬亲，管这管那，从来不放心把一件事交给下级领导去做，这样，他整天忙忙碌碌不说，还会被组织的大小事务搞得焦头烂额，连几千年前的子贱都不如。领导不会授权犹如用手抓沙子，抓得越紧，手中的沙子越少。所以，一个现代的领导者要相信少就是多的道理：你抓得少些，反而收获就多，正确地利用部属的力量，发挥下级领导者的作用，不仅能使下属很快成熟起来，同时也能减轻领导者自己的负担。

分享案例

孙策临终时，将江东事业托付给孙权说："若举江东之众，决机于两阵之间，与天下抗衡，卿不如我；举贤任能，使各尽力以保江东，我不如卿。倘内事不决，可问张昭；外事不决，可问周瑜。"孙权也确实做到了他兄长所说的，功绩也胜于孙策，而且还称了帝。君不见《容斋随笔》中说："如周瑜、鲁肃、吕蒙、陆逊四人者……私人相机，居西边三四十年，为威名将，曹操、刘备、关云长皆为所挫，虽更相汲引，而孙权委心听之，吴之所以为吴，非偶然也。"孙权生有异相，老天待他不薄，给了他四员大将，让江东数十年间，与魏、蜀三足鼎立。

孙权不但爱护人才，而且根据每个人不同的特点加以任用，充分地信任和授权给人才，使得东吴基业在孙权时代得以发展。周瑜那是孙策的铁哥们儿，自然和孙权交情匪浅，在赤壁联刘抗曹前，孙权犹豫不决，还要问问周瑜的意见，可见一斑。鲁肃那是忠厚老实之人，孙权敬他如兄长，同样是在赤壁前夕，朝中众人都主降曹，唯有鲁肃设身处地地为孙权着想，主战曹军。"士别三日，刮目相看"的吕蒙在孙权的引导下，逐步成为孙权的左膀右臂，在夺取荆州的战事中，孙权信任吕蒙，将大权授予吕蒙，吕蒙不辱使命。孙权充分自信地把大权给予这三个人，充分信任这三个人，使三人在不同的时代，成就了孙权，也成就了东吴。

孙权不仅对这三人委以重任，充分信任。在诸葛瑾出使蜀国的时候，众人都以为身为诸葛亮哥哥的他不会回来了，但是孙权却拍案而起："我与子瑜生死与共，天地同鉴，子瑜不会背叛我，就像我不可能背叛子瑜一样。"果然，诸葛瑾回来了。

孙权让出身寒门的周泰镇守濡须坞，老人朱然、徐盛任副手，两人不服气。隔日，孙权在酒席上，让周泰当众脱掉衣服，群臣看到周泰身上为国战斗而留下的一身的伤疤，纷纷对周泰投以敬慕的眼光。孙权大声地说："将军，我与你亲如兄弟，将军在战场上不惜性命，我孙某怎会不知，又怎会不把兵马大权委任给将军呢？"

孙权授权卸载压力，不仅给自己减压，还给国家增了寿。陈寿说："孙权屈身忍辱，任才尚计，有勾践之奇，英人之杰矣。故能自擅江表，成鼎峙之业。"

（二）愿景领导方法

要想取得高绩效、达到顾客满意、实现成功的竞争，授权是很重要的；同时，一些领导者并不完全放心，少的集权和少的规定程序，也即少的命令和控制将导致每个人做自己的事。这个问题归结为：怎样在一个授权的组织中让人们朝同一个方向努力呢？事实上，每个领导者都强调愿景的重要性——设置组织目标和创立未来蓝图。英国管理学学者哈默尔和美国管理学学者普拉哈拉德在《竞争大未来》一书中指出：“愿景意味着一个梦想或一个奇迹。”

领导者无疑必须依靠每一个雇员，如果人们对他们想达到的最终状况——愿景——没有一个完整的蓝图，那么人们就不是负责任的，更不能做出有效决策，也就没有向心力（如图 6-3 所示）（注：图 6-3 与图 6-4 译自 Lynne Joy McFarLand .*21st Century Leadership*）。而如果组织中的人们都有一个共同的愿景，他们对于如何为组织的成功做贡献就更明确，对被授权的领导角色更清楚（如图 6-4 所示）。正如弗利慈所说的：“伟大的愿景一旦出现，大家就会舍弃琐碎之事。”

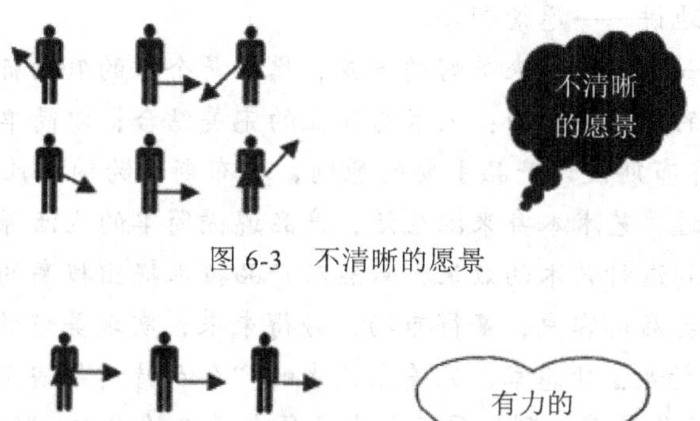

图 6-3　不清晰的愿景

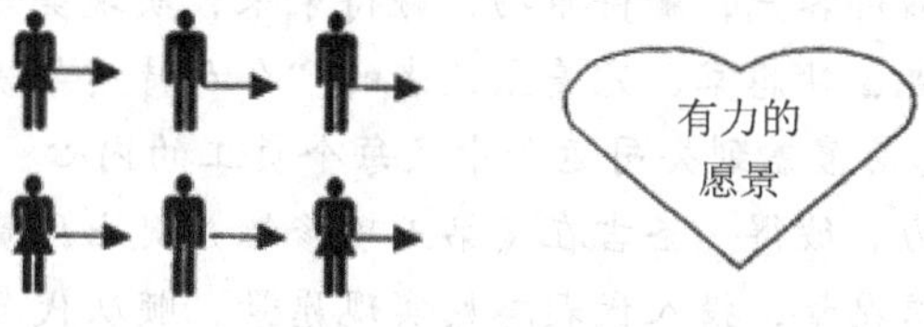

图 6-4　有力的愿景

共同愿景是被组织成员所接受和认同的组织的愿景，是组织成员共同勾画出的组织未来发展的远大理想和蓝图，是组织中个人愿景的交集部分。建立组织的共同愿景首先要鼓励建立个人愿景，共同愿景是建立在个人愿景基础之上的，个人愿景需经过相互交流、碰撞、融合、协同并达成共识后，才能成为组织成员共同的愿景，这是通过个人愿景的互动作用和协同作用所产生的结果。在这个过程中，领导者要通过引导而不是命令，使共同愿景得到提炼和完善。愿景是一个组织对个人设定的目标，有强烈生活目标的人自然有动机和行动力，组织的愿景有同样的作用。作为组织中个人的更高的目标，它是人们想过怎样的生活，想代表什么的一个描述。一个引人注目的组织愿景给人以权力，给人以自由，让人合作，让人们朝向描绘的目标。因此愿景在领导新潮流中是重要的，愿景是一个组织成功的关键，因为它提供了一个方向，一种真正的、人们跟随的方向；而过去我们是受政策的约束和规章的影响。美国著名管理学学者柯林斯和波拉斯在其名著《基业常青》中，对 18 家持续成功的跨国企业进行了深入研究，他们发现，这些企业之所以持续成功的主要原因在于，其领导者能够提出高瞻远瞩的愿景并持之以恒地促进愿景的实现。愿景提供一种调整人们思维的方式，用更高的目标使他们走向和谐，靠自己的判断挖掘全部的潜能。当人被共同的愿景激励后，他们有更大的合力朝向成功。正如彼得·圣吉在其著作《第五项修炼》中说道：“共同愿景会唤起人们的希望，特别是内生的共同愿景。工作变成是在追求一项蕴含在组织的产品或服务之中，比工作本身更高的目的——苹果电脑使人们通过个人电脑来加速学习，AT&T 藉由全球的电话服务让全世界即时联系，福特制造大众买得起的汽车来提升行的便利。这种更高的目的，亦能深植于组织的文化或行事作风之中。”

分享案例

乔布斯去世后，苹果公司出现了衰落的迹象，例如，2012 年 10 月主管 iPhone 软件的斯科特·福斯特尔以及零售部门主管约翰·布罗维特宣布离职，引发了管理层的震荡；苹果股价大幅下滑；苹果营收增长已不足 1%，已告别高速增长的时代。由于苹果出现的这些危险信号，使人们更加怀念乔布斯和他带给苹果的某些东西，或者说乔布斯走后，苹果缺了什么东西，简单地讲——愿景领导。

愿景是一个人或一个组织未来美好的图景，愿景是个人的航向标，是组织的旗帜和方向舵。乔布斯把苹果的愿景定位为：艺术与商业的完美结合；以简单的方式获取所需要的信息。“简单”成为乔布斯设计产品重要的原则，乔布斯认为简单比复杂更难，一旦你做到了，你便创造了奇迹。艺术本身来源生活，产品遵循简单的生活原则，产品与艺术走到同一条路上。为了达到这种艺术的效果，必然对产品技术提出极高的要求，也就自然而然凸显产品的细节，便会赢得客户，赢得市场，赢得未来，实现美好的个人和组织图景。

乔布斯把自己创新者、梦想家、完美主义者的“个人特质”演变成为企业的愿景，并通过愿景领导，将企业愿景覆盖到公司运营中及每个员工的内心，形成公司前进的向心力、凝聚力和生生不息的动力。彼得·圣吉在《第五项修炼》提出愿景扩展的顺序：加入、投入和顺从。加入代表相信愿景，投入代表志愿实现愿景，顺从代表看清愿景并全身心地投入。虽然我们难以确切地总结出乔布斯如何通过这三个步骤把自己的特质转变为企业的愿景，但是我们可以看到，乔布斯成功地将个人特质演变成为企业的愿景，并不是高层发布的，也不是组织设计出来的，而是乔布斯以实际行动逐步融入到整个组织中，使苹果的经营哲学、战略规划、产品理念都在处处体现这一愿景。可以想象到，乔布斯在一次次产品设计中的梦想、投入的精力、苛刻完美的要求，足以将这种愿景感染到每一个设计师和其他员工。产品上市后赢得认可度，也让公司人员感受到乔布斯领导愿景背后的价值，从而让员工认可并逐步接受企业的愿景，激发热情，塑造创新的文化氛围，形成共同创造伟大事业的抱负和行动。乔布斯的实践和成功，为愿景领导方法提供了典范。

（三）共享价值和企业文化的方法

愿景是重要的，但它只是建立方向，没有引导人们决策和行动的路标。因此，今天的成功领导者也明白了实现高绩效的强有力的新途径是基于价值的文化。首先，道德和诚信是基础。成为一个有效的领导者必须在某种方式上行为规矩，以最高的道德标准为戒；必须是以一个角色榜样，通过组织建立一种道德行为的氛围。美国著名管理学家托马斯·J.彼得斯和小罗伯特·H.沃特曼在《追求卓越》一书中这样写道：“价值是由最高层的经理们以分分秒秒、年复一年的行动表现出来的，而且它们是全公司上上下下所透彻了解并深入全体人员心中的东西。”最好的领导者不是偶然造就的，他们均强调道德和诚信是第一位的。人们信任领导的唯一方式是他们是否展示完整的诚信和不断说真话。健康的文化——以道德和诚信为基础，提供一个人们信任的领导、信任领导的话、信任组织的好环境。不仅仅是对企业，对于整个社会也是如此。

成功的共享价值包括：诚信和正直，授权领导，开放和信任，团队和相互支持，关心，公开化，质量服务和顾客为中心，尊重个体及个体差异，成功，做得最好，创新，个人负责，能做的态度，平衡团队利益和社会责任。文化不只是一套共享的价值，而是这些价值如何被互相结合，综合到组织的工作过程当中，一些领导者定义一套自己组织的价值观，事实上，挑战不在于提出价值、挂在墙上，而在于如何使价值真正成为活的。换句话说，就是建立一套基于成功共享价值的健康的文化。

全球竞争、经济和社会环境的变化威胁着组织的生存和发展。许多公司建立了新的经营战略、改变组织结构来提高竞争力。但是，除非组织的文化做适当的调整（适应新的战略和结构），否则他们的目标不能实现。事实上，如果新战略显著地不同于旧战略，文化将不会支持新战略，新战略将会失败。由此来看，文化牢固地深植于组织中，而它自身的变化又如此地缓慢，因而领导者的最佳反应是主动变换文化以适应新愿景、新价值、新战略和新结构。

今天的领导者面临着不同的经营环境——拨离、接管、兼并、吞并（合并）、重组、改制、快速的技术进步等，以前的经营方式在老环境下工作得很好，但现在，由于文化与市场条件和新设计的战略不一致，组织本身就发生了巨大的危机——文化危机，包括老文化和新文化之间巨大的冲突和僵持，若这种危机不及时变革，组织就不能面对新的条件和保持竞争力。健康文化模型如图 6-5 所示。

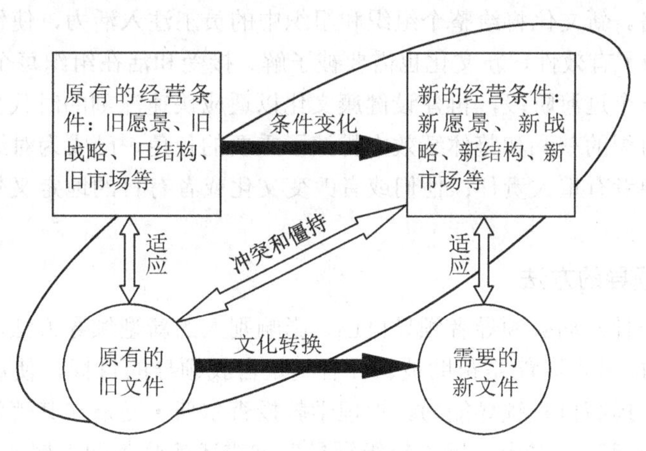

图 6-5　健康文化模型

组织文化深植于组织之中，这给组织文化变革带来相当大的阻力。例如，宝洁公司的前任 CEO 杜克·杰格要努力改变根深蒂固的文化，希望通过文化变革来帮助公司对市场需求的变化做出更好的反应。但是他失败了，结果被拉夫雷所取代。那么，如何实现文化变革？斯蒂芬·P.罗宾斯在《管理学》一书中给出了他的文化变革的途径：首先要展示现有文化是无效的，然后推行新的“做事方式”，最后强化新的价值观。因此，他认为需要有一个全面的、协调的战略来管理文化变革。文化变革途径如表6-1所示。

表6-1 文化变革途径

● 进行组织文化分析，确定需要变革的文化因素
● 向员工们明确说明，如果不马上推行变革，组织的生存就会受到致命的威胁
● 任命具有新观念的新领导
● 发动一次组织重组
● 引入新故事来传播新观念
● 改变人员甄选和社会化过程及绩效评估和奖酬制度，以支持新的价值观

戴尔提出了组织文化的变革循环模式。他认为组织文化的变革一般包括如下六个过程：（1）组织成员发觉领导者以类似以往的解决方式无法有效解决组织所面临的危机，因而对领导者的能力和管理行动感到怀疑。（2）成员对领导者的能力和管理行动的怀疑，连带着对维持既定组织的文化表征（如符号、信念、结构、口号、标语以及组织既定的奖酬制度等）的信心开始动摇，组织成员感到有建立新秩序的必要。（3）在不断地尝试着对危机进行处理的过程中，新领导隐含在一组新假定之下逐渐形成。（4）新领导的形成与旧文化产生冲突。冲突中的失败者，心中会愤恨不平，很快地会被革职或自动离职。（5）危机如果解除，如销售量与获利率增加等，组织成员会将危机的解除归功于新领导者与新文化，其在组织成员心目中的地位也随之建立起来。（6）新领导通过组织符号、信念与结构的建立以及招聘或晋升服从于新文化的成员，使新文化持续地得到增强。

实行一整套健康的文化基于清晰的系统的愿景、经过精心选择的成功的共享价值和重新调整的经营战略。新文化将给整个组织和组织中的员工注入活力，使他们能够成功地适应环境；当然，为了有效性，新文化也需要被了解、接受和活在组织每个人的心中。21世纪的领导者需要一个过渡阶段，再建设健康文化以适应快速深刻的时代变革。

既然文化在组织的获利和整体绩效中扮演了重要的角色，已成为对组织行为起决定性的因素，因而领导者有重大责任；他们或者改变文化或者有目的地定义想要的方式，保证健康文化的实现。

（四）超级领导的方法

超级领导是一种发动被领导者领导自己、影响别人的新型领导方法。实质上是“自我领导”。超级领导的基本职能是帮助被领导者制定自我领导的目标，使被领导者明确目标指导自己的行动，提高自我领导能力。管理学教授查尔斯·曼斯在其著作《超级领导——领导他人去领导自己》一书中，用“超级领导”来描述那些帮助下属的人。理查德·J.里德在《目标的力量》一书中强调：“领导最终的目标就是自我领导。”西姆斯和曼兹认为，在没有当权者指导的情况下，下属也可以学会领导自己，成为一名“自我领导者”。詹姆斯·库泽斯与巴里·波斯纳在《领导力》一书中说道：“领导可以自己来创造，不用别人来赋予，即使你没有头衔、职位和预算，你都可以自己来实施领导。”这种方法一反传统把被领导者单纯当作被领导者的做法，而把他们都当成富有主动精神和责任感的准领导者甚至实际领导者，让他们全方位发挥“火车头”的作用，以领导的角色和方式致力于推进共同事业，共同完成领导任务、实现领导目标。这就是把该社会系统内的每一个人都当作了领导主体，而把传统意义上的领导主体由过分突出和高高在上的状态拉平到现代意义上的趋于平等的状态，把原来的金字塔中单纯的历代主体和领导客体混合同化起来，变成一个将领导主体和领导客体整合一致的平盒式领导实体；在这个实体内领导主体和领导客体这个对立角色至少在组织方式和形式上已经基本消失。这种变化的民主程度和现代化程度显然大大超过了传统的领导方法。

一方面，它能够极大地调整领导者与被领导者的相互关系，把本来处于对立状态的相互关系朝着缓和甚至同化的方向扭转；同时还由此引发社会阶层之类的社会结构变化，使社会发展得更加平衡、合理。另一方面，它还能够至少在形式上改变被领导者的地位，极大消除被动状态下不可避免的消极因素。而极大调动所有社会系统中各成员的主动性、积极性、创造性，也就是真正最大限度地解放和发展生产力，使社会的物质财富和精神财富都得到前所未有的巨大发展。因而应该说，它就是与新世纪生产力发展相适应的最先进的一种领导方法。

这种领导方法实际上是迫于新世纪竞争压力而产生的，因而超级领导将通过变革新世纪领导的结构和运作方式，进而迅速提升领导效能。实际上是使现代企业家领导方法与领导艺术研究领导，以更加民主、更加适合生产力的发展来实现自身的发展和价值，是强调领导的权力分散化、领导的责任分散化、领导的机会分散化、领导的作用分散化。但是，超级领导目前还只是主要发生在企业界的一种新世纪领导发展思潮；当然，它事实上也已经开始作为一个实践在企业自发得到实验和开展。

（五）5C 领导方法

所谓“5C”模式，就是由首席执行官（CEO）、首席信息官（CIO）、首席知识官（CKO）、首席财务官（CFO）和首席运营官（COO）五个领导主体构成的梯形领导平台取代了原来的一个领导个体的领导金字塔结构。也就是说，原来在金字塔顶尖的老板（如董事长、总经理）——下辖着各管理部门和生产经营部门，现在已经落到了一个由基本平级的领导群体构成的梯形平台上，只作为一个稍微高些和主要些的第一领导主体而存在，发挥着日常主持、协调裁断和最后决断的作用。这种领导模式的实质是，把过去高耸的领导结构变为扁平的领导结构，即相当大的程度上分解一人领导权能结构为多人领导权能结构，变单角色孤权领导为多角色众权领导，由一个领导群体基本取代原来的一个领导个体。

在这种领导模式下，各首席官是各自领域的最高领导主体，都是从企业全局出发，考虑本领域的最大潜力和可能，并最大限度地快速反应、独立决策，以适应瞬息万变的竞争形势和谋求本行业在竞争夹缝中的生存和发展。只有首席执行官还有一定的权力对他们施加正式的影响，但是这种权力和影响与原来高耸领导结构时的状况相比，都已经变得非常小了。

这种领导模式是知识经济对领导运作和领导结构的强大冲击的结果，反映了原有经济运作模式和领导模式已经不能适应新世纪的发展要求了。首席执行官、首席信息官和首席知识官是适应信息时代和知识经济时代的需要产生的，说明了信息和知识的价值已经开始为高级的社会文明所确认、所推崇。首席财务官和首席运营官的设置反映了财务管理和营销运作两大领域在新情况下的作用今非昔比，已由传统状态下的被动跟随与配合的地位上升到了现时代主动担当领导责任的首席位置。

分享案例

《华盛顿邮报》称克罗顿维尔为“世界上最特别、最具影响力的商学院”。这里人们所说的克罗顿维尔就是通用电气公司的管理发展学院。这个学院成立于1956年，创建者是当时的董事长拉尔夫·科迪纳。校园占地面积52英亩，位于哈得孙河流域一个叫作“哈得孙上的克罗顿”的地方，人们一般称之为“克罗顿维尔”。学院能容纳大约150名学员住宿。这个学院是以无拘无束的学风、质朴的乡土环境和半公有性质的氛围而闻名的。

杰克·韦尔奇的青少年时期大多是在马萨诸塞州塞勒姆的一个被人称作“大坑”的地方度过的。这是一个废弃的砾石采掘场，他和伙伴们常常在此嬉戏玩耍。成为通用电气的领导人之后，他的时间大半用在了克罗顿维尔的“大坑”里。这是通用电气管理发展学院校园内的一个演说厅，大厅四周色彩鲜亮，演说者站在大厅中央地陷式的讲台前，一抬头就能环顾四周的听众。这么多年来，韦尔奇平均每个月都要来学院教一堂课。常常在学员快要结束三周的管理学和金融学课程时，韦尔奇就会来到这里。到1998年，他已经上了大约250堂课，培训了约15 000名通用电气的管理者。韦尔奇宣称：“我要利用克罗顿维尔这个校园以及员工在这里学习交流的机会，推动公司进行企业文化的变革。”韦尔奇上任不久就注入了4 500万美元的资金来改善克罗顿维尔的教学条件，而在其他方面却大大削减了资金投入。

起初，韦尔奇的课堂成了人们情感发泄的场所。当他抬头环顾四周的学员，看到的全是横眉怒目的面容。《投资者商业日报》报道说：“以前，很多工人根本没有对公司事务发表见解的权力，他们就好像流水线上的机器人一样只能不停地干活；但现在，韦尔奇告诉他们，他需要他们的力量。这下，工人们压抑了20年的愤恨终于爆发出来了，他们尽情地咒骂，猛烈地抨击，丝毫没有顾忌。”《商业周刊》的一位记者曾经这样描述韦尔奇在克罗顿维尔“大坑”里授课的情形：“将近4小时的时间里，他一直在倾听、讲演、诱导和提问。听讲者也同样一一做出回应。”这个场面非常精彩。“在听讲的学员眼里，韦尔奇是一个多面手——既是管理学理论家又是战略思想家，既是谙通商务的教练又是公司全体员工的楷模。尽管出身卑微，但经过不懈努力，终成大器。每个人离开讲堂时都深受鼓舞。”

在克罗顿维尔，由于离开了日常的工作环境，学员们和讲师们（包括韦尔奇）可以完全不受规则和职责的束缚。然而，这并不是说他们就可以空泛地谈谈大道理。实际上，克罗顿维尔的教学内容一直扎根于公司业务的现状。韦尔奇说：“克罗顿维尔，已经成为了人们学习和分享全世界最佳实践经验的地方。”这个教与学的互动场所把人们对知识的渴求和具体的实践结合在了一起。

卓越的领导者有这样一个共识，要使自己高效称职，就必须积极行动去影响他周边的环境，激励下属发挥他们的潜力。领导者变为教练时，就能够在发现某个下属的激励因素的基础上，找到独特的方式与下属沟通，帮助他获得成功。作为教练型领导人，杰克·韦尔奇就是这样逐渐地改变着通用电气公司，从而创造了辉煌的业绩。

第二节 领导艺术

一、领导艺术的含义和特性

（一）领导艺术的含义

众所周知，艺术是指用形象来反映现实，但比现实更具典型性的社会意识形态，如文学、绘画、雕塑、音乐、舞蹈、戏剧、曲艺等。领导艺术是引导、率领人的艺术，是全方位、全时空的艺术，比起前者的艺术要丰富复杂得多。

领导艺术是指建立在一定知识、经验基础上的非规范化的有创造性的领导方法、方式、技能等的操作性的综合体。它是领导者的学识、智慧、才能、胆略、作风、经验等多种因素的综合反映，表现为领导者创造性地灵活运用已掌握的各种知识和方法，具体分析各种复杂因素，妥善解决领导工作中实际问题的综合能力，贯穿于整个领导过程和领导活动的各个方面，同领导方法一样，存在于每一个领导行为之中，直接影响领导效果。有多少种领导行为就有多少种领导艺术，如决策艺术、用人艺术、用权艺术、激励艺术、用势艺术、危机艺术、语言艺术等。

领导艺术是领导者的一种特殊才能。这种特殊才能有形且富有感染力，并不是说“只可身教，不可言传”，它的内容丰富多彩且有创新，体现了领导者生气勃勃的创造力。领导艺术如同演员的表演一样，为了获得某种效果可编排，领导者亦可设计不同的表现手法，选择不同的方式、程序等。运用同一种方法，在同一条件下处理同一问题，不同的领导者处理的效果是不一样的。例如要表述同一内容的意思，可采取直截了当的方式，也可采取婉转的方式。即使是同一种表达方式，里面也可运用不同的语调、节奏，也有不同的表现形态之分。

领导艺术高于经验，但不等于领导科学。领导科学是研究领导者工作一般规律的科学，是系统化的理论。领导艺术则不然，它是非理论形态的个性的技能或手法。这种“技能”“手法”是建立在领导者个人的经验基础之上的。如果说领导科学是模式化的领导艺术，那么，领导艺术则是非模式化的领导科学。

（二）领导艺术的特性

1．创造性

任何领导艺术都是思维加工的产物，这种加工处理就是创造。领导者探索和掌握领导艺术的过程，也就是一个不断创造的过程。领导艺术不是墨守成规的产物，不能照抄照搬，没有雷同化，它总是以不同的方式、形态展现其“新”“奇”的面貌。它是领导者解决问题时主观能动性随机发挥的结果。这就要求领导者在工作中，特别是遇到突发事件或偶然事件时，能充分发挥自己思维的创造性，发挥自己的主观能动性，根据实际需要解决问题，考虑如何将领导方法与实际相结合，如何具体运用，以高度的灵活性和应变力果断而正确地处理各种问题，给人以“巧妙”之感。毛泽东指出：“领导者的聪明不在懂得灵活使用兵力的重要，而在按照具体情况善于及时地实行分散、集中和转移兵力。”

分享案例

汉宣帝刘洵亲政时期，渤海一带闹饥荒，许多百姓因为饥饿而做起了盗贼。朝廷派了几名太守去镇压都没有成效。在别人的推荐下，刘洵就派了已经七十多岁的龚遂任渤海太守，平息盗贼。

龚遂一到任，就一反常态，首先把捕捉盗贼的官吏都撤了职，然后下了一道命令：“凡是拿着镰刀和锄头等农具的人都视为良民，官吏不得追问。拿着兵器的人就是盗贼。”同时，又发布了一道即将赈灾，重振生产的命令。原先拿着兵器的老百姓，闻听这些命令，纷纷放下各种兵器而拿起了镰刀和锄头等农具。渤海之盗就这样在没有动一兵一卒的情况下迅速被平定了。

龚遂平盗不用动家伙的做法，来自于他创造性的思维：许多百姓拿起武器做盗贼，无非是想有口饭吃，这说明他们怕死，否则饿死就算了嘛！既然怕死，就先敲山震虎，杀杀盗贼的气焰，谁还想继续做盗贼，谁手里拿着武器，杀无赦。当然仅仅是杀就又陷入前几任的“剿”的圈子里。盗贼们认为反正就是个死，会奋力反抗。兔子急了还咬人呢！龚遂又给盗贼开出了一条生路，放下武器就可保命，而且通过赈灾，放下武器的盗贼就可以有饭吃，有饭吃就不会饿死，既然不会饿死，就不会拿着武器去找死。这种领导方法的创造性，实现了不“剿”而“剿”，化干戈为玉帛。

2. 灵活性

管理方法强调的是原则性，例如管理的能级原则、封闭原则等，而领导艺术强调的是对原则的突破，是对领导环境的权变。领导艺术本身形态没有严格和固定的程序和模式，它总是千姿百态、多种多样的。著名领导学家斯托格蒂尔是这样描述领导艺术的：“最有效的领导应该表现出一定程度的多才多艺和灵活性，从而使自己的行为不断变化，有充满矛盾的需求。”领导艺术的灵活性还表现为因人、因事、因地而异，即兴而发。它常常是在随机应变的情况下显示其突出的功能，特别表现在敢冒风险的“运用之妙”和“再坚持一下的成功”之中。因此，领导艺术本身及它的运用都具有很大的灵活性。

3. 个性

由于领导者的经历和思维方式不同，因而表现出来的领导艺术也有个性特性。西德学者波德曾说过，领导艺术是从“您的心灵中和本身力量中产生出来的”，这就导致了领导艺术带有个性。如在领导工作中常见到：有的领导处理案件以果断见长，有的则以稳健著称。这两种不同处理案件的艺术，实际上都体现出领导者个性的不同。前者思维敏捷，注重把握时机，当机立断；后者思维精细，注重三思而行，稳中求胜。

分享案例

美籍华人王安博士以“电脑巨人”闻名于世。在他6岁时，一天，王安外出玩耍，经过一棵树时，有一个鸟巢恰巧掉在他的头上，从鸟巢里滚出一只嗷嗷待哺的小鸟。他决定带它回去喂养。走到家门口，王安突然想起妈妈不允许他在家里养小动物，他犹豫了一下，把小鸟放在门后，急忙进屋去请求妈妈的同意，在他的哀求下妈妈答应了他的请求。当王安兴高采烈地跑出来取小鸟时，放在门后的小鸟已经被一只黑猫吃掉了。

这件事深深地刺伤了他幼小的心灵，也使他明白了一个影响他一生的道理：凡事要当机立断，立即行动，不能瞻前顾后地犹豫不决。只要是自己认定的事情，就迅速做出决策。他说：“犹豫不决固然可以免去一些做错事的机会，但也失去了成功的机遇。”

实际上，领导者的任何决策都是在已知条件有限的情况下做出的，根本不存在各种条件都一清二楚，对结果也一目了然的决策。领导者只有日后才能判断当初的决策明智与否。因此，领导者是否具有当机立断的个性和能力，也是领导艺术的重要体现。

4．综合性

领导艺术贯穿领导活动过程始终，具有综合性特征。领导艺术是领导者的知识、经验、才能、气质、思维、表现力等的综合性展示。也就是说，领导艺术是由各种要素组合而成的。这些要素不能进行定量分析，它的组合也不是简单地机械相加，而是通过思维加工转化的。我国著名科学家钱学森和王寿云认为：“领导艺术是一种离开数学领域的领导才能，它能从大量事物的复杂关系中判断出最重要最具决定意义的东西。”一个管理方法与另一个管理方法有着明显的差异，管理者通常分别使用它们。但一个领导艺术与另一个领导艺术往往联系紧密，不易分开，也没有必要分开。例如企业管理人员在运用沟通艺术的同时也在运用激励艺术、运用影响艺术和用人艺术。综合运用多种领导艺术可以增加领导活动的绩效。

5．实效性

领导艺术的第五个特征是它的实效性和经验性。领导经验是领导艺术的基础。长期的领导实践使领导者积累了大量成功或失败的经验，通过对经验的反思总结，转化为解决问题的技能。领导者经验的积累程度直接影响领导艺术发挥的水平。企业的领导艺术有很多是从管理实践中摸索、提炼出来的。它们能解决具体的问题，能影响具体的个人，能有即时的效果，但可能一时说不出所以然，说不出高深的道理。没有实效的领导艺术称不上是真正的领导艺术，缺少经验相辅的领导艺术也称不上是真正的领导艺术。

6．科学性

企业领导艺术的第六个特征是它的科学性。领导艺术有经验的、实用的、技巧的一面，但还有一个更重要的方面，那就是领导艺术是与领导理论相通的。领导艺术是领导理论的具体的、创造性的、富有个性的运用，领导理论则是领导艺术的高度概括和抽象。人们通过对大量领导实践的研究，把那些成功的、反映领导活动本质的和规律性的东西以艺术的形式概括出来，形成相关的领导理论。

二、领导艺术的核心内容和内在因素

（一）领导艺术的核心内容

弄清了领导艺术的主要特征还不够，对于企业管理人员而言，更应关注什么是领导艺术以及领导艺术包括哪些内容。领导艺术的内容很多，我们只能选取最核心、最常见的内容，同时这些内容也构成了本书的基本框架。

1. 领导决策的艺术

领导决策是领导活动的关键，是领导者的重要职责和权力，当然也是领导艺术的核心内容。正确的决策有利于工作和事业的开展，错误的决策贻害无穷。为了尽可能地避免出现错误，领导决策应该遵循一定的原则，讲究策略和艺术。国外通常在研究领导艺术时将决策抛在一边，在研究决策时又把领导艺术抛在一边。本书将领导艺术与决策艺术结合起来研究，并在领导艺术中突出领导决策的艺术。此外，应该把实施决策和修正决策的艺术包括到领导决策艺术的大框架中。再漂亮的决策如果实施不了或实施不好也是纸上谈兵。所以，从某种意义上来说，实施决策和修正决策比制定决策还要重要。

2. 领导用人的艺术

汉高祖刘邦说："夫运筹帷幄之中，决胜于千里之外，吾不如子房；镇国家，抚百姓，给馈饷，不绝粮道，吾不如萧何；连百万之军，战必胜，攻必取，吾不如韩信。此三者，皆为人杰，吾能用之，此吾所以取天下也。"从中可以看出，刘邦注重发挥人才的长处，而不是克服其短处的用人原则。领导用人的艺术包括识人艺术、选人艺术和狭义的用人艺术等。《孙子兵法·势篇》记载道："故善战者，求之于势，不责于人，故能择人而任势。"意思是说，根据不同的敌情，选择优秀的指挥官，这是军事指挥的一个原则。将这个原则应用到领导领域就是指领导者在选人、用人方面要知人善任。

分享案例

魏征去世后，唐太宗感叹到："用铜作镜子，可以使我衣帽端正；用历史作镜子，可以了解兴衰；如今用人作镜子，可以明白得与失。我曾经保持这三面镜子，谨防自己的过失。如今魏征逝世，我的一面镜子失掉了！最近我派人到他家去，得到了一份手稿，才写半面，稿子中能认清的部分说：'天下的事情有善有恶。任用善人国家就平安，任用坏人国家就衰败。公卿之中，在感情上有喜爱有憎恶。对于憎恶的人，只看到他的缺点；对于喜爱的人，又只看到他的长处。喜爱和憎恶是应当全面而慎重的。如果喜爱一个人而能了解他的缺点，憎恶一个人而能了解他的长处；撤免邪恶的人而不犹豫，任用贤能的人而不猜疑，那么国家就可以兴盛了。'稿子的内容大致是这样。我仔细地想了想，在这方面我恐怕免不了有过失。公卿和侍臣们可把魏征的话写在笏板上，知我有这种情况，一定要向我进谏。”

唐太宗曾让封德彝举荐有才能的人，他过了好久也没有推荐一个人。太宗责问他，他回答说：“不是我不尽心去做，只是当今没有杰出的人才啊！”太宗说：“用人跟用器物一样，每一种东西都要选用它的长处。古来能使国家达到大治的帝王，难道是向别的朝代去借人才来用的吗？我们只是担心自己不能识人，怎么可以冤枉当今一世的人呢？”

3．领导用权的艺术

管理主要依靠权力进行，现代领导艺术则突出领导者的影响力。影响力包括权力带来的强制性影响力和能力、知识、气质、品德、关系、资历和业绩等带来的非强制性影响力两个方面。权力运用得当，会产生很好的工作效益和社会效益，而滥用权力，不仅容易失去权力本身的效能，还会使下属远离自己，导致领导目标的落空。领导用权的艺术就是综合运用影响力的艺术，具体体现在集权、分权、授权等几个方面。

4．领导激励的艺术

运用激励艺术最根本的目的是正确地诱导员工的工作动机，使他们在实现组织目标的同时实现自身的需要，增加其满意度，从而使他们的积极性和创造性继续保持和发扬下去。很多企业管理人员认为领导就是激励，领导艺术就是激励艺术，这虽然有失偏颇，但可以看出激励在领导艺术中的地位。激励的原理和创新也是领导艺术的研究重点。美国国际电报电话公司总裁赫拉尔德·格尼恩说道：“无论在一个公司里，还是在政治领域中，无论是在战场上，还是在足球场上，领导的一生都意味着领导要具备这样的能力：能够激励自己的下属为了实现一个共同的目标和理想，紧密团结起来，万众一心、精诚合作，服从他的领导和安排。”

领导激励的艺术运用得好，可以让平凡的人干出不平凡的事业，让优秀的人成为更加卓越的人。

分享案例

在韩国的农村，人们插完秧以后就会在稻田里放泥鳅鱼。整个夏天，这些泥鳅鱼都会抓害虫来吃，稻田里的害虫自然就会减少。到了秋天，人们又可以抓这些泥鳅鱼做鱼汤。三星创始人李炳哲以此为题材教育年幼的子女。

李炳哲在一些水田里只放泥鳅鱼，在另一些水田里放上泥鳅鱼和鲶鱼。他告诉孩子们到了秋天再来观察哪类稻田里的泥鳅鱼更结实。

秋天到了，李炳哲带着孩子们来比较两种稻田里的泥鳅鱼，结果发现放了鲶鱼的稻田里的泥鳅鱼肉肥个大。李炳哲向孩子们解释：放了鲶鱼的水田中的泥鳅鱼，为了不被天敌吃掉，就会不停地逃跑，运动量就比没有放鲶鱼的稻田里的泥鳅鱼大多了，于是更旺盛地去摄取食物，因此长得就更结实了。

在李炳哲会长时代，三星的人才管理有个潜规则——公司的重要岗位从内部选拔人才，外来者即使能力再突出也不聘用。但是如果想将半导体事业做大，就要开发新技术，然而，三星内部的技术人才能力非常有限，加之没有竞争机制，原有技术人员也不思进取。如何破解这种困局呢？李健熙从父亲的“鲶鱼效应”中得到了激励技术人才的启发，将父亲保持下来的潜规则打破了，从三星集团外部引进世界级水平的天才。李健熙亲自走遍世界去请天才级人才，破格给予优待，让他们充分发挥实力，开发新技术。

引进的人才跟原来的技术开发人才一起组成新团队，出现了跟只有集团内部人才开发技术时截然不同的结果。很多之前内部技术人才无法解决的问题一一找到了解决的办法。卓越的外部人才成为了“鲶鱼”，原来的内部人才像“泥鳅”一样感到恐慌，因为如果再开发不出新技术，就会被淘汰出开发组，所以他们必须振奋精神努力学习，不断创新。这样，在与天才较量的过程中，普通的技术人才也飞快成长，使整个公司的技术产生了层次上的飞跃。

5. 领导用势的艺术

古今中外，领导者谋势、蓄势、借势、乘势的成功实例屡见不鲜，领导的用势艺术可以被认为是领导艺术中的“大智慧”。孟子说：“虽有智慧，不如乘势。”意思是，纵然智慧，不如顺势而为。其实能够顺势而为这本身就是智者行为。势，是一种场，是一种力量，是事物发展变化的趋势，是干事业的机会和条件。领导者的活动就是在一定的时空中、一定的条件下进行的。领导者就是要把自己内在的领导资源的力与能量和外在的“势”相互作用，借助别人的力量以及机会和条件来成就自己所承担的事业。“好风凭借力，送我上青天。”势在力在，有势者有力，用势者不断超越。陈寿在《三国志》中也说：“能用众力，则无敌于天下矣；能用众智，则无畏于圣人也。”乘大势而作，是伟大的人物和伟大的事业产生的基础和环境条件。但是大势的初端，并非人人都能够洞察到的，这需要人的机敏眼光和睿智思维。领导者必须要对时代、时局、时势、时机这些不同层次的“势”有准确的把握，不善如此者，即不能对形势做出理性的判断者，只能成为大势的落伍者，必然被淘汰出局。

分享案例

东汉末年，宦官专权，横征暴敛，诸子百家再次纵横天下。玄门宗师张角、黄巾起义，最终失败。东汉王朝在镇压农民起义的过程中，各地封建割据势力不断扩大，群雄四起，天下大乱，有志者无不热血沸腾，欲逐鹿天下，实现平生志愿。曹操就是这其中的一员，具有敏锐的洞察力、强烈的进取心和冒险精神，并把这些特点与当时的动荡局势紧密地联系在一起，勇猛而不冲动，明确而不盲目。

宛城张绣从军中逃脱之后，在贾诩的帮助下大力发展其地，不但精修城池招募兵员，而且连接荆州刘表互为往来支援。这天，张绣忽然听到急报，说是许昌的曹操竟然率大军来攻，前锋夏侯已经贴近水下寨，与自己的宛城也只有一水之隔了。张绣没曾想到，自己来到这里本来还算事事顺利，可是朝廷上的追杀没有来，这许昌的曹操倒是大老远的来了。一想起对方手下的那群武将张绣就头痛，更何况对方这次出兵七万之多，和自己比较起来绝对是不可同日而语的，所以权益之下只好暂且归降曹操。

当曹操在推行屯田制，巩固内部力量的时候，东南方的两位宿敌吕布和袁术，也正在进行军事联盟，打算向曹操作绝地大反攻。袁术为了试探吕布的诚意，派纪灵带兵攻打刘备。结果吕布以“辕门射戟”为由，将“主和”的责任推给了上天，也借此向袁、刘显示了自己的武艺，使得袁术哭笑不得。但刘备也知道吕布、袁术联军是必然之事，迟早对自己构成威胁，于是私下招兵买马，结果被吕布发现，只能彻夜放弃沛县，投奔曹操。刘备曾与曹操为敌，更因他绝非笼中之物，荀彧、程昱都建议曹操将刘备杀了。但在郭嘉的劝阻之下，曹操坚决表示绝不为了加害刘备而失去天下之心，即使刘备日后背叛也不后悔。

建安二年二月，袁术于寿春称帝。对袁术称帝最为敏感的便是曹操，因此曹操立刻通令全国，共讨袁术，与袁术相邻的吕布自然也受到征召。袁术得知吕布投奔曹营勃然大怒，以数万之兵，攻入徐州。吕布联合杨奉军，大败袁术，并反攻淮南，直抵寿春。袁术亲率大军与其相持。至此，袁、吕关系正式破裂。

离间吕布和袁术后，曹操仍令刘备牵制吕布，自己则于建安二年九月东征袁术。此时袁术已势单力薄，听说曹操亲征，立刻率主力军团向东南方的淮南撤退。虽然逃离了主战场，但由于淮南地区旱灾严重，袁军无法征粮，逃亡者越来越多，使庞大的袁术军团最终濒临溃散。

曹操能够在群雄并起中，成就了霸业，主要得益于他的居高见远和善于用“势”的机智。曹操总是以雪亮的眼睛时刻观察周围态势的变化，从中分辨出大势及其走向。由于曹操善于洞察大势，所以总能在动荡的时局变化中看到机会，又能把握住机会，乘势而起，举势而进，施展自己的抱负。

6. 领导的危机艺术

在知识经济时代的今天，激烈的竞争使企业常常陷入重重危机之中，这就促使领导的危机艺术在近几年成了领导艺术研究的热点。所以，对领导危机艺术进行深入的探讨增强了领导艺术的时代特色。面对危机，决断的时机是非常重要的领导艺术。领导者要有迅速决策的能力，要在行事成功的可能性最大的时候去作为，犹豫不决就会被挤到没有机会的死胡同里。鬼谷子主张：“决情定疑，万事之机。”即能排除忧患的事，只要能施行，就马上决断。快速决策和超常的胆量使许多领导者成功地渡过了危机和难关，甚至变危机为良机。相反，危机时刻的优柔寡断只能带来灾难性的后果。当然，科学的决断不是“盲断”，更不是“妄断”，它是建立在对变局精确的洞察和清晰的逻辑分析基础上的正确选择。

分享案例

“夜半征鼙响震天，襄樊平地作深渊。关公神算谁能及，华夏威名万古传。”关羽在水淹于禁七军后，乘胜围攻樊城，并以一部兵力包围襄阳。樊城守军仅数千人，城墙因水淹多处崩塌，城中老幼男女，担土搬砖，抵挡洪水，但是无济于事。曹营军中皆失色。有人对曹仁说："今日之危，非力所支。可及羽围未合，乘轻船夜走，虽失城，尚可全身。"意思是今天要解洪水之危，非人力所能为。现在关羽的包围圈还没有形成，不如趁着夜色乘小船弃城逃走，还可以留得青山不怕没柴烧。当时曹仁也考虑放弃樊城，满宠在樊城辅助曹仁，他临危不乱，从战略局势着眼，陈明利害，力主坚守待援。满宠劝阻说："山水来得急，但是不会持续太久，不几日就会自行退去。听说关羽已经派兵在郏下，自许以南，百姓扰扰，关羽之所以不敢遂进者，是恐怕我军从后袭击他。今若弃城而去，黄河以南，就再也不会是魏国的国土了。希望将军坚守此城。"满宠看着军中人心惶惶，深知稳定军心的重要作用，此番抢白据理力争，使犹豫不决的主帅曹仁急忙称是，于是杀掉白马，聚集众人，在军前盟誓："誓与樊城共存亡"，激励将士齐心协力奋勇抵御。众将士军心稳定，誓死保城，昼夜防护，不敢懈怠。关羽军虽乘船猛攻，一时仍不能取下樊城。果然不几日，大水退了去，徐晃也率军救援樊城，关羽也因后方为吴将吕蒙所袭，且中了曹仁一箭，只得退军。满宠因力战有功，被进封为安昌亭侯。

（二）领导艺术的内在因素

领导艺术是在正确的价值原则指导下，由领导者智慧和经验产生的领导技巧。古今中外一些杰出领导者成功的实践证明，从领导艺术主体的角度分析，价值、经验、智商、情商是影响领导艺术水平发挥的四大内在因素，这四者的有机融合创造了领导艺术的至高境界。

1．价值：领导艺术的方向舵

价值是指客体对主体所表现出来的意义和效用，它决定了主体对客体的偏好。在领导活动中，这种偏好就表现为领导者对领导活动对象（目标、策略、工具、手段等）的态度和选择。领导艺术作为艺术化和人格化了的领导活动，最能体现领导者的价值取向对其产生的影响。

价值引导领导艺术的政治方向，领导者都具有强烈的政治倾向，在这种政治倾向的背后则是鲜明的价值取向；价值决定领导艺术的道德取向，领导艺术的感召力来源于领导者及其追随者的道德力量，领导者和追随者的道德取向是由其价值取向决定的；价值影响领导艺术的审美倾向，审美倾向是由人的价值取向决定的，人民性的价值取向会使领导者把人民群众喜闻乐见的作为美的判断标准，而贵族性的价值取向会使领导者倾向于少数人孤芳自赏的趣味标准。

2．经验：领导艺术的凝结核

领导艺术源于领导者的经验。经验是在实践中积累的知识和技能，它表现为一种感性的认识。领导经验是领导者在领导实践中获得的关于领导工作的知识和技能。领导艺术是以创造性为特征的领导技巧，它产生于经验又高于经验，它与领导经验一样有一个在实践中逐步积累升华的过程。在这个积累过程中，经验就像凝结核一样，把领导者在实践中的点滴感悟、心得、体会、灵感聚集在一起，不断地系统化和知识化，当这种系统化和知识化的经验结晶与人的创造性联系在一起时，就形成了独具特色的领导艺术。古人云："运用之妙，存乎一心。"这里的"心"依据的就是阅历、知识和经验。

领导经验是领导艺术的基础，领导艺术是领导经验的升华。领导经验仅仅是凝固了的知识和技能，面对无限生动丰富的新的领导实践，还需要领导者在经验的基础上进行再创造。这就需要领导者将领导工作中零碎、片面的经验，经过去粗取精、去伪存真、由表及里、由此及彼的加工制作，透过现象抓住事物本质，把感性经验升华到理性思维的高度。领导艺术之所以源于经验、高于经验，就是因为它是对经验的创造性运用，因而能够达到比领导经验高得多的领导境界。领导经验再丰富，如果没有对它的创造性运用，也难以产生质的飞跃；如果墨守经验的一定之规，那么不仅不能产生领导艺术，很可能连过去领导经验的境界都难以达到。

3. 智商：领导艺术的催化剂

智商是人的智力程度的量度，是衡量一个人掌握知识、技能程度的量度指标。在领导活动中，智商主要表现为领导者的思维能力，包括理性思维能力和超理性思维能力。智商的高或低主要对领导艺术的形成起加速或延缓作用。理性思维能力是领导者符合逻辑的判断、推理能力，它有助于加速领导经验艺术化的进程。超理性思维能力是指人的情感、意志，包括动机、欲望、信念、习惯、本能等，以非逻辑形式出现的幻想、想象、直觉、灵感等也属于超理性思维能力。

在实践中，领导者的直觉、想象、灵感等能力有的甚至比判断和推理能力更重要。直觉能力主要表现为领导者不经过严密的逻辑推理就能够把握事物本质的能力。由于客观事物的极端复杂性，有时逻辑推理显得无能为力，这时直觉能力有助于领导者尽快领悟客观事物的真谛。想象能力主要表现为领导者由此及彼的联想能力。在领导活动中，丰富的想象力有助于领导者对实践经验举一反三，形成新的思路。想象和幻想是创造中的极可贵的品质。列宁说："以为只有诗人才需要想象，这是没有道理的，这是愚蠢的偏见！甚至在数学上也需要想象，甚至微积分的发现没有想象也是不可能的。"灵感主要是指领导者由于某一偶然事物的启发，对长期思考和探索的问题一下子获得明确解决办法的现象。从长期的知识和经验积累中产生的灵感，会使领导者在重要关头茅塞顿开。毫无疑问，直觉、想象、灵感等超理性思维能力都是创造性的基本元素，它们可以弥补理性思维的不足，激发领导者的创造力，它加速了领导经验向创造性转化的进程，在领导艺术形成过程中发挥着催化剂的作用。

4. 情商：领导艺术的调节阀

情商的概念最初是在 1990 年由耶鲁大学的沙洛维和新罕布什尔大学的梅耶提出的。随着研究的进一步深入，他们对情商的描述进行了修改和补充。他们认为，情商的内涵应包括四个方面的能力：（1）觉察、评价和表达情绪的能力。（2）情绪促进思维过程的能力。（3）理解情绪与情绪知觉的能力。（4）调节情绪以助情绪和智力发展的能力。情商是人们对自己情感的开发和控制能力的量度，是来自于心灵深处的力量。在领导活动中，情商主要表现为领导者根据领导活动需要开发和控制自我内心情感的能力。通过情商的作用，领导者可以有效地调节领导艺术，使之更能为群众所接受。情商较低的领导者，尽管有较高的智商和很好的判断能力，知道事情应该怎么做，但不能很好地控制自己的情绪，也无法判断和理解他人的情绪，导致很难获得下属的配合和支持。相反，情商较高、智商一般的领导者能够很好地控制自己的情绪，又能觉察和理解他人，因而能很好地协调人际关系，达到很好的领导效果。

领导者开发自我内心的美好情感，有助于调节领导艺术的氛围；领导者根据需要控制自我内心的情感，有助于调节领导艺术的行为尺度。领导艺术是行为的艺术，其基本特征是要求领导者能够因时、因地、因事制宜，把握好宽严、张弛、刚柔、方圆的行为分寸，也就是要调节好行为的度。这对于有血有肉的领导者来说，是一个严峻的挑战。能够理智地控制自己情感的领导者，能够做到情感服从行为的需要，该义愤时有怒火，该关怀时有深情，该冷静时有理智，该等待时有耐心。哪怕内心的情感如炽烈的火焰，领导者的行为也应是有理、有利、有节的，绝不能因情感冲动导致行为失调，否则，不能有效地控制自我情感，领导者就不可能把握好领导艺术所需要的度，有时失控的情绪会像决堤的洪水一样毁灭所有的领导业绩。

综上所述，现代领导者要不断改善自身的价值、经验、智商和情商这四大因素，树立正确的价值观以端正领导艺术的方向，积累丰富的经验以夯实领导艺术的基础，提高智力水平以加速领导经验向领导艺术转化的进程，提高情感开发和控制能力以形成领导艺术需要的社会氛围和调节自身的行为尺度。

分享案例

话说康熙皇帝最喜欢微服出巡，探查民情。当然皇帝出巡自然有保镖，而保镖之中，最靠得住的便是魏东亭。

有一次，康熙巡视河道，因为他要治理黄河，而他本人最讲究科学和实际的考察。在巡视的时候，地方老百姓和地方官发生了争执，康熙自然走到人群看个究竟。在观看中，康熙得罪了恶人，那恶人自然要打康熙，而康熙堂堂皇帝，哪里受过这种屈辱，眼看恶人正要打来的时候，康熙本想拔出天子宝剑怒斩恶人，但因为微服出巡，没有带佩剑。转头一看，那个魏东亭正在呆头呆脑地望着，不知如何应付这种突发事件。康熙立即扬起手，大力地一掌“啪”的就是一记耳光打向魏东亭，说：“主辱臣死，你懂吗？难道要朕亲自动手？”一句话提醒了魏东亭，立即出手解围。

当晚，康熙休息的时候，要了一杯茶，又要了一些点心，但不知为什么总是心神不定，不想吃也没有兴趣做什么，只好拿来一本书阅读，读了几页又放下。康熙叫在外站岗的魏东亭，说：“东亭！你走到灯前来吧！”魏东亭不知有什么事，有点战战兢兢，因为今时不同往日，以前和康熙一同长大，真是两小无猜，但现今皇帝天天成长，开始有自己的威严，再加上今天的一巴掌，他感到自己和康熙已经不再是过去的朋友关系。

当魏东亭走近的时候，康熙说：“让我瞧瞧！”康熙一边看他的脸，一边说：“朕一向以仁慈对待下属，今日却无端打了你……”魏东亭听了，突然间感到从来没有和康熙如此亲近，一股暖流涌上心头，自己的脸涨红了，连忙下跪，说：“主辱臣死，是奴才的过失！”康熙又说：“你有委屈吗？有委屈就哭出来吧！哭一场会舒服些！”魏东亭更紧张地说：“不不不……没有委屈！奴才怎会有委屈？”他立即接着说：“都是奴才手脚慢，看见他们正在冒犯皇上，奴才居然呆着不知如何应付，真是罪该万死……”只见他一边说，一边流下眼泪。康熙笑着说：“朕打错了你……”只见魏东亭更忍不住泪水滂沱。

康熙说：“还说没有委屈，眼泪都控制不住。”魏东亭立即说：“没有委屈！没有委屈！奴才只是感到受主上隆恩，感激万分，不知如何肝脑涂地报答圣上……”“你说的是实话吗？”康熙一手扶起了魏东亭，又说：“你不觉得朕委屈了你，近来对你好像刻薄了一些吗？”魏东亭立即说：“奴才没有这样想过，主子也未曾待薄过奴才！”康熙笑着说：“你越来越干练了，也学了不少油嘴！”魏东亭立即说：“奴才岂敢讲大话！皇上的恩宠，无论雷霆雨露都是君恩，莫说主子没有疏远奴才，就算有，奴才也要自我反省，自己做错了什么事，令主子讨厌，奴才要自己学乖、学好进步！”康熙说：“朕要有意锻炼你一下。你说要弃武就文，目的当然要他日找一条好的出路，这是对的，如果封你一个官职，只是朕一句话就可以了，但这样不能培养你成才。你还需要多一点历练，所以朕对你是严格了一些。你知道吗？索额图是皇亲，有时胡来，只要不太过分，朕也会忍他一忍，给他一点面子。将来你的前途，肯定在明珠、索额图等人之上，但要好好历练……”魏东亭听了，更加感激，说：“主子明训，令奴才茅塞顿开……”康熙又说：“朕再三筹划，才不得不把你留在身边。你要吃得起这个亏呀！”

康熙一番说明，说得情真意切，魏东亭本来有很多怨气，但经过今次一掌之后，得到皇帝如此交心的表白，真是服服帖帖，更加忠心地做好分内的工作了。

领导者实施管理的过程往往是调节人的情绪和情感，激发工作热情，进而促进工作开展的过程。《孙子兵法》记载，兵圣孙武要求为将者应具备“智、信、仁、勇、严”五个方面的才能，强调将帅不仅要拥有威武之仪，还需要怀揣仁爱之心。精明高效的领导者都有一颗博大的爱心，注重情商艺术，发挥人格的力量、情感的力量，以理服人，以情感人，善于用伟大的事业凝聚人，用真挚的感情滋润人，用适当的待遇吸引人，把情商领导贯穿于领导工作的始终。

三、知识经济时代的领导艺术

领导权变理论告诉我们，领导行为应根据情境因素的变化而做出适当的调整。知识经济的到来，对领导素质、领导能力、领导水平提出了新的更高的要求。现代的领导必须兼顾现代社会多样性的价值需求，而后才能实现领导自身的价值。

（一）创造激发创意和学习环境的领导艺术

在现代社会中，学习一方面是为了保证组织的生存，使组织具备不断改进的能力，提高组织的竞争力，即学习力是核心竞争力的形成和发展之源。组织核心竞争力的成长过程就是学习力转化为竞争力的过程；另一方面更是为了实现个人与工作的真正融合，使人们在工作中感受到生命的意义。通过保持学习的能力，及时铲除发展道路上的障碍，不断突破组织成长的极限，使组织学习力和竞争力有机地结合，从而与时俱进以保持可持续发展的态势。

彼德·圣吉在 1990 年出版的《第五项修炼》一书中提出的学习型组织的五项修炼，是培育团队认同与成熟的必修课，对于领导者来说首先必须了解这五项修炼的基本内容，然后创建自己的学习型组织。（1）自我超越。这是学习型组织的精神基础。自我超越通过学习不断理清并加深个人的真正愿望，集中精力，培养耐心，客观地观察和面对现实，以真心向往的愿望出发，不断努力实现，是一种真正的终身学习。（2）改善心智模式。自我审视，有效地表达自己的想法，学会宽容。彼德·圣吉提出的心智模式是根深蒂固于心中，影响我们如何了解这个世界以及如何采取行动的许多假设、成见，甚至图像、印象。心智模式将随着时代的变化而变化。（3）建立共同愿景。愿景是一种吸引和召唤着我们的目标，当组织对自己的目标方向、前景等都有一个清楚的解释并得到广泛的理解与合作支持时，成员个人也就能相对容易地在组织中，在一种更为广泛的社会范围里找到自己的正确位置。共同的愿景能改变成员与组织间的关系，能将组织成员紧密地团结起来，为组织的学习提供焦点和能量，可以说没有共同愿景，就不会有学习型组织。要建立共同愿景就要先鼓励个人愿景，有了个人愿景才有可能汇集成共同的愿景。在形成共同愿景的过程中，必须放弃共同愿景是由最高层做出并宣布的或来自组织制度化规划过程的传统观念；而应该是组织成员间相互交换看法，充分表达自己的愿景，认真听取别人的愿景，相互启发，融汇成共同的愿景。（4）团队学习。团队学习是建立组织学习修炼环境，以激发自我学习的氛围和机制。优秀的领导者能够通过团队学习，对组织人员的潜力进行最深程度的挖掘。领导者必须教会组织如何在学习过程中不断发展，不断完善，并最终引导其迈向成功。（5）学会系统思考。系统思考要求人们运用系统的观点来看待组织的发展。系统思考是学习型组织的核心。通过第五项修炼能把其他各项修炼结合成一体，相互促进，而系统思考也要靠其他四项修炼来发挥作用。学习型组织面向未来，向往新挑战、新机遇，注重革新精神、创新精神。所以，合格的领导者会在危险的质变到来之前设法将自己的缺陷修补。

约翰·瑞定从战略规划理论的角度，分析组织学习的各种模式以及学习型企业的基本特点，提出了学习型组织的第四种模型，对创造激发创意和学习环境的领导艺术，很有启发。该模型有四个基本要点，即“持续准备—不断计划—即兴推行—行动学习”。（1）持续准备。在学习型组织中，其战略改革始终处于一种持续的准备阶段，它并不针对某个特定的改革项目，而是广泛地关注企业与环境的协调，不断质疑经营行为，为一般意义的改革做好永久性准备，使组织能够随时应付由多变环境带来的挑战。（2）不断计划。在学习型组织中，提倡设计开放的、灵活的计划，即要不断修订计划、增加计划的弹性、让员工参与计划的修订。（3）即兴推行。学习型组织在推行改革计划的过程中，鼓励员工充分发挥潜力，采取即兴创作的原则创造性地实施改革计划。（4）行动学习。学习型组织提供大量的机会使组织随时检验行动，及时做出反应，从而调整组织的行动路线，提高改革的效益，加快改革的进度。

（二）团队协作与信息共享的领导艺术

团队领导已成为现代领导者取得成功的必备技能，这是不争的事实。传统的机械式组织，由于其刻板且拘于形式，它的权力关系加强了组织中的纵向互动，也损失了横向交流的渠道。而团队协作打开横向交流的渠道，也是增强整个组织弹性的一种方式。从传统的等级制组织结构到以团队为基础的组织结构的转变，是一个从量变到质变的过程。它并不只是简单地摆脱了权威的束缚，而是对组织内权力运用方式、传统官僚体系的一次重大挑战。在实践中，团队协作的效力不存在既定的自然法则。它决定于团队领导，决定于领导能否使团队的资源充分发挥出来，能否使这些资源合成共同的能量。

信息资源是指产生于社会内部或外部的，社会可能得到和利用的与社会生产经营活动有关的各种信息。信息资源具有以下四个基本特点：时效性、有序性、共享性和可储存性。知识经济时代，信息资源呈现出新的特点：全方位性、快速变化性和"爆炸性"。针对信息资源的新特点，领导者在知识经济时代要获得更多信息，更好地实施领导，就要努力使整个团队分享信息。只有分享信息，才能尽可能多地利用现代信息技术，充分开发公共信息资源，及时地把握机会，做出决策，增进运行效率，从而提高新时代竞争力。要实现信息共享，领导者就要突破部门之间与地区之间的纵横限制，认真解决好"信息孤岛"问题，实现真正意义上的信息资源社会化。

（三）跨文化的领导艺术

跨文化领导是领导者在由不同国籍、不同价值观念和不同文化背景的员工构成的组织中所实施的一种统领和协调的行为。跨文化领导具有区别于传统领导的独特性，跨文化领导是一种追求知识的活动，同时也是一种在强化自我意识和尊重差异之间求取平衡的活动。如同德鲁克所说："应该使自己的跨文化性成为一种长处，在管理结构、管理职务和人事政策上完全超越国家和文化的界限，既不可能，也不可取。真正需要的是在相互决定的各种需要和要求之间求得一种浮动的平衡。"当今世界，真正有效的领导很少能独立于制定经济决策的全球环境的影响之外。这样，跨文化领导成为一个国家和组织区别于其他国家和组织的最重要的竞争优势。而这些优势究竟以什么方式和多大程度上发挥其效能，则取决于领导者的能力。我们必须借助于一些基本手段实现有效的跨文化领导，如开展跨文化培训，学习与了解外国文化；正确识别文化差异，发展文化认同；促进跨文化沟通，增强跨文化理解意识；建立共同价值观和组织文化，促进文化整合与交融。

不同的文化有不同的领导观，不同文化的员工对领导者有着不同要求和期望，不同文化的员工在管理目标、经营观念、管理风格等诸多方面存在明显差异，跨文化背景使传统的单一文化的思维方式失效，使人们不得不改变他们的认识与态度，无形中会导致企业管理的混乱和冲突，使经营环境复杂化。因而领导理论的运用必须根据文化的特点进行，必须根据文化的不同来调整已有的甚至被证明是有效的领导方法。正如美籍日裔管理专家威廉·大内所说："每种文化都赋予其人民以互不相同的特殊环境，因此，虽然同样的行为原理对于不同的文化是适用的，但由于当地情况的差别而形成的社会结构和行为模式可能使其具有很大的差别。"通过文化差异的识别、跨文化培训和跨文化沟通，领导者提高对不同文化的鉴别和适应能力，并将在对文化共性认识的基础上，建立起共同的价值观和组织文化。在全球化浪潮中诞生的跨文化领导者，不仅是驾驭新型文化环境的能手，而且还是吸收先进领导理念和黏合各种文化资源的巧匠。

分享案例

作为中国创造型和知识型企业的代表，百度在创始人兼 CEO 李彦宏的带领下，从一家只有七个人的创业型公司，发展成在中国的搜索份额超过七成的全球最大中文搜索引擎公司。

李彦宏在经营管理上有自己的独到之处。有一天，李彦宏参加了一个由产品副总监召集的讨论会。像往常一样，李彦宏在这次会上就像不存在，这个关于百度是否要进入一个新领域并进行投资的讨论会几乎在一种无序的情况下进行。产品副总监和其他被邀参会者各自陈述了对进入这个领域的看法，与会者自由发表意见及理由。

会议进行了将近两个小时，最后这场看似将要毫无结果的会议在一位百度副总裁拍板下决定“暂不进入该领域”，尽管后来李彦宏又提出可以先和这个领域的某个不错的公司“合资”试试，但这个想法马上被一个通过电话参加会议的高管否定。他认为应该先合作一段时间，深入了解一下这个公司，如果有价值再投资，因此应该先“合作”。这是这次会议形成的最终决议。

这样的会议在百度司空见惯。在百度，讨论任何问题，即使是李彦宏的意见，也仅仅是“一己之见”，而不是领导意见。在李彦宏讲话过程中，任何人都可以随时打断，发表自己的观点，或者提出质疑。在一些非绝对重要性的问题上，李彦宏的意见常常被否定。但这恰恰被认为非常符合李彦宏推崇的“百度不仅是李彦宏的，更是每一个百度人的”原则。李彦宏和百度的其他管理层也在尽量维护这种学长式的讨论氛围，刻意打破开会时从职位高的人开始发言的制造企业传统，努力减少高职位员工在公司决议上对普通员工的影响。在他们看来，作为一家知识型公司，百度不应该像传统制造业那样进行家长式的领导；要尽量用网络式的组织形式去替代那些阶层式的组织；用民主参与替代简单命令；用团队作战去替代个人英雄主义。

李彦宏的领导风格是西方特色与中国文化底蕴相结合的风格，这种风格不同于传统的中国企业家长式或草莽式领导风格，它具有自省和自律、胸怀和远见、信任与尊重、专注与专业、领先与超越的领导风格。百度的管理、文化都反映了李彦宏的这种领导风格，有人称李彦宏的这种领导风格为“君子型领导”。

第三节　领导方法与领导艺术之比较

一、领导方法与领导艺术的区别

领导方法是领导者为履行领导职能、实现领导目标、完成领导任务而采取的一系列技巧和手段的总和。领导方法是领导哲学层次上最重要内容之一，主要探讨在领导过程中如何操作才能取得更好效果的问题。领导方法是领导者分析问题、解决问题的做法、方式和手段，领导艺术是领导者在分析问题、解决问题时表现出来的智慧、才能和技巧。领导方法是在长期的领导工作实践中形成和发展的，并且在实践中接受检验和发挥作用，它有一定的时代性、条件性和规范性。

领导艺术是对领导方法的巧妙综合和得心应手的应用以及随机的恰当的处置，也就是那些非程序化、非模式化、非定量化的高超的领导技能。领导艺术是领导者的学识、智慧、才能、胆略、作风、经验等多种因素的综合反映，表现为领导者创造性地灵活运用已掌握的多种知识和领导方法，具体分析各种复杂因素，妥善解决领导工作中实际问题的综合能力，贯穿于整个领导过程和领导活动的各个方面，存在于每一个领导行为之中，直接影响领导效果。领导艺术不仅与领导者的实践经验有关，而且与领导者个人的素养、风格等密切相关，它是将领导方法加以熟练而巧妙地运用的结果，具有更多的非理性。

领导艺术和领导方法是领导者在实现目的的活动中运用的两种不同的十分重要的手段。毛泽东同志曾指出："我们不但要提出任务，而且要解决完成任务的方法问题，我们的任务是过河，但是没有桥或没有船就不能过，不解决桥和船的问题，过河就是一句空话，不解决方法问题，任务也只是瞎说一顿。"在这里，领导方法是指"桥""船"。至于怎样过"桥"，如何掌握"船"则是领导艺术问题了。

美国一位运筹学家对科学方法和领导艺术的特点进行了概括和比较：科学方法的特性：（1）定量为主；（2）程序化、规范化；（3）逻辑上严格；（4）可以用数学方法描述；（5）假设可以用试验证实和修正。领导艺术的特性：（1）非定量为主；（2）非程序化，非规范化；（3）创造性；（4）用心理活动的方式描述；（5）用大脑直接判断。以上区分是适应领导艺术和领导方法的。

此外，领导方法与领导艺术还有以下几方面的区别：（1）领导方法具有较为稳定的程序，可以形成确定的规范，建立一定的数学模型输入计算机，通过定量和定性分析控制工作过程。而领导艺术则无法精确规范，也没有固定程序，全凭领导者依据客观情况、随机灵活地处置，具有非定量性和不确定性。（2）领导方法具有重复性，可反复使用。不同的领导工作可使用相同的方法，一种方法可以在不同情况下应用。而领导艺术则不然，它是在一定客观条件下，对特定对象采取的独特处理方式，具有一次性特点。领导者针对不同问题，在不同时间、不同条件下体现出的领导艺术绝对不一样。领导艺术因人而异、因事而异、因时而异。（3）领导方法是每个领导者所共有的，领导艺术则是属于个别人的，只有那些善于动脑、勤奋实践的领导者才能够具有。

当然，领导艺术和领导方法所包含的内容的划分不是绝对不变的。领导艺术中规范化、理论化的东西可以转化成为领导方法。随着社会的进步和科学技术的发展，一些属于领导艺术的东西，由于领导者的总结，被广大领导者所接受，并不断地理性化，而逐渐转化为领导方法。例如，众所熟知的"走马看花""解剖麻雀"等领导方法就是由原属领导艺术转化而来的。再如当代讲究的系统领导方法，在第二次世界大战前还属于领导艺术的范围。需要指出的是，并不是所有的领导艺术都会随着社会的发展而转变为领导方法。在领导活动中，一些领导艺术没有必要转化为领导方法，一些领导艺术也根本不可能转变为领导方法。这就是说，一些领导艺术总是处于高于领导经验，低于领导方法的层次位置。

领导艺术和领导方法在一定条件下常常是不可分割、融为一体的。领导方法的巧妙而卓越的运用，可成为领导艺术。所谓“运用之妙，存乎一心”，将领导方法“运用之妙”就是领导艺术。

二、领导方法与领导艺术的关系

（一）共性与个性的关系

领导艺术是少数人掌握的一种技能和技巧，为了使更多的人掌握和运用这种技能和技巧，有必要把它们条理化、系统化，但是这样一来它就成为领导方法了。所以，领导方法是对领导艺术的概括和总结，它具有普遍性，所有领导者都可以学会它、掌握它。领导艺术却不然，它是对领导方法的创造性运用，是因人而异的。有人认为领导艺术有“出神入化”“只能意会，不能言传”之意，实际上领导艺术只有在领导方法的指导下才能不断提高，领导方法也只有不断地在领导艺术中吸取营养才能不断发展。

（二）模式化与非模式化的关系

领导方法表现为特定的规范化、程序化、模式化的套路，领导艺术则表现为非程序化、非模式化的动态过程。领导艺术体现领导者生气勃勃的创造力，处在永远不停的变化之中，它的内容愈丰富，模式化也愈成熟，从而推动领导方法的不断发展与更新；而领导方法愈完善，愈能推动领导艺术向更高水平发展。因此，领导艺术与领导方法是相辅相成、相互促进的。

（三）理论性与经验性的关系

领导方法属于理论范畴，具有普遍的指导意义，而领导艺术不管它有多么高超，都不会超出经验的范围。领导方法来源于领导艺术，是对领导艺术的理论概括；领导艺术则是领导方法理论在实践中的具体运用。领导方法虽然来源于领导艺术，但是要把领导方法运用好，还必须把领导方法上升到领导艺术的高度，在工作中才能得心应手，运用自如。要做到这一点，除了掌握领导方法理论外，还必须有较丰富的领导实践经验，做到理论与实际相结合。

（四）科学与技能的关系

领导方法是科学的知识体系，是以程序化、规范化为特征的；而领导艺术则是一种超规范化、超程序化处理问题的特殊技能。例如，在情况不十分明朗、作决策时包含某种猜测成分、思维需要进行非程序化概括时，仅靠程序化、规范化的领导方法理论是无能为力的，而必须把其与超规范化、超程序化的领导艺术结合起来。在现实生活中，领导作决策时若遇到这类问题，就需要把科学与技能很好地结合起来，这正是科学的领导方法与高超的领导艺术的巧妙结合。

三、领导艺术是领导方法的高级形态

从领导过程和领导活动来说，虽然有些领导艺术低于领导方法的层次，但就总体而言，领导艺术是领导方法的高级形态，它们都是领导科学的有机组成部分。

这里包括两层含义：其一，领导艺术是属于领导方法的范畴。毛泽东曾经指出："善于把党的政策变为群众的行动，善于使我们每一个运动，每一个斗争，不但领导干部懂得，而且广大群众都能懂得，都能掌握，这是一项马克思列宁主义的领导艺术。"可见，在毛泽东的看法中，领导艺术和一般领导方法一样，也是在领导活动中为达到某种目的、完成某种任务而采取的程序和手段。以往之所以出现用领导方法代替领导艺术的现象，原因也就在这里。

其二，领导艺术高于领导方法。领导艺术是原则性和灵活性的高度和谐，是理论和实践的巧妙结合。古人云："阵而后战，兵法之常，运用之妙，存乎一心"；"兵无常势，水无常形，能因敌变化而取胜者，谓之神"。由此我们可以悟出，一般的领导方法是"常"的状态，而领导艺术则是"妙"的境界，"神"的境界。

领导艺术高于领导方法理由包括以下三个方面：（1）从领导活动的实施过程来看，领导方法有比较稳定的程序，可以作比较精确的规范，甚至可以建立数学模型，用电子计算机进行定性、定量分析，控制工作过程，预测工作效果。而领导艺术则不拘一格、随机而断，目前还很难做出精确的规范，全靠领导者依据自己的智慧、学识、才能、胆略、经验去灵活掌握。（2）从适用范围看，领导方法是广泛使用的方法，而领导艺术则常常是在特定的环境、特定的条件、特定的活动、特定的对象中由特定的领导者表现出来的，无法照搬照套。（3）从领导活动的主体看，领导方法属于一切领导者，而领导艺术属于那些有胆识、有经验的聪明的领导者。对于一个领导者来说，只有掌握了一般的领导方法，有了较多的领导实践，才有可能具有领导艺术。正如写字一样，人们开始学写字的时候，要临帖，掌握要领，讲究法度，然后在此基础上进行创造，才能进入挥洒自如、下笔有神的境界。书法艺术和领导艺术虽然是两个不同的范畴，但事不同而理同。就像写字一样，全国有几亿人在写字，但书法家却是少数，书法艺术作品也是少数。写字和书法艺术在形式上几乎相同，但却是两种不同的境界。

由此可见，领导艺术既与具体的领导方法相联系，是对领导方法出神入化的运用；又与领导者的重大决策和正确引导、指挥有关，体现领导者个体和群体的素质，是对领导者智慧、知识、经验、勇气等因素的科学结合和高度升华。

总之，我们认为，领导艺术中规范化的东西可以成为领导方法，而将领导方法加以熟练地运用，就可成为领导艺术，两者常常是不可分割、融为一体的。领导艺术和领导方法都是一种手段，可以贯穿领导活动的全过程，这是它们的联系。而它们的区别则主要表现为一种层次性。这种层次性，不是指高级领导者有领导艺术，基层领导者就没有领导艺术，而是指领导艺术要求更高一些，运用更巧妙一些，因而效果也更神奇一些。

案例讨论

深圳航空公司凭借其优良的服务，已成为国内优秀的航空公司之一。其成功还要归功于公司领导者的危机意识，让员工时时都有危机感。

深圳航空公司老总董力加曾坦言："深航公司规模小，生存条件相对恶劣。从开始组建深航到今天，自己天天担心的，实际上就是两个字——失败。世界上的百年老店并不多，企业界也遵守‘丛林法则’，我们必须天天为生存奋斗，一步不慎就可能垮掉。深航努力使每个员工都具有危机感，意识到饭碗和乌纱帽都是捧在手上而不是锁在保险柜里，然后通过管理把这种危机感所产生的紧张转化成生产力，这样我们才能活下去。”

“天天都有危机感”成为深航人始终挂在嘴边的一句话。为此，他们“吃着碗里的，看着锅里的，种着田里的”。为了使企业始终充满朝气与活力，深圳航空公司提出了“为每个员工前面铺一条路，后面挖一条沟”的理念，也就是说，深圳航空公司中的每一个员工都必须努力向前而没有后路可退。为此深圳航空引入竞争上岗制度和末位淘汰制度，这就是他们为员工挖的一道沟。在深航，管理层员工如果不称职或连续两年基本称职就会被淘汰，真正实现了“干部能上能下，员工能进能出，工资能升能降，机构能设能撤”的动态模式。

正因为这种危机感让员工明白昨天的辉煌不是今天的辉煌，更不是明天的辉煌，也正是这种危机感为深圳航空公司蓬勃发展提供了不竭动力。一家看似不大的国内航空公司，却拥有全国民航1/50的飞机，取得了民航市场1/5的利润，让同行和专家羡慕不已。

讨论问题：

1．从领导方法与领导艺术的角度，诠释“为每个员工前面铺一条路，后面挖一条沟”的理念。

2．“干部能上能下，员工能进能出，工资能升能降，机构能设能撤”的动态模式体现了哪些领导方法与艺术？

3．你对案例中的“理念”和“模式”有哪些不同的看法？

第七章 团队领导的方法与艺术

引导案例

阿姆科公司是一家从事钢铁行业的企业，在钢铁业逐渐成为“夕阳工业”以后，它的日子开始艰难，尤其在进入20世纪90年代以后，公司的资金不断流失，在这种情形下威尔走马上任，开始进行根本性的改革以挽救公司。他的一项最重要的举措就是：“非把每个人都拉来战斗不可。”

这不是一句宣传性的战斗口号，而是威尔在整顿企业的过程中切身体会到的最紧迫的问题。有一次他把心理学家请进公司，派他们到业绩最好的工厂去，请他们找出工厂里实现成功的真正带头人，弄清成绩应归功于谁。

结果令他惊奇，心理学家们回来竟说：“工厂里没有带头人。”威尔不相信地说：“什么？在我们最赚钱的、为顾客服务最出色的工厂里竟然没有带头人？”心理学家们说：“对。工厂里有我们前所未见的最佳团队。所有的人都在互相合作。每一个人都把功劳归于别人。没有整个团队什么也干不成。”

自那以后，威尔对用人有了新的看法，他决定建立一套训练制度以鼓励团队行为。他说：“以前我们发现了杰出人才马上把他提拔到总公司去，使他离开了主流大众，这样做效果并不好。”于是，阿姆科公司设法造就一种新型的领导者，这种领导者与以往的“人杰”不一样，他不是在那里想方设法最大限度地展示个人的才能，而是尽可能地发挥团队的力量。他总是把成绩归功于他的部下，他能了解谁最需要帮助。

靠团队而不是靠个人，这套新的领导方法实施后，威尔发现他成功地达到了他的目的——把公司的每一个人都拉来战斗。而在他发现自己已经做到这一点以后，他又有了另一个令人惊喜的发现——公司亏损的局面开始得到扼制。不久，公司的账面上开始有了新的盈利，且盈利的数额越来越大。

从案例中可以看到，团结、高效的工作团队对于处在复杂环境下的企业是多么的重要。当今商业社会时刻充满挑战，人们很容易陷入孤立状态。尤其在今天复杂的社会中，面临激烈的竞争，没有一个组织能够单独完成所有事情。成功的关键就是个体、集团以及其他组织之间灵活有效的合作。在 20 年前，当世界一流的企业，如丰田、麦当劳等公司把团队模式引入到企业生产过程中时，曾经轰动一时，并一度成为新闻热点；而今天，团队运作的方式已经蔓延到几乎所有的组织中，致力于建设高绩效和优质的团队，已经是摆在领导学研究面前的重要课题。

第一节　团队的概念与特征

一、团队的概念

现代领导活动越来越重视团队建设，许多组织也都倡导建立团队，其中不少人也把自己的工作群体称之为团队。然而事实上，工作群体与团队是完全不同的两个概念。有关团队的定义，由于研究目的的不同而有所差异。琼·R. 卡扎巴赫与道格拉斯·K. 史密斯在《团队的智慧》一书中将团队定义为一些才能互补并负有共同责任为统一目标和标准而奉献的少数人员的集合。刘易斯认为，团队是由一群认同并致力达成共同目标的人所组成，这一群人相处愉快并乐于工作在一起，共同为达成高品质的结果而努力。杰瑟普（Jessup）认为，团队应拥有共同的目标，成员间相互依赖、彼此承诺以达成目标。我们认为团队是指一种为了实现某一目标而由相互协作的个体成员组成的正式群体。仅仅把人们安排在一起工作，并不等于就把普通组织变成了以团队为基础的组织。团队可以被看作是任务群体的一种特殊类型，是由负责实现目标的两个或更多的个体组成的，不同的团队具有不同的团队功能，不同的团队成员担任不同的角色，并且都对最终成果作出了贡献。

团队和工作群体经常会被混为一谈，但二者之间有本质的区别。那么，工作群体和工作团队到底如何区分呢？可以说“团队”一词脱胎于工作群体，但是又高于工作群体。罗宾斯认为，所有的工作团队都是群体，但只有正式群体才能成为工作团队。卡岑巴赫（Katzenbach）和史密斯（Smith）认为，在许多情况下，“团队”比“群体”有更多的含义，他们认为当群体成员间发展到有共同的承诺感和力求协同行动的时候，该群体就发展成为团队。所谓工作群体，是由组织中若干人组成的，具有目标导向的，相互联系、相互作用、相互依赖，有一定组织关系的人群集合体。在工作群体中，成员的工作机制也是相互作用、共享信息、共同决策。但是，在工作群体中缺乏成员之间的协同机制，个人不一定要参与到需要共同努力的集体工作中，因此工作群体绩效也仅仅是每个群体成员个人贡献的总和。由于工作群体中不存在一种积极的协同，而且有时还会因为冲突而使协作成本加大，所以群体总体绩效水平反而常常会低于个人绩效之和。

虽然工作群体和工作团队都是为一个特定的目标或任务而建立起来的，但是二者之间还是具有明显的区别。

（1）在领导方面。一个群体中通常有明确的领导人；而团队则不同，尤其是当团队发展到成熟阶段，团队中的成员可以共享决策权利。

（2）在技能方面。群体中每个成员所拥有的技能可能是不同的，也可能是相同的；而团队是把具有不同知识、技能和经验的人综合在一起，团队成员的技能是互补的，从而能够实现整个团队的最佳组合。

（3）在目标方面。群体的目标必须与组织目标保持一致；团队除了与组织目标保持一致外，也可以制定自己的目标。

（4）在配合方面。群体的协作程度一般，成员之间很可能根本就无法配合；团队在协同的时候比一般的工作群体更主动、更积极。

（5）在责任方面。群体的领导者要承担很大的责任，而团队中除了领导者要负责之外，每一个团队成员也要共同承担责任，甚至要相互负责。

（6）在结果方面。群体的绩效是每一个个体的绩效相加之和；团队的结果是由所有成员共同完成的，团队成员的共同努力能够产生“1+1>2”的效果。

因为团队成员在技能、经验和知识上具有互补性，正如罗宾斯所认为的“工作团队通过其成员的共同努力能够产生积极协同作用，其团队成员努力的结果使团队绩效水平远大于个体成员绩效的总和”。表 7-1 对工作团队及工作群体进行了区分。

表 7-1　工作群体与工作团队对比

比 较 类 别	工 作 群 体	工 作 团 队
表示图形		
领导	明确的领导者	分担领导权
技能	随机的或不同的	相互补充的
目标	与组织一致	自己形成
协同配合	中性（有时消极）	积极
责任	个人负责	个人或共同承担
结果	个人成果	集体成果

从以上对于团队的定义可以看出，并非所有的群体都要以团队的形式组建，因为团队建设需要付出更多的成本。例如，团队需要管理更多的冲突，需要召开更多的会议，这些都需要更多的时间和资源。在一些群体中，个体要完成任务并不需要依靠别的成员。例如作家这个群体，他的活动性质决定了他与其他人之间的相互依赖机会很少，而且他的成果并不取决于其他人的协同配合，因此作家这个群体就没有必要像团队那样共同工作。但是工作群体也有转化成团队的可能性，如果成员联系更紧密，共享信息、相互合作、相互支持，群体就发展成了团队。团队的工作成果远远大于不能协同工作的群体，更多时候，组织需要的是工作团队，而不是工作群体。因此，在组建团队时要考虑以下三点：第一，团队成员之间的相互依赖程度。在此群体中，每个人的工作都与其他人工作密切相关，而且其他人的工作不出成果，他也不可能出成果，相互依赖的程度要求团队的需要在个人的需要之上，大家协同工作，个人的活动和行为必须与其他人密切配合。例如，篮球是一项团队运动，只有通过相互依赖的队员之间的默契合作才能使整个团队获得成功。第二，团队的目标在多大程度上凌驾于各成员的个人目标，如果说个人目标比团队目标更值得注意的

话，组建团队就不合适。例如，游艇制造公司为了更好地满足顾客的需要，将销售代表、客服人员、设计师、机械师和零部件专家等联系起来组成一个团队。这种团队就可以更好地管理合作职责，保证顾客的需求得到满足。第三，工作的复杂性和是否需要不同观点。当工作是不需要不同观点的简单任务时，不适宜组建团队。

二、高效团队的特征

从团队的定义可以看出，团队是按照一定目的，由两个或两个以上的成员所组成的工作小组。在这个小组中，成员之间彼此分工合作，沟通协调，齐心协力共同承担成败责任。一个真正的团队一般是由相互信任、技能互补、共同目标、相互负责的成员所组成的。一个优秀、高效的团队能够为组织带来非同寻常的竞争力，通常具有以下特征。

（一）清晰的目标

每个团队都有要达到的目标，且是一个清晰的、可操作的、有挑战性的目标。它是基于团队的愿景，与团队发展前景紧密相连的。团队设立目标是要团队成员向前看齐。高效的团队对于主要要达到的目标有清楚的了解和认识，并且坚信这一目标包含着重大意义和价值，团队成员才会把它转变为具体的、可衡量的、现实可行的绩效目标。而且，这种目标的重要性还激励着团队成员把个人目标升华到团队目标中去，并根据团队的目标调整自己个人的目标。在高效的团队中，成员愿意为团队目标作出承诺，清楚地知道希望他们做什么工作，以及他们怎样共同工作最后完成任务。如果一个团队没有一个明确、具体的目标，那么整个团队成员就会变得困惑、懒散，更不可能表现出色。

（二）相关的技能和高度的创造力

高效的团队是由一群有能力的成员组成的，他们具备一定的技术专长，具有解决问题和决策的能力，而且相互之间有能够良好合作的个性品质，从而出色完成任务。特别是人际关系技能容易被忽视，有精湛技术的人并不一定就有处理群体内部关系的技巧，一个高绩效的团队往往兼而有之。成员间融洽和谐的人际关系，使团队成员在愉快、放松、舒畅的氛围中工作，成员之间能够坦诚相见，彼此尊重，有利于缓解团队成员的压力，增强其责任感及荣誉感。高效团队凝聚全体成员的创造力来提高生产作业水平和开发新产品、新服务、新市场。

（三）相互的信任

信任是合作的基础，是组织成员影响工作绩效及成果的一个重要关键因素。团队成员之间相互信任是高效团队的显著特征，也就是说，每个团队成员对其他人的品行和能力都确信不疑，只有信任他人才能换来被他人的信任，不相信他人只能导致不被信任。所以，团队领导者特别重视并维持团队内的相互信任。其中，组织文化和领导者的行为对形成相互信任的团队气氛很有影响。如果组织崇尚开放、诚实、协作的办事原则，同时鼓励员工的参与和自主性，就比较容易形成信任的环境。只有团队成员间的彼此信任，才能在工作中密切合作，协同配合，工作中才能集思广益、博取众长。罗宾斯在其《管理学》一书中列出了有助于管理者建设并维持信任的六种活动，如表7-2所示。

表 7-2　帮助管理者建设信任的六条建议

1．**沟通交流**。通过解释相关决策和政策、提供及时反馈等途径，向团队成员或下属通报信息；坦率地承认自己的缺点和不足
2．**支持下属**。对团队成员和蔼可亲，平易近人。鼓励和支持他们的想法
3．**尊重下属**。真正授权给团队成员，认真倾听他们的想法
4．**公正无偏**。恪守信用，在绩效评估中做到客观与公正，慷慨地提供你的表扬
5．**易于预测**。处理日常事务应始终如一，兑现你所做出的或明确或隐含的承诺
6．**展示实力**。展示自己的专业技术能力和良好的职业素养，赢得下属的钦佩与尊敬

分享案例

在博弈论中有一个经典案例——囚徒困境，说的是有两个囚徒一起做坏事，结果被警察发现抓了起来，分别关在两个独立的不能互通信息的牢房里进行审讯。在这种情形下，两个囚犯都可以做出自己的选择：或者供出他的同伙（即与警察合作，从而背叛他的同伙），或者保持沉默（也就是与他的同伙合作，而不是与警察合作）。这两个囚犯都知道，如果他俩都能保持沉默的话，就都会被释放，因为只要他们拒不承认，警方无法给他们定罪。但警方也明白这一点，所以他们就给了这两个囚犯一点儿刺激：如果他们中的一个人背叛，即告发他的同伙，那么他就可以被无罪释放，同时还可以得到一笔奖金。而他的同伙就会被按照最重的罪来判决，并且为了加重惩罚，还要对他施以罚款，作为对告发者的奖赏。当然，如果这两个囚犯互相背叛的话，两个人都会被按照最重的罪来判决，谁也不会得到奖赏。

那么，这两个囚犯该怎么办呢？是选择互相合作还是互相背叛？从表面上看，他们应该互相合作，保持沉默，因为这样他们俩都能得到最好的结果：自由。但他们不得不仔细考虑对方可能采取什么选择。A犯不是个傻子，他马上意识到，他根本无法相信他的同伙不会向警方提供对他不利的证据，然后带着一笔丰厚的奖赏出狱而去，让他独自坐牢。这种想法的诱惑力实在太大了。但他也意识到，他的同伙也不是傻子，也会这样来设想他。所以A犯的结论是，唯一理性的选择就是背叛同伙，把一切都告诉警方。因为如果他的同伙笨得只会保持沉默，那么他就会是那个带奖出狱的幸运者；而如果他的同伙也根据这个逻辑向警方交代了，那么，A犯反正也得服刑，起码他不必在这之上再被罚款。所以其结果就是，这两个囚犯按照不顾一切的逻辑得到了最糟糕的报应：坐牢。

相互信任是团队的基石，尤其是在遇到类似的两难境地时，团队成员更需要相互之间有足够的了解与信任，也就是说，外面已经这么险恶了，一定不能再在自己的营垒内出现一个背后捅自己一刀的人。

（四）良好的沟通

信任可以建立起团队成员相互沟通的网络，具有良好的沟通是高效团队必不可少的一个特点。团队的沟通基本是无滞延的，沟通层次简捷，信息传递快速。团队成员通过畅通的渠道交换信息，包括各种语言和非语言的信息，不断地发现问题、解决问题。此外，管理层与团队成员之间健康的信息反馈，有助于领导者指导团队成员的行动，消除误解，并能迅速正确地了解一致的想法和情感，促进团队合作，提高团队的工作质量和工作效率。领导者有良好的沟通，也能化敌为友，奠定团队发展和自己成长的坚实基础。

分享案例

在英国，想当首相，必须是某个政党的党魁，因此，党内的夺魁斗争一向十分激烈，各方往往撕破脸皮，竭尽排斥、贬低和打击对方之能事。

撒切尔夫人不赞成前首相希思的政策主张，先是支持基思·约瑟，同希思竞选，继而亲自上阵。希思认为，这个小娘子有意与自己作对，心中大为不快。

竞选期间，希思的人马故意打出"我支持杂货商，但不支持他的女儿"的口号，把撒切尔夫人的家底翻出来，作为攻击手段。

对于这种非绅士做法，撒切尔夫人十分气恼。

双方的对立情绪，一度达到空前紧张的程度。

1975年，撒切尔夫人当选党魁后，她冷静下来。参加首届大选，必须弥合与失败者的裂痕，恢复保守党的团结，稳定自己的后院。

在党内，希思的追随者不少，势力不能小看；在国际上，他的声望较高，影响很大。

没有希思的支持与合作，要战胜执政的工党，还有较大困难。

撒切尔夫人主动捐弃前嫌，不念旧恶。

获胜后，撒切尔夫人的第一个行动，就是拜会希思，热情邀请他参加影子内阁，结果被一口回绝。

撒切尔夫人并不灰心，她的第二个行动是，请希思手下的总督导员怀特洛出任保守党副领袖，结果，怀特洛欣然接受邀请。

撒切尔夫人的做法符合许多保守党人的心愿，结果得到广泛支持。

1976年10月，在保守党年会上，撒切尔夫人主动发出和解信号。在讲话中，她热情赞扬希思过去的政绩，在政策主张上，作出一些调整和修补，又采纳希思的一些观点，使两派在对外政策上明显接近。

此时，希思发表声明，对撒切尔夫人"完全相信"，支持影子内阁的内外政策。

撒切尔夫人"敦临"的厚重待人，最终确立了自己在党内的领袖地位，为登上首相宝座奠定了坚实的基础。

（五）高度凝聚力

高度的凝聚力是团队强大生命力的表现。任何一支优秀的团队都具有高度的凝聚力，这种凝聚力使所有成员都具有高度使命感，无论团队是在辉煌的时候还是在挫折的时候，每一个成员都能紧密相连，将团队的整体利益置于个体利益之上。为了使团队获得成功，他们愿意从事任何工作。团队的凝聚力也是团队的重要资本，是团队成员归属感强烈的表现，能将所有团队成员的奉献精神激发出来，并致力于为实现团队目标而发挥自己最大的潜能。

分享案例

隆巴迪是个有传奇色彩的橄榄球教练。他曾对朋友谈起球队的成功秘诀："一个球员起码必须知道打球的基本规则，以及怎样打好自己的位置。其次，必须训练他跟其他球员做好配合。最重要的，还须使球员明白，打球必须发挥整个球队的作用，不能各打各的，不相互照应。球赛不是个人的明星式表演，我把这种精神称为'团队精神'。"

他还说："但是，许多好球队虽然有很好的教练，球员们也懂得竞赛规则，而且训练有素，但还是不能取胜，为什么？就是因为缺乏我说的'团队精神'。如果球员彼此之间紧密团结、相亲相爱，发挥团队精神，在赛场上能想到身边的队友的安全，想到球队的荣誉，就会全力去拼搏。""一个优秀的球队之所以不同于普通球队，关键在于球员是否相互关切、配合默契，这就是'团队精神'。如果球队里充满了这种精神，这个球队一定可以稳操胜券。"

隆巴迪所反复强调的"团队精神"就是高度的凝聚力，就是团队成员心中一种浓郁的"家人意识"。一个常胜的球队如此，一个成功的企业更是如此。团队精神强调团队内部各个成员为了团队的共同利益而紧密协作，从而形成强大的凝聚力和整体战斗力，最终实现团队目标。

（六）恰当的领导

领导者的角色在团队中的作用举足轻重。领导者个人的素质、性格、领导方式与风格也对团队的形成和效率有决定性的影响。优秀的领导者不一定非得指示、控制或命令，高效团队的领导者往往担任的是教练和后盾的角色，他们为团队指明愿景，对团队提供指导和支持，向团队成员阐明变革的可能性，鼓舞团队成员的信心，帮助他们更充分地了解自己潜力从而发挥更大的创造力，跟随自己共同渡过最艰难的时期，实现组织的使命和愿景。

（七）各司其职

团队中每一位成员都不可或缺，并且清晰地了解自己的职责。在对团队目标有了共同的认识以后，每一个人的行动都会对目标的达成产生贡献。团队的荣辱成败，每一个人都承担非常重要的分量，一荣俱荣，一损俱损。团队成员应当承担起各自的责任，不可以逃避，不互相推诿，大家各司其职，才能建立起彼此的期待和信任。

分享案例

在一次宴会上，唐太宗对王珐说："你善于鉴别人才，尤其善于评论。你不妨从房玄龄等人开始，都一一做些评论，评一下他们的优缺点，同时和他们互相比较一下，你在哪些方面比他们优秀？"

王珐回答说："孜孜不倦地办公，一心为国操劳，凡所知道的事没有不尽心尽力去做，在这方面我比不上房玄龄。常常留心于向皇上直言建议，认为皇上能力德行比不上尧舜很丢面子，这方面我比不上魏征。文武全才，既可以在外带兵打仗做将军，又可以进入朝廷搞管理担任宰相，在这方面，我比不上李靖。向皇上报告国家公务，详细明了，宣布皇上的命令或者转达下属官员的汇报，能坚持做到公平公正，在这方面我不如温彦博。处理繁重的事务，解决难题，办事井井有条，这方面我也比不上戴胄。至于批评贪官污吏，表扬清正廉署，疾恶如仇，好善喜乐，这方面比起其他几位能人来说，我也有一技之长。"唐太宗非常赞同他的话，而大臣们也认为王珐完全道出了他们的心声，都说这些评论是正确的。

从王珐的评论可以看出唐太宗的团队中，每个人各有所长；但更重要的是唐太宗能将这些人依其专长运用到最适当的职位，每个人的才华虽然高低不同，但一定是各有长短，因此在选拔人才时要看重的是他的优点而不是缺点，利用个人特有的才能再委以相应责任，使各安其职，这样才会使诸方矛盾趋于平衡，使其能够发挥自己所长，进而让整个国家繁荣强盛。否则，职位与才华不能适合，使应有的能力发挥不出，彼此之间互不信服，势必造成冲突的加剧。团队合作就犹如组成人体蛋白的八种氨基酸，只要有一种含量不足，其他七种就无法合成蛋白质。

（八）科学的绩效评估

团队的一般目标通常可以解释成具体的、可测量的绩效目标。高效的团队科学绩效评估系统会向高层领导者汇报团队的绩效，帮助团队了解自身的进步，检查工作的速度与进度。科学绩效评估系统是很好的指示器，能够为团队成员的奋进精神提供鞭策力。

（九）谈判技能

高效团队成员角色具有灵活多变性，总在不断地进行调整，这就需要成员具备充分的谈判技能，以应付时常变换的关系和解决团队中的问题。

（十）内部的支持和外部的支持

高效的团队需要一个支持环境。从内部条件来看，团队应拥有一个包括适当的培训、清晰合理的绩效评估系统、具有支持作用的人力资源系统等在内的合理的基础结构。恰当的基础结构既能支持团队成员，又能强化那些取得高绩效水平的行为。从外部条件看，管理层应该给团队提供完成工作所必需的各种资源。

第二节 团队的类型

当我们在组建一个团队时，首先要考虑建立什么类型的团队。根据其目标、功能和特点，可以将团队分为四种类型：问题解决型团队、自我管理型团队、多功能型团队和虚拟团队。

一、问题解决型团队

顾名思义，问题解决型团队的立足点在于解决问题，队员主要关注他们责任范围内的特殊问题，就如何改变工作程序和工作方法进行交流，提出解决问题的方案或建议。但这些团队几乎没有权力根据这些建议单方面采取行动。企业的生产车间、班组里的团队，大多属于这类问题解决型团队，即职工可对改进工艺流程以及提高劳动生产率和产品质量等问题提出意见和建议。他们是临时性团队，所以存在的时间通常比较短。在大多数情况下，问题解决型团队的目标和任务明确，团队成员聚集在一起，为完成某项特殊任务和解决一个特殊问题，一旦任务完成、问题解决，团队也就解散了。

问题解决型团队这一概念最初出自日本的“质量圈”，由美国著名的质量管理学家戴明提出。20 世纪 50 年代初，戴明被邀请到日本，为企业讲授质量管理。戴明提出一个观点——如果我们更信任和尊重员工，那么他们就可以负起责任，并且将更努力地工作。作为这一思潮的一部分，许多企业形成一些机制，鼓励员工就公司经营方面的问题提出建议，在日本这一体制后来被逐渐演变为质量监督管理小组。20 世纪 80 年代，这一概念又输回美国，并在全世界推广开来。例如，惠普公司引入“质量团队”工作方式以后，在半年之内，这些团队就将公司的绩效提高了一倍。团队的成员对公司的主管人员进行了 40 个小时的培训，然后让这些主管人员找到在其员工中实施这一做法的恰当方式。团队成员迅速在他们的工作中参与了这项革新内容，使员工变得更加负责，生产效率更高。

二、自我管理型团队

问题解决型团队在员工参与和决策方面缺乏权力，功能不足，为了弥补这种缺陷，需要建立能够独立自主并对工作的结果承担全部责任的团队，即自我管理型团队。自我管理型团队通常由 10～15 人组成，他们承担着以前自己上司所承担的一些责任。一般来说，他们的责任范围包括制订工作计划日程、决定工作任务的分配、安排工间休息，还有一些自我管理团队可以自己挑选成员，并让成员相互进行绩效评估。这样就使主管人员的重要性有所降低，但需要一个外部领导者站在战略的角度上对团队进行指导，但不干预团队的决策与行为。

自我管理型团队相较于问题解决型团队，在调动员工参与决策过程方面具有积极作用。自我管理型团队是真正独立自主的团队，它们不仅注意问题的解决，而且还执行解决问题的方案。自我管理型团队在许多著名公司里起到了明显节约成本、提高生产率和员工满意度的作用。据估计，大约 30%的美国企业采取了这种团队形式。在大型企业中，这一比例可能接近 50%。例如，麦当劳曾经成立了一个能源管理小组，其成员来自于各连锁店的不同部门的员工。该小组的主要目的是对节约能源等问题提供自己制定的方案，这对企业成本控制非常有帮助。能源管理小组把所有的电源开关用红、蓝、黄、绿等不同颜色标出。红色按钮为开店的时候开，关店的时候关；蓝色表示从开店到闭店的之间一直开。通过这种色点系统，他们就可以确定什么时候开关电源最节约能源，同时又能够满足顾客的需要，真正起到降低运营成本的作用。

不同的专家对自我管理团队的特征进行了不同的概括，哈克曼（Hackman）认为团队中自我管理行为由以下五个方面构成：（1）每个团队成员对自己的工作成果负责。（2）每个团队成员监控自己的业绩和持续寻求反馈。（3）每个团队成员管理他们自己的业绩并对其进行纠正。（4）每个团队成员积极寻求公司的指导、帮助和资源。（5）每个团队成员积极地帮助他人改善业绩。希尼（M. Cianni）和奥克（D. W anuck）认为自我管理团队负责完成工作，并进行自我管理，具体包括：进行工作计划与日程安排、给各成员分派任务、共同监控工作进度、做出操作性决策和针对问题采取行动。赫伯特·夏弗斯（C. Herbert Shivers）认为自我管理团队有很多特点，这些团队常常是：（1）建立工作时间表。（2）和外部的客户、卖主和供应商交流。（3）设定生产定额和履行生产目标。（4）进行行为训练。（5）购买设备和服务。（6）对每年行为进行评价并引导。（7）准备预算。（8）雇佣和激励员工。应该注意的是，团队采取自我管理的形式，成员可能存在流动率和缺勤率偏高的情况。而且在组织减员的过程中它的效果不太好。员工常常联合起来共同抵制执行者。因此，自我管理型团队形式的采用有一定的限制范围，需要具备一定的条件。在设计这样的团队以及期望他们的工作效率之前，组织应开展一项环境分析，以确定自我管理型团队是否与一些组织因素保持一致：（1）企业对团队有明确和具体的要求，并赋予相应的权利和责任。（2）组织的价值观和目标与团队具有一致性，组织文化和领导的支持为团队运行提供了环境。（3）组织资源、政策和训练保证团队具有竞争能力。

三、多功能型团队

多功能型团队是指为完成某项特定任务而由来自同一等级、不同工作领域的员工组成的团队。它能够监督、改善涉及组织中不同部门的工作程序，使之标准化，并有效地提高工作效率。这种团队由于跨越各个职能部门，因此打破了部门之间的界限，使得来自不同领域的员工能够交流沟通，有利于激发出新的观点和方法，协调解决负责的问题。多功能型团队的兴起是在 20 世纪 80 年代末，很多著名的汽车制造公司，包括丰田、尼桑、本田、宝马、通用、福特、克莱斯勒都采用了多功能团队直接完成复杂的项目。目前，越来越多的组织将多功能型团队运用于新产品的研发、内部流程再造、客户关系改进等方面。

多功能团队是一种有效的方式，它能使组织内甚至组织之间不同领域员工之间交换信息，激励出新的观点，解决面临的问题，协调复杂的项目。还为组织带来了高效产出、顾客满意、提高员工成就感、减缓部门冲突等诸多优势。但是多功能团队的成员同时跨越多条工作界限，其管理也相对复杂。在其形成的早期阶段往往要消耗大量的时间，因为团队成员需要学会处理复杂多样的工作任务，协调各方面的关系。而且成员之间，尤其是那些背景、经历和观点不同的成员之间，建立起信任并能真正合作也需要一段时间。

四、虚拟团队

随着通信技术的普遍应用，一种新型的团队形式应运而生，这就是虚拟团队。利普耐克（Lipnack）等在他们《虚拟团队：利用技术跨越空间、时间和组织》一书中，将虚拟团队定义为“有一个共同目标，通过网络信息技术，跨越空间、时间和组织界限障碍，相互协作工作的一群人”。传统的工作团队几乎都有公共的空间，如办公室、实验室、会议室等。团队成员也有自己的单位和行政边界。而虚拟团队则通过计算机技术（如互联网、电视会议、群组软件）把身处异地的人联系起来以实现共同的目标。虚拟团队是在虚拟的工作环境下，由进行实际工作的真实的团队人员所组成，因此人在虚拟团队中处于核心地位。当与其他人合作时，每个人都有独立性和自主权，以信息技术为基础是虚拟团队的显著特征。此外，虚拟团队与一般团队相比还有三个基本因素的差异：（1）缺乏言辞和非言辞的暗示性。（2）社会交往有限。（3）能够克服时空约束。

虚拟团队是一种以虚拟组织形式出现的新型工作组织模式，是一些具有共同理想、共同目标或共同利益的人结合在一起所组成的团队。虚拟团队的产生首先归于互联网及信息技术的发展，它可以有效地减少组织结构上的制约，有助于来自不同部门、不同地域范围的员工进行有效的协作。科学技术的发展使团队也逐渐向多样化和虚拟化发展，这种发展趋势使跨空间的团队也能够相互协作。在这种虚拟环境下，同样可以完成信息共享、制定决策、执行任务等，其他不同组织间成员（如供应商或合作伙伴）能在现有最为出色的人之间实现协作，能有效地控制成本实现人与工作之间的最佳契合。例如，波音公司在制造波音 777 飞机时，就采用了虚拟团队的形式，因为他们的合作成员中有供应商（如 GE 公司）和客户（如美国航空公司）。

许多专家对虚拟团队的类型进行了划分。金布尔（Kimble）等人以团队成员的来源是否在时间、空间、组织三个维度上相同，将虚拟团队的工作情形分为八种类型。这种划分将传统团队和虚拟团队看成是一个连续的变化体。来自同一组织，在同一时间、同一地点工作的团队，就是“最不虚拟”的传统工作团队；而来自不同组织，在不同地点、不同时间工作的团队，就是“最虚拟”的网络工作团队。布拉德福德（Bradford）等人专门从分类学研究的角度讨论了虚拟团队的类型问题。他们反对将虚拟团队看作为一般团队分类的一个延伸类型，认为虚拟团队有一些区别于传统团队和彼此之间类型的独特特征。通过对以往研究的分析，他们提出了理论上区分虚拟团队和传统团队的两个关键特征：空间距离和计算机辅助沟通；以及虚拟团队自身相互区分的四个关键特征：时间分布（分布的/实时的）、边界跨度（多维的/单个的）、生命周期（离散的/连续的）、成员角色（多重的/单一的）。

第三节　团队的形成与发展

一、团队形成的途径

团队形成可以有多种途径，但主要有四种：人际关系途径、角色界定途径、价值观途径和任务导向途径。

（一）人际关系途径

团队强调人与人之间情感的交流，它包括团队成员人际关系情感上的亲近，有彼此合作和沟通的愿望，他们相互信任、相互尊重并希望了解对方。良好的人际关系是团队形成的前提条件，良好的人际关系也有助于形成有利于团队的工作气氛，大大降低人际沟通和协作的成本。如果一个团队的成员能够与其他人进行良好的沟通，与他人协作，那么在遇到困难时，就更乐意互相倾听和了解其他成员的看法和想法，有助于团队的顺利运行。尤其当团队运行到成熟期的时候，随着团队成员相互了解的增多，摩擦与矛盾必然也会凸显出来，在团队中有一些成员擅长处理人际关系问题，能够及时避免冲突和化解矛盾，必然对团队的顺利运行大有好处。

敏感性训练又称为人际关系实验室训练，是一个很好的人际关系建设方法。它是通过集体内成员的互相作用而改变行为的方法。其目的是试图使参加者通过互相帮助，提高自我的认识能力和体会别人、认识别人、分析别人的能力，亦即提高社会知觉的正确性。通过训练解决个人在工作中的问题，促进个人的价值观念，培养参加者在实际环境中作出成绩。敏感性训练的做法是把不同单位、不同级别、互不相识的管理人员、职工组成不超过 15 人的小组，进行 1～2 周的训练。在训练中，参加的人员自由讨论自己感兴趣的问题，自由发表意见，分析自己行为和感情，并接受对自己行为的反馈意见，从而提高对各种问题的敏感性。

（二）角色界定途径

团队作为一种特殊的工作群体，它的一个突出特点是，每一个成员根据其在团队中的不同功能扮演不同的角色，团队也是根据此来选择成员。每一个人都需要在团队中扮演特定的角色，甚至是独一无二的角色。团队的成员都是由于任务需要而特殊配备的，因此每个人都拥有解决团队任务的技能，彼此间也是各司其职、技能互补，每一个人的位置和角色都是不可替代的。正因为如此，团队的成员才能够各自发挥所长，产生协同效应。团队成员的角色与工作群体角色的不同在于，工作群体的角色是由组织中的等级和职位规定的，而团队角色则是根据任务和需要界定的，彼此的关系是平等的，与个人在组织中的地位无关。由于团队的每个成员都能充分发挥其个人的特长并与其他成员协调配合工作，使得团队的绩效大于个体绩效之和。

贝尔宾认为，成功团队是由不同性格的人结合在一起的，而且成功的团队中必须包括担任不同角色的人。在此基础上，贝尔宾提出了团队建设的五个原则：（1）每一位团队成员都对一项职责和一个团队角色做出贡献。（2）团队需要根据任务在职责与团队角色之间取得最佳的平衡。（3）团队的有效性取决于团队成员的确定与组织间的距离、如何调整团队中的相关力量。（4）由于个性和智力水平差异，一些团队成员比另一些更适合某些团队角色。（5）团队只有在具备了范围适当、平衡的团队角色时，才能充分发挥其技术资源优势。

（三）价值观途径

价值观表明一个人的基本信念，决定了其待人处事的角度和立场。韦斯特认为，团队建设的核心是在团队成员之间就共同价值观和某些原则达成共识。随着社会财富的不断积累，人们物质生活的逐步提高，对于组织成员而言，物质不再是唯一的追求目标，工作不再是单纯的谋生手段。组织成员更看重其所在团队的价值观是否与个人价值观一致，其自身价值是否能在工作中得到体现。共同的价值观是团队成员走到一起的主要原因，其重点是团队成员对其正在做的事情的整体立场，以及他们所采取的价值观，而不是组成团队的个人性格或者他们所担当的角色。每一个团队都有其自身的团队精神和团队文化，这正是全体成员共同价值观的体现，是团队可持续发展的前提条件。建立共同价值观，有利于形成团队的凝聚力和向心力，增加员工的忠诚度，不断释放成员的潜能，使团队的全体成员自觉地认同必须担负的责任并愿意共同为此奋斗。

（四）任务导向途径

大多数的团队都是以任务导向为主建立的。任务导向的团队强调团队目标完成的情况，重点在于成员所拥有的技能能否为整体目标做出贡献。任务将不同成员汇聚到一个团队，在以任务为导向建立的团队中，除了整体任务和目标之外，其他因素都是次要的，只有达成目标是至高无上的，如果没有这个共识，是不能组建任务导向团队的。任务为团队成员提出了聚集在一起的理由，提供了资源和环境，界定了每一个人在其中扮演的角色，任务导向是建立团队的主要动因。例如，企业中的项目团队，团队成立是因为要完成共同的项目，如果没有项目作为支撑，团队是很难组织和维系的。

二、团队的发展阶段

团队能有效地提高组织运行效率，还因为在复杂多变的环境中，团队比传统的部门结构或其他固定的群体更灵活，反应更迅速，更能适应组织战略和组织目标的需求。随着团队的成员共同工作，团队逐步进入成长和成熟阶段。理解这些发展阶段对有效地管理团队的类型、团队工作的环境以及构成团队的个体非常有价值。团队形成和发展一般经历三个阶段：预备团队、新团队、成熟团队。

（一）预备团队阶段

预备阶段是一个企业或组织开始考虑建立团队和如何建立团队进行研究、讨论的阶段。在这个阶段中，主要应该考虑团队的定位问题，即考虑如何将团队与现有的组织结构进行有机结合的问题。

1. 成立阶段的内容

在团队成立的初期，团队的创建者需要做好一系列的准备工作，简单地说，如何在团队内部建立一个框架。团队的领导者可以通过以下问题来考虑内部框架的构建：（1）团队的任务是什么？（2）团队中应该包含什么样的成员？（3）成员角色如何分配？（4）团队中应当设立哪些要求和准则？（5）团队需要哪些培训？在预备阶段结束后，团队的每一个成员都应该清楚地知道所属团队的任务和愿景。为了让团队成员熟悉团队愿景，应该让他们感受到来自组织内、外部的压力，让他们了解自己所承担的角色及其工作的意义，而且还应该让他们知道他们将从这种变革中得到的收益。

2. 团队领导的工作

团队的建立的过程和组织变革的过程一样，会遇到来自各方面的抵制和阻力。作为团队的领导者首先要善于发现和解决这些抵触和阻力，对那些抵触情绪最强烈的员工要耐心引导并委以重任，让他们感觉到自己的工作与变革息息相关。其次，团队的领导者还要善于鼓舞团队的士气，培养团队成员之间信任和合作的精神，加强队员之间的合作。

（二）新团队阶段

团队成立以后会有一个磨合和适应阶段。在这个阶段，团队的成员也需要有一个彼此认识、明确职责范围并建立新的工作流程和行为规范的过程，这是每一个团队在形成和发展的过程都必然经历的阶段。同时团队的领导者也要花费大量的时间和精力来带动组织团队，还要根据每个人的角色分配工作任务并监控生产完成情况。在这一阶段，主要注意解决对团队的监控和团员之间的矛盾冲突问题。

1. 注意监督和控制

在新团队阶段，团队形象比较模糊，成员之间彼此不太了解，对于有关团队的目标、结构及领导关系等问题，都尚处于不确定状态，在团队的规范及回报机制的引导下，团队成员还无法通过协作达到独自完成目标的程度。此时，分工的合理度、工作流程的成熟度都尚未完成，起初的成功便容易造成团队成员的盲目自信或形成定势惯性，使团队陷入过分依赖经验而导致僵化困境中。所以在这一阶段，对团队进行有效的监督和控制是十分必要的，从而确保团队朝着正确的方向前进。这时，还要注意增强大家对团队的认同感。让团队成员对于自己是团队一员感到自豪，让每个团队成员认识到他们之间的协作以及贡献对于团队获得成功是至关重要的。

2. 注意团队冲突

在新团队阶段，整个团队还没有建立起规范，或者对于规范还没有形成共同的看法，成员们争权夺利，为获得有控制权的职位而勾心斗角，对于团队的发展方向争论不休，造成了团队成员间的矛盾和冲突，这时要正视问题的存在，鼓励团队成员共同寻求解决办法。团队的管理者首先要安抚人心，这是最重要的措施。其次，要快速识别冲突情况，防止不利因素在团队中蔓延。再次，帮助团队成员对有争议的问题发表自己的看法，积极进行有效的沟通。最后，建立团队规范，形成良好的制度，以制度化促进团队的正常运行。

同时在这一阶段，领导的支持和团队成员的积极参与也是十分重要的。领导的支持使团队成员会加强彼此之间的依赖，并且有利于与外部和内部伙伴的配合，从而完成工作任务和实现组织目标。有了积极的参与，团队成员就会具有强烈的归属感，增强团队的凝聚力，提高士气，调动团队成员的工作热情和积极性，有利于生产效率的提高。同时还要注意加强团队成员的沟通和信任，形成一个良好的工作氛围。

（三）成熟团队阶段

经过磨合和适应，团队进入成熟阶段。团队的成熟阶段也是团队的高产阶段。团队只有完成好团队目标，才能体现组建团队的意义。在这一阶段，团队成员能够很好地处理人际关系问题，很好地分配工作，并使业绩保持在一个稳定水平上。同时，在这一阶段团队可以自我运行和自我管理，团队内部自我决策和自我负责程度有所提高，需要被领导的情况也逐渐弱化，而作为领导者则不必事事亲为。但是随着团队业绩的提高，团队里会滋生自满倾向，这时作为领导者要对团队成员的成绩及时给予反馈，激励团队进步，并要经常提醒团队成员保持清醒的头脑，认清新的任务和挑战，引导团队沿着正确的方向发展，帮助他们实现愿景和目标。另外，成熟往往会造成对新观点和新思想的保守与封闭态度，而且容易使得多元化团队带来的多样性观点逐渐减少，使成熟团队受害于群体思维。针对以上问题，罗宾斯在其《管理学》一书中对如何重新激活成熟的工作团队提出了四点建议：（1）使团队成员做好应对成熟问题的准备。（2）提供更新培训。（3）进行高级培训。（4）鼓励团队把自己的发展视为一个不断学习的过程。团队在成熟阶段，团队的功能得到了很好的发挥，团队成员之间已经非常默契，团队真正成为了团结合作的集体。具有特殊目的的项目团队和任务团队在目标达成后将解散，并形成新的组合，重新开始新的循环。

第四节　高效团队构建

团队形成的根本原因在于人们对效率的不懈追求以及对不断变化的环境的主动适应。团队之所以是提高组织生产效率的有效方式之一，重要在于团队成员的大力协同以及技能、经验、知识水平的互补。事实表明，如果某种工作任务的完成需要多种技能、经验，那么团队完成的效果通常会比个人的效果好。高效的团队能够促进员工参与决策，有助于管理人员增强组织的民主气氛，提高团队成员的工作热情和工作积极性，从而为实现组织目标而努力工作。组建一个高绩效的团队，不仅可以帮助组织应对各种难题，完成各种任务，更有助于组织更好地帮助员工发挥才能。组建一个高效的团队，领导者需要遵照一定的策略和原则。

一、团队建设的策略

成功团队的管理者能融合各种风格的长处，并利用不同的风格建立有效的团队。建立一支高绩效的团队非一日之功，需要从各个方面入手，从基础工作抓起。作为领导者可利用以下策略来进行团队建设。

（一）共同目标的精选

一个团队的组建需要一个共同的目标才能将人组合在一起，而且团队的目标决定组织要建立的团队的类型。所以，在团队建立之前，一定要明确团队的目标。这个目标不仅是所有人共同的，而且需要严格精选。这个目标需要亲和每个成员的理想，并采取有效策略使他们能够共同为这一目标不遗余力地奋斗。精选的目标首先要有吸引力，能够引起团队成员的激情。其次，这个目标要以实现团队整体利益为前提，同时包括团队成员的个人意愿和目标，充分体现个人的价值与利益。再者，团队的目标要有可衡量性，当团队在运作时，团队成员可以根据其所完成的任务了解已达到目标的情况，在完成既定目标后，可以相对于标准进行评价。只有这样才能调动团队成员的积极性与创造性，实现团队整体的效率最大化。

（二）制度与机制的完善

制度与机制的完善，有利于团队的整体利益。任何一个组织都不能没有制度与机制的约束，所谓“没有规矩，不成方圆”。合理的制度与机制包括团队纪律、合理的授权、团队的激励措施、考核评估以及升迁制度。团队的共同目标是建设高效团队的核心，制度与机制的完善是实现团队目标的有力保证。有严明的纪律，团队就能战无不胜；有合理的授权，就能明确责任与义务；有激励措施，就能激发团员的积极性与创造性；有公平的考核与升迁制度，就能做到人尽其才，既可以充分实现队员的个人价值，又可以杜绝权、利不明而导致的摩擦和冲突。

（三）聚焦各类精英

人才是企业生存之本。在当今激烈的市场竞争中，人才决定成败。高绩效团队的核心就是人才，团队的“团”字，从拆字法上讲，就是把有“才”的人圈在一起。团队只有大力网罗人才，并激发其潜能，才能为组织的发展创新提供源源不断的动力。哪个团队拥有优秀的人才，哪个团队就具有了成功的主导权。应该选拔那些在能力、知识、性格等方面符合团队目标要求的成员。然而，更重要的是团队成员必须具有合作精神。如果选拔的团队成员在个人能力方面都很强，但是缺乏合作精神，那团队也只能是一盘散沙。随着社会分工的日益精细化和技术及管理的日趋复杂化，即使个人的能力再强也无法使企业获得强大的竞争力。这就需要有独特一面的成员组成团队，大家取长补短，相互合作，从而产生大于成员个人努力之和的合力。比尔·盖茨说过：“团队合作是一家企业成功的保证。不重视团队合作的企业是无法取得成功的。”一个企业之所以能够强大，其根源在于其员工整体“团队合力”的强大，而不在于员工个人能力有多卓越。正如美国前自由党领袖大卫·史提尔所说：“合作，不仅是一种工作而已。事实上，合作是一切团队繁荣的根本。”企业必须具有协作精神、信息共享、资源共享的团队才能创造出高质量的产品和服务，从而在激烈的市场竞争中永葆长青。

分享案例

美国兰德公司是美国最重要的以军事为主的综合性战略研究机构。它先以研究军事尖端科学技术和重大军事战略而著称于世，继而又扩展到内外政策各方面，逐渐发展成为一个研究政治、军事、经济、科技、社会等各方面的综合性思想库，被誉为现代智囊的“大脑集中营”，以及世界智囊团的开创者和代言人。它可以说是当今美国乃至世界最负盛名的决策咨询机构。

兰德公司有员工 1 980 多人，维持机构运行和开展课题研究的经费完全来源于与客户签订的项目合同。该公司 90%以上的经费来自于与美国政府签订的合同，10%来自于非政府组织、基金会、跨国公司甚至与外国政府签订的项目合同。

兰德公司能在美国的政治经济生活中发挥重要作用的原因是：组建了一支成功的团队，并能够网罗人才、注重不同学科人才的合理配置。兰德公司有专业研究人员近 720 人，其中博士学位的占 47%，获硕士学位的占 33%，获学士学位的占 16%，其余 4%的研究人员主要是有着丰富实践经验的前政府官员及退休军官。他们在网罗优秀人才时，还注重知识组合的多样性，优化人员配置。在兰德公司，行为科学、教育、心理学和社会学方面的专家占14%，政策分析家占7%，艺术、语言方面的专家占5%，法律与商业方面的专家占6%，计算机专家占3%，哲学家占11%，工程师占10%，政府、历史、国际关系和政治学家占14%，经济学家占13%，数学及统计学家占14%。

从兰德公司的背景介绍中，我们可以看出，兰德公司之所以如此的成功，就是因为它拥有大量的、具有技能和经验互补的优秀人才。这些具有不同知识和经验的各类人才通力合作，共同卓越地完成任务。如果工作团队的成员没有形成强大的凝聚力和整体的战斗力，兰德公司将无法完成一个又一个的研究课题并成为世界最为出色的决策咨询机构。

（四）沟通与合作

沟通是团队的灵魂。沟通是合作的开始，沟通是一个明确目标、相互激励、协调一致、增强团队凝聚力的过程，高效的团队一定是一个沟通良好、协调一致的团队。构建高效团队，其团队成员一定要学会沟通，尤其是团队的领导者更要善于沟通。团队成员之间良好的沟通可以帮助彼此之间传达和反馈信息。团队成员可以自由、公开、坦诚地表达自己的观点，在团队中形成一种相互信赖、真诚相待的氛围。在团队内部能够密切团结和高效沟通，不仅可以减少成员之间的矛盾和冲突，还能够使各成员的矢量最大化，以实现团队整体目标，有助于成员之间的智力资源共享，促进知识创新。促进团队合作是建设高效团队的另一个重点。团队的力量是巨大的，有很多事情必须靠团队里每一个成员相互协作、共同努力才能完成。仅凭一两个杰出人才撑起整个企业的个人英雄主义时代已经一去不复返了。蒙哥马利·沃德说：“我们都明白，任何一个企业或者组织都依靠它所聘用的每一个个体员工的集合的个人力量。它不可能单单依靠其中的某一个个人。每一个人的个人力量都会对公司有一定的影响，或是对公司有损，抑或是对公司有利。”领导者必须通过多种方式来组织团队合作。杰克·韦尔奇说：“我的成功，10%是靠我个人旺盛无比的进取心，90%是倚仗着我的那支强有力的合作团队。”

分享案例

前通用公司总裁杰克·韦尔奇是全球杰出的CEO，他之所以被人誉为管理大师、全球第一CEO，因为他有许多非外人所知的秘密。其中，一张小纸条是他管理好这个“航母”企业的一个秘密。

韦尔奇的办公桌上时常放着一本小纸条，他的下属，甚至某个车间的工人，谁也不知道韦尔奇会在什么时候带给他们一张小纸条。韦尔奇曾多次写给一名叫杰夫·伊梅尔特便条，其中有一张这样写道：“……我非常赏识你一年来的工作……你准确的表达能力以及学习和付出精神非常出众。需要我扮演什么角色都可以——无论什么事，给我打电话就行。”

一位 CEO 以纸条的方式传递带有私密性的认同情感，充满了人情味，这将会给下属带来多大的激励和感动。杰夫·伊梅尔特说："收到韦尔奇的纸条后，我大为感动，觉得他是一个尊重他人付出，肯定成果，具有宽广胸怀的人。"多年后，杰夫·伊梅尔特成为通用新一任 CEO。

没有人知道韦尔奇在通用公司任职期间写了多少纸条，但每一个人都承认，韦尔奇的纸条是他们最为期待的，不论是鼓励，还是批评。因为员工们都觉得，用这种方式沟通，是一种莫大的尊重，他身上散发出来的人情味，让人自叹不如。

二、高效团队的建设原则

团队的出现并蓬勃发展的根本原因是由于传统的组织形式已经无法胜任组织发展和组织变革的需要。团队在企业的发展中正日益发挥着重要的作用，团队所带来的积极影响也是多方面的。具有高效团队的组织，能够提升组织的运行效率，增强组织的民主气氛，促进员工的参与热情，使决策更加科学和准确。尤其是在多变的环境中，团队比传统的组织更加灵活，更能适应新环境的需要。一个企业能否塑造出高绩效的团队，将会直接影响企业在市场上的竞争力。尤其是人才竞争激烈、高端人才流动性非常高的今天，如何建设和管理高效团队，也是领导者们必须面对的主要问题。

一般来说，为保证高效团队的建设和发展，我们可以从以下几个方面着手。

（一）适度的团队规模与成员结构

高绩效的工作团队，其规模一般都比较小，团队的质量在于精而不在于量。AOL 公司的总裁道出优秀团队的秘密在于："往小处想。理想情况下，你的团队人数应该为 7～9 人。"首先，如果团队的成员过多，就很难开展工作；而且成员过多，相互之间缺乏认识和理解，在相互交流时会遇到很多阻碍，在讨论问题时难以形成一致意见和看法。其次，成员过多还会导致"搭便车"的现象，导致人才资源的浪费和团队效率的降低。有学者指出，富有成效的团队，其成员人数控制在 12 人以内。根据贝尔宾的研究，在层级性比较强的组织中，团队的最佳规模是 10 人；而对于需要灵活性强、处理复杂问题的团队，6 人团队是最佳规模，因为与 10 人规模的团队相比，6 人团队更易控制、决策速度更快，同时知识与技能的丰富程度又能满足决策所需。

一个高效的团队应当是三种人员的有机组合：一是具有技术专长的成员，而且成员之间的技术在一定程度上是互补的；二是具有提供决策建议和技能的成员，他们能够就解决问题的建议进行权衡并做出有效的决策；三是具有善于倾听、反馈、解决冲突及其他人际关系技能的人员。把具有这三种不同技能的人员进行合理的搭配是十分重要的。一个团队只有同时具备以上三类成员，才能充分发挥它的绩效潜能。在团队缺乏某种技能时，可以让一名或多名成员去学习这种技能，从而使团队充分发挥工作潜能。

一个团队中存在九种团队角色，包括联络者——负责协调和整合工作；创造者——产生有创意的想法；推动者——拥护和支持新思想；评估者——对各种方案提供见解深刻的剖析；组织者——提供结构；生产者——提供指令并完成任务；控制者——考察调节并强化规则；维护者——在外部战场上作战；建议者——鼓励寻找更多的信息。高效的团队需要成员扮演所有这些角色。这就需要领导者了解个体的优势，根据他们的技能和偏好来分配工作任务，使成员扮演这些角色。

（二）共同的目标和强烈的归属感

共同的目标是团队存在的基础，也是团队凝聚力的源泉，同时，也是团队成功与否的关键要素。成功的团队会用大量的时间和精力来讨论、修改和完善一个在团队和个人层次上都被接受的目标。通常团队为了更好地激励团队成员完成目标，会将团队目标转化成具体并且可衡量的绩效目标，作为考核成员的依据。而且成功的团队还会把他们的共同目标变成为激发团队每一个成员的强大动力，并引导着团队行进的方向。

形成一种强烈的归属感是团队建设的先决条件。要使团队成员有“我们风雨同舟”或“我们共命运”的感觉。如果团队成员不能互相认同，不把团队当作是自己的“家”，不把团队的任务看作是自己的事业，那么团队就不可能具有凝聚力，也无法充分地发挥作用。所以在高效团队的建设中，除了要树立明确的共同目标，还要加强团队沟通和协作精神，提高团队的凝聚力，从而培养团队成员强烈的归属感。

分享案例

1959 年，稻盛和夫与 7 个朋友以注册资金 300 万日元（约 1 万多美元）创办京都制陶公司，现发展成为员工 3 万多人、销售额上百亿美元的跨国企业集团。

稻盛和夫认为，当自己招进一个员工时，就意味着承担起了他甚至他的家人的一生的经济保障和身心幸福。员工是人不是机器，是与自己共同实现技术的工作者。企业是主管与员工结成的命运共同体。

大彻大悟的稻盛和夫建立了自己的经营哲学：心灵经营。何谓“心灵经营”？稻盛和夫解释说：“我的经营，是‘以人为本’的经营。换句话说，我的经营就是围绕着怎样在企业内去建立一种牢固的、相互信任的人与人之间的关系这么一个中心点进行的。”

作为心灵经营的直接实践，稻盛和夫开展了企业内部的联谊活动。活动以聚会形式，每年举办 2～4 次，有重大庆贺项目时另有增加。联谊会上，干部与员工相互敬酒，互诉心声。每次，稻盛和夫总是持杯走到大家中间，向大家询问工作的情况、存在的问题，并坦诚地说出自己的看法，努力找到解决问题的方法。同时，联谊会也谈家事、谈人生。在平等和友爱中得到关怀和感化，并化解某些矛盾。

心灵经营的关键是如何对待员工。稻盛和夫把全体员工视为同志和合作伙伴，让所有的员工都享有京陶的股份。有两次，他把自己所得的上亿日元的股票无偿赠送给某些持股少的工人。

京陶的员工一旦死亡，所获得的物质保障高得惊人。抚恤金高达 800 万日元，有孩子的话，还可支取每月 6 万日元的孤儿抚恤金，直到孩子满 18 岁为止。

1973 年的世界性石油危机，同样危及到了能源匮乏的日本。1974 年，日本经济负增长，大量企业倒闭，硬性维持的企业也只得接连大量地裁减人员。京陶同样不景气，利润减少了50.36亿日元。然而，与员工共命运的稻盛和夫，抱定了不裁减一个员工的决心。他在员工大会上激昂地宣布："面对难熬的冰川时代，就算只靠苔原上的苔藓也必须生存下去。公司绝不裁减自己的员工。"听者无不动容。

稻盛和夫的"心灵经营"使所有的员工都领悟到：公司的发展与自身的幸福紧密相连。稻盛和夫因其无私的人格和独特的经营哲学，赢得了许多企业家，特别是中小企业经理们的深深爱戴和尊敬。而与此同时，京都制陶公司也成为了世界著名的大企业。

可以看出，稻盛和夫所推行的"心灵经营"管理方式，是一种体现了以"心"为本的经营理念。稻盛和夫将公司里的每一名员工看成自己的家人，大力推行"家"的文化氛围，使得每名员工对公司这个大团队有种"家"的感觉，极大地增强了他们的归属感，提高了团队的凝聚力，这是京都制陶公司能够成为世界知名公司的至关重要因素。在团队建设过程中，待人以诚、施人以爱，并不断地把工作激情和饱满的精神状态传输给部下，这无疑是一种高级的团队领导艺术。

（三）恰当的领导与相互信任

团队的领导者是团队的核心和灵魂人物。有效的领导者能够让团队跟随自己共同渡过艰难时期，并为团队指明前途所在，鼓舞团队成员的自信心，帮助团队成员更充分地了解自己的潜力。团队在共同目标确定的前提下，必须确定工作进度，应当提高哪些技能，如何解决团队的冲突，以及团队如何做出和修改决策等。团队中领导者的领导活动是全方位的，首先，表现在将有价值的并可接受的价值观传递给团队，使团队成员接受团队内部的规范，并在其引导下形成团队的凝聚力。其次，领导者应善于与团队成员进行沟通，尊重和平等地对待每一个团队成员，培养团队成员的信心，激发成员的工作积极性和创造性。最后，领导者还有责任为团队提供良好的运行环境，提供团队正常运行所需的资源和培训。

团队成员之间相互信任是组建团队的重要基础。没有信任，就无法共同合作完成任务。领导者要对其团队成员给予充分的信任，团队成员也需要知道，领导了解他们的工作，信任和支持他们，并准备与他们共担风险。团队中不仅需要领导和成员之间的信任，而且还要形成团队成员之间的相互信任。只有这样，他们才会在工作中互相支持、互相理解，从而达成良好的合作。团队成员的相互信任建设需要较长时间，团队管理者要给予充分的重视。同时，让团队成员更多地参与团队建设，真诚、开放地相互合作，有利于培养团队的相互信任。

分享案例

某公司有两位刚从技术人员岗位提升到技术管理职位的年轻管理者：A经理和B经理。

A经理觉得责任重大。由于技术发展日新月异，本部门中又有许多技术问题没有解决，因此他很有紧迫感，每天刻苦学习相关知识、钻研技术文件，加班加点解决技术问题。他认为，问题的关键在于他是否能向下属证明自己在技术方面是如何的出色。

B经理也认识到技术的重要性和自己部门的不足，因此，他花了很多的时间向下属介绍自己的经验和知识；当他们遇到问题，他也帮忙一起解决，并积极地和相关部门联系和协调。

3个月后，A经理和B经理都非常好地解决了部门的技术问题，而且A经理似乎更突出。但半年后，A经理发现问题越来越多，自己越来越忙，但下属似乎并不满意，觉得很委屈；B经理却得到了下属的拥戴，部门士气高昂，以前的问题都解决了，还搞了一些新的发明。

将A经理和B经理进行比较不难发现，一个团队领导者的成功不在于自己能力有多高，而在于他是否能够为团队设立一个目标，发现团队成员的潜力，并激发他们为实现团队目标而努力。对团队领导者而言，真正意义上的成功必然是团队的整体进步与成功。脱离团队而追求个人的成功和荣誉，对于整个企业的发展而言是有害的。因此，成功的团队领导者应该带领下属共同进步，而绝不是个人的勇猛直前、孤军奋战。现实的世界是一个复杂的大系统，现实中许多问题具有很强的综合性，光靠一个人的智慧和力量是无法解决的。正如比尔·盖茨所说："小成功靠个人，大成功靠团队。"

（四）有控制的授权和信息共享

有控制的授权是团队区别于一般工作群体的基本特征。有控制的授权使成员在一定范围自行决定和处理工作，有利于激发团队成员的积极性，便于提高团队绩效。也就是说，要遵守授权留责原则。即授予下属决策的权力，但决策的后果由领导者自己承担。这样既可以充分发挥被授权人的积极性，又能避免因害怕承担责任而使下属不敢放开手脚把事做好的弊病。但是充分而广泛的授权并不是放任管理。授权不意味着领导者不能干涉被授权人的工作。领导者在给予被授权人权力的同时，还是有进行一定监督控制的必要，以免使其偏离组织目标的方向，或出现权力的滥用。团队领导应以灵活方式逐步放权，应分阶段有计划、有控制地进行，避免混乱。

团队之所以能有效地运作，在很大程度上应归功于团队内部成员拥有充分信息资源并且可以共享。同时，为使团队运行更加有效、团队成员工作效率更高，需要掌握确切的、可靠的有关信息。因此，在组织中建立一个开放共享的信息系统，方便团队成员自由地获得所需的信息，是保证团队有效性的基本条件。

（五）有效的绩效评估与奖酬体系

团队的绩效评估和奖酬体系表明组织的期望和承诺，即团队希望其成员有什么样的表现以及这样的行为将会有怎样的结果。团队绩效的评估不仅要对团队的绩效目标进行评估，还要对团队成员的工作表现和对组织目标实现的贡献进行评估。在奖酬体系中，注意个人奖励与团队奖励相结合。一方面，根据团队的绩效等目标，对团队整体进行奖励；另一方面，根据成员在团队目标达成过程中的贡献大小，进行相应的奖励。这样既可以促进团队内部的团结，又促进内部竞争，以促使团队达到更高的效率。团队绩效的评估和奖酬体系对员工的行为有导向作用，因此在团队的建设和管理中必须高度重视绩效评估和奖酬体系的建立，调动团队成员工作的积极性，激发他们的潜在的创造力。同时，绩效评估和奖酬体系也是一种反馈，是团队成员在达成组织目标期间组织所给予的反馈。团队成员得到积极的反馈和正确的认可，有利于以后工作和任务的开展与完成。要根据团队的特点和团队成员的需求，制定适合团队需求和理念的奖酬体系，兼顾团队集体激励和队员个人激励，使奖酬体系真正成为取得高绩效的催化剂。

（六）适当的资源和培训教育

如果一支团队不能得到它所需要的基本资源，它就不可能进行有效的运作。团队所需要的资源既包括财政资源、人力资源，同时也包括工作场所、机器设备及时间等。为了使团队能够有效地完成所承担的任务，必须保证团队能够及时地获得其所需的资源。由于知识和技术的不断更新，团队的成员又是由技能互补的人所组成的，当团队成员原有的知识和技能不能胜任工作的要求时，就需要对团队进行培训和教育。尤其是知识型团队成员，在其成长的过程中十分重视个人成长发展的机会和能力的提升，因此通过培训不仅可向他们传授进行团队工作所必备的技能，还能够帮助其成为合格的团队成员。对团队进行培训也能够传达组织的观念和价值取向，有利于成员的沟通和交流，增强团队的吸引力，从而减少员工流失率。应根据团队成员的学习风格来确定培训内容。每个人都有各自喜好的学习方式，哈尼与默姆弗德的研究调查表明，有四种特色鲜明的学习类型：（1）行动型。行动者往往优先考虑新问题，他们心胸开阔，对一切新鲜事物都满怀热情，乐于首先采取行动。（2）分析型。分析者能够站在不同的位置从不同的角度观察问题，并对此进行深入思考，他们不会轻易作出结论。（3）理论型。理论家乐于调整观察结果，并将其总结为逻辑型的理论。他们喜欢分析并推崇理论、原理、固定模式，他们习惯于按逻辑逐步、系统地解决问题。（4）实用型。实用主义者一贯乐于尝试新点子、新理论和新技术，并在实践中验证其实用性。

第五节 团队绩效

一、团队绩效概述

（一）团队绩效

团队绩效有广义与狭义的定义。广义的团队绩效是指团队实现预定目标的实际结果，主要包括三个方面：团队生产的产量，团队对其成员的影响，提高团队工作的能力。狭义的团队绩效的定义也包括三个方面：团队对组织目标的完成情况，团队成员的满意感，以及成员之间继续协作的能力。

由于团队特殊的运作方式，要求团队成员在团队和个人两个层次上都负有责任，因而团队绩效的考核不仅要对团队的绩效目标进行考核，还要以团队成员的工作表现及团队绩效对组织目标实现的贡献进行考核。

（二）影响团队绩效的因素

影响团队绩效的因素主要有以下几个方面。

1．团队工作设计

团队工作设计指的是团队成员的工作分工、授权与监督、决策参与的程度以及相应的责权制度。研究表明自我管理程度高的团队绩效水平也较高，如自我管理型团队。

2．团队的人际关系

群体绩效的潜在水平很大程度上取决于个体成员相互之间的默契与合作的人际关系程度。团队的人际关系包括团队成员之间由于态度、价值观、体貌特征、能力所形成的吸引力。良好的人际关系是高绩效团队的情感基础。通过评估成员个人与团队其他成员的人际关系状况，可以部分预测团队的绩效。

3．团队成员的异质性

团队成员的异质性是团队成员的人格、性别、态度、背景或经验因素的混合物。团队成员的异质性，尤其是人格及背景经历对团队绩效有着直接的关系，总的来说，在创造性和智力型任务中，团队成员的异质性对团队绩效有影响，且呈负相关关系。团队成员的异质性越大，他们之间对同一事物的看法、价值观和思想观念的差异越大，在共同语言以及个人发展目标上差异性也会越大。这样，他们之间的交流和沟通就越困难，领导者也就越难对他们的活动和行为进行协调和管理，以致团队绩效也越差。一个团队的效能固然决定于团队成员人才因子的素质，更有赖于人才整体结构的优化。人才因子虽然各个都是精兵强将，但结构不合理，性格、能力的互不协调，就会增加内耗，就会影响组织的运转和效能。因此，领导者要根据团队成员的异质性的特点，优化人才整体配置，使人才因子各扬其长，互补其短，发生质的升华，形成一种超过个人智慧和能力总和的新的智慧和能力。无须新的投资，仅仅通过优化组合就使人得其位、位得其人，使人才个体在总体协调下释放出最大的能量，从而产生良好的组织效应。

4．团队激励

团队中激励措施的力度是影响团队成员行为的重要因素，激励措施的运用包括目标的激励作用、工作挑战程度、个人职业生涯的规划等。激励程度决定了成员对工作的投入程度，从而影响团队绩效。

5．团队运作过程

团队运作过程指的是团队如何展开工作及工作中成员的互动过程，特别是领导方式对于工作的影响，以及团队文化是否能对成员互动产生积极作用。美国钢铁公司总裁本杰明·费尔莱斯说："任何人，除非他是一个掘蛤工，一个在深山老林里专门设陷阱诱捕野生动物的人，或者是一个老式的如苦役般劳作的探矿者，否则他在现今的社会里是不可能靠单枪匹马获得成功的。"优秀的团队文化就是因为领导在实施领导的过程中，以人为本，营造通力协作的团队环境，创造良好的合作氛围，把"单枪匹马"的个人变成积极合作的团队成员，从而创造出骄人的绩效。

二、团队绩效与部门绩效的比较

团队是独立成立的具有某种特殊目的的团体组织，因此，在考核方法上与部门绩效考核也应有所不同。研究团队绩效和部门绩效考核的区别，首先应对团队和部门作一个简单的比较，如表 7-3 所示。

表 7-3　团队与部门比较

	团　队	部　门
目　标	共同目标	部门目标分解、个人目标为主
角　色	角色不定、领导角色分担	角色固定、领导角色固定
活动方式	强调协作	强调分工
结　果	集体绩效	个人绩效

从表 7-3 中可以看出，团队和部门在目标、角色、活动方式以及结果等方面都有所不同，而这些不同的特点决定了团队和部门的考核方式以及考核结果存在着很大区别。团队绩效考核与部门绩效考核可以从考核角色、考核重点和考核结果三个方面进行比较。

（一）考核角色

团队领导主要担任团队中的协调角色，其绩效与整个团队绩效挂钩，而成员表现可以看作是领导绩效中的一部分。这是因为团队领导一般是从某个部门中抽调过来，因此，除了担任团队领导一职，还可能在原所属部门承担职责，也就是说，身兼二职。能否将两种角色都完成很好，也是考核的一部分。部门领导则不同，作为整个部门的任务分配者和管理者，对部门的考核可以看作是对部门领导的考核。部门负责人必须完成该职位所承担的各项职责，职责是否完成也属于部门负责人考核的一部分。

（二）考核重点

团队领导以团队集体考核为主，除了要考虑到个人业绩，还要将其所有承担的职责都考虑进去。部门考核则是以个人考核为主，参考部门考核结果。

（三）考核结果

在考核结果的应用上，团队更注重集体效应，所有结果由全体共同承担，即集体奖励、集体惩罚。部门的考核结果是由个体承担，即个人工资与个人奖励根据考核结果而差别待遇。

三、团队绩效考核的基本流程

尽管不同类型的团队在绩效考核方面存在不同的关注点，但最新的研究成果表明，对团队绩效的考核同样可以遵循一个固定的流程。即首先是要确定对团队整体层面绩效考核的指标和对个体层面绩效考核的指标；然后是划分团队和个体绩效所占的权重比例，在确定的考核指标的基础上，分解绩效考核的关键要素；最后再考虑如何用具体的考核指标来衡量这些要素。团队的绩效考核一般遵循下列的具体步骤：（1）人力资源部发布考核通知，启动考核程序，确定考核的时间和要求。（2）对团队负责人的绩效进行考核。（3）根据员工所在团队负责人的考核成绩，确定团队成员的考核结果分布。（4）团队负责人根据实际发生的业务，对业务目标、考核标准、权重与员工沟通，进行调整。（5）成员进行自评，提交给直接上级并且提醒上级进行下一环节的操作。（6）团队成员的直接上级进行考核，与成员进行沟通并将考核意见交给队员。（7）团队成员填写意见并提交给负责人。（8）成员的直接上级填写最终考核意见，提交人力资源部。（9）团队领导者与成员沟通并达成下一个目标。

在这里要特别强调，团队绩效考核中团队内个人绩效考核与传统的绩效考核的区别。它们的区别主要表现在以下几个方面。

（1）绩效考核的侧重点不同。传统的绩效考核单纯地强调成员的个人绩效，考核对象的独立性较高；而团队注重员工之间的合作，故团队内的个人绩效考核由单纯地强调成员个人绩效转变为个人绩效和团队绩效并重，成员之间的独立性较低。

（2）绩效考核的内容不同。传统的绩效考核强调员工既往的业绩，只是被动地去评估员工过去的表现，结果让绩效考核失去了评估的意义，而团队内的个人绩效考核重视员工对团队的长期价值。

（3）绩效考核指标选择的不同。传统的绩效考核在考核指标的选择上鼓励的是短期的、局部的和战术性的行为。而团队内的个人绩效考核在测评要素中侧重团队导向的行为，引导成员追求团队产出最大化。

同时，在实施团队绩效考核过程中还要注意以下问题。

（1）团队绩效考核应尽量避免落入仅以业绩为考核维度的误区，做到从基础业绩、能力和态度三个维度对成员的绩效进行考核。

（2）团队绩效考核应坚持多导向，使用包含直接领导评价、自我评价、其他团队成员评价、企业内外部顾客评价在内的综合评价方法，对团队成员进行全方位的评价，从而综合各方面的意见，避免团队领导单向评价可能存在的不合理情况。

（3）在建立团队内个人绩效考核指标体系时，应考虑到成员所属团队的类型。因为由于团队类型的不同，在对团队中的个人进行绩效考核时，所使用的指标也有所不同，指标体系建立的侧重点会不同。

四、跨部门团队绩效考核的注意事项

传统的绩效考核一般都是严格地按照部门考核的标准进行考核，对不断出现的跨部门团队有时显得无能为力。如何做好跨部门团队的考核并制定一些切实可行的解决方案，以下几点值得借鉴。（1）打破部门考核的标准，建立以人为中心的跨部门考核体系，无论员工在哪个部门都可以进行追踪考核。（2）为了避免因为竞争导致不合作，可以在“业绩考核”的基础上附加“行为考核”指标进行考核。行为考核由领导、同事一起来对该员工的行为打分，同时划分好各自所占的比重。例如可规定业绩分数占 75%，行为分数占 25%。（3）注意与人力资源部门的合作。对于跨部门团队的绩效考核，团队负责人要参与全过程。首先要与人力资源部门一起确定考核标准、设计考核系统。其次，要注意操作过程的“正确性”。最后，及时恰当地把绩效考核结果反馈给团队成员，帮助成员分析其优缺点以及存在的问题，帮助其改进工作绩效。人力资源管理部门要为团队的领导提供培训，还要设立监督机制和考核系统，保证它们恰当地运用和实施。（4）做好标准化工作。跨部门团队绩效考评时，涉及很多部门和人员，要做到一视同仁、客观公正，考核的标准需具有异质性。如果是因人而异或有所不同，那么绩效考核就失去了考评的意义。一致的标准化包括考评目标标准化、考评程序标准化、组织标准化、方法和手段标准化。

五、绩效考核的作用

（一）绩效考核对于团队的作用

考核的目的不是进行批评和奖励，而是为了促进发展。根据考核结果制定绩效改进计划，并且有针对性地对成员进行指导，改善和提高团队成员的工作绩效。绩效考核结果是团队成员调迁、升降、淘汰的重要标准，因为通过绩效考核可以评估团队成员对现任职位的胜任程度及其发展潜力。绩效考核是按劳分配、论功行赏、建立合理奖酬制度的基础和奖酬管理的重要工具。此外，在考评过程中，上级可通过面谈及其他渠道向团队成员反馈结果，并听取其说明和申诉，这样就促进了上下级之间的沟通。对于考核结果较差的队员，可以进行人事调整或者进行培训，对于考核结果优异者可以给予奖励。

（二）绩效考核对于领导的作用

团队的领导者对团队整体绩效负有责任。通过考核结果借以阐述对下属的期望并进行自我反馈和调整，同时取得下属对主管和组织的看法和建议。借用考核的机会进行一次团队必要的整理，与团队所有成员共同探讨团队未来的发展计划和提高绩效的改进方法。

（三）绩效考核对于成员的作用

绩效考核能够帮助团队成员了解一个阶段中自我表现的结果，加深了解自己的职责和目标，确认是否对团队的目标做出了贡献。在对自己有影响的工作评估中获得各种信息，包括自己的成就和能力能否得到肯定和发展。绩效考核提供了一个让员工更加融入团队、增强参与感的机会。因此绩效考核设计是否合理，考核结果是否公平，会在很大程度上影响员工的工作积极性。

第六节　团 队 管 理

一、团队的目标管理

团队管理是基于权变理论发展起来的一种管理模式，体现以人为本的管理理念。其优势包括以下几点：（1）有利于发挥员工工作的积极性和创造性。（2）有利于提高企业团队运作的效率。（3）有利于提升企业管理者的综合管理素质。（4）有利于全面提高企业员工的凝聚力。（5）有利于提高企业人力资源的使用效率。

但在实际情况下，团队管理的一些缺点也暴露出来。例如，在相关团队的职务结构和非职务结构不一致时，会影响团队的运作效果；绩效评估与激励经常没有明确的依据和标准；管理过程经常主观化、个人化，缺少客观性与公正性等。

基于以上缺点，引入团队的目标管理。1954 年，彼得·德鲁克在《管理的实践》一书中，首次提出了目标管理的概念，构建了目标管理理论体系，提供了一种将组织的总体目标转换为组织部门、单位和每个成员目标的有效方式。他认为，目标管理是根据重成果的思想，先由企业确定提出在一定时期内期望达到的理想总目标，然后由各部门和全体员工根据总目标确定各自的分目标，并积极主动、想方设法使之实现的一种管理方法。目标理论的代表人物卢克（Luke）发现，建立目标的员工比没有建立目标时会得到较高水平的结果，而且建立目标的人比没有目标的人工作表现更好。目标管理是一种参与式、自我控制的管理活动，既重视科学管理，又重视人的因素。在管理方法上，目标管理继承了科学管理的原理；在指导思想上，吸收了行为科学的理论，实现了二者的完美统一。目标管理的核心是建立一个团队的目标体系，全体成员各司其职、各尽其能地完成团队目标。目标管理是建立在可衡量、可控制、集体参与制定的客观标准与数据的基础上的，为团队管理的有效性提供基础。因此，团队目标管理有助于团队管理做到有的放矢、有据可依和客观公正。

（一）团队目标管理模式

企业开展目标管理活动，有利于改进企业计划的目标导向性和行动方案的可行性，有利于企业更好地评估工作绩效。从系统管理的观点出发，团队目标管理模式是由团队体系、团队目标体系、文件体系、评价体系以及团队目标管理活动等要素构成的一个动态的、开放的有机整体，其构成要素及相互关系如图 7-1 所示。

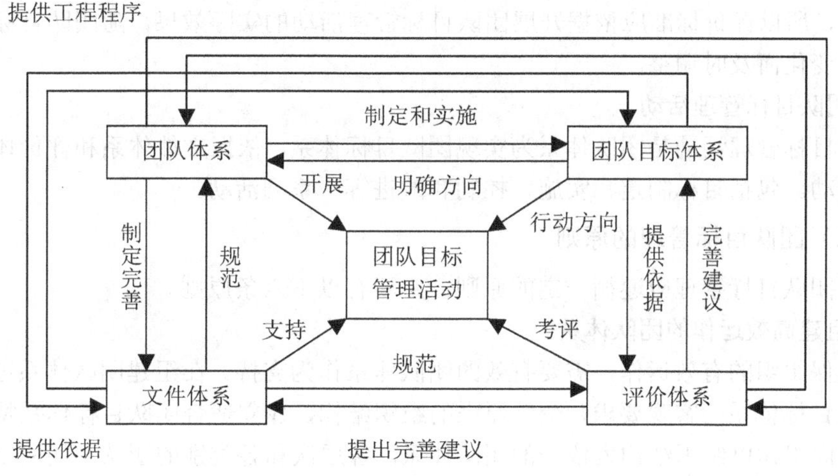

图 7-1　团队目标管理模式图

团队目标管理模式由团队体系、团队的目标体系、团队的文件体系、团队的评价体系以及团队目标管理活动等要素构成，其相关关系如下。

1. 团队体系

团队体系是团队的目标体系、文件体系和评价体系的制定者和使用者，是开展团队目标管理活动的主体。这个主体是由不同类别、不同层次团队组成的相互依赖、相互联系的有机整体，并随着团队目标体系的变化而及时调整。

一般来说，依据团队成员的工作依赖性和相互关系，团队可以分为三个层次：个体松散的联盟、共同的工作团队、紧密结合的工作团队。对不同的团队，管理者应采用不同的工作风格。按层次划分，企业中的团队体系可以分为决策团队、管理团队和执行团队。

2．团队的目标体系

团队的目标体系是团队体系存在的前提和基础，是制定和改善文件体系的目标和依据，是团队体系开展团队目标管理的目标和方向，是实现团队目标的指引行为和方向的判断依据的总和，是由不同层次和不同类型的目标共同构成的一个有机整体。一般来说，组织的团体目标体系可以分为经营方针、战略目标和战术目标等三个层次。

3．团队的文件体系

文件体系是制定团队目标体系和组建、构建评价体系的基础，是围绕团队目标管理的不同类型、不同层次文件，共同构成的有机整体。团队目标的文件体系应随团队目标体系和团队体系的变化而及时调整。

一般来说，文件体系分为四个层次：第一层次是团队目标管理模式的文件指南；第二层次是目标管理的程序文件；第三层次是企业各分目标和责任单位目标的程序文件；第四层次是责任单位到责任人的目标管理细则。

4．团队的评价体系

团队的评价体系是评价和控制团队体系、开展团队目标管理活动绩效的依据和准则。一般情况下，评价体系可分为定性评价标准和定量评价标准两大类。在构建评价体系时，遵循以定量评价标准为主，定性评价标准为辅的原则。由于在团队目标管理活动过程中易出现变数，所以评价标准应依据开展团队目标管理活动的实际效果，随团队目标体系和团队体系的变化而及时调整。

5．团队目标管理活动

团队目标管理活动是团队体系为实现团队目标体系，依据文件体系和评价体系而开展的实践活动。包括目标制定、实施、控制和改进等一系列活动。

（二）团队目标管理的原则

开展团队目标管理应遵循一定的原则，主要有以下六条原则。

1．组建高效运作的团队体系

为确保组织的有效运作，需要有效的团队体系作为支持。在组建团队体系过程中，应依据团队目标体系的客观要求，变革原来的组织结构，建立适合团队目标体系特点的组织结构，进而组建以组织结构为依托的团队体系。各层次和各类别的团队之间应以目标体系为纽带形成有机整体，为团队目标管理模式的有效实施提供人力资源保证。

2．制定统一的团队目标体系

在团队目标体系的制定过程中，必须充分考虑各层次目标的制定依据，坚持有利于组织持续发展的原则。强调团队目标体系的有效性，以体现团队精神，确保团队目标体系中各层次能够有机融合，实现团队短期目标与组织长期目标的有机统一。在团队目标体系的制定过程中应遵循以下原则：（1）目标要清楚、明确。在设置目标时，用管理者和被管理者双方均能理解的语言和术语来讨论在一定期限内要完成的主要任务。（2）目标要可评估。所设置的目标，要简单且易于评估，最好能用量化指标。（3）目标要有相容性。个人目标要相容于团队目标，团队目标也要相容于整个组织的目标。（4）目标要有挑战性。富有挑战性的目标更能激发团队成员的工作热情。（5）目标要有优先顺序。对个人或团队设置的多个目标，应按其重要性排出顺序。这样有利于资源的合理利用，并保证关键任务的有效达成。

分享案例

微软公司在每个财政年度工作伊始，经理会和员工一起总结上半年度的工作得失，指出应改进的地方，然后定出新一年的目标。目标以报表的形式列出员工的工作职能和工作目的，经双方共同讨论后确定下来。员工也可以提出要实现的目标，希望公司给予什么样的发展机会和培训机会。大概过半年时间，经理会拿出这张表来和员工的实际工作对照，作一次年中评价。年底时，经理还会和员工共同进行衡量，最后得出这个员工的工作表现等级，依此来决定员工的年度奖金和配股数量。

这种办法的优点在于能使公司的整体发展目标与员工个人的发展和业务目标紧密地结合起来，员工在达到个人发展目标的同时，也为公司整体的发展做出了贡献。另外，团队目标体系的制定不是一个简单的目标制定过程，而是双向沟通的过程。这一方法更好地体现了公司尊重员工，有助于发挥员工的积极主动性，为员工的努力指明了方向。

3．编制规范适宜的文件体系

团队目标管理活动的有效运作需要与之相适应的文件体系的支持。团队目标管理的文件体系和组织其他管理制度的有机统一，能够为规范团队目标管理活动提供制度基础。所以在文件体系的建立过程中，要全面结合团队管理活动的特点，明确规定目标制定、分解、实施、考核、改进的程序以及各层次管理者和成员的责任、权利、利益、工作标准、奖惩办法等，并考虑文件指南、程序文件体系和目标管理实施细则等文件，从而编制有机融合的文件体系。

4．制定有效的评价体系

为实现对团队目标管理活动的有效控制，需要建立适合团队特点的评价体系。因此，在评价体系建立过程中，必须遵循团队工作整体绩效最优的原则，建立以目标引路、制度为准、公正透明、严格兑现为标准的高效统一评价体系，为团队目标管理活动的有效控制提供强有力的保证。

5．开展规范有序的团队目标管理活动

在团队目标管理开展过程中，应按照目标初定、上下沟通、目标确定、目标分解、目标实施、目标考核、目标改进等工作流程，严格遵照团队目标管理模式中的工作程序，并运用规范化和程序化的工作方法，对各类目标实施动态管理，进而持续改进其中的不足，以保证团队目标管理活动规范有序地开展。

6．加强全员的素质培养

高素质的员工是有效开展团队目标管理活动的必然要求。在开展团队目标管理活动中，领导者素质需要不断加强，尤其要重视对高层管理者的选拔、使用以及对其管理艺术及管理技能的培养。团队成员的知识水平、技术能力决定了团队的整体绩效水平，对全体成员注重素质的培养，是促进全体绩效水平提升的动力。

在开展团队目标管理活动的过程中，运用系统管理的观点构建团队的目标体系，确保团队目标管理活动规范有序地开展，全面形成以团队目标体系为纽带的共同体，为提高团队的凝聚力、实现组织目标和整个利益提供有效支持。

分享案例

1993 年，罗杰·恩里克被任命为百事可乐公司副总裁不久，发现如果自己尽力培养一批不断发展的管理人才，那么他对于公司的贡献才是最大的。他认为，他的首要角色是作为他的管理队伍的教练和开发者。与仅仅增加培训经费的做法不同，恩里克将自己的一半时间用于担任这支由部门经理组成的培训队伍的教练。他为这些最有可能成为公司下一代领袖的年轻人组织了一系列的演习。恩里克要求所有的参加者考虑一个“大创意”，一个对于他们的业务能够产生巨大影响的计划。与别的高高在上置身局外的导师不同，恩里克亲自参与了所有的讨论。5 天以后，受训经理们回到岗位开始实施自己的计划。90 天以后，他们又被重新集结，汇报计划实施的情况并讨论进一步的措施。

通过这样的演习，恩里克创造了一个高效的培养管理人才信心和能力的方法，同时，自己也可以由此建立与受训者的良好关系，了解他们的真实想法。同样重要的是，他可以了解公司经营所面对的重要问题以及影响经理们决策的直接因素。对于恩里克来说，这样的演习与其他所有的决策计划系统相比是一个更好的左右公司未来方向的动态手段。

团队领导者的观念和能力决定团队管理过程中的领导方式，决定团队成员的人际关系和凝聚力的强弱，决定团队目标体系构建质量的好坏。因此，加强团队领导者的培养是一个团队是否能够成功的关键因素之一。恩里克的案例阐明了将团队领导者作为培养对象，使其素质和能力得到不断地提升，对团队的整体发展特别重要。因此，领导者要努力创造一种注重团队领导者发展的文化和环境，创建了一个使下属团队领导可以将自己转变为领袖的环境时，就拥有了一个自我驱动、自我更新的团队。

二、基于平衡计分卡的团队管理

在诸多团队管理方法中，很少有能够全面衡量团队绩效水平、对组织贡献程度的有效工具，即便是有这样的方法，也无法给出量化的标准。一些团队管理学家正试图用一种组织战略的绩效评估工具，应用到团队的评估系统之中，这种工具就是 BSC——平衡计分卡。平衡计分卡最早是在 1992 年由哈佛商学院的罗伯特·卡普兰教授和复兴方案公司总裁大卫·诺顿两人提出来的，最初被用于企业的绩效考核，后又被广泛用于企业的绩效管理。随着十几年的发展，两位学者将平衡计分卡延伸到战略层面，逐渐演化为一个全新的注重企业组织整体战略实施与完善的管理系统。平衡计分卡克服了单纯利用财务手段进行绩效管理的局限。它追求的是财务指标与非财务指标之间的平衡，领先指标与落后指标之间的平衡，长期指标与短期指标之间的平衡，外部指标与内部指标之间的平衡。平衡计分卡作为一种管理工具，被《哈佛商业评论》评为“过去 80 年来最具影响力的十大管理理念”之一。平衡计分卡的思想不仅可以应用在企业，同样可以应用于团队考核。平衡计分卡是把企业及其内部各部门的任务和决策转化为多样的、相互联系的目标，然后再把目标分解成多项指标的多元业绩评价系统。简单地说，平衡计分卡就是根据企业组织的战略要求而精心设计的指标体系。用其创始人的话来说：“平衡计分卡是一种绩效管理的工具。它将企业战略目标逐层分解转化为各种具体的相互平衡的绩效考评指标体系，并对这些指标的实现状况进行不同时段的考评，从而为企业战略目标的完成建立起可靠的执行基础。”

当平衡计分卡运用到团队管理时，可以根据团队不同情况，选用不同的考核指标。以下有两种形式可供参考。

（一）从财务绩效、客户、团队运作、学习与发展四个角度考核

平衡计分卡理论认为，企业要想获得良好的财务绩效，就必须要有好的客户和市场方面表现作为支撑，企业要在客户和市场方面有好的表现就必须要有持续的业务流程优化和改进能力，提高所提供产品和服务的性价比，业务流程优化能力决定了企业运作效率的高低，而业务流程优化和改进能力主要取决于企业员工在学习和成长方面的水平。所以可以将团队在财务绩效、客户、团队运作、学习与发展四个方面系统地结合，并将各方面分解为多元指标同时赋予权重。在团队建立之初作为团队的宗旨与目标，在团队运作中作为绩效评估的依据，还可以作为团队未来发展的战略规划工具。表 7-4 是某团队的平衡计分卡管理运行模型。

表 7-4　团队平衡计分卡考核表

方　面	权　重	指　标	权　重	平均值	标准差	本期实际值	标准化	分　值
财务绩效	30	销售收入	15					
		净利润	10					
		市场份额	5					
客户	20	客户满意度	10					
		客户保持率	5					
		客户增长率	5					
团队运作	30	团队规范	10					
		纪律	10					
		差错率	10					
学习与发展	20	培训机会	5					
		培训效果	5					
		考核成绩	10					
总　计	100		100					

将平衡计分卡应用到团队管理时，关键是指标的选择与权重的设计。不恰当的指标会导

致团队目标的偏差，权重设计得不合理也会导致考核结果模糊，不能指明问题所在。因此，平衡计分卡的实施需要建立在对数据的科学设计、全面收集与分析的基础上。另外需要注意的是，在设计平衡计分卡的具体衡量指标时，平衡计分卡的指标要符合“SMART 原则”，即：Specific——目标必须尽可能具体，缩小范围；Measurable——目标达到与否尽可能有衡量标准和尺度；Attainable——目标设定必须是通过努力可达到的；Relevant——体现其客观要求与其他任务的关联性；Time-based——计划目标的完成程度必须与时间相关联。

（二）从领导、协作、职责、培训四个角度考核

从上级角度进行考评，团队的共同目标是什么？如果实现了团队的共同目标，也就达到了团队的关键绩效。团队成员的协作情况与责任感也是影响绩效的重要因素，因此，团队成员以什么样的运作方式以及态度开展工作也要作为考核重点。最后，为了团队可持续发展并创造更好的绩效，团队的培训效果能否达到可持续创造价值的目的，也是考核指标之一。团队的平衡计分卡考核模型如图 7-2 所示。

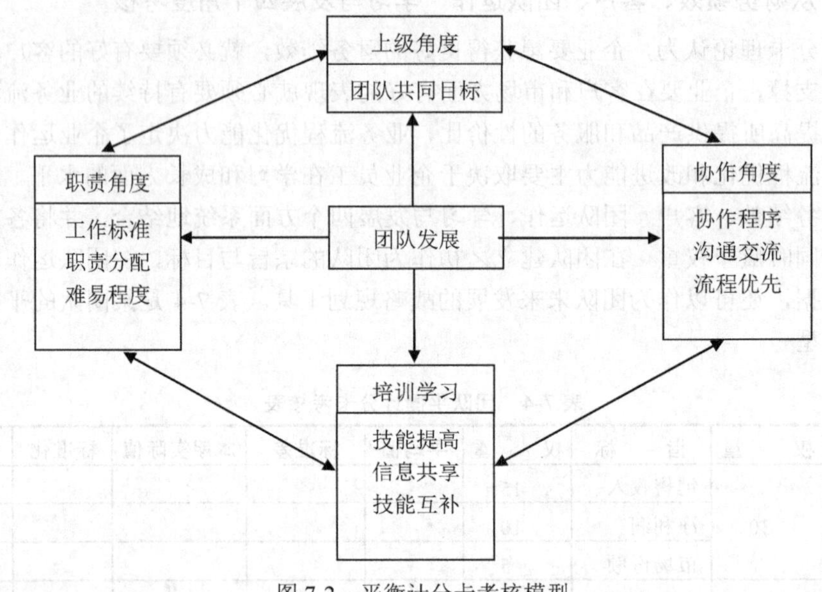

图 7-2　平衡计分卡考核模型

三、虚拟团队的管理

虚拟团队的出现是近年来的一个新现象，它是伴随着信息技术和经营环境的变化而出现的一种新的团队形式。信息技术的发展改变了组织结构和运作方式，同时也使虚拟团队成为可能。虚拟团队的形式能够帮助组织在高度变化和动态的全球企业环境中更灵活、反应更快、减少成本并提高资源的利用率。虚拟团队的管理技术渗透在各种组织机构里，这也是团队根本性变革的一部分，即快速发展的虚拟工作。简而言之，即使不是虚拟团队的工作小组，也越来越多地进行虚拟工作。在这种情况下，虚拟团队的管理是对领导者的一个挑战，了解和掌握虚拟团队的特征及与传统团队的区别，是管理虚拟团队的基本要求。

（一）虚拟团队的特征

前面介绍了虚拟团队的概念，就虚拟团队本身而言，有其自身一些显著的特征。

（1）虚拟团队的组织信息化。虚拟团队是信息时代组织的一种形式，因此具有信息时代组织的特征，即信息化、网络化、扁平化结构。

（2）虚拟团队的成员分散化。团队成员分散在不同的地理位置、不同的时区、不同的组织或不同的国家，他们之间往往相距遥远，工作时间不一致，而且在社会环境、文化、宗教、种族、风俗及社会制度等方面相差很大。

（3）虚拟团队具有弹性。虚拟团队多数是临时性的，是一个动态联盟，往往是根据问题或项目的需要而组成，任务完成后解散，因此虚拟团队是非常具有弹性的组织模式。

（4）虚拟团队具有临时性。团队的组建、重组及解散连续化，团队成员一般是临时的或者兼职的，因此团队成员经常变化，他们之间往往可能并不熟悉。

（5）虚拟团队具有高度自主性。虚拟团队可以不受时间或空间的限制，并且能够整合不同地域的组织中的核心竞争力来组建团队，实现虚拟工作环境。团队成员属于多个小组，具有多重的汇报关系，因此虚拟团队成员的自主性高，而相对控制较弱。

（6）虚拟团队具有交叉性。虚拟团队的成员往往原先就分属于不同的组织或部门，只是因为项目需要才组合在一起。被组合到团队中的某个成员的专长，可能也正是许多执行其他任务的虚拟团队所需要的，这样就经常出现一个人同时承担多个团队任务角色的交叉现象。

（二）虚拟团队与传统团队的区别

虚拟团队同传统团队存在着较大的区别，具体表现在以下几方面。

（1）团队成员的集中度不同。传统团队一般由相距较近的成员组成，成员间空间的限制较小，集中度较高。虚拟团队成员往往分散在世界各地，空间距离很大，面对面交往的机会较少，主要依赖网络信息交流，集中度较弱。

（2）团队成员之间互动方式及特征不同。传统团队成员通常有许多机会与团队成员分享与工作有关或无关的信息，主要是以比较单一的面对面交流方式。虚拟团队交流的大多是与工作有关的正式信息，而与工作无关的非正式信息的交流较少。但是在交流方式上，除了第一代“一对一”通信方式（如 E-mail）以外，还有第二代“多对多”网络讨论系统（如 Online Discussion Boards）、第三代通信方式（多技术整合，如 Internet-based Team Workspaces，它将所有的网络沟通方式，包括视频、语音、文字等集于一体）。

（3）资源利用程度不同。传统团队由于成员相距较近，增加了技术、人力、经济等资源的配置和分享的机会。虚拟团队由于成员地理位置上的分散性与不同地域工作的特性，往往不得不配置相似的技术及非技术基础设施，这导致了资源的重复供应。但是虚拟团队比传统团队更容易获得最新的信息资源，并能够及时地通过网络共享，提高竞争优势。

（4）控制和责任的不同。传统团队成员及其与管理者的相邻性，为管理者持续控制成员行为与工作活动提供了良好的条件，而这种持续控制有利于团队目标的回应与工作反馈。虚拟团队由于成员的分散性，使其控制力度和及时程度有所减弱，容易造成工作拖延或不符合相应要求。

（5）工作过程中解决问题的及时性不同。传统团队在工作过程中，成员间能够及时地、充分地进行交流沟通，有利于及时解决工作中出现的问题。虚拟团队的成员的沟通主要依赖于技术设备，存在交流时间上的拖延及沟通障碍，而不能尽快交换有关工作的建议和观点，易造成严重的后果。

（6）文化和教育背景不同。传统团队成员往往来自同一组织，并且通过了相同的招聘和甄选程序，他们一般具有极为相似的或是相互补充的文化及教育背景，因而在工作的活动中容易协调。虚拟团队其成员一般是临时组合，在教育、文化、语言及其专业上可能存在较大差异，所以在个体与个体间、个体目标与组织目标间容易发生冲突。

（7）技术差异。传统团队为追求同一目标在同一组内工作，所以在挑选成员时，通常寻求成员技术水平的一致性，在产品设计和开发上存在着较小的技术体制的差异。在虚拟团队中，不同组织间技术体制的不一致问题显得尤为突出。所以虚拟团队在开展团队工作之前应该解决技术体制的差异问题，或将其标准化，以防止工作过程中技术冲突的出现。

（8）信任度不同。传统团队是面对面交流式，彼此容易产生信任感；虚拟团队成员由于地域的限制无法进行面对面沟通，因此，信任程度低是虚拟团队普遍存在的问题。

下面介绍两个虚拟团队与传统团队的比较研究成果。劳克林（Laughlin）等通过设置实验组和对照组，比较两种团队在信息收集方式上的差异。结果发现，当隐含的信息量在中等和较高水平时，两者之间在信息的获取方面并无显著差异；只有当隐含的信息量在很低水平时，传统团队才比虚拟团队获取的信息更多，绩效更高。詹妮弗（Jennifer）等设计了一个称为“团队分布式知识共享互动决策练习”的实验任务，来比较团队成员身份的等级差异和背景知识、专长的差异，对虚拟团队和传统团队在决策准确性方面的影响。结果发现，传统团队能够更好地共享信息，能获得更多对最终正确决策有意义的建议，并且团队成员的有效性更高；而虚拟团队的领导则在等级敏感性，即在识别团队成员对最终正确决策的建议质量方面更胜一筹。研究还进一步指出，在需要大量信息交换的决策任务中，虚拟团队决策质量较差，而这一结果可能更多的是因为虚拟团队在沟通上存在较大障碍，而不是团队成员贡献的分散所致。

（三）虚拟团队的管理

虚拟团队与传统的实体团队的种种区别，对领导者提出了挑战与考验。要使虚拟团队获得成功，必须在组织目标、成员需要和技术基础等三个方面实现平衡和协调。要达到三者平衡，对虚拟团队的领导应做到以下几个方面。

（1）明确团队的宗旨、目标和愿景。首先，在组建团队之初应该让每个团队成员明确团队的宗旨、目标和愿景，使每个成员将团队宗旨、目标和愿景视为自己的一个奋斗方向。为了做到这一点，团队的领导者将有关团队的宗旨、目标和愿景的信息及时地通过各种渠道传递给每一个成员，并及时地关注他们的反馈信息，以针对不同情况进行个别沟通。其次，强调“分享与共享”，即让团队成员明确团队目标的达成及宗旨和愿景的实现都是所有成员共同奋斗的结果，信息、资源、成果应由团队所有成员一起分享与共享。再次，注重过程控制。经常与团队成员沟通，及时沟通可以帮助团队领导者快速地掌握工作过程中出现的各种问题，并纠正他们工作中的偏差。同时，还要注意协调个人目标与组织目标的冲突。

（2）沟通技术的管理与保证。由于在虚拟团队背景下缺乏面对面交流的机会，团队成员应保持一定频率的沟通，从团队领导方面不断取得反馈信息。有效沟通是虚拟团队存在和发展的基础，而信息通畅是有效沟通的根本保障，因此，如何选择可靠的技术手段是团队应该关心的首要问题。团队应该选择适用的、可靠性强的、效率高的沟通渠道，注意技术设施的配备、技术手段的更新和开发。由于虚拟团队成员的分散性，使得跨文化沟通的障碍无处不在。国家间的文化差异、组织间的文化差异、个体间的文化差异都对沟通带来影响。解决文化差异所带来的困难，选择文化敏感性培训，使成员充分了解个体文化差异的状况以及可能带来的相应问题，使成员愿意接受并认可他人的文化背景，尊敬他人的语言风格及行为习惯，以减少不同的地域带来的文化冲突。通过标准化解决问题。成员的广泛来源所导致的时区、文化、技术熟练程度的差异，容易引起冲突，而通过与工作有关的程序、方法的标准化，可获得一定范围内的统一性，有利于成员之间的有效沟通，帮助实现团队目标。

（3）促进成员的社会化。虚拟团队中，由于成员地理位置相距遥远，成员间的面对面交流和非正式沟通相应减少，易导致组织内部成员社会化程度降低，成员易出现孤独感。因此，虚拟团队管理应注意促进成员的社会化。首先，可以通过视频会议使团队成员有面对面交流的机会。这种面对面交流可以安排在团队成立之初，或是出现协调困难时。平时也可增加定期的会晤、组织培训以及相互走访。其次，增加非正式沟通，如建立“社区”。通过虚拟“社区”建立个人关系沟通，使成员有机会自由交流，使他们能够成为良好的工作伙伴。最后，通过建立特色团队文化也可以使成员有一种归属感和群体意识，弥补远距离沟通造成孤独感的缺陷，满足团队成员的社会化需要。

（4）建立以“信任”为基础的团队文化。虚拟团队管理的核心问题是建立信任并且维系信任。虚拟团队运作是基于个体分工基础上的合作。在此运作过程中，信任是润滑油，能使团队运作更加顺利。虚拟团队文化是以强调“个体作用”为基础的，所以，建立以“信任”为基础的文化首先意味着承认“个体”。其次，帮助团队成员建立强烈的个体责任感，即成员个体对自己的任务及协同完成的组织目标自觉负责。为了达到这个目的，每个成员要学会自我管理、自我控制。培育一种“知识分享”的氛围，通过信息知识的分享促进团队成员之间的信任。

（5）建立良好的激励模式。团队的运作不仅仅要依靠信任关系的维系，还必须建立起有效的激励模式，以调动成员的积极性，规避成员的道德风险。对虚拟团队成员的激励问题是管理者所面对的新挑战。因为虚拟团队的运作不同于传统团队，所以对其成员的激励模式也应有所创新。根据虚拟团队的特征，可以构建适应虚拟团队的激励模式。首先是给予丰厚的薪酬。一方面，这是因为虚拟团队的成员往往是知识型员工，具有特殊技能；另一方面，因为团队成员分散于各地，要想使他们有效地投入到工作中，控制起来很难，把个人收益和团队业绩相结合，可以促使成员在创建团队绩效时更加努力，利用高薪可以帮助团队成员解决后顾之忧。其次，提供挑战性工作。知识型员工的显著特点是忠诚于自己的专业高于组织目标，成就感强烈，因此应向他们提供专业性强的挑战性工作。同时，还要适当地提供学习机会，组织跨地域学习、交流。由于虚拟团队往往是目标导向型的团队，并且具有明显的动态性，所以成员个体的工作变动性大。为团队成员提供良好的学习机会，本身就是为员工将来的职业生涯着想，实际上也是一种较好的激励手段。同时也要建立良好的团队环境，如提供运行良好的技术条件，就能够提高成员的工作热情。

国外很多研究都在试图找出影响虚拟团队成功的关键影响因素，并得出了一些较为公认的结论。提摩太（Timothy）等运用现场准实验研究方法，发现了影响虚拟团队成功的四个关键因素：团队沟通、团队文化、技术支持和团队管理。成功的虚拟团队在沟通方面强调沟通的持续性、沟通的制度化，以及定期的面对面交流或其他一些促进团队建设的活动等；在团队文化方面，强调团队成员的参与意识，对不同观点的容忍度及相互之间的信任感等；在技术支持方面，强调对物理硬件设备的投入，对电子信息技术的运用及对团队成员技术技能的培训等；在团队管理方面，强调要有清晰的团队目标、持续的绩效反馈及团队上层领导的支持。杰里米（Jeremy）等用问卷形式调查了美国 8 家公司中的 12 个虚拟团队。最后指出，可以把影响虚拟团队成功的因素概括为两大类：团队内部动力驱动因素和团队外部机制支持因素。团队内部动力包括工作任务特征、团队成员选拔过程、团队成员关系、团队互动过程、团队内部管理等要素；团队外部机制包括教育培训体系、薪酬激励体系、领导风格、工具和技术的运用、沟通模式等要素。这两大类因素共同作用，决定了团队最终的业务绩效及满意度。

虚拟团队是组织发展的一种新模式，要促进虚拟团队的有效运作，在管理过程中就是要处理好柔性化与标准化的结合、地域分离与协同工作的结合。有效地处理这些矛盾就能对虚拟团队进行有效的管理，从而实现组织宗旨、目标和愿景。

案例讨论

曹操生活在战争频繁的时代，现实告诉他，要想成就事业，除了领导者个人必须具备较好的素养以外，还需要建立团结和谐、能力互补的领导团队。建立这样的领导团队比求得一个合格的领导人才要困难、复杂得多，因而他在这方面用心颇多、颇细，发表的议论、做的事情都不少。

建安十四年，趁着曹操兴师西征，孙权率军进攻合肥。而合肥是曹操东征的根据地，因此，合肥城的得失对双方至关重要。此时合肥的守将是曹操手下的一员猛将——张辽，曹操却安排李典和乐进做其副将，配合其守城。但是因为这三人向来不和，所以曹操的这样一番人员安排让大家都摸不到头脑。

战争开始时，东吴的进攻都被魏军抵挡了下来，但是由于孤军奋战，而且孙权也不断地从各地调兵马前来，同时东吴又先偷袭了皖城，由于张辽的救兵没来得及赶到，皖城就被攻陷了。

张辽在皖城失陷后，便回到合肥，心中非常愁闷。正在这时，曹操派薛悌送来一个木匣，外边纸条上有曹操的亲笔："贼来乃发。"这天报说孙权引十万大军来攻合肥。张辽便打开匣子，里面说："如果孙权兵至，张、李二将军出战，乐将军守城。"

张辽分析后说："主公远征在外，吴兵以为一定会打败我们。我们应该先发兵迎击，奋力作战，打他个措手不及，使军心大定，只有这样才能守住城池。"

李典平时就与张辽关系不是很好，听了张辽这番话，默不作声。乐进见李典不语，就说："贼众我寡，难以迎敌，不如坚守。"

张辽怒叱，视死如归地说："你们俩私心太重，不顾及公事。我自己出去作战，与敌人决一死战。"

李典被张辽坚决赴敌的精神所感动，慨然而起，说："将军如此，典岂敢以私憾而忘公事乎？愿听指挥。"张辽大喜，于是三人捐弃前嫌，团结御敌。张辽作了周密部署，用计将孙权引诱至逍遥津，张辽和李典从两路突然杀出，孙权大惊，如果不是甘宁等人领一千骑前来相援，差点就给张辽活捉，十万吴兵在这场战役中损失了大半。

这一战杀得江南人人害怕，只要一说张辽大名，小孩晚上都不敢哭。在张辽的精心指挥下，以区区几千人破了敌军十万，可谓威震逍遥津，名扬天下。

曹操清楚地了解三位将军的作战能力、用兵特点、性格修养，张辽文武职务都担任过，有胆有识，又深明大义，一切以大局为重，最适合做三人的上级；乐进性情暴躁，攻城拔寨勇不可敌；李典喜好学问，儒雅和善，不好与人争功，但不能独当一面。曹操匠心独运，巧用张、李、乐三人各具特色的性格，使他们性格上取长补短。曹操还知道三个人平时有些隔阂，预料到大敌当前，三个人难以形成统一的决策，更无法协同作战，发挥各自的特长。那么曹操为什么还让"素皆不睦"的三位将军孤零零去守合肥？曹操有意利用他们的不和，防止一人说话、大家通过的贸然决策。到了危急时刻，以一道指令，促成他们团结，形成一个最佳的指挥结构。由此可以看到曹操择人任势的高超艺术。

对于曹操所做的这一安排，东晋史家孙盛曾赞叹说："合肥之守，县（悬）弱无援，专任勇者则好战生患，专任怯者则惧心难保。且彼众我寡，必怀贪堕；以致命之兵，击贪堕之卒其势必胜；胜而后守，守则必固。是以魏武推选人员，参以同异，为之密教，节宣其用；事至而应，若合符契，妙矣夫！"

讨论问题：

1. 从曹操对于团队建设的思想和做法中，可以看出哪些团队建设和领导的方法和艺术。

2. 曹操是如何通过优化人才因子的整体匹配，形成一种超过个人智慧和能力总和的新的团队智慧和能力的？

3. 结合曹操把"素皆不睦"的三位将军形成一个最佳的指挥结构，分析团队领导择人任势的高超艺术。

第八章 领导沟通的方法与艺术

引导案例

沃尔玛公司前总裁萨姆·沃尔顿指出："沟通是管理的浓缩。如果你必须将沃尔玛体制浓缩成一个思想，那可能就是沟通，因为它是我们成功的真正关键之一。我们以许多种方式进行沟通，从星期六早晨的会议到极其简单的电话交谈，乃至卫星系统。在这样一家大公司实现良好沟通的必要性，是无论怎样强调也不过分的。"

在沃尔顿看来，最重要的莫过于公司与员工的沟通。沃尔顿总是不遗余力地与他手下的经理和员工沟通。他热爱他们，他们也的确能感到他的心扉是向他们敞开的。

沃尔顿常会对沃尔玛商店进行不定期的视察，并与员工们保持沟通，这使他成为深受大家敬爱的老板，同时也使他获得了大量的第一手信息。一方面，他通过沟通发现问题，同时也乘此机会挖掘人才。因此，常有这样的情况，他会给他的业务执行副总经理打电话说："让某人去管一家商店吧，他能胜任。"业务经理要是对此人的经验等方面表示出一些疑惑，沃尔顿就会说："给他一家商店吧，让我们瞧瞧他怎么做。"因为在沟通中他已经了解了这个人的能力。

沃尔顿也绝不能容忍经理不尊重自己店里的员工。如果在与员工的沟通中他得知有这种现象发生，或是亲眼所见，他就会立即召集管理层开会加以解决。因此，沃尔玛公司里的许多员工都很尊重他，也喜欢与他交谈，把自己的问题向他倾诉。

随着科技的不断进步，沃尔顿与公司内部的沟通手段也在不断更新，开始应用计算机、人造卫星等高科技手段进行沟通。在沃尔玛公司里，除了实地调查以外，会议中还会有计算机的打印输出结果，告诉公司内部经理与员工哪些商品卖得出去、哪些卖不出去。然而会议中真正有价值的情报还是公司经理们从商店里带回来的信息。他们会在一起讨论为什么那些商品会滞销或畅销。会议结束后，这些地区经理应当立刻打电话给分区经理，再由他们告知各商店经理，商店经理会要求部门经理马上采取行动，于是整个公司的运转都连在了一起。

沃尔顿持续不断地巡视商店，与人握手，看着别人的眼睛，设法记住众人的名字。而且他还撰写一些友好的个人书信，登在公司的时事通讯——《沃尔玛世界》上。后来，他开始通过卫星系统出现在荧屏上对着员工们谈话，亲切得好像他正坐在他们的起居室里与他们聊天一样。

沃尔顿经常在野餐会上与众多员工聊天，大家一起畅所欲言，讨论公司的现在和未来。为保持整个组织信息渠道的畅通，他还注重收集员工的想法和意见，带领员工参加“沃尔玛公司联欢会”等。

沃尔顿运用多种沟通方式和沟通艺术与企业内部各层次的员工进行愉快的、有效的沟通，一方面能够了解公司业务进展情况；另一方面加强了与员工的感情联络，满足了员工希望得到尊重和信任的需要，从而使员工产生了责任感和参与感，发自内心地、最大限度地干好自己的本职工作。沟通是人们生活中必不可少的一部分，沟通也是领导者实施领导职能、实现有效领导的基本途径。在领导活动中，领导者几乎每时每刻都在进行各种不同的沟通。不能有效地沟通，是领导者寻求成功的最大障碍。因此，沟通方法与艺术对于领导者来说至关重要。一个领导者只有拥有良好的沟通技巧，才可能获得事业上的成功。

第一节　沟通概述

一、沟通的含义

“沟通”这个概念最早在汉语中意为“开通水道，使水流畅通无阻”。后来随着汉语语言的发展逐渐引申为“彼此相通”。在英语中相对应的词汇为“Communication”，在英汉词典中的解释为“交流、交际、通信、传播、沟通”。英国管理学家约翰·阿代尔在对这个词语的词源意义作了详细考察后，认为它是指人们共同使用、共同具有的东西，即“共享物”，更具体地说，它意味着在精神或非物质领域内共有、分享的行为，特别是在使用言词本身或在使用言词的过程中表达了这一含义。最后，任何沟通都包括两个或两个以上的人或地方，即“Communication”包括了使用的方式以及原来的活动本身。《大英百科全书》认为，沟通就是“用任何方法，彼此交换信息”。《新编汉语词典》将沟通解释为“使两方能通连”；亨利·法约尔作为第一个提出沟通作用的学者，认为沟通指的是“组织内部传递信息”；西蒙认为，沟通“可视为任何一种程序，借此程序，组织中的一成员，将其所决定意见或前提，传达给其他有关成员”。美国主管人员训练协会把沟通解释为“它是人们进行的思想或情况交流，以此取得彼此的了解、信任及良好的人际关系”。

沟通被广泛地应用于管理学、社会学、组织学、心理学、传播学、公共关系学等众多学科和理论中，由于各门学科对“沟通”问题研究的角度不一样，因而对它的定义也各有不同。我认为，所谓沟通就是借助语言、文字、肢体动作等载体，将信息从沟通者传递到接收者，并使该信息被接收者所理解的方式与过程。对于信息的沟通者来说需要拥有信息与知识，以使得接收者获得更多的信息，而沟通的过程则是真诚与智慧的融合，领导者在沟通的过程中其核心的问题是要进行系统思考，沟通的目的是为了做出最优决策和“上下同欲”的执行力。另外需要特别注意的是，良好的沟通常常被错误地解释为“沟通双方达成协议”。换句话说，许多人认为良好的沟通就是使别人接受自己的观点。例如，当双方争论很长的时间，旁观者往往认为这是由于缺乏沟通所致。但是研究表明，此时正进行着大量的有效沟通，双方都充分理解对方的观点和见解。这就说明，人们把有效的沟通与意见一致混为一谈了。

二、沟通的要素

在企业中，生产工人每小时进行 16～46 分钟的沟通信息活动；对于基层管理人员来说，他们工作时间中有 20%～50%用于同各种人进行语言沟通，如果加上各种方式的书面沟通，如写报告、信件、组织内部发行的期刊等，最高可达 64%；而经理人员在工作时间内则有 60%～89%的时间用于语言沟通，企业领导者经常开会，找人谈话，下基层，其中很大一部分属于沟通信息的内容。

沟通的过程包括沟通者、沟通对象、信息、信息载体、沟通目标、沟通环境、反馈和噪音八个要素。

（一）沟通者（信息源）

沟通者是指处于沟通过程的起点，并通过一定媒介，输出信息符号的社会组织或个人。作为信息来源的提供者，沟通者必须掌握大量的信息材料，并且充分了解接收者的情况，把自己的想法或思想转换为自己和接收者双方都能理解的信息，选择合适的沟通渠道以利于接收者的理解。沟通是开展领导活动的主要手段，是领导者投入时间精力最多的一项工作，而沟通者在沟通过程中的地位不容小觑，因此必须确定合适的沟通者。

（二）沟通对象（接收者）

沟通对象即接收者，是指获得信息的人，也就是听众。沟通的意义不仅仅是对信息的传递，还需要被听众所理解。只有当沟通者和接收者对符号的意思抱有相同的或者至少是类似的理解时，才有准确的信息沟通。作为沟通活动的一部分，听众对于沟通者所传递信息的反馈对于整个沟通过程来说至关重要。这一反馈过程受到接收者的经验、知识、才能、个人素质以及对沟通者的期望等因素的影响。领导活动本质上是领导者与被领导者双向互动的过程。这表明在沟通过程中，沟通者与接收者的地位可能会相互转化，沟通者传递的信息经由接收者理解并加以反馈，使得原来的沟通者转化为接收者，原来的接收者转化为沟通者。

分享案例

1939 年 8 月，匈牙利的科学家希拉德得知纳粹德国准备研制原子弹。他立即给罗斯福总统写了一封信，并请爱因斯坦等十几位科学家签名，委托在美国人脉广博的德国经济学家斯托贝尔将信交给罗斯福总统的朋友——国际金融家萨克斯博士。

萨克斯博士在 1939 年的 10 月 11 日终于见到了罗斯福总统。罗斯福这一天显得很疲惫，并不想跟这位博士谈一些过于沉重的话题。一句话，美国的最高决策人对原子武器既不懂也不感兴趣。第二天一早，当他又来到白宫时，罗斯福正在吃早饭。看到萨克斯又来了，总统开始对他的意图有所警觉，而萨克斯说：“我想给总统讲述一个轻松的故事——

在拿破仑征服世界的时代，有一个叫富尔顿的美国青年来到拿破仑面前，建议拿破仑立刻着手组建一支由蒸汽机推动的舰队，这样就可以打败必须依靠风力才能作战的英国帆船舰队。拿破仑没经考虑就把这位得了‘狂想症’的美国人轰了出去。当时拿破仑满脑子想的就是新式的步枪和肥壮的战马。事后当英国人知道了历史上曾经还有这样一个插曲时，不禁倒吸一口凉气。英国的将领们心知肚明，如果当时那位刚愎自用的法国皇帝采纳了富尔顿的建议，世界近代史无疑将会重写。”

罗斯福听完这个故事以后，沉默了几分钟，随后写了一个小纸条交给了在一旁听差的仆人。仆人很快就拿着一个纸包回来并递给总统。当纸包被打开之后，里面露出了一瓶法国拿破仑时代的白兰地。仆人小心翼翼地倒上了两杯。罗斯福提议干杯，然后说道："萨克斯，你有把握不让纳粹分子把我们炸掉吗？"萨克斯坚信无疑地回答了这个问题。

随后，罗斯福总统把他的助手沃特逊叫来，指着桌上放着的那封萨克斯带来的信，直截了当地说："对此事要立即采取行动。"这句话被后来的历史学家认为是整个第二次世界大战期间最有分量的几句话之一。从此世界上的第一个原子弹的诞生开始进入倒计时。

（三）信息（信息符号）

信息是指在沟通过程中沟通者传给接收者的消息。同样的信息，由于沟通者与接收者的差异，可能会使沟通者和接收者有着不同的理解。在沟通过程中，信息的交流是通过具有一定意义的图像、语言文字、手势，甚至可以是一种思想文化来进行的。这种图像、文字等能够代表且传递某种意念的事物，统称为信息符号。研究表明，在面对面的沟通中，仅有7%的内容通过语言文字表达，另外93%的内容通过语调（38%）和面部表情（55%）表达。遗憾的是，人们往往偏重于书面文字的沟通，而忽视了面对面的沟通。在不多的面对面交谈中，又低估了非语言暗示的作用。在领导者沟通过程中，必须充分考虑到不同的接收者所具备的知识、理解能力等差异，选择不同的信息符号，保证沟通进行的有效性。

（四）信息载体（媒介）

信息载体是指信息传播过程中携带信息的媒介，是信息赖以附载的物质基础，如备忘录、电话、电报、计算机、电视等。也可以用手势、表情等直观提示式的方式进行传递。作为沟通八大要素的一部分，信息载体承担着使信息符号发挥出其本身作用的功能。由于信息载体的形式多种多样，所以在领导者的沟通过程中要根据不同载体的作用与功能来选择合适的载体。

（五）沟通目标

沟通目标即沟通者通过沟通要达到的目的。明确的沟通目标是引导沟通顺利开展的动力，是对沟通所要达到的效果的一种希望。在沟通之前领导者就应该明确自己所寻求的结果是什么，并以此来与被领导者进行沟通。

（六）沟通环境

沟通的环境包括社会条件和心理条件两种。社会条件即沟通发生的文化及时代背景，包括沟通者与接收者所处的社会角色、所处社会的价值取向、思维模式等。霍尔曾经举过一个例子：有两个分别来自南、北美洲的人在一个 40 英尺长的大厅里进行交谈。开始时他们是站在大厅的这一头，但随着北美人一步步地向后退，而南美人一步步地向前靠，谈话结束时他们已到了大厅的另一头。这两个人都力图保持由自己的文化所决定的“习惯交谈距离”。对于北美人来讲，他感到那位南美朋友为了交谈方便而靠得太近了；而对南美人来说，如果按照那位北美朋友所要求的距离进行交谈，则很不自在。这个例子充分说明了沟通双方的文化和价值观对于沟通的影响。心理条件是指沟通者与接收者的情绪、态度。沟通是在具体的环境中发生的，它可能涉及不同的接收者，因此领导者在制定沟通战略前，首先要确定自己了解沟通的环境。沟通的环境还可分为外部环境和组织内部环境。一方面，教育、社会、法律和经济等外部环境都将对沟通产生影响；另一方面，组织内部因素也影响着沟通，如组织结构、管理和非管理过程以及技术等。

（七）反馈

反馈即信息传播过程中的接收者对收到的信息所作的反应。反馈是现代系统控制论的一个术语，它是由麻省理工学院的维纳在其所著的《控制论》中首次引入的。在信息沟通中，反馈过程也同样存在。在沟通中获得反馈信息是沟通者的意图和目的。没有反馈，我们就不能确定信息是否已经得到有效的编码、传递、译码和理解。沟通不是一种行为，而是一种过程。领导者的沟通过程是为达到某一结果所设计的动态过程。反馈是检验沟通效果的再沟通。这意味着领导者在沟通的每一个阶段都要积极寻求接收者对于信息的反馈。

（八）噪声

噪声是影响接收、理解和准确解释信息的障碍。根据噪声的来源，可将它分成三种形式：外部噪声、内部噪声和语义噪声。外部噪声源于环境，它阻碍人们听到和理解信息。内部噪声发生在沟通主体身上，如注意力分散，存在某些信念和偏见等。语义噪声是由人们对词语情感上的拒绝反应引起的，如许多人不听带有亵渎语言的讲话，因为这些词语是对他们的冒犯。

三、领导沟通的内容

有关研究表明：在管理中 70%的错误是由于不善于沟通造成的。因此，沟通作为一种领导者将企业的构想、使命、期望等信息准确地传递给下属，并指引和带领下属完成目标的有效途径，成为领导者的一项重要技能。正如托马斯·法兰达在《不同寻常的感受：增加商业利润的领导原则》中指出：“对于一个领导人而言，没有什么比有效沟通这种技能更重要的了。”奈比斯特说：“未来竞争是管理的竞争，竞争的焦点在每个社会组织内部成员之间及其外部组织的有效沟通上。”领导活动丰富多彩，领导沟通的内容可以从组织内部沟通和组织外部沟通两个方面来划分。

（一）组织内部沟通的内容

组织内部沟通是指为了实现组织的目标，组织内部领导者与下属之间、组织各部门之间以及职工之间关系的协调与信息交流。组织内部的沟通可以分为上下级关系沟通和平级关系沟通两种。

上下级关系沟通根据沟通方向又可划分为自上而下的沟通和自下而上的沟通。自上而下的沟通即所谓的上情下达。领导者要经常通过自上而下的沟通向下属分配目标、介绍工作、告知规章制度等。下行沟通中常用的口头沟通的媒介方式有指示、会议、电话等；常用的书面沟通方式有备忘录、信函、手册、公司政策、工作程序等。员工理解组织的重大决策和目标对于组织目标的实现是非常重要的，所以组织内领导与员工的信息交流意义重大。只有通过交流，领导者才能使下属明确目标，并使之努力奉献，从而促使组织运转正常。下行沟通的信息内容有五项：（1）有关组织或团体目标的信息；（2）有关工作方面的指示；（3）为提醒下级对工作及其他任务关系的了解；（4）向部属提供的关于程序和实务的资料；（5）对部属反馈其本身工作的绩效的信息。需要注意的是，在下行沟通中，信息常常被传递过程中的中层和下层所遗漏或被曲解。上下级沟通中另一种重要的沟通形式是自下而上的沟通，即下情上传，通过下情上传，员工可以向领导者提供信息反馈，汇报工作进度、存在的问题，并提出自己的意见和要求，从而使领导者了解和掌握员工的工作等各方面情况，领导者也可以及时地调整自己与下级员工之间的关系，增进彼此的了解、理解与支持。上行沟通的沟通渠道主要包括申诉、小组会议、意见箱及定期汇报等。上行沟通的信息内容有四项：（1）成员自己的工作表现和问题；（2）有关其他成员的工作表现和问题；（3）有关组织或团体的决策与工作活动的信息；（4）成员个人的需求。

同样，领导者也应该将平级之间的关系沟通好。平级之间的沟通可以分为横向沟通和斜向沟通两个方面。横向沟通是指组织内一个部门内部同一层级或不同部门同一层级之间的沟通。横向沟通一般具有业务协调的性质，它对于加强平行部门之间的相互了解、组织协调均有益处。斜向沟通是指与其他部门中不同职位等级成员之间的沟通。斜向沟通的信息内容包括：（1）有关各自部门的工作情况的信息；（2）各自团体目标与组织目标的关系；（3）涉及两个团体共同利益的问题；（4）团体间的冲突解决。组织往往是由多个部门组成的相互依存的整体，如果把组织看作是一个环环相扣的链条，那么每一个部门就是这个链条上的一环，每个部门的和谐团结使得链条得以环环相扣。如果企业内部的沟通出现问题，对于企业的发展是很不利的，内部沟通不畅就好比交通堵塞，会造成很大的危害。古人云："能下人者，其智必高，其所致必远。"在与同级沟通时应相互理解。同级之间的信息交流有利于加强彼此的团结协作，提高领导效能，使部门之间相互取长补短，兼顾部门利益。平级沟通在节省时间和促进合作方面也是十分有效的。组织中各部门之间的关系是领导所要关心的重要问题之一，它的和谐程度如何，直接影响着领导工作的成效，因此加强部门之间的沟通工作，使各部门之间相互联系、增强合作，对于领导者而言具有十分重要的意义。

组织的内部沟通主要包括目标沟通、思想沟通、感情沟通和信息沟通等。

1. 目标沟通

目标沟通即对组织的整体目标通过沟通的方式进行传达，使沟通对象，即各部门、每个人对整体目标达成共识，力争把部门利益与组织的共同目标联系起来，统一各部门之间的认识，协调行动。其次，要在具体目标上取得沟通和共识。涉及有关各部门的目标时应当公之于众，或应当商量告知其他部门，增进各部门之间的相互联系，扩大部门之间的相互认可。各部门在目标的确立上，要相互理解和关注；在目标的实施上，要相互支持和推进；在目标的冲突上，要相互调整和适应；在目标的完成上，要相互鼓励和总结。

2. 思想沟通

组织中各部门是一个统一的整体，因此在沟通时应避免单纯以本部门的利益得失考虑问题。亨利·福特曾指出，成功的秘诀就是以他人的观点来衡量问题。各部门之间的差异不仅需要目标沟通，还需要对思想的差异进行沟通，通过平等的交流、思想的启发，理解彼此的思想，从全局考虑问题。要通过思想沟通使组织内部的沟通达到上下一致、齐心协力、奋发进取。只有思想认同，才能行动一致。

3. 感情沟通

感情沟通是指沟通双方的感情，获得对方精神上的同情和谅解，最终改善相互之间的人际关系。现代组织强调“以人为本”，人是有丰富感情需要的动物，通过感情沟通可以使员工的思想情绪趋于稳定，满足情感需要。领导者应该通过与员工的感情沟通，使员工在公司中感觉像回到家中一样。领导者在与员工沟通时，应关心员工的状态与需要，没有感情成分的领导者与员工之间很难建立良好的沟通。实践证明，领导通过沟通使员工在精神上得到满足，他们的工作就会更有效果，就愿意长期留下来为组织效力。

分享案例

蒙哥马利是英国著名的、很有个性、很受人们爱戴的元帅。他说：“一支军队不只是集中许多个人和坦克、大炮、机关枪等而成，军队的力量也不是正好等于这些东西的总和，它必须超过各部分因素的总和。外加的力量，绝大部分来自于士气和战斗精神、领导者和被领导者之间的信任。”

谁都不否认，战争时期士兵过着最不快乐的生活。但要是士兵知道指挥官和他们一样，这种生活就较易接受一些。士兵若在前线常常见到司令，能同他谈谈话，并受到重视，知道他们真正被长官所关心爱护，他们会更有勇气。正是这些深刻的认识使得蒙哥马利投入很多时间和精力用于视察军队。

在欧洲登陆战的指挥过程中，蒙哥马利惯于搭乘“轻剑”号专车到英格兰、威尔士和苏格兰各地去访问即将参加“霸王”行动的各个部队。视察形式不拘一格，目的却只有一个，即让每一个士兵都感受到司令是可以信赖的，他们要为之努力的战争是必胜的。自然，刚出现在队伍面前时，他引起的只能是好奇心，这些来自不同国度的士兵们交头接耳，对他品头论足。他微笑着，丝毫没有要制止他们的意思，而是用近乎鼓励的目光和蔼地从每一张脸前走过。然后，他就站在吉普车的车头上，同官兵们作朴素简单的谈话。接下去，他走进士兵中间去和他们谈心，甚至与他们一起备战、一起生活起居。

德国将军隆美尔的部队被决定性地击败后，逃向了的黎波里。蒙哥马利率第八军深入到塔尼亚追击敌军达200多英里。时值圣诞节，为了振奋士气，最后跃进的黎波里，蒙哥马利命令部队原地休息，尽最大可能过一个快乐的圣诞节。当时气候寒冷，火鸡、葡萄干、布丁、啤酒等食品都得到埃及去订购，蒙哥马利发动后勤工作人员，终于使这些圣诞节传统食品按时运到了。

接着，蒙哥马利向全体官员赠送最好的礼物——圣诞文告，来祝贺大家圣诞快乐。在文告中，他引用了约克郡一位名叫赫尔的姑娘寄给他的圣诞贺信中的话，并说，这代表了每位英国公民对全体官兵的祝福。文告充满了亲人般的脉脉温情，将士们无不备感亲切。

就这样，蒙哥马利鼓足了士气，为战争胜利准备了最重要的条件，也为自己赢得了成功，赢得了“二战”名将的殊荣。

4. 信息沟通

沟通的过程是信息传递的过程。信息沟通是十分重要的，领导者应做到及时与员工共同分享信息，而不是迫不得已时才与员工沟通信息。及时信息沟通可以有效地化解各部门之间的矛盾与隔阂，使各部门之间相互了解，相互协调。

（二）组织外部沟通的内容

当下，全球化的社会是一个大系统，任何一个组织都不可能割裂这样一个大系统而独立地发展，都存在与外界相互依托和谐发展的境况。因此，协调与沟通好社会各方面的关系，对于组织的运作、良好发展起着极为重要的作用。

组织的外部沟通是指组织与社会各方面建立起广泛而和谐的公共关系。优秀的领导者将外部沟通作为实现目的的一个工具。通过这个工具将与组织目标相关的公众作为沟通的重点，通过多种多样的沟通方式与接收者建立起相互信任、彼此合作的融洽关系，并以此来调解组织的运行。在外部沟通的过程中，有效的领导者应知道接收者想要什么，同时知道实现组织的目标需要什么样的沟通技巧以及该如何将这种行为付诸实践。

在组织运行中，由于各种关系状态不同，外部沟通的重点和方法也不尽相同。

（1）当双方关系处于和谐状态时，沟通的重点应当放在保持和加强组织形象宣传上。组织形象并不是简单地指组织的外观，而是指组织在外部公众心目中的形象，即由组织的素养、品德、声誉、举止行为以及组织的外观等综合叠加而成的图像。组织的形象好会博得外界各方的好感，从而为与外界各方保持良好的正式沟通奠定基础。组织形象塑造包含三个方面的工作：组织理念塑造与识别、组织成员及组织行为规范与识别、组织的外部视觉形象塑造与识别。企业可以通过广泛的公关活动，加强对组织自身的宣传，促进社会公众对组织的了解，向外界展示自己，使组织的良好的企业形象得以重复被公众记忆，增强可识别性，改善外部经营环境，增强公众的信心。例如，不少企业都采用周年店庆等方式来宣传形象。

（2）当双方关系处于不和谐状态时，组织外部沟通的不和谐往往具有两个方面的原因。一方面是由于组织自身的原因所造成的，这时沟通的重点应该放在从组织内部找原因上，反省组织内部的责任，增强组织的内部凝聚力，把单位员工与员工、上级与下级、部门与部门融为一体，发挥员工的工作主动性、创造性。在对组织内部进行审查之后，就要客观地分析另一方面的原因，即公众状态，进而对公众进行必要而及时的解释，运用有效的沟通澄清误会等。

（3）当双方关系处于不明状态时，沟通的重点应放在表明自己主张上，以此消除沟通双方的紧张情绪，建立起良好的心理平衡条件，有效地避免冲突。在此基础上，应搞清双方的各自利益，以便减少摩擦。总之，在这种关系状态下，领导者既要加强与公众的心理沟通，也要明确双方的利益关系，努力使他们明了双方关系状况，以利于今后关系的建立和发展。

四、沟通的过程

沟通过程就是发送者将信息通过选定的渠道传递给接收者的过程。沟通发生前必须存在一个意图，即要传递某个信息，使其在沟通者与传送者之间传递，如图 8-1 所示。

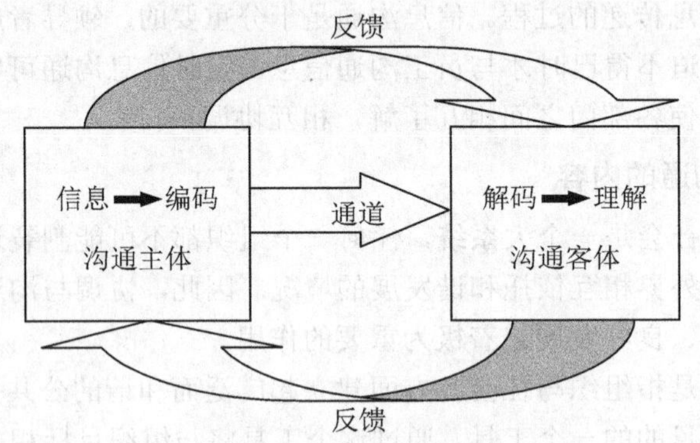

图 8-1　沟通的过程模型

沟通的过程是沟通者先将信息编码，然后通过通道（即媒介物）传送给接收者，再由接收者对收到的信息进行解码的过程。在这个过程中还涉及两个黑箱操作过程：一个是沟通主体对信息的编码过程；另一个则是沟通客体对信息的解码过程。这两个过程之所以被称为黑箱过程，是因为其中的过程（即编码与解码过程）是人们无法控制的，在这个过程当中，信息会出现损失和折扣，因此，我们不能仅仅满足于信息的发出，还应关注信息的传递过程和结果，尽量减少信息的传递层次和无关信息的干扰，以保证信息传递的有效性。沟通的最后一个过程就是反馈过程，这一过程可以确定沟通主体所传递的信息是否成功地被沟通客体所理解。

下面介绍一些有代表性的沟通过程模式。

1．拉斯韦尔公式

美国沟通学者哈罗德·拉斯韦尔提出：“描述沟通行为的一个方便的方法，是回答下列五个问题。即：谁、说什么、通过什么渠道、对谁、取得什么效果。”如图 8-2 所示。

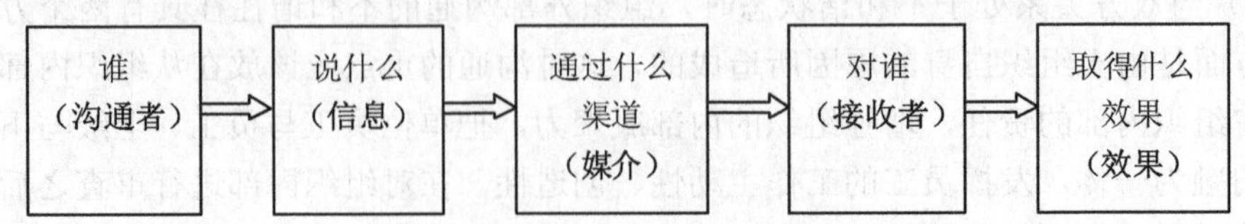

图 8-2　哈罗德·拉斯韦尔沟通模式

拉斯韦尔模式显示了早期沟通模式的一些典型的特征，即或多或少想当然地认为沟通者有某种打算影响接收者的意图，因而应该把沟通看作是一种单向的劝服性过程。可见，拉斯韦尔忽视了反馈这一要素。

2．香农—韦弗模式

在香农—韦弗模式中，沟通过程仍然被认为是单向的过程，不过模式里面的主要因素被看成是更为科学的信息，并增加了信息的发射器和接收装置。但在突出了信息的同时，又忽略了沟通者和接收者，因此该模式更多地停留在信息流动的层面。

3．奥斯古德与施拉姆的循环模式

奥斯古德与施拉姆的循环模式作为对香农—韦弗模式的改变，由 C. E. 奥斯古德首创，并由威尔伯・施拉姆于 1954 年提出。如果说香农模式是直线性的话，奥斯古德—施拉姆模式则在此方面作了很大的改变，使其成为一个高循环的过程。此模式主要是把沟通作为一个整体的循环过程提了出来，正如施拉姆认为的“事实上，认为沟通过程从某一点开始而到某一点终止，这种想法易使人误解。沟通过程实际上是永无止境的”。

4．格伯纳的沟通总模式

美国传播学者乔治・格伯纳于 1956 年提出了一个他认为能包含沟通所有内容的过程模式。这个模式的特质是它可根据所描述的不同沟通情况而采取不同的形式。格伯纳的模式有文字式和图解式。他的文字式认为沟通应包括十个方面的内容：某人，感知某事，做出反应，在某种场合下，借助某种工具，制作可用的材料，于某种形式中，于某种背景中，传递某种内容，获得某种结果。格伯纳的模式可用于人际之间的沟通，也可以用于人与机械，即人—机之间的对话和沟通。

5．赖利夫妇的沟通过程模式

在此模式中，赖利夫妇揭示了基本群体与参照群体在沟通过程中扮演的角色。作为沟通过程中的沟通者和参与者，个人均受到基本群体的影响，因为人总是一个群体或组织中的人。作为沟通者，他可能受到影响而用一种特别的方式去选择和制作他的信息；作为接收者，他也可能在如何对信息做出选择、理解和反应方面受到群体的影响和约束。同时，基本群体也不是在真空中发挥作用，赖利夫妇认为它们是更大的社会结构中的组成部分。

五、沟通的类型

根据不同的划分标准，可以把沟通划分为不同的类型：双向沟通和单向沟通，正式沟通和非正式沟通，言语沟通和非言语沟通，人际沟通、群体沟通、团队沟通、组织沟通和跨文化沟通。

（一）双向沟通和单向沟通

沟通按照是否进行反馈，可分为单向沟通和双向沟通两种。

1．单向沟通

单向沟通是指信息发送者和接收者在沟通中的地位始终不变，如作报告、发指示等。单向沟通是缺乏反馈的沟通。单向沟通具有速度快、沟通过程简单、信息发送者的压力小等特点，但是接收者没有反馈意见的机会，不能产生平等和参与感，不利于增加发送者的自信心和责任心，不利于增加接收者的自信心，不利于建立双方的感情，有时还容易使接收者产生抗拒心理。正式沟通中多为单向沟通，这种沟通方式适合于工作任务的紧急布置、工作指示等。

2. 双向沟通

现代领导理论的观点不再局限地认为领导是单向的，仅仅是上级对下级的领导。要使沟通顺利而成功，沟通的过程就不仅是信息被传递，还需要被理解，理解就需要互动和反馈。因此，真正意义上的有效沟通是双向沟通，双向沟通才具有信息反馈的特征。双向沟通是指信息发出者和接收者在沟通中双方地位不断变换，如交谈、协商等。双向沟通的过程中接收者将反馈的信息传递给发送者；使得发送者知道接收者在想什么，接收者的态度怎样，接收者有哪些意见或建议；收到反馈信息后，发送者就能对有关工作的要求、下达任务的目标等作出合理与否的判断，以及作出是否需要调整的判断。双向沟通使接收者有参与感，有助于沟通双方建立感情。双向沟通的缺点是需要有充裕的时间，而且双向沟通过程中的噪音和干扰要比单向沟通多得多。

（二）正式沟通和非正式沟通

1. 正式沟通

正式沟通一般指在组织系统内，依据组织明文规定的原则进行的信息传递与交流。例如，组织与组织之间的公函来往、组织内部的文件传达、召开会议、上下级之间的定期情报交换等。正式沟通一般是经过精心谋划而建立起来的信息沟通渠道及其媒介，包括指定的信息或指示经指挥链条向下传达，意见和建议经指挥链条向上汇报。按照种类的不同，正式沟通又可细分为下向沟通、上向沟通、横向沟通、外向沟通等几种形式，如图 8-3 所示。正式沟通是我国领导者惯用和善用的沟通方式，而往往忽视非正式沟通的引导和管理，产生不良后果。

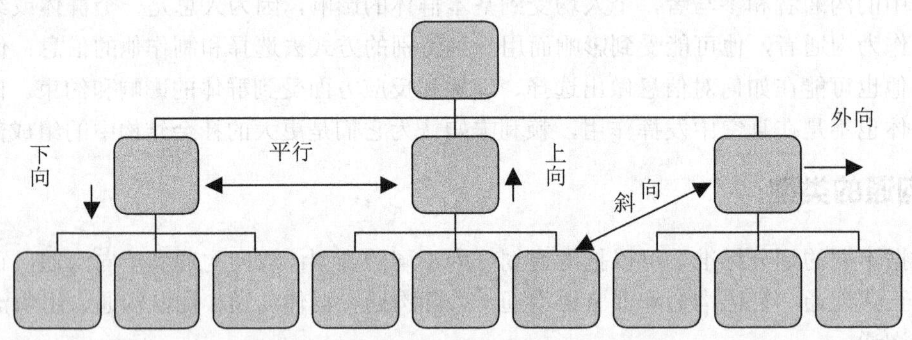

图 8-3 组织沟通类型

沟通网络是指组织中沟通渠道的结构和模式。一个沟通网络的基本特征是它的渠道的数量、分布和可逆性等。在正式的沟通渠道中存在五种典型的沟通网络，分别是链式沟通、Y 式沟通、轮式沟通、环式沟通和全通道式沟通，如图 8-4～图 8-8 所示。

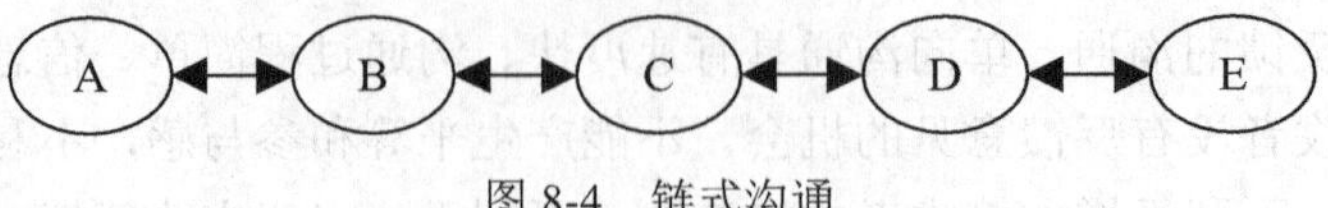

图 8-4 链式沟通

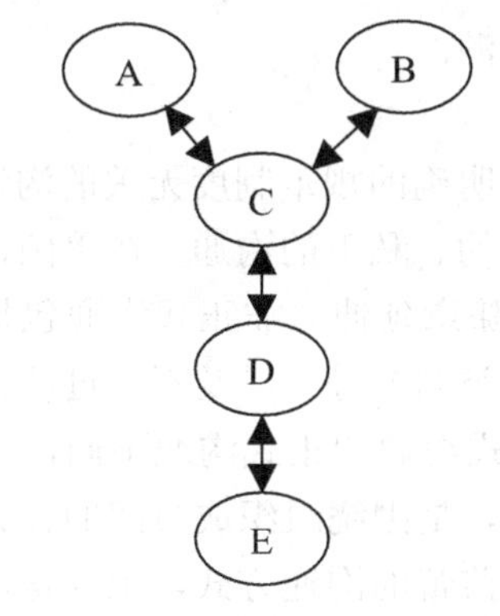

图 8-5　Y 式沟通

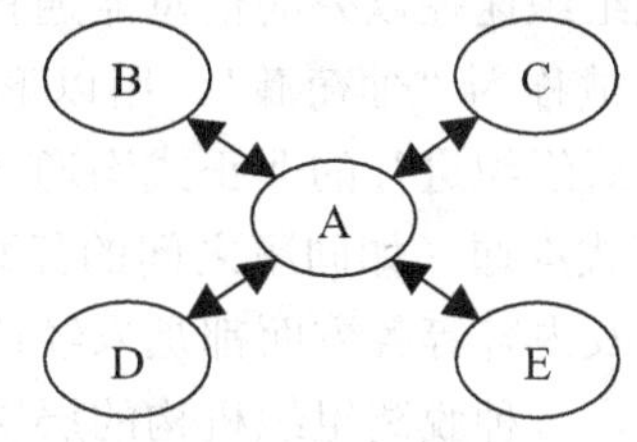

图 8-6　轮式沟通

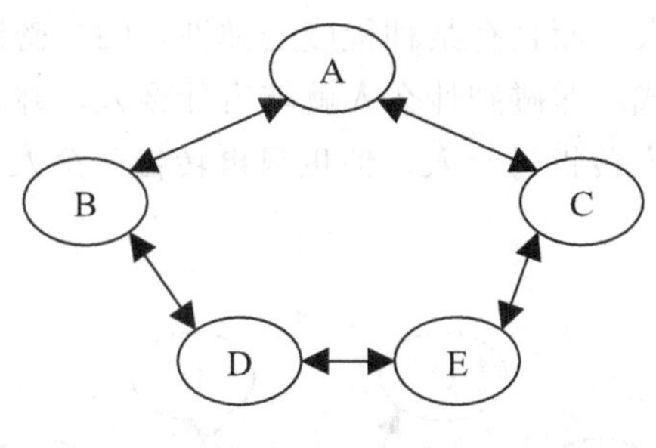

图 8-7　环式沟通

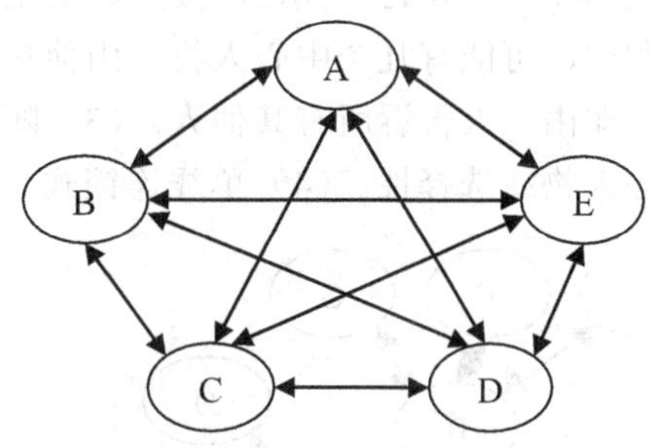

图 8-8　全通道式沟通

（1）链式沟通网络。在链型网络中，相关层次非常清楚，每个成员只能向上或向下两个方向进行沟通，沟通的自由度和范围都比较小。在这种网络中，信息经层层传递、筛选，容易失真，各个信息传递者所接收的信息差异很大，平均满意程度有较大差距。

（2）Y 式沟通网络。Y 式沟通网络是一个纵向沟通网络，其中只有一个成员位于沟通网络的中心。层级比较清楚，信息是逐级进行传递。这种网络集中化程度高，解决问题速度快，除中心人员 C 外，组织成员的平均满意程度较低，影响组织中员工的士气，阻碍组织提高工作效率。

（3）轮式沟通网络。在轮式沟通网络中，只有一个成员是各种信息的汇集点与传递中心，其他成员之间的沟通很少，几乎是闭塞的。该网络类型的沟通渠道很少，组织成员的满意程度低。如果组织的任务紧，要求进行严密控制，则可采取这种网络。

（4）环式沟通网络。环式沟通网络结构表示组织成员之间依次联络和沟通的关系，其中，每个人都可同时与两侧的人沟通信息。在这类网络中，组织的集中化程度较低，组织成员士气较高。信息的反馈过程非常明显，这种反馈对于促进沟通的有效性有积极作用。

（5）全通道式沟通网络。全通道式沟通网络是一个开放式的网络系统。在这种团体中，成员享受完全的沟通自由，任何两个成员之间可以直接沟通，处于平等的地位，团体领导人或中心人物作用不明显。此沟通网络的集中化程度很低，沟通渠道很多。

一个高效的沟通网络能够调节员工的精神状态，鼓励创新，协调工作，指导员工的各项活动。以上这五种类型的沟通网络没有绝对的好与坏，选择哪一种网络取决于外部环境和沟通的目的。例如，当需要完成一项复杂的任务时，选择分权化的全通道式沟通网络较好。因为这种网络类型便于信息的交换和充分地利用资源。

2．非正式沟通

非正式沟通是一类以社会关系为基础，与组织内部明确的规章制度无关的沟通方式，是通过正式组织途径以外的信息流通程序的一种非官方的、私下的沟通。在美国，这种沟通途径常常被称为“葡萄藤”，用以形容它枝茂叶盛、随意延伸。非正式沟通包括通过组织内的非正式组织进行的非正式沟通（如生日聚会、各类酒会等）以及不通过非正式组织进行的非正式沟通（如同事之间的任意交谈等）。非正式沟通和正式沟通不同，它的沟通对象、时间及内容等各方面都是未经计划和难以辨认的，是围绕组织成员间的社会关系而建立起来的，一种脱离组织机构的层次次序、不受组织监督的沟通方式，主要是以口头沟通为主的沟通方式。例如，团体成员私下交换看法、朋友聚会等。非正式沟通有四种形态（如图 8-9～图 8-12 所示），按照最常见到较少见的顺序分为：（1）集群连锁式。即在沟通过程中，可能有几个中心人物，由他转告若干人，而且有某种程度的弹性。（2）密语连锁式。即由一人告诉所有其他人。（3）随机连锁式。即碰到什么人就转告什么人，并无一定中心人物或选择性。（4）单线连锁式。即由一人转告另一人，他也只再转告一个人。

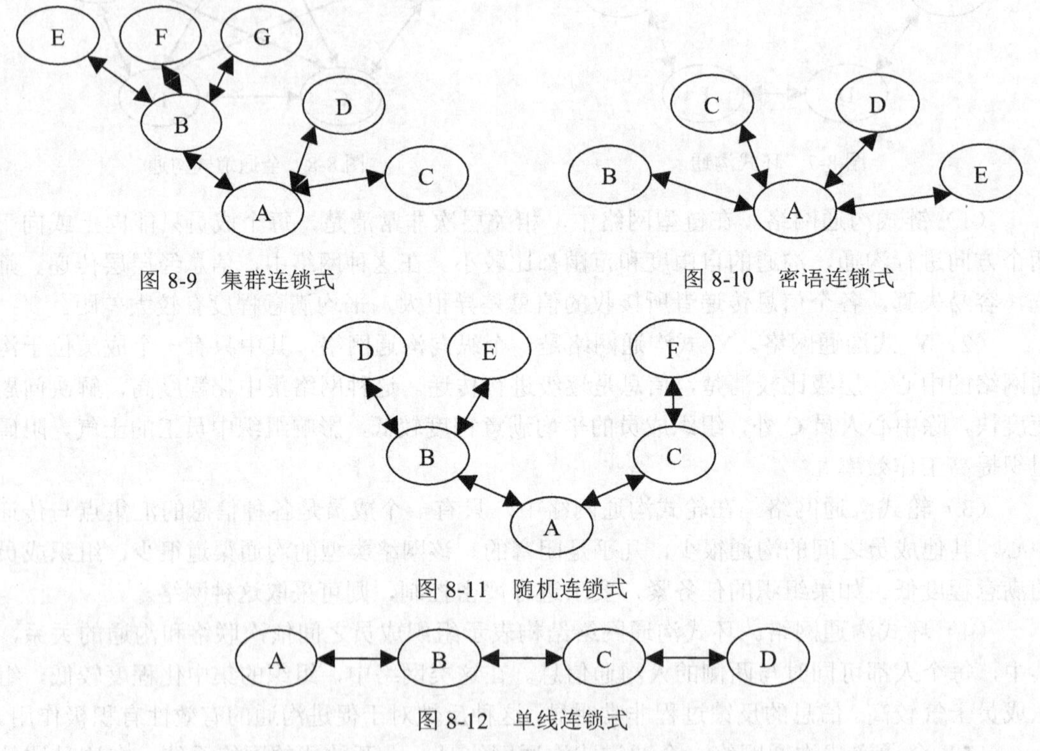

图 8-9 集群连锁式

图 8-10 密语连锁式

图 8-11 随机连锁式

图 8-12 单线连锁式

由于非正式沟通不是建立在上下级关系的基础之上，而是建立在朋友式的平等对话的基础之上，有利于融洽气氛、增进理解，所以非正式沟通有沟通方便、内容广泛、方式灵活、沟通速度快、易了解真实情况等优点。但其缺点是难于控制、传递的信息不确切，而且可能造成小集体、小圈子，影响组织的凝聚力和人心稳定。

非正式沟通的现象是无法消除的，领导者应该正视它的存在，对其加以了解，并根据它的特点采取合适的对策。

（1）培养组织成员对组织领导的信任和好感，使他们比较愿意倾听并相信组织提供的消息。

（2）领导者应尽可能地使组织内的沟通系统较为开放或公开，使组织成员能够了解他们所关心的信息。

（3）根据非正式沟通的优点，将非正式沟通作为正式沟通工具的一个有益补充，利用非正式沟通为组织目标服务。

（4）加强领导者在这方面知识的训练，使他们有比较正确的观念和处理方法。

（三）言语沟通和非言语沟通

语言是声音与意义结合的符号系统，是服务于人类交际和思维的工具。言语是对语言的具体运用及其成品。根据信息载体的异同，沟通可分为言语沟通和非言语沟通，如图 8-13 所示。

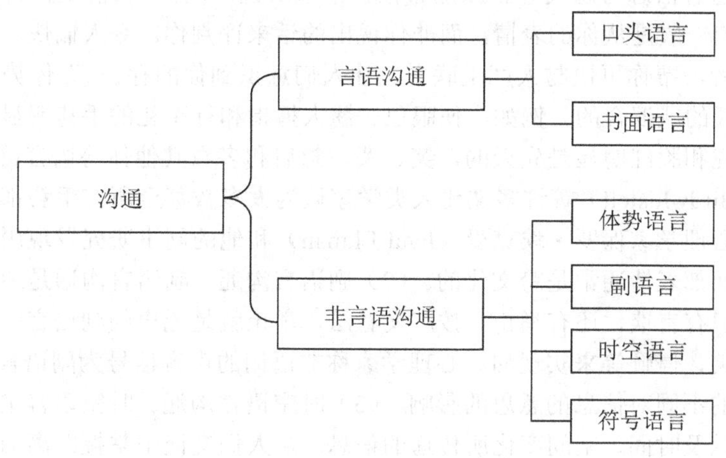

图 8-13　沟通的类别

1．言语沟通

言语是一种社会现象，是人类通过高级结构化的声音组合，或者通过书面符号、手势等构成的一种符号系统，同时又是运用这种符号系统来交流思想的行为。简单说，言语是把语言符号按照语言的规则排列起来表达具体内容的。言语沟通是人们为了达到一定的目的，运用口头语言和书面语言传递与接收信息，交流思想感情的言语活动。口头的言语沟通包括演说、小组讨论等，口头沟通的优点在于传递快速，反馈快速，有亲切感，沟通效果好。其缺点是若信息经过多人传递，容易造成信息失真。书面的言语沟通包括备忘录、信件、组织内发行的期刊等。在我们进行言语沟通的时候，都包含着非言语沟通的信息。书面沟通的优点是具有权威性、正确性，不能在传达过程中被歪曲，可永久保留。其缺点是耗费时间，缺乏反馈。

2．非言语沟通

所谓非言语沟通是指抛开自然语言，以人自身所呈现的静态及动态的信息符号与副言语来进行信息传递的表述系统。非言语沟通包括仪表、服饰、动作、神情、体态等多个方面。在人们的沟通过程中，高达 93%的沟通是非言语的；其中 55%通过面部表情、形体姿态和手势传播，38%通过音调。大部分的非言语沟通不是代替语言，而是伴随语言。美国一位教授指出："我们用发音器官说话，但我们用整个身体交谈。"约翰·根室在《回忆罗斯福》一书中写道："在 20 分钟的时间里，罗斯福先生的脸上表现出诧异、好奇、故作吃惊、真正的兴趣、焦急、卖弄词藻，表示担心、同情、坚决、幽默、坚定、尊严和无比的魅力。但是，他几乎没有说出什么真正的东西。"说明了非言语沟通传递的内容比口头表述的内容要多得多。在大多数情况下，通过仔细观察对方的眼睛、嘴唇，就可以感知到对方的状态。与对方握手时，甚至可以感受到对方的感觉。非言语信息往往比言语信息更能打动人。因此，当别人说话时，应全神贯注地倾听。越善于倾听与观察，沟通的效果就会越好。

非言语沟通的内涵丰富，主要包括以下几个方面：（1）体势语言沟通。体势沟通是通过目光、表情、手势、坐姿、站姿、立姿等身体运动形式来实现沟通。例如，抬抬眉毛表示不相信，揉揉鼻子表示疑问，耸耸肩膀表示无所谓等。人们的一颦一笑都作为体势语言的一部分，传递着信息与意义。正如黛布拉·本顿所说："脸部表情是你身上所穿戴的最重要东西。人们一般是从你的表情，而非你说出的话来评判你。令人愉快、专业的表情会让你像个思考者，帮你更快与人产生联系，让人们意识到你的存在。"体势语言符号可以是习得的、先天的或混合的。例如，使眼色、翘大拇指和行军礼的手势明显是习得的，而眨眼睛、清喉咙和脸红明显是先天的，笑、哭、耸肩和多数其他体势语言符号是混合的。伯德惠斯勒（Birdwhistell）等许多文化人类学家认为大多数甚至所有手势都是参与社会群体而习得的。心理学家保罗·埃克曼（Paul Ekman）和他的同事研究发现厌恶、惊讶和其他主要情感的面部表情通常是跨文化的。（2）副语言沟通。副语言沟通是通过非语词的声音，一个人非但有言谈，还有举止。按广义看法，举止就是无声的副语言。如重音、声调的变化、哭、笑、停顿等来实现的。心理学家称非语词的声音信号为副语言。表 8-1 说明了重音的位置的不同对信息的意思的影响。（3）时空语言沟通。时空语言主要是指春夏秋冬等四季变换以及时间、空间变化所传递的信息。从人们交谈中掌握距离的方式可以看出他们的信仰、价值观，以及他们的文化内涵。例如，美国人要求拥有自己的办公室以掩饰自己的隐私，通过使用巨大而且能够升降的办公桌以与别人保持距离。相反，阿拉伯人在公共场合根本不知道什么是隐私，他们在谈话时是那样的亲密无间。（4）符号语言沟通。符号语言主要是指各种信息符号、物体等代表的某一公共信息的特定含义。如 SOS，表示国际求救信号，各国的国旗也都代表不同含义。计算机的符号也可表达情绪，如":)"表示微笑，":（"表示沮丧等。此外，还应包括色彩所传递的语言等。

表 8-1　重音的位置不同对句子的意思影响

重 音 位 置	句子的意思
为什么我今晚不能请你吃晚饭？	我要请别人吃晚饭
为什么我今晚不能请你吃晚饭？	你却和别人一起吃晚饭
为什么我今晚不能请你吃晚饭？	我要找一个理由说明我不该请你的原因
为什么我今晚不能请你吃晚饭？	你有什么问题要找我吗
为什么我今晚不能请你吃晚饭？	而不是你自己去
为什么我今晚不能请你吃晚饭？	而不是明天吃午饭
为什么我今晚不能请你吃晚饭？	而不是明天晚上

通过形体暗示所透露出来的非言语信息主要有以下几种沟通功能。

（1）态度信息。一方面，手势和形体姿态可以帮助我们传递或强化由言语表达的信息；另一方面，形体暗示更能生动地反映出信息传播者对他人的态度。

（2）心理信息。研究表明，形体暗示功能可以有效地提供确切的个人心理状态的信息。它不仅能表明我们是否自信，而且还能暗示出我们的自信度。例如，2004 年雅典奥运会，张怡宁在夺取女乒冠军后接受采访时谈到："我在开始比赛之前就知道我一定能赢下这场比赛获得冠军，因为在赛前和对手握手时，对方的手是冰冷的。"

（3）情绪信息。我们的脸能非常准确地传递特定的情感信息，而形体暗示则显示我们的情绪变化水平和紧张程度。

非言语沟通技巧是管理沟通中一个重要组成部分，通过正确解读非言语信息，使领导者在了解他人口头所表达的信息的同时，帮助你揣摩其"心思"，从而正确处理和把握相互之间的关系。所以，一个优秀的领导者应该具备解读非言语信息并作出适当反应的能力。

分享案例

美国钢铁和国民蒸馏器公司的子公司 RMI 坐落在俄亥俄州的奈尔斯，该公司生产多种钛制品。多年来，公司的工作效率低，生产率和利润率也上不去。

自从大吉姆·丹尼尔到这里担任总经理后，情况就发生了变化。大吉姆没有什么特殊的管理办法，他只是在工厂里到处贴上如下标语："如果你看到一个人没有笑容，请把你的笑容分给他。""任何事情只有做起来兴致勃勃，才能取得成功。"这些标语下面都签有名字："大吉姆"。

公司还有一个特殊的厂徽：一张笑脸。在办公用品上，在工厂的大门上，在厂内的板牌上，甚至在员工的安全帽上都绘有这张笑脸。这就是美国人所称的"俄亥俄的笑容"。《华尔街日报》称之为"纯威士忌酒——柔情的口号、感情的交流和充满微笑的混合物"。

大吉姆自己也总是满面春风。他向人们征询意见，喊着员工的名字打招呼，全厂 2 000 名员工的名字他都能叫得出来。他还让工会主席列席会议，让他知道工厂的计划是什么。结果，只用了 3 年时间，工厂没有增加 1 分钱的投资，生产率却惊人地提高了近 8%。

笑容是一种知心会意、表示友好的表情，是最有吸引力、最有价值的面部表情，既悦己又悦人。一张笑脸激起了员工的工作热情，从而提升了公司的生产效率。非言语沟通就是这样简单、直白、无障碍地传达着沟通内容，有效地达到沟通目的。

（四）其他沟通方式

沟通按照主体的不同，可以将其他沟通方式分为人际沟通、群体沟通、团队沟通、组织沟通和跨文化沟通等不同类型。

1. 人际沟通

人际沟通是指人和人之间的信息和情感相互传递的过程。它是群体沟通、组织沟通乃至管理沟通的基础。人际沟通提供心理上、社会上和决策上的功能。心理上人们为了满足社会性需求和维持自我感觉而沟通；人们也为了发展和维持关系而沟通；在决策中，人们为了分享资讯和影响他人而沟通。

2．群体沟通

当沟通发生在具有特定关系的人群中时，就是群体沟通。研究表明，个体之间的相互包容度高到一定程度的时候，群体通过沟通可以形成一致意见；组织管理上的分权不利于群体达成集中的意见，而集权可以获得相对集中的意见。

3．团队沟通

团队沟通是伴随着团队这一组织结构的诞生应运而生的。团队沟通是指特定环境中，两个或两个以上的人利用语言、非语言的手段进行协商谈判以达到一致意见的过程。

4．组织沟通

组织沟通就是涉及组织特质的各种类型的沟通，它不同于人际沟通，但包括组织内的人际沟通，是以人际沟通为基础的。它关系到组织目标的实现和组织文化的塑造。一般来说，组织沟通又分为组织内部沟通和组织外部沟通。其中，组织内部沟通又可以细分为正式沟通和非正式沟通；组织外部沟通则可以细分为组织与顾客、股东、上下游企业、社区、新闻媒体等之间的沟通。组织的沟通是实现组织目标的关键。

5．跨文化沟通

跨文化沟通是指发生在不同文化背景下的人们之间的信息和情感的相互传递过程。不同的种族、民族和国家有不同的文化，所以生活在不同文化背景下的人们就有了不同的观念、价值观等，这就造成了在沟通过程中常常存在信任和理解的障碍。例如，“V”的手势在世界很多国家意味着“胜利”或“和平”，而在英国，如果掌心及手指向内，意味着“滚开这里”；“OK”手势在美国表示一种友好，意思是“好吧！”而在澳大利亚和伊斯兰国家，它表示的是骂人的话。跨文化沟通的目的就是避免和减少不同文化群体在相互影响的过程中出现的冲突和矛盾，在解决这些矛盾冲突的过程中，找到交叉点，形成组织的共同价值观，促进组织的发展。

第二节　领导沟通的作用和策略

许多学者都认同：较为成功的领导者用约 30%的工作时间进行战略和策略思考以及处理相关事物，剩下的约 70%的时间则用于与他人沟通。事实上，对组织战略的思考及对其他事物的处理，也必须以沟通为基础或手段。如果没有沟通，领导者就无法了解到必要和正确的信息，就无法实现领导的目标。

在领导活动实际工作中，总有人会产生一些抱怨和意见，为什么不能形成凝聚力？一些领导为什么缺乏亲和力？仔细研究不难发现，这些问题的产生大都是由于沟通不够、沟通无效或沟通障碍所造成的，那么，沟通有什么作用呢？

一、沟通的作用

（一）有效地传递信息和知识

德鲁克给管理下过这样的定义：管理就是确定组织的宗旨与使命，并激励员工去实现它。从中不难看出，领导者最重要的使命就是把组织的目标、愿景、任务和期望等信息准确地传递给每一位员工，并指引和带领他们完成既定目标。他需要对员工进行任务陈述和目标陈述，告知员工我们的任务是什么、我们要成为什么。领导者还要在听取员工对任务和目标的建议后，及时进行研究，并将原陈述的任务和目标作出修改和完善，并再次作出及时陈述。统一员工的认识，协调员工的行动，并使员工能够迅速而准确地接收到指令，然后按照指令行动，所有这些都要通过沟通来进行。英国管理学家威尔德说："管理者应该具有多种能力，但最基本的能力是有效沟通。"

分享案例

通用公司新任 CEO 伊梅尔特在谈到怎样支配自己的有效工作时间时说：我差不多有30%～40%的时间跟人打交道，进行交流、沟通，在克劳顿村我们的领导发展中心里传播我们的企业文化，这是 CEO 非常重要的一个工作；还要用差不多 20%的时间访问我们的客户，来确保我们处理客户的方式非常令人满意，而且非常成功。另外用 10%～20%的时间来审查我们的业务计划、产品计划、财务计划，最后剩下的时间用来跟外部沟通。伊梅尔特通过广泛地与不同的人打交道来传递自己的企业文化，通过与他们相互交流来交换意见，从而获取了各自所需的信息。

（二）有助于优化决策环境并改善内外关系

领导决策受到各种环境因素的影响和制约。要克服各种不利因素，就必须依靠员工的集体智慧。重视沟通，建立沟通意识，努力营造沟通的环境，建立正常的沟通关系和渠道，通过例行的会议制度、研讨会等方式对一些难点问题发表意见，提出解决的办法，从而使一些重要信息通过正式渠道传递，而避免出现非正式渠道传播的一些小道消息甚至谣言。这样不仅有助于消除误会和隔阂，而且有助于优化组织的决策环境，营造一种良好的沟通氛围。另外，沟通也有利于保障决策的科学性和执行力。因为通过有效的信息沟通方式，有助于领导者掌握更真实、全面的信息，有利于他们在决策之前进行全面的科学分析和判断，进而作出科学的决策。下属人员也可以主动与上级管理人员沟通，提出自己的建议，供领导者作决策时参考，或经过沟通来取得上级领导的认可，自行决策。信息沟通也有助于员工了解领导者所作出的决策，从而更好地执行这些决策。

任何一个组织都是在一定的环境中存在和发展的，组织环境是组织内部具有有机联系的各个部门以及组织以外其他所有组织与物质条件的总和。组织内部沟通可以保证组织内部的各个部门之间相互关系的顺畅、工作关系的协调。同时，组织外部沟通还可以使本组织与组织以外的其他组织保持有机的联合与协调，不断地从其他组织中取得先进的经验，以增进本组织的科学性管理。

（三）有助于发挥主动性和创造性

管理者的知识、经验和观念往往影响着员工的知觉、思维和态度，而员工对于组织有着深刻的了解，往往能最先发现组织的问题所在，因此，领导者应通过信息沟通和情感沟通来引导员工。人一般都会要求对自己的工作能力有一个恰当的评价。如果领导的表扬、认可或者满意能够通过各种渠道及时传递给员工，就会造成某种工作激励。卓有成效的沟通能有效调动员工的工作热情和参与管理的积极性，同时，良好的氛围也使得员工主动地为本企业和本部门的发展献计献策。

（四）有助于提高凝聚力和效率、效益等

一个上下之间具有良好沟通的企业，一定是具有较高的凝聚力的企业。通过良好沟通有助于增进领导层与下属之间的相互了解、尊重和信任，消除冲突、误解和情感隔阂，使员工产生安全感和归属感，进而提高凝聚力。组织中的双向沟通有助于提高组织效率，这种双向沟通包括员工之间的沟通和组织之间的沟通。通过良好的沟通使员工主动说出自己的想法，并通过对员工好的建议的鼓励与采纳来增强组织效益。通过有效沟通还可以减少由人员众多、业务繁杂、高度专业化等原因带来的利害冲突、意见分歧、相互制约和摩擦等问题，从而提高组织效益。员工的凝聚力是企业的重要财富。凝聚力强，表明团队对成员的吸引力强，能够留住优秀的人才。凝聚力强还能够让员工乐意为企业做出最大的贡献。让员工坚定“团队是我成就的平台，我是团队成就的一员”的信念。

（五）有助于打通领导活动的阻力环节

沟通的目的就是要打通领导活动中的阻力环节。领导者的战略创新要落地，就要打通阻力，阻力就在中间环节。有人面对改革开放的事业发展形势曾经形象地说：“现在是上边急，下边也急，中间有个顶门杠。”我们所进行的经济体制改革和政治体制改革，就是要简化机构、减少中间环节，消除职能交叉和重叠，说到底，就叫中间革命。中间革命只能减少中间环节，不能消除中间环节。因此，打通中间环节的阻力还要靠沟通。

（六）有助于创造和提升企业文化

企业文化是企业经营管理过程中提倡或形成的独特价值观和行为规范。企业文化的培育与塑造，其实质是一种思想、观点、情感和灵魂的沟通，是管理沟通的最高形式和内容。没有沟通，就没有对企业文化的理解与共识，更不可能认同企业共同使命。

《圣经・旧约》上说，人类的祖先最初讲的是同一种语言。他们在底格里斯河和幼发拉底河之间发现了一块异常肥沃的土地，于是就在那里定居下来，修起城池，建造起了繁华的巴比伦城。后来，他们的日子越过越好，人们为自己的业绩感到骄傲，他们决定在巴比伦修一座通天的高塔，来传颂自己的赫赫威名，并作为集合全天下弟兄的标记，以免分散。因为大家语言相通，同心协力，阶梯式的通天塔修建得非常顺利，很快就高耸入云。上帝耶和华得知此事，立即从天国下凡视察。上帝一看，又惊又怒，因为上帝是不允许凡人达到自己的高度的。他看到人们这样统一强大，心想，人们讲同样的语言就能建起这样的巨塔，日后还有什么办不成的事情呢？于是，上帝决定让人世间的语言发生混乱，使人们互相言语不通。

人们各自操起不同的语言，感情无法交流，思想很难统一，就难免出现互相猜疑，各执己见，争吵斗殴。这就是人类之间误解的开始。修造工程因语言纷争而停止，人类的力

量消失了，通天塔终于半途而废。

没有交流沟通，就没有默契，也不可能达成共识，就没有领导活动的开展，当然也更谈不上领导绩效的取得。身为领导者，一定要懂得沟通的作用，要善于创造出更多的沟通途径，利用任何沟通的机会与成员充分交流。汇集经验、知识和干事业的力量，唯有如此，领导者才能带领心甘情愿的员工倾力打造出事业的通天塔。

二、沟通的策略

沟通策略是指领导者在沟通过程中经过系统分析和思考后所采取的沟通技巧、方式、方法以及运用的战略、战术等。

在商业界，人们普遍评论卡洛斯戈恩是日产汽车从濒临破产到重生的改造者，在他帮助日产重整旗鼓之时，有效的沟通是其成功的重要保证。卡洛斯戈恩来到日产之初，日产已连年亏损，市场占有率连续 27 年衰退。刚到日本时，卡洛斯戈恩在工作方面也受到日产员工的怀疑。那时，卡洛斯戈恩认为最主要的事情是要重新激起大家的热情，让员工们重新找回自己的节奏。为了振兴团队的士气，一方面，他主动找 KTV 等娱乐场所和大家好好聚一聚，彼此交流感情；另一方面，为了找出日产衰退的原因，他开始花大量的时间会见很多人，走访各工厂，到世界各地拜会供货商，与不同阶层的人事负责人会面。在三个月的时间中，不停地与人见面、会谈，藉由这成百上千的会面与谈话，使人们建立起对公司的整体印象。1999 年，卡洛斯戈恩将日产振兴计划公布，为了平息大家的意见，他在面对全日本媒体的新闻发布会上明确地保证：如果财务平衡、获利上升与降低负债中有任何一项未能在计划规定时间内实现，他将辞职下台，同时执行委员会的所有成员也将一并下台。到 2000 年 10 月，日产经营状况明显好转。2002 年通过对各企业主管的调查，卡洛斯戈恩成为日本最具领导力的人物。

下面运用这一案例对沟通策略加以系统分析。

（一）沟通目标策略

任何一次沟通活动都必须首先明确目标。沟通目标不明确，自然无法做出正确的选择。沟通目标的确定分为三个层次：总体目标——沟通者期望实现的最根本结果；行动目标——指导沟通者自身走向总体目标的具体的、可度量的、有时限的步骤；沟通目标——沟通者就接收者对笔头、口头沟通起何种反应的期望。目标上的沟通主要是指上级的工作目标与下级的工作目标通过沟通、协调，而相互达成共识、理解和衔接。案例中的领导者的目标是：（1）通过沟通了解公司的具体情况。（2）通过沟通激励员工。（3）通过沟通传达领导者的观念并促使信息流通。（4）在员工面前树立自身的良好形象。

（二）沟通主体策略

沟通主体是沟通的八大要素之一，作为沟通过程中的信息源，沟通者必须首先对自己所在的角色进行分析，确定相应的沟通目标及沟通策略。沟通主体策略需要解决的问题就是做好自我分析、自我定位、自我沟通，通过积极地倾听和自我控制取得有效的沟通结果。沟通主体必须对他想要传递的信息有清晰的想法，要有认真的准备和明确的目的性，并制订实现预期目的的计划。另外，沟通主体在沟通前应对问题的背景、解决问题的方案和对下属的要求等做到心中有数，以达到统一思想的沟通目的。

（三）沟通客体策略

沟通客体又称为沟通对象或接收者。制定沟通客体策略也是沟通的一个重要环节，沟通中的障碍是双方面的，一方面来自于沟通者，另一方面来自于接收者。因此，在制定沟通主体策略的同时，客体策略的制定也同样重要。有效沟通不仅是发送者的职责，也是接收者的职责。成功领导沟通的本质是换位思考，使自己所运用的各种沟通要素能够被对方愉快地接收。在沟通过程中运用换位思考，必须问自己三个问题：接收者需要什么？我能给接收者什么？如何把接收者需要的和我能提供的进行有机联结？如果说主体沟通策略主要是解决“知己”的问题，那么，沟通客体策略要解决的是“知彼”的问题。很多优秀的领导者都尽其所能地利用工作机会和闲暇时间与员工接触。与他们交谈时认真倾听，从而充分了解员工的特点、综合素质和各种想法，并根据沟通对象的特点采取相应的沟通策略。

（四）沟通信息策略

沟通的基础是信息，领导活动中确定战略、制定目标、作出决策，进行组织、指挥、协调、控制，以及上情下达、下情上传，靠的就是信息的传递与交流。在领导活动的系统中，建立四通八达、畅通交流的信息沟通网络和方式，才能够消除文山会海、上下不贯通的闭塞，提高系统的运行效率。可见，有效沟通信息，协调关系，扫除相互关系中的障碍，谋求合作和支持，既是实施领导的基本条件，又是统一下属意志、畅通政令的领导艺术。

沟通信息策略主要是解决两个关键的问题：一是怎样强调信息以引发客体的注意和兴趣；二是如何组织策略性信息以保证客体兴趣的保持，最终实现沟通目标。案例中的领导者在沟通信息策略上，首先，主张以激励员工的方式来实现公司的成长，站在对方的角度来分析问题；其次，注意传递信息的方式方法，从公司的客观情况入手，得出对于公司现状的分析；再次，就问题提出自己的具体看法及计划；最后，注意语言的表达，言辞不能过激，态度谦虚、诚恳等。

（五）沟通渠道策略

沟通渠道策略是组织信息得以传送的载体。为了有效地进行组织管理，领导者必须善于利用各种渠道进行正式的或者非正式的沟通。不同的员工有不同的性格、心理，在不同的时间有不同的需求，只有采用因地制宜、因人而异的沟通方式，才能充分满足各个员工的需求。例如，领导者应通过建立特别委员会，召开定期会议等方式，形成常规沟通渠道，加强上下级之间、同级之间的信息沟通。在领导沟通活动中可供选择的渠道主要包括文字沟通和口头语言沟通、正式和非正式渠道、个体与群体沟通三种。案例中的领导者沟通时，首先，采用的口头语言交流的方式进行非正式沟通，即探访世界各地的分公司，与数以千计的员工交流，获得对于公司现状的正确认识；然后，采用新闻发布会作为正式的沟通渠道发表自己的计划。

（六）沟通环境策略

任何组织的工作都是在一定的环境里进行的，按照哲学的定律，客观环境决定人的主观意识，因此，工作环境的布局对沟通者的主观意识产生影响进而对沟通活动产生影响。例如，圆桌会议，人们都能面对面而坐，脸对脸的接触就会产生沟通意识，而且还有助于借助脸部丰富的表情，发挥肢体语言的沟通作用。相反，如果是前后排坐的方式，后者只能看到前者的后脑勺，就抑制了沟通意识，不利于活跃沟通氛围。因此，领导者要注意沟通环境策略，善于创造良好的沟通环境，让沟通无障碍。

分享案例

美国惠普公司特别注重沟通环境的策略，为此，惠普公司的办公室布局采用美国少见的“敞开式大房间”，即全体人员都在一间敞厅中办公，各部门之间只有矮屏分隔，除少量会议室、会客室外，无论哪级领导都不设单独的办公室，同时不称头衔，即使对董事长也直呼其名。这样有利于上下左右通气，创造无拘束和合作的气氛。敞开办公室的门，打破各级各部门之间无形的隔阂，制造平等的气氛，同时也敞开了彼此合作与心灵沟通的门，在管理的架构和同事之间，可以上下公开、自由自在、诚实地沟通。过去那种单打独斗、个人英雄的闭门造车工作方式被彼此的认同，相互之间融洽、协作的工作氛围所代替，工作效率大大提高。

三、沟通的艺术

沟通也是一门艺术，它是自然科学和社会科学的混合体。掌握了沟通的艺术，有助于企业各项管理工作的有效进行，有助于企业目标的实现，有助于上级与下级之间的了解，有助于融洽人际关系，有助于激发员工的工作积极性和热情，领导者处理事情就会事半功倍、水到渠成，用不好或是不会运用沟通艺术则会使领导者陷于窘境之中。因此，领导者需要不断提高沟通水平，进行有效沟通。

（一）建立并畅通沟通渠道

无论对外的沟通还是对内的沟通，都需要各种形式的沟通渠道来完成。沟通渠道应该使管理沟通有更快的速度、更大的信息容量、更宽的覆盖面积、更高的准确性和成功率。领导者要有效地进行沟通，就必须在组织内外建立各种沟通渠道，建立合理化建议制度。企业的内刊、会议、内部网站、BBS、E-mail、面谈等都是组织内部沟通和交流的手段。现代计算机技术和通信技术的飞速发展，给人们的信息沟通创造了更多的便利条件。例如，利用现代通信技术可以大大解决距离上的障碍，使身处各地的成员可以通过远程通信会议，“面对面”地进行直接沟通。

分享案例

在摩托罗拉公司，每一个高级管理者都被要求与普通操作员工形成介乎于同志和兄妹之间的关系——在人格上千方百计地保持平衡。“对人保持不变的尊重”是公司的文化。最能表现摩托罗拉“对人保持不变的尊重”的文化是它的“Open Door”，即“所有管理者办公室的门都是绝对敞开的，任何职工在任何时候都可以直接进来，与任何级别的上司平等交流”。每个季度第一个月的 1—21 日，中层干部都要同自己的下属和自己的主管进行一次关于职业发展的对话，回答“你在过去 3 个月里受到尊重了吗”等 6 个问题。这种对话是一对一和随时随地的。摩托罗拉的管理者为每一个被管理者还预备了 12 条这种“Open Door”式表达意见和发泄不满的途径（即沟通方式）：（1）我建议。以书面形式提出对公司各方面的意见和建议，全面参与公司管理。（2）畅所欲言。这是一种保密的双向沟通渠道。如果员工要对真实的问题进行评论或投诉，应诉人必须在 3 日内对隐去姓名的投诉信给予答复。整理完毕后由第三者按投诉人要求的方式反馈给投诉人，全过程必须在 9 天内完成。（3）总经理座谈会。每周四召开座谈会，大部分问题可以当场答复，7 日内对有关问题的处理结果予以反馈。（4）报纸与电视台。摩托罗拉给自己内部报纸起的名字叫《大家庭》，内部设有线电视台，起名叫“大家庭电视台”。（5）每日简报。简报可使员工方便快捷地了解公司和部门的重要事件和通知。（6）员工大会。由经理直接传达公司的重要信息，而且有问必答。（7）教育日。每年在这一天重温公司文化、历史、理念和有关规定。（8）墙报。墙报定期更换，刊登弘扬企业文化的励志文章。（9）热线电话。遇到任何问题时都可以向这个电话反映，昼夜均有人值守。（10）职工委员会。职工委员会是员工与管理层直接沟通的另一个桥梁，委员会主席由员工关系部经理兼任。（11）邮件系统。摩托罗拉有自己的一套邮件系统，员工可以通过分配给自己的账号和管理者沟通。（12）589 信箱。当员工的意见通过以上渠道无法得到充分、及时和公正的解决时，可以直接写信给 589 信箱。此信箱钥匙由人力资源部掌握。

从以上可以看出，摩托罗拉公司上级和下级之间沟通的方式和渠道各种各样，从视听到面对面、一对一地交谈。同一条信息可以从不同的渠道得到，发出的信息也可以从不同的渠道及时得到反馈。

（二）系统思考，积极沟通

领导者只有从全局的角度进行系统思考，才能对不确定因素进行分析，避免出现失误、矛盾和冲突，才能找出正确的策略。积极与公开的沟通是克服改革不稳定的良药。因此，领导者就需要经常与员工进行沟通，扩大信息交流。只有进行有效沟通，领导者才能将自己的意愿有效传达给自己的下属，这样一级传一级，分级负责，形成了上下相互沟通、了解的沟通网络。沟通的意义不仅仅是对信息的传递，还需要被理解。

（三）增强下级对领导者的信任度

下属的信任是良好沟通的开端。下级对领导者是否信任，信任程度如何，对于改善沟通有很重要的作用。如果没有信任，完全真实的信息可能变成不可接受的，而不真实的信息倒可能变成可接受的。一般地，只有受到员工高度信任的领导者发出的信息，才可能完全被下级所接受。这就要求领导者加强自我修养，具有高尚的品质和事业心以及丰富的知识。增加与员工的相互尊重，越是相互尊重，越容易沟通。沟通者要心怀坦诚，言而可信，向对方传递真实、可靠的信息，并以自己的实际行动维护信息的说服力。在沟通过程中，领导者必须把员工放到与自己平等的位置上，设身处地地为员工着想，尊重员工。具备了这些，领导者就会赢得员工的信任。

（四）善于注意并运用非言语沟通

相对语言沟通，有时非言语沟通的运用更有助于达到良好的沟通效果。例如，在倾听他人的发言时，通过赞许性的点头、恰当的面部表情、积极的目光配合，用来表示你对对方话语的关注。如果员工认为你对他说的话很关注，他就乐意向你提供更多的信息；否则，员工有可能不把自己知道的信息向你汇报。孔子曾经说过“政者，正也。子帅以正，孰敢不正？”“其身正，不令则行；其身不正，虽令不从”。可见领导者在处理问题时用行动来表明自己的态度、价值取向和工作作风会增加员工对他的信任，那是因为无声的语言行动更能传达真实的信息。这种沟通和协调往往是心照不宣的，这种沟通员工更易于接受。

分享案例

有这样一个故事：一个富豪想去买辆福特汽车，他来到福特公司说明来意后，销售人员打量着这个开着一辆破旧不堪的汽车来买车的人，觉得他根本买不起汽车，就借故不予理睬。富豪失望地来到另一家汽车公司，推门进来，便有一个销售人员走过来，递上一杯水，富豪说我本想买一辆汽车作为自己的生日礼物，可是福特销售人员却对我不予理睬。听罢，销售员立即吩咐旁边的人员去买了一束鲜花回来，轻轻地送上去说：“祝您生日快乐！”就这样销售出去的汽车不是福特而换成了一辆雪弗兰，这个销售人员就是世界上最伟大的推销员：乔·吉拉德。

一杯水、一束花就可以使推销员成功地销售一部昂贵的汽车。这不仅是一个简单的行为，而是一种有效的非言语沟通方式。沟通的关键不是沟通的内容，而是如何用对方可以接受的方式来沟通。推销员善解人意，深刻地体味对方的情感变化和言外之意，从而得以选择出了最有效的沟通方式。做到心领神会才是其成功销售出这辆汽车的关键，也是非言语沟通的制胜法则。

（五）实施有效倾听

学会细心聆听，是培养沟通艺术的另一个重要方面。倾听不是人们平常所说的听或听见，而是一个将注意力集中于当前声音的有意识行动，具有个体主观努力的特征，与个体的主观感受有关，是一种主动的行为。一个优秀的聆听者，不但要留意对方的谈话内容，更应该尝试了解内容背后的含义。领导者与员工沟通时也要留意自己的肢体语言。亨利·福特曾指出，成功的秘诀就是以他人的观点来衡量问题。作为领导者应尽量去理解说话者的意图，而且在倾听时应客观倾听内容，而不迅速加以价值评判。

分享案例

美国女企业家玛丽·凯在《玛丽·凯谈人的管理》一书中，曾对倾听的影响做了如此的说明："不善于倾听不同的声音，是管理者最大的疏忽。"

玛丽·凯经营的企业能够迅速发展成为拥有 20 万名美容顾问的化妆品公司，其成功秘诀之一是她相当地重视每一个人的价值，而且很清楚了解员工真正需要的不是金钱、地位，他们需要的是一位真正能"倾听"他们意见的领导者。因此，她严格要求自己，并且使所有的管理人员铭记这条金科玉律：倾听，是最优先的事，绝对不可轻视倾听的能力。

有许多顶尖的行销人员，他们几乎都不是滔滔不绝、具有口吐莲花般口才的人，说服能力也好不到什么程度。然而，他们的业绩却高出那些表现平平的同事 10 倍、20 倍之多。

一位成功的行销商画龙点睛地说出了他的成功之道。"有人问我为什么一直能保持佳绩，月收入达 7 位数字？我仔细分析过原因，我觉得所有的行销商的企图心和能力都在伯仲之间。只是我在每一次拜访的过程中，设法让顾客说话的时间比我多出三四倍以上，在面对面的沟通中，我通常都扮演一位忠实的听众，也许这就是我赢过别人的地方吧！"

由此可见，注重倾听在沟通过程中的重要作用。倾听别人说话是领导者有效沟通的重要技巧之一。领导者的成功与否在部分程度上取决于他是否是个很好的倾听者。正如丘吉尔曾经说道："站起来发言需要勇气，而坐下来倾听，需要的也是勇气。" 希腊也有句古话："上天赋予我们一个舌头，却赐给我们两只耳朵。"说明我们听的话要比说的话多两倍，即少说多听。可见，怎样进行有效的沟通不在于如何把自己的观念说出来，而在于如何听出别人的心声。要想达到沟通目的，首先要改善倾听技巧。

善于倾听对于领导者来说尤为重要。英国学者约翰·阿尔代说："对于真正的交流大师来说，倾听和讲话是相互关联的，就像一块布的经线和纬线一样，当他倾听的时候，他是站在他同伴的心灵的入口；而当他讲话时，他则邀请他的听众站在通往他自己思想的入口。"

根据临床心理学及心理治疗的研究与经验，学者们归纳了以下十条积极倾听的建议：（1）即使你认为对方所讲的无关紧要或错误，仍然从容而耐心地倾听。虽然不必表示你对他所说的都赞同，但应在适当间歇中以点头或应声之类举动，表示你的注意和兴趣。（2）不仅要听对方所说的事实内容或说话本身，更要留意他所表现的情绪，加以捕捉。（3）必要时，将对方所说的予以提要重述，以表示你在注意听，也鼓励对方继续说下去。不过语调要尽量保持客观中立，以免影响或无意中引导对方的讲话。（4）安排有较充分而完整的交谈时间，不要因其他事而打断，更不要使对方感到这是官方式谈话。（5）在谈话中间，避免直接的质疑或反驳，要让对方畅所欲言。即使有问题，留待稍后查证，此时重要的是获知对方究竟有什么想法。（6）遇到某个你确实想多知道一些的事情时，不妨重复对方所说的要点，鼓动他做进一步解释或澄清。（7）注意对方尽量避而不谈的有哪些方面，这些方面可能正是问题的症结所在。（8）如果对方确实想要知道你的观点，不妨诚实以告。但是在听的阶段，仍以了解对方意见为主，自己意见不要说得太多，以免影响对方所要说的话。（9）不要在情绪上过于激动，此时尽量要求了解对方；不管赞成也好，反对也好，稍后再加评论。（10）倾听并不是任何情况下都能应用，或应用之后都能生效，还须考虑合适的条件（如是否有足够时间倾听，是否值得投入较多时间倾听）。要认识到每个人的特殊之处，包括态度、价值观念和情绪之类，这样才会注意和发掘每个人的特点和问题；主管者本身要有适当的修养，保持冷静和客观的态度。

（六）积极使用反馈

反馈是领导沟通中的一个必要环节，良好的反馈可以改善领导者的沟通效果。沟通遵循“3+7 法则”，即对于同一信息通常只有 30%的人能完全接受，其余 70%的人只接受了部分信息。所以要实现有效沟通，使沟通双方思想统一，就必须进行反馈，而且要反复沟通。控制论的创始人维纳曾说过，一个有效行为必须通过某种反馈过程来取得信息，从而了解目的是否已经达到。反馈有正反馈与负反馈之分。一般地，正反馈有良好的效果。而科学正确地使用负反馈，同样会对沟通产生良好的影响。

沟通过程是一个信息不断循环的过程，在这个过程中，任何一个沟通步骤的缺失都会导致沟通不畅，使接收者不知所云，因而也无法进行正确的反馈，从而阻碍沟通的有效进行。沟通不畅的原因往往都隐藏在一个个小小的细节当中。分析得出沟通不畅的原因可能有以下几点：（1）没有掌握丰富的材料；（2）没有对沟通内容做出构想；（3）信息超载；（4）沟通中使用晦涩的专业术语；（5）沟通中的信息过滤失真；（6）选择性知觉毛病；（7）沟通中随意打断别人的话；（8）沟通时机选择不当；（9）缺乏信任；（10）没有很好地倾听；（11）没有反馈；（12）沟通恐惧。从这些方面入手查找沟通不畅的原因，然后反馈自己对于沟通内容、目标、对象是否有清晰的认识，对沟通效果及渠道是否有明确的构想，从而迅速地找出自己在有效沟通方面存在的问题，做出改进，使每一次的沟通都更趋完善和有效。

（七）塑造有利于沟通的组织文化

任何组织的沟通总是在一定背景下进行的，受到组织文化类型的影响。企业组织的精神文化直接决定着员工的行为特征、沟通方式、沟通风格，而企业组织的物质文化则决定着企业的沟通技术状况、沟通媒介和沟通渠道。领导者要带头营造一种鼓励所有团队成员去思考并积极表达的文化氛围，强化组织成员的沟通协作意识，创造机会让人相互交流与沟通。公司新进的员工和年轻人，通常都是满腔热血，他们时常会针对公司的部分情况提出各种各样的意见，他们的初衷是好的，但是，由于缺乏经验，或者认识不够，从而看法难免偏颇。作为公司的领导者，即使你知道你的员工好心提出的意见是错误的，也最好不要直接指出来，而应该谦虚地接受并感谢他，以后再寻找机会婉转地让他明白真相。这样的鼓励才能产生沟通的动力，使新员工和年轻人更有沟通积极性。

分享案例

有一位表演大师上场前，他的弟子告诉他鞋带松了。大师点头致谢，蹲下来仔细系好。等到弟子转身后，又蹲下来将鞋带解松。有个旁观者看到了这一切，不解地问：“大师，您为什么又要将鞋带解松呢？”大师回答道：“因为我饰演的是一位劳累的旅者，长途跋涉让他的鞋带松开，可以通过这个细节表现他的劳累憔悴。”旁观者继续问到：“那你为什么不直接告诉你的弟子呢？”大师解释道：“他能细心地发现我的鞋带松了，并且热心地告诉我。我一定要保护他这种热情的积极性，及时地给他鼓励，至于为什么要将鞋带解开，将来会有更多的机会教他表演，可以下一次沟通啊。”

（八）掌握沟通的时机和场合

沟通的效果受到沟通时环境条件的制约，影响沟通的环境因素有很多，如约定俗成的沟通方式、沟通双方的关系、社会风气以及沟通双方的心情等。沟通需要抓住最合适的时机，时机不成熟不能仓促行事，贻误时机就使沟通失去了意义；沟通时要考虑对方的心情、对方说话的态度、谈话的地点等，因地因时制宜地采取灵活的沟通策略。大部分日本企业领导者很注意使用这种沟通方法，他们往往是安排一个确定的时间，在一个安静的场所进行沟通，比较好的环境、气氛和时机可以使信息交流双方均能平静地不受干扰地探讨一些问题，有利于深层次的沟通。

分享案例

唐太宗大治天下，盛极一时，除了依靠他手下的一大批谋臣武将外，也与他贤淑温良的妻子长孙皇后的辅佐是分不开的。长孙皇后不但知书达礼、气度宽宏、贤淑温柔、正直善良，还有过人的沟通机智。

一次，唐太宗回宫见到了长孙皇后，犹自义愤填膺地说：“一定要杀掉魏征这个老顽固，才能一泄我心头之恨！”长孙皇后柔声问明了缘由，也不说什么，只悄悄地回到内室穿戴上礼服，然后面容庄重地来到唐太宗面前，叩首即拜，口中直称：“恭祝陛下！”她这一举措弄得唐太宗满头雾水，不知她葫芦里卖的什么药，因而吃惊地问：“什么事这样慎重？”长孙皇后一本正经地回答：“臣妾听说只有明主才会有直臣，魏征是个典型的直臣，由此可见陛下是个明君，故臣妾要来恭祝陛下。”唐太宗听了心中一怔，觉得皇后说得甚是在理，于是满天阴云随之而消，魏征也得以保住了地位和性命。

第三节　跨文化沟通

一、跨文化沟通概述

（一）文化的定义

想要理解跨文化沟通的含义，就必须先理解什么是文化。

当代英国文化人类学家泰勒在他的著作中，将文化与文明两个概念共用。他阐述道：“所谓文化或文明乃是包括知识、信仰、艺术、道德、法律、习惯以及其他人类作为社会成员而获得的种种能力、习性在内的一种复合整体。”泰勒的这一定义是最早对文化进行的界定，并且对其后文化概念的研究产生了长远的影响。我国《辞海》从广义和狭义上定义了文化。从广义来说，文化是指人类社会历史实践中所创造的物质财富和精神财富的总和。从狭义来说，文化是指社会的意识形态，以及与之相适应的制度和组织机构。

美国文化人类学家克鲁克洪对 161 种文化的定义进行归纳和总结，认为：“文化存在于思想、情感和起反应的各种业已模式化了的方式当中。通过各种符号可以获得并传播文化，另外，文化构成了人类群体各有特色的成就，这些成就包括他们制造物的各种具体形式；文化基本核心由两部分组成，一是传统（即从历史上得到并选择）的思想，一是与他们有关的价值。”

霍夫斯泰德对文化下了这样一个定义：所谓“文化”，是在同一个环境中的人民所具有的“共同的心理程序”。可见，文化不是一种个体特征，而是具有相同社会经验、受过相同教育的许多人所共有的心理程序。不同的群体、不同国家或地区的人们，这种共有的心理程序之所以会有差异，是因为他们向来受着不同的教育、有着不同的社会和工作，从而也就有不同的思维方式。

文化概念的多义性、歧义性和不确定性，使得人们很难对文化下一个确切的定义，在中国，“文化”一词的含义也十分广泛，读书写字、修养、文学、艺术、文博、图书、考古学、民俗、礼仪、民族、宗教等都可称作文化。

（二）文化差异

1. 东方文化和西方文化

文化差异是相对而言的，拥有不同文化背景的员工必然会有其独特的思维方式及行为方式，领导者如果事先不了解各民族文化之间的差异，采取单一的文化理解方式，组织就很难获得成功。一般来说，广义而言的文化差异包括三个层面：（1）深层是指具有民族特色的社会文化背景的差异，如所有制分配制度、民主与法制状况等政策体制的差异；教育程度、基础设施等发展状况的差异；宗教、哲学思维方式、民族精神价值观念、历史地理等狭义文化的差异。（2）中间层面是指具有企业特色的企业文化差异。（3）表层是指具有个性特色的个体文化素质的差异。例如，东方文化主要是以儒学为主导的中国文化为代表，包括东亚的日本、朝鲜、韩国和东南亚的新加坡等国家形成的文化。西方文化主要是指欧美文化，包括英国、美国、加拿大，以及大洋洲的澳大利亚、新西兰等国家形成的文化。如美国学者约翰·格雷厄姆对日美商业谈判中的文化差异问题做过详细的研究，对美国人普遍反映日本商人谈判时“耍花招”这一看法做了深入的分析。结果发现，日美商人谈判时，日商通常不正视对方，而在受到对方正视时，会以低头来表示尊敬；而美国人则认为这是由于日商“心里有鬼”。这种误会的原因是双方对低头、注视等动作符号的理解不同。从中可以看出，不同的文化会对行为等外在的象征性符号有着不同的理解，从而影响不同文化个体之间的沟通。

2. 几种不同的文化观

（1）梁漱溟的文化认知观。梁漱溟认为，东方文化重视天下（全人类）和家庭，而西方文化重视群体（组织）和个体。在他看来，不同民族文化之间的差异仅仅是不同的形态之间的差异，并没有价值上的差异。世界不同民族面对的问题是相同的，唯一的差异只在于解决问题的方式不同，而这种不同之间是平等的。梁漱溟的文化观采取了世界主义的视角，将东西方文化的差异放置到了一个更为宏大的背景之上进行考量。东西方文化之间的冲突并非仅仅是两种异质的文化类型之间的冲突，而是人类都将会面临的不同历史阶段的冲突。

梁漱溟将东西方文化的不同表征进行了对比分析，如表8-2所示。

表8-2 东西方文化的表征比较

东方文化表征	西方文化表征
将生活当成是事物的不断延续	认为生活就是无尽的欲望，生命的过程就是追求、满足欲望的过程
用伦理道德组织社会	崇尚科学与民主
重视阶层分化	没有阶层划分，但有专业分工
缺乏公共观念、规范习俗、组织能力和法律精神	重视法律

（2）李大钊的文化观。李大钊站在20世纪初叶，以其独特的视角，对东西方文化进行了比较全面的对比分析，如表8-3所示。

表8-3 东西方文化的区别

东 方 文 化	西 方 文 化
自然	人工
闲暇和平	战争
被动	主动
依赖	独立
暂且求生	冲动
沿袭老路	创造
保守	进步
直觉	智力
幻想	实际勘察
艺术化	科学化
精神的	物质的
心	体
面向天空	脚踏大地
自然与人融合	人战胜天

（3）霍夫斯泰德的文化分类。在跨文化研究中，霍夫斯泰德的文化分类对当今的跨文化沟通研究有重大的影响。不同国家的文化差异究竟应该怎样来表示呢？霍夫斯泰德通过对IBM遍布60个国家的16万名雇员问卷调查后写了《文化的结局》一书，并从调查数据的分析中得出了以下描述各种文化差异的指标。

① 个人主义与集体主义。个人主义是指一种结合松散的社会组织结构，其中每个人重视自身的价值与需要，依靠个人的努力来为自己谋取利益。集体主义则是指一种结合紧密的社会组织，组织内的个体期望得到“群体之内”的人员的照顾，但同时也以对该群体保持绝对的忠诚作为回报。例如，以美国为代表的西方是崇尚个人主义的社会，强调个性自由及个人的成就，因而在员工之间开展个人竞争，并对表现优秀的个人进行奖励。而处于东方的中国和日本都是崇尚集体主义的社会，员工对组织有一种情感依赖，容易构建员工和领导者之间和谐的关系。霍夫斯泰德在其研究中还发现，个人主义与国民生产总值相关系数为0.8，也就是说，一个国家的个人主义程度与这个国家的富裕程度密切相关。

② 权力距离。权力距离即指在一个组织当中，权力的集中程度和领导的独裁程度，以及一个社会在多大的程度上可以接受组织当中这种权力分配的不平等，在组织中可以理解为员工和领导者之间的社会距离。权力距离有大小之分。不同的国家、不同的民族在权力距离上会出现差异。另外，由于各个国家对权力赋予的意义不完全相同，这就进一步加大了各个国家在权力距离这个维度上的差异。一种文化究竟是大的权力距离还是小的权力距离，必然会从该社会内权力大小不等的成员的价值观中反映出来。

在权利距离较大的国家中，如新加坡、印度、法国等国家或地区，他们的等级观念严格，在企业中表现为领导者与下属之间不易接近；组织中按权力等级分配任务，无权者只有接受任务；长期计划一般对下属是保密的，下属对上级的忠诚高于对组织的忠诚。而在权力距离小的国家（如美国），员工对领导者的依赖是有限的，在他们的组织中每个人都可以参与计划决策；组织中的任何一个职位都被认为是有贡献的，在这种情况下，上下级认为彼此天生就是平等的，上下级之间关系融洽、轻松、交流自由。

③ 不确定性的避免。不确定性的避免是指“一个社会对不确定和模糊态势所感到的威胁程度，试图保障职业安全，制定更为正式的规则，拒绝越轨的观点和行为，相信绝对忠诚和专业知识来避免上述态势”。在这一维度上，分值高的文化倾向于寻求那些回避不确定性的方法。任何一个社会中，人们对于不确定的、前途未卜的情境都会感到是一种威胁，从而总是试图加以防止，不同文化中避免不确定性的迫切程度是不一样的，有的文化倾向于能高度忍受模糊不定的状况，有的文化则更倾向于接受确定性。欧洲和拉丁美洲一些国家，如希腊、葡萄牙、比利时等，有较高的不确定性回避的倾向；而英国在不确定性回避倾向上较低。

强不确定性回避国家的人民对法律、规章的需要是以情感为基础的，这不利于产生一些根本性的变革想法，但他们具有精细、守时的特质，从而善于将别人的创意付诸实施；弱不确定性回避国家的人民在感情上无法接受成文法规，其文化能够容忍各种思想和主意，所以有利于产生一些根本性的变革想法，但却不善于将这些想法付诸实施。

④ 男性度与女性度。男性度与女性度即社会上居于统治地位的价值标准。男性度代表在社会中男性优势的价值程度。对于男性社会而言，居于统治地位的是男性气概，如自信武断，进取好胜，对于金钱的索取，执着而坦然等。美国是男性度较强的国家，在组织活动中表现为关键性工作主要由男性来完成，女性则主要从事服务辅助性工作；性别之间有竞争，但衡量男女工作的目标责任标准有别；工作被认为比社会生活、家庭生活更为重要。女性度认为生活中男人不必是自信的，生活中性别角色不是确定的，两性之间应该平

等，不分男女或男女混合较好；追求生活质量是重要的。中国是一个女性度的社会，注重和谐和道德伦理，崇尚积极入世的精神。在组织中表现为男女平等，根据个人能力和成绩来分配工作，无性别歧视，崇尚“选适合的人做适合的工作”，工作时间灵活、福利较好，强调团队精神，工作、家庭生活、社会生活并重。日本、委内瑞拉、意大利具有较强的男性度文化特征；斯堪的那维亚国家倾向于女性度文化。

后来，通过香港《中国价值观调查》问卷对23个国家的学生进行调查后，又补充了短期导向/长期导向这个维度。这个维度表明一个民族持有的对待长期利益或近期利益的价值观，主要反映人们对将来与现在利益进行权衡时考虑长远利益的相对程度。长期导向表现的是一种实用主义的注重将来的倾向，并不注重短期利益；而短期导向的人总是期望能快速得到结果，注重短期利益。

由于以上五个维度是相互独立的，所以几乎每一个维度都可以与其他维度相结合。霍夫斯泰德将不同的维度进行特定的结合，以此解释人们在相互作用中的一些现象，如一些远东地区的国家是高权力距离和低不确定性回避的结合，这与组织的“家族”类型相似，有明确的、能控制一切的领导者，但决定领导者与被领导者之间关系的规则并不清楚。

（4）爱德华·霍尔的情境及时间取向理论。人类学家爱德华·霍尔通过其一系列著作，包括《无声的语言》《潜在的维度》《理解文化差异》，在加强人们对文化的理解方面做出了巨大的贡献。他将文化定义为沟通的一种形式，文化受潜在规则的约束，而且文化中既包括言语，也包括行动。他认为文化会影响到每一件事情。

霍尔创造了“高情境”和“低情境”这两个术语，用以描述某种文化的沟通模式和偏好。高情境的文化不依赖明确的信息，这是因为沟通中的大多数信息都是人们所能理解的；而低情境的文化则倾向于采用更为明确、更字面化的信息。这些概念可以帮助人们弄清楚何时应当直接沟通，何时应当间接沟通。

霍尔还塑造了“一元”和“多元”时间取向这两个术语。一元时间模式包括对时间的直线式观点，将时间看作是一种可以被节约、花费或浪费的物品；多元时间模式则是轮回式的、更加随意的，它反映了时间是在人们身边不断流逝的。霍尔发现，时间取向有助于确定某种文化的沟通模式。

（5）西姆沙·罗能与奥德·申克尔的国家文化分类理论。罗能与申克尔把国家文化分为八个基本类型，其依据主要是四个变量：工作目标的特殊性；需求不足、完成任务和工作满意；管理和组织变量；工作角色和人际关系倾向。在每一种国家文化类型中，这四个变量所产生的结果是不一样的。有些国家文化，如阿拉伯国家文化，在世界上只占某一部分；而另外一些国家的文化类型，在世界上则分布比较广泛，即比较国际文化，而且还派生出许多子文化来。罗能与申克尔研究出八个国家文化类型，另外有四个独立的、不属于任何一种国家文化类型的国家。

（三）跨文化沟通的含义

跨文化沟通是指国际间不同文化背景的人之间发生的沟通行为。即不同文化之间，通过一定的途径和方式，在一定的时间和空间发生互相碰撞，相互接触，从中互相学习，彼此融合，从而不断发展的一种文化现象。

据有关专家估计，从全球范围来看大约只有30%的经济合作是由于技术、财务或者战略方面出现的问题而搁浅，与之相对，大约有70%的失败是由于跨文化沟通方面的问题造成的。《世界经理人文摘》曾对跨国经营管理中的文化困境这样描述："全世界的驻外经理都不约而同地发现他们处于一个两难境地，夹在总公司和当地办事处之间不知所从。"例如，1992年，Richard Sanford任杨森公司总经理，而Peter Schuster为他的助手。然而，这两位美国人对中国文化在认识和理解上相距甚远。Schuster由于熟悉中国语言和文化，又娶了中国妻子，因此在工作中深受中国文化影响，管理中注重人际关系，甚至为一位中国员工被解雇求情。而Sanford先生则认为美国文化比较优越，它给中国带来了新思想和创新精神，跨国管理人员要以母国文化为准则，不能为当地文化所禁锢，否则将会丧失管理效率和工作效率。由此，两人在日常管理工作中就产生了冲突。

不同的群体地域或国家的文化是有差异的，这是因为他们的心理程序是在多年的生活工作教育下形成的。文化差异对跨文化沟通的影响主要表现在以下几个方面。

1. 感知差异

感知的意义范围很广，主要是指个人对外部世界的刺激进行选择、评价和组织的过程。感知与文化有着密切的关系。文化首先是人们的一种认识和感知，尽管在跨文化沟通中人们不会特别关注自己的文化，但这些隐藏在文化背后的感知会不知不觉地影响和左右人们进行跨文化交流。因为来自于不同文化背景的人们在沟通时其假定的前提是不同的，他们据此对外界的信息刺激作出不同的反应。生理因素、环境因素、文化因素等都造成了感知差异。

2. 思维方式差异

思维方式的差异本质上是文化差异的表现。长久生活在不同区域的人具有不同的文化特征，因而也形成不同的思维方式。东方和西方由于文化体系的不同，因而形成两大类型的思维方式。如东方人偏重人文，注重伦理、道德，西方人偏重自然，注重科学、技术；东方人重悟性、直觉、意象，西方人重理性、逻辑、实证；东方人好静、内向、守旧，西方人好动、外向、开放；东方人求同、求稳、重和谐，西方人求异、求变，重竞争；如此等等。

3. 世界观、人生观和价值观差异

不同国家的人对于世界、人生与价值的看法存在着差异。价值观决定人的态度，态度又直接左右人的行为。在美国，人们讲真理越辩越明，公司遇到任何问题需要决策时，领导者总是会组织召开会议，在会议上各个领导者展开对于公司计划的讨论，有时各个领导者甚至会争得面红耳赤，包括美国大选也都设置公开辩论环节来使竞选者获得选民支持，而中国国内情况则不同，我们的计划讨论会议更常采取领导者做报告的形式进行。这就是由于两国人民在价值观上存在差异所造成的结果。

4. 社会规范差异

社会规范是人们社会行为的规矩、社会活动的准则。它是人类为了社会共同生活的需要，在社会互动过程中衍生出来、相习成风、约定俗成或者由人们共同制定并明确施行的。其本质是对社会关系的反映，也是社会关系的具体化。不同的文化、地域特征导致人们在风俗习惯、道德规范、法律规范和宗教规范等方面存在着广泛的差异。

5．物质文化差异

所谓物质文化差异是指为了满足人类生存和发展需要所创造的物质产品及其所表现的文化的差异，包括饮食、服饰、建筑、交通、生产工具以及乡村、城市等。

6．语言差异

语言的多样性与复杂性常常是造成沟通障碍的主要原因。沟通中语言的障碍常常表现在语义和语用两个方面：（1）语义方面的差异表现在即使是相同的语言，在不同的文化中可能就有不同的语义。另外，有些词汇难以在两种文化中互译。如英语中的效率、自由市场等词汇很难直接译成俄语。（2）语用方面。不同的语言有不同的语用规则，忽视规则的差异性在企业中同样引起沟通障碍，产生不必要的误会和矛盾。例如，语气要根据交谈的环境而变化。在家中和在工作中，人们的说话方式是不同的。在正式的场合中，应使用正式的语言，如果使用非正式的、带有个人风格的语言，就会显得不合时宜。

二、跨文化沟通策略

（一）识别文化差异，发展文化认同

1．认清文化范畴，识别文化差异

由于文化冲突是文化差异造成的，因此必须对文化差异进行分析识别。根据美国人类学家爱德华·赫尔的观点，文化可以分为三个范畴：正式规范、非正式规范和技术规范。正式规范是人的基本价值观、判别是非的标准，它能抵抗来自外部企图改变它的强制力量，因此正式规范引起的冲突往往不易改变；非正式规范是人们的生活习惯和习俗等，由此引起的文化冲突可以通过较长时间的文化交流予以克服；技术规范是指人们的知识、技术、经验等，它可以通过技术实践和学习而获得，很容易改变。由此来看，不同规范的文化冲突所造成的文化差异和文化冲突的程度和类型是不同的。跨国公司领导者首先要识别和区分文化差异，才能采取针对性的措施。领导者要做到在保持自己文化的特色和优势的同时，又不侵犯对方文化。

作为领导者，要正确认识沟通是一个动态过程，而且是一个没有终点的、连续的和活跃的过程。一个沟通者不单单扮演“发起者”或“接收者”的角色，而是同时扮演两种角色。沟通对领导者来说是一个不可避免的过程，而且沟通并不意味着理解，因此领导者必须对文化的差异有所理解，才能有的放矢地进行跨文化沟通。

2．建立跨文化沟通渠道，并实行跨文化理解

任何沟通都是通过一定的沟通渠道进行的，跨文化沟通也不例外。跨国企业的管理模式在多种文化共存的前提下，不能简单地模仿和沿袭原有单文化的管理模式，而应建立一种有利于不同管理文化双向沟通的跨文化管理模式，为不同文化背景的员工建立正式和非正式的交流平台，从而构建良好的工作氛围，相互沟通学习，尽力消除文化差异造成的沟通不畅和误解。另外，要实行跨文化理解，不仅需要理解自己的文化，还要善于“文化移情”，理解其他文化。如果领导者对其他文化不了解，甚至是完全陌生的，那么就极易犯文化迁移的错误。所谓文化迁移，是指跨文化沟通中，人们下意识地用本民族的文化标准和价值观念来指导自己的言行和思想，并以此为标准来评判他人的言行和思想。理解不同

的文化是消除文化迁移的必要前提，因此要有意识地建立各种正式的、非正式的、有形的和无形的跨文化沟通组织与渠道，增加对不同文化的理解。

（二）跨文化培训

由于文化是根深蒂固的，所以“跨文化沟通”的障碍要经过长时间的沟通和交流来消除。为了加强人们对不同文化传统的反应和适应能力，促进不同文化背景的人相互沟通和理解，许多组织对员工进行跨文化培训。其主要内容包括对文化的认识、文化的敏感性训练、语言学习、跨文化沟通及冲突的处理、地区环境模拟等。跨文化培训可以派遣员工到国外学习，如为了提高跨文化管理能力，许多公司将员工派到海外工作或者学习，让他们亲身体验不同文化的冲击；或者把他们留在自己的国家，与来自不同文化背景的人相处，进行一些跨文化知识和理论的培训；也可以通过企业内部学院（如摩托罗拉大学、西门子大学等）来进行。

（三）建立共同文化价值观，促进文化整合与交融

价值观是一种精神象征和激励，优秀的价值标准和价值理念是组织获得成功的决定性力量。组织必须发挥集体效应，用优秀的价值观号召全体员工为了企业的发展目标而努力拼搏，从而达到将文化差异引起的冲突最小化，使企业的共同文化价值最大化的目的。另外，领导者还应该积极发现多元价值体系的交叉点，取其精华、去其糟粕、补纳优秀，建立共同遵行信奉的价值观。

在跨文化沟通中，文化差异与文化冲突是难以避免的，正确认识并对待跨文化差异是跨文化沟通管理的基础。要做到正视差异、求同存异、兼容并收、协同发展，就要做到准确判断文化冲突产生的原因，分析文化差异和文化多样性带来冲突的表现形式，从而找出合适的跨文化沟通途径和方法。

在进行跨文化沟通前要充分认识到不同文化之间的差异，只有认识到不同文化的差异，才能避免冲突和误会。通过学习对方的文化，明确差异到底在哪里。在沟通过程中，要采用灵活的沟通方式，培养对彼此文化的认同，实现文化的理解和尊重，从而保证企业在多元文化背景下持续发展。

第四节　领导沟通的境界

没有沟通，就没有世界，没有沟通的境界，就没有卓越的领导工作。沟通的境界往往比沟通的方式、沟通的技巧更重要。沟通的境界即“沟通心”“沟通情”“沟通义”“沟通理”“沟通道”“沟通神”。

一、沟通心

沟通心是沟通的前提。有了心，人类的感情才能沟通。不交心，就不会有实质性的交往。交人交心，与对方的情感世界相通，这样就容易引起共鸣，带给人愉快的感觉，使人和人的关系变得亲切、融洽，双方就会走到一起，干共同的事业。

沟通是心对心的呼唤。要实现有成效的沟通，首先必须敞开双方沟通的心扉。不懂得

心的交流，就是心理的自我封闭和情感的自我枯竭。沟通就是以自己的心为基点，不是在360度范围拓展，而是像奥运的标志那样，在五环的范围内拓展。沟通就是要赢得被沟通者的心。

沟通不是独白，是对话。语言是内心感情的流露，会说话是非常重要的一个能力，“一人之辩，重于九鼎之至，三寸之舌，强于百万之师”。讲究说话艺术，要像水一样，顺势而下，抓住对方的心理，谆谆诱导；还要用好肢体语言，以“润物细无声”的默化功能，叩开被沟通者的心扉，达成共识和取得深度了解。沟通最忌讳居高临下的说教，这样就会拉大心与心的间距，促膝谈心才能与被沟通者产生心灵上的共鸣。

沟通心，就要一视同仁。《周易·系辞传下》云：“君子上交不诌，下交不渎”，意思是，君子与地位高于自己的人交往不谄媚，与地位低于自己的人相处不傲慢。按照这种道理去与人沟通，就能提高自己的德行，因而也就更容易与被沟通者形成心灵上的融通。

对别人有爱心和诚心，既能照亮别人，也能照亮自己，更能照亮成功的事业。如果缺少了彼此的关爱与信赖，人还能真诚地相处吗？俗话说，一个人如果没有感动对方，是因为诚意不够，是因为不能把心真诚地交给对方，是因为没能信任对方。爱心、诚心是最善意的表达，始终都抱着爱心和诚心去沟通，“精诚所至，金石为开”，什么样的沟通对象都会心动，并产生投李报桃的回馈行动，这就是沟通心的妙处。

分享案例

唐代宰相李日知，做地方官时品行端正，为人宽厚，他最大的特点是脾气好，尤其以善待下属著称。李日知升任刑部尚书后，发现整个刑部懒散成风，难以做到令行禁止，更有一名健忘的小主管平日里工作丢三落四，有一次竟把李日知亲自交代的重要任务也忘记了，拖了三天都没有处理。“此人是不打不长记性的主儿，你得给他点惩罚。”身旁的副手建议李日知好好惩罚一下这位好犯错误的主管，“杀一儆百，对别人也是个威慑”，正在气头上的李日知同意了。他叫人拿来板子，剥了这位主管的衣服，还把所有的下属都叫来，准备当众打他的板子。

可李日知忽然改变了主意，他遣走了众人，扶起主管，语重心长地对他说：“你犯了大错误，我原本要打你一顿板子的，可又担心天下人笑话你，说你这家伙真行，能把从不发怒的李日知都惹火了。如果连李日知都能打你，还有什么人不敢欺负你呢？只怕今后连你的老婆孩子都不会尊重你了。”主管听了这番话，心服口服，决心痛改前非，不仅如此，并愿意以自己为典型教育其他人员。从此，整个刑部上下再没有人敢对工作马虎的，如果谁有了过失其他人就会先批评一顿。

惩罚有过错的下属有很多好方法，把板子打在皮肤上，威严震慑别人是一种方法，通过这种方法甚至能够取得立竿见影的效果，但这往往取得了威严却错失了人心。李日知把板子打在犯错者的心上，这种“豕之牙”的根本解决的软惩罚，既令下属意识到错误，又巧妙地维护了他人的颜面。

二、沟通情

沟通情是深层次的沟通。有的人不善于沟通情，只注重同意见一致的人沟通，对意见不一致的人互不往来，整天你看我不舒服，我看你别扭；对关系亲近的人心扉大开，酒逢知己千杯少，对其他人则紧闭尊口，话不投机半句多；只进行工作上的沟通，忽视感情的交流与沟通。时间长了，人们之间的情感就会疏远，甚至闹不团结。在世态炎凉的地方，就是因为存在着厚厚的"情壁"，沟通终止了。可见，没有沟通，感情就要枯竭；没有情感，沟通就要堵塞。

（1）沟通情就要提倡尊敬。人性本身就有一股被人肯定、被称赞的强烈欲望，这是人和动物的最大不同点。尊敬需要普遍地存在于每一个人的心中。尊敬是沟通双方情感、建立融洽的人际关系的前提条件。每个人都渴望获得他人的认可，受到尊重；人都希望受到礼遇，要求他人对自己有礼貌。"你敬我一尺，我敬你一丈"，这就是沟通的妙处。

（2）沟通情就要讲究诚信。中国传统文化中讲求"诚"，以诚待人；讲究"信"，"人无信不立"。诚信是指诚实信用，一言九鼎。古人云："诚信乃做人的根本。"诚信是将素不相识的人的心连在一起的沟通桥梁。用诚信对待情感世界和生存的普遍要求，常常会发挥意想不到的效果。

（3）沟通情就要敞开心扉。《周易》兑卦卦辞曰："兑，亨，利贞。"就是说，开怀豁达能使人欢欣、喜悦，亨通畅达，利于坚守正道。领导者与下属沟通，不能以自己的职务、地位、身份为依托点，而是要敞开心扉，疏通情感交流的渠道。"感人心者，莫先乎情。"领导者敞开心扉，亮出真情，对方也会逐步开启"心理门户"。你与下属有多少感情上的共同点，将决定你与他们沟通的程度有多深。

动之以情往往比晓之以理更有效果，"情"具有打动人心的功能，而"理"则是机械的。刘备深知"情"在沟通中的巨大作用，他爱哭，也会哭，通过哭来和人们进行情感上的深层次沟通。老百姓调侃，刘备的江山是"哭"出来的。

分享案例

2006年，百事公司CEO卸任后，首席财务官因德拉·努伊与几位候选人一起竞争CEO的职位。当时呼声最高的是副董事长迈克尔·怀特，他资历最深，还当过财务官，但由于因德拉·努伊在竞选中的出色表现而获胜，成为百事公司历史上首位女CEO。

落选后的怀特，心情不好，不想继续留在公司，就去了科德角湾度假。努伊的认知是，能成为对手的人，肯定有过人之处。与其把他们推到对立面，不如与他们共赢未来。于是，努伊没有庆祝自己竞选的成功，而是匆忙赶到科德角湾去见怀特，做感情上的沟通。努伊见到怀特闲聊了一会儿，当她看见房间里有架钢琴，就借景生情，恳请怀特伴奏，自己唱首歌。唱罢，努伊深情地说："你看我们不是配合得很默契吗？留下来好吗？你提任何条件，我都会考虑。"怀特迟疑了一会儿说："让我再考虑考虑吧。"

随后，努伊又派了公司前任CEO去和怀特作感情疏通，但怀特还是没有答应留下来。

努伊没有放弃，她给怀特涨了薪，享受和自己同样的待遇。努伊还在公司会上真诚地说："怀特是公司最出色的经营人才，也是我最亲密的伙伴，有他的帮助，我才能干得更出色。"怀特终于被努伊的真情所打动，决定留下来。他对努伊说："以后我弹琴，你唱歌，我们就这样一直合作下去。"

三、沟通义

所谓"义"，是指一定的道德行为。人是一种社会化的动物，为了工作和生活，需要相互依存，这种相互依存的关系有的是建立在"利"的基础上，有的是建立在"义"的基础上，"义"是使人们之间凝结成一种美好关系的纽带。《周易》中经常强调的"正"，即符合正道，要求人的所作所为符合包括"义"在内的社会伦理道德。无论是社会中的什么样的关系，彼此间如能相感以"义"，关系就和顺、通达，就能共处、共事。

深明大义是君子所为。孔子说过："君子喻于义，小人喻于利"（《论语·里仁》）、"义以为质"（《论语·卫灵公》）。孟子也说过："大人者，言不必信，行不必果，惟义所在。"对君子这样的群体和个人，"义"是他们的兴奋点、关注点，是他们能够"共同接受的方式"。因此，与君子沟通就要晓之以大义，这才能够加大思想上、感情上和心理上的共鸣和共振，从而收到深层次的、内在的沟通效果。

"义"应当是无所求的，无所求的沟通才真诚、纯洁，才能持久。"义"就是多献纳，多助人。以"义"沟通，建立起来的人际关系群体中才可能不乏忠义之士，才可以避开那些见利忘义的势利小人。

人与人之间失去了"义"，剩下的就只能是赤裸裸的利害关系，人也变成了一个虚伪的躯壳。凡事都讲究利益得失，甚至总想从别人身上撕下一张皮变成自己的利益，只能萎缩成一个自我，怀着这样的目的去进行沟通，就不可能有真正的友谊和朋友。利掩盖了义，就没有了情谊，就难以沟通，就不会投入更多的心力，更不能产生深度的配合，利尽人散，最终就像吹肥皂泡一样，一无所有。

道德行为的基础是人们的利害关系。通常来说，对人们有利的是义，反之是不义。在沟通中处理好利和义的统一关系，使二者融合起来，互动起来，义利双赢，就是沟通的精妙境界。

古往今来，许多成功的领导者率万众如一人，呼一声上下应，究其原因，就是领导者和其下属有"先乎情""深于义"的沟通境界。

四、沟通理

沟通理是沟通的重点，也是深层次的沟通。沟通就是要表达理念，让被沟通者接受和产生同感，沟通的过程就是思想认识与智慧的融合。

《周易·系辞传上》云："有亲则可久"，意思是，有了亲和力就能立于长久。又云："可久则贤人之德"，意思是，立于长久是贤人的德行。任何群体都需要亲和力，这是群体里人们的生理和生存的必需。心理学家证实：心理上的亲和是别人接受你意见的开始，也是别人转变态度的开始。而在这基础之上，要把群体凝聚起来，以便满足自己的欲望，实现自己的理想，就需要理性参与其中，理性是全体凝聚力的主要基础。沟通理就能把人们的亲和力黏结在一起，体验共同进步的幸福滋味。

沟通理最重要的一点是要知道“理”在哪里，然后进行疏通。沟通理，如同治水，不能“堵”，要善于“导”，要顺势而下。领导要开放心灵，积极倾听，以海纳百川的胸怀容纳不同观点、意见或分歧，这就会使不同观点、不同政见的人走到一起。“理”沟通好了，可以互补智能，启发思路，创新思想。

沟通理就要把被沟通对象的所说、所想加以条理化，然后再把自己的主张加在延长线上，如此，对方很容易迎合你的“理”，在不显山不露水的情况下就把“理”传递给对方。

遇到那些理智程度高的人，常常会对一件事情的可行性提出诸多的疑问，你严谨、细致、充满逻辑性地说“理”，才能说服对方；遇到那些不想讲理的人，或胡搅蛮缠的人，就更需要讲理了。

通“情”才能达“理”，没有沟通心和沟通情做基础，即使有理，也未必能达到说服的目的。但是，只有心理的接近和感情的共鸣，没有理的认知程度，沟通也不能持久。沟通缺少了“理”，一切都变得没有意义了。沟通就是要有一个共享的“理”。

分享案例

战国时期，秦国的商鞅提倡变法时，朝廷大臣甘龙反对说：“古代圣人都是不改变民俗而教导百姓，智慧的君主也是不变换法令而治理国家，这样不必花费很大的气力就能有所成效。按照旧的法令办事，官吏熟悉，百姓也习惯，何必搞什么变法呢？”

商鞅却有着自己的说法，他反驳道：“平庸的人安于老一套习惯，死读书的人沉溺于往日的见闻，靠这两种人做官守法还是可以的，但不能与他们谈论变法革新的道理，因为他们的思想太保守了。三代不同礼而称王天下，五代不同法而成就霸业，从古到今哪有不变化的道理呢？贤人和智者从来都是在做法更礼，而愚人和不肖者不明变通，总是阻挠限制变法！”

大夫杜挚听了之后，实在没有可以辩驳的言语了，就只有退一步说：“反正效法古人是无罪的，遵循古礼是不会犯错误的！”

然而，这种说法岂能在商鞅那里站得住脚，“治理国家从来不是一成不变的，更没有一套固定的办法。商汤和周武王都没有效法古制，他们却得到了天下；夏桀和殷纣没有改变礼法，他们却相继灭亡了。所以说，违反古例不一定错，遵循古法也不见得对！”

秦孝公听后觉得有理有据，便坚决地支持他变法革新。

结果，由于商鞅变法体现了“理”的智慧，秦国逐渐成为七国之中实力最强的国家，最后终于统一天下，获得了不可动摇的强国地位。

五、沟通道

“道”是天地之根、万物之本，也就是自然规律和行为准绳。“万物莫不遵道而贵德”，人与人的交往更应该“惟道是从”。自然界和人类社会都是变中有“常”，乱中有“理”，而左右万事万物变化的“常理”就是“道”。老子讲：“道，可道，非常道。”道虽然说不清楚，但它确实存在。道在人的思想意识的深处，道在人们的头脑和心坎里。《周易》说：“形而上者谓之道，形而下者谓之器。”形而上，无形，故谓道。老子认为“无形胜有形”。沟通也有有形与无形之分。用真善美的境界与人沟通，就是无形胜有形的沟通。真善美的沟通才能获得他人的愉快合作。沟通“道”的目的就是求得“道合”，得到与“道”同流的人。道合是沟通的鲜明特征和明确走向。道不同不相为谋。合作伙伴在一起合作最直接的认同就是“志”相同、“道”相合。“道合”就如同行走在沙漠中遇见了甘泉。“道合”能转化人的认识，“道合”能调解人的行为。

“道”是比形象、身体、言辞、才华、功业更为贵重的东西。有“道”者就能赢得别人的喜爱和亲附。在当今这样一个需要合作的社会中，人与人之间互动关系的底蕴就是“真”，就是袒露自己的本性，以真爱示人。人伪装本性是一种有意识行为，时间一长，在无意识中就会将假面具拿下来露出真面目，受到人们的唾弃。善也是人性的底色，人人都喜欢受人善待。孟子说过：“君子莫大乎与人为善。” 善待别人、帮助别人，是人们在寻求成功沟通过程中应该遵守的一条基本准则。美是人的心灵的自我完善和文明礼貌的外在形象，美使沟通过程散发出奇光异彩。与你接触的每一个人都能从你那里得到美好的东西，那你的沟通一定有声有色。

胸中有良“道”，沟通时不要摆出救世主的姿态，言语应谦虚谨慎，以商榷建议的口吻与大家沟通，才能够引发心理的和谐共振，提出的“道”也很容易就被采纳。以“说教”的形式让被沟通对象听自己的“教诲”，则良“道”不仅不会被采纳，反而会遭到否定或非议。

六、沟通神

沟通神是沟通的最高境界。沟通神是一个直达心灵的沟通技巧。沟通越深入心灵，就越接近于“神”的程度。人在社会中不得不注重人际交往，最好的人际关系就是处于“神交”状态，而达到这种“神交”层次靠的就是沟通神的技巧。

沟通神就要学会倾听。沟通的技巧是先倾听后表达，倾听了别人的心声之后，再将自己的想法因势利导地注入到别人的心中。倾听的首要原则是全神贯注地听取对方的谈话，特别是那些倾诉忧郁苦难的谈话更要注意倾听，并作出适当的反应，反应并非都用语言，还要借助于好奇、惊讶的表情神态，表示你的真诚理解和同情，这不仅会增加对方的谈兴，更会增加双方的“神”通。

沟通神就要沟通自我价值的实现。人作为高级动物，不仅有物质上的需要，而且有精神上和心理上的需求，都有最大的自我实现价值追求。马斯洛的需求层次理论揭示出实现自我价值是人的最高需求。与被沟通对象在这个层面上去进行沟通，使其现实的自我自觉地上升到理智的“超我”，从而实现自己的最大价值，就是沟通神。

沟通神就要沟通组织的愿景。愿景是组织的未来的图景，是组织成员行动的精神和动力，是组织的最大自我价值。刘备三顾茅庐，诸葛亮用“三分天下”的愿景与刘备进行沟通，达到了心领神会的沟通。

沟通神能够惬意人类的灵魂，让被沟通者体验心灵的享受。只要达到了沟通神的境界，人的“神交”也就顺理成章了。人与人达到了“神交”，就会使人与人之间的距离缩短，人与组织达到了神交，就会形成团结，构成合力。剑胆琴心是神交；风雨同舟是神交；肝胆相照是神交。世界上没有什么东西比神交更神圣了，世界上也没有任何沟通比神交更有沟通层次了。《周易·系辞传上》云：“惟神也，故不疾而速，不行而至。”意思是，由于极其神妙，所以不用求快反而会迅速，不用费力跋涉，反而会达到。沟通到了“神”的通透地步，必然会产生这种“神之所为”的奇妙。

分享案例

三国时期，曹操兵败赤壁，险些命丧华容道，只剩下 27 骑逃回南郡。脱险之后，曹操突然放声大哭。众人一下子全愣住了，不知道曹操为什么这样伤心。有个人问道：“丞相在兵败危难之时，毫无惧色，现已脱离险境，为何反而大哭？”曹操说：“我哭奉孝耳！倘使奉孝在，绝不会使我有此大失。”曹操一句话说得众谋士低头不语。奉孝是谋臣郭嘉的字，他曾为曹操的司空军事祭酒，是曹操军事集团的首席谋士，多有奇谋，并且年富力强，极受曹操的赏识，深得倚重。在曹操与袁绍决战之前，郭嘉力排众议，提出“十胜十败”之说，为曹操决策起了关键作用，后来郭嘉在赤壁之战前病逝于征乌桓途中。一场大战的惨败，痛定思痛，当然要总结一下教训。曹操首先把战败责任划在自己身上，承认失误，然后话头一转，指出如果有郭嘉在，他就不会犯这样的错误。显而易见，曹操本意就是要批评谋士失职，却又不明说，而是先哭一会儿，引起众谋士注意和发问，借怀念郭嘉表达了自己的言外之意。曹操身为主帅，拥有至高无上的权威，如果对谁不满，即使直言指斥，别人也不敢反驳。但他懂得怎样才能不伤幕僚们的自尊心，又能让幕僚们心领神会他要表达的意思。他有意提起郭嘉，是为了树立一个可供比较的榜样，使幕僚们在比较中看到自己的失职，引起自责，最后不得不心服。一场批评，没有喋喋不休的说教，没有声色俱厉的呵斥，没有长篇大论的分析，但其要沟通的“神”，已尽在其中，曹操达到了他想要达到的目的。

案例讨论

松下幸之助被称为日本的“经营之神”，在他的管理思想里，倾听和沟通占有重要的地位。

松下幸之助关于管理有句名言：“企业管理过去是沟通，现在是沟通，未来还是沟通。”

他的意思很明确，那就是：企业管理在什么时候都离不开沟通。管理离不开沟通，沟通渗透于管理的各个方面。正如人体的血液循环之于人的生命一样，如果没有沟通的活动，企业就会趋于死亡。

松下幸之助非常善于与员工沟通。他经常问下属管理人员，“说说看，你对这件事是怎么考虑的。”“要是你干的话，你会怎么办？”……一些年轻的管理人员开始还不太愿意说，但当他们发现董事长非常尊重自己，认真地倾听自己讲话，而且常常拿笔记下自己的建议时，他们就开始认真发表自己的见解了。

由于倾听的人显示了对说话人的尊重，不是走形式，而是毫不马虎地、专注地倾听，回答的人就会十分认真地畅所欲言。这是一场比认真的竞赛，对于下级管理人迅速掌握经营的秘诀，是大有裨益的。

此外，松下幸之助一有时间就要到工厂去转转，一方面便于发现问题，另一方面有利于听取一线工人的意见和建议——而他认为后一点更为重要。当工人向他反映意见时，他总是认真倾听。不管对方有多啰嗦，也不管自己有多忙，他总是认真地倾听，不住地点头，不时地对赞成的意见表示肯定。他总是说：“不管是谁的话，总有一两句是正确可取的。”

松下幸之助的头脑里，从没有“人微言轻”的观念，他可以认真地倾听哪怕是最底层人的正确意见，但他非常痛恨别人对他阿谀奉承。如果有这样的情况发生，哪怕对方的地位和他差不多，他也会毫不犹豫地批驳说：“你真是这样想的吗？你也是领导，说这样的话合适吗？”诸如此类的话。尽管别人当时可能会觉得难受，但以后反而更尊重松下先生的为人，并且对松下先生有什么说什么，不再说些应景的废话。这无论是对松下本人，还是对别人，以及对公司的发展都是有好处的。松下公司因董事长的善于沟通交流，获益匪浅。

讨论问题：

1．松下幸之助在与员工的沟通过程中主要运用了哪些沟通方法与沟通艺术？

2．结合案例，谈谈沟通的策略及其运用。

3．结合案例，诠释沟通中倾听的意义和艺术。

第九章

领导决策的方法与艺术

引导案例

南京长江大桥留下了历史的伤痛、深刻的教训。大桥中间一跨的净空高度为 24 米，导致丰水期只能通过 3 000 吨级船舶，万吨级海轮根本过不去。“南北变通途，东西肠梗阻。”黄金水道惨遭“腰斩”，一把铁锁挡住上千亿元的滚滚“黄金”。大（型）轮（船）不渡南京“关”，造成江苏“撑死”，安徽、湖北“饿死”，一桥之隔两重天。

20 世纪 80 年代以后陆续建设的芜湖、铜陵、安庆等多座长江大桥“将错就错”，都参照南京长江大桥，净空高度只留 24 米。

可见，领导决策的方法与艺术正确与否，关系到领导活动乃至整个事业的兴衰成败。

第一节　领导决策的概念与类型

一、领导决策的基本含义

“决策”一词源于英语词汇“Decision Making”，原意是“作决定”，中文将其翻译为“决策”。决策一词有广义、狭义多种解释。狭义的理解为，决策就是做决定的意思，俗称“拍板”。广义的决策有两个层面的解释。一般的解释把决策理解为一个过程，即发现问题，确定目标；集思广益，拟订方案；分析评估，方案优选。也可以把它推广到包括决策的实验、实施、反馈、调节的全过程，即为最广义的决策概念。由此可见，决策是一个过程，狭义的决策只是整个决策过程中的一个环节，虽然它是最关键的环节，但是，如果没有周到细致的前期工作，科学决策是无从谈起的。所以，领导者不仅要懂得如何选择方案，还必须把握决策活动的整个过程。

领导决策是领导者所进行的决策，决策是领导的基本职能，领导者的地位和作用在很大程度上就是通过决策体现出来的。正如决策理论学派的代表人物西蒙所说：“管理就是决策。”可见决策在领导活动中的重要地位。领导者的决策活动是贯穿于其日常工作中的，也就是对自己所属的部门、组织中的各种问题进行处理、作出决定。

领导决策是指在领导者的具体组织和指挥下，借助于专家智囊机构的力量，依据事物发展的客观规律，运用现代科学技术方法和手段，充分分析论证，确定行动目标，选择行动方案并加以实施的全过程。领导决策同其他决策一样，不仅仅指做出决定的关键步骤，而是一个过程。

领导决策是一个高度概括和高度抽象的范畴，它包括六个要素：（1）领导者。领导者是领导决策的主体，是领导决策的第一要素；在决策过程中，领导者是决策系统主观能力的体现者，在决策过程中居于主导地位，起核心作用。（2）决策目的。决策的目的是为了实现组织目标，不能实现组织目标的决策是失败的决策。领导决策总是在确定的条件下寻求优化组织目标和优化达到组织目标的途径。（3）预测。科学预测是领导决策的基础，正确的决策离不开运用先进的工具和方法，进行科学的计算和推断。中国有句俗话："预则立，不预则废"，充分说明了预测在决策活动中的重要作用。通过预测可以估计未来环境中可能出现的影响决策行动计划实施的不确定因素，以及这些因素的变化、发展趋势和影响程度的可能性，从而增强决策行动计划的可实施性。（4）决策智囊。随着社会的发展，决策所涉及的要素越来越多，内容越来越复杂，范围越来越广，这就使得领导者个人的知识、能力和精力已无法满足科学决策的需要，于是便产生了由各种专家组成的、成为领导者决策必不可少的智囊团。所以正确决策要依靠智囊团的参谋，光靠领导者个人决策是不能取得成功的。（5）方案择优。决策的过程是一个方案择优的过程，这是决策的实质性阶段。领导决策活动的前几步都是为这一步服务的。建立在多方案基础之上的方案择优可以为领导者提供更加宽阔的思维空间，以便做出正确的决策。国外的经理和决策人员常用这样的格言提醒自己："如果你感到似乎只有一条路可走，那很可能这条路就是走不通的。"可见他们十分重视多方案的选择。在很多情况下，有两个或更多的方案是合适的，这时领导者必须确定应优先选择的方案，然后将另外的方案进行细化、完善，以作为备选方案。（6）决策执行和反馈。领导者在择优决策拍板后，负责组织实施方案。决策执行将对决策的科学性作最全面的检验，它是检验决策正确与否的唯一标准。在执行过程中，不但要运用组织、指挥、协调、激励等管理职能来保证决策顺利进行，还要建立信息反馈渠道，以便发现新问题时，修订目标或修正、补充原决策方案。

二、领导决策的特点

（一）领导决策具有挑战性

从时空上看，领导者不仅要对当前的大事进行决策，而且要对长远发展做决策。从这个角度看，体现出了领导决策的战略性。因为是关于本组织全面、长远的发展方向和愿景等重大问题，所以具有战略特点的决策涉及的范围广、牵扯的因素多、需考虑的关系复杂，这就要求领导者比其他决策者更具有强烈的未来意识观念、通观全局的战略头脑、全方位的眼光和驾驭全局的能力。从涉及范围看，领导者的决策，大则涉及国家的发展和稳定，小则涉及一个地区、部门、单位重大且广泛的问题。从这个角度考察，体现出了领导决策的广泛性和层次性。这就要求决策者具有系统的观点，既注意各方面的决策相互区别，又注意各方面的决策紧密联系；既注意各层次的决策有所侧重，又注意各层次的决策相统一。从影响作用看，决策成功是最大的成功，决策失误是最大的失误。这是因为领导决策的结果常体现为方针、政策、计划、目标、原则、标准、决定、措施等。决策结果的这些体现方面就成为支配一定社会组织和社会群体活动的准则，具有根本性的导向作用，从而决定其发展过程。

分享案例

赤壁之战，曹操败走华容道，正遇关云长拦截，吓得魂飞魄散。关羽念曹操往日厚待之情及“土山约三事”，终于放走了曹操。表面看来，关羽放走曹操是由于他重义气、徇私情，然而仔细推敲，诸葛亮将华容道挡曹之重任交给关云长，绝非疏忽，恐怕是精心安排的。孔明深知关、曹二人关系非同一般，派遣关云长埋伏于华容道挡曹，其真实用意在于放走曹操。

赤壁大战之时，曹操、孙权、刘备各据一方，三足鼎立，三方当中刘备势力最弱。对于这一形势，诸葛亮十分清楚。放走曹操，可以达到牵制孙权的目的。如果真要杀曹操，派任何一员将领都能办到，因为此时曹操已全军覆没，迫于逃命，毫无战斗力了。假如曹操一死，三足只剩两足，两虎相争，必有一伤，以孙权之强大，刘备之弱小，谁胜谁负，不言自明；若不杀曹操，虽然曹操元气大伤，但仍是三足鼎立之势，孙权也不敢吞并刘备，刘备便可以休养生息。若图一时之利，将曹孟德杀掉，恐怕刘备也末日将至。

（二）领导决策环境具有不确定性

领导决策是面向未来的，而未来环境或条件常常只有部分是可知和可控的，大部分是未知和不可控的。因此，要正确而有效地进行决策，在很大程度上取决于领导者对事物发展规律的认识，对未来发展变化的认识能力和判断能力。领导者的决策大多是在一种不确定的条件下做出。不确定则意味着风险，领导决策要用来指导未来的实践，环境的不确定性要求领导正确认识形势及其变化，这是进行决策的前提。只有做到这一点，才能发现潜在的和现实的危险，也才能找到新的机会，否则就不可能把握机遇或避免风险。可见，正确的决策不仅需要一定的决策水平，而且需要很大的胆略。

分享案例

1812 年 4 月，拿破仑以 60 万大军进攻俄国，当时很多部将都强烈地反对他的这一决定，并指出：俄国既庞大又陌生，贸然闯进去是很危险的；同时还提醒拿破仑，严冬季节作战可能会给士兵造成很多灾难，巴黎到莫斯科战线太长，物资供应、疾病等一系列问题将会使军队失去整体战斗力。很显然，这些意见是理智而正确的，拿破仑却固执己见，没有撤回进军命令。最终，俄国利用被拿破仑激怒的爱国热情和自身熟悉的地理条件，使法军陷入困境，拿破仑最终以损失 40 万军队的惨重代价宣告失败。

拿破仑身为一个领导者，既没有审时度势地分析和预见环境、形式的变化，又不听善言，一意孤行，结果以失败而告终。决策环境的不确定性决定领导者必须具有超前的预见性。

（三）领导决策具有复杂性

影响领导决策的因素是十分复杂的，常常牵涉政治因素、经济因素、科技因素、人员因素、文化因素等。领导在决策中必须正确认识和处理相关因素及其作用，才能实现科学决策。依星公司高级管理人员亨利·戈尔丁说得好："解剖麻雀、弄清情况是所有决策者的基本功。无论决定干一件什么事，必定要了解这件事的来龙去脉，其自身的现实情况，此事件与其他事的相关因素，以及自身发展规律等。只有把这些基本情况搞清楚了，心中才有数。这样，据此可以等待时机成熟或到了问题逐渐明朗时再作决策。"随着科技的发展，数学分析、系统工程、计算机技术等相继进入决策过程，对复杂问题的决策提供了重要帮助。从实践来看，这些手段仍然不能把与决策相关的全部因素，特别是变动中的因素反映进去，它只能有条件地、近似地反映现实。在领导决策实践中，经常碰到的是现实情况的千差万别、千变万化，原来的主要因素转化为非主要因素，原来的次要因素变化为主要因素，从而使决策呈现出复杂性，甚至出现原本正确的决策随着时间和条件的变化而不那么正确了。这就要求领导者在错综复杂的条件下，培养和具备良好的理性思维能力、直觉洞察能力和预测决断能力、随机应变能力，以保证决策和决策实施的正确。

（四）领导决策具有随机性

领导者的决策既有例行性的，也有随机性的。例行性的决策事项可以按部就班地进行。在企业，如每年的生产经营计划、财务开支计划等，可以预先安排，按常规进行决策。在领导决策中，经常要遇到一些突然情况或突发事件，需要作出随机决策。由于突发事件常常具有影响大、后果严重的特点，解决其问题的决策不可随意拖延，必须有严格的时限要求，以便抓住时机指导行动，这样就不可能等待一切都确定好了之后再作决策。这种决策虽然是随机决策，但不是单纯依靠领导者的主观意志决定的，而是掌握和分析了大量信息、运用科学手段加上领导者的丰富经验和果敢精神所形成的，可见随机决策在领导决策中的复杂程度和重要程度。因为遇到的很多随机问题都是非常规的，领导者经常要为解决这些新问题而作一些没有常规可循的决策。这样每个步骤都得靠决策者自己想办法去安排解决。这就要求领导者解放思想、勇于创新、与时俱进，敢于走前人不敢走的道路。

分享案例

"空城计"是大家熟识的历史故事。三国时期，诸葛亮因为错用马谡从而痛失街亭，司马懿带领魏军15万向诸葛亮所在的西城而来，而这时诸葛亮身边只有仅仅2 500名士兵。众人听闻此消息，纷纷大惊失色，准备弃城而逃。如此紧急关头，诸葛亮将城门大开，命令士兵按兵不动，城门之上安排士兵扮成百姓模样洒水扫街，而自己却在城楼顶上弹起琴瑟。诸葛亮灵机一动，故作此状，其断定司马懿不敢贸然进城，惧有伏兵，而这一计策最终保住城池、逃过一劫。

“空城计”是领导做出随机决策的典型案例，魏军大兵来袭，对于诸葛亮来说是突发事件，而且诸葛亮在进行思考后必须在短时间内作出决策。突发事件不论在古代还是现代都是不可避免的，因此，领导决策的随机性也是不可避免的，这就要求领导者具有沉稳、冷静、智慧的特质。

（五）领导决策具有可操作性

领导者的决策是为了指导实践，能够实施的决策才有意义，所以领导决策必须具有可操作性。可操作性最主要的要求是决策必须可行和决策的内容可以接受。决策执行的效果取决于两个因素：一是决策自身的质量；二是执行者对决策内容接受的程度，二者相互制约。制定决策的人认为决策可行是不够的，还要执行决策的人也认为决策可行，而且要求决策内容易于被执行者理解，以便决策行动计划被很好地执行。决策的操作性要求领导决策的内容既符合主观意愿，也要符合客观规律和客观条件，否则，再好的决策，执行的效果也等于零。因此，领导者应该从实际出发，对现有的人力、物力、财力、科学技术水平等主客观条件进行科学的分析，找出事物发展过程中可能发生的各种变化与利弊，以及领导决策实施后产生的各种影响，把主观意愿和客观规律有机地统一起来，在此基础上作出的领导决策才具有可操作性。

（六）领导决策具有继承性

无论是一种什么决策，即使是一项全新的决策，都是在过去的基础上进行的。一些是对过去执行的决策的延伸，而另一些可能是对过去所执行过的决策的修正。无论是属于哪一种情况，都表明决策不可能在与过去完全无关的状态下进行。因此，决策带有继承性的特点。决策的继承性要求决策者在决策中必须从现实出发，充分考虑到组织过去的决策对当前决策的影响。

三、领导决策的类型

决策具有多方面的特征并可划分为多种类型。从不同角度出发，决策可以分为以下几种不同类型。

（一）按照决策本身的地位划分

按照决策本身的地位，领导决策可以分为战略决策和战术决策。

战略决策又称宏观决策，是关系到全局性、方向性的重大问题决策，主要表现为确定组织发展方向、发展目标和发展规模的决策，它大都是非程序化决策。战略决策具有全面性、长期性、稳定性的特点，此类决策通常由高层领导者负责。战略决策的实施是组织活动能力的形成和创造过程，其实施效果影响组织的效益与发展。

战术决策又称微观决策，是为了实现某一目标、解决某一具体问题而作出的决策。它是战略决策的延续和指令化，主要以实现战略决策所规定的目标为决策标准。战术决策服务于战略决策，具有单向性、具体性、局部性、阶段性等特点。战术决策的实施是对已形成的能力的应用，其实施效果主要影响组织的效率与生存。

分享案例

明太祖朱元璋自元至正十二年参加郭子兴的红巾军起义，到元至正十六年率军攻克集庆，前后仅 4 年的时间，起义队伍就发展壮大到五六十万人，并建立了以应天府为中心的根据地，成为当时大江南北各种势力中不可忽视的一支力量。然而，朱元璋并没有被胜利冲昏头脑而盲目行动。他开始遍访天下有识之士，来制定下一步的战略方针。一天，朱元璋亲自登石门山拜访老儒朱升，向他请教夺取天下的方针。朱升给了他九个字："高筑墙，广积粮，缓称王"，让朱元璋继续巩固根据地，发展粮食生产，不要急于称王道帝，以缩小目标。待到准备充分再图大举，自然水到渠成，事半功倍。朱元璋听了朱升的分析，认为很有道理，便把它作为下一步的战略方针来执行。经过"高筑墙，广积粮，缓称王"战略方针的实施，朱元璋迅速巩固和发展了根据地，兵壮粮多，得到百姓拥护。这一战略决策的正确制定和实施，为他以后逐鹿中原进而统一中国做好了充分的准备。

（二）按照决策方式和过程划分

按照决策方式和过程，领导决策可以分为程序化决策和非程序化决策。

程序化决策又称常规型决策，是指决策者在领导活动中重复出现的、例行的决策。例如，生产方案决策、采购方案决策、库存方案决策等。这种决策通常是有章可循、有法可依的。程序化决策常用的数学工具有线性规划、动态规划、整体规划、贝欣决策论、排队论、概率论等。程序化决策通常是由管理人员负责的。

非程序化决策又称非常规型决策，是指领导过程中首次出现的或偶然出现的非重复性的决策。非程序化决策由于无先例可循，主要靠决策者及其智囊人员的洞察力和经验等来进行，因此对领导者来说，至关重要的是如何进行非程序化决策。程序化决策是衡量领导者领导水平高低的一个重要指标。

（三）按照决策时掌握信息的完备程度划分

按照决策时掌握信息的完备程序，领导决策可以分为确定型决策、不确定型决策和风险型决策。

确定型决策是指在决策所需的各种情报资料已经完全掌握的条件下作出的决策。确定型决策的每一个方案都有一个确定的结果，所以便于方案的评估和选优，是一种比较容易的决策。

不确定型决策是指决策时所需的各种情报资料无法加以具体测定，而客观形势又要求必须作出决定的那种决策。这种决策由于未来存在着不能加以确定的情况，因此，各种方案都有几个不确定的结果，所以最终决策后果也是不确定的。

风险型决策是介于确定型决策和不确定型决策中间的一种决策，即决策时只掌握了部分决策必要的情报和资料。这类决策所提供给决策者的每个方案可能出现几种不同的结果，各种结果出现的概率是已知的。风险型决策与不确定型决策的区别在于，是否事先知道每个方案的各种结果出现的概率。

1．确定型决策的决策方法

（1）线性规划法。这种方法是在一些线性等式或不等式的约束条件下，求解线性目标函数的最大值或最小值的方法。该方法适于解决两类问题：一是在资源一定的条件下，力求完成更多任务，取得好的经济效益；二是在任务一定的条件下，力求资源节省。运用线性规划法建立数学模型的步骤是：先确定影响目标大小的变量；然后列出目标函数方程；最后找出实现目标的约束条件，列出约束条件方程组，并从中找出一组能使目标函数达到最优的可行解。

（2）盈亏平衡分析法，又称量本利分析法。该方法是通过对业务量（产量、销售量、销售额）、成本、利润三者相互制约关系的综合分析，以预测利润、控制成本的一种分析方法。它是利用成本总额与产量之间的依存关系，来指明企业获利经营的业务量界限，从而定出能生产最大利润的经营方案。

2．不确定型决策的决策方法

（1）小中取大法，又称悲观准则。该方法是指找出每个方案在各种自然状态下的最小损益值，取其中最大者所对应的方案即为决策方案。

（2）大中取大法，又称乐观准则。该方法是指找出每个方案在自然状态下的最大损益值，取其中最大者所对应的方案即为合理方案。

（3）最小最大后悔值法。后悔值是指某方案的收益值与最大收益之间的差额，是指由于未采用最大收益的方案而可能产生后悔的收益上损失的数值。最小最大后悔值法是指首先算出各个自然状态下各方案的后悔值，然后算出各个方案的最大后悔值，最后取最大后悔值中的最小值对应的方案即为决策方案。

3．风险型决策的决策方法

决策树法。这种方法将决策过程各阶段之间的逻辑结构用一张箭线图来表示，分别计算各方案在不同自然状态下的损益值，通过综合损益值比较作出决策。在本章第二节有具体介绍。

（四）按照决策者数量的多少划分

按照决策者数量的多少，领导决策可以分为个人决策和群体决策。

个人决策是指在选定最后决策方案时，由领导者最终作出决定的一种决策形式，如厂长负责制。个人决策的决策特点是决策迅速、责任明确，并能充分发挥领导者个人的主观能动性。但这类决策往往受领导者本身的性格、学识、能力、经验、魄力等因素的制约，因此有其局限性，在封建社会，与独裁专制的统治相适应，决策也多为独裁式的，其局限性和危害也更为明显。

群体决策是指由两个以上的人组成的决策集体所作出的决策，如董事会制。这类决策虽然花费时间较长、组织工作较为复杂、责任不清，但它可以集思广益，弥补个人决策的不足，并能增加成员对决策方案的接受性。领导决策是衡量领导者水平的主要标志。决策是领导面对下属应有而必须履行的一项职能，但愚蠢的领导在运用决策职能时，往往是简单地发布命令，下属只是本着完成任务的目标来执行决策，结果只是普普通通地简单完成任务而已；高明的领导却能巧妙地运用决策艺术，集众人的智慧进行群体决策，从而调动员工积极性和创新性，得以出色地、创造性地完成决策任务。

群体决策的方法包括德尔菲法、头脑风暴法、名义群体法和电子会议法等，前两种方法在本章第二节有详细介绍，在这里主要介绍名义群体法和电子会议法。

（1）名义群体法。名义群体法要求群体成员全部参加，管理者把要解决的关键问题的关键内容告诉他们，但成员之间不进行讨论，请他们独立思考，要求每个人尽可能地把自己的备选方案和意见写下来，然后按次序让他们陈述自己的方案和意见。再由各成员对提出的全部备选方案进行投票，根据投票结果，赞成人数最多的备选方案即为所要的方案。因为成员之间不互相讨论，所以群体只是名义上的。这种方法适用于在群体中，成员对问题的性质不完全了解且意见分歧严重的情况。

（2）电子会议法。电子会议法是利用现代的电子计算机手段改善群体决策的一种方法。基本做法是：所有参加会议的人面前除了一台计算机终端之外什么也没有，会议的主持人通过计算机将问题显示给参加会议的人。会议的参与者将自己的意见输入计算机，通过计算机网络显示在各个与会者的计算机屏幕上。个人的评论和票数统计都投影在会议室的计算机屏幕上。这种方法的优点是决策的参与者能够不透露姓名地表达自己所要表达的意见，保证发言人在发言过程中不用担心会被别人打断，需要的时间短。

分享案例

春秋时代是我国由奴隶制向封建社会的过渡时期，王室衰微，礼崩乐坏，大国争霸，列国兼并。鲁僖公三十年（公元前 630 年），秦晋两国企图联合攻郑。郑大夫烛之武利用秦晋争霸的矛盾，游说秦穆公，离间了秦晋联盟，使秦与郑另订盟约。秦穆公指派杞子等三人留郑国驻防。此后的僖公三十二年（公元前628年）、三十三年（公元前627年），秦晋在今河南洛宁县发生战争，秦军大败。这就是历史上的“秦晋之战”。

战争起因于杞子的密报：“郑人使我掌其北门之管（钥匙），若潜师以来，国（郑国）可得也。”此时正值晋国国丧，秦穆公得到杞子所提供的情报，认为是偷袭郑国的大好时机，于是迫不及待地“访请蹇叔”。实际上秦穆公早已拿定主意，访蹇叔只不过是在为自己的主观决策寻找依据和支持者而已。岂料老谋深算的老臣蹇叔却提出了完全相反的意见。蹇叔从战略上作了深谋远虑的分析，指出了秦穆公“劳师袭远”的错误决策，他认为“师之所为，郑必知之”“远主备之”，潜师偷袭之举不仅不会成功，杞子的内应条件亦会丧失。但是，秦穆公这时已完全听不进不同意见了，甚至对蹇叔在秦兵将出师前的哭师也无动于衷，还把蹇叔臭骂一顿。秦穆公一意孤行，未考虑到“师劳力竭”“且行千里，有谁不知”等因素，致使密切注视秦军的晋国利用有利地形，抓住有利战机，大败秦军。

案例中秦穆公之所以决策失败，是因为这种决策体制是属于传统的独裁制，以独裁者的一意孤行排斥了决策的科学化和民主化，听不进参谋人员的意见和建议。

（五）按照决策关联问题的多少及其相互关系划分

按照决策关联问题的多少及其相互关系，领导决策可分为静态决策和动态决策。

静态决策也称单项决策，它处理的是某一时间阶段或某一时间点条件下，某问题应达到的可能状态或结果。它所要求的行动方案只有一个，即使这一方案中有多个决策目标和决策变量，它们之间的关系也是互相平行的。

动态决策也称序贯决策，它是处理一串在时间上有先后顺序同时又相互联系、呈串联结构状态的问题的决策。动态决策有三个特点：第一，它作出的决策是一串，而不是一个。第二，这一串决策不是彼此毫无关系，而是相互影响、相互制约的，前一阶段的决策能够直接影响到以后的决策。第三，整个决策问题的效果并不是各个阶段决策效果的简单叠加，而是相互影响、组合而成的总效果，决策者关心的也正是这一整串决策的总效果。

（六）按照决策的目标、变量是否用数量来表示划分

按照决策的目标、变量是否用数量来表示，领导决策可分为定性决策和定量决策。

定性决策是指决策目标和决策变量等不能用数量来表示的决策。这类决策一般难以用数学方法来测算，而主要依靠决策者的经验和判断能力。定量决策是指决策目标和决策变量等可以用数量来表示的决策，它要求有一定的精确度。

定量决策是随着量化技术的发展而发生的。20 世纪 40 年代运筹学的产生和应用，标志着定量决策形式走向成熟。20 世纪 60 年代中期，在弗晰集合论、弗晰逻辑基础上发展起来的模糊数学及其应用，又使量化技术产生了新的飞跃，也使定量决策扩大到更广阔的领域。加之电子计算机的出现，使量化手段更加丰富。前面介绍的线性规划法、量本利分析法等都是定量决策方法。

定性决策的决策方法主要是吸收了逻辑学、心理学、创造学等许多学科的研究成果，又结合大量的实践而创造出来的。它主要包括 KT 法、防范分析法、创造工程学法等。

1．KT 法

KT 法是由美国兰德公司社会心理学家凯普纳和社会学家特勒戈发明的。原名为“问题分析与决策的系统方法”。这里所谓的系统方法，是指按严格逻辑推理、有条理地分析问题的方法。KT 法提出分析问题的三个基本步骤：（1）先确定有无问题，此称为认识问题阶段。所谓问题就是主观愿望与客观现实的矛盾，它表现为期望状态同实际状态的偏差。（2）界定问题。就是准确了解偏差的性质、范围及其产生的时间、地点等，以划定问题的界限。（3）寻找原因阶段。寻找原因应立足于对因果关系的严格逻辑分析，而不能靠臆测。

2．防范分析法

此法主要适用于分析决策方案实施后可能出现的潜在问题，有助于改善决策执行结果。防范分析法有四个步骤：（1）全面估计决策执行后可能出现哪些问题。（2）估计这些潜在问题产生的概率和危害性。(3) 对危险度较大的问题制定防范措施，将其列入决策执行方案之内。(4) 对危害性很大的潜在问题还要准备应急措施，以防不测。

3. 创造工程学法

它通过研究创新的心理机制与心理障碍，发明了很多提高创造力的方法。这些方法广泛应用于管理决策中拟订方案阶段，其中最有代表性的是如下三类方法：(1) 以形态分析法为代表的系统扩展思路的方法；(2) 以畅谈会法为代表的集聚众人智慧的方法；(3) 以综摄法为代表的通过非推理因素激发创造力的方法。

（七）按照决策目标数量的多少划分

按照决策目标数量的多少，领导决策可划分为单目标决策和多目标决策。

单目标决策是只有一个决策目标的决策。单目标决策是领导学研究决策问题的基础，处理决策问题的大多数方法都是从研究单目标决策开始的。

多目标决策是指有两个或者两个以上决策目标的决策。现实生活中的决策多是多目标决策，也可以理解为在决策的过程中，每一个阶段都有一个主导的“决策目标”，同时也存在着处于辅助地位的“附加目标”。

适用于多目标决策的方法，常用的有多属性效用理论、层次分析法、优分系数法等。这里主要介绍层次分析法。层次分析法是建立在决策者比较、判断基础上的一种多目标、定性与定量相结合的方案排序决策方法。该方法的基本思路是：将复杂的决策问题分解成各个组成要素，根据要素间的相互关系构成具有递阶层次结构的决策模型，通过两两比较确定每一层次中各因素的相对重要性，然后进行综合，确定整个决策问题中各方案相对重要性的排序。

（八）按照决策的起点划分

按照决策的起点，领导决策可划分为初始决策和追踪决策。

初始决策是指组织对从事某种活动或从事该种活动的方案所进行的初次选择，它是在有关活动尚未进行从而环境未受到影响的情况下进行的。它的特点是零起点决策。

追踪决策是指随着初始决策的实施，组织环境发生变化的情况下所进行的决策。它的特点是非零起点决策。

第二节 现代领导决策的要素与程序

一、现代领导决策的要素

美国学者马文对高层领导者进行了如下的问卷调查：(1) 您在履行职责时感到最困难的事情是什么？(2) 您认为每天最重要的事情是什么？(3) 您每天在什么事情上花费时间最多？（您每天花费时间最多的事情是什么？）

90%以上的领导者对三个问题的回答是相同的：决策。

不论什么层次或什么类型的决策行为都要涉及一些最基本的问题，即决策的要素。一般来说，决策行为基本要素包括决策者、决策目标、决策备选方案、决策环境和决策后果等。

（一）决策者

决策者即决策的主体，是领导决策的第一要素。在决策活动中，决策者作为一种角色有时是由个人来承担的，有时是由集体来承担的。决策主体既可以是孤立的个人，也可以是一个集团。在领导学中把前者称为个人决策，把后者称为集体决策。不管是个人决策，还是集体决策，决策者这一角色在决策活动中起着决定性的作用。对于任何一个组织来说，都存在着决策问题。家庭、班级、学校、医院、企业乃至行政机关，都存在着与该组织相对应的决策活动。尽管每一组织在决策的权限上存在着较大的差异，但是作为使整个组织得以运转的决策活动在本质上是相似的，决策的原理、决策的程序以及决策的原则在很大程度上都是相通的。同样，在各种组织的各种决策中，决策者的作用是至关重要的，决策者的决策水平直接制约着决策的优劣。

分享案例

通用电气公司是美国著名的集团公司，早在1981年，杰克·韦尔奇担任新任总裁后，重新对公司的相关制度进行调整和革新，他认为公司进行管理的部分过多，而公司实质性的领导却很缺乏，他认为过分的管制并没有给公司带来过多的利益，工人们往往比老板更知道怎样做。因此，他在公司内部实行了“全员决策”制度，公司员工与管理层能够平等讨论从而作出决策，此制度的实行减少了公司中存在的官僚主义作风，最终为公司带来了巨大的利益。可见，决策者在决策活动中起着决定性的作用，决策过程是“上行下效”的过程，决策者明智的决策对整个组织而言是大有裨益的。

（二）决策目标

决策目标是指决策要达到的目的。决策目标是否明确，直接关系到决策效果的好坏。只有决策目标明确，对备选方案的选择才有明确的方向，行动才有针对性。一般来说，决策目标的制定必须满足下列几条检测准则：（1）目标是有的放矢的。即目标要具有针对性，它要解决的问题必须明确。（2）目标是具体的，不能含混不清。一般来说，越是近期目标，越要求具体。（3）目标是系统的。有的决策问题比较复杂，涉及方方面面，这就需要从系统理性原理出发，着眼整体，全面考虑决策的主次、先后关系，建立起层次结构分明的目标体系。（4）目标是切实可行的。决策目标是否可行，取决于现实目标所需要的条件，决策目标必须建立在现实条件允许的基础上，而不能凭空设想。（5）目标应有可检验性。要具有衡量目标的具体标准，现代决策要求能够数量化目标，对于抽象目标，要规定相应的分段目标，通过不断检验，一步步达成总目标。

（三）决策备选方案

备选方案是达到目的的手段，现代决策体制发展到今天，已经突破了“单方案决策”的时代。因为随着科学技术和决策理论的发展，有许多决策方案经过测定和检验之后，可以发现同样正确的决策方案，往往是有优劣之分的。就是同样能够实现决策目标的方案，有的成本低而产出高，但有的却代价大效率低。这就存在着一个衡量决策优劣的标准问题。因此，决策者必须把这一优劣标准注入到自己的思维空间之中，使其成为决策者决策方案的一条重要的准绳。

（四）决策环境

所谓决策环境是指决策面临的外部条件与状况。一个决策方案能否顺利实施，其影响和效果如何，这不仅取决于决策方案本身，还直接取决于决策环境，受到一系列自然环境和社会环境的制约。可以这样说，决策行为实际上是决策者的主观因素和决策环境这两方面共同作用的结果。决策者必须把决策的环境纳入到决策过程之中。上海一家宾馆的总经理发现该宾馆的客房收入在第三季度提前完成了预期的创收目标，而且超额限度相当大。总经理在寻找这一现象的原因时，发现自己在决策过程中，并没有把气候因素考虑在内，由于该年上海的夏季特别凉爽，故到上海旅游购物的人特别多。正是凉爽的气候吸引了国内外大量的游客，故宾馆客房收入提前大幅度完成，也就不足为怪了。这一案例说明，自然因素有时候在决策过程中是一个必不可少的要素。但是，如果把整个决策方案建立在单纯的自然因素的基础上，也会出现“过犹不及”的失误。某年南京气候炎热，国内许多空调生产厂家纷纷将目光聚向南京，空调市场的过度繁荣导致大量的空调滞销、积压在南京，使厂家遭受了较为严重的损失。因此，决策方案单纯建立在对自然要素的分析之上，往往会犯教条主义的错误。至于自然因素在一个决策方案中到底起多大作用，居于何种地位，还要视决策本身而定。

分享案例

1944年6月4日，英美盟军集中45个师，1万多架飞机，各型舰船几千艘，准备开始规模宏大的诺曼底登陆作战。就在这关键时刻，在大西洋上的气象船和气象飞机却发来令人困扰的消息：之后3天，英吉利海峡将在低压槽控制之下，舰船出航十分危险。盟军最高统帅艾森豪威尔面对气候恶劣的英吉利海峡一筹莫展。盟军司令部的司令官们都知道，登陆战役发起的6日，对气象、天文、潮汐这三种自然因素条件也有要求。就在大家几乎束手无策时，盟军联合气象组负责人、气象学家斯塔格提出一份预报，有一个冷锋正向英吉利海峡移动，在冷锋过后和低压槽到来之前，可能会出现一段转好的天气。当时，联合气象组对6日的天气又作了一次较为详细的预报；上午晴，夜间转阴。这种天气虽不理想，但能满足登陆的起码条件。艾森豪威尔沉思片刻，果断作出最后决定：“好，我们行动吧！”后来虽因天气不好，使盟军空降兵损失了60%的装备，汹涌的海浪使一些登陆舰船沉没，轰炸投弹效果差，但诺曼底登陆作战一举成功，却是不可否认的事实。

（五）决策后果

决策后果是指一项决策所产生的效果和影响。在作出最终决策之前，对每一备选方案的实施后果进行客观、公正的预估和评价，既是保证决策科学性的重要前提，也是方案选优的依据之一。如果对某一方案的实施后果作出了错误的估计，那么往往会导致决策的整体性失败。决策执行所产生的后果比较复杂，不同阶层、集团的人对其后果的评价会呈现较大差别。

当然，决策后果不是凭借主观想象能得出来的，它必须要依赖于科学、全面的预测和评估。那么如何对决策后果进行正确的评估呢？

（1）科学评估。应该抛弃自己一些想当然的判断，依靠专家或决策集体的智慧，对决策实施后所产生的影响进行正确的分析。

（2）心理评估。要把决策实施后所面临的各种挑战性因素评估充足，抛弃任何乐观的判断，对任何决策所能产生的后果都要具备心理上的准备。

（3）经验评估。对前人实施同种性质的决策所产生的后果进行分析，从这一具有同种性质的案例中，判断决策实施后会产生什么样的后果。

（4）模拟评估。决策者把自身或者自己信赖的人作为受决策影响很大的对象，然后设身处地地思考决策实施后可能产生的反应和评价。

一般来说，由于不同性质的决策在其后果上存在着较大的差异，因此决策者对涉及下属和员工切身利益的决策应尤为慎重，对那些例行性、程序性和仪式性较强的决策可减少决策成本。决策执行后所产生的后果也是较为复杂的，不同阶层、不同集团的人对其后果的评价可能会呈现出较大差别，因此，决策者应该注意收集来自方方面面的信息，从中汲取经验和教训，为以后的决策积累丰富的经验。

分享案例

1962 年，英法航空公司开始合作研制“协和”式超音速民航客机，其特点是快速、豪华、舒适。经过十多年的研制，耗资上亿英镑，终于在 1975 年研制成功。十几年时间的流逝，情况发生了很大变化。能源危机、生态危机威胁着西方世界，乘客和许多航空公司都因此而改变了对民航客机的要求。乘客的要求是票价不要太贵，航空公司的要求是节省能源、多载乘客、噪音小。但“协和”式飞机却不能满足消费者的这些要求。首先，噪音大，飞行时会产生极大的声响，有时甚至会震碎建筑物上的玻璃；其次，由于燃料价格增长快，运行费用也相应大大提高。这些情况表明，消费者对这种飞机需求量不会很大。因此，不应大批量投入生产。但是，由于公司没有决策运行控制计划，也没有重新进行评审，而且飞机是由两国合作研制的，雇佣了大量人员参加这项工作，如果中途下马，就要大量解雇人员。上述情况使得飞机的研制生产决策不易中断，后来两国对是否要继续协作研制生产这种飞机发生了争论，但由于缺乏决策运行控制机制，只能勉强将决策继续实施下去。结果，飞机生产出来后卖不出去，原来的“宠儿”变成了“弃儿”。

此例说明，企业决策运行控制与企业的命运息息相关。一项决策在确定后，能否最后取得成功，除了决策本身性质的优劣外，还要依靠对决策运行的控制与调整，包括在决策执行过程中的控制，以及在决策确定过程中各阶段的控制。

二、现代领导决策的程序

决策作为一个系统过程，由于受到不同对象、不同背景、不同环境的影响和制约，具有较大的差异性。因此，可以划分为不同类型的决策。但还是可以抽取一些领导决策的共同性的程序。

（一）发现问题，确定目标

所有的决策工作都是从发现问题开始的。所谓问题，就是现实的情况和理想之间的差距。当然问题不是一目了然的，发现新问题并不容易。发现问题一般有三种途径：问题被动出现，通过怀疑而确认问题，主动检查出问题。问题无论是谁通过什么途径提出，首先要进行调查研究，收集信息，而后再进行细致的分析与综合，才能从中发现问题。决策者要善于发现其中起主导作用的关键问题，把问题提出来，并确定解决问题所要达到的结果，这就是决策目标。要正确地发现问题必须做到：第一，对决策问题的性质、特点和范围有个全面了解，问题有例常、偶然性例外和例外三类。例如，计划性停电是例常性问题，故障性停电是偶然性例外问题，大面积突然停电是例外问题。只有偶然性例外问题或例外问题由于没有惯例性可循，才需要领导决策。第二，尽量以差距的形式把问题的症结描述出来。决策者所要订立的决策目标应当是现实与要求之间的差距，并且这种差距已经到了一定的程度，才需要采取行动去缩小它。第三，应当找到产生差距的真正原因。问题出现的原因是解决差距的关键，只有把原因找出来，才能行之有效地制订行动方案。找出差距的根源，问题也就解决了一半。第四，必须确定解决问题的最低要求，即“边界条件”。这一步也是最为困难的。清楚的边界条件有助于决策者从众多的备选方案中淘汰那些看似有意义而实际上不可靠的方案。

确定问题的性质以后就要制定解决问题所要达到的效果，这就是决策的目标。目标是一个组织希望通过决策和该决策的执行所达到的目的及衡量目的的指标。决策目标的正确与否对决策的成败关系极大，决策目标选择不正确，必然会导致决策的失误。

按照不同的标准可以将目标分成多种类型：从目标的高低层次不同来看，可以分为总目标和分目标；从涉及范围大小来看，可以分为战略目标和战术目标；从目标所涉及的内容来看，可以分为外部目标和内部目标；从目标的重要程度来看，可以分为主要目标和次要目标。

虽然目标的类型是多样的，但是在制定决策目标时还是要遵循以下要求：第一，目标的内容含义明确，不难理解，容易掌握；第二，依据目标，可落实实现目标的组织或个人；第三，目标要有定性或定量的衡量标准。如费用指标、效益指标，目标应尽量数量化，否则可用评分法将决策目标划分为一些等级；它的约束条件也是确定的。约束条件可以是包括人、财、物等在内的客观限制条件，也可以是一定的主观愿望。有条件目标的实现必须满足它的约束条件，否则，达到目标的代价要比收益大得多。第四，目标要分清主次。在进行多个目标的复杂决策时，在满足决策需要的前提下，要将各个目标确定一个主次关系和先后顺序，先集中力量实现必须达到的重要目标。

在发现问题、确定目标的阶段，主要运用科学预测法。现代预测已经成为一门专业学科，专家们也创造了许多有效的预测方法和技术。从方法本身的性质来看，可以分为定性预测法和定量预测法两大类。定性预测法也叫直观预测法，主要是通过已有的历史资料和现实资料，依靠个人的主观经验和综合分析能力，对预测对象的未来发展趋势做出判断，这类方法特别适用于无法进行定量分析的情况。其主要包括典型分析法、专家预测法（也称德尔菲法）、类比法和相关图法等。在这里我们将主要介绍德尔菲法。定量预测法是指借助数学模型进行预测分析的方法，主要包括时间序列法和回归分析法。

1. 德尔菲法

德尔菲法是由美国兰德公司于 1964 年首先提出并运用于技术预测领域中的。德尔菲是"Delphi"的中文译名，原是古希腊神话传说中的一个可以预卜未来的圣地，后人借用德尔菲来比喻高超的决策能力。兰德公司研究一种如何通过有控制的反馈更为可靠地收集专家意见的方法时，以"德尔菲"为代号，德尔菲法由此产生。它要求先由预测机构选定专家，一般 30～50 人为宜，通过书面的方式向这些专家提出所要预测的问题并提供必要的背景材料，请他们提出意见和看法；在不泄漏决策人倾向的条件下，将收到的专家答复意见加以综合整理，然后不注姓名将归纳后的结果寄回给专家，继续征询意见；得到答复后，将其集中整理。如此反复多次，专家意见渐趋一致。由于它可采用"分散—集中—分散"的程序，以匿名形式征询意见，因而得出的结论可靠性高。这种方法的优点是，既依靠专家，又避免了专家会议方式的不足。例如，避免了面对面的集体决策容易形成的崇拜权威、服从权威意见的缺点。其缺点是信件往返时间长，信息处理的工作量较大，专家们容易对不明确的问题过分敏感。

2. 时间序列法

时间序列预测法就是通过对时间序列的统计分析，预测对象的未来发展趋势的一种方法。所谓时间序列是指观察或记录到的一组按时间顺序排列的数字。在随机因素干扰的情况下，应以时间序列为随机变量的样本，用概率统计的方法作出较好的预测。使用这种方法的基本前提是：预测对象过去随时间变化趋势与其在未来随时间变化趋势相同。

时间序列法主要包括移动平均法、加权移动平均法和趋势修正移动平均法。

（1）移动平均法。这种方法的基本思想是：假定预测对象的未来状况与邻近几期的数据有关，而与较远的数据无关，因此只选近期几个数据加以算术平均，作为下期的预测值。随着预测时期的向前推移，邻近几期的数据也向前推移。运用该法进行预测，关键是确定应选几期的数据来求平均值作为预测值，即确定移动平均时距，这应根据预测对象历史资料时间序列的变动情况而定。如果平均时距取大一些，则修正能力强，可更好地消除随机因素的影响。但如果平均时距过大，又会使时间序列的差异平均化，显示不出时序变化的特点，缺乏对突变事物的敏感性，影响预测的准确性。因此，在计算移动平均数之前，应先分析时间序列数值的变化情况。若变动平缓，平均时距可取大一些；否则，取得小一些。

该法的优点是计算简单，缺点是：平均对待移动平均时距内的数据；由于没有考虑时间因素对预测值的影响，而使预测值出现滞后偏差。

（2）加权移动平均法。加权移动平均法可以解决移动平均法平等对待时间序列数据的问题，使预测值更符合实际。加权移动平均法是指在计算平均值时，并不同等对待各时间序列数据，而是给近期数据以更大的权重，这样近期数据就会对预测值有更大的影响。

（3）趋势修正移动平均法。移动平均法和加权移动平均法不能解决滞后偏差的问题，而趋势修正移动平均法正是为了解决这一问题而提出的。趋势修正移动平均法是在移动平均法的基础上，求出相邻两个移动平均值之差，即变动趋势值，再对变动趋势值进行移动平均，求出几期变动趋势的平均值，作为修正值来修正原来的移动平均值。

3. 回归分析法

回归分析法是依据决策系统内部诸因素变化的因果关系，来推断决策系统未来运动状态和发展趋势的预测方法，又称为因果法。按照数量化的精确程度，系统内部诸因素之间的因果关系可以分为两种类型：一种是确定性的因果关系，称为函数关系，可以应用常规数学函数方程式加以解决；另一种是非确定性的因果关系，即分析已知诸因素之间的这种关系，但由于存在着一些随机扰动的因素的影响，这种关系呈现非确定性的性质，又称为相关关系。这种相关关系只能用数理统计学中的回归分析来解决。按照相关关系的复杂程度，回归分析可以分为一元线性回归、多元线性回归及非线性回归等。

（二）集思广益，拟制方案

目标确定以后，接下来就应该从多角度来寻找达到目标的方法，这也就是制订行动备选方案的过程。正所谓“古来成事多艰险，多算一招放未然”。在制订行动方案时，只有通盘考虑，才能在实施时不穷于应付。拟订方案的过程是决策过程中的重要环节，是决策的基础。因此在拟订行动方案时，决策者应集思广益，制订多种多角度的备选方案。只有拟订多种可供选择的方案，才能比较借鉴，从中选出最佳的方案。如果备选方案太少，就没有多大的选优余地，那么无论怎样选择也难以选出满意的方案。

设计决策的预选方案必须遵循整体详尽（包括一些可能的方案）和互相排斥（不能脚踏两只船）的原则。贯彻这两条原则所拟订的备选方案具有以下特点：第一，创造性，即能表现出对事物的敏感、认识问题的深度，敢于独辟蹊径；第二，可行性，即全面、具体、明确，切合实际，立足已有的人力、物力、财力，有实现的可能性；第三，多样性，即能应付可能出现的各种情况，使决策者有比较得失、权衡利弊的余地；第四，层次性，既有整体方案，又有具体方案和可实施方案，便于选用和付诸实施。由于内容、作用不同，决策的可行性方案分为积极方案、应变方案和临时方案三种不同的类型。

第一，积极方案。积极方案是指从正面保证决策各项目标和指标实现的方案。这是方案的主要类型，它包含着促使目标实现的各项积极措施。

第二，应变方案。应变方案是指在情况发生变化时使组织适应这种变化的各项措施。这类方案的作用常常是和积极方案共同保证目标的实现。

第三，临时方案。临时方案是指当本组织内的问题已经发生，但是原因尚未查明时所制定的各项临时性措施。其目的是暂时抑制问题，以换取一定时间，使决策者能够进一步界定问题，寻找产生问题的原因。在拟订备选方案过程中，比较通用的是智囊技术、决策树方法。

1. 智囊技术

智囊技术是把有专长的专家学者组织起来，充分利用现代科学技术和社会的研究成果协助决策的方法，主要有头脑风暴法和哥顿法。

（1）头脑风暴法。它又称为智力激励法和畅谈会议法，在智囊技术中占有重要的地位。它分为直接头脑风暴法和质疑头脑风暴法两种形式，由美国著名工程学家奥斯本创立，后经各国学者和管理人员的实践和发展而逐步完善。直接头脑风暴法是一种通过小型会议的组织形式（人数一般不宜超过 10 人），会议主持人不指明会议的明确目的，而只就某方面的总议题要求与会专家无拘无束地发表意见，创造一种畅所欲言、自由思考的氛围，诱发创造性思维的共振和连锁反应，最终产生创造性思维的决策方法。当问题简单而专一时，头脑风暴法是最有效的。头脑风暴法过程中有几大原则：一是鼓励激进的想法；二是建立在其他主意之上；三是始终聚焦于主题；四是不准评论其他人的构想好坏；五是服从主持人的裁决和指挥；六是不允许私下交流。这种方法的优点是：可以直接交流信息，充分发挥创造性思维；头脑风暴法为参加会议的人员创造了一个无拘无束的信息交流平台，大家可以自由地发表自己的意见和看法，从而增进与会人员的交流与了解，有利于增强群体凝聚力和团队精神。缺点是：会议本身以及随之而来的分类和评价都很耗时，成本比较高。质疑头脑风暴法也是一种集体产生设想的方法。与直接头脑风暴法所不同的是，它需要先后召开两个会议，第一个会议完全遵从直接头脑风暴法的原则，第二个会议则是对第一个会议提出的经系统化的设想进行质疑。据统计，头脑风暴法比一般会议产生方案的比率高 70%。

（2）哥顿法。它是美国人哥顿于 1964 年发明的，与头脑风暴法有点类似。但要解决的问题只有会议主持人知道，其他任何人都不知道。会议主持人在开始时把讨论的问题作笼统的介绍，让大家海阔天空地讨论解决问题的方案。当会议进行到适当的时机，决策者把具体问题揭开，使讨论进一步深化。哥顿法的优点是：能将讨论限制在问题本身而不是决策，当出现双方争执不下的情况时可以转换一个类似的问题来讨论，便于平息争端，从而不会影响决策的进行；如果决策者和与会人员有利害关系时，他们的意见往往会带有个人偏见，不能客观地看待问题。哥顿法利用迂回的方法讨论类似的问题，使得与会者能够开诚布公，不会有其他的私心杂念干扰和影响决策。

2．决策树法

决策树法又称决策树网络法，即决策者把各个方案及与方案有关的概率、收益值等画成树状图，分别计算其期望收益值，由此作出选择。具体来说，就是把不同方案和可能产生的几种不同的自然状态绘成树的分枝，形成树形值，通过列表计算，再逐枝求出不同方案的效益值，按照目标的要求从中优选。决策树法适用于决策过程中带有不确定性的风险型决策问题的决策分析，对分析多阶段的决策问题十分有效。它把可行方案、所冒风险及可能的结果直观地表达出来，使领导者准确及时地做出选择。决策者根据决策树所构造出来的决策过程的有序图示，不但能统观决策全过程，而且能在这种统观全局的基础上系统地对决策过程进行合理的分析，从而得到良好的决策结果。

整个决策树法由决策点、方案分枝、状态节点、概率分枝和结果点五个要素组成，如图 9-1 所示。

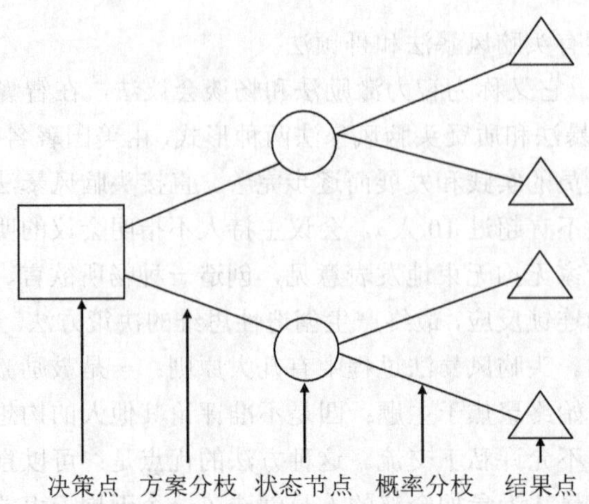

图 9-1　决策树

分享案例

1962 年 7 月，在赫鲁晓夫的授意下，苏联军舰将中程导弹运到古巴，引起加勒比海危机，时称“古巴导弹危机”。

肯尼迪担任总统时，美国情报部门突然发现苏俄居然在古巴建设飞弹基地，并已经完成了 90%。当时，肯尼迪总统非常震怒，除了下令让海军封锁古巴外，立即向赫鲁晓夫提出了强烈抗议，要求马上拆除古巴境内的导弹基地发射设施。苏联的答复是，这些导弹基地纯属于防御性质的。美国人坚持认为，从该基地发射的导弹，足以摧毁美国各大城市。两国剑拔弩张，整个世界处于核灾难的边缘。

1962 年 10 月 16 日，美国组成了国家安全委员会执行委员会研究对策，提出了有代表性的三个方案：（1）武力空袭古巴导弹基地；（2）对古巴实行海上封锁；（3）采取外交手段，诉诸联合国。肯尼迪总统对这三个备选方案进行了周全详尽的分析和思考后认为，如果空袭古巴导弹基地，不能保证把古巴境内的所有导弹基地和核武器摧毁，北约组织和美洲的盟国很难接受，而且空袭很可能造成在古巴境内苏联技术人员的伤亡，会给莫斯科提供一个开战的借口，可能引起核战爆发造成两败俱伤，甚至同归于尽的恶果。如果采取外交手段，向联合国施压，很可能是旷日持久，毫无结果的公开争吵，而导弹基地建设可能就在争吵过程中乘机完成。因此，肯尼迪总统对古巴实行海上封锁，这样既能给苏联压力，又能控制事态发展。

10 月 22 日，肯尼迪发表电视讲话，宣布美国海军对古巴进行海面“隔离”（回避使用“封锁”一词）。很快，大批美国海军军舰和 20 000 名海军士兵开始执行海上隔离行动，美国在全世界各地的军队全部进入戒备状态。由于海上隔离，长途跋涉的苏联船只无法将建设基地物质、导弹以及苏式轰炸机运入古巴。赫鲁晓夫意识到，封锁拖得越久，苏联的损失就越大。而如果强行打破封锁，事态扩大，危机升级，会导致美苏开战。于是苏联宣布全部撤走在古巴的导弹、飞机及其他军用设施。随后，美国宣布终止对古巴的海上隔离，双方武装力量先后解除戒备状态，古巴导弹危机获得圆满解决。

（三）分析评估，方案优选

方案的分析评估和方案的优选是决策的全过程的关键，两者是相辅相成的。方案的评估是前提，方案的优选是结果。所谓方案的评估，即采用一定的方式、方法，对已经拟订的行动方案进行效益、效率、敏感度及风险度等方面的分析评估，以进一步认识各方面的优点及其可行性。

方案的评价、比较有以下三个标准。

（1）价值标准。方案的价值就是方案的作用、意义和效果等。决策的目的是为了实现一定的决策目标。所以，决策方案越能接近决策目标，其价值就越高。

（2）满意标准。现代决策理论要求决策方案达到满意标准，而不是最优标准。这是因为：组织很难收集到反映外界全部情况的所有信息；对于收集到的有限信息，决策者的利用能力也是有限的；任何方案都是在未来实施的，而目前预测的未来状态与未来的实际情况可能有着非常显著的差别。

（3）期望值标准。价值标准和满意标准用于确定型决策方案的选择。对于不确定条件下的决策，一个方案在执行时可能产生几种结果，在这种情况下，选择标准通常采用最大期望标准，这里的期望值是指按各种客观状况的出现概率计算的平均值。

对备选的行动方案的评估和分析要注意以下因素：第一，限制性因素。任何方案都是在一定的条件下实施的，要充分考虑一切内部和外部因素，尽可能把方案实施所要求的条件具体化。第二，综合效益因素。要全面考虑每个被选行动方案的直接效益和间接效益、经济效益和社会效益。第三，潜在问题分析。要决策就要冒一定的风险，方案实施后可能出现一系列没有预料到的问题，要尽可能对潜在的风险进行充分的评估，并设计相应的应对措施。

对备选行动方案的选择就是进行决策，即从各种备选行动方案中权衡利弊，得到最佳的行动方案。这是领导者的决策行动，是作出决定的最后步骤，是决策工作过程中最关键的环节，也是一项极其复杂的工作。最佳的行动方案会出现两种情况：其一是从各备选的行动方案中选择一个最佳方案；其二是决策者从各备选行动方案中综合出一项新的决策方案。无论选择的是哪种最佳的行动方案，在选优的过程中必须注意：要求正确处理专家和领导者的关系。现代决策中，领导者和专家的关系应当明确：一是专家是决策科学化不可或缺的因素。二是领导者是决策的主人。专家只能帮助领导者决策，而不能代替领导者作出决策。三是领导者要正确发挥专家在决策中的作用，允许专家和自己立场不同，这样才能做到决策的科学化。

对备选方案的选择，有经验判断法和数学分析法两种方法。

（1）经验判断法。经验判断法主要适用于牵涉较多社会因素、人的因素，从而无法作定量分析的决策问题。决策者根据以往的经验和掌握的材料，经过权衡利弊，作出决策。

（2）数学分析法。有些决策，其影响目标的重要因素是连续变化的，形成了许多方案，用经验判断法不能进行选择，就要用数学分析方法进行选择。如果是单目标连续型决策变量，可以通过建立数学模型求出最优解。但是，用数学方法的局限是太机械，不能考虑意外的情况。

在方案的评估过程中，主要应用的方法是可行性分析论证法和方案前提分析法。

（1）可行性分析论证法。可行性研究是采用科学方法，对拟订的各种方案的经济效益和社会效益求得定量及定性的可行解，同时运用优化方法寻求最优解的一种科学方法。可行性研究的方法很多，最为普遍的是系统工程的方法。它首先是从六个方面来寻求答案，即：为什么要这样（目的）？为什么要找这个（对象）？为什么在这里（场所）？为什么要这时做（时间）？为什么要由此人做（人）？怎样去做（方法）？之后根据系统工程的一般流程和步骤，研究情况，输入信息，明确目标，确定范围，制定评价标准，然后建立数学模型，最后上机计算，分析比较，综合评价，提出可行的方案，供领导者决策。

分享案例

欧洲迪士尼乐园是一个典型的领导决策失误的案例。其项目决策不科学，可行性研究中市场预期论证不充分，基础数据采集不科学，没有遵循决策科学的基本要求，没有进行精确的可行性分析。

1992 年 4 月，欧洲迪士尼乐园在巴黎郊外建成，一开放就遭遇巨大的挑战。当时欧洲正面临着严重的经济衰退，人们都在节约开支。迪士尼乐园以明显高于在美国的价格，即按 42.25 美元一张门票收费。其宾馆也按一晚 340 美元的价格收费，当时已高于巴黎最高档宾馆的价格。欧洲人有午餐和晚餐饮酒的习惯，而迪士尼乐园却规定在乐园内不准饮酒。迪士尼公司认为周一游客少而周五游客多，而实际情况则恰恰相反，致使周一游客多而服务人员少；周五游客少而服务人员多，工作混乱。他们听说欧洲人不吃早餐，就设计了很小的餐馆规模，结果，在只有 350 个座位的餐馆里，却要提供 2 500 份早餐，游客排起了长长的队伍……

开办者本以为在法国开设的迪士尼乐园一定会大获成功，可结果却是令人大失所望，到 1993 年 9 月，巴黎的迪士尼乐园亏损额高达 9.6 亿美元，陷入困境。

（2）方案前提分析法。方案前提分析法并不直接探讨备选方案本身，而是注重对方案的前提假设进行分析。其依据是：任何方案都有几个前提假设作为依据，方案是否正确关键在于这些前提假设是否能够成立。如果前提假设成立，则说明这个方案所选取的目标和途径基本上是正确的。

分享案例

某公司计划引进一条 DVD 生产线。该生产线技术先进，单位产品的成本较低，但投资需求较大，而且市场上同类产品较多，因而面临强大的竞争压力。是否应该引进这条生产线，公司领导层内部出现了分歧。一部分人主张引进，其余的人则持否定态度。公司决策者必须在这两种意见中进行决策。于是他们采用了方案前提分析法对这两种意见进行分析，其具体做法如下。

第一，对这两种不同意见在领导层内部加以讨论，找出各自的前提假设。同意引进的前提是：广大消费者对 DVD 的质量和性能的要求会迅速提高。这个意见的前提是今后一段时间内人们的收入将有较大幅度的提高。而反对意见的前提假设是：消费者对 DVD 的质量和性能的要求将不会有较大的变化，因为短期内人们的收入水平提高趋势不太明显。

第二，董事会召集营销部门和公关部门的全体人员进行讨论。讨论的问题主要有两个：一是消费者的需求；二是人们的收入变化趋势。这里的讨论暂时撇开生产线的引进与否问题，因而避免了主观因素的影响。

第三，在讨论的基础上，董事会对会上所提出的各种意见进行了分析。分析结果表明，人们对 DVD 的质量和性能的要求将有可能提高，并且人们的收入同样呈现出一种增长的趋势。因而厂领导决定立即着手引进，并尽可能快地进行投产。

（四）实施方案，反馈调节

这是决策过程的最后一个环节。决策的目的是实现预定目标，而决策的实施就是实现决策目标的关键阶段。在实施阶段主要应做好以下几个方面的工作。

1．试验验证

当方案选定后，根据科学态度进行局部试验，以验证其可靠性。可靠性的含义是指在规定的条件下和预定的时间内完成既定任务的可能性，一般用“概率”来表示。

2．制订实施计划

经过试验验证后，就进入了全面实施阶段，首先是编制实施计划，把决策具体化，做到周密、细致、具体而又具有一定的灵活性。

3．反馈调节

现代领导决策是一个动态的过程，反馈是决策实施过程中的必要环节。反馈是控制论的概念之一，一切控制均通过反馈机制实现。反馈原理认为为了使系统维持在预期目标状态下运行，系统的决策、控制机构把信息输送出去，又把其作用的结果返送回来，并对信息的再输出发生影响，从而调整系统的实际运行状况和预期规定的状况的差距，以实现预期目标。因此，在决策实施的过程中要建立反馈系统，及时检查发现决策方案实施中的问题，纠正决策偏差，必要时进行决策修正或追踪决策。

4．决策的修正

在决策的实施阶段，由于外部原因导致情况的急剧变化，决策本身的严重错误以及组织计划方面的问题，都需要领导者对原决策作出修正。决策的修正分为两种具体情况：一种是不涉及决策目标的修正，即决策方案的部分修正；另一种是当原有决策实施表明将危及决策的目标实现时，对目标和方案进行的根本性修正。

在实施方案、反馈调节阶段，主要运用试验分析法和模拟法。

试验分析法是选定一个小的范围（试点）实施一项或几项方案，然后对实施过程中的各种情况和产生的结果加以分析研究，以推断其可行性的大小，从中选优，或者综合各方案的优点形成决策的方法。注意被实验的点必须在全局的情况中具有典型性条件，并严格按照所决策的方案实施。

模拟法是按照设计方案的实际情况和条件要求，把解决的问题构成模型，然后在各种不同条件下运行这一模型，根据模型试验结果，对各种方案提出评价的科学方法。模拟法具有以下一些优点：第一，模拟法本身带有实验性质，允许出现错漏或失误，这样会打消人们的顾虑，在模拟中对事物发展的各种可能趋势进行大胆的试验和探索。通过比较分析，容易找出较为可行的方案，以指导现实的决策活动。第二，模拟法所费的时间较短，可以加快决策的进程。第三，模拟法可以避免对实际系统造成破坏或危险。它的局限性表现在只能指出一定决策的一般性后果，但不能代替决策。

一般来说，整个决策的过程中，在发现问题、确定目标阶段，主要应用的是科学预测的方法；在集思广益、拟制方案的阶段，主要应用的是智囊技术、决策树方法；在分析评估、方案选优阶段，主要运用的是可行性分析论证法和方案前提分析法；在实施方案、反馈调节阶段，主要运用试验法和模拟法。这个科学决策的基本阶段和方法与技术只是起到了一般性的指导作用，在具体的决策过程中应根据实际情况具体问题具体分析应用。而且随着科学技术的不断发展，决策的过程中应用的方法和技术也是不断发展和完善的。

第三节　科学的现代领导决策体制

科学的决策体制为实现决策科学化提供了组织基础，通常意义上讲，科学的决策体制应同时包含两个层面的内容，即外部保障机制和内部决策系统。

一、外部保障机制

决策的外部保障机制主要包括政治制度、经济发展和社会状况三个方面。

（一）政治制度

从科学决策的角度来看，政治制度主要是指以政治管理为核心的、表现为国家政权体系对于政治生活进行调节和控制的各种具体的相当模式和活动方式，包括政治领导、政治决策、政治组织、政治协调、政治沟通、政治监督等方面的内容。政治制度的现代程度如何，决定性地影响着科学决策的可能性和可靠性。

（二）经济发展

科学决策能否顺利进行，还要看经济发展水平是否足以支持这种决策形式所要求的经济基础。只有当经济发展到相当程度，社会生活质量达到一定的富裕程度，社会大众才会对科学决策有所要求。同时，经济发展还为科学决策提供了所需的基本手段。这是因为科学决策是依据一套客观程序进行的决策，它的“非人化”特色比较鲜明。在决策的过程中，决策所依据的科学手段都需要支付经济代价。没有相当的经济实力，是不可能实施科学决策的。否则，勉强为之，也无法保证决策的合理性与可靠性。

（三）社会状况

科学决策是影响社会状况的决策活动。同时，科学决策的空间大小、作用强弱、认同程度又受社会状况的制约。社会状况是指社会的整体发展程度、文化教育水平、社会大众的基本素质、传统与创新的力量对比等情况。总的来说，社会整体发展水平、文化教育水平、社会大众的基本素质越高，对科学决策的要求就越强烈。在社会趋新力量居主导地位的社会中，对科学决策的要求就越强烈。

分享案例

阿斯旺水坝位于埃及开罗以南900公里的尼罗河畔。水坝的建设自1960开始，历时10年，耗资9亿美元。这座世界第二大人工湖吞下尼罗河的全年径流，实现河水多年调节，使埃及的粮食基本自给自足。但是，阿斯旺水坝的建设却产生了一系列无法挽回的影响，例如，严重威胁到岸边的历史文物，有不少古迹神殿沉入湖中。联合国教科文组织为此发动了一连串救援活动，虽然抢救回部分古迹，但仍有非常珍贵的文化遗产惨遭灭顶之灾。

由于大坝设计的时候对环境保护的认识不足，大坝建成后在对埃及的经济起推动作用的同时，也对生态环境造成了严重的破坏。水坝使下游丧失了大量富有养料的泥沙沃土。由于失去了泥沙沃土，尼罗河河谷和三角洲的土地开始盐碱化，肥力也丧失殆尽。现在，埃及是世界上最依赖化肥的国家。水坝严重扰乱了尼罗河的水文。原先富有营养的泥沙沃土沿着尼罗河冲进地中海，养活了在尼罗河入海处产卵的沙丁鱼。现在沙丁鱼已经绝迹了。建坝以后下游地区开始蔓延血吸虫病，变成了血吸虫病的高发区。

阿斯旺水坝已经成为世界上最失败的水利工程之一，这对此后一些国家和地区的大型水坝建设的决策起到了警示作用。

二、内部决策系统

领导者实现科学决策，除了需要各种外部条件支持以外，决策过程本身的合理性、决策依据的准确性以及决策系统内各子系统是否相互适应与相互促进，同样具有更为重要的作用。一般来说，科学的决策系统包括信息系统、参谋咨询系统和决策系统等子系统。

（一）信息系统

信息是实现正确决策的基础，所谓“知己知彼，百战不殆”是对决策中心起重要作用的一种精练描述。决策工作要求信息必须是及时的、准确的、有效的。要实现领导决策的科学化，必须建立有效的信息系统来实现决策信息的收集、整理、存储、分析、传递和知识化等工作。要确保信息渠道畅通，信息资料丰富，信息内容准确，信息加工科学，信息传递及时。当前，信息系统可以分为两类：一是事务性的信息系统。其目标是迅速、及时准确地处理大量的信息，如产量产值统计、工资计算、成本计算、库存记录等。二是决策性的信息系统。它广泛采用数学模型，把运筹学和计算系统的应用结合起来，用于制定长远规划、确定目标和政策。

下面介绍几个常见的信息系统。

1．事务处理系统（Transaction Process System，TPS）

事务处理系统是计算机信息系统中的基础信息系统。它产生基础数据库，为整个系统服务。它的主要功能是：记录，保存精确的记录；分类；检索数据；计算；汇总；产生文件、管理报告、账单等报告。它有实时处理和批处理两种方式。事务处理系统的特点是：将企业的基本业务活动处理过程计算机化，自动对组织中的日常事务活动进行记录、传送、分类、统计、汇总，修改数据或输出事务记录等处理。

2．管理信息系统（Management Information System，MIS）

管理信息系统是指能够从内部和外部收集数据，经过加工处理，形成有用的信息，以预先确定的形式提供给各管理层次使用的、建立在计算机上的系统。它的特点是：主要应用于解决结构化问题；主要考虑完成例行的信息处理业务；目标是要实现一个相对稳定的、协调的工作环境。

3．决策支持系统（Decision Support System，DSS）

决策支持系统是以计算机技术、仿真技术和信息技术为手段，针对结构化的决策问题，支持决策活动的具有智能作用的人—机系统。它的特点是：系统的使用面向决策者，系统解决的问题是针对结构化的决策问题，系统运行强调交互运行的处理方式。

4．高层主管信息系统（Executive Information System，EIS）

高层主管信息系统是综合了信息报告系统和决策支持系统的特色而形成的一种专为组织中的高层领导使用的信息系统。它的特点是：能在线提供报告，存取和综合广泛范围内的内部信息和外部信息，具有输出图形、表格和文本等多种形式。

5．群体决策支持系统（Group Decision Support System，GDSS）

群体决策支持系统是在决策支持系统的基础上发展起来的。群体决策的成员可能分布在较远的地区，这就需要利用计算机网络联接他们。这个系统包括决策室、局部决策网、远程会议和远程决策制定四个方面。

（二）参谋咨询系统

决策参谋机构是指为决策提供可行性方案和可行性意见的智囊部门。它在现代决策活动中已成为决策体制的一个非常重要的中介环节。决策参谋机构在领导决策中的作用具体表现在，为国家、省市政府部门和企业的政治、经济决策提供基础调查研究资料，制订大型的综合性研究计划，并对计划进行系统分析、技术预测和技术经济分析。智囊团是领导决策过程中经常采用的参谋咨询系统形式，智囊团是领导者的“外脑”，是社会智力资源，其参谋咨询的过程是科学决策不可或缺的一个部分，在现代领导活动中具有重要的地位与作用。

智囊团的主要特征体现为：（1）它是由多个科学专家组成的集合体，注重发挥集体智慧；（2）它是一个独立或相对独立的研究机构，不附加任何部门和个人的初始意见，独立自主地开展研究；（3）它凭借现代科学理论和先进技术手段开展研究工作，不是单纯靠个人智慧和经验进行推理判断。其主要功能是协助领导决策中心进行科学预测，协助决策系统界定政策问题和确立政策目标，为决策系统提供解决问题的方案、途径和方法，对决策的实施进行跟踪反馈分析，为领导者提出不同的意见和合理化的建议。

作为决策的参谋咨询系统，智囊团有以下几种表现形式：（1）成立专门的研究机构。这类机构由专职的智囊人员组成，是一种智囊性的常设机构，如顾问团、调研室等，他们的主要职责是专门为企业领导活动提供服务，这是现代领导利用智囊团的重要形式。（2）作为经理人的个人或经理层的顾问。当经理们发现或提出问题时，顾问就会利用他们的专业知识，运用他们的智慧和经验，提出意见和建议，以供领导者参考。（3）作为专家董事进入董事会。采用这种形式时，这些智囊人物——专家董事可直接参与企业的重大经营决策。这种形式在国外企业中被普遍采用，如摩托罗拉董事会成员中，有半数以上董事就是非股东的专家董事。（4）作为企业的信息提供者。智囊团是企业外界的一个研究机构，它主要提供咨询服务，当企业遇到重大决策问题时，常委托或交代给这类机构去调查研究、拟订方案，然后再提交集团集体讨论决定。参谋决策系统主要执行决策咨询功能，对决策问题的有关方面进行咨询。这个咨询的过程实际上是领导者与智囊团密切配合的过程。主要包括：（1）对决策问题进行科学预测。决策科学是建立在正确预测未来的基础上的，智囊团不仅拥有较为丰富的专业知识，而且掌握着比较广泛的信息和专业的预测基础，这些都保证了决策的科学性和准确性。（2）帮助领导者发现问题，确定决策目标。由于决策者在时间、精力、知识上的局限性，使得它不可能对整个决策过程百分之百的参与，这就需要智囊团辅助决策者发现问题，分析问题出现的原因。（3）找出解决问题的方案，分析、评估备选行动方案。智囊团依据科学的分析方法和完备的知识结构，对决策所涉及的问题考虑得较为全面，然后在预测的基础上，有针对地制订多种备选方案。针对备选方案进行详细的分析论证。（4）对决策的实施情况进行反馈分析和进一步的检验。从这个意义上来说，智囊团起到了一个反馈系统的作用。

领导者决策智囊系统是社会化大生产和现代科学技术高度发展的必然产物。现代意义上的“智囊团”创始于第一次世界大战以后，发展于第二次世界大战后，繁荣于 20 世纪六七十年代。第一次世界大战结束后，世界格局发生了新的变化，1929—1933 年的世界性的经济危机使得资本主义世界各国的经济极为萧条。为了解决各种矛盾，摆脱经济危机，美国总统富兰克林·罗斯福执政后大力推行新政，这就需要提高政府的决策质量。于是，第一批智囊团在美国建立起来。其中比较著名的有：1919 年建立的有共和党“影子政府”之称的胡佛战争、革命与和平研究所；1921 年建立的号称“帝国智囊团”的对外关系委员会；1927 年建立的有民主党“流亡政府”之称的布鲁斯金学会等。“二战”以后，世界逐渐转入冷战状态，各种矛盾加剧，为解决这些问题，政府对智囊团的建设比较支持，于是一批著名的智囊团应运而生，包括 1948 年建立的号称“世界第一思想库”的兰德公司，1955 年建立的“冷战”思想库——外交政策研究所，1946 年建立的斯坦福国际咨询研究所等。

（三）决策系统

决策系统是整个决策活动的中枢机构，是由拥有决策权的领导集体和个人所构成的，是决策体制的核心。其职责是在参谋咨询系统提出意见的基础上，确认决策问题和决策目标，弄清各种方案的优缺点以及方案要求的各种条件，如人力条件、其他部门配合的条件等，对方案进行选优和决断，对整个决策过程进行协调和控制，最后的“拍板”决断是它的重要职责。决策系统具有两大特点：一是权威性。即参谋咨询系统提供的备选方案必须经过决策系统的确认和选择，才能转化为一种权威性的力量。二是主导性。作为核心的决策系统，主导着决策活动的整个过程，它不仅是决策活动的发动者、组织者、协调者，而且还是决策方案的拍板者。

此外，还有决策执行系统、监督系统、反馈系统和评价与奖惩系统。制订决策方案是为了实施决策方案，否则再好的决策也没有意义。因此，决策系统一旦作出最优方案的决断，就应当根据其要求，建立实施的组织机构。这个系统的根本任务就是准确无误地贯彻决策中心指令。为了保证执行系统的完成，应当设立监督系统，其职责是对执行系统执行指令的情况进行检查。但要求它应独立于执行系统，实行独立监督的原则，真正履行监督的职能。在反馈系统中，反馈机构的任务是根据执行结果搜集原始信息，进行分析处理，及时提出修正决策的正确意见，供决策机构作调整决策时选择。评价与奖惩系统的作用主要是根据监督反馈信息，对决策中心进行评估，视情况区别激励，促使决策中心更好地决策。

第四节　现代领导决策模式

决策模式就是决策的基本方式，自有领导活动以来，领导决策的基本方式根据领导的个性和领导决策环境等因素的差异而千差万别，但从西方经典的决策模式来看，主要有以下几种。

一、理性决策模式

20世纪60年代以前，在西方的决策领域中占主导地位的一直是理性决策模式。理性决策模式的主要观点是：（1）决策者面临的是一个既定具体的问题，这个问题可以与其他问题相区别，或至少与其他问题相比较。（2）所有有关问题的信息都是可得的。（3）引导决策者作出决策的各种目标的价值或目标是明确的，而且可以按其重要程度予以排列。（4）处理问题的各种可供选择的方案为决策者一一加以考虑。（5）决策者对可供选择的每一方案可能出现的结果进行调查研究，并且能辨别所有的选择。（6）每一决策方案和其可能出现的结果能与其他方案相比较。（7）决策者将采用其结果能最大限度地完成它的目的、目标、价值的方案。显然，理性决策模式是从规范的角度考虑问题的，深受早期经济理论中“经济人”假设的影响。传统的经济理论认为经济人知道全部可能的行动，知道哪种行动能得到最大的效果，知道从所有可行行动中挑选最好的一种。理性决策模式强调决策必须严格地依照科学程序进行，注意运用现代科学的手段、方法和技术来进行决策，注重决策过程中的定量分析，甚至不惜建立起复杂的数学模型。这种决策模式强调了决策的科学性、可操作性，将决策建立在可靠的量化分析基础上，从而减少了决策的盲目性，有利于做出科学的决策。理性模式对决策者把握事物的客观规律和认识未知的智力和能力有较高的估计，强调在总体上或全局上把握决策的方向和进程的可能性，并且这种模式较为适宜于整体性较强、即使难度较大却有可能把握的决策范围。但是，理性决策模式作为一种理想的决策模式，是完全从规范的角度来研究决策问题的，它过于理想化，难以完全适应现实的决策问题。决策包含相当大的艺术成分，不可能像理性决策那样对全部已知的效用函数求解，用解析的办法找出最大值，这样的做法只是对纷繁复杂的现实的一种简化。为此现代决策理论的创始人西蒙修正了这种过于理想化的决策模式，提出了有限理性的决策模式。用“社会人”取代了“经济人”。

西蒙有限理性的决策模式对理性决策模式作了批驳。他认为：（1）决策者事实上并不具有有关决策状况的所有信息。（2）决策者处理信息的能力是有限的。（3）决策者在对有关决策状况形成简单印象后就行动。（4）决策者的选择行为受所得信息的实质和先后次序的影响。（5）决策者的能力在复杂状况中受到限制。（6）决策行动受到决策者过去经历的影响。（7）决策行动受决策者个性的影响。西蒙提出有限理性决策模式，主张决策者以较为符合现实条件的满意目标来取代追求理想条件的最优目标。这是因为：一方面，人们往往不愿意发挥研究的积极性，仅满足已有的备选方案；另一方面，决策者由于种种条件约束，本身也缺乏这方面的能力。西蒙的有限理性决策模式是对理性决策模式的一种发展，但它仍是一种理性决策模式。

二、渐进决策模式

理性决策模式在实际应用中面临种种困难，在这种背景下出现了一些新的决策模式试图弥补理性决策模式的不足，其中一种决策模式产生了极大反应，这就是美国著名政治学家和经济学家林德布洛姆提出的渐进决策模式。

林德布洛姆对理性决策模式作了如下批判：（1）决策者并不是面对一个既定的问题，而是必须对自己的所谓问题加以明确并说明。（2）决策者的分析并不是万能的，有时或许会造成错误。（3）决策受到价值观的影响。林德布洛姆认为决策过程并非完全是一种理性的过程，理性决策模式不能够适应现实决策过程中的实际要求。决策过程与其说是一种程序化的、科学化的理性过程，倒不如说是各种政治力量、利益团体的相互作用、相互协调的渐进过程。

渐进决策模式是指决策者决策时，在既存的合法政策的基础上，采用渐进形式对现行政策加以修改，通过一连串小小的改变在社会稳定的前提下逐渐实现决策目标。渐进决策模式要遵循以下三原则：（1）按部就班原则。林德布洛姆把决策过程视为一个按部就班的过程，他注意到了决策过程的连续性。（2）积小变为大变原则。渐进的过程可以由微小的变化积累形成大的变化，其实际的变化速度大于一次大的变革。通过一点一点的变化，实现根本变革的目的。（3）稳中求变原则。这一原则保证决策过程的连续性。推进渐进决策的原因是：（1）决策的渐进性是由政策的一致性决定的，政策是渐进改变的，决策过程也必然是一个渐进过程。（2）决策的渐进性是由技术上的困难造成的。决策的正确程度直接受制于决策者对信息的理解程度，而决策者没有时间等到对决策的所有备选方案及结果都深入透彻地了解后再作出决定，必须在有所了解的基础上作决策，然后边执行边修正。（3）决策的渐进性是由现行计划的连续性决定的。

渐进决策模式有三种基本形式：（1）连续的有限比较的渐进决策方式。这种形式把对备选方案的筛选限制在那些与原有决策相比差异不是很大的方案上，这样的以渐变方式为特征的决策可以无须对其后果做出过多的考虑。（2）离散型的渐进主义。这种形式对那些需决策的问题采取渐进移动方式，逐渐摆脱和远离原来存在的使人困扰的问题，而不是朝着一个已知的和相对固定的目标前进。(3) 代表不同利益的决策参与者之间的相互调适方式。这是在没有一个主要协调者出现的决策过程中取得决策参与者之间一致的方式。

分享案例

20 世纪 60 年代，日本本田汽车公司，经过几年的努力，终于把摩托车打入了巨大的美国市场，在出口战中取得了极大的成功。美国人对本田汽车公司的成功大为吃惊，因为美国的汽车工业是该国的三大支柱工业之一，有雄厚的技术设备和资金，居然被日本公司占去市场，感到十分意外。于是请波士顿咨询公司研究日本本田汽车公司打进美国市场的战略，以便对抗。美国战略决策和战略规划的习惯方法都是采用传统的理性决策模式，即事先要作出周密设计和严格论证的全盘规划。美国人以为日本人也是这样做的，以为他们用小型摩托车而不用大型摩托车来打进美国市场，以及广告所用的图案和口号也都是事先精心设计的结果。因此，他们研究来研究去，总是摸不着头脑，无论如何也解释不清日本为什么会取得如此巨大的成功。其实日本本田汽车公司事先并没有制订像美国人想象的那样极其周密而翔实的战略计划。本田公司要打进美国市场的决心是坚定的，但究竟如何打进，起先也不清楚。因此，开始也仅仅花少量的钱雇几个推销员到美国去试一试。这几个推销员收入不高，自己无力购买汽车，所以只好买本田公司自己生产的小型摩托车做交通工具，由于这几个人整天驾驶着小型摩托车在美国各地跑来跑去，引起了一些美国人对小型摩托车的兴趣，于是纷纷向这几个推销员订购这种小型摩托车，结果获得巨大成功。可见，本田汽车公司的这次成功，并不在于完整的、理性的战略规划，而是渐进决策模式，只不过他们具有敏锐的眼光，善于捕捉战机而已。

理性模式和渐进模式并非完全互相排斥，而是相辅相成的。它们的共同点是都强调决策需十分慎重，应尽可能占有必需的信息，作出决策之前应明确可能出现的后果以减少失误；此外，它们都有较好的可操作性。

林德布洛姆的渐进决策模式经历了二十多年（1953—1979 年）的发展演变，作为一种决策思想和方法，它在某种程度上具有相当的价值。渐进模式特别指出决策者认识能力和决策所需资源的局限性，重视决策要素中未知因素和可变因素对决策的制约作用，主张以渐进的方式推进决策从而减少风险，这种方式较适宜于那些不确定因素较多、风险较大或决策者中分歧尖锐的决策。从认识论上说，其特点在于以历史和现实的态度将事物的运动看作一个前后衔接的、不间断的过程；从方法上注重事物量的积累，强调渐进改变时维持社会和组织的稳定；从决策自身角度讲，不失为在某种条件下的一种有用的思想和方式。但这种模式有着明显的局限性，突出表现在其保守性上，适于比较安稳和变动不大的环境。忽视运用的限制条件，把它夸大为普遍适用的模式是林德布洛姆的渐进决策模式的又一弱点。

三、综合决策模式

理性决策模式所要求的条件太过理想化，超越了决策者的认识与能力范围，在现实世界中是无法达到的；渐进决策模式虽与实际的决策过程较为相近，但因其只能适用于稳定水平的状态，而当今时代却有瞬息万变的可能，渐进改变有时无法接触到社会的核心问题。例如，渐进决策模式下我国企业兼并政策存在的问题。在未触及产权变动的渐进决策模式中，存在着行为不规范的问题，主要表现在整个企业兼并过程中，企业的自主权受到部门、地方的侵犯，个别地方、部门把企业视为己有，不允许跨行业、区域兼并的发生；由于产权不明晰，企业在兼并中，财产的主体意识淡薄，造成资产的低偿转让或低效使用等。总的来说，渐进决策模式下的我国企业兼并对优化产业结构等宏观功能的发挥微乎其微。美国的埃泽奥尼综合理性决策模式和渐进决策模式的长处，提出了综合决策模式，期盼一方面解决理性决策模式所发生的困难，另一方面补救渐进决策模式的缺失。二者互补，加强了作出最佳决策的可能性。埃泽奥尼认为当社会环境没有剧烈变化，原有的政策无须重大变动时，就应更多地利用渐进决策模式的原则和方法，以保持政策的稳定性和连续性。但即使在这种情况下也应采用理性决策的一些原则和方法，对一些关键因素进行深入的科学分析，力求制定出科学的决策。当社会环境发生剧烈变化，原有的政策需要做出相应的变化时，则应更多地利用理性决策模式的原则和方法，理性决策的因素应增加，对相关问题的分析的广度和深度应增强，保证决策的科学性。当然，在这种情况下，也应保留渐进决策的一些原则和方法，没有必要无限度地扩大问题分析的范围和程度，没有必要去追求过于理想化的却不符合现实的最优方案。简单地说，就是根据实际的条件和需要，有选择地利用理性模式和渐进模式，既要利用渐进决策模式的原则和方法，撇开某些不重要的因素；同时，又要利用理性决策模式，对那些重要的因素进行深入系统的分析，保证决策制定的科学化。

综合决策模式的优点显而易见：（1）取各自所长，补各自所短。（2）可以调适急速变化的环境，具有制定适应特殊环境的决策的弹性。（3）考虑到决策者的能力问题，能力越高可进行更广泛的检查层次。但是在哪些情况下应用综合决策模式，理性模式与渐进模式各应应用到何种程度等问题，埃泽奥尼没有详尽而清晰的解释，是其缺憾所在。

四、超优决策模式

超优决策模式是由美国政策科学家斯图亚特·内格尔首先提出的一种双赢的决策模式。特别适用于利益平衡和两难状态下的决策需要。他特别强调不能按传统的单方面思维去考虑利益，不能以单方面的利益最大化为抉择标准，而要超越利益双方的自我局限，找到一个最有利于双方的平衡点，使双方都能在现有条件下得到最大利益。这不同于通常所说的最优决策——它是从如何能够使单方面获得最大利益的角度进行的一种决策。

五、权变决策模式

权变决策模式是由美国心理学家弗罗姆和耶顿于 20 世纪 70 年代首先提出的一种决策模式。他强调要紧随情况的发展变化，不失时机地因时、因地、因人、因事迅速做出反应，根据当时的情境特性和决策问题的特性采取不同方法果断决策。这将首先从决策应变水平上保证决策的有效性和及时性。领导者作为行为的主体，有自己的观念及观念基础上产生的信念和行为，但是这样的信念和行为不应该是一成不变的，要根据环境因素的变化而做出相应的调整与变通。

现代决策的环境与传统的环境不太一样，现代社会经济和科技活动飞速发展，决策目标多元化以及对决策质量的高标准，使现代决策具有了鲜明的特点：（1）决策活动的频率加快，在生产力、交通和通信不发达的情况下，人类的活动节奏缓慢，对决策速度的要求较低，决策者可以从容准备对策。而在社会发展速度不断加快的今天，对决策活动在时间上的要求则非常高。（2）决策活动包含的信息量猛增。现代社会活动的影响因素错综复杂，信息量的急剧增加带给决策者沉重的负荷。（3）决策系统的规模空前扩大。现代决策的对象的要素数目极大，难以有效控制决策后果。综上所述，一个高明的决策者应是一个善变的人，即能根据环境条件的不同，采用不同方式果断决策。决策者要不失时机地适应外界环境的变化，即要有权变的思想。

六、模糊决策模式

模糊决策模式是针对决策情境和决策问题的边界不确定性、交叉性、重合性、瞬时变异性和不确定性等模糊特性而采用的一种决策方式。它强调根据这些模糊特性对决策进行模糊技术处理，主动表现折中妥协，模棱两可，故意糊涂，使决策获得较大的机动性和灵活性。该精确时精确，该模糊时模糊，该原则时就原则，该退让时就退让，可以使领导活动获得较大的成功。

七、成功管理决策模式

皮特斯和渥特迈经过对许多成功的工商企业调查后发现，理性模式给工商企业带来了不良后果，因此，这些工商企业并不遵守理性模式，它们拥有自己的成功管理模式。这一模式具有以下特点：（1）决策者流动于各个部门之间，以掌握真实的、正在发生的情况。（2）决策者尽可能在一段时间里只做一件事，完成有限的目标。（3）决策者重视行动，经常实验，不惧怕失败。（4）决策者注重速度和数量，提倡立刻就干，事做得越多，策略就越完善，他们不怕实践，也知道什么时候该放弃。（5）拥有一个无形的有漏洞的体系，企业的重大突破来自对漏洞的改革。这种决策模式属于非理性模式，没有一套理性的决策程序。尽管受到一些质疑，但却帮助许多企业获得了实际的成功。

除以上经典决策模式外，至今仍活跃在领导实践中的决策基本方式还有比较决策模式、超理性决策模式、顺序决策模式、突进决策模式、未来牵引决策模式、历史决策模式、直观决策模式、无为决策模式等，这里不再一一介绍。对于不同的决策模式，领导者在面对不同的决策场合和决策任务时，要及时、灵活地运用，比较好地完成决策工作。

第五节　科 学 决 策

一、科学决策的标准

科学决策是按照决策的科学理论和健全的科学程序，运用现代科学的决策方法进行决策的活动。科学决策的主要特点是：第一，强调建立科学的决策的体制，注重集体共同决策，决策过程中特别注意依靠各种智囊组织，注意各种专家的横向联系，形成合力的人才结构，共同完成某个决策活动。第二，强调将决策建立在科学分析基础上，从传统的依靠经验进行决策，转变为依靠科学分析来进行决策，广泛运用科学技术的方法，将定性分析和定量分析结合起来，确保决策的正确性和可靠性。

从经验决策到科学决策，是决策方式上的转变。但是，科学决策的结果并不一定就是“科学的决策”，经验决策的结果不一定就不是“科学的决策”。衡量“科学的决策”的基本标准有以下四个。

（1）决策目标要准确。决策目标是决策的前提，制定准确的决策目标是实现科学的决策的首要前提。准确的决策目标有两重要求：一是正确；二是明确。所谓正确是指决策的目标要符合科学的规则、程序，并能预测到决策目标的实现会带来最大限度的正效益；所谓明确是指决策的目标在表达形式上要清晰，不要产生歧义，最好是量化的表达。

（2）执行决策的结果能够实现确定的决策目标。决策的执行是领导活动的重要工作内容，对整个领导活动来说起决定性的作用。因此检验决策是否科学的标准之一就是看执行决策的结果能否实现确定的决策目标。

（3）为实现决策所付出代价（人力、物力、资金、时间等）的大小。为了达到特定的决策目标，在决策的执行过程中总要付出一定的代价。不同的决策方案所要付出的代价是不同的。因此，在衡量决策是否科学的时候，不仅要看决策实现的效益，还要看实现决策的代价大小。

（4）决策执行后的负效应相对小。从经济学来说，任何一项活动都会有它的正效应和负效应。“科学的决策”要求决策的执行所带来的负效应相对来说较小。减少负效应的方法有两种：一是事先把防止负效应也列为决策目标，从而形成多目标决策；二是在初步确定方案后做潜在问题分析（防范分析），估计会出现哪些潜在问题，以及出现的可能性大小和危害程度，据此采取相应的预防措施。

总体来说，要做到科学的决策，不是看其决策方式，而是看其决策的结果。只有将决策方式和决策的结果联系起来考虑，才能作出科学的决策。

二、实现领导决策从经验到科学的转变

所谓经验决策，是凭借决策者个人的知识、才智和经验作出的决策，决策的成功与否主要取决于领导者和个别高明谋士的认识和经验。经验决策具有直观感知性、认识的表现性、分析的非定量性的特点。它的优点表现在以下几个方面：第一，经验决策是依靠领导者个人的经历和体验进行的。第二，经验决策的过程简单，只有“谋”和“断”两个步骤。第三，经验决策是依靠领导者个人的胆识和智慧进行最后的决断。

分析领导决策的特点，使我们清楚地认识到：科学决策的过程远不只是一次举手表决的程序，更不是领导者的“拍板”行为，而是完成一个理性的、系统的、法定的程序。因此，为了实现领导者的科学决策，要特别注重培养和提高决策主体——领导者的决策修养，同时，严格地按照科学的决策程序来进行决策，并且通过建立科学的决策体制来确保领导

者决策的科学性。

科学决策要求领导者有较高的决策修养，而提高领导者的决策修养，需要领导者的个人思想、道德、文化、经验、心理、思维方式等多方面能力修养的不断提高。因此，要求领导者做到以下几点。

（1）不断培养创新精神。创新是一个民族进步的灵魂，是一个国家兴旺发达的不竭动力。决策是创造性的活动，它总是以变革现状为前提的。因此可以说，没有创新就没有决策。同时，任何决策都有时效性，要创新就必须跟上时代发展的步伐。有的传统习惯、老规矩已不能完全适应现在的新情况、解决现在的新问题，必须不断地进行理论创新、科学创新和制度创新，并且注重战略方面的、全局性的创新。

（2）努力提高科学素养。所谓科学素养并不是要求领导者精通所有的学科知识，而是说，他应经过科学的基本训练，具有广博的科学知识和科学的思维方式。科学训练一方面可以通过学校教育进行，但更多的还是靠自己平时加强学习。要求广泛学习政治、经济、科技、管理、哲学、地理、历史等知识。一句话，只有掌握广泛的社会知识和自然知识，才有可能进行有效的战略思考，才可能在不可直接比较的内容之间进行正确的价值判断，作出科学的决策。

（3）牢固树立民主作风。这里的民主包括：决策前做大量的调查研究工作，广泛吸纳群众的建议；决策中善于倾听各种不同的意见，特别是要善于从反对意见中汲取有益的营养；在决策后勇于面对现实，真心听取反馈意见。

（4）大胆锻造决断魄力。所谓决断魄力也就是决策中的胆识。决策是面向未来的，总有一定的不确定性，要冒一定的风险。这种情况既需要决策者有复杂而艰苦的智力运思（即有远见卓识，能够看清形势，对于复杂艰险、取舍不定的困惑难题，能够找到答案），又需要有超凡的胆识，破解难题所采取的行动是需要担当很大风险的，成事的智谋要以敢于担当的胆识作支撑。遇到危机情况就吓破了胆的领导者，其潜能与智慧很难得到发挥。只有具有非凡的胆略、巨大的勇气、敢于付出伤筋动骨的代价的领导者，才能调和好自己的潜能与智慧，做出正确的决断。因此，胆略和非凡的气魄就是正确决断的必备元素。决策者应该懂得决策风险难以避免，必须学会在有风险的情况下作出决策。大量的事实证明，最优化的决策总要依赖一定的时空和该时空范围内的条件。一步落后，步步落后。这就要求领导者要不失时机地抢抓机遇，看准了当断即断，切忌优柔寡断。须深知决断的魄力是事业成败的生命线，是领导活动的根本。有决断的魄力，才有领导力。

分享案例

1978年冬，当史无前例的十年动乱结束两年多，党的工作还在“两个凡是”指导思想下徘徊的时候，尽管在这一历史的转折关头由《光明日报》发起的“实践是检验真理的唯一标准”的大讨论打破了思想僵化的局面，但经济改革的行动还在坚冰冻土下缓缓涌动。这一年，安徽凤阳县小岗村这个全县最穷的村子，夏收之后每个劳动力分到3.5公斤麦子。据说小岗村18户人，只有两户没讨过饭，一户是当教师的李学桐，每年大约有几个零用钱可勉强度日，一户是在县银行工作的严宝才，由于吃的是公家饭，微薄工资在那个年代完全可以养家糊口。区区 3.5 公斤麦子，再加上微不足道的一点儿秋粮何以活命？小岗村当时并不出名，但“凤阳花鼓”却是尽人皆知的——“左手锣，右手鼓，打起那锣鼓唱一路。人家的丈夫作威又作福，我家的丈夫只会打花鼓……”

那年秋天，严俊昌当上了队长。这个倔犟的汉子几经琢磨，在冬末的一个晚上硬是把 18 个户主集中在家里，开了个“无声的会议”。会议的中心内容就是一张条子：“我们分田到户，每户户主签字盖章。如此事能成，不在（再）向国家伸手要钱粮。如不成，我们干部作（坐）牢杀头也干（甘）心。大家社员们也保证把我们的小孩养到 18 岁。”就是这么一张条子，标点符号是后加上的。错别字不少，在 18 个人手中传来传去，不识字的就由别人在耳朵边悄悄嘀咕一番。满屋子里，除了十几个旱烟袋吧嗒吧嗒地冒烟儿，再没有别的声响。最后，严旗顺这个全村德高望重的老汉第一个在条子上摁了手印，大家随即效仿，把白纸条上摁了红红的一片。就这样，大包干誓言在严俊昌主持下秘密诞生了。

小岗村人为了保命，偷偷地将土地包产到户，这个秘密并没有维持多久。当时村里许多人为严俊昌捏着一把汗，担心这样下去会犯事；周围的村民也很快发现小岗人干活尽是一家一户，他们莫不是分了田？终于纸包不住火，小岗村一下子成了人们关注的焦点，引得各级领导都跑来了。由于历史原因，领导们态度自然形成了四种情况：一种是不打招呼，看完了就走人；一种是也看了，也听了，临走时靠眼神说话，使足劲同严俊昌握手告别，默认便是一种最好的支持；再下来的不是公开支持便是非常恼怒，当时公社书记一气之下，把给小岗村的化肥、农药等农用物资也给扣下了。不过他们感到忐忑不安的是，一旦老天不帮忙，收成不及上年，大包干就会被一棍子打死，政治生命也就跟着完了。

1979 年秋天，县委书记陈庭元满面春风，将一份统计数据交到省委：1979 年全县的粮食产量比 1978 年增产 67%，油料增产 1.4 倍；小岗村粮食总产 6 万多公斤，相当于 1957—1970 年 14 年粮食产量总和，自 1956 年合作化以来第一次向国家上缴粮食 12 488 公斤。秋末时节，在陈庭元的积极倡导下，省委决定在凤阳召开一次“不讲话的现场会”。与会的全区四级干部不听报告、不讨论、不总结，包括小岗村在内实行大包干的几个村子，你愿看哪家就看哪家，愿找谁谈就找谁谈。结果在这次“会议”之后，分歧统一了，争议平息了，犹豫者坚定了，等待观望者“披挂上阵”了，大包干在整个安徽很快推开了。

要实现领导者的科学决策，除了要提高以上提到的领导者自身的决策修养外，还应做到以下几点。

（1）要掌握决策所需要的充足信息。充足的信息是做好决策的基础。信息要及时、准确、充足和适用。知识经济时代是信息爆炸的时代，客观上要求建立现代化的管理信息系统，用计算机和现代通信手段进行管理。建立信息系统很重要，否则，平时不积累管理信息，决策时就很难做到信息充足。

（2）要有合理的决策组织体制。决策实践有时要求许多人为一个目标而工作，这就涉及决策的组织体制问题。目前国外一般采用由信息系统、智囊系统和决策系统三者分工合作而组成的决策体制。这种决策体制的中心是决策系统，负责选定方案。它的外围是智囊系统，其职能相当于军队中的参谋系统。再外围则是信息系统，用以确保信息渠道畅通、信息资料丰富和信息内容准确。

（3）学会应用科学的决策方法。决策活动各个阶段所用的方法很多，应形成一套方法体系。例如，可以应用运筹学与系统工程学，用于方案的论证与优化；借助计算技术和信息技术，用于信息处理和数控分析；应用数理统计学，用于因素分析和风险分析等。

（4）遵循科学的决策程序。要作出正确的领导决策，就必须遵循一定的程序，程序是决策正确的保证。如果程序错了，决策的结果必然受影响，直至走向决策意图的反面。领导决策活动构成一个完整的过程，从程序上可以划分为两个相对独立的阶段，即决策的制定阶段和实施阶段。领导决策的制定阶段包含以下四个相互联系的步骤：首先，制定决策目标；其次，围绕决策目标进行有关情况的调查研究；再次，进行可行性分析；最后，进行方案的评估与选择。领导决策制定以后，开始进入决策贯彻实施阶段。在这个阶段遵循三个相互联系的具体步骤：① 决策实施的组织准备；② 决策实施的监督和控制；③ 决策的修正。

案例讨论

从1919年孙中山先生提出构想（《建国方略之二——实业计划》《三民主义》），到1994年12月14日三峡工程开工，整整用了四分之三个世纪。

1944年，美国垦务局总工程师萨凡奇到三峡考察，写出《扬子江三峡计划报告》。该工程论证了50年，也争论了50年。

1980年7月11日，76岁的邓小平从重庆乘东方红32号顺江而下实地考察长江三峡。途中，邓小平听取汇报后，感慨地说："三峡工程效益确实很大，要进一步好好讨论。"当时就有部分人坚决不同意修建三峡大坝，一连三次辩论，双方都据理力争，各不让步。在听了各方意见之后，邓小平风趣地形容：四川"反对派"，湖北"坚决派"。邓小平的倾向性态度是"轻率否定三峡不好"。

1980年8月，国务院召开常务会议研究三峡问题，决定由科委、建委组织水利、电力等部门的专家进行论证。

1984年2月17日，中央财经领导小组在中南海召开专题研究三峡工程会议。会议决定三峡工程将于1986年开工。当时成立了国务院三峡工程筹建领导小组，国务院副总理李鹏担任组长，开始筹备"三峡行政特区"和"三峡开发公司"。

一年之中，名称几经变化：三峡行政特区→三峡特区→三峡行政区→三峡省。1985年4月15日，"三峡省筹备组"在湖北宜昌市正式挂牌亮相。

1985年3月，在政协第六届会议上，部分政协委员再次提出反对意见，要求三峡工程暂缓建设。随后，10位平均年龄超过70岁的老政协委员奔赴四川、湖北进行考察后，向中央呈送了一份题为《三峡工程近期不能上》的报告。其中提到，三峡工程投入远不止200亿元而是600亿元，同时对防洪问题也提出了质疑。一时间各种质疑、反对声不断扩散，对三峡工程重新论证的呼声四起，此时国外一些媒体也开始高调质疑。

1986年5月8日，中共中央、国务院下达了《关于将三峡省筹备组改建为三峡地区经济开发办公室（三经办）的通知》，三峡省筹备组撤销。

1986 年 6 月，中共中央、国务院下发《关于长江三峡工程论证工作有关问题的通知》。聘请 400 多位专家，分为 10 个专题 14 个专家组，进行了两年多的论证工作。

1992 年 4 月 3 日，第七届全国人民代表大会第五次会议审议并通过了《关于兴建长江三峡工程决议》。表决结果：1 767 票赞成，177 票反对，664 票弃权，25 人未按表决器。有人不赞成以投票表决方式来进行有争议的重大工程项目的决策（投票可以看作一种征求民意的途径）。

三峡工程上马后，有人问时任水利电力部总工程师的潘家铮："谁对三峡工程的贡献最多？"答曰："是那些反对三峡工程和提出了许多不同意见的人。"

来自各个方面的反对意见，可以促使力主修建三峡工程的人更深入地思考工程可能带来的各种问题：泥沙淤积问题，地震、塌方、滑坡、泥石流灾害加重，水库水体污染，对长江中下游生态的影响（长江口海水入侵、上海市地面沉降现象加剧）……

讨论问题：

1. 本案例体现了哪些现代科学决策的内容？
2. 结合本案例，谈谈决策方案评估论证问题。
3. 分析反对意见在决策方案制订中的重要作用。

第十章 领导激励的方法与艺术

引导案例

耕柱是一代宗师墨子的得意门生，但他老是受到墨子的责骂。有一次，墨子又责备了耕柱，耕柱觉得自己非常委屈，因为在许多门生之中，大家都公认耕柱是最优秀的，却偏偏常遭到墨子指责，让他没面子。一天，耕柱愤愤不平地问墨子："老师，难道在这么多学生当中，我竟是如此的差劲，以至于要时常遭您老人家责骂吗？"墨子听后，毫不动肝火："假设我现在要上太行山，依你看，我应该用良马来拉车，还是用老牛来拖车？"耕柱答："再笨的人也知道要用良马来拉车。"墨子又问："那么，为什么不用老牛呢？"耕柱答："理由非常简单，因为良马足以担负重任，值得驱遣。"墨子说："你答得一点也没错，我之所以时常责骂你，也只因为你能够担负重任，值得我一再地教导与匡正你。"

领导对下属的激励，其重要性不言而喻。激励是一门艺术，激励方法千差万别，从古至今并不存在放之四海而皆准的激励方法。

激励是领导工作中非常重要的一个环节。凯兹提出每个组织都须满足三项行为要求：一是不仅必须吸引人们参加组织，还要使他们留下来；二是人们必须完成雇用他们来做的本职工作；三是人们在工作中不只是例行公事，还必须表现出创造性和革新精神。这三个目标的实现，都离不开领导者对员工的激励。有专家研究表明：人具有很大的潜力，人们表现出来的潜能仅占一个人能力的30%，还有70%的潜能未发挥出来。各级领导的重要责任之一，就是如何充分地开发和利用人的潜能，这就必须研究激励的方法与艺术。

第一节　领导激励的概念与功能

一、领导激励的概念

激励是指领导者从组织目标和被激励者的需要出发，运用一定的手段方法，激活其行为动机，产生出持续有效的行为，在满足被激励者自身需要的同时实现组织目标的过程。

领导激励就是领导者从领导活动的目标出发，通过一系列行之有效的方法和艺术手段来激励被领导者产生行动的动机或愿望，从而推动被领导者为达到领导活动的目标而采取积极的心态和积极的行动的一种领导行为。

从上面的定义可以看出，领导激励活动是以激励被领导者的动机为起点的，从而达到激励的目的。那么什么是动机呢？管理学家罗宾斯将动机定义为：个体希望通过高水平的努力而实现组织目标的愿望，其前提条件是这种努力能够满足个体的某些需要。需要是指一种内部状态，它使人感到某种结果具有吸引力。需要未被满足时就会产生紧张感，进而激发个体的内驱力，这种内驱力会导致个体寻求特定目标的行为。如果最终目标实现，则需要得以满足，紧张得以解除。根据需要、动机、行为之间的相互关系，心理学家将激励的过程理解为：人的一切行为都是由某种动机引起的，而人类有目的行为的动机都是出于对某种需要的追求。未满足的需要是产生激励的起点，进而导致某种行为。行为的结果可能使需要得到满足，之后再发生对新需求的追求；行为的结果也可能是失败，追求的需要未得到满足，由此产生积极的或消极的行为。积极的行为是把未得到满足的需要作为重新努力的动力，他们分析原因、总结教训，通过主观的努力，克服障碍达到目标。消极的行为则表现为屈服、撤退。

二、激励的功能

正确、完善的激励机制可以使人变消极为积极，最大限度地发挥自身的聪明才智，使个人的潜能转变成效率，保持工作的有效性和高效率。任何人都需要激励，如果没有激励，人的积极性就会因得不到必要的补偿而被削弱直至完全丧失。而没有积极性，就没有创造力，就没有工作效率，也就没有队伍战斗力。可见，激励具有以下功能。

（一）鼓舞员工士气

激励的最直接体现就是精神面貌的改善，原有的因需求未满足或工作失误等而产生的紧张心态也随之消失。不仅如此，在很多情况下，有效的激励还可以唤起员工更强烈的使命感，对其积极性的调动有着极为重要的影响。松下幸之助在陪同客人参观时，常常会这样郑重地介绍自己的员工：“这是我最信任的员工。”美国著名企业家玛丽·凯有一段经验之谈，她说：“你要是能使一个人感到他十分重要，他就会欣喜若狂，就能发挥冲天的干劲，小猫就会变成大老虎。”这一点很值得我们思考和践行。

分享案例

20世纪60年代中期，美国通用公司一位年轻工程师独立负责一项新塑料的研究。正当这位工程师踌躇满志地准备大干一场的时候，不幸的事情发生了：实验研究的设备突然爆炸，3 000多万美元的实验设备连同厂房瞬间化为灰烬。想必历史就此结束了。他非常沮丧、非常忐忑不安地接受通用总部派来的事故调查高级官员的问话。

面对爆炸后一片狼藉的现场，年轻的工程师精神濒临崩溃。但让他没有想到的是，这位高级官员问他的第一句话是：“我们从中得到了什么没有？”年轻工程师先是一惊，然后回答："得到了，我们这个试验走不通。"调查官员说："这就好。可怕的是我们什么也没有得到。"

一场惊天动地的重大事故就这样解决了。这位年轻工程师精神面貌焕然一新，他就是日后带领美国通用公司实现 20 年高速增长、被誉为世界第一 CEO 的杰克·韦尔奇。

（二）提高员工素质

个体为谋求目标的达到，不但能改变其手段，而且能通过学习提高其素质。学习与实践的方式是多种多样的，但激励是其中最能发挥作用的一种，通过激励来控制和调节人的行为趋向，会给学习与实践带来巨大的动力，能使人的自身素质不断提高。

（三）加强组织的凝聚力

激励能够满足员工得到尊重、社交等多方面的心理需要，协调人际关系，进而增强组织的凝聚力。例如，西门子公司通过公司领导与职工谈心的方式，加强思想沟通，让公司的员工感受一种"家庭式"的关怀，从而获得员工对组织的向心力和凝聚力。行为科学家们通过调查研究发现：对一种个体行为的激励，会消除某种群体行为的产生。也就是说，激励不仅仅作用于个人，而且还间接影响其周围的人。激励有助于形成一种竞争气氛，对整个组织都有着至关重要的影响。

（四）提高组织绩效

员工的需求往往同组织的需求结合在一起。个人需求的满足是员工行为的基本动力，它们与组织的需求之间既有一致性，又存在着诸多差异。组织进行激励的目的正是希望通过员工的满足、素质的提高、凝聚力的加强，使员工的个人目标统一于组织目标，来实现组织绩效的飞跃提升，这也是激励的预期目标。美国杜邦公司前董事长渥鲁德曾经说过："发展的秘诀只有一个，就是使公司的发展与从业人员的幸福融为一体。因而要不断地给予员工最大的激励。"

第二节 激励理论

一、马斯洛的需求层次理论

（一）需求层次理论的内容

1943 年，马斯洛在其《人类动机理论》中提出了"需求层次理论"。1954 年又发表了《动机与人格》，使"需求层次理论"更加成熟，宣告了人本主义心理学的诞生。这引起了美国心理学界的广泛关注，产生了不小的冲击和震动。需求层次理论的基本内容如图 10-1 所示。

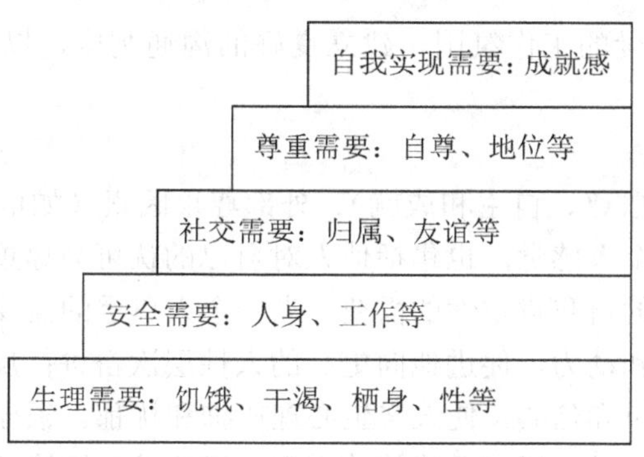

图 10-1　马斯洛的需求层次理论

1．生理需要

生理需要是人类最原始的、最基本的需要，是人类生存与繁衍的基础。包括饥饿、干渴、栖身、性和其他身体需要。具体来说，对食物、水、空气和住房等的需求都是生理需求，这类需求的级别最低，人们在转向较高层次的需求之前，总是尽力满足这类需求。马斯洛认为，除非人的这一需要获得持续的和实质的满足，否则就不会有发展其他需要的机会。当一个人为生理需要所困时，其他一切需要都要退居次要的地位。领导者建立合理的薪酬和福利待遇体系，使员工寝食无忧，并创造良好的工作环境和工作条件，员工才能够全身心地投入工作。

2．安全需要

保护自己免受生理和心理伤害的需要，包括对人身安全、生活稳定以及免遭痛苦、威胁或疾病等的需求。从时间上划分，可以分为两类：一类是现在的安全的需要，即要求自己现在的社会生活的各个方面都有所保证；另一类是对未来安全的需要，即希望未来生活能有所保障。与生理需求一样，在安全需求没有得到满足之前，人们唯一关心的就是这种需求。包括人们对劳动安全、职业安全的要求，以及希望生活稳定、免于灾难、未来有保障，如员工要求劳动防护、社会保险、建立退休金等。假使一个人的生理需要已基本上获得满足，接下来就会出现新的安全需要。领导者为员工建立一个相对安全、稳定的工作大环境，就能稳定员工队伍，激励员工向上的情绪和心态。正如松下幸之助所说："公司要发挥全体职工的勤奋精神，必须使各自的生活和工作两方面都是安定的。因此，'高效率、高工资'是我们公司的理想，虽然不能达到，但要尽一切努力促其实现。"

3．社交需要

社交需要又称为归属与相爱的需要。作为一个社会中的人，当前两项需要基本满足之后，社交需要就成为强烈的动机。人们希望得到爱，愿意和同事们保持友谊，希望得到领导的信任，并渴望有所归属，成为群体的一员，就是人们通常说的归属感。人们参加各种各样的党派、团体，甚至组成同学会、同乡会等就是这种需要的体现。

在马斯洛需求层次中，这一层次是与前两层次截然不同的更高层次的需要，前两个层次总体来讲物质激励的因素较多，而这一个层次则是纯粹对精神激励的需求。这些需要如果得不到满足，就会影响员工的精神状态和对工作的态度，如对上级领导不满，就会导致工作效率低下、工作积极性不高，甚至辞职。为了满足组织成员的社交需要，领导者就要创造一个相互协作、互爱的工作氛围，建立良好的沟通制度，以促进成员之间的交流和沟通。

4. 尊重需要

内部尊重因素（如自尊、自主和成就）、外部尊重因素（如地位、认可和关注）既包括对成就或自我价值的个人感觉，也包括他人对自己的认可与尊重。这些都是“健康人”所具有的一种更高层次的自我肯定性的需要。当一个人尊重的需要得到满足后，就会极大地增强追求奋斗的信心和动力，促进他向更高的人性层次奋进；反之，尊重的需要受挫，将会严重伤害其追求动机和信心，使人产生心理压抑和忧郁。领导者讲究激励艺术就要营造尊重的氛围，既要帮助员工树立正确的尊重观，又要及时地给予员工适当的认可，使其认识到自身在组织中的重要地位，从而起到有效激励的作用。领导者一方面要通过提供有挑战性的工作、使工作内容丰富化等方式来满足员工内部尊重需要；另一方面，要通过晋升、授予个人荣誉等方式来满足员工外部尊重需要。

5. 自我实现需要

自我实现是人在满足前四种需要之后所产生的最高人性动机和欲望，他的本质就是人性的充分实现，是人的天赋、潜能、才能等人性力量的充分实现或人之为人的完成，也就是“一个人越来越成为独特的那个人，成为他所能够成为的一切”。因此，人不能做食物链上的植物人，更不能用“甘于平凡”的方式来打发自己的人生。自我实现是一种追求个人能力的内驱力，表现为一个人希望发挥自己的全部潜能。马斯洛说：“音乐家必须演奏音乐，画家必须绘画，诗人必须写诗，这样才会使他们感到最大的快乐。是什么样的角色就应该干什么样的事，我们把这种需要叫作自我实现。”自我实现需求的员工一般希望自己独立解决问题，认为自己有这种能力，他不需要公司规章制度管制就能积极地为组织工作，自觉性非常高。在这种情况下，有很多自我实现的人可能过分关注这种最高层次的需求的满足，以至于自觉或不自觉地放弃满足较低层次的需求。领导者对这种员工要以潜能开发激励为主，通过各种方式培养他们，适当地授权，并根据个人特点委以重任，为他们搭建自我实现的平台，员工就会全力以赴地去工作，并发挥出很大的潜力和创造力。美国国际电报电话公司总裁赫拉尔德·格尼恩曾经说过：“处于公司领导地位的人必须清楚地明白，他的下属们其实不是在为他个人工作，而是他们在与他一起为自己工作。他们每一个人都有自己的梦想，每一个人都希望通过工作来满足他们对成就感的渴望。正如员工们的工作成果满足了他的需要一样，这个领导者必须帮助员工们满足他们的需求。”

分享案例

有一天晚上，索尼董事长盛田昭夫按照惯例走进职工餐厅与职工一起就餐、聊天。他多年来一直保持着这个习惯，以培养员工的合作意识，建立与员工的良好关系。这天，盛田昭夫忽然发现一位年轻职工郁郁寡欢，满腹心事，闷头吃饭，谁也不理。于是，盛田昭夫就主动坐在这名员工对面，与他攀谈。几杯酒下肚之后，这个员工终于开了口：“我毕业于东京大学，有一份待遇十分优厚的工作。但是，进入索尼之前，对索尼公司崇拜得发狂。当时我认为，进入索尼是我一生的最佳选择。但是现在才发现，我不是在为索尼工作，而是为科长干活。坦率地说，我这位科长是个无能之辈，更可悲的是，我所有的行动与建议都得科长批准。我自己的一些小发明与改进，科长不仅不支持、不解释，还挖苦我癞蛤蟆想吃天鹅肉——有野心。对我来说，这名科长就是索尼。我十分泄气，心灰意冷。这就是索尼？这就是我的索尼？我居然要放弃了那份优厚的工作来到这种地方！”

这番话令盛田昭夫十分震惊，他想，类似的问题在公司内部员工中恐怕不少，领导者应该关心他们的苦恼，了解他们的处境，不能堵塞他们的上进之路，于是产生了改革人事管理制度的想法。之后，索尼公司开始每周出版一次内部小报，刊登公司各部门的“求人广告”，员工可以自由而秘密地前去应聘，他们的上司无权阻止。另外，索尼原则上每隔两年就让员工调换一次岗位，特别是对于那些精力旺盛、干劲十足的人才，不是让他们被动地等待工作，而是主动地给他们施展才能的机会。在索尼公司实行内部招聘制度以后，有能力的人才大多能找到自己较中意的岗位，而且人力资源部门可以发现那些“流出”人才的上司所存在的问题。

（二）各需求层次间的关系

马斯洛认为人类价值体系中存在着两类不同的需要：一类是沿着生物谱系上升方向逐渐变弱的本能和冲动，称为低级需要和生理需要。这部分位于层次底部的需要比上部的需要更为有力、更为强烈，这与动物所拥有的需要更加类似。另一类是随生物进化而逐渐显现的潜能和需要，称为高级需要，是人类所特有的。他估计在现代文明社会中，需要的五个层次一般满足的比率约为：生理需要为85%，安全需要为70%，社交需要为50%，自尊需要为40%，而自我实现需要为10%。

这五种需要从低到高顺序排列，但这种顺序不是完全固定的，可以有变化，也有例外情况。中国古代的“廉者不受嗟来之食”，就突出地表现出需求层次的这种顺序变化。

但在通常情况下，需求的发展遵循“激活律”。一个层次的需要相对得到满足之后，就会向高一层次发展。对一个个体来说，这五种需要不可能完全满足，越到上层，满足的百分比越小。

在同一时期内，可能同时存在几种需要，因为人的行为是受多种需要支配的。正如任何人都要吃饭穿衣一样，任何一种需要并不因为下一个高层次需要的发展而消失，各层次的需要相互依赖与重叠，高层次的需要发展后，低层次的需要仍然存在，只是对行为影响的比重减轻而已。但是，每一时期内总有一种需要是占支配地位的。领导者的激励工作应该主要针对占支配地位的主导需要来采取措施。例如，日本企业针对其员工重视社交需要的特点，选择在员工过生日时发给其家里真正需要的东西作为奖品。

自我实现需要的产生有赖于前面的生理需要、安全需要、社交需要和尊重需要的满足，马斯洛把这些需要得到满足的人叫作基本满足的人，这种人具有最充分、最旺盛的创造力。应该注意的一点是，一种需要得到满足之后，就不再是一种激励力量。

作为需求分析的工具之一，需求层次理论已被广泛应用，为管理者提供有效激励的依据。组织的领导者要想进行有效的激励，就必须了解属下的实际需求。由于个体的差异，员工的主体需求都会在马斯洛的需求层次中找到自己的位置。组织领导者可以根据个体的不同需求，制定并实施相应的激励措施，以进行有效的激励。另外，由于员工的需要不是永久不变的，而是随着低层次需要的满足而在不断变化的。所以，管理人员应该及时调整目标满足员工的新需要。管理者不能以不变应万变，当员工的需要发生变化时，再用老一套的方法激励员工，往往不能取得预期的效果。

二、赫茨伯格的双因素理论

（一）双因素理论的内容

20 世纪 50 年代末期，美国心理学家弗雷德里克·赫茨伯格（Frederich Herzberg）以需要满足的效果为题，对匹兹堡地区 11 家工商企业机构中的 203 名工程师和会计师进行了调查研究，结果发现，使人感到满意和不满意的因素是不同的。1959 年，他在《工作的激励》一书中首次提出双因素理论。

赫茨伯格认为，使人感到满意的因素基本上都是工作本身的因素（也称内部因素），包括工作上的成就感、工作成绩得到认可等。这类因素如果不理想，员工未必很不满意，但却能严重影响工作的效率；这类因素若得到改善，员工就会很满意，从而提高工作积极性。因此，赫茨伯格把这类因素称为激励因素。与此相反，使人不满意的因素大多是环境、条件等外部因素，包括公司政策与行政管理、工作条件、薪金等。这类因素若解决不好，员工得不到基本满足，就会很不满意；但是即使处理得当，也仅能消除员工的不满情绪，并不能使人很满意，他把这类因素称为保健因素，如表 10-1 所示。

表 10-1　赫茨伯格双因素

保 健 因 素	激 励 因 素
1．公司的政策	1．工作的成就感
2．与上级的关系	2．工作本身的挑战性
3．与下级的关系	3．工作中得到的认可和赞赏
4．与同级的关系	4．工作职务上的责任感
5．福利待遇	5．工作的发展前途
6．工资水平	6．个人成长晋升的机会
7．工作环境和条件	
8．职务地位	
9．领导者的品质、地位	
10．工作的安全性	

对各因素进行分析后发现，尽管各项因素导致满意或不满意所发生的频率各不相同，但一般来讲，导致职工满意的全部因素中，有 81%左右属于激励因素，只有 19%左右属于保健因素；而导致职工不满的全部因素中，有 69%左右是保健因素，只有 31%左右属于激励因素。

基于以上的研究，赫茨伯格修正了传统的效果模型，即满意的对立面不应该是不满意，而应是没有满意；而不满意的对立面则是没有不满意。没有满意与没有不满意等价，同属中间状态。如果缺少了保健因素，员工会感到不满意；有了保健因素，员工并不是感到满意，而是没有不满意。有激励因素，员工会感到满意；没有激励因素，员工不是感到不满意，而是没有满意。

激励因素使人由没有满意走向满意，保健因素将不满意改变为没有不满意。这种双重的连续体意味着一个人可以同时感到满意和不满意。当然也可能存在既不是满意又不是不满意的中性状态。赫茨伯格的观点与传统观点的比较，如图 10-2 所示。

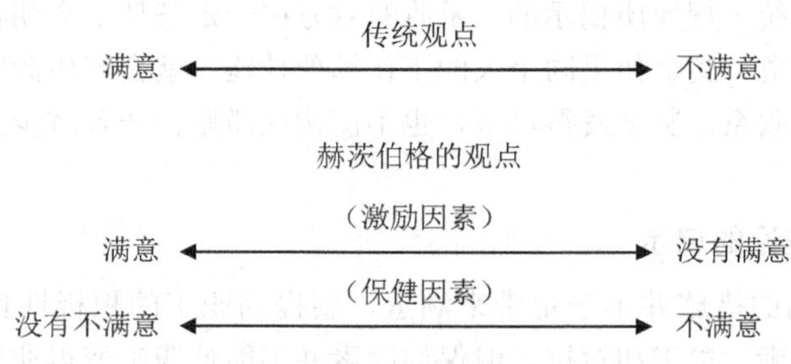

图 10-2 赫茨伯格观点与传统观点的比较

经过对双因素理论和需要层次理论的对照发现，这两个理论是相容的。只不过需要层次理论针对的是需要本身而言，而双因素理论针对的是这些需要的目标和诱因。双因素理论中的保健因素相当于需要层次论中的较低层次的需要，激励因素则相当于较高层次的需要，如图 10-3 所示。

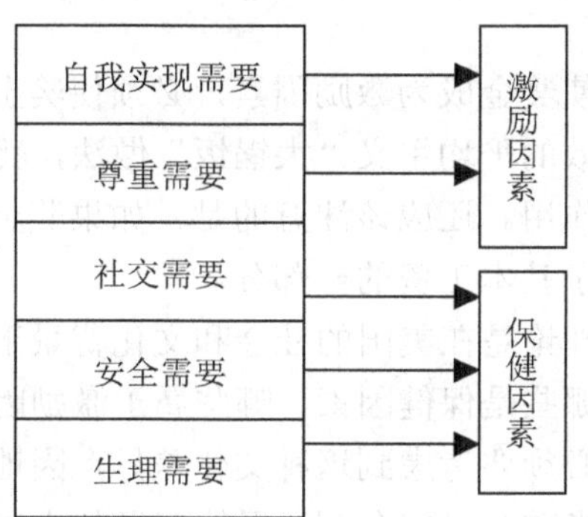

图 10-3 需要层次理论与双因素理论的比较

美国学者斯考特·迈尔斯对“双因素理论”进行了修订。他在赫茨伯格理论的基础上继续深入探讨，他认为影响工作效率的因素不仅是因为内外两种因素本身的性质不同，而且和人的个性有关。迈尔斯指出：不同类型的人对这两种因素的反应也不尽相同，而且不同职业的人也会对这两种理论有不同的反应。“保健因素”的满足虽不起激励作用，但可以避免不满意，防止反激励的发生。

（二）双因素的特征

1. 一类因素是基础性和前提性的，另一类因素是关键性和决定性的

不具备基础性和前提性的这些因素就会丧失起码的资格和机会，而拥有资格和机会并不等于就能够出类拔萃，这就是保健因素；缺乏关键性和决定性的这些因素只会使其陷入平庸，但还不至于濒临绝境，而具备这些因素却可以使其鹤立鸡群，这就是激励因素。

2．激励因素相当于内激励，保健因素相当于外激励

从事有潜在内激励的工作本身就是激励。外激励是外部的奖励，这种奖励只是在工作做好以后或在工作场所以外的地方才有意义和价值。在工作进行过程中，外部激励只能提供很少的满足。所以，赫茨伯格将工资奖金划为保健因素。

3．保健因素与激励因素之间不是一成不变的，而是可以相互转化的

正如哲学中对立统一规律所揭示的，矛盾的双方在一定条件下会朝各自相反的方向转化。例如，员工的工资、奖金如果同个人的工作绩效挂钩，就会产生激励作用，变为激励因素。如果两者没有联系，奖金发得再多，也不能构成激励；一旦减少或停发，还会造成员工的不满。

（三）双因素理论的启示

采取了某项激励的措施并不一定带来满意，要提高职工的积极性首先得注意保健因素，以消除职工的不满、怠工和对抗，但保健因素并不能使职工变得非常满意，也不能激发他们的工作积极性，所以更重要的是要利用激励因素来激发职工的工作热情和工作效率。赫茨伯格写道："通过使职工在工作中具有更多的实现个人成就和得到表扬、奖励的机会，让工作富有挑战性和责任感，让职工有更多的取得工作进展和发挥才能的机会，既提高工作效率，又增进人们的满足感。"因此，企业如果只考虑到保健因素而没有充分利用激励因素，就只能使职工感到没有不满意却不能使职工变得非常满意，则企业就很难创造一流的业绩。

在企业管理实践中，欲使奖金成为激励因素，必须使奖金与职工的工作绩效相联系。如果采取不讲部门和职工绩效的平均主义"大锅饭"做法，奖金就会变成保健因素，奖金发得再多也难以起到激励的作用。还应该注意的是，如果奖金每月固定发放，久而久之，奖金就失去激励的目的，成了基本工资的一部分。

应该指出的是，双因素理论是在美国的社会和文化背景下提出的，与我国的国情不尽相同，因而在企业管理中，哪些是保健因素，哪些属于激励因素也是不一样的，企业的管理者在对职工进行激励时，必须要考虑到这种文化差异，因地制宜，制定有效的激励措施和采取有效的激励手段。在当前尚未完全解决温饱问题的中国企业里，工资和奖金并不仅仅是保健因素，工资和奖金的多少关系到个人的切身利益和自身价值的实现，如果运用得当，也会表现出明显的激励作用。因此，企业应该建立灵活的工资、奖金制度，防止僵化和一成不变，在工资、奖金分配制度改革中既注重公平，又体现差别。

激励是组织管理的重要环节，被认为是"最伟大的管理原理"。就组织工作而言，职工激励至关重要，但对职工进行激励的时候必须注重多种激励方式综合运用，将物质激励和精神激励有机结合起来。物质需要是人的第一需要，合理而富有竞争力的薪酬制度是企业激励职工、留住人才的基本方略。同时，企业更要注重精神激励的重要作用。学习型组织为我们提供了一个典型的精神激励模式：通过培养员工自我超越的能力，打破旧的思维限制，创造出更适合组织发展的新的心智模式，在这种更为开阔的思维中发展自我，并朝着组织的整体目标和共同愿景努力。

给员工提供晋升培训机会。对某一个岗位而言，如果长期为一个人所占有，又没有来自外部的竞争压力，该职工的惰性就会自然而然地释放出来，工作质量随之下降。企业为了激发职工的工作潜能，应设置竞争性的岗位，并把竞争机制贯穿到工作过程的始终。

双因素理论对于提高工人工作的积极性具有很强的实际意义，许多应用它的企业都获得了成功。

分享案例

沃尔沃汽车制造公司利用双因素理论取得了很好的效果。汽车的制造长期采用传送带进行装配，使参与劳动的职工工作非常单调、乏味，从而影响了工作情绪，生产效率低下。针对这种情况，沃尔沃公司废除了传送带系统，代之以集体装配方式，由自主承担责任的小团体进行作业，使职工也承担计划、调节等过去一直被认为是管理人员和监督人员固有的职能，扩大工作范围，在工作中能发挥更大的作用，使工作内容更富有意义。通过改革，工人消除了单调感，产生了对工作的满足感，大大提高了生产效率。

三、弗鲁姆的期望理论

（一）弗鲁姆期望理论的内容

期望理论是过程型激励论的主要理论派别，起源于阿特金森的研究，1964 年，美国心理学家维克托·弗鲁姆（V. H. Vroom）在其《工作与激励》一书中提出他的期望理论，从而使这一理论得以完善，成为一种正式的过程激励理论。它是一种通过考察人们的努力行为与所获得的最终奖酬之间的因果关系，来说明激励过程，并以选择合适的行为达到最终的奖酬目标的理论。

期望理论认为，在理性人的假设下，一种行为倾向的强度取决于个体对这种行为可能带来的结果的期望强度，以及这种结果对行为者的吸引力。换而言之，激励水平取决于员工认为通过努力可以达到某种效果的可能性，以及达到这种效果后对满足个人需要的意义。

激励力量（Motivation）= $\sum$效价（Valence）×期望值（Expectancy）

用符号表示为

$$M=\sum V\times E$$

1．效价

效价是指个体对他所从事的工作所要达到目标的估价，也可以认为是被激励对象对行为结果的重视与渴望程度。影响效价的因素很多，其中包括目标对被激励对象来说是否需要、被激励对象所处的环境等。具体地说，某人向往取得某种结果的程度体现为目标效价，它是一个-1～+1 之间的值。结果对某人越重要，数值就越接近于+1；如果结果对某人无足轻重并漠不关心，其数值就接近于 0；如果某人害怕这一结果出现，那么效价就为负值。

例如，如果一个人不愿意旅游，而组织给他的奖励是免费旅游，那么对于这个人来说，旅游的效价就是负值。

2. 期望值

期望值是指根据以往的经验进行的主观判断，达成目标并能导致某种结果的概率，是个人对某一行为导致特定成果的可能性或概率的估计与判断。一般用概率来表示，其数值位于 0～1 之间。这种主观概率受每个人的个性、情感、动机的影响，所以人们对这种可能性的估计也不一样。个体认为可能性越大，吸引力就越大；反之则越小。显然，只有当人们对某一行动成果的效价和期望值同时处于较高水平时，才有可能产生强大的激励力。

分享案例

MTW 公司的销售额从 1996 年的 700 万美元上升到 2000 年的近 4 000 万美元，并建立了以人为本的文化，使公司从当初的 50 人发展到 215 人，人员流动率约为行业标准的 20%。作为公司总裁兼首席执行官的爱德·奥西认为：MTW 成功的基石在于公司和每位员工签订的“期望协议”。奥西解释说，“期望协议”的价值在于“换位思考”。在此过程中，每一方都说出他的目标，然后由他人再次重复目标。加入 MTW 公司的每一位员工都要签订一份“期望协议”，MTW 公司鼓励新员工提出所有的期望。在 MTW 公司，“期望协议”是一个双向的、随员工的职业发展不断改进的文案，大约每六个月就要对它进行一次回顾，并进行修改。“反思你正在做的事情，同时也预期你应该做的事情”，“公司知道你想去的地方，你也知道公司发展的方向”。通过“期望协议”，人们有较清晰的使命感，并且通过提高结果的个人价值来激励员工更加努力工作。

3. 激励力量

激励力量是直接推动或使人们采取某一行为的内驱力，是调动人的积极性、激发人的潜力的程度。通俗地讲，激励力量是反映个体受到激励的强度，即激励有效性的大小。由于激励力量的程度取决于效价（*V*）和期望值（*E*）组合，因此大致会出现以下几种情况。

（1）*V* 高×*E* 高=*M* 高；　（2）*V* 中×*E* 中=*M* 中；

（3）*V* 低×*E* 低=*M* 低；　（4）*V* 低×*E* 高=*M* 低；

（5）*V* 高×*E* 低=*M* 低。

由此可知，要想 *M* 高，则 *V* 和 *E* 都需高，否则这件事对被激励对象来说就缺乏激励力量。

（二）应处理好的三种关系

1. 努力—绩效的关系

人们总是希望通过一定的努力达到预期的目标。如果个人主观认为达到目标的概率很高，就会有信心，并激发出很强的工作力量；反之，如果他认为目标太高，通过努力也不会有很好绩效时，就失去了内在的动力，导致工作消极。所以，领导者在实施激励之前，应该对“如果我付出了最大努力，能否会在绩效评估中体现出来”这一问题做出明确的回答。另外需要指出的是，能否达到预期的目标不仅取决于个人是否努力，还取决于环境的影响。这是由主观条件和客观条件相互作用而决定的一个函数。

2．绩效—奖励的关系

人总是希望取得成绩后能够得到奖励，当然这个奖励也是综合的，既包括物质上的，也包括精神上的。如果他认为取得绩效后能得到合理的奖励，就可能产生工作热情，否则就可能没有积极性。“如果我获得了好的绩效评估，能否得到组织奖励？就是说奖励是否必然与绩效有关？”对这一问题的基本态度直接影响着激励水平。

3．奖励—满足个人需要的关系

人总是希望自己所获得的奖励能满足自己某方面的需要。然而由于人们在年龄、性别、资历、社会地位和经济条件等方面都存在着差异，他们对各种需要要求得到满足的程度就不同。因此，对于不同的人，采用同一种奖励办法能满足的需要程度不同，能激发出的工作动力也就不同。“如果我得到奖励，我是否认为它们对我具有吸引力？”即得到的奖励和希望得到的奖励是否一致，也直接影响着激励水平。

弗鲁姆的期望模型如图 10-4 所示。

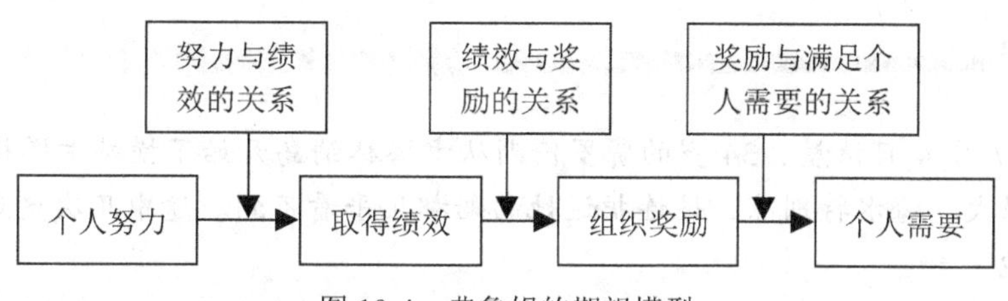

图 10-4　弗鲁姆的期望模型

（三）期望理论的启示

1．了解员工的内心的真实需要

激励的最根本途径就是在条件允许的情况下满足员工的各种合理需要。因此，激励员工的前提是了解他们的内心需要。这就要求管理者在实施激励之前，必须找到激励方向和激励点，即被激励者内心真正需要什么。只有在管理者的激励方向同被激励者的内在需要相一致时，被激励者对目标效价（*V*）的重视和渴望才能提高，从而获得更大的激励力量（*M*）。

分享案例

1908 年，年轻的希尔去采访钢铁大王卡耐基。卡耐基很欣赏希尔的才华，并对他说：“我向你挑战，我要你用 20 年的时间，专门用在研究美国人的成功哲学上，然后得出一个答案。但除了写介绍信为你引见这些人，我不会对你作出任何经济支持，你肯接受吗？”希尔信任自己的直觉，勇敢地承诺“接受”。

希尔后来回忆此事时说：“试想想：全国最富有的人要我为他工作 20 年而不给我一丁点报酬。如果是你，你会对这个建议说是抑或不是？如果‘识时务’者，面对这样一个‘荒谬’的建议，肯定会推辞的，可我没这样干。”拿破仑·希尔没有在挑战面前徘徊，而是专注于美国人的成功哲学研究。在此后的20年里，希尔遍访美国最富有的500名成功人士，写出了震惊世界的《成功定律》一书，并成为罗斯福总统的顾问。

2. 科学地设置目标，更好地调动员工的积极性

激励员工的最终目的是为了实现领导目标，激励目标则是激发员工工作动机和实现管理目标的条件和诱因。充分发挥目标的激励作用，是员工激励的重要问题。而只有科学的激励目标才能真正成为实现管理目标的诱因。因此，在设置目标时，应该遵循以下原则：（1）充分考虑该目标是否能够满足个人物质或精神上的需求，要让被激励者从目标中看到自己的切实利益；（2）目标的制定要充分考虑到被激励者的具体能力、意志和经验，不能过高或过低，必须将先进性与合理性有机地结合在一起，使其既具有一定的挑战性，又具有良好的可行性。当个人主观认为只要通过努力就可以实现目标时，会有较强的信心，从而能调动员工实现目标的积极性、主动性和创造性，相应的激励力量也会提高。

分享案例

1952年7月4日清晨，34岁的费罗伦斯从卡塔林纳岛开始了横游卡塔林纳尝试。那天早晨，雾很大，海水特别凉，她连护送她的船都几乎看不到。途中几次鲨鱼靠近了她，被人开枪吓跑。

15个小时之后，她又冷又累，就叫人拉她上船，别人告诉她离海岸很近了，让她坚持下去。但她朝海岸方向望去，除了浓雾什么也看不到。15小时零55分钟之后，她被拉上船，而此地离加州海岸只有半英里！费罗伦斯后悔万分，“说实在的，我不是为自己找借口，如果当时我看见陆地，也许我能坚持下来。”

两个月之后，她成功地游过同一海峡。费罗伦斯的成功说明，目标引导人们发挥潜能，有目标就会激励你成为你想成为的人，没有目标你只能是你原来的自己。而且目标达到时，你自己成为什么样的人比你得到什么东西重要得多。

3. 合理引导期望值

期望值是人事先的主观估计，因此同后期的实际情况会有一定的出入。人们对于某项工作的期望值若是估计低了，就会没有积极性；若是估计过高，实现不了，又势必遭受挫折和打击。可见，期望值对目标的实现具有较强的反作用。因此，管理者不仅要做出实事求是的估计，更要对这种主观认识加以引导，使之为被激励者目标的实现提供积极的能动作用。另外，领导者要向员工提供足够的支持，以使他们增加达到目标的期望值。

4. 恰当地运用奖励

被激励者总是希望在达到期望成绩后能得到奖励，也就是达到组织目标后也能实现个人目标，倘若员工取得绩效后得不到行之有效的奖励来强化，久而久之，积极性就会丧失。因为优秀的绩效并没有伴随着经济正面结果的获得，工作热情就会很快下降，那当然不能长时间地激励员工努力工作。所以在员工通过努力达到目标后，领导者要及时奖励，通过这种激励手段促使员工这种行为再现。

5. 提高员工的工作能力

员工对激励目标实现的可能性，即期望值的认可程度同员工实现目标的工作能力相关。在工作难度一定时，员工的工作能力越强，目标也就越容易实现，所以提高员工的工作能力是提高员工激励力量的重要因素。因此，管理者要相信人人都有工作的能力，帮助员工实现最佳岗位定位，并通过一套完善的竞争和培训机制促使员工积极参与岗位竞争，从而不断提高员工的工作能力。

分享案例

1968年，美国心理学家罗森塔尔和贾可布森做了一个实验：他们来到一所小学，声称要对这所小学各年级的学生进行一次“预测未来发展的测验”。测验后，将平日备受教师歧视的贫穷家庭的学生挑选出来，告诉老师，这些学生“很有潜力”。实际上，这些学生并非是根据智能测验挑选出来的，而是随机挑选的。可是，一学期之后，再次进行测验时奇迹出现了，那些挑选出来的学生学习成绩和智力水平果真提高了，而且与教师的感情也特别深厚。

罗森塔尔认为，这个结果是从任课教师的期望中产生的。由于罗森塔尔和贾可布森都是著名的心理学家，教师对他们提供的名单深信不疑，于是在教育过程中就会产生一种积极的情感，即对名单上的学生特别厚爱，并在不知不觉中通过赞许的目光、肯定的眼神、令人喜悦的手势等给他们以鼓励，而这些学生在得到愉快的鼓励后，会激起对教师更真诚的尊敬、信赖和上进的信心与决心。如此日积月累，良性循环，就产生了上述期望的效果。

四、亚当斯的公平理论

（一）亚当斯的公平理论的内容

美国北卡罗来纳大学心理学教授斯塔西·亚当斯从认识失调论出发，对工资报酬分配的合理性、公平性等给职工积极性带来的影响进行了长期的调研，在《工人关于工资不公平的内心冲突同其生产率的关系》（1962，与罗森鲍姆合写）、《工资不公平对工作质量的影响》（1964，与雅各布森合写）、《社会交换中的不公平》（1965）等著作中提出了这一全新的激励理论，即公平理论。该理论侧重于研究工资报酬分配的合理性、公平性及其对职工生产积极性的影响，其内容如下。

1. 公平是激励的动力

公平理论认为，人能否受到激励，不但由他们得到了什么而定，还要由他们所得的与别人所得的相比是否公平而定。

2．参照物的选择

参照物是公平理论的一个重要变量，按照公平理论的观点，员工选择的参照物并不一定是单一的，员工可能选择四种参照物：（1）自我—内部。员工在当前组织内部不同岗位上的经验。（2）自我—外部。员工在当前组织外部的职位或情境中的经验。（3）他人—内部。员工所在组织内部的其他个体或群体。（4）他人—外部。员工所在组织外部的其他个体或群体。选择哪种参照物，不仅要受到员工所掌握的有关信息的影响，而且要受到参照物的吸引力的影响。

3．公平方程式

亚当斯认为，一个人对他所得到的报酬是否满意，不只是看其绝对值，还要看相对值，即每个人把个人的报酬与贡献的比率同他人的比率作比较。若比率相等，则认为公平合理，感到满意；否则，就会感到不公平，产生不满情绪，从而影响工作。为此，员工会进行种种比较来确定自己所获报酬是否合理，具体说，存在以下两种比较。

（1）横向比较，即他要将自己获得的报酬（不仅指薪酬、物质待遇等，也包括地位、声望、尊重、工作的整个环境等）与自己的付出（包括教育程度、所作努力，用于工作的时间，精力和其他无形损耗等）的比值与组织内其他人做比较，只有相等时他才认为公平。

（2）纵向比较，即把自己目前投入的努力与目前所获的报酬的比值，同自己过去投入的努力与过去所获报酬的比值进行比较，只有相等时他才认为公平。

横向比较：

$$\frac{\text{当事者所得报酬}}{\text{当事者所作付出}}=\frac{\text{参照者所得报酬}}{\text{参照者所作付出}}$$

纵向比较：

$$\frac{\text{当事者现在所得报酬}}{\text{当事者现在所作付出}}=\frac{\text{当事者过去所得报酬}}{\text{当事者过去所作付出}}$$

在进行横向比较时，若“=”变成“<”时，他可能要求增加自己的收入或减少自己今后的努力程度，以便使左边增大，趋于相等。若“=”变成“>”时，他可能要求减少自己的报酬或开始自动多做些工作，久而久之，他会重新估计自己的技术和工作情况，直至终于觉得确实应当得到那么高的待遇，达到公平的心理平衡状态。

在进行纵向比较时，若“=”变为“<”时，他会觉得不公平，除非给他增加报酬，不然，他的工作积极性会下降。若“=”变为“>”时，一般来说，他不会觉得所获报酬较高，因为他可能认为自己的能力和经验已提高，其工作积极性不会因此而提高。

需要指出的是，亚当斯认为，当事者能察觉和体验到不公平（无论委屈还是内疚），当事者与参照者的公平指数之差必须达到或超过某一心理学上称为阈限的临界值，低于此限，当事人认为是公平的或是可以忍受的。

（二）产生不公平感的原因

1．主观方面

人们的价值观、人生观、传统文化心理、个体心理差异和文化教育等，都影响着人们的公平偏好。人们总是倾向于过高估计自己的投入量，而过低估计自己所得到的报酬，对别人的投入量和报酬的估计则恰好相反。心理学家阿特勒莫萨克根据个体在人际关系中对他人的反应，将人们分为“仁慈”者、“公平”者、“特权”者三种类型。其中“特权”者就是一种持不正确公平观的人，这种人认为：无论得到什么都是他们应该获得的，因此他们觉得无须报答，或只要报答一点点。他们会觉得生活在这样一个世界里，除了他自己之外，所有的人都是债务人。这种利己主义者在现实世界中又怎么会感到公平呢？

还有，由于需要的不同，对同一事物，有的人认为是投入，有的人则认为是获得。如不计物质报酬的参与决策，对于重名誉地位的人会认为是获得，因为他们得到了表现自我的机会，甚至被人们赞誉，获得了精神报酬；而对于重物质利益的人则认为是投入，因为他们耗费了时间，而未获得物质利益。由于个人的需要层次不一样，其公平感也不一样。

2．客观方面

政策不协调，制度不健全，是产生不公平感的重要原因。现代社会要求将“按劳分配”和“按生产要素分配”相结合，既重视公平，又强调效率，在平等的基础上鼓励创新，但这些都需要完善的绩效考评体系的保障，做到赏罚分明。如果没有科学的制度作依托，只能使员工勾心斗角、相互猜忌，不利于工作的正常进行。

组织文化中对于“公平”的理解不够，是产生不公平感的潜在原因。“公平”不等于“平均”，这一点企业必须要清楚。平均思想已经内化为人的一种心理需要，即考虑评价一种现象时，首先看它是否“平均”。“吾闻有国家者，不患寡而患不均，不患贫而患不安，盖均无贫，和无寡，安无倾。”这种平均一直是中国古代人们追求的一种理想。组织应将“公平文化”视为组织系统运行的平台，它支持着组织进行各种活动，脱离了这一支持系统，就如同摩天大楼失去了根基，无法再维持下去。但在现实社会中，还有很多组织没有充分认识到这一问题的严重性，以至于内部员工存在着不和谐的一面，最明显的问题就是工资、奖金拉不开档次，采用皆大欢喜来掩盖不公平；职务晋升，总结评比，采用“论资排辈”的评比，使得组织缺乏活力，没有创新。

（三）消除不公平感的途径

消除不公平感的途径主要是：（1）通过自我解释达到自我安慰。例如，通过曲解自己和他人的收支，主观上造成一种公平的假象，以消除不公平感。（2）采取一定的行为，改变别人的收支状况。例如，向主管申述理由，或要求与某人一比高低。（3）采取一定的行动，改变自己的收支状况。例如，通过消极怠工减少自己的支出或要求增加收入等。（4）更换比较对象，以获得主观上的公平感。例如，某甲与某乙相比，感到吃亏；换一个对象，与某丙相比，便感到没吃亏。这就是通常所说的比上不足，比下有余，聊以自慰。（5）发牢骚，泄怨气，制造人际矛盾，所谓不平则鸣。有时也会有暂时忍耐，或者放弃工作一走了之的。

（四）亚当斯公平理论的启示

1．对员工进行正确认知教育

通过对员工进行正确认知教育，使员工形成正确的认知判断，坚持有效率的公平，反对各种形式的平均主义，同时规范竞争的公平性，尽量实行量化管理。

2．物质奖励应客观反映职工个人贡献与报酬的比例关系

在综合分析员工劳动的劳动条件、技术强度、责任大小、风险性等因素的基础上，准确测定评价员工劳动的质量，合理确定报酬与奖惩。其中，奖金作为激励手段，应适当拉开距离而不使职工产生不公平感。

3．增加管理制度的透明度，实行参与式民主管理

科学制订工作计划，根据劳动条件、技术强度、责任大小合理确定报酬与奖惩，做到权利与义务、责任与利益相一致。

4．改革完善人事制度

努力做到人适其事、事得其人、各尽所能。努力创造条件促进人才和职位的公开竞争，任人唯贤，使劳动者获得均等机会，充分发挥自己的能力与积极性，为组织做出贡献。

5．倡导尊重员工个性的公平气氛

这也是在许多企业文化纲领中反复强调的。创造公平、民主的组织气氛，使员工始终保持高涨的工作热情，要落实到具体的行为、制度和政策上。如通过合理化建议活动，鼓励员工参与企业经营活动。

6．建立有效沟通渠道

建立领导者与员工之间的有效沟通渠道，一方面可以全面了解各个员工对各种报酬的主观感觉；另一方面可以在心理上减少他们的不公平感觉。

五、波特—劳勒的综合模型

美国的心理学家和管理学家波特和劳勒以期望理论为基础，开发出了一个更全面的激励模型，如图 10-5 所示。

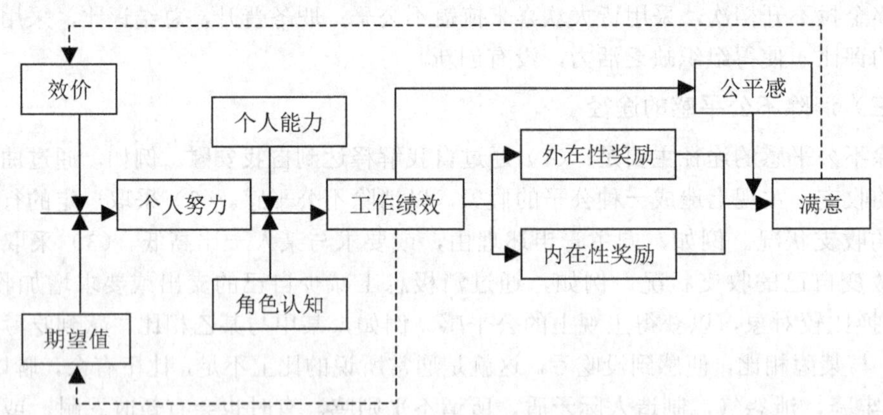

图 10-5 波特—劳勒激励模型

如图 10-5 所示，一个人的努力程度（激励的强度和发挥的能量）取决于效价（报酬的价值）和期望值（通过努力达到高绩效的可能性及该绩效导致特定结果的可能性）。个人实际能达到的绩效不仅取决于其努力程度，还受到个人能力的大小以及对任务理解程度深浅的影响。个人所应得到的奖励应当以实际达到的绩效为前提。因工作绩效带来的奖励有些是内在性奖励（如成就感或自我实现感），有些是外在性奖励（如工作条件和地位）。个人对于所受的奖励是否满意以及满意的程度如何，取决于受激励者对所获报酬的公平感。如果认为报酬是公平的，将导致个人的满足；否则，则相反。个人是否满意以及满意的程度将会反馈到其完成下一个任务的努力过程中。

波特和劳勒根据这个模型，提出了以下七个步骤来改进管理人员的激励工作：（1）判断出每个人想要的结果；（2）确定组织目标需要怎样的业绩表现；（3）确认这个业绩是可以达到的；（4）把个人想象的结果和组织所需的工作表现相联系；（5）对各种冲突、矛盾的预期情形作全面的分析；（6）确保优厚的报酬；（7）确保整个制度的公平性。

波特和劳勒的激励模式是迄今为止一种比较全面的激励模型，是对激励系统比较全面和恰当的描述，它告诉人们：激励和绩效之间并不是简单的因果关系。要使激励能产生预期的效果，必须考虑到奖励内容、奖励制度、组织分工、目标设置、公平考核等一系列的综合性因素。

六、麦克利兰的成就需要理论

美国心理学家麦克利兰研究人的高层次需要与社会性的动机，提出了成就需要理论。他认为，人的高级需要主要是成就需要、权力需要和归属需要，并以成就需要为主导。

（1）成就需要。争取成功并希望做得最好的需要。成就需要较高的人，对工作的胜任感和成功有强烈的要求。他们乐于甚至热衷于接受挑战，往往为自己树立一个有一定难度而又不是高不可攀的目标；他们敢于冒险，又能以现实的态度认真地分析和评估风险，绝不会以迷信和侥幸心理对待未来；他们愿意承担个人责任，并希望得到关于所从事工作的明确而迅速的反馈。

（2）权力需要。影响和控制他人的需要。权力需要较高的人喜欢支配、影响他人，喜欢对别人发号施令，注重争取地位和影响力。他们喜欢具有竞争性和能体现较高地位的场合。权力需要是成功管理的基本要素之一。

（3）归属需要。建立友好亲密的人际关系的需要。高归属需要者渴望友谊，喜欢合作而不是竞争的环境，希望彼此之间的理解。麦克利兰指出，注重归属需要的管理者容易因为讲交情和义气而违背或不重视管理工作原则，从而导致组织效率下降。

在大量研究的基础上，麦克利兰对成就需要与工作绩效的关系进行了十分有说服力的推断。首先，高成就需要者喜欢能独立负责、可以获得信息反馈和中等冒险的工作环境；其次，高成就需要者并不一定就是一个优秀的管理者，尤其对规模较大的组织而言；再次，归属需要和权力需要与管理的成功密切相关，最优秀的管理者是权力需要很高而归属需要很低的人；最后，可以通过训练来激发员工的成就需要。

这个理论在企业管理中很有价值。首先，在人员的选拔和安置上，通过测量和评价一个人动机体系的特征对于如何分配工作和安排职位有重要意义；其次，由于具有不同需要的人需要不同的激励方式，了解员工的需要与动机有利于合理建立激励体制。

七、斯金纳的强化理论

强化理论是由美国心理学家斯金纳提出的。他认为，人的行为与环境对他的刺激有关。为了达到某种目的，主体会采取一定的行为，这种行为将作用于环境，当行为的结果对他有利时，这种行为就会重复出现；当行为结果不利时，这种行为就会减弱或消失。这就是环境对行为强化的结果。因此，管理者要采取各种强化方法，使员工的行为符合组织的目标。

根据强化的手段和性质的不同，可分为以下三类：（1）正强化。即奖励那些组织上需要的行为，从而使其重现。（2）负强化。即惩罚那些与组织不相容的行为，从而削弱这种行为。（3）自然消退。取消正强化，对某种行为不予理睬，以表示对该行为的轻视或某种程度的否定。实践表明，一种行为长时期得不到正强化，会逐渐消失。

强化理论在具体应用中应遵循以下原则：（1）要有目标体系，遵循目标强化的原则；（2）小步子前进，分阶段设立目标，并对目标予以明确的规定和表述；（3）要依照强化对象的不同采用不同的强化措施；（4）贯彻及时反馈、及时强化的原则；（5）遵守正强化与负强化相结合、连续强化与间断强化相结合的原则；（6）贯彻公开、公平、公正的强化原则。

强化理论有助于对人们行为的理解和引导。但它的缺点是只讨论了外部因素或环境刺激对行为的影响，忽略了人的内在因素和主观能动性对环境的反作用，具有机械论的色彩。

八、归因理论

归因理论是由美国心理学家海德首先提出的，后由罗斯、维纳等人予以发展。归因理论认为，人们对过去的成功和失败常作以下四种归因：（1）努力程度；（2）能力大小；（3）工作任务难易程度；（4）运气与机会的好坏程度。以上四个因素按照内因与外因、稳定与不稳定划分，如表 10-2 所示。

表 10-2　归因理论四因素的划分

内在性 / 稳定性	内　因	外　因
稳定	能力大小	任务的难度
不稳定	努力程度	机会和运气的好坏

归因理论认为，如果把失败的原因归于稳定的内外因素，就会使人信心动摇，努力程度就会降低；而如果把失败原因归于不稳定的内外因素，行为者就会增强信心，继续保持努力行为，争取成功的机会。归因理论的启示是，领导者应该在下属工作遭受失败后，帮助他们寻找原因（归因），引导他们继续保持努力行为，争取下一次行为的成功。

九、阿尔德弗的 ERG 理论

ERG 理论是由阿尔德弗于 1969 年提出的。该理论是一种与需求层次论密切相关而又有所不同的理论。他把人的需要分为三类：（1）存在需要。这类需要关系到机体的存在或生存，包括衣、食、住以及工作组织为使其得到这些因素而提供的手段。这类需要相当于需要层次论中的生理需要和安全需要。（2）关系需要。这是指发展人际关系的需要。这种需要通过工作中或工作以外与其他人的接触和交往得到满足。它相当于需要层次论中的尊重需要中的外在部分。（3）成长需要。这是个人自我发展和自我完善的需要。这种需要通过个人的潜力和才能的发挥，才能得到满足。这相当于需要层次论中的尊重需要的内在部分和自我实现需要。

ERG 理论并不强调需要层次的顺序，它认为某种需要在一定时期内对行为起作用，而当这种需要得到满足后，可能去追求更高层次的需要，也可能没有这种更高的追求；ERG 理论认为某种需要在得到基本满足后，其强烈程度不仅不会减弱，还可能会增强；ERG 理论包括挫折—倒退维度，当较高级需要受到挫折时，可能会退而求其次。

ERG 理论在需要的分类上并不比需要层次论完善，对需要的解释也并未超出需要层次论的范围。如果认为需要层次论是带有普遍意义的一般规律，那么，ERG 理论则偏重于带有特殊性的个性差异。

第三节　领导激励的机理

根据第二节的激励理论，可以从中抽象出领导的激励机理。

一、物质激励与精神激励相结合

物质需要是人的第一性需要，因此，物质激励是提高员工积极性很重要的一个方面。例如，1914 年，亨利·福特大幅度地提高工人的待遇，确立每天 8 小时工作制，并将员工的日薪提高到 5 美元，几乎是其他工厂两倍的工资，这立即带动了工人的积极性。当年，公司以不到 13 000 名工人制造出了 73 万辆汽车，净利润达到 3 000 万美元，不仅雄踞全球汽车工业之首，也成为当时世界上最大的工业企业。在我国这样一个发展中国家，温饱问题才基本解决，全面奔小康正是许多人追求的目标，员工关心组织给予的物质待遇是十分正常的。改革开放后，我国实施联产承包责任制，珠海市重奖科技有功人员，高校重金引进特聘教授……从这些社会上已经发生或正在发生的新闻事件中，可以看出，物质是激励员工的重要机理。邓小平同志指出："不重视物质利益对少数先进分子可以，对广大群众不行。一段时间可以，长时间不行。革命精神是宝贵的，没有革命精神，就没有革命行动。但是，革命是在物质利益的基础上产生的。如果只讲牺牲精神，不讲物质利益，那就是唯心论。"

当然仅有物质激励显然是不够的，因为物质激励会产生一定的副作用。首先，物质激励可能使个人和团体产生恶性竞争，破坏团队合作；其次，会使员工过分关心诸如现金、股票之类的外在奖励，而忽视了如成就感和工作乐趣这样的内在奖励；再次，物质激励只能产生短期效应，很难产生长期的责任感；最后，物质激励往往是刚性的，一旦长期没有增加甚至因绩效下降而减少就可能引起员工的不满。心理学家认为，人在无激励状态下只能发挥自身能力的 10%～30%，在物质激励的状态下能发挥自身能力的 50%～80%，而在得到适当精神激励的状态下，能将自己的能力发挥至 80%～100%，甚至超过 100%。物质激励到一定程度时就会出现边际递减现象，而来自精神的激励则更持久、更强大。

所以，只注重物质激励是行不通的。根据马斯洛的需要层次论，物质是人们较低层次的需要，当这一层次需要得到相对满足后，人们就会重视其他方面的需要，总希望得到社会和组织的尊重、重视和认可。例如，我国改革开放后有一批先富起来的私营企业家，他们所受的教育不多，所赚的钱一生都用不完。物质生活丰富以后，他们那种需要得到社会承认、要求有一定社会地位的愿望就变得日益强烈。企业内部也是如此，员工总是有各种各样的精神需求。例如，公司对员工的公开表扬、授予各种荣誉证书、给予某种职位、让其承担重要岗位和责任、对其工作和生活给予各种关心和温暖，这些措施对员工来说都是重要的激励方式。

总之，物质激励是基础，精神激励是根本。因此，在实际的管理工作中，要将物质激励与精神激励二者有机地结合起来，既要反对“唯精神主义”，也要反对“拜金主义”。只有这样，才能取得最大的激励效果。

分享案例

拿破仑是一位非常注重物质激励与精神激励的领导者。他总是慷慨地对立下战功的官兵们给予物质奖赏。在征服普鲁士、打败沙俄签订合约以后，他一次奖给乌元帅 100 万金法郎，贝尔蒂埃元帅 50 万金法郎，内伊元帅 30 万金法郎，其他的元帅和军官以及所有实际参加战斗的官兵都得到奖赏，而且负伤的比未负伤的多得两倍。“有功必赏”是拿破仑领导军队的原则之一，通过物质上的奖励保证军队的高昂士气。

在征服意大利的一次战斗中，拿破仑夜间巡岗查哨，发现一名哨兵斜倚着树根睡着了。他没有喊醒哨兵，却拿起枪替他站岗约半个小时，哨兵从沉睡中惊醒，认出了正在替他放哨的司令官，十分惶恐和绝望，跪倒在他面前。拿破仑却和蔼地说：“朋友，这是你的枪。你们艰苦作战，又走了那么长的路，你打瞌睡是可以谅解的；但是目前，一时的疏忽就可能断送全军。我正好不困，就替你站了一会儿，下次可要小心。”众所周知，哨兵在岗位上睡觉是要以军纪论处的，但是拿破仑对长途跋涉、疲惫不堪而偶尔失职的哨兵却没有那样做，而是从情感出发批评哨兵，这就使得官兵从内心拥护他、爱戴他，从而会不折不扣地执行他的命令。

二、正激励与负激励相结合

正激励指的是用某种正面的结果，如用认可、赞赏、增加工资、提升或创造一种令人满意的环境等，来表示对员工的奖励和肯定。正激励能使人产生被认同感和尊重感，信心得到加强，使自己的行为感染更多的人。负激励指的是对员工不良的行为或业绩，采用某种负面的结果，如用批评、扣发或少发工资、降级、处分等，来表示对员工的惩罚或批评。

韩非道：“凡治天下，必因人情。人情有好恶，故赏罚可用。”《曾胡治兵语录》指出：“古人用兵，先明功罪、赏罚。”姜子牙和周武王商讨如何治军时，周武王问：“将由何以立威？何以明察？何以禁止而令行？”姜子牙伸出四个手指道：“四个字——信赏必罚。”治军、治天下如此，将其应用到企业管理中也是一样。在实际的管理工作中，应该将正激励与负激励相结合，实行所谓“奖惩结合”“赏罚分明”“批评与教育结合”的制度。因此，对于员工好的工作成绩和行为要及时给予表扬，使之得到大家的认可，从而继续发扬下去；对于有破坏性倾向等不良的行为，必须严格管理，按企业的制度进行查处，这样就避免再次发生，做到“防患于未然”。在使用负激励的过程中，领导者应该认识到员工的年龄、性别、个性特点、地位、心理需要和承受能力是不同的。当企业有时不得不使用惩罚方式时，一定要告诉员工事情的原因和真相，让其心服口服，还要告诉他应该怎么做，并将惩罚和正强化二者结合起来，当员工出现有所改进的表现时，应及时给予正强化（肯定），使好的行为得到巩固。另外，在实行正、负激励相结合时，要以正激励为主，因为正激励比负激励更有效。只有从正负两个相反的角度同时对员工的工作和行为进行评价和反馈，才能使他们不断提高。

三、内在激励与外在激励相结合

传统的激励办法是以各种物质刺激和精神刺激为手段，根据员工的绩效给予一定的工资、奖金、福利、提升机会，以及各种形式的表扬、认可和荣誉等。这些激励与工作本身并不直接相关，只是作为员工付出劳动的补偿，因而称为外在激励。从赫茨伯格的双因素论中可知，这些物质和精神上的激励都属于“外在激励”，它对人的激励作用是有限的，而人们“对工作本身的兴趣以及从中得到的快乐”才对人具有根本性的激励作用，这就是内在激励的概念，它包括人们对工作本身的兴趣、工作对人的挑战性、工作中体会到的责任感和成就感等，都是对人更直接的激励。麦格雷戈曾说，外在激励的管理思想好似牛顿的力学观点，把人们视为静止的物体，只有依靠外力才能移动。但人是有机体，有内在动力，运用内在激励，可以得到更强的动力。

很多专家都认为，让人们从心底里把工作当成一种享受，从中体验价值和意义，是一种非常高的激励境界。麦克利兰的激励需要理论指出，人有追求成就的需要，如果工作本身能让人们发挥其技能和潜力，那么这种工作本身就可以使人感到满足。这时，人完成工作，取得成就就是极大的激励，会从中感到极大的满足。这种从工作本身产生的内激励能较长久地维持，使人受到的激励总是保持在一定水平上。在实际的管理工作中，有条件的时候要尽量地根据员工的兴趣来安排工作，并尽量使工作丰富化，增加趣味性，并让员工有自我管理工作的权力。团队工作是一种很好的方式。让那些对某种技术开发工作有兴趣的年青员工加入团队，给他们以挑战性的工作，提供掌握新技术的机会，还让他们对自己的工作安排和选择有一定的自主权，从而使他们在完成一项工作后得到很强的自我满足感。这些就是对他们最好的奖励。因此，应该将外激励与内激励有机地结合起来，从而取得最大的激励效果。

四、一般需要激励和特殊需要激励相结合

经济发展水平不同的国家以及同一个国家处在不同的时期，人们对生理、安全、归属、尊重和自我实现的需要是不同的。同样，在一个组织中，因为年龄、个性、性别、职位、

经历、教育程度等各方面的不同，员工对不同方面的需要都会有差别；同一个人，由于时间和位置的变化，各方面的需要也在变化。因此，动态地掌握员工需要的变化，并根据这些变化制定一般需要激励和特殊需要激励相结合的激励措施，一直是领导者面临的重要问题。也就是说，要遵循激励相容原则，即针对不同的对象，采用恰当的方式去激励人。要做到这一点，需要考虑以下几个方面。

（1）要根据不同的需要理论，开发测试员工需要的方法和工具。可以开发出的测试方法包括问卷测试、投射法测试等。问卷测试是以问题的形式系统地记载调查内容的一种方法。投射测试是指从一个人对别人的看法中来推测这个人的真正意图或心理特征。组织要定期地对员工的需要进行调查，并就员工的年龄、性别、职务、地位、教育程度等，找出各类人员需要的特点。

（2）要在组织内建立多种多样满足员工不同需要的方法。这包括两个方面的含义：① 不同层次的需要都有具体的措施对应。按照马斯洛的需要层次论，对员工的生理、安全、归属、尊重和自我实现的需要，组织都应有相应的措施。② 对同一层次的需要，要准备不同的选项，使员工有挑选的余地。例如，对于员工的成就需要，企业可以采用的方式有：给员工安排挑战性的工作，采纳员工的创新建议，鼓励员工自己设置高标准的目标，让员工选择他最愿意做的工作，在组织中多设置一些职位等级等。

（3）实施报酬制度时，真正建立员工可以选择的制度。近年来国外推行的自助餐式的福利制度就是适应员工具体要求的一种典型的奖酬办法。它可以让员工根据自身的需要，从公司所提供的报酬项目中选择自己想要的。当然，每人所享受的福利待遇就金额来说，是有一定标准和限度的。这种做法除了事先的安排、计价和会计手续等需要一定的费用外，企业总的福利支出并不增加，但是由于员工对所得福利待遇的效价提高了，这就为提高工作绩效带来了积极的效果。

分享案例

联想集团始终认为激励机制是一个永远开放的系统，要随着时代、环境、市场形式的变化而不断变化。这表现在联想在不同时期有不同的激励机制，对于20世纪80年代第一代联想人，公司主要注重培养他们的集体主义精神和物质生活基本满足；而进入90年代以后，新一代的联想人对物质要求更为强烈，并有很强的自我意识，联想集团根据以上这些特点和高科技企业发展的特点，设计出适合本企业的多跑道激励机制。例如，让有突出业绩的业务人员和销售人员的工资和奖金比他们的上司还高许多，这样就使他们能安心现有的工作，而不是煞费苦心往领导岗位上发展。联想集团的成功告诉我们，领导者要根据不同的工作、不同的人、不同的情况制定出不同的激励制度，绝不能是一种制度从一而终。

五、组织目标与个人目标相结合

通常，激励所采用的手段都是从员工自身的目标和需要出发的。而员工之所以能从组织中得到其所需，是因为组织目标实现了。也就是说，个人在组织中投入自身的资源，使组织的目标得以实现，员工再从中实现个人的目标。所以，组织目标和个人目标是相互依存的。从激励的角度来说，就是要贯彻组织目标与个人目标相结合的原则。

要贯彻组织目标与个人目标相结合，必须真正建立组织目标和个人目标的正相关关系。组织战略目标的制定是高层决策者的重要任务，必须根据市场情况、顾客需求、技术发展等来正确制定，使组织提供的产品和服务能得到社会的承认，实现组织的目标和价值。员工看到了这一点，就会看到实现自身目标的希望。另外，更重要的是要让员工看到，组织在实现其目标的过程中，个人也在不断地向自身的目标迈进。

要贯彻组织目标与个人目标相结合，除了要建立组织目标和个人目标的正相关关系外，还要建立“赏罚分明”的制度，让每一个员工看到，只要自己为组织的目标做出了贡献，就会得到回报，自身的目标就能实现。因此，建立量化考核制度、提高奖励制度的公开性、透明度，就能使员工抛弃各种顾虑、一个劲儿地往前冲，将所有的精力和能量集中在工作上，有利于组织目标和个人目标的实现。

六、严格管理与思想工作相结合

在企业的实际管理工作中，必须贯彻严格管理与思想工作相结合的原则。这两方面都是十分重要的。严格管理包括以下两个方面的含义。

（1）严格管理是指组织对于员工的工作方法（如各种操作规程）、工作标准（如成本、质量、效率），以及其他工作制度等方面实行严格控制，完全按规定办事，对任何人一视同仁。我国企业没有像西方企业那样经历过很长的工业化发展时期，因此，强调严格管理对我国现阶段企业来说十分重要。事实也证明，我国当前很多发展很好的企业都很强调严格管理。

（2）严格管理要求在评价员工的工作绩效和行为、对员工实施奖励、惩罚或提升时，一切照章办事，赏罚分明，而不考虑任何人情面子，真正实行“能者上、不能者下”。我国现在不少企业在用人制度上，能根据员工的学历、业绩和能力不拘一格地提拔人才，而不考虑其年龄和资历，这些措施给企业带来了巨大的活力。

所谓思想工作，一方面是指企业在制定各种严格管理标准并对员工进行考核的时候，要通过双向沟通让员工理解企业这样做的理由、这样做对企业和个人产生的价值。另一方面，思想工作强调在对员工进行评价、管理、奖励和提升的过程中，要考虑员工的需要，加强沟通，倾听员工的所思所想，关心员工的切身利益，采用各种形式使员工保持良好的情绪。这种“感情投资”将会收到回报，员工将以更高的热情去工作。

七、连续激励与间断激励相结合

领导者在实施激励时，一定要遵循激励的连续性与间断性相结合的原则。激励可以是连续的、固定的。例如，对每一次符合组织要求的行为都给予奖励或定期地对符合的行为进行肯定。尽管这种激励有及时刺激、立竿见影的效果，但时间长了，人们会产生麻木的感觉，认为这种奖励是理所当然的，从而失去激励的作用。间断的激励是指激励的时间和数量都不固定。领导者可以根据组织的需要不定期、不定量地实施激励，使每一次激励都能起到较大的效果。连续激励保证了激励的及时性，而间断激励保证了激励的适时性。领导者要想达到满意的激励效果，就不能忽视其中的任何一方面。

八、激励机制与约束机制相结合

在企业实际激励活动中，领导者还应注意将激励机制与约束机制相结合。激励机制与约束机制是相辅相成的。一方面，没有约束机制的监督，就很难达到激励的公平、公正性。另一方面，约束机制可以制约少数经营者滥用权力、不负责任的行为。

第四节 领导激励的方法

将各种激励理论和激励机理运用于实践，是一个创造性的过程。理论和机理所描述的只是一般性的原则、原理和规律，而实践中所遇到的问题是千变万化的，这就需要灵活运用各种激励理论和激励机理，在实践中结合组织特点进行大胆探索，摸索出行之有效的激励方法，下面介绍几种在实践中运用较广的激励方法。

一、目标激励

目标是在一定时期内所要达到的具有一定规模的期望标准。它代表一个组织的方向和未来，既是一个组织在一定时期内的行动指南，也是这个组织内每一个员工的努力方向。目标激励就是确定适当的目标，诱发人的动机和行为，达到调动人的积极性的目的。制定目标是正确组织及其内部协作的出发点，这也是一个组织存在的目的。没有明确存在的目的，就没有明确的、精确的、可以传达的目标，就无法进行管理。组织制定目标可以通过任务报告书来表达。

组织任务报告书规定了组织的独特目标，把本组织同其他组织区别出来。研究表明，一个企业的任务报告书越全面，该企业盈利就会越多。共同的目标有利于促进组织内部的协作，形成共同的理想和信念。

高尔基说过：“一个人追求的目标越高，他的才力就发展得越快，对社会就越有用。”可见目标对个人发展有巨大的激励作用。

按照弗鲁姆的期望理论，目标激励的作用表现在两个方面：首先，目标经过努力后实现的可能性越大，人们就会越有信心，激励作用也就越强。这就要求领导者要不断地为员工设立短时间内经过努力可以达到的目标。如果目标设得太远，员工就会有一种难以实现的感觉，会极大地伤害员工的工作积极性。其次，目标达到后满足个人需要的价值越大，社会意义越大，激励作用就越强。

二、行政激励

行政激励是指组织为了激励自治成员工作的积极性、创造性，增强其责任心和荣誉感，提高工作效率和质量，依据有关规章制度，运用行政手段，对表现突出或有突出贡献者给予的物质和精神奖励。

在实施行政激励之前，必须对组织成员进行绩效考核，包括工作态度、工作能力、工作成绩的考查、审核和评价。绩效考核要求严格、全面、公平、公开。实行行政激励必须坚持以下原则：（1）奖惩分明、恰当、公正、及时。要做到有功必奖，有过必罚，功大大奖，功小小奖。奖惩轻重要适度，掌握分寸，恰如其分。把握时机，要及时奖励，以发挥行政激励的效能。（2）激励要有依据。奖惩要以考核结果为重要依据，不能搞平均主义，做到奖之有理，惩之有据，使人心悦诚服，达到奖一励百、惩一罚百的效果。

实施行政激励的方式主要有：（1）行政奖励。包括记功、记大功、授予奖品或奖金、升级、升职、通令嘉奖等。这几种奖励可以单独使用，也可以同时并用。（2）行政惩罚。包括警告、记过、记大过、降级、降职、撤职、开除留用察看、开除等。

三、工作激励

工作激励是一种内在激励。为了更好地发挥员工工作积极性，管理者要考虑如何才能使工作本身更有内在意义和挑战性，给职工一种自我实现感。日本著名企业家稻山加宽在回答“工作的报酬是什么”时指出：“工作的报酬就是工作本身。”薛恩也提出自我实现的人是那些力求将自己的潜能最大限度地发挥出来的人。只有在工作中表现出自己的才能，才会感到最大的满足。工作激励的关键就是使工作丰富化。工作丰富化是指改进工作设计，提高工作动机，变革工作内容，使人们体验到工作的意义和赋予的责任，并了解到自己工作的好坏，满足人们成长和发展的需要。美国管理学家哈克曼提出，如果在职务设计中充分考虑到技能的多样性、任务的完整性、工作的独立性，并阐明每项任务的意义以及设置反馈环节，就可以使员工体验到工作的重要性、所负的责任，及时了解工作的结果，从中产生高度的内在激励作用，形成高质量的工作绩效及对工作高度的满足感，大大减少离职率及缺勤率。

实施工作内容丰富化具体包括以下几个方面：（1）技能多样化。运用不同的技能和才干完成工作方面的种种不同的活动。例如汽车修理工改装发动机、整修机身，甚至会做生意。（2）任务整体性。把一项整体的工作从头到尾做完。例如让一名家具木匠完成从家具的设计、选料到制作全过程的工作。（3）任务重要性。即工作对组织其他人产生有实质意义的影响。（4）自主性。它是指决定完成工作所需要的自由、独立的权力，包括制定工作进度、决定完成工作的手段等。例如旅店服务员自主决定应急措施的权力。（5）工作反馈。要求直接、明确地了解工作的结果和完成情况的信息。工作内容丰富化能够使人关心工作质量，改善工作效果，提高工作满意程度。

从 20 世纪 70 年代开始，一些欧美国家在工作丰富化的基础上，又进一步推行了“工作生活质量计划”活动，成立了许多以专家、顾问和工人、工会参加的工作生活质量中心，通过工作丰富化和工作内容的再设计，使职工的工作热情大大提高。

另外，工作激励应包括让员工参与管理工作的内容。因为员工都有参与管理的要求和愿望。所以，创造和提供适当机会让员工参与管理是调动他们积极性的有效方法。让职工恰当地参与管理，既能激励职工，又能为企业的成功获得有价值的知识。

分享案例

《杜拉拉升职记》无论是小说、电视剧还是电影，都是很火爆的一部作品。杜拉拉的上司李斯特希望杜拉拉来接管其主管玫瑰的相应工作，因为当前没有合适的人选顶替玫瑰。而此时拉拉的心理状况是很积极的，而且是很希望被领导所重用的，对她而言能够尝试有挑战的工作就是最大的满足，因此李斯特仅仅以5%的工资涨幅便获得了拉拉的同意，并且杜拉拉很成功地完成了工作任务。李斯特能够窥探杜拉拉对工作的渴望，通过工作激励的方式促使杜拉拉顺利并且出色地完成任务。

四、典型激励

先进典型人物反映了企业精神，代表了组织发展的方向，把抽象的道理转化为具体的典型，使对象仿效，从仿效中得到激励，通过典型示范激发人们的行为。典型激励具有可感性、可知行、可见性、可行性特点，说服力强、号召力大，能够激励斗志、鼓舞士气，起到潜移默化的作用。实施典型激励要做到以下几点：（1）要善于发现、把握典型，尤其是身边的典型，于细微处见精神，从平凡的人中发现不平凡的事迹。对先进典型不能求全责备，要找出有普遍性、针对性、在某方面表现突出、有重要贡献的先进典型。要引导组织的其他成员学其所长，避其所短，防止机械地模仿或吹毛求疵。（2）先进典型的事迹要真实、可信，既不能人为拔高，也不能太普通平淡，典型要具有普遍指导意义。典型树立起来以后，要大力宣传，造成声势，以弘扬正气。（3）榜样要在群众总结评比的基础上产生，要有广泛的群众基础，经得起检查和考验。（4）要关心爱护先进典型，给予培养和扶持，对于挖苦、讽刺、打击先进典型的错误行为，要严肃处理。

五、荣誉激励

荣誉是精神奖励的基本形式，它属于人的社会需要方面，是人贡献社会并获得社会承认的标志。荣誉可以分为个人荣誉和集体荣誉两类。荣誉奖励可以调动人们的积极性，形成一种内在的精神力量。荣誉激励成本低廉，但效果很好。

个人荣誉激励法是指通过对做出一定成绩和贡献的个人授予相当的荣誉称号，并在一定范围内加以表彰和奖励，以表示组织对个人成就的认可和褒奖，鼓励组织成员为取得相应的荣誉而努力工作，并使个人产生一种成就感和自我实现的心理状态。实施个人荣誉激励法要注意以下几点：（1）要引导人们树立正确的荣辱观，把个人荣誉建立在组织发展、集体进步、对企业的归属感的基础上。（2）要引导人们用正当手段去争取荣誉。要通过敬业爱岗，而不是靠吹牛、浮夸去哗众取宠。（3）要做好典型的宣传工作，实事求是，不人为拔高。（4）荣誉的评比标准要具体明确，看得见，摸得着，可操作性强。（5）要把精神鼓励与物质奖励结合起来，同时配套进行，增强荣誉吸引力。

集体荣誉激励法是指通过表扬、奖励集体，来激发人们的集体意识，使集体成员产生强烈的荣誉感、责任感和归属感，从而形成维护集体荣誉的向心力量。每个人会由于是成功集体中的成员而感到被激励。所以要营造一种环境，以便大家可以一起为集体成功而感受到激励。为了做到这点，每个人需要在集体中有清晰的职能和角色，这样当一个项目成功时，员工们都会感到这个项目的成功离不开集体中的每一个人，从而使个人受到激励，并增强集体的凝聚力。

分享案例

美国IBM公司有一个“百分之百俱乐部”，当公司员工完成他的年度任务，他就被批准为该俱乐部会员，他和他的家人被邀请参加隆重的集会。结果，公司的雇员都将获得“百分之百俱乐部”会员资格作为第一目标，以获取那份光荣。IBM公司正是通过“百分之百俱乐部”会员资格这一荣誉象征，充分地调动了员工的工作热情和工作积极性，一方面维持了员工的企业归属感，另一方面提高了企业的整体绩效。

六、信任激励

信任是领导者对下属最好的激励手段。《周易》小畜卦六四云：“有孚，血去惕出，无咎。”这句话的意思是，心怀诚信，以诚感之，才能达到上下“合志”，互相理解与支持，抛去戒备心理，自然就不会有灾祸。属下人的建功立业，不仅与部属的能力有关，也与领导对下属的信任有关。孙权作为居于尊位的权势者，能够信任下属，给下属极大的鼓励和权威。在彝陵之役时，有人打来小报告，说：“诸葛瑾里通蜀汉。”孙权当即驳斥：“我与诸葛子瑜可谓神交，外人流言不能间构。”陆逊坐镇荆州抵御蜀军时，孙权还复刻自己的大印交给他，委任他全权处理与蜀汉交往之事。正是这种恩信激励着诸葛瑾、陆逊等东吴将士，为开创盛业尽智尽力。

七、危机激励

危机激励是指将组织面临的危难、不利条件和困难告诉组织成员，使之产生一种危机感，形成一种不进则退、置之死地而后生的竞技状况，激发员工誓死一拼的决心、信心和勇气，拼搏向上，勇往直前。中国古代的“卧薪尝胆”“破釜沉舟”的故事充分说明了危机激励的重大作用。

企业所面临的市场环境是一种竞争激烈、充满挑战的环境，这就要求企业领导人一方面要保持冷静的思维，注意市场的细微变化以及企业在市场中的竞争地位；另一方面要组织员工进行“SWOT”（企业自身的优势、劣势和所面临的外部机会与挑战）分析，找准自己的业务和真正的竞争对手，唤起职工的危机意识、忧患意识，并把这种意识化为行动的动力，保持对市场的灵敏反应和清醒头脑，不为一时的利益所动，不被暂时胜利的喜悦冲昏头脑。

分享案例

秦朝末年，天下纷乱，各路人马为了不同的利益相互混战，其中，项羽的破釜沉舟巨鹿大战至今为人们所传诵。

当时，赵王歇被秦军围困在巨鹿（今河北平乡西南），请求楚怀王救援。而秦军强大，几乎没人敢前去迎战。项羽为报秦军杀父之仇主动请缨，楚怀王封项羽为上将军。项羽先派都将英有、蒲将军率领两万人做先锋，渡过湾水，切断秦军运粮通道。然后，项羽率领主力渡河。渡过了河，项羽命令将士每人带三天的干粮，把军队里做饭的锅碗全砸了，把渡河的船只全部凿沉，连营帐都烧了，并对将士们说："咱们这次打仗，有进无退，三天之内，一定要把秦兵打退。"

项羽破釜沉舟的决心和勇气，对将士起了很大的鼓舞作用。楚军把秦军的军队包围起来，个个士气振奋，越打越勇。一个人抵得上十个秦兵，十个就可以抵上一百。经过九次激烈战斗，活捉了秦军首领王离，其他的秦军将士有被杀的，也有逃走的，围困巨鹿的秦军就这样瓦解了。

八、持股激励

1956年，美国的路易斯·凯尔索等人设计了"员工持股计划"，拉开西方成熟市场推行持股激励的序幕，随后，日本、英国、法国、意大利等发达国家纷纷效仿。持股激励是指让企业管理者、员工持有本企业的股票，它是一种带有长期性质的激励方式，其具体方式包括购股、赠股、转股、干股、期股。调查数据显示：2004年，美国37.8%的盈利企业对超过50%的员工提供了股权激励。持股激励能够把企业员工的长期利益同企业的长期利益、长远发展结合起来，把个人利益同企业利益联系在一起，使员工关心企业的生产经营状况，把企业的事当作自己的事，为企业排忧解难，献计献策，形成利益共同体。

股票期权激励是持股激励的重要方式之一。股票期权包括股票期权合约和股票期权计划。它是企业给予员工尤其是高级管理人员的一种权利，拥有这种权利的人员可以在规定的时期内以股票期权的行业价格购买本公司股票。这种新型的激励机制将企业员工的薪酬与企业长期的业绩联系起来，鼓励员工不断创新和行为长期化，关注企业的持续发展，克服短期行为。另外，股票期权的激励效应还表现在：企业形成了开放式股权结构，从而可以不断吸收和稳定优秀人才；有利于低成本的激励，使公司在不支付资金情况下增强公司凝聚力，实现激励。

分享案例

某网络信息技术公司是由三个自然人出资兴办起来的、华东地区著名的Internet应用平台提供商和基础网络应用服务商，年销售额增长率达到 500%。公司在几年高速发展过程中，引进了大量的管理、技术优秀人才，也建立了一套工资、奖金收入分配体系。为了适应公司的战略规划和发展，使公司创业者和核心骨干人员共享公司的成长收益，增强公司股权结构的包容性，使企业的核心团队更好地为企业发展出力，更具凝集力和效率，公司决定重新界定和确认企业的产权关系，在咨询公司的帮助下设计了一套“干股+实股+股份期权”的多层次长期激励计划。主要内容：（1）授予对象。高管层和管理、技术骨干共20位。（2）持股形式。第一部分，持股计划：在增资扩股中由高管层和管理、技术骨干自愿现金出资持股。第二部分，岗位干股计划：① 岗位干股设置目的。岗位干股的设置着重考虑被激励对象的历史贡献和现实业绩表现，只要在本计划所规定的岗位就有资格获得岗位干股。② 岗位干股落实办法。岗位干股的分配依据所激励岗位的重要性和本人的业绩表现，岗位干股于每年年底公司业绩评定之后进行重新调整和授予，作为名义上的股份记在各经理人员名下，目的是为了获得其分红收益。岗位干股的授予总额为当期资产净值的 10%。第三部分，股份期权计划：① 股份期权设置目的。股份期权设置着重于公司的未来战略发展，实现关键人员的人力资本价值最大化。② 股份期权的授予从原股东目前资产净值中分出 10%转让给被激励对象。依据每位经理人的人力资本量化比例，确定获授的股份期权数。计划开始实施时一次性授予，可假定为 2004 年 1 月 1 日。以一元一股将公司当期资产净值划分为若干股份，授予价格即为每股一元。行权时经理人员以每股一元的价格购买当时已增值的公司股份。

在这种多层次的股权激励方案中，通过干股设置实现了短期激励，又通过现金购股和股份期权实现了长期激励，体现了公司原股东的股权包容性和一种利益共享的企业文化，有较好的激励效果。

九、组织文化激励

古人云：“与善人居，如入芝兰之室，久而不闻其香；与恶人居，如入庖鱼之肆，久而不闻其臭。”这句话深刻反映了环境对个体的巨大影响。组织文化是组织成员统一意志的体现，这种意志可以形成自身的发展机制，并产生效应，使组织成员从内心产生一种情绪高昂、发奋进取的动力。企业文化把尊重人作为它的中心内容，在这种尊重人的价值观指导下，人们所受到的激励是传统的激励方法所不能比拟的。企业文化所起的激励作用不是被动消极地满足人们对自身价值实现的心理需求，而是通过企业文化的塑造，使企业成员从内心深处自觉产生为企业拼搏的献身精神。企业的价值观一旦被企业成员认同，就会成为一种黏合剂，从各方面把其成员团结起来，产生一种巨大的向心力和凝聚力。同时，它使个体对外部异质体增强敏感性和竞争性，促使个体凝聚在群体之中，形成“命运共同体”，从而大大增强了企业群体内部的统一和团结，使企业在竞争中形成一股强大的力量。

一个成功的企业，必然是那些能够对环境的各种变化作出敏锐、准确反应的企业。要使企业在变化不定的环境中长久不衰，作为有远见卓识的企业领导人，就必须在企业中建立一种具有长久影响力的精神支柱，有了这一精神支柱的激励作用，企业能够形成一种洞悉环境因素的变化以及这种变化对企业影响的“内在机制”。加强组织文化建设是组织应付未来环境挑战、形成长久激励力的一种长期投资。

十、培训教育激励

一般来说，自身素质好的人，自信心和进取心较强，比较注重高层次的追求，因此，相对来说比较容易自我激励，表现出高昂的士气和工作热情。并且在知识经济时代，随着知识更新速度的不断加快，员工知识结构不合理和知识老化现象日益突出，所以，通过教育和培训提高员工的业务知识、能力和自身素质，对增强员工的工作信心和工作热情起到较大的激励作用。

另外，给予员工培训和提高的机会不仅是对优秀员工的一种肯定和奖励，对组织来说也是一项有价值的投资。正如驰名世界的化工企业巴斯夫公司的澳大利亚地区常务董事施恩麦博士所说：“雇员接受培训，既提高了知识，又培养了个性，他们在寻找更多的承认、更高的级别和更高的工资中遇到了挑战，他们利用各种机会来建立他们的未来，这对公司十分有利。”组织行为学案例作家詹姆斯·伯克利说道：“培训已不仅仅局限于新员工的岗前教育和员工基本业务技能训练，而是变成动员、激发和启发广大员工发展以趋于与战略目标相一致的观念、态度、行为和技能的重要工具。”

第五节　领导激励的艺术

我国著名古籍《老子》上记载道：“赏一人天下趋之。”唐代魏征有一句“赏一贤而众贤悦”的名言。说明领导者不仅要掌握各种激励方法，更要深谙激励艺术之妙。

一、明暗公私要分开

激励可公开进行或暗中交易，两者都以正当而合理为适宜。暗中激励不失正当，才是途径。凡是大家看法相当一致，不易引起众人反感，可公开激励，目的是为获得大家的良好反应，以扩大影响。若是见仁见智互异，而又非奖赏不可，便暗中进行，以减少误解或不满。

普遍性的，可公开实施。特殊性的，除非众所公认，否则以暗盘为宜。牵涉到个人荣誉的，私下激励；单位或团体荣誉，公开表扬。有关苦劳的奖赏，大家差不多，可公开；有关功劳的奖赏，彼此相差颇大，最好暗中给予以维护较差者的面子，激励其下次努力赶上。公开等于撕破脸，用“无所谓”来因应，就失去激励作用。

最好的方式是把公开和暗中合在一起想。不坚持一定要公开或者务必要暗地里进行，要能够依照所要激励的性质做出合理的抉择。总结起来十分简单：应该公开的，最好公开；应该暗中进行的，最好不公开。真正做起来，拿捏的工夫却是十分不容易的。必须用心体会，才能得心应手，调整得恰到好处。

企业发“红包”，如果是可分割的东西，如货币，就要“包”起来，一旦打开来，被奖者就难能独有，就要做各种各样的分予，最后被奖者所剩无几，就失去了激励的意义。

如果“红包”是不可分割的奖励物，如汽车、房屋等，就最好是打开，以激励其他人。

二、顺逆要合适

请将不如激将，有时逆的激励效果更为宏大。不过完全逆取，也不见得有效。顺逆之间，必须小心衡量。有顺有逆，能顺也能逆，合理就好。有些人顺着请他帮忙，他会推三阻四、勉强答应，也似有天大人情。最好用反激的方法，故意把问题说得十分困难，暗示非他能力所能胜任，激他毅然自告奋勇。有些人老于世故，便要顺着激励。先说明他的长处起知遇之感，再表示借重他的才华，请他不必顾虑太多，他才会鼎力相助。

顺有顺的好处，逆也有逆的必要。我们最好把顺和逆合起来看，不要只顺不逆，或者只逆不顺。因为一切都顺，遇着应该逆的时候，就会顺不得而行不通。若是一定要逆，则应该顺的时候，也将遭遇很大的阻碍。

顺的时候可以逆转过来，逆的时候也可以止逆为顺。这种随时调整的本事，只要不是为了投机取巧，而是居于随机应变，便是合理的行为。

三、刚柔要相济

用刚硬的方式来激励，多半建立在利害的基础上。用柔软的方式来激励，则偏重于情谊。拿情谊做出发点来实施激励，效果较佳。所谓柔能克刚，正是此理。高压式的方式，难免产生硬碰硬的风险性，短暂的、表面的效果，可能带来严重的后遗症，必须慎始，才能预防。

柔不表示胆怯怕事，也不是推、拖、拉、敷衍了事。柔是用真诚的爱心来感应，使对方从心中发出一股强烈的意愿，自己奋发有为。

刚是一种果敢的作为，具有短时间的爆发力，当作非常的手段，比较有利。刚硬之后，如果再用柔软来安抚，更能得人心。不可存心杀一儆百，因为人心惶惶，并没有好处。应当处罚到什么程度，若是难以判断，最好从轻；应当赏到什么程度，假若难以判断，最好从优。若非证据确凿，宁可从轻发落，不宜轻率冤枉。刚柔并济，所重不在惩罚，而在教化。

先柔后刚，刚后用柔，表示柔的功能确实比刚可靠有效。柔性激励比刚性高压更合乎心理需求。可惜很多人认为自己性格如此，不容易改变，因而偏向于刚性措施。其实只要观念改变，很容易改变自己的态度和行为。不妨从实际行动来印证以柔克刚，使自己更为轻松愉快，也更受到大家的欢迎。

四、动静大小要并用

动静不是两种相反的状态，而是从彼此相互过渡的。动中含有静态，静中也有动态。活动过程多半比较引人注意，而活动前后的企划、准备及沟通、协调则容易被忽略。激励者不可由于是自己看得见的动态，便加以重视，却对自己看不见的静态予以忽略，以免厚此薄彼，招致不满。把看得见的部分和看不见的部分合起来看，才能够动静兼顾并重，不至有所偏失。

对于动态的激励，必须掌握时机，把握重点，以配合活动的进行。静态的激励，可以定期或不定期在结束或过程中，指定专人或由某些人交互实施。无论静态、动态，都要给予合理的激励，使大家明白动态、静态各有其贡献，并无轻重之分，因而分别努力，共同朝向目标。

中国人见面，最喜欢分大小。罚遇亲贵，很容易造成枉法；赏遇微贱，常常流于刻薄。大小兼顾，才能够赏罚平衡，做到赏当其功，罚当其罪。罚要向上追究，不论地位如何高贵，有过失就不能掩饰或开脱。赏应普遍推及基层，地位再低微，有功就不能忽视或遗漏。大小并重，赏罚明快，才具有激励效果。

大功劳要隆重，以示礼遇。小功劳也要重视，因为轻视小功，大家就会希望夺取大功，以致小问题乏人注意，势必酿成大祸害。大事应予特别奖励；小事也宜合理奖赏。职位高的，固然要礼待他；职位低的，也不宜轻视他，以免引起反感。一大堆人受奖，要大场面，大家一起接受激励；少数人或单独一人，不妨视实际情况，或公开或个别给予奖励。

同样犯错，职位较高的，应该受到比较重的惩罚；职位较低的，所受的惩罚应该较轻。否则打苍蝇而不敢打老虎，大家何以心服？同样有功，职位低的优先奖赏。当然，有轻有重，并不表示只偏于一方，却应该大小兼顾并重，不过是程度有轻有重而已。

重视大功劳，大家才会竭尽全力。重视小功劳，大家才不会对小问题掉以轻心。初犯不罚，大家才敢多做、多尝试。很多人立功，最好大家都有奖；一群人共犯，同样要一起受罚。无论大小，都应该重视，但是有大有小，奖惩因之不同，才算合宜。

五、用外部压力产生内部动力

当压力存在时，为了更好地生存发展下去，惧者必然会比其他人更用功，而越用功，跑得就越快。因此，要适当地引进外部的压力。外部压力犹如催化剂，可以最大限度地激发人们体内的潜力。例如，一个组织或企业，如果人员长期固定，就缺乏活力与新鲜感，容易产生惰性。尤其是一些老员工，工作时间长了就容易厌倦，因此有必要找些外来的“职业杀手”加入到组织或企业中来，制造一些紧张气氛。当员工们看见自己的位置多了些“职业杀手”时，便会有种压力感，知道该加快步伐了，否则就会被淘汰掉。这样一来，这些员工自然而然就产生内激励，从而使组织或企业生机勃勃。

分享案例

西班牙人爱吃沙丁鱼，但沙丁鱼非常娇贵，极不适应离开大海后的环境。当渔民们把刚捕捞上来的沙丁鱼放入鱼槽运回码头后，用不了多久沙丁鱼就会死去。而死掉的沙丁鱼味道不好销量也差，倘若抵港时沙丁鱼还存活着，鱼的卖价就要比死鱼高出若干倍。为延长沙丁鱼的活命期，渔民想方设法让鱼活着到达港口。

后来渔民想出一个法子，将几条沙丁鱼的天敌——鲶鱼放在运输容器里。因为鲶鱼是食肉鱼，放进鱼槽后，鲶鱼便会四处游动寻找小鱼吃。为了躲避天敌的吞食，沙丁鱼自然加速游动，从而保持了旺盛的生命力。如此一来，沙丁鱼就一条条活蹦乱跳地回到渔港。这在经济学上被称作“鲶鱼效应”。

第六节　领导激励的创新

产品创新、组织架构创新……当诸多企业纷纷将创新作为自己的核心竞争力时，身为领导者是否考虑过激励方式也需要创新？例如有没有什么方式比非货币激励更可行有效，下面描述几种非货币的激励方法。

方法一：沟通无极限

沟通就是一种非货币激励的方法。没有人喜欢和冷冰冰的命令发布者合作。领导者和下属的人际关系既有规章制度和社会规范的成分，更有情感成分。恰当的沟通，不仅可以塑造领导者的亲和力，而且对激发员工激情大有裨益。古人云，“士为知己者死”，“感人心者，莫过于情”。所以，领导者不仅要以理服人，更要以情感人。要舍得情感投资，重视与下属的人际沟通。除了传统的面对面的沟通方式外，应该创新一些新花样，例如，与下属集体进餐，或与某个下属来个单独“约会”。事实上，只要是对下属的真心关怀，都会起到正面的激励效果。很多时候，“另类”的温情沟通或许比大张旗鼓的褒奖一番更为奏效。很多领导者都非常喜欢用网络沟通的形式，可以随时与下属互动，了解他们的工作进展，有针对性地指导他的工作，并且给予鼓励。有时，哪怕是天气转凉时的一句问候，生日时的一句祝福，劳累中的一句叮咛，都会让员工备受鼓舞。同时，可以将工作中常见的问题和解决办法制成一个个的锦囊妙计，以电子邮件的方式发给下属。给下属解决问题和减少压力，其实不就是一种激励吗？运用情感沟通激励时，应做到以下三点：（1）善于体察人心，及时感受到下属的思想和情感变化，并根据这些变化采取相应的措施。（2）善于根据人的不同特点，选择不同的情感沟通方式。（3）要真诚相待，真正尊重和信任下属，不搞形式主义。

分享案例

安利公司非常注重领导与员工之间的有效沟通。安利被评为 2001 年中国 10 个最佳顾主之一，与其充分沟通是分不开的。在安利的内部网上，员工可以随时发表自己的建议和不满，公司有专门的人员处理网站上的员工意见，并且迅速向员工做出回应。安利在全国有 60 个地区中心，2 000 名员工，每个月各地地区中心和安利总部都要召开一次员工大会，所有的高层经理都会利用这个机会和员工见面，听取员工意见。许多问题，大家坐下来沟通一下，马上就能解决掉。人力资源总监会出现在不同地区的会场上，随时了解员工的动向，并把安利的使命传达给每一位员工。安利公司的沟通模式使领导层能够充分地体察下属思想，遇到问题能及时发现并及时解决，员工的工作动力得到大大加强。

方法二：把赞扬表达出来

打动人最好的方式就是真诚的欣赏和善意的赞许。生活中的每一个人都有较强的自尊心和荣誉感。领导对他们真诚的表扬与赞同，就是对他们价值的最好承认和重视。而能真诚赞美下属的领导，能使员工们的心灵需求得到满足，并能激发他们潜在的才能。一般情况下，每个员工的薪酬都是保密的。但要知道，人都有那么点小小的虚荣心，即使某个员工因为表现出色而得到了额外的奖励，也会因为不是公开的褒奖而使激励效果大打折扣。因此，尝试在定期的全体员工会议上，由部门经理公开表扬表现出色的员工，同时介绍他的突出成绩和贡献。得到表扬的员工往往会产生强烈的自豪感，进而会更加努力地工作；而未得到表扬的员工也会不甘示弱地在未来的日子里，为荣誉而战。正如杰克·韦尔奇所说：“即使对那些已经有一定信心的人，你也要把握住每个时机，持续不断地继续鼓励他们。要毫不吝惜地加以表扬，越具体越好。”如果情况实在不允许，用行动表示也十分可取，随意地拍拍员工的肩膀，或者给一句由衷的赞赏，可以让员工一整天精神饱满。据说有一位高新技术公司的经理，在每月发薪水时，都会亲自将薪水袋双手递到员工手中，并且会对员工道谢。起初，有的员工甚至用“受宠若惊”来形容当时的心情，激动得难以形容。其实员工的需求总是那么朴实而简单。

分享案例

韩国某大型公司的一个清洁工，本来是一个最被人忽视，最被人看不起的角色，但就是这样一个人，却在一天晚上公司保险箱被窃时，与小偷进行了殊死搏斗。事后，有人为他请功并问他的动机时，答案却出人意料。他说，当公司的总经理从他身旁经过时，总会不时地赞美他“你扫的地真干净”。领导不断重复这么一句简简单单的话，就使这个员工受到了感动，并“以身相许”。这就是中国“士为知己者死”的老话所揭示的境界。

方法三：给他最需要的

由于员工的性别、年龄、喜好、知识结构都不尽相同，因此对激励的需求也会不尽相同。对一个刚大学毕业的员工来说，什么产假政策、住房补贴之类的激励对他（她）来说，意义并不太大，因为他（她）还不需要。但如果你奖励他（她）一个 MP3、健身卡之类的时尚产品，或者是投其所好地送上他最想得到的东西时，效果一定倍增。对于新员工来说，尽量的“体贴”是最重要的，例如，陪新员工共同走一次上班路。不要总絮絮叨叨嫌员工总是迟到，看看员工的家离公司到底有多远，上班的路程是否辛苦。甚至不时地做个“家访”，了解他（她）的个人喜好、家庭状况，这不仅会为以后你们之间的沟通建立基础，也可以为你对其采用怎样个性化的激励方式提供依据。最有效的激励一定是让员工感到感动和惊喜的那种。

分享案例

美国一个毕业于斯坦福大学的年轻人，一直想找一个既可以赚大钱又不耽误他白天打高尔夫球的工作。当硅谷一家计算机系统集成公司了解到他真的很有才华和能力以后，决定满足他的要求。于是，此人白天打高尔夫球，晚上工作，而且工作质量和效率很高。该公司和这个年轻人都感到很满意，到现在也没有离开公司。人们将这种工作时间称为“超弹性工作时间”。

方法四：创新的激励项目

对于越来越多的新锐企业、新兴行业，尤其是“80后”的员工，传统意义上的激励方式已经失去了诱惑力。如今要想激励员工，领导者必须花费些心思创新激励项目，如奖励卡片，给需要表扬的员工一张漂亮的卡片，上面写着领导感谢的话，员工可以把它置于桌上，也可以贴在自己的工作间。领导的鼓励抬头可见，能不心花怒放、疲惫尽消吗？或许没有什么方式比创新的非货币激励项目更可行有效。

方法五：利用比较法

有比较就有鉴别，有鉴别就有差距，有差距就会激发起竞争意识。比较法包括：进行自己组织内部的纵向指标比较，把组织内部所有部门和员工按照完成任务的情况从高到低分别排列出来，让员工或部门可以看出自己在组织内部的差距；进行同行业中横向发展指标比较，了解本组织在业界的差距。这种做法充分利用了人们争强好胜的心理，因为谁也不愿意排在后面。

分享案例

美国西南航空的内部杂志经常利用《我们的排名如何》专栏，让西南航空的员工知道他们的表现如何。在这里，员工可以看到运务处针对准时、行李处置、旅客投诉案等三项工作的每月例行报告和统计数字，并将当月和前一个月的评估结果做比较，制定出西南航空公司整体表现在业界中的排名。还列出业界的平均数值，以利员工掌握趋势，同时比较公司和平均水准的差距。西南航空的员工对这些数据具有十足的信心，因为他们知道，公司的成就和他们的工作表现息息相关。当某一家同行的排名连续高于西南航空几个月时，公司内部会在短短几天内散布这个消息。到最后，员工会加倍努力，期待赶上人家。西南航空第一线员工的消息之灵通是许多同行无法相比的。

俗话说：人争一口气，佛争一炷香。比较法的激励作用，就是让落后的组织或员工为了争那“一口气”，而从自身机体的内部爆发出奋斗的力量，去超越先进，由此，形成一个“你超越我，我再超越你”的不断循环的超越过程。

分享案例

1912年，美国钢铁大王安德鲁·卡耐基以100万年薪聘请查理·斯瓦伯为公司第一任总裁时，全美企业界为之哗然。在当时，百万年薪是美国企业界最高数字，更何况斯瓦伯对钢铁行业也不是专家里手，卡耐基为什么要付给他那么高的薪酬呢？但在卡耐基眼里，斯瓦伯具有激励员工的特殊才干。

斯瓦伯上任后，发现他管辖的一家工厂产量落后，问厂长原因，厂长很为难地说："说来忏愧，我好话与丑话都说尽了，甚至拿免职来恐吓他们，没想到工人软硬都不吃，依然懒懒散散。"

那时正是日班快下班、夜班要上班之时，斯瓦伯向厂长要来一支粉笔，问日班的领班今天练了多少吨钢？日班领班回答："炼了6吨钢。"斯瓦伯用粉笔在地上写了一个大大的"6"字，一句话没说就走了。夜班工人接班后，看到地上很大的"6"字，好奇地问日班工人这是什么意思？日班工人说："今天总裁过来了，问我们今天炼了多少吨钢，领班告诉他炼了6吨钢，他就在地上写了这个'6'字。"

次日早上，斯瓦伯又来工厂，他看到昨晚地上的"6"字，已经被夜班改写为"7"字。日班工人知道输给了夜班工人，心里很不是滋味。知耻方为勇，他们决心干出个样来，给夜班工人点颜色看。经过大伙的加倍努力，当班炼出了10吨钢。

在日夜班你追我赶的不断竞赛下，这家工厂钢的产量不断攀升，最后竟跃居全公司之首。斯瓦伯只用一支粉笔就能激发出工人们的潜能，大大提升劳动效率，这就是他能够拿全美企业最高薪的本领和资格。

方法六：吐露一点秘密

要想取得不错的激励效果，向员工吐露一点秘密也是不错的选择，因为员工会为此而感到你信任他。因此，领导者为了表明对某位员工的信任，不妨有意透露一点小秘密给他，这样他会自然进入领导者制造的气氛中感觉领导者把他当自己人而对领导者更加忠心，从而起到激励员工的作用。

案例讨论

一些人认为，典型的加利福尼亚人与世界上别的地方的人有所不同。尽管这是人们的某种成见，但是至少有一部分加州人确实与众不同。这部分人在硅谷工作，就职于那些推动科技与信息发展前沿的高科技公司。

以他们当中的一员凯西小姐为例，她典型的一天是这样度过的：白天工作12个小时后，晚上9点锻炼身体，然后接着工作。这就是她一贯的作息安排，每周6天，并一直能坚持好几个月。凯西是娱乐产品部的项目经理，主管电脑游戏光盘的制作。她一般每周工作100个小时左右。和她在硅谷的那些同事们一样，她并不需要遵守严格的时间规定，而只是在自己想工作的时候才工作，只不过她大多数时候都想工作而已。

什么可以激励人们过这样一种生活呢？在硅谷，很多特殊的机会层出不穷，这就为某些人提供了强大的激励机制。在这里，一种普遍的激励因素是金钱。在今天，硅谷有 1/3 以上的高科技公司给员工以股权，而对非高科技公司，这一比例不到1/12。因此，在这一行业中，短时间内暴富是完全可能的。而且即使有人赚不到更多的钱，他能得到的基本补偿金也非常诱人。例如，硅谷的软件、半导体工人每年平均可以得到7万美元的补偿金，而美国普通工人平均每年只能得到2.7万美元。

对于这个行业的人来说，对所从事工作的热爱是另一个重要的激励因素。虽说钱很重要，但很多人承认，如果只是为钱，他们是不会像现在这么努力的。事实上，很多人都认为自己的工作可以与音乐家的工作相媲美，因为工作给了他们发自内心的快乐，工作本身就是最吸引他们的地方。

第三个激励因素是，在硅谷的工作有很高的显示度，容易为人所认可。相对于其他行业的人来说，他们有更多的机会出名。如娱乐产品部发行凯西监制的游戏光盘，成千上万的顾客会来买这种光盘，并在他们的电脑上使用。她的名字就会出现在制作人员的名单中，就像电影制片人的名字出现在影院中一样。

来自同行的压力和认同也是非常重要的激励因素。这个行业中的人工作时间都很长，这也成了整个行业通行的一种"标准"。人们去上班时就知道自己必定要工作很长时间，这是既定的事实。他们这么做是因为每个人都这样，不这么做的人就会遭到同行的讥讽。

最后一个激励因素是这些工作所提供的自主性。事实上，现在流行的很多管理方式，如授权，就诞生于硅谷。如惠普和苹果等公司已经摒弃了传统组织机构中指令控制式的管理。公司从不对员工的工作时间安排、工作进度以及服装规范等方面加以规定。相反，员工可以来去自由，可以带宠物上班，也可以在家工作。简而言之，他们可以自主选择在何时、何地以及以什么方式开展工作。对于今天的很多员工来说，这种弹性是非常有吸引力的。

讨论问题：

1. 用什么样的激励理论能够恰当地解释硅谷员工的行为？
2. 如何用赫茨伯格的双因素理论对员工的行为加以解释？
3. 对于成就、归属和权力的需要是否对这些员工有激励作用？

第十一章 危机领导的方法与艺术

引导案例

南极探险家欧内斯特·谢克勒顿的故事被看作是危机领导的典范，他也被誉为“地球上最伟大的领导者”。尽管他领导的只不过是一个由医生、船员、科学家、气象学家、木匠等 28 人组成的船员团队，并且他们的探险最终也以失败告终。

谢克勒顿卓越的危机领导艺术是他创造这个世界探险史上最大生还奇迹的源泉。1914 年，谢克勒顿驾驶他的忍耐号航船向南极进发。当忍耐号被迫停留在威德尔海时，离南极不到 100 英里，他的船就被卡在了威德尔海的浮冰里。谢克勒顿在船被冰川包围之后，就意识到他们在这个冬季不可能穿越南极大陆，他立即告知船员这一情况，并告诉大家他将负起整个责任，要大家在这里等待。在威德尔海等待的漫长的 10 个月里，谢克勒顿为了使船员保持乐观的精神，组织船员们打牌、举办音乐会。在他的引导下，甚至还有人在雪地里建起了花式门廊，这些活动逐渐减轻了大家面对危机的恐惧与烦躁。1915 年 10 月忍耐号的木墙被包围在外面的寒冰撞个粉碎，谢克勒顿立即下令船员马上撤离，于是 28 名船员不得不挤在三条救生艇中，他们在自己的薄外套里瑟瑟发抖，由于只有少量的食物被带下沉船，谢克勒顿开始指导大家通过捕食企鹅以维持体力，直到 7 天后他们登陆象岛。就在大家以为得救时，却发现象岛竟是一座无人荒岛。面对船员们大多数已经体力严重透支，没有力气继续前进的现实，谢克勒顿做出了另一个决定，他挑选了 5 名勇敢的船员决定带领他们冒险走出去寻求救助，而其他船员则留下等待救援。在寻求援助的途中，谢克勒顿率领他的船员在波涛汹涌的大海上航行 800 多英里，翻越绵延 160 公里、海拔 2 745 米的雪山，在谢克勒顿的航海日志中，他这样记载：“在这里，每一个人都有自己的工作。”所有人都参与到解决问题、摆脱危机的过程中来。谢克勒顿不断根据情况调整自己的计划并使所有船员向着更有效的计划一起努力，最后终于在到达一个捕鲸站后，营救出了所有的 28 名船员。

这就是为什么谢克勒顿只领导过一支小船队却被誉为“最伟大的领导者”的原因。正如他自己所说：“如果你是一位领导者，你就必须继续下去。”谢克勒顿的故事启示今天的领导者：在面对危机时，领导者首先要保持乐观，用积极的心态来影响下属，使他们逐渐适应危机情况从而减轻对于危机的惶恐。在迅速控制事态之后，就必须要针对危机采取适当可行的措施，并在这一过程中要求每一名下属都参与到危机解决的行动中来，只有这样才有可能创造奇迹，解决危机。

危机无论对个人还是对组织都无时不在，无处不在。中国有句俗语："天有不测风云，人有旦夕祸福。"比尔·盖茨曾说："微软离破产永远只有18个月。"张瑞敏也有同样的危机意识，"我每天的心情都是如履薄冰，如临深渊。"斯坦福大学教授理查德·帕斯卡尔说："21世纪，没有危机感是最大的危机。"如何面对危机和处理危机是每个领导者不可避免的挑战，因此，对危机领导方法与艺术的重视已经被提升到了关系一个组织发展与存亡的高度上。领导者能够正确地认识和掌握危机领导的方法与艺术，是有效进行危机领导的前提，也是妥善处理危机的基础和保证。

第一节 危机领导的内涵

一、危机的概念

到底什么是危机，国内外的很多专家学者给出了不同的定义。比较经典的定义有如下几种。

危机研究的先驱赫尔曼（Hermann）在1972年给危机下了这样的定义："危机是威胁到决策集团优先目标的一种形势，在这种形势中，决策集团做出反应的时间相当有限，且形势也出乎决策集团的意料。"

美国的危机管理专家艾·密乔夫（I.Mitrof）认为，管理危机比定义危机更重要。他从危机对组织所产生的影响角度给出了一个指定性定义："危机就是一个能使组织的整体产生影响或有潜在影响的事件。"

经济学家巴顿（Barton，1993）则从负面效应来定义危机，他认为危机是"一个会引起潜在负面影响的具有不确定性的大事件，这种事件及其后果可能对组织及其员工、产品、服务资产和声誉造成巨大的损害。"

罗森塔尔（Rosenthal）和皮内伯格（Pijnenburg）在1991年认为："危机是指具有严重威胁、不确定性和有危机感的情景。"

美国公共关系协会将危机定义为："对组织正常运营产生重大影响的破坏性事件。"

在现代汉语中，危机有两种意思：一是指潜伏的祸根；二是指严重困难，生死成败的紧要关头，如经济危机。在我国，也有关于危机含义的研究，下面是这种研究的几种代表性概括。

我国有的学者将危机定义为造成重大损失的意外事件："危机是社会遭遇严重天灾、疫情，或出现大规模混乱、暴动、武装冲突、战争等，社会秩序遭受严重破坏，人民生命财产和国家安全遭受直接威胁的非正常状态。"

还有的学者将危机界定为："在任何组织系统及其子系统中，因其外部环境和内部条件的突变，对组织系统的总体目标和利益构成威胁而导致的一种紧张状态。"

综合国内外不同学者给危机下的定义，我认为，所谓的危机，就是一种对组织的正常运作秩序和基本目标的实现构成威胁、要求组织必须在极短的时间内做出关键性决策和紧急的处理方案的突发性事件。这一危机定义强调以下几点：第一，这个危机定义是具有针对性的危机定义，是领导者所进行领导活动的所在环境的特定范围；第二，危机的产生会妨碍组织目标实现；第三，危机是突发性事件，领导者必须对危机进行紧急回应和处理，否则将对组织的正常运作秩序和目标的实现产生负面效果和影响。

二、危机领导的内涵与特征

21世纪以来，各种危机事件层出不穷，恐怖事件、海啸、SARS、禽流感、地震等重大危机的发生对人类的侵害也是逐渐加重。危机有天灾，有人祸，形式多样，爆发频繁。一个领导者所在的组织也是面临同样的境况，危机随时都可能发生，而领导者必须在危机发生之时，正确和妥善地进行危机领导，有效化解危机，降低危机带来的损失。

危机管理作为决策学的一个分支，其理论创始于20世纪60年代初。在“古巴导弹危机”处理中，当时的美国国防部长麦克纳马拉创造出“危机管理”这一术语。20世纪60—80年代，西方危机管理的研究出现了一次高潮，研究领域从政治领域向经济、社会领域扩展，从自然灾害领域向公共危机管理领域扩展，危机管理成为一门学科，形成了企业危机管理和公共危机管理两个既独立又相互融合的学科分支。

所谓危机领导（Crisis Leadership）是指领导人在危机状态下的活动。格林认为危机领导任务是尽可能控制事态，在危机事件中把损失控制在一定范围内，在事态失控后要争取重新控制住。危机领导是一门科学，更是一门艺术。危机是一种威胁，一种不确定性，一种需要采取紧急救济措施化解的严重困境。对于一个领导活动的组织环境来讲，在危机状态下的活动就是对危机进行领导。这种领导是根据组织内外部环境的变化，分析和预测组织存在的潜在问题，评估有关问题对组织的影响，进行一系列的管理活动，把组织风险减少到最低限度。这些管理活动包括信息收集、规划决策、动态调整、化解处理、跟踪反馈的全过程。目的在于当危机发生的时候，能够减少危机的威胁与负面效应，高明的领导者还可以将危机转变为机会，为组织找到新的利益。危机的产生是一种突发事件或意外事件引起的危险和紧急的状态，必定伴随着不确定性、行动紧急性和积极预防性这三大基本特征。

（一）不确定性

古希腊的一位哲学家曾经这样说过：“人类的一半活动是在危机当中度过的。”这话用于说明领导活动也是正确的。危机是一种完全不在预料之内的意外事件，是不可控的，也就决定了危机领导的不可确定特征。这种特征也表现在管理对象、危机预测与预控、危机处理的不确定方面。首先，领导者的管理活动都有确定的范围和管理对象，但是危机管理不同，有些危机现象经常发生，有些发生次数极少，因此领导很难把握这类危机对象，只有在爆发以后，才能够采取相应的行动并给予足够的重视。因此，对不确定的危机管理对象进行监控、预控和处理是很困难的。领导者要运用科学的管理手段将最可能发生的危机列为管理的对象，一旦潜在的危机爆发，方便领导者及时进行危机领导。其次，危机预测和预控皆不可确定。一些能够确定的现象发生的危机常常有规律可循，但是有些是风险性的危机，发生的时间与空间都是没有规律的，对此类的危机进行预测是不确定的也是不准确的。只有领导者根据主观的经验和自身的能力来评价与推断，或者依靠有关人员的直觉与经验。但是由于客观因素和外界环境的变化无常，仅仅依靠主观的判断，没有充分的依据，预测的结果可靠性较差。危机预控是在预测的基础上进行的，因为预测的结果比较粗略，预控的实施就很有难度，在事前很难做到全面的准备。最后，危机处理的计划是不确定的。事前控制所做的处理计划不一定适用已经发生的危机。因为人的能力是有限的，再高明的领导者和领导团队也不可能将所有可能发生的危机都想到，不能将所有相应的处理计划穷尽。即使是同一种危机发生，也有多种不同情况，因此处理计划难以将所有的处理措施都包括在内。不同的危机情况处理措施千差万别，具体的处理过程也要视事而变。

密里肯根据决策者在察觉上的不同，将不确定性区分为以下三个方面：（1）状态的不确定性；（2）影响的不确定性；（3）反应的不确定性。从密里肯的见解来看，虽然无法对危机爆发时期及状态作准确的判定，但对于危机可能引发的严重威胁却有相同的共识。因此，就决策者而言，可以事先通过危机意识的培养，建立危机预警机制，针对可能出现的危机做出准备，建立一套完备的危机应对计划，相信只要通过此类活动的运作，一定可以将危机发生的反应不确定性予以降低或消除。

（二）行动紧急性

危机领导的紧急性是由于在紧急的状态中处理危机的反应要紧急、行动要迅速这一特点所决定的。危机发生的全过程分为三个阶段：前兆阶段、爆发阶段和持续阶段。在前兆阶段，要预测危机，监控危机，采取措施预防危机，并为即将采取的危机处理行动做准备。在持续阶段，要清除危机造成的不良后果，并总结经验和教训。这两个阶段的工作节奏是按正常节奏进行的。在爆发阶段，危机的危害每时每刻都在增加，必须以极快的节奏和不同于平时的方式进行管理，即所谓的应急管理。很多时候危机虽然没有爆发，但是可以察觉到危机正在逼近。领导者应该赶在危机爆发之前进入状态，争取控制事态，只有行动紧急，才可能将危机扼杀在萌芽中或者作出正确的处理决策，不至于产生广泛的恶劣影响。

（三）积极预防性

危机一旦爆发，所采取的一系列行动都只能是减少一些损失，挽回一些局面，但是还是会有重大的负面影响。如果能够避免危机事件的产生，那么组织就不会蒙受惨重的损失。因此，危机领导者应力求对可能发生的危机做出比较准确的预测，并采取各种措施避免其发生。

随着互联网应用的不断普及，媒体对新闻的反应速度不断提高，信息的复制、传播速度较传统媒介有了革命性的变化。在这种情况下，企业面临的危机管理也呈现出新的特点：（1）危机的防范更加困难。一方面，媒体之间的竞争使媒体记者们对爆炸性的新闻具有敏锐的嗅觉。这使得隐藏在企业经营过程中的危机隐患被揭露的概率大大增加。另一方面，消费者获取信息的渠道更为广泛，及时性更高，这大大增加了引发企业危机的诱因。（2）危机的发展速度惊人。新闻的迅速复制和传播，再加上信息受众的主动参与讨论，有可能使危机迅速放大、恶化和蔓延，危机自行消灭的可能性变小。（3）危机可能带来的损失增大。由于受到广泛关注，所以危机事件若得不到妥善处理，公司的公众形象就会大大受损。公众形象一旦被损害，公司将不得不花费大量的时间和成本来重建信任。

三、危机管理的原则

组织的领导者在实施危机管理时，要有科学根据，切不可随心所欲、仅仅依靠感觉与经验。领导者面对危机要保持镇定，按照科学的原则，妥善加以处理，争取控制局面，挽回损失。领导者在实施危机管理时，一般要遵循如下原则。

（一）提前预防原则

危机管理正如奥斯本和盖布勒所说："使用少量钱预防，而不是花大量钱治疗。"要树立有备无患、居安思危的观念。杰克·韦尔奇曾说："预防还不是一门完美的科学，但它是你抵御危机的第一道防线。不要依赖痛苦的经验来增强你的免疫力——除非不得已而为之。"英国危机管理专家迈克尔·里杰斯特说："预防是解决危机的最好方法。"提前预防首先是对危机的预测，是指分析研究引发危机的线索和因素，估计将遇到的问题及事件发生、发展的程度和方向，从而制定多种可供选择的应变措施。一般情况下，预测的主要内容是：有多少可能发生的危机事件、各种危机事件的性质、爆发后产生的影响范围、发展势态等。在对这些有了预测以后，就可以做一些提前的准备，向各职能部门传递信息，加强协作，以便危机发生后能够紧急处理。"冰冻三尺，非一日之寒。"如果领导者具有敏锐的洞察力，注重在平时收集信息，对可能发生的危机进行预测，并做好应对方案，就完全可以最大限度减少危机带来的损失，甚至避免危机的发生。在企业的生命周期中，发生大大小小的危机几乎是在所难免，企业领导者越早意识到危机的存在，做到提前预防，就越容易降低危机发生的几率，越容易在危机发生过程中做出适当的决策，控制事态的发展。

（二）积极主动原则

当发现危机后，最不可采取的方法就是任事态自由发展，消极对待。正如石油大亨保罗·盖帝所说："真正伟大的将军会镇定冷静地看待困境，他明白困境注定会不时地出现，他拒绝因此而垂头丧气、身心交疲。"根据危机事件的性质，领导者应发挥其主观能动性，积极面对，控制局势。最好不要急于追究责任而错过处理危机的最佳时机。一旦组织陷入了困境，相关领导者首先要挺身而出，寻找危机产生的原因和解决办法，将被动变主动，化危机为转机。例如，索尼公司的照相机曾出现质量危机，被我国媒体曝光后，索尼公司先对公众承认错误，并回收有问题的相机，以稳定局势，最大程度地维护了企业形象。

分享案例

1974年，全球爆发石油危机，日本许多公司遭受了沉重打击，订单剧减，业界大范围地裁员和停职待工。京瓷公司也遭受了同样的命运。但是，京瓷公司创业以来，就有全公司团结一心、同甘共苦的传统，所以，稻盛和夫面对危机，决定绝不裁员，只是实行减薪。

但是把少量的工作分配给那么多人员来做，工厂的气氛就会变得过于闲散。工作减半，工人也要减半。于是公司决定，从工厂里撤下来的人员不得进入厂房。多余的员工就在早会结束后，默默地在厂区除草，修剪花坛，甚至清除排水沟里的淤泥。此外，公司还经常开办技术研修会，为重返工作岗位做准备。如果雨雪天无法在外作业，就在会议室里学习京瓷的经营哲学。过去，每天忙得不可开交，如今却要弯腰除草，对于工人来说，没有比这更难受的事情。

分管营销的负责人低下头说："这是营销的问题。我要让大家有事情做，再也不能让大家陷入如此困境。请大家再稍稍忍耐一下。"尽管营业部很努力，但世界性的经济危机所造成的需求低迷，仍在持续。

稻盛和夫称自己遭遇到了创业以来最严峻的危机，于是向工会提出"希望停止一年加薪"的请求。尽管工会一致通过了稻盛和夫的提议，但工会的上级组织"全纤同盟"不仅不同意，还提出："按照统一要求，加薪29%。"工会召开临时大会，决定脱离"全纤同盟"，并制定了《京都陶瓷劳动工会宪章》提出："工会存在的意义在于为集团谋求永久的幸福，在于维护劳资双方共同面对命运，在同一思想下同甘共苦的严格的劳资同轴关系。劳资双方要共同承担这个重大责任。"

后来，订单量开始回升，剩余员工回到了生产第一线。第二年，在补发上一年应涨的薪金之外，又给员工加薪，还发放奖金作为先前停止加薪的补偿，远远超过了工会的加薪要求。京瓷股票从第二市场升为第一市场，股价也跃居日本第一。

京瓷公司积极主动地直面危机，化危机为机遇，获得了长足的发展。

（三）及时行动原则

危机事件一旦突发，领导者应尽最大努力控制事态的恶化和蔓延，争取在最短的时间内采取有效措施并及时控制。危机事件一旦发生，极易出现人心散乱的危险局面。如何引导舆论、稳定人心便成为一项重要任务。因此，对可能出现的情况要分别制订应急计划与方案，对正在发生的危机，领导者要第一时间赶赴现场，并给予相应的处理。还要快速建立一条信息通道，使企业或组织与传播媒介或其他各类公众迅速沟通，尽快在信息发布上居于主动地位。由于事态发展迅速，要求迅速决策，因此不可能拘泥于理性化决策方式，在这种情况下，领导者还要有非理性化决策的能力和手段。

（四）实事求是原则

头绪繁多、变化多端的突发性危机，往往会让人在混乱的表象面前产生种种猜疑、误解，甚至会谣言四起，无序状态便会造成更大的混乱，使局势恶化。此时领导者必须本着实事求是的态度处理危机，统一指挥，主动向公众说明事实真相，才能使危机的负面影响减少，甚至逐步消除。遮遮掩掩只会欲盖弥彰，取得相反效果。如果外界产生了不信任感，就更会增加危机处理难度，影响组织形象。

（五）灵活机动原则

危机的种类繁多，因此针对不同危机的处理方法与手段也不尽相同。要根据具体情况具体分析，进行针对性处理。不可以固守教条，一成不变地面对危机。多数危机属于突发性质，不可能都有现成适用的处理措施，因此，根据实际情况灵活处理很重要，也十分关键。

分享案例

日本在丰臣秀吉当政时期，有一天，下起了特大暴雨，河堤溃决。当时，情况非常危险，丰臣秀吉立刻赶往现场，指挥部下“抗洪抢险”。然而，溃决的河堤必须用沙袋才能堵塞得住，而制作沙袋需要很长的时间，雨势越来越凶猛，水位不断上涨。

就在大家束手无策之时，石田三成跑过来。他打开粮仓，命令将士们用米袋去堵塞堤防的决口。由于这项随机应变的措施，避免了一场溃堤大灾难的发生。不久，雨势渐缓，河水水位也下降了。

这时，石田三成告示市民：如果附近的居民能够制造出可以堵住河堤缺口的沙袋，就用大米做奖赏。村民们纷纷响应，一时间制作了许多坚固的沙袋。因此，在短短的时间内，堤防就修复好了，而且比以前更加结实。看到这种情形，丰臣秀吉赞叹不已。

（六）全员参与原则

在进行危机领导时危机管理者是主要的负责人，并不意味着处理危机只是领导者一个人的事情。危机发生后，应当让组织内全体人员了解情况，掌握危机的性质、深度及影响，共同找出解决危机的方法，动员全体人员共同关注事态发展，发挥集体的智慧和力量共渡难关。要通过整合各方面的资源，确保一切可以动员和调动的因素皆能够充分、适度地发挥其应有的作用。全员参与原则不仅可以使员工在危机中经受锻炼，更有利于做好危机预防工作。

（七）维护公众利益原则

维护公众利益原则应该根植于强有力的企业价值观。危机发生后，公众关注的焦点往往集中在两个方面：一方面是利益的问题；另一方面则是感情问题。利益是公众关注的焦点，危机事件往往会造成组织利益和公众利益的冲突激化，所以，每当发生危机事件，成千上万双眼球一时之间都定格在危机事件会不会造成公众利益的损害，事件的主体有没有采取保护公众利益的措施上。如果损害了公众利益又没有及时采取补救措施，或者置公众利益于不顾，就会招致批评如潮。媒体口诛笔伐和公众的声讨，无疑会大大加重危机中的各种困局，最终使事件的主体为之付出巨大代价。危机事件的主体只有勇敢地承担起自己的社会责任，当机立断，宁愿以牺牲自身短暂利益换来公众的根本利益和良好的社会声誉，赢得主动，把危机制止在萌芽阶段，才能够更为有效地浴火重生。

（八）追踪反馈原则

危机爆发带来的不良影响不可能一朝一夕就消失殆尽，因此还要做好危机处理后的反馈工作。事件解决以后，对整个过程进行追踪观察并及时反馈，填补处理漏洞，并尽量补偿损失。做好追踪反馈的工作，才能算是完整和完满的解决程序。

（九）恢复原则

恢复原则是指在危机后尽快恢复平常时期的秩序和状态。危机的程度和范围不同，所造成的损害等也各不相同，因此，恢复平常的任务有轻重之分，对恢复平常阶段的任务和责任设定应该注重合理性。若危机严重，要恢复到危机前的状况就需要较长的时间，甚至可能出现无法完全复原的损害，切不可笼统而抽象地谈责任机制。

分享案例

1982年9月，美国芝加哥地区发生有人服用含氰化物的泰诺药片中毒死亡的严重事故，一开始死亡人数只有3人，后来却传说全美各地死亡人数高达250人。其影响迅速扩散到全国各地，调查显示有94%的消费者知道泰诺中毒事件。

事件发生后，在首席执行官吉姆·博克（Jim Burke）的领导下，强生公司迅速采取了一系列有效措施。首先，强生公司立即抽调大批人马对所有药片进行检验。经过公司各部门的联合调查，在全部800万片药剂的检验中，发现所有受污染的药片只源于一批药，总计不超过75片，并且全部在芝加哥地区，不会对全美其他地区有丝毫影响，而最终的死亡人数也确定为7人，但强生公司仍然按照公司最高危机方案原则，即“在遇到危机时，公司应首先考虑公众和消费者利益”，不惜花巨资在最短时间内向各大药店收回了所有的数百万瓶这种药，并花50万美元向有关的医生、医院和经销商发出警报。对此《华尔街日报》报道说：“强生公司选择了一种自己承担巨大损失而使他人免受伤害的做法。如果昧着良心干，强生将会遇到很大的麻烦。”强生公司的“做最坏打算的危机管理方案”的重点是首先考虑公众和消费者的利益，这一信条最终拯救了强生公司的信誉。

事故发生前，泰诺在美国成人止痛药市场中占有35%的份额，年销售额高达4.5亿美元，占强生公司总利润的15%。事故发生后，泰诺的市场份额曾一度下降。当强生公司得知事态已稳定，并且向药片投毒的疯子已被拘留时，并没有将产品马上投入市场。当时美国政府和芝加哥等地的地方政府正在制定新的药品安全法，要求药品生产企业采用“无污染包装”。强生公司看准这一机会，立即率先响应新规定，结果在价值12亿美元的止痛片市场上挤走了竞争对手，仅用5个月的时间就夺回了原市场份额的70%。

强生公司处理这一危机的做法成功地向公众传达了企业的社会责任感，受到了消费者的欢迎和认可。强生公司还因此获得了美国公关协会颁发的银钻奖。原本一场“灭顶之灾”竟然奇迹般地为“强生”迎来了更高的声誉，这归功于强生公司在危机管理中高超的技巧。

第二节　危机事件产生的原因与特点

一、危机事件产生的原因

从危机概念上分析，它具有危害、意外、紧急之意。危机事件指的是各种紧急的、意外发生的、对组织形象和经济利益有重大损害的突发事件和事故。准确掌握危机事件产生的原因，有助于及时发现可能引起危机的各种端倪和征兆，对危机事件产生的原因进行科学分析，以制定切实可行的预防和处理措施。危机事件产生的原因有很多，一般分为两类：一类是组织可以控制的内部原因，如决策、管理、公关等；另一类是企业不可控制的外部因素，如不可抗力、体制、政策、社会因素等。总结起来，有以下六种因素是引发危机事件产生的原因。

（一）决策失误

决策失误是引发组织目标与结果偏离的重要原因。一旦决策失误，组织内部和外部的现状与变动趋势都是引发危机的诱因，从而与预先设定达到的目标产生偏离，进而影响组织的绩效。决策失误发生后，往往是在计划进行之中或完成后就已经产生了负作用，产生了困难，使组织面临困境或走上绝路。例如，1993 年太阳神的营业额高达 13 亿元。当年，太阳神接连上马了包括房地产、石油、边贸、酒店业、化妆品、电脑等在内的二十多个项目，在全国各地进行大规模的收购和投资活动，短短两年间，太阳神转移到这些项目中的资金高达 3.4 亿元，但不幸的是，这些投资全部打了水漂。1995 年底，太阳神在香港上市后，股价一度跌至港币 9 分左右。太阳神因其投资决策失误带来的危机导致其从此一蹶不振。

（二）管理不善

由于组织运营不善，或者领导者的管理不到位，规章制度不健全，管理方式、手段不科学等原因都可能诱发一些突发事件。组织的管理工作包括各个方面，如人力资源管理方面存在缺陷，造成核心人才流失，就能使组织面临瘫痪的状态从而导致经营危机。正如宝洁公司董事诺曼·奥古斯丁所说："企业最大的危机不在于外部环境与因素，而在于企业自身不能识别危机并采取行动，在于管理不善。"

（三）公关策略失误

一个组织必然要面临与外界的接触与交流，因此企业的公关就显得尤为重要。在公关实务中必须严守公关原则来制定公关策略。例如，公关的基本原则就是以客观事实为基础的真实原则，向公众通报的信息是否真实，这直接关系到企业的形象和声誉。例如，2002 年 3 月 14 日，《南方周末》头版刊登了《脑白金真相调查》一文，对脑白金的功效、广告轰炸提出了质疑，在这场危机中，史玉柱始终没有在媒体上乱讲话，而是请求社会给予民营企业更多的宽容，从而建立了良好的社会形象，渡过了这场公关危机。公共关系中以公众利益为出发点的原则，要求公关主体必须尊重公众利益，一旦违背了公关原则必然遭到失败。

（四）不可抗力因素

不可抗力因素是因为无法抵御和控制的外力或突发性的自然灾害产生的危机。如洪水、地震、海啸等自然灾害都会使政府、企业和个人面临巨大的危机。战争和政变等社会突发事件的影响也是巨大的，也是不可抵御的。

（五）政策、体制因素

国家政策、管理体制对我国的所有组织的活动和行为的影响都是巨大的。如果一个企业的发展不能够顺应国家的政策和体制，必然会遇到很大的阻力，或者陷于欲进不能、欲退不忍、驻足不前的困境。

（六）社会因素

一些社会因素严重扰乱了社会经济秩序，对人们的影响是各个方面的，同样会造成危机的产生。如哄抬物价的行为引发的通货膨胀，无论对企业或者个人都是难以避免的，从而产生连锁反应，对正常的经营行为产生阻碍，引发危机。

在上述危机产生的原因中，由于外部因素而产生的危机是被动的、无法预防的。在这些危机面前，只有积极面对，慎重处理才是正途。但是组织内部原因引发的危机是可以控制和改进的，通过组织和领导者的努力是可以有所作为的。领导者通过了解危机产生的原因，不仅能够为预防危机的发生奠定基础，还可以通过有效的领导活动对能诱发危机的因素进行改进与调节。

二、危机事件的特点

任何危机都有一些明显的特点，认识危机事件的特征，是组织有效识别危机的前提。否则，对于危机的认识就可能出现盲点。通常危机事件的特点表现如下。

（一）突发性与连锁性

危机突发性是指危机往往是在人们毫无准备的正常活动情况下突然发生的，难以预测，且由于危机的进程与变化速度都很快，往往给当事者处理危机造成极大的困难。而且危机的发生不可能是孤立的，当一个危机发生时，就可能引发另外一个危机，就产生了连锁反应。例如 2002 年 11 月份在广东就发现了一个 SARS 病例，但是由于人们缺乏对这种病情的了解，没有及时采取措施加以控制，以至于 SARS 在全国范围内迅速蔓延。SARS 不仅威胁人们的生命安全，同时也对全球经济带来巨大冲击，波及到各个行业。在“蝴蝶效应”理论上也可以看出危机事件的突发性与连锁性的特点。

（二）紧迫性

危机爆发时往往来势突然，且发展迅猛，随着危机的发展，它造成的损失会愈来愈大。危机事件的紧迫性主要有三个表现：第一，危机潜伏期所继续的危害性能量在很短的时间内被迅速释放出来，并呈快速蔓延之势，要求组织必须立即采取有力的措施予以处理，任何延迟都会带来更大的损失；第二，危机事件之间有传导效应，一个已经发生的危机，不及时遏制，会产生连锁效应，导致更大的危机；第三，现代传媒发达使世界变小且没有秘密，如果危机爆发后组织的领导者反应迟缓，必然对其公众形象不利。因此，危机的紧迫性要求一旦发生危机要立即化解，在危机没有恶性演变之前加以遏制。

（三）危害性

由于危机常常是在毫无准备的情况下发生，容易给企业和个人带来巨大的损失，甚至是混乱和惊恐，这种损失是有形的，也可能是无形的。对于企业而言，危机爆发不仅破坏企业当前正常的生产、经营秩序，而且会破坏企业可持续发展的基础，对企业未来的发展造成不利影响，甚至还会威胁企业的生存。例如美国航空业在“9·11”恐怖袭击事件之后的很长一段时期载客量大幅下降，企业营业利润减少，许多大型航空公司因此而裁员。

（四）公开性

信息技术发展使信息传播渠道多样化、时效高速化、范围全球化，使组织危机情景迅速公开，成为公众关注的对象和焦点。对于一个政府或企业而言，从一定的程度上讲，危机处理就是对领导者能力和企业形象的考验，危机事件被曝光后会引起各方面关注，并产生轰动效应。因此，传媒可以使危机事件信息传播的速度比危机事件自身的发展速度还要快，为危机处理增加难度。

（五）两重性

中国古语有云：“祸兮，福之所倚；福兮，祸之所伏。”这句话辩证地阐述了危机的二重性。危，是危险，危害；机，是机会。危机一定伴随危害，这是危机的第一性质。危机所带来的机会包括两个方面：一方面，危机的爆发使组织认识到自己的不足，如果能够对症下药，就可以有效克服自己的弱点。已经发生的危机可以看成是组织的疫苗，避免今后危机的再次发生。另一方面，危机处理得当，就可以使危机变转机，转危为安，变坏事为好事，形成新的发展机会，在原有发展的基础上更进一步。

第三节　危机处理的方法与艺术

危机是检验一个领导者能力最恰当不过的工具了。因为在整个危机事件处理中起着核心作用的就是领导者，领导者的态度在很大程度上都被解读为企业或组织对危机事件的基本观点和态度，因此也左右着组织在处理危机过程中的立场和决策。从这个意义上说，危机往往就是领导者本身，一个成功的危机领导者成功处理危机事件也就是最要紧的“那几步”。到底是败于危机还是成于危机，主要在于领导者如何处理危机，巧妙地运用危机处理的方法和艺术，就可以运筹帷幄，化险为夷。

危机发生时，领导者绝对不能有逃避的心理。领导者的勇敢面对，会对下属产生积极的影响，把突如其来的危机视为创造和展现能力的契机。这样领导者在处理危机事件、实施危机领导时，可以培养充足的自信。领导者在进行危机处理时是不可能单打独斗的，一定都会有自己的危机管理团队。领导者可与危机管理团队一起准确判断危机事件的影响和危害程度，并共同找到危机症结所在。危机领导面对的都是突发、紧急、变化无常的突发事件，危机领导者此时不能固守常规，而应当勇于决策，打破常规。首先应采取应急措施控制组织内部以及外部民众心理。其次是付出一定的代价来换取组织内外的支持。再次是将克服危机的积极措施通过各种渠道传播，以重新塑造组织和领导者积极的形象。事实上危机真正发生以后，危机领导者必须临危不惧、处险不惊、机动灵活、积极稳定地处理危机，使危机事件尽快在最短时间且在损失最小的情况下得到解决。通常，危机领导者都要掌握和遵从危机处理的方法与艺术。

一、掌握与控制危机发展的事态

控制事态就是控制危机的发展趋势，危机领导者如果不立刻做出正确反应并及时控制局势，就会使危机的发展愈发扩大，甚至失去对全局的控制。控制事态是首要条件，其次是寻找更好的、彻底的处理方法。危机的突发使领导者不可能像正常的情况一样实行领导决策。快速从容的反应和果断的行动可以使事态不再扩大和升级，有以下几个控制方法可以达到此目的。

（一）心理控制法

任何危机事件，不论其性质、种类如何，都会对人们心理产生相当大的冲击与压力，从而使大部分人产生混乱的思想并处于焦躁和惶恐之中。所以，危机领导者首先要控制自己的情绪，冷静沉着。心理学认为，每个人都有遵从他人的心理，只是因时间、地点的变化而表现的程度不同而已。人们越是在自己心里波动不定、价值选择目标不定的情况下，越容易产生趋同心理。因此，危机管理者应以静制动，镇定自若，万不能自己先乱了方寸。领导者沉着镇定，领导的追随者才能觉得安全可靠，才能精神振作面对危机。危机的处理者同时需要控制组织外部群众的心理情绪，同时转移群众对危机事件的关注，转移大众对危机事件的注意力，更有助于解决问题。另外，要引导群众看到事件失去控制将最终可能出现的不良后果，使大多数人恢复理智，站到正确的立场上来。

分享案例

拿破仑在一次与敌军作战时，遭遇敌军顽强的抵抗，队伍损失惨重，形势非常危险。拿破仑也因一时不慎跌入泥潭中，弄得满身泥浆，狼狈不堪。此时的拿破仑心中只有一个信念，就是无论如何都要打赢这场战斗，只听他大吼一声，“冲啊!”他手下的士兵见到他那副狼狈又滑稽的模样，全都忍不住哈哈大笑起来，但同时也被拿破仑的乐观自信所鼓舞。一时间，战士们群情激昂、奋勇当先，在拿破仑的带领下最终取得了战斗的胜利。

作为领导者，不论能力与智慧如何卓越，都不可能完全控制危机的发展，但是无论在任何危机的困境中，领导者首先要保持乐观积极的心态。在危机中领导者的自信与乐观可以感染无数下属，促成控制危机事态发展的良好开端，从而逐步解决危机。

（二）逐步控制法

危机事件的处理是有一定的顺序和程序的，先扬汤止沸治标，再釜底抽薪实行治本之道。危机领导者在整个危机事件处理中处于掌控全局的地位。首先要缓解危机带来的紧张气氛。不仅领导者与危机正面接触，很多参与者也与危机发生正面接触。领导者要充分掌握参与者的心态，缓解危机气氛，控制事态发展，从中发现事件起因和性质，最后找到解决问题的方法。在迅速控制事态以后，开始分析危机事件，并预测危机的下一步发展，做出相应的决策。决策必须针对表象及要害问题，达到立竿见影的效果。领导者在有限的条件下要做出的危机处理决策与通常的决策不同，要对决策后果风险进行预测和控制时，尽量避免波动的方案，通过对“标”的控制上进一步实现对“本”的控制。

分享案例

2004 年 7 月 11 日，我国媒体公布了一条消息：美国杜邦公司在生产“特富龙”过程中使用了一种叫“全氟辛酸铵”（PFOA，又称 C8）的催化剂，可能对环境造成污染，这就是众所周知的“特富龙”危机事件。“特富龙”事件发生后，“苏泊尔”占有主导地位的国内不粘锅市场遭受到毁灭性的打击，销量下降到不足原来的 10%；就在此时，又有消费者对“苏泊尔”生产的不粘锅提起诉讼，引发了“北京消费者起诉杜邦锅”事件；在事件余波未息的时候，11 月 2 日又有媒体报道：“不粘锅不能用于酸性食物”，再次掀起了对不粘锅的质疑浪潮……一时间“苏泊尔”企业乃至整个不粘锅行业都笼罩在这一系列连环危机的强大压力之下。

面对严峻的考验，迅速成立的危机应对项目小组在分析了事实和传播规律之后，决定采取以“开放媒体通道”和“行业共渡难关”为核心思路的两大策略来解决这一困难局面。一方面，“苏泊尔”与媒体并通过媒体与消费者进行坦诚的、基于事实的积极沟通，并通过媒体展示自身的严格、标准的生产工艺和流程，以客观、冷静的态度稳定公众及用户的情绪；另一方面，“苏泊尔”与相关行业机构及政府部门积极沟通，使得整个行业和市场都了解到这一危机不仅仅是“苏泊尔”一个企业面临的危机，更是整个不粘锅行业必须共同面对的空前困难，需要各方力量团结解决，并与政府相关技术标准及质量鉴定部门沟通并积极配合调查，尽早得出和公示权威结论和事实真相，从而真正化解危机、重振行业。

策略的执行过程中，项目小组表现出了良好的执行力和对局势的判断力，以及良好的灵活反应能力。经过沟通和努力，10 月 13 日国家质检总局的检测结果表明国内不粘锅产品均未检出 PFCA 残留物，这一结果经过广泛公示与传播，为不粘锅初步“平反昭雪”；然而就在市场逐步恢复正常的关键时刻，“不粘锅不能用于酸性食物”报道再次引发了公众认识的混乱及疑虑。针对此报道，“苏泊尔”积极沟通和咨询相关专业人士，中科院上海有机化学研究所副所长、有机氟化学专家吕龙等专业人士对该报道进行了强烈的驳斥，从技术角度给予消费者真实准确的信息，“用不粘锅制作酸性食物对人体无毒害”的结论很好地化解了这一风波。

11 月 18 日，在“苏泊尔”的推动下，“中国五金制品行业协会”在京召开“不粘锅行业质量诚信”发布会，对外宣布了“特富龙”无毒的检测结果，倡导消费者放心使用含有“特富龙”涂层的不粘锅产品。“苏泊尔”在会议上代表行业发表《质量宣言书》，向广大消费者郑重承诺三项措施，全心维护消费者权益，营造行业服务新风。随后“北京消费者起诉杜邦锅”的诉讼亦是“苏泊尔”胜诉。至此，“特富龙”事件画上了圆满的句号，“苏泊尔”也圆满化解了重重危机，带领不粘锅行业走出困境。

（三）组织控制法

对社会突发的恶性事件，领导可以采取组织控制法，组织控制法意味着两层含义：一是在组织内部和广大群众中迅速进行正面教育，使多数人有清醒认识，稳住自己队伍的阵脚；二是迅速查清突发事件的头面人物，予以重点控制。控制住首要人物，使其活动不能进行，事态才能不继续扩大升级。

二、找出危机症结所在

控制事态并限制其发展只是一个开端。重要的是利用控制事态后的有利时机，通过现象看本质，据此制定出解决问题的办法。因此，迅速而准确地找到危机的症结才能采取可行的措施和办法。这是个收集事实资料，确定事件的性质并最后制定出总体措施的过程。事件的原因和本质，特别是对突发事件来说，由于其隐藏于各种错综复杂的现象之中，所以隐蔽性较强，并不容易看出来。只有大量收集事件的各种现象，才能从中分析出事件的原因与实质。所以，危机领导者应在超常的情况下进行超常的思维和动作，运用一切可以运用的手段，有效地把握大量的现象和事实材料。资料收集最有效的方法是运用各种调查方法。公开调查方法对各种危机事件都适用，广泛收集在事件过程中的全部暴露的情况和细节。隐蔽调查是一种暗中调查的方法，对于一些必须掌握而又不宜公开的情况，可以采取暗中调查，收集与事件相关的情况和踪迹。间接调查法介于这两种方法中间，适用范围也较宽。一般来说，第三者观察和提供的情况是较为客观和准确的。因为与发生事件没有直接的利害关系，能够客观公正地分析和反映情况。采用不同的调查方法，可以从不同侧面和不同程度了解危机情况，为正确确定事件性质提供可靠依据。

正确地确定事件的性质，是处理危机事件的关键，危机领导者必须在这方面花费精力。首先，领导者要组织危机团队的有关人员全面地认识危机事件的各种现象。不论是正面还是反面的、直接的还是间接的，都要全面掌握，全面认识。其次，在全面掌握和认识危机事件各种现象基础上，认真分析各种现象之间的因果关系，通过这个过程，去伪存真，由表及里，由此及彼，透过各种现象把握事件的本质。最后，在把握各种联系和关键的基础上，通过认真的比较和筛选，认准制约整个事件的基本矛盾，找到矛盾产生的核心原因，就可以对症下药了。

在弄清楚事件经过和确定事件性质后，最为重要的是做出处理事件的总体方案。提出决策方案，应注意三点：一是必须具有针对性和可行性。突发事件的处理，对领导者素质和能力的要求特别高，不允许决策再失误和出现漏洞，也不允许开的药不能治病。二是抓住主要矛盾的同时，注意整体配合，综合治理。三是要进行多种方案选择，优中选优，做多种准备，不能简单从事。

三、采取有效的处理策略

危机处理的策略包括以下几种。

（1）危机隔离策略。由于危机发生具有连锁反应，一种危机爆发往往会引起另一危机，因此当某一危机产生之后，应迅速采取措施，切断这一危机对企业其他方面的联系，把危机的负面影响隔离在最小范围内。

（2）危机中止策略。就是根据危机发展趋势，主动中止承担某种危机的全部损失。如关闭亏损工厂、部门等。

（3）危机消除策略。就是企业根据既定的危机处理措施，有效地消除危机带来的负面影响。消除危机的措施按其性质划分为两种：一是以物质措施排除危机的“工程物理法”，如通过投资建立新厂和购置新设备改变生产经营方向，提高生产效益；二是“员工行动法”。该法是通过企业文化、行为规范来提高士气，激发员工创造性。

（4）危机利用策略。这是转“危”为“机”的重要一环。在综合考虑危机的危害程度之后，会得到有利于企业方面利益的结果。只要处理得当，就会收到良好的效果。

（5）危机分担策略。将危机承担主体由企业单一承担变为由多个主体共同承担。如通过合作经营、发行股票等方法，由合作者和股东来分担企业危机。

四、果断解决问题

危机战役一旦开始，实施决策方案，采取具体措施处理事件，是战役的决战阶段。危机领导者应该精心组织，周密安排，坚决果断地指挥运筹，从根本上全面解决好以下几个问题。

（一）周密组织，稳住阵脚

组织指挥关系着整个战役的协调运作和效果的显现。危机领导指挥失利，不但不能很理想地解决问题，而且容易引起新的事端，绝不能掉以轻心。组织内部人员的思想要高度统一，同心同力，一致应付突发事件。领导者首先要协调好团队思想认识，保持高度统一，使领导班子成为坚强有力的战斗指挥部。要层层落实责任，人人承担责任，各司其职，各负其责。既要都行动起来，认真负责地工作，又要防止自乱阵脚，慌乱无序。每个层次的岗位和人员的责任和任务都必须全部承担起来，坚决完成任务，不许有渎职和失误发生。危机处理的领导者站在指挥全局的位置上，既不能因局部的失利而焦躁冲动，也不能因部分的优势和胜利忘乎所以。要稳住阵脚，指挥若定，调动一切积极因素，形成一种必胜的气势，以取得决战的胜利。同时，危机领导还要善于审时度势，根据变化的客观情况，改变或采取相应的措施，或更换新的作战方案，以保证全局的危机处理胜利。领导者对待危机的态度和处理方式，往往决定着组织的生死存亡。古语云：“祸兮福所倚，福兮祸所伏。”这句话充分说明了危机本质的双重性，即危机=危险+机遇。所以，领导者稳住阵脚、周密组织，不仅可以化解危机，而且可以利用其中的潜在机遇。

分享案例

1799年法国“雾月政变”后，奥军重新占领了意大利北部，不仅使拿破仑在意大利之战中所取得的胜利前功尽弃，而且对法国本土也构成了极大威胁。拿破仑决定秘密组训预备军团来对付奥军。尽管采取了许多严格的保密措施，但英奥等国的间谍还是发现了这支预备军团的蛛丝马迹。于是拿破仑断然决定，索性把预备军团的编制、实力经加工后泄露出去，并宣布预备军团正在第戎地区集结，他将亲往检阅这支新的生力军。与此同时，拿破仑却将预备军团的主力秘密转移到新的便于隐蔽的集结地。

为了达到预期目的，拿破仑不断地登载要闻、在报刊编发消息，以致大批间谍从欧洲各地赶到第戎，然而他们却发现所谓的预备军只不过是些老弱残兵罢了，至于那些司令部，则更像自由市场，编制不满、军纪松懈。拿破仑按时赶到第戎检阅他的“预备军团”。检阅刚一结束，嘲笑声四起，拿破仑的预备军团成了大众的笑柄。拿破仑则对此推波助澜，暗中唆使法军人员散发传单，把自己的预备军写得一文不值。这样，所有人都认为预备军其实是纸老虎，拿来吓唬人而已。

拿破仑周密的组织不仅骗过了大众，就连奥军统帅梅拉斯也一再强调拿破仑的预备军团只不过是乌合之众。然而，就是这支预备军团，1800 年 5 月，在拿破仑的亲自率领下冒险翻过阿尔卑斯山突然出现在皮埃特平原上的奥军后方时，梅拉斯才如梦初醒，他又一次被拿破仑欺骗了。1800 年 6 月进行的马伦戈决战将奥军逐出意大利北部，导致奥军被迫求和，并使这次反法联盟彻底瓦解。

（二）抓住关键，扭转时局

处理问题要抓主要矛盾。抓住了主要矛盾，对于处理危机的整个战役来讲也就有了主动权和获得胜利的要件。因此，危机领导者处于最重要的位置，必须抓住主要矛盾和关键部位。首先，事先要周密研究实施方案，集中优势去攻克难关。其次，对于危机事件，不能够逐步击破的时候，就要先全力解决要害问题或者薄弱环节，控制首要人物或事件，主要矛盾被攻破，其他的也会迎刃而解。解决危机事件的关键部位也是寻找突破口。首战告捷，便可向纵深发展，获得更大战果。尽管危机事件本身具有危险性，但是不能统统视为对组织有破坏和有害的事件。事实上，来自危机的威胁不仅关系到领导者自身的前途与发展，也威胁着组织的命运。真正的处理艺术不仅是圆满地解决问题，更是利用危机中的机会，扭转原来的弱势局势，将危机变为转机。高明的领导者可以利用危机来培养和强化组织自身的核心竞争力，是组织学习和培养竞争优势的机遇。

分享案例

1992 年 1 月，美国总统预选的帷幕即将拉开，作为候选人之一的克林顿正踌躇满志、满怀信心地迎接预选时刻的到来。然而，意想不到的事情发生了。1 月 17 日，一家周刊称，克林顿有 5 桩婚外情，并声称有电话录音为证。舆论顿时哗然，克林顿在民主党内 5 个竞争对手中处于遥遥领先的支持率陡降，一下子跌了 14 个百分点，而此时离关键的新罕布什尔州预选只剩下 8 天了。

面对着突如其来的“危机”，克林顿临危不惧，镇定自若，他马上召集竞选班子的有关人士进行谋划以解燃眉之急，重新赢得选民的信任。竞选班子经过精心筹划，制定了如下方案：第一步，既然对方以克林顿的婚姻为突破口攻击克林顿，那么就让克林顿夫妇双双出来澄清事实；第二步，向选民展示克林顿夫妇感情和谐、生活幸福，并未因为以前的事情影响他们的婚姻，以此证明克林顿已改过自新；第三步，向选民显示克林顿深爱自己的妻子，愿为妻子做任何牺牲。1 月 26 日，克林顿夫妇双双出现在哥伦比亚广播公司的“60 分钟”节目中。克林顿非常坦率地对选民说：“我承认我曾做过错事，曾经使我的婚姻受到挫折。我认为大部分美国人明白我所说的话，会感觉到我的真诚与坦率。”希拉里接着说：“我认为我们夫妻生活中发生的事以及细节如何，与其他人没有任何关系。我深爱我的丈夫，我尊敬他，我珍惜我们走过的路，如果这还不能使你们信任克林顿的话，那就实在没有办法了。”正说着，演播室上方突然落下了一不明物体，几乎砸到希拉里的身上，克林顿眼疾手快，一步冲上去，将希拉里紧紧抱在怀里，长达 30 秒钟不松手。这戏剧性的一幕向选民展示了克林顿危险关头舍己救妻的真挚情感，选民们被克林顿深深打动了，他们不禁又站到了克林顿的一边。克林顿在山重水复之际，镇定自若，在竞选班子的精心策划下，当机立断处理危机，终于变危机为转机，迎来了柳暗花明。

五、危机恢复与善后

危机的善后工作也是处理危机事件的重要组成部分。善后工作做好了，才能说事件圆满地解决了。危机一般都会造成一定的损失，因此恢复工作是危机处理的最后阶段。危机事件在带来教训的同时，领导者和危机承受者也会积累一定的经验。因此，对危机处理过程中的经验教训进行认真分析和总结，也是相当重要的环节。在危机处理过程中，会发现一些平时未能发现的问题，特别是与引发危机有关的问题。在这些问题中，有些是偶然的，有些是制度性的，有些是人为因素造成的。随着危机事件的处理，这些问题也会相继爆发出来，领导者可以分析这些问题，进行必要的调整和改革，从而避免更大的危机出现。领导者和组织根据总结出来的经验和教训，对组织行为活动和领导活动进行改进。领导者应当根据危机处理过程中发现的问题，有针对性地展开一系列恢复活动。发展组织和员工的恢复能力，以消除可能存在的危机影响，并使组织形象得以恢复。危机所有的处理过程主要解决的都是“救火”问题，企业要从危机的阴影中彻底摆脱，实现可持续发展，还要做好善后的工作。一方面消除危机的消极影响，进行一些公关活动或者创造一些良好的恢复气氛，消除不利影响。另一方面，要提高危机的管理技能，减少管理漏洞。领导者应善于总结经验，将整个处理过程进行评估与总结，作为生动的案例，用以警示教育的内容，提高今后的免疫力和危机管理技能。对于危机处理过程中暴露的问题，领导者必须进行调整和改革，以避免重蹈覆辙。正如杰克·韦尔奇所说：“危机管理能建立一道保护层，你很少会经受两次同样的灾难。”

随着现代社会的日益复杂化和有机化发展，领导者也开始越来越频繁地遭遇各种各样的危机。危机领导的目的不仅是在实行领导活动的过程中避免危机的发生，还在于能够有艺术和有方法地将危机转危为安。糟糕的危机领导很快就能够使危机变成灾难，而有效的危机领导不仅能够带来转机和机遇，还能够完善危机管理机制。对于领导者而言，学习危机领导的理论和方法，以及掌握、驾驭、化解危机的方法和艺术，是改变危机的被动局面的关键。

分享案例

1989 年 3 月 24 日，埃克森公司瓦尔迪兹号（The Exxon Valdez）油轮搁浅并泄出 267 000 桶共 4 163 万升的油，油污进入阿拉斯加威廉王子海峡。

当时，人们的第一反应是震惊，因为这种灾难性事故在技术如此发达、人们如此关注环保的情况下发生，对所有人来讲都是难以接受的。但是，人们也知道没有哪个行业不存在风险。如果公司能够采取合适的行动并及时向公众沟通事故处理情况，就会赢得人们的理解。当时公众急于知道：公司是否尝试并阻止事故蔓延？公司早该预料到可能会发生这种事故，现在是否尽可能快地采取可能的补救措施？公司对发生的事故是否很在意？

埃克森既没有做好上述三点，也没有采取合适的措施来表示对事态的关注，例如派高层人员亲临现场、指定负责善后的人员，并向公众沟通事件的原委、公司的解决办法以及表示遗憾、情感沟通等。人们的期待随即转化为愤怒，进而引发了对其产品的联合抵制、股份被迫出售以及很多苛刻的限制和惩罚。

很多批评家批评埃克森公司主席劳伦斯·洛尔听到大批原油泄漏事故后没有乘坐首次航班前往阿拉斯加，而面对公众他也没有说明危机的严重性。埃克森的危机管理还有其他问题。在知晓危机的本质之后，洛尔先生应在 24 小时内在纽约建立危机管理指挥中心作为收集信息并进行甄选的中央智囊团。他还应该建立政府联络办公室，以简要传达公司所做的努力，并要求政府支持。

洛尔先生应尽快在纽约建立新闻中心作为公司权威报告、简报及动态报告的交换中心，这样做将保证公司对外口径一致，避免自相矛盾。纽约的交换中心每天至少有两次简报对目前动态进行说明，至少有一份每日简报由洛尔先生亲自负责。另一份应是通过通信卫星转播的，由美国埃克森、埃克森运输队领导参加的记者招待会。

埃克森有危机管理计划，吹嘘说原油泄漏在 5 个小时内就将得到控制，但其最大的问题是这项计划从未被试验过。当油轮船体裂开时，两天过去了还未见公司采取计划中的根本措施。如果埃克森公司以前做过危机模拟试验，并使全体船员熟知危机情况的严酷性和重要性，计划本身的缺点在真正的危机发生之前就应该被发现了。如果及时得以掌控和修正，埃克森的计划或许能够实现其允诺的 5 个小时内解决问题，原油就不会那样汩汩地流，就不会污染阿拉斯加纯净的海水。因为埃克森的计划没经过验证，其行动反应的时间就显得太慢了，因此在危机发生的第一时间并没有掌握第一手材料。公司被事件发生的迅速程度和严重程度吓呆了。事情过去一个多月后，埃克森似乎还在危机中。

六、危机事件的问责制

（一）问责制有助于规制危机

所谓“问责”，就是对违法失职造成危机事件的领导者进行责任追究。过去因为对庸官有太多的温情和宽容，使“机关病”“衙门病”等与平庸无为直接相关的官场“疑难杂症”没有得到有效的治理。因为庸官的“不作为”，引发和滋生了许多危机因素和危机事件；因为庸官的“无力作为”，交了很多冤枉学费；因为庸官的“乱作为”，频频发生违反科学规律的事情。这种“不作为”“无力作为”“乱作为”的庸官在造成各种危机事件和重大损失之后还能“稳坐钓鱼台”，说到底都与“问责制”的缺失有关系。建立起问责制，回应缺失，就有利于从责任人和制度上形成规制机制，对“不作为”“无力作为”“乱作为”的庸官加大责任追究力度，必定会对危机事件的发生产生遏制作用。

（二）明确职责划分

问责制的前提是合理划分权力和责任。权力本身所具有的支配性、强制性和腐蚀性的特性决定了领导者的行为要以责任加以约束。著名的法国管理学家法约尔指出：“人们在想到权力的时候不会不想到责任，也就是说，不会不想到执行权力时的奖惩——奖励与惩罚。责任是权力的孪生物，是权力的当然结果和必要补充。凡有权力的地方，就有责任。”党政之间、不同层级之间、正副职之间只有权力的划分，没有责任的界定，在这种责任模糊的状态下出现危机事件，“问责”就没有基础，例如，到底是什么责任？是领导责任还是其他责任？是直接责任还是间接责任？这些问题没有明确的划分界限，再好的问责制度也只能是“绣花枕头”——中看不中用。明确职责划分后，岗位和部门之间以及责任人之间都形成了无缝的责任链，出现失职、失察、失责的追究时，能够在各个方面和环节上顺藤摸瓜，找到具体的责任主体，进行问责追究。

（三）建立完善的问责制度体系

诺斯说：“制度在社会中起着根本性的作用。”同理，有效的制度安排是构建问责制的核心问题。建立完善的问责制度体系，对责任范围、责任判断、承担主体、责任方式、问责的主体、问责的程序等作出明确的和具有可操作性的规定。有了完善的问责制度体系，出了问题该不该追究责任、追究哪些人、什么范围、什么依据、什么程度、什么责任都要有明确的制度规定，就能够用“制度问责”取代现在的“权力问责”“政策性问责”“运动性问责”的人治色彩。这是“问责制”得以维系活力和得以延续发展的关键。同时，还要加快相关立法，填补实施问责制可能遇到的法律空白，确保有法可依，更好地解决责任缺失和问责乏力的问题。这样问责制度就得到了强化和硬化，不再是摆设的花瓶。

（四）要“火线问责”和“长线问责”相结合

俗话说得好，“烈火炼真金”“板荡见诚臣”，对于在危急事件发生后，“不作为”和“不积极作为”的领导者，或者在处置危机事件关头有问题的领导者，一定要“火线问责”，而且要严法铁律，该“下课”的责任人一定让其以“引咎辞职”或“责令辞职”等形式“下课”，这才是符合民心民意之举。在火线上消极怠工的领导是担负不起重托的。相对于“火线”而言，平时就是“长线”，对平日、平时、平常状态下，萎靡不振，无所作为的领导者也要问责。平常事关危机的事，再小也都是大事，所以对此必须事事都要“较真”，都要“拷问”，都要问责跟进。“火线问责”和“长线问责”不能偏废，甚至能够经得起长线的缓冲和考验更为重要。

分享案例

周恩来总理对工作精益求精、对下属严格要求的工作态度是为大家所熟知的。有一次，他在中南海宴请印度总理尼赫鲁，当晚气氛热烈，当周总理与尼赫鲁相谈甚欢，正准备共同举杯之时，大厅突然停电了，顿时一片漆黑，大家都有些慌乱，不过很快，灯光又重新亮起，周总理也像什么都没有发生过一样继续与尼赫鲁交谈，宴会也继续进行。然而，在周总理身边工作的人都清楚，这么重大的场合发生这种事情，总理是一定会严厉追究的。

出乎所有人意料的是，宴会一结束，周总理就回到西花厅批阅文件，完全不提晚上发生的事情。工作人员都觉得很诧异，但总理不提，这事也就这么过去了。凌晨三点，周总理突然停止了工作，命令工作人员立即把外交部、电力局等部门的负责人叫来开会。此时已经是深夜三点，所有被通知的部门领导在接到紧急通知后，纷纷钻出热被窝向西花厅赶去。大家来到西花厅，面面相觑，不知道到底发生了什么事使得总理半夜紧急开会，周总理见大家都已到齐，严厉地责问到："中南海怀仁堂的电力都没有保证，这个问题到底出在哪个环节上？"大家这才明白这么晚被召集来开会的原因。周总理逐个部门地追查原因，并逐个追究了个人责任，一一做出批评，之后，跟大家一起研究了杜绝此类事件再次发生的措施。

突然，周总理问亚洲司司长到："你是亚洲司司长，这个事你怎么解释？"会场气氛骤然严肃起来，印度是在亚洲，总理问亚洲司司长不能说没理由。陈家康只好回答到："总理啊，我们是铁路警察各管一段哪。亚洲司管与印度的关系，可管不了电灯啊。"一句话说得总理跟大家都忍不住笑起来。

此时，周总理看看窗外，天已大亮，接着说到："你们没少打哈欠，知道吗？我有意在这个时候把你们找来！是要让你们印象深一些。你们都是从被窝里爬出来的吧？"这一问，问得各个负责人都不好意思地笑起来。

周总理的这次问责，不仅是"火线问责"与"长线问责"的有效结合，也充分展示了周总理的个人魅力及危机领导艺术。周总理的问责艺术在于不仅使工作有疏失的下属受到了批评，还通过特别的问责时间加深了下属对于此次危机事件的印象，在谈笑风生中让下属记住这个深刻的教训，研究必要的防范措施，杜绝类似危机事件的发生。它启示我们当今的领导者，不仅危机领导的过程是有方法性和艺术性可言的，而且今天所倡导的问责制度通过领导者的实践也能闪烁智慧的光芒。

案例讨论 1

2005 年 3 月 16 日，肯德基在中国的母公司——中国百胜餐饮集团在全国各地的分公司同一时间发表公开声明，称肯德基餐饮中的新奥尔良烤翅和新奥尔良烤鸡腿堡调料中被发现含有"苏丹红一号"，同时也声称对供应商给该公司提供违禁成分调料的行为表示非常遗憾，并声明已停售相关食品，重新安排调料生产。

由于肯德基的主动认错和积极地去承担相关的责任，赢来了媒体和消费者的一致“掌声”，将危机的损失降到了最低点。

2005年10月26日，多家媒体争相报道了华南农业大学的最新科研成果：在小白鼠做实验中证实“天绿香”可致毒，引发了众人对肯德基“芙蓉天绿香汤”的恐惧与质疑。

就在同一天，肯德基迅速启动“天绿香”危机事件的应对措施。当天肯德基广东对外事务所相关工作人员立即向媒体通报了“芙蓉天绿香汤”确实含有野菜“天绿香”，与此同时广州肯德基主动申请将产品送往有关部门进行检验。

10月27日，媒体纷纷刊发肯德基品牌的百胜餐饮上海总公司26日晚发来的声明。声明表示，经上海市药品检验所验证，肯德基送检的“芙蓉天绿香汤”中，镉含量符合国家标准。

2009年，禽流感再一次肆虐全球，肯德基又一次经受了考验。当时，我们经常可以在许多电视台上看到肯德基的广告宣传片，告诉消费者肯德基是安全的，肯德基的每一个产品都是经过层层的严格把关才提供给消费者的，消费者可以放心食用。

讨论问题：

1. 肯德基危机事件中其领导者采取了哪些切实可行的做法？
2. 这些做法是如何体现领导者危机处理的方法与艺术的？
3. 针对肯德基危机事件，谈谈你在处理方法与艺术上的独到建议。

案例讨论2

某县县委县政府在招商引资中，为了招来一家大型化工企业，决定在某村征地建化工厂，并由该村所在地的镇政府和县有关部门负责做好土地征用工作。该镇政府领导认为，任务重、时间紧，遂立即召集该村两委成员开会，宣布县里的决定。村两委认为这是县里的重大决策，而且化工厂建成投产后有利于该村经济的发展，会后便以优惠的价格与有关单位签订了土地征用协议。村民得知这一情况后强烈反对，认为村两委这一做法严重损害了村民的合法、正当权益；很多村民还认为大型化工企业建在该村，会造成严重的环境污染。为此，村民们找到镇领导表达上述意见，在没有得到很好的答复和解决后，开始四处上访。有关领导无视村民的强烈反应，下令强行组织施工。该村村民与正在该村组织施工的有关人员发生冲突。为了防止事态扩大，镇里的领导请当地公安机关派警员协助解决。警察到现场后，激发了村民的愤恨情绪，冲突气氛骤然升级，而且部分村民失去控制，掀翻警车并殴打警察。此事件引起了上级领导的高度重视，为及时解决这一突发性事件，县里迅速抽调公、检、法、土管等相关部门的干部，组成工作组，协助该镇领导做好调处工作，必须确保征地任务圆满完成。

讨论问题：

1. 这次冲突事件反映了镇政府领导在危机领导方面有哪些问题？
2. 从危机领导的方法与艺术上，评析县里为解决这一突发性事件的做法。

第十二章 领导者的语言方法与艺术

引导案例

提到领导者的语言艺术就不得不使人联想到奥巴马。毋庸置疑，奥巴马是一位极其成功的演说家，他的演说不仅富有韵律，而且味道十足、语气和神态控制得恰到好处。无论是面对少数人的谈话，还是面对成千上万人的演说，奥巴马都能使听众被他的语言所打动。

“今天，我站在这里，对自己身上这种特殊的血统而心怀感激，而且我知道父母的梦想将在我的宝贝女儿身上继续延续；我站在这里，深知自己的经历只是千百万美国故事中的沧海一粟，更深知自己无法忘却那些更早踏上这片土地的先人，因为若不是在美国，我的故事无论如何都不可能发生。今夜，我们聚集一堂，再次证明这个国度的伟大之处，而这一切并不在于鳞次栉比的摩天大厦，也不在于傲视群雄的军备实力，更不在于稳健雄厚的经济实力。我们的自豪与荣耀来自一个非常简单的前提，两百多年前，它在一个著名的宣言中得以高度的概括，我们认为以下真理不言而喻，人人生而平等，造物主赐予他们某些不可剥夺的权利，包括生命权、自由权和追求幸福的权利。”

这是奥巴马的成名演讲稿《无畏的希望》中的一段，他用朴实的文字和激昂的情绪引起听众的共鸣，使得在场的美国学者纷纷认为奥巴马的演讲不仅仅是一名候选人的竞职演说，而更像是在发动一场运动。

奥巴马的演讲之所以能打动人心，其原因不仅仅在于他对演讲内容的精心策划，还在于他从容淡定的表情和有效的表达，这些因素很好地传递了他在演讲时想要表达的内容。对于奥巴马的演说成名之路还有这样一段插曲。2000 年，奥巴马在民主党的提名战中落败，一个重要的原因是他在竞选中的演讲使得美国民众觉得与他之间存在隔阂，而产生这种隔阂的原因却是他身上的教授气质和精英气息。作为芝加哥大学的一名教授，这种学术气质大概是在所难免的。为了提升自己的演说能力，奥巴马在之后的一段岁月里开始大量造访区内各个黑人教堂，向牧师悉心学习讲话的节奏和技巧，并有意识地培养自己演讲的神态，随后不断进行练习，并根据听众的反应随时调整自己的神态。经过坚持不懈的努力，奥巴马的演说开始兼顾不同的语言沟通方式，他时而亲切朴实、时而激情澎湃、时而谦恭明快的表述最终赢得了民众的心。演讲艺术的精进，使奥巴马最终在 2004 年国会议员的竞选中取胜，并从此开始了他的政治生涯。

一个领导者，其演说的重要目的就在于树立个人及组织形象，这就要求领导者的演说要根据不同的下属、不同的场景进行有的放矢的安排，从而赢得下属的广泛支持。领导的语言不仅是语言技巧的堆叠运用，也是领导者思想的反映、领导者智慧的凝结。

第一节　领导者的语言功能

语言作为思维的外在表现形式，是人们交流思想、传递信息、表达意图、进行社会活动最重要的交际工具。列宁曾说过："语言是人类最重要的交际工具。"对领导者来说，语言更是贯穿领导活动始终的重要思想载体。领导工作的进行需要借助语言来表达，保证指令贯彻执行。领导者崇高的思想品质、超凡的智慧谋略、卓越的才华能力、超人的风度魅力，也都是通过语言来表现的。语言的运用是具有艺术性的，善于运用语言技巧，是领导艺术的必然体现。语言表达的方法与艺术以其特有的功能对领导工作产生重要的作用。可以说，领导语言水平关系到领导活动能否顺利展开，关系到领导效果的好坏。

一、履行领导职责的功能

在领导活动中，语言是领导者实际工作的重要工具，领导职能的履行也必然要求语言扮演必不可少的传播媒介角色。据统计，在领导履行其职能的活动中，语言起着90%以上的作用。在领导实践中，无论是向上级汇报，还是对下级宣传，无论是对外交往，还是对内协调，都需要领导用语言来表达传递信息。从领导进行决策到决策方案的实施，中间的计划、组织、协调、控制等各个环节，语言起着重要的工具作用。语言的这种工具作用符合英国牛津学派分析哲学家奥斯汀提出的言语行为理论的观点。该理论认为，语言的主要作用是完成各种语言行为，描述事实或陈述思想只不过是其中的一种言语行为。也就是说，人说话就是用语言来做事情。另外，语言是领导者建立良好人际关系的纽带。领导者通过语言与上下级互通信息，进行感情交流，达到相互理解和支持，从而团结一致去实现组织目标。可以说，领导工作的开展无时无刻不借助语言来传达信息。领导者语言表达的成功与否关键在于领导者对语言艺术的应用，领导者是否能有效运用语言艺术直接影响着领导工作的效能。古罗马诗人但丁说过，"语言作为工具，正如骏马和骑士的关系，最好的骏马适合于最棒的骑士，最好的语言适合于最好的思想。"因此，领导者应该重视语言作用的发挥，用它的力量来最充分地表达领导思想，为自己的领导职能增光添彩。

二、体现领导才能的功能

领导才能是一种影响力。真正的领导者是能影响别人、使别人追随自己的人物，他能号召别人参与进来，跟他一起干事业。他鼓舞周围的人协助他朝着他的理想、目标和成就迈进，他给了人们成功的力量。在这一过程中，领导工作在很大程度上表现在组织协调方面，包括决策的制定、执行、监督、控制等。无论是对外协调还是对内协调，协调工作的好坏都影响着领导工作的实现。而语言作为一种表达思想意识的手段，能体现领导的这种组织协调能力。良好的语言素质，良好的语言表达能力，无疑会给领导工作起到助推作用。领导者给他人带来的鼓舞力量需要借助语言来传递，以精湛的语言体现自己的思想观点，也散发出令人信服的气息。《易·系辞》记载道："鼓天下之动者，存乎辞。"意思是说，说服鼓动天下的百姓，要借助言辞。从中可以看出，领导语言可以打通工作阻力，带给人们力量，促使和鼓舞人们采取行动以实现目标。

分享案例

1944年12月16日凌晨，德军为了挽回败局，粉碎西线盟军的进攻计划，发动了代号"守卫莱茵河"的反攻作战。美军事前的情报没有报告阿登山区对面有如此大规模的德军。从战场态势来看，德军的进攻已在第8军当面形成一个突出部。艾森豪威尔决定从南北两翼夹击这个突出部。这样，进攻中的德军将遭受两翼打击，甚至被合围。为此，需要使用装甲部队。当时，在第8军左翼有考特尼·霍奇斯第9集团军的第7装甲师，在第8军右翼有巴顿指挥的第3集团军的第10装甲师。艾森豪威尔准备让这两个师援助第8军，攻打洛希姆突出部。可是，巴顿正准备按预定作战计划在萨尔发起进攻，他需要这个装甲师。布莱德雷提醒艾森豪威尔，巴顿不会同意把他的师加强给第8军。艾森豪威尔坚决地说："告诉他，不是他，而是我在指挥这场该死的战争！"

巴顿果然不肯，他直截了当地对布莱德雷说："是你的失误，而不是我，才使得我们面临如此糟糕的局面！现在，你又想让我的部队拉到北面救你。"巴顿原是布莱德雷的上级，现在却成为布莱德雷的下级，借机大发牢骚。

艾森豪威尔听说后，立即让巴顿飞抵卢森堡，当面说服巴顿："你的行动关系到整个战局，如果让我选择，我也会交出这个师。"艾森豪威尔见巴顿还是不表态，突然对巴顿说："乔治，还记得去年在北非突尼斯的卡塞琳隘口战役吗？"

巴顿说："当然！你刚刚晋升为四星上将，就遭受到了德国人的进攻。"

艾森豪威尔微笑地说："好记性。那次，是你的奋战才击退了隆美尔的进攻。真滑稽，两天前我刚刚接到晋升我为五星上将的命令，却又碰上德国人的进攻。"

巴顿笑了，回敬一句说："这次是不是还要我为你的将星保驾？"

艾森豪威尔诚恳地说："准确！为什么不再这样呢？再保一驾吧！"

巴顿握住艾森豪威尔伸过来的手，同意把他的第10装甲师加强给第8军。艾森豪威尔就这样智慧地处理了突发事件和令人头疼的部属之间的关系，为粉碎德军阿登反扑奠定了基础。

三、塑造领导形象的功能

语言水平的高低是体现领导者政治水平、素质修养的外显因素，保证了领导者领导形象的丰富和完善。在领导的实际工作中，非凡的语言表达能力、机智而富有感召力的语言风格，是领导干部在群众中树立良好形象和较高威信的一条重要途径。美国前总统尼克松在他的《领导者》一书中写道："我见过的所有杰出的领导人都非常善于面对面的谈话。

我认为，这绝非偶然。领导艺术在于使人信服。如果一个领导人谈话枯燥无味，不能给人留下深刻的印象，就不能说服别人，因而就当不了领导。”可见，语言对于领导者的重要性。斯托格蒂尔将口才流利作为领导智力特征之一；美国心理学家吉伯把善言辞作为领导应具备的七项品质特征之一。可以透过领导者的一次讲话看到整个组织的形象。很多成熟的领导者深谙此道，知道语言的重要性。上任之初，先不讲话，保留一段时间的发言权，不轻易表态和发表意见，而是先行调查研究，摸透情况，在一个众望所归的场合发表一个恰如其分的讲话，起到比较好的塑造形象的作用。所以说，用语言塑造形象要求领导者把握好恰当的时机和场合，做好充分的准备。

成熟稳重的语言让成功的领导者遇事不慌乱，从容镇定；机智灵活的语言帮助领导者摆脱窘境，抓住转机，巧妙应对；真知灼见的语言则会增加领导者的威信，给人信赖感。一个意思，用不同的方式、风格表达出来，效果是不同的。领导者要认识到语言的灵活性、艺术性在实践中的运用，塑造好自身的领导形象。

分享案例

里根作为美国第 40 任总统，其政绩是有目共睹的，然而在他上任不久，就遭遇了一次灾难。那是 1981 年 3 月 30 日，里根总统前往华盛顿的希尔顿饭店对数千名劳工代表发表讲话，讲演完毕当他走出酒店时，一个青年突然拔出手枪，向里根总统射击，虽然白宫特工迅速扑向凶手，用自己的身体挡住总统，但是仍有子弹射中了里根总统，子弹直接穿入了他的胸部，情况十分危急。当时里根总统也已经 70 岁高龄，许多人获知总统遇刺，都非常担心。然而在生死攸关的时刻，里根面对赶来探视的妻子所说的第一句话竟是：“亲爱的，我忘记躲开了。”美国民众得知总统在身受重伤时仍能保持幽默本色，都认为总统康复应该指日可待。事实也确实如此，枪击事件发生后的第 12 天，里根重返白宫。随后，里根又在 1984 年的总统大选中再次获胜。

里根的幽默语言帮助他树立了不畏困难、积极乐观的形象，使他赢得了更多民众的心。同时，他的机智也平息了因受伤而可能带来的动荡的局势变化。

四、展现领导魅力的功能

魅力，是一个人特有的素质与能力，是一种特别的吸引力、魅惑力。它赋予领导者捕获他人想象力的能力，为领导者赢得支持和提高信任度。它是权威的一种形式，就像法律和传统令人产生敬畏一样影响着人们的行为。由领导者个人的品格、意志、权力、威信以及知识、职务、地位等多方面因素而产生出的感召力和向心力构成了领导魅力的来源。列宁曾经说过：“保持领导不是靠权力，而是靠威信、毅力、丰富的经验、多方面的工作以及卓越的才能。”可见，一个领导者是否有魅力，并不在于权力有多大、地位有多高、职务有多多，关键在于是否有卓越的才能而赢得人心。语言的艺术表达就是领导者卓越才能的一个重要方面。

展现领导魅力的语言是广义的。一方面，从有声语言来讲，领导者讲话水平的高低是领导魅力强弱的直接体现。如在交往中，自己或他人的语言出现意外情况时，能够灵活、迅速、适当、巧妙地运用口才进行处理，尽量避免或减少意外情况带来的损失，有助于增强领导者的魅力。另一方面，态势语言的作用也不可忽视。塑造一个标志性的仪态是拓展领导魅力的开端，同时还必须敏感地注意肢体语言所传递的信息。如果领导者对自身的肢体语言缺乏自信，那他的信誉和专业精神也将受到质疑。

五、塑造组织形象的功能

领导者在对外活动中扮演着组织形象代表和发言人的角色，他的言行对塑造组织在公众中的形象具有重要影响。在国际外交情景中，领导者的言行不仅代表自身的形象，而且代表着整个国家、民族的形象和威望。例如，被誉为当代世界八大演说家之一的英国前首相温斯顿·丘吉尔在 1941 年访问美国，商讨抗击法西斯和英美联合问题时，在白宫发表了《不寻常的节日》演说。正是因为他超群的演讲技巧使他博得了美国人民的爱戴，更在世界人民的心目中树立了伟大的形象和崇高的威望，用语言捍卫了自己的国家。

领导者的语言艺术与其自身的知识水平密切相关，领导的语言能体现领导的知识水平，丰富的知识水平能为领导提供丰富多彩的话题，同时也能使领导的语言优美、深刻、得体。所以，领导者要达到较高的语言造诣，工夫也应当用在打基础、练基本功上。平时要善于学习，丰富知识，不断提高思想理论水平，保持高尚的精神境界，以适应不断发展的环境需要。“胸藏万江凭吞吐，笔有千钧任歙张。”文笔流畅，讲话旁征博引、出口成章，是需要领导者用心积累才能收获到的。

第二节　领导者的语言类型

语言作为一种交际工具，不仅有口头上的表达，书面语言和态势语言同样能够表达思想、传播内容。良好的口头表达能力可以彰显领导者的风采，而书面语言和体态语言也是语言表达的重要辅助工具。“言”“行”“举”“止”可谓缺一不可。

一、书面语言

书面语言是领导工作最基本的表达手段之一。它能够记载深刻、全面的内容，传播范围广，保存时期长，使人们能反复领会其含义。它将领导者的思想以文本的形式呈现出来，从某种程度上说，它成为了企业文化的来源和基础，同时，也推动着企业文化的发展。在 21 世纪的企业管理中，与管理者或领导者的职位权力相比，人们更看中的是他们非权力影响力的大小。领导者的知识、才能、品格等个人魅力是领导力的重要体现。如果一个领导者知识贫乏，行文拟稿陈词旧调、偏离主题，显示不出自己在施政领域中的特殊专长和文化魅力，那么领导又怎能让人服从、引人跟从呢？所以，熟练的文字表达是每位领导者不可或缺的基本素质要求。

毛泽东的诗词豪放大气，展示出一位立意高远的革命家的豪迈气魄。这种风格不仅成为他的思想的最好载体，还使得形式和内容完美融合，相得益彰。无论是诗词创作还是政论文的写作，毛泽东都堪称语言大师，其文字功夫更是了不得。以至于有人说，毛泽东在打仗时是“用兵真如神”，而在语言文字的运用上则是“用字真如神”，真正达到了出神入化的境地。彪炳千秋的毛泽东思想作为一个完整的理论体系，具有极其丰富的多方面内容和强大的生命力。百余年来，灾难深重的中华民族和中国人民为了自己的解放而流血斗争，积有无数丰富的经验，这些实际斗争及其经验不可避免地要形成伟大的理论，使中国这个民族不仅是能够战斗的民族，而且是一个有近代科学的革命理论的民族。这个理论就是毛泽东思想，是影响一代甚至几代人的精神瑰宝。

二、有声语言

以往人们所理解的语言基本上都是指有声语言，是人与人之间进行交流的最直接的表达方式和手段。从书面语言和有声语言的特点及区别来看，书面语言不适合于讲，更适合于看，需要读者的“解读”过程才能被理解和接受；而有声语言则不需要这个过程，它可以清楚明白、生动形象地被听众所理解，具有很强的感染力，更适合表达和接受。俗话说：“震天下者必震之于声，导人心者必导之于言。”尽管有声语言有这样的特点，但如果领导者没有良好的语言表达能力，谈话无中心、无要领，言辞苍白无力，就会使表达效果大打折扣，内心思想再正确也无法得到完善的执行。领导者要充分认识到语言表达能力的重要性，注重这种能力的培养、锻炼和发挥。

领导者在领导活动中进行的会议讲话、演讲、发言、汇报工作、谈话等，要求具有明确的目的性和计划性，与一般意义上的说话是大有不同的。讲话水平是一个人理论修养、政策水平、生活阅历、知识储备、遣词造句、表达技巧等多方面因素的综合体现。在实际工作中我们经常发现，运用语言自如、讲话水平较高的领导者，其领导效能相对大一些；相反，那些讲话结结巴巴、词不达意、枯燥无味的领导者，其形象和威信就会受到影响。领导者的讲话根据不同场合会滋生出多种类型的语言表现风格，其中演讲是每位领导者踏上领导舞台的必需环节，更是其日后领导活动的重要内容。孔子晚年与弟子一道周游列国，到处游说。他主张谈说术，认为“一言可以兴邦，一言可以丧邦”。刘勰在《文心雕龙》一书中说：“一人之辩，重于九鼎之宝，三寸之舌，强于百万之师。”法国大文学家雨果说：“语言就是力量。”可见，演讲艺术和讲话技巧的重要作用的发挥，早已从古代沿袭而来。

另外，副语言与言语之间的关系是很紧密的，很多时候人们甚至把副语言作为言语的一部分看待。所谓副语言，是指有声的但非语言性的各种动作，如重音、声调的变化、哭、笑、停顿等。副语言特别有助于表现一个人的情绪状态和态度。一个人是友好还是敌对，是冷静还是激动，是诚恳还是虚假等，都可以通过副语言来表现，有时它的作用甚至超过了言语本身。

三、态势语言

领导讲话能否吸引人、打动人，不仅与讲话的内容有关，而且与讲话的气质风度、举止言谈、服饰有直接关系。态势语言能很好地展现出领导者的风采和气质。领导者的态势语言主要是指领导者从实现领导活动的目的出发，通过自己的仪表、姿态、神情、动作等身体语言，将自己的指令、意思传达给被领导者，以达到影响和支配被领导者的目的，从而使领导活动按照既定的方针实施。有声语言和态势语言是领导语言的两种主要表现形式。态势语言是以视觉感受为主的一种无声语言，它主要表达有声语言难以表达的意思，起着以姿助语、以神传意、以形感人的作用。心理学家们的研究发现，脊椎动物的语言在沟通中只起到方向性或规定性的作用，交流中的绝大部分信息是通过非言语媒介传递的。交流双方的接触包括两个部分：内容部分和相关部分。内容部分由语言表达主题内容，相关部分提供解释内容的框架，多为非语言形式。所以，其实非语言沟通才能真正地反映出说话的准确思想和感情，在沟通中起到支持、修饰或否定言语行为的作用。根据现代神经生理学的研究，人类在相互交际时，人的大脑左半球专门接受对方的口头语言，而大脑的右半球则专门接受非口头语言，即形象信号。由此可见，讲话者要调动听众的大脑，就必须同时运用口头语言和态势语言，两者不可偏废。态势语言能否恰当使用，影响着领导者讲话的效果。同样内容的讲话，有的领导表达得声情并茂、抑扬顿挫，让听众产生心灵的震撼，而有的则会让听众听不进去。所以，对领导者表达能力的培养绝不能忽视态势语言的运用技巧。

分享案例

爱兰德尔是美国参议员之一，他口齿伶俐，超群的论辩能力更是使他在众多参议员中脱颖而出，但他也是一位持有种族偏见的参议员。

1933 年，美国境内主张种族平等的运动正在渐渐兴起，一批议员借机向议会提交了关于“私刑拷打黑人案件应归联邦法院审判”的议案，这一议案得到了许多议员的支持，议案势在必行，通过只是时间问题，但爱兰德尔却决心要阻止这一议案的顺利通过。

第二天，他登上参议院的讲台，开始为阻止这一议案的通过展开论述，他高谈阔论，引经据典，无所不用其极，这一讲就整整讲了五天。根据一位细心的记者统计，爱兰德尔为更好地表达其演讲内容，使自己的演讲更富有感召力，他在讲台上来回踱步达 75 公里；为使演讲生动有力，他还借助各种手势来表达自己的思想，在这五天的演讲中他一共做了一万多个手势，演讲期间更是吃了 300 多个面包，喝了 40 公斤饮料。

在他强大的言论攻势下，人们逐渐倦怠，经过五天连续不断地狂轰滥炸的演说，爱兰德尔竟淡化了议员们参与支持该法案的热情，最终“私刑拷打黑人案件应归联邦法院审判”的议案被束之高阁。

我们对于爱兰德尔的种族观念不予置评，但是通过他成功阻止本来已经势在必行的法案通过，可以看出，作为领导者，表情举止同讲话内容一样，共同决定了讲话的效果。因此，领导者除应注重自己演讲的内容之外，也应培养自己借助一定的态势语言来表达思想的能力。

（一）表情

表情主要是指面部肌肉和眼、嘴、头等的状态。这些部位能够协同行动，共同表达思想感情，表达复杂变化的内心世界。“脸部是心灵的镜子”。人的面部表情能够传递丰富的信息，流露丰富的情感，也能明确反映出一个人的情绪状态，是情绪沟通的主要领域。“察言”的同时“观色”，是实现语言有效沟通的保障。

在领导活动中，尤其是与下属进行沟通时，领导者要充分运用自己的面部表情语言，准确、灵活、自然地将某些意图传达给下属，表达出与下属“同位心”共事的情感，使表情语言更好地为实现领导目的服务。反过来，领导者在与下属的交流中，也要注意下属面部表情的变化，通过它可以探寻出下属的反应和某些思想变化，使领导者能够有的放矢地部署工作。既让下属了解自己，又从下属那里获得反馈，面部表情的相互传递为领导工作的顺利进行起到了“言传”之后“意会”的隐性效果。

在面部表情语言中，眼睛是人们传递信息最重要的器官，它能明确流露出人们的感情甚至是某些心理活动。眼睛特有的交流功能包括：（1）专注作用。眼神能够反映出一个人的注意力及兴趣程度。例如，当兴趣强烈时瞳孔会放大，而当兴趣减少时，瞳孔就会收缩。（2）说服作用。在进行说服性沟通时，眼睛起到重要的作用。在沟通中，劝说者要使人感到真诚可信，必须与被劝说者保持眼睛的接触。眼神经常向下或眼光离开被劝说者，过度的眨眼或显示眼皮的颤动等都会让对方生疑，使可信性显著下降。（3）亲和作用。目光举止在人际关系的发展方面，比其他任何一种非语言交流都重要。（4）强力作用。人的目光举止既可以折射其地位高低，也能有效地反映出其领导潜力。一份对某军校警官的目光举止的研究显示出这种人际关系的本质。研究表明，级别低的警官看上去比级别高的警官更谦逊，同时也证实那些看上去总是行动谨小慎微的学员大多数只获得级别较低的领导职务。可见，眼睛的明亮与否，视线的不同变化，眼睑的开闭程度，都能反映出不同的感情，有着极强的表现力和感染力。眼睛看人时注视点的不同和看人时间的长短，也会反映出不同的心理和产生不同的效果。因此，领导者使用好眼神，能够收到良好的表达效果。例如，领导在同下级谈话时，应把亲切、自然的目光缓和地洒向下级，以表达自己的诚意和期望得到下属理解的愿望；工作中领导者坚定的目光无疑会给下属带来巨大信心；演讲过程中，领导者环顾四周的眼神会使自己与听众的感情快速沟通，形成融洽气氛，有助于各自进入角色，同时，领导者也可以从听众那里获得反馈，从而调整自己的演讲节奏和内容。眼神对领导者执行工作起到的作用是巨大的，不能被忽视，领导者在日常工作中应不断积累、培养、运用和发挥表情沟通能力。

（二）手势

手是会说话的工具，有时比嘴还会说话，有极强的表现力和吸引力，人的手可以做出近200个表达不同意义的动作。例如，用手捋发表示对某事感觉到棘手，或以此掩饰内心不安；十指相触表示自信或耐心；用手指指点某人或物表示教训或威胁；握拳表示愤怒或激动；搓手表示急切期待或心情紧张。一般来说，手势可以分为：指示性手势，主要是为了指明对象，发出指示；达情性手势，主要是借助手势表达某种感情；达形性手势，是为了给人具体、实在、明确的形象；象征性手势，是指领导者为了使下属对抽象事物有一种具体、实在感，用手来表示一些复杂的感情和抽象的概念。

手的上举、下压、平移等以及这些动作的速度、强度都在表达不同的意思。领导者在讲话过程中运用手的动作时，要注意大方、协调，有美的感染力和个性化，并要注意连贯性和简洁性，手势动作要适度，幅度不宜过大，频率不宜过快，次数不宜过多，表演也不宜过繁，更不能太奇，或玩噱头。总之，要和领导者的身份相宜。

分享案例

1945 年毛泽东决定亲自去重庆同蒋介石谈判。在离开延安时，当人民群众得知毛泽东要去重庆，就自发地到机场为他送行。当时，人们静静地站立着，千百双眼睛随着毛泽东那高大的身影移动。当毛泽东一步步走近飞机，登上舷梯，站立在飞机舱口时，人们不知怎样表达自己的心情，只是拼命地挥手。这时，主席也举起手来，举起他那顶深灰色盔式帽，举得很慢很慢，像是在举一件十分沉重的东西，一点一点地，等到举过头顶，忽然用力一挥，便停在空中一动不动了。

毛主席的这一挥手，是一个特定的历史性动作，表明思索过后作出的断然决定。一方面体现了他对人民群众无比深厚的感情，另一方面又表现了他的宽广胸襟和伟大气魄，对革命前途充满信心。这一挥手，犹如千军万马，胜似千言万语，使不同的情绪跃然于手势，此时无声胜有声。

（三）体态

领导即使不说话，不做任何手势，甚至没有丰富的表情时，他也能通过体态给自己塑造形象，传递给人信息。例如，坐着时腿来回摆动表示轻松或悠闲；跺脚则表示气愤或兴奋。体态包括两方面含义：一是指躯体的形态和姿势；二是通过其表现出来的形态和姿势能够反映出一个人对他人的态度。相反，一个人持什么样的态度，就会在一定程度上相应地展现出一种姿态。例如，人们对于地位低于自己的人在体态上一般较为随便，而对那些地位高于自己的人则较为拘谨。领导者在正襟危坐的下属面前歪坐跷二郎腿，不仅会增加下属的心理压力，还会影响语言和思想沟通的效果，而从另一个角度来看，这样的姿态也损害了领导的形象，对旁人也是一种不尊重的表现。所以，在下属面前，领导者的体态一定要端庄大方，少以高姿态的样子出现，要端正态度，举止规范，在平等的心态下与组织成员共事。

领导者不仅要注重自己的体态，透过体态还可以从下属身上来判断下属的心理，从而有效开展领导活动。当下属有意识地与领导者向外扩展身体区域时，对领导者来说也许意味着两点：一是自己有“官架子”，下属难以接近，或害怕接近；二是下属对自己有抵触情绪而不愿意接近。不管是哪种情况，如果善于观察的领导者能感知到这些信息，就需要将它们反馈到自己身上，主动调整这种距离，改善自己的工作。相反，若是下属有意缩小和领导的空间距离，领导者也应该警惕，是不是自己的威信建立得还不够，是不是下属有什么其他要求等。这时，领导者要保持清醒的头脑进行分析、判断，做好思想准备，预先思考对策，遏制这种巴结行为的发展。

（四）服饰

领导者的服饰语言是指领导利用服饰来帮助自己给他人，尤其是给下属带来良好印象，树立形象，从而有利于开展领导工作。服饰在一定程度上表现出人的性格与心理状态，这是初次见面最先传给对方的第一信息。服饰不仅是一种穿着打扮，更是一种文化，它能够传递一些信息，所以也就具有语言的功能和艺术气息。

领导者作为社会中的管理阶层，其服饰、仪表尤为重要，它对领导者的形象、威信、领导效能等会产生一定的影响。郭沫若讲：“衣裳是文化的表征，衣裳是思想的形象。”领导者在服饰选择上一定要慎重，尽量透过服饰来表现自己的修养，给下属或他人留下好印象。如何使服饰自然得体，款式、颜色搭配协调，是有一定讲究的。

服饰要与周围的环境和氛围相适应。不同的场合对服装有着不同的要求，不能总是一套衣服，一个打扮。如出席正式场合、重要场合时，男士以西装、女士以套裙为宜，既显得大方得体，又能展现风度气质；领导者下基层调研，检查指导工作时，衣着要朴素、方便、整洁。总的来说，庄重的场合不宜穿得艳丽、花哨，轻松的场合不宜穿得过于拘谨、庄重。领导者如果不分时宜地胡乱搭配服装，势必会产生强烈反差，给人留下的印象也会大打折扣，言语表达得再生动朴实、自然流畅，也很难达到应有的效果。

服饰更要合体。衣着的面料、款式固然重要，但大小肥瘦与身材的协调也同样重要。衣服过肥过大会显得人不精神，过小又会缺乏气派，只有与身材合体、协调才会显得自然大方，彰显领导风采。

总之，穿着服饰与一个人的形象和风度有密切关系。领导者在进行社交活动这样一个十分复杂的实践过程中，对语言艺术的重视、培养和历练，不能忽视服饰的重要辅助作用。注意服饰的选择和搭配，是树立良好形象的有效手段。

第三节　领导者的语言修养

一、领导者语言表达的基本技巧

（一）思想观点

领导者的语言修养表现在多个方面，同样，它的来源也是内外兼修的，其中领导者的思想所起的作用是绝对不能忽视的，可以说它是语言艺术的基础和根源。福楼拜说过：“明确的语言取决于明确的思想。”我国古代也有人云：“言为心声。”领导者要想掌握良好的语言表达技巧，需从思想上进行调整，做好准备。

首先，领导者要充分认识到语言艺术的功效。不论在日常交往还是在领导活动中，领导者都要注意自己的言行举止，认真对待自己的每一言辞，有充分准备为每一言行负责。美国前总统尼克松在《领导者》一书中，回忆了他 1972 年访问中国期间同周恩来、江青见面时的情况。周恩来在从机场乘车前往宾馆的途中，简单明了地对尼克松说：“你的手是从世界上最大的海洋那边伸过来的——双方没有往来整整二十五年。”而江青见面的第一句话是：“你为什么不早点儿到中国来？”两人不同的讲话产生了截然相反的交际效果。周恩来用他生动形象的语言来说明他的观点，使对方感到礼貌、亲切、友好；江青却飞扬跋扈，语言生硬。思想观念上的重视和态度的端正，能够帮助领导者讲话时具备明确的中心内容，重点突出，体现针对性，从而真正发挥语言功效，实现领导工作顺利进行。

其次，领导者要做到角色的自我认知。一个人的语言是否符合自身的社会角色，将直接关系到交际能否顺利进行。在不同的场合和环境下，领导者扮演的角色是不一样的，自然就有其相应的表达方式和语言风格。语言是一种交流工具，更是人与人之间沟通的一种外在表现手段，其实领导的过程也就是沟通的过程，而沟通的真谛则侧重于心理上的内在沟通。所以，领导者在内心要摆正自己的位置，区分好权力性讲话和非权力性讲话，演讲与谈话的差异，做报告与即席讲话的不同等，把握角色的转变。同时，还要始终坚持一项沟通的最基本原则——尊重，心态上把持着人人平等的观念，才能有利于语言沟通的顺利。这样，与群众、下属、同事沟通时，领导者的“同位”心自然会从内而外地影响到领导者的外在行为表现，语言的表达也就自然淳朴，即使在正式场合或言辞激烈的情况下，也能够将强势权力下放得恰到好处，容易让人接受。同样，领导者与上级沟通也要尊重而不吹捧，请示而不依赖，主动而不越权，体现出对上级领导工作上的支持、尊重和配合。

分享案例

纳尔逊·曼德拉被誉为南非的民族斗士，因其在废除南非种族歧视政策方面做出了巨大贡献而于 1993 年荣获诺贝尔和平奖。

1962 年，43 岁的曼德拉被南非政府以政治煽动和非法越境罪判处 5 年监禁，被关押在荒凉的大西洋上的罗本岛上。两年后，他又被指控犯有阴谋颠覆罪而改判为无期徒刑，从此开始了长达 27 年之久的铁窗生涯。罗本岛位于离开普敦西北方向 7 英里的海湾，岛上布满岩石，环境恶劣。曼德拉被关在总集中营一个不足 10 平方米的牢房里，这个牢房简陋得只有一个铺着单薄被褥的石板床和一个简单的石台。因为曼德拉是要犯，专门看押他的看守就有三人，同对待其他犯人一样，这些白人看守总是寻找各种理由虐待曼德拉。尽管当时曼德拉年事已高，但白人统治者依然像对待一般的年轻犯人一样对他进行残酷的惩治，每天早晨他要排队到采石场，然后被解开脚镣，到一个很大的石灰石田地里用尖镐和铁锹挖掘石灰石。有时他还要从冰冷的海水里捞取海带。

1990 年南非当局迫于国内外舆论压力，被迫宣布无条件释放曼德拉，1991 年曼德拉被推选为总统，在有数以万计的南非人民参与的总统就职典礼上，曼德拉起身致辞欢迎来宾，在介绍了来自世界各国的政要后，他说：“今天，令我最高兴的是当初看守我的 3 名前狱方人员也能到场。”他邀请他们站起身。随后，年迈的曼德拉缓缓站起身来，恭敬地向3个曾关押他的看守致敬，这出人意料的一幕，使得整个世界都为之震惊。

曼德拉对于看守的尊敬，让那些在南非实行种族隔离制度的白种人汗颜，同时也显示了他博大的胸襟和宽宏的精神。正如他在就职演说中所说：“为了全国和解，建设国家，为了一个新世界的诞生，我们必须团结成为一个民族，共同行动。”曼德拉的语言是其思想的集中展现，从一个侧面展现出他的施政思想及品德修为。

（二）内容

1．清晰准确

讲话要有明确的目的和鲜明的主题，这是在讲话之前就需要通过认真思考与精心构思进行准备的，是领导者准确表述的前提。讲话总是要有目的和动机的，或是为了阐明一个观点，或是为了部署工作，或是为了交流思想和经验，或是为了解决问题等，总之是要通过一种舆论去影响别人的思想和行动，达到某种效果。讲话目的明确后，还必须确定好讲话的主题。主题不是讲话的具体内容，而是一种抽象的表达，它是讲话人经过深思熟虑后作出的理性判断，表达出讲话者的观点和主张，是其思想认识的结晶，是讲话内容的思想性体现。领导者在讲话之前若没有做好思想准备而是临时抱佛脚，那么一场没有明确目的和主题的讲话则会显得毫无意义，有损领导形象。所以，领导者在讲话时，要先将目的和主题思想在脑子里净化，形成明确的观点，理顺结构和前后顺序。只有主题思想明确，表达才会清楚自然。伟大的哲学家费尔巴哈对他的老师黑格尔的讲课非常佩服，他给他的父亲写信说，“黑格尔的讲课非常清楚，他给研究生和本科生讲课是不一样的，黑格尔对问题深思熟虑，表达起来非常清楚、明白。”领导者将其所要表达的内容都清楚明确地表达出来，是语言修养和表达技巧的基本功之一。

2．讲究逻辑

亚里士多德认为，人类进行言语表达和思辨的唯一武器是逻辑学。逻辑严谨是领导者语言表达艺术中很重要的一点。没有逻辑性的讲话，只是语言材料的无序堆积，没有任何说服力可言，还容易造成思维混乱。语言的逻辑性主要体现在层次清晰、条理性强、能吸引人、征服人等，而要做到这些，必须具备两大力量：感染力和说服力。前者可以通过语言艺术、表达技巧来解决，而后者则需要通过提高逻辑思维能力和科学的论证方法来加强。事实证明，凡是具有说服力的讲话，都是说理透彻、论证严密、具有很强的逻辑性的。列宁的演讲以严密的逻辑著称，斯大林认为这是列宁“演说艺术中最有力的地方”，“我佩服的是列宁演说中的那种不可战胜的逻辑力量，这种逻辑力量虽然有些枯燥，但是紧紧地抓住听众，一步一步地感染听众，然后就把听众俘虏得一个不剩。”毛泽东的讲话也具有很强的逻辑性。从年轻时代对于严译《穆勒名学》的推崇，到延安时代倾心研究潘梓年的《逻辑与逻辑学》，直到建国后积极参与逻辑学领域的讨论和建设，毛泽东之所以对于逻辑学科倾注如此巨大的精力，就是因为逻辑是思维和表达的工具、规范。当毛泽东号召“全党都应该学习逻辑知识”的时候，章士钊先生（中国第一位将 Logic 翻译为“逻辑者”的学者）准确地评价说："毛主席是中国逻辑学说的奠基人。"逻辑艺术可以提高领导者运用语言的能力，使概念明确，判断恰当，有助于正确表达和论证思想观点，是领导讲话乃至书面表达都需要运用和强化的地方。

3．把握分寸

领导者与上级沟通时，请示和汇报是主要的沟通渠道，分寸的把握主要体现在要先仔细聆听领导的指示，把握领导意图；回答上级的询问时要准备充分，简洁扼要，而不要就一个问题纠缠不清，或啰啰嗦嗦反复强调已经定下的事情，降低了工作效率。

领导者与下属交流时，适度性主要体现在公共场合讲话，如面对许多员工演讲，做报告时，要威严有力、震慑十足。作为领导者必须适当注意自己的身份，必须建立自己的权威阀，树立自己的威严与影响力。诚然，领导对下属的否定和批评，能够纠正工作中的某些偏差，加强思想认识，是一种领导者与被领导者意见沟通的过程。但批评语言的运用上也要讲究分寸，如果言辞过于激烈，不分场合，不顾及对方的感受，那么不仅不会发挥领导者语言艺术的功效，甚至会适得其反。明智的领导者往往表扬在人前，批评在人后，用词刚柔相济，让人信服。周总理对下级的错误，不是暴风骤雨似地教训一番，而是从家常入手，以帮助"想问题、认识问题"的名义，通过启发、诱导、询问的方式，使下级提高认识，吸取教训。蒋介石在对部下的指责中，或破口大骂，不尊重下属人格，或不分场合，恶语伤人，其结果是：戴笠因之而迁怒属下；陈布雷当场说不出话，不久便自杀身亡；张学良则发动了震惊中外的"西安事变"。以史为鉴，我们更应多反思，加强语言修养，把握讲话分寸。

4．适合对象

由于人的性格、心理、身份、修养、教育程度等不同，对同一事物的理解自然就有差异，领导者应认识到这些差异，根据特定对象的具体情况因人施语，即根据不同的沟通对象选择不同的语言方式和沟通方式。领导者对群众讲话，要通俗易懂，亲切朴实；对老人讲话，要态度谦恭，语气平和；对学生讲话，要朝气蓬勃，新颖明快。

周恩来与老农谈话是拉家常的沟通方式，他在老农家中席地而坐，平易近人，让老农也感到没有拘束。他曾说："最好的领导是人民群众根本没有感到你在领导。"周总理在建国后的一次答记者问时，回答问题鲜明直接："中印两国人民的友谊是永恒的，边界问题的争议是暂时的。"1972 年美国总统尼克松访华时，为了维护国家的主权和尊严，周总理坚持要让他乘坐中国民航的飞机："尼克松到了中国的土地，就要听从我们的安排。"在周恩来的亲自指挥下，此次访问获得圆满成功。尼克松评价他对坐中国飞机的感觉是："飞得很好！"对此，周总理面带自信的微笑，不卑不亢地回答道："我很信任他们。"返京途中，他非常高兴地对身边的服务员说："这次任务完成得很好，现在我就可以放心了。"言语虽短，但却是永远值得机组人员骄傲的。

（三）情感

领导者的语言无论在什么场合，都要寓情于理，以情达理，沟通中传递真情实感，感染他人。1961 年，毛主席宴请刚被特赦的末代皇帝溥仪，他觉察出溥仪的拘谨，立即把溥仪拉到身边，风趣地说："你是我的顶头上司，我做过你下面的老百姓。"这句话让溥仪消除了紧张的心态。毛主席又说："听说你现在是光杆司令，还可以再婚嘛！"毛主席亲切的话语传送着真诚的关怀，温暖了溥仪的心，自然也就缩短了双方的心理距离。朴实的语言给人以质朴无华、诚实可信的好感，能很快缩短领导者与被领导者的距离，适合于领导群众之间的交流；演讲或报告中的语言则要生动自然，善于运用生动感人的事例和形象化的语言，采用比喻、夸张、排比等修辞手法，注意讲话频率、声调，并辅以适当的手势、表情，给人留下深刻印象；在做人思想工作时，说话要入情入理，用亲切和蔼的语言感化人。

在领导工作中，切不可恶语伤人，损伤他人人格。无情的语言必然会加剧人与人之间的矛盾，甚至令人产生对抗情绪，从而大大损害领导者形象。俗话说："良言一句三冬暖，冷语伤人六月寒。"影响人们交流感情的话是领导者绝不应轻易说出口的，领导者应注意：定性的话太死、太硬、太绝对，会失去回旋的余地；揭人疮疤的话惹人尴尬；指责、责难的口吻和字眼的分寸须把握；于事无益、于事无补、煞风景的话影响人的情绪和积极性。总之，情感的表达终究是要由语言来发挥功效的，领导者需要综合运用多种语言类型及表达方式，才能将感情这一较复杂的情绪抒发出来。如何合理地表达情感，考验着领导者对语言方法和艺术的巧妙运用。

（四）有效性

语言修养是领导者必须具备的一项基本素质，它的培养有一定的方法可循，但它又是一门艺术，这说明领导语言的运用在方式方法上存在一定的技巧，有着因人而异、切情切境的灵活性。方法是死的，运用是活的，所以实践活动才是检验领导者语言艺术高低的标准。只有在语言沟通的实践中，使每一种方法都能得到灵活性、创造性的运用，才能把领导者的语言艺术演绎得出神入化，才能真正发挥语言艺术给领导者带来的莫大功效。

二、领导者语言运用的场合

场合的制约因素对人们接受语言的角度、体验、效果等的影响更为直接，场合有公开与非公开、正式与非正式、单个接收对象与多个接收对象之分。具体到领导者的特定讲话环境，有会议主持、做报告、演讲、谈话、即席讲话、讨论、谈判、表态、贺喜、治丧等多种情形。场合的特殊性要求领导者必须运用与其相适应的语言，注意语言表达的方式、技巧、用词、语气、表情等诸多方面，要协调得体、适情适景。否则，会使沟通效果大打折扣，甚至会造成恶劣的影响。

（一）演讲致辞

1. 演说

演说是指在特定的环境中，借助有声语言和体态语言的手段，面对众多听众发表意见，抒发感情，从而感召听众的社会实践活动。演说是最高级、最完美、最富审美价值的一种口语表达形式。它是以说为主、以演为辅的综合语言活动过程，是每位领导者上任之时的必经环节。领导者掷地有声的话语向听众表达了他的内心世界，他的仪态唤醒了听众的视觉，从而引起听众对他的注意，增添了领导者魅力。可以说，一次成功的演说对领导者来说意义重大，具有极大的鼓动性和说服力，对自身形象乃至组织整体形象的树立都产生影响。因此，领导者必须培养和提高自己“演说”这一口才技巧，以较强的演说能力，充分发挥语言艺术的感化功能。古希腊哲学家亚里士多德把演说称之为“说服人的艺术”。古希腊很多政治家在街头发表演说，演说被人们称为“艺术王冠上的宝石”。

演说不仅体现语言技巧的高低，还反映出一个人的知识储备和智慧多寡，因为演说要有良好的逻辑，要言之有理，言之有据。一般来说，一个完整的演说应有五个必要的层次：（1）用前言组织开头；（2）提出论点；（3）用论据来进行论证；（4）反驳对方的观点；（5）结论。从今天领导者常用的普遍演说形式看，一般就是论点—论据—论证三段论。另外，演说时应注意三点：（1）简明扼要。（2）尽量照顾到所有的听众，不讲与在场听众无关或关系不大的内容。（3）抓住听众的注意力。所以，练习演说的过程，也是各方面知识不断丰富，各方面能力不断增强的过程。

分享案例

毛泽东讲长征的重要意义时是这样论述的：“讲到长征，请问它的意义是什么？”（开头）“长征是历史记录上的第一次。”（提出论点）下面开始围绕论点展开论述：“自从盘古开天地，三皇五帝至于今，历史上有过这样的长征吗？几十万大军围追堵截，上百架飞机轮番轰炸，而我们却迈动两条腿，长驱二万五千里，纵横十一个省，请问历史上有过这样的长征吗？”“没有。”（结论）

这里“长征是历史记录上的第一次”是论点，论据是讲事实，摆道理，用逻辑推论进行论证。逻辑是一种驳不倒的力量，是论证的主要方式，也是任何一种讲话方式所必须遵循的内在要求。

2．欢迎辞与欢送辞

欢迎辞是指在迎接宾客的正式场合中，主人对宾客的到来表示欢迎之意的一种社交礼仪的演讲。欢迎辞能够拉近彼此的距离，有利于双方感情的沟通。欢迎辞一般是以口头形式在欢迎仪式现场表达，也有在公开发行的报刊上发表的（以在较为庄重的公共事务中使用居多），这也是领导者向他人表达欢迎之情的经常性场合。当然，在举行较大型的聚会、宴会、舞会、茶会等非官方的交际应酬场合上，致欢迎辞也是一种常见的礼节。

领导者致欢迎辞时要礼貌、亲切，发自内心地流露出真实感情，这就要求表情与语言要统一协调，否则会给人虚情假意之感。如果与对方在原则、观点、立场上存在分歧，就要委婉含蓄，不可直来直去、恶语伤人。

欢送辞是在集会或欢送仪式等正式场合中，对离去者表示热情欢送的一种社交礼仪演讲。如学生毕业、会议闭幕、客人结束访问等，都需要表达欢送之意。欢送辞充分表现了人际间的爱护、关怀、信任、友谊等美好情感，使听众在演讲中受到激励，唤起他们对工作、学习、事业的高度责任感，激发其工作的热情。

致欢送辞时要尽量简洁明快，避免言语冗长，且要礼貌、真挚、亲切。需要注意的是，欢送讲话既要有礼节形式，又要有事物内容，以严谨的态度、真挚的情感表达依依惜别之情；同时，还要注意原则性与灵活性相结合，搁置分歧，突出收获，表达出今后继续交流与合作、共展美好前景的强烈愿望。值得一提的是，由于欢送辞的主要内容是欢送，为了避免伤感，语言要尽量生动、口语化，情绪要热烈，并适时地运用幽默话语营造一种轻松愉快的气氛。

3. 开幕辞与闭幕辞

开幕辞是指由组织召开会议的机关的主要领导在会议开始时所作的讲话，对会议的组织和参与者进行介绍，并表达会议的中心内容，阐明会议召开的现实意义。开幕辞是整个会议的序曲，推进和左右着会议的进程。它往往定下了整个会议的基调，因此，表达时要根据会议主题营造与之相适应的氛围。语言力求简洁明快，亲切热情。

闭幕辞是指由组织召开会议的单位的主要领导在会议闭幕之时做的总结讲话，其目的在于使与会者加深对会议精神的理解，更进一步地提高认识。闭幕辞是会议的尾声，标志着整个会议的结束。领导者致闭幕辞时，语言要简洁明了、点到为止，不可拖泥带水、画蛇添足，影响会议的圆满落幕；语调要热情高亢，充满鼓动性和号召力，如果能即兴发挥并诙谐幽默，更可收到意想不到的效果。

4. 慰问辞与答谢辞

慰问辞是以组织或个人名义向有关人员表示慰藉、鼓励和关切的演讲。实际生活中，领导者进行慰问讲话的情形多体现为在重大事故，特别是在发生自然灾害后，对某些遭受重大损失的地区、单位或参与抢险救灾有功人员、集体等表达的慰问和鼓励。慰问辞可以充分体现集体的温暖和组织的关怀，能给人战胜困难的勇气，使人在精神上得到安慰和鼓舞。

慰问演讲主要是向被慰问者送上一片浓浓的安慰与关切，因此表达时一般应充溢着强烈的、发自内心的情感，语言要简洁有力，有针对性，还要富有激情和鼓舞性。例如，慰问对祖国和人民作出过突出贡献的同志，就应该注重称颂其功绩，表达明朗，声音高昂；如果慰问对象是受灾群众，就应该着重向对方表达关切与同情，以安抚心灵，语气自然也就要深沉舒缓、诚恳热情。

答谢辞是指交际的双方在进行一次友好、成功的交往过程中或结束时，一方对另一方给予的接待、安排等友善行为表达谢意的致辞。在实际生活中，答谢辞广泛应用在各类社交场合，可以发生在单位或集体之间，亦可发生在同事、朋友之间，谢意的表达对于沟通感情、巩固友谊都能起到很好的促进作用。

答谢辞作为一种使用频率很高的社交形式，其最突出的特点就是要心意至诚，语言要庄重得体，话语精练。为了收到良好的效果，表达谢意时态度上要热情诚恳，谦逊有礼；要善于因时因地寻找话题与对方沟通，拉近双方的距离，增强彼此的认同感。也可以根据过去或正在进行的具体事件，说出动人的细节，把自己的感受和谢意自然地表露出来，以作为诚挚感谢的依据，从而避免了虚浮和空泛。

（二）工作场景

1. 谈话

把领导者的演说艺术推而广之，就是领导者谈话的艺术。谈话也叫交谈，是说话双方进行的语言交流，是领导讲话的一种重要形式。日常做报告、下达指示、协调关系、解决问题等都是通过谈话来完成的。谈话水平直接反映领导艺术和领导水平的高低，影响工作成效。谈话时，临场发挥占的成分比较高，如何使谈话顺利进行，达到预期目的，需要讲究策略和技巧。

（1）巧妙提问。提问是开启对方心灵、激发对方谈兴、引导对方谈话的“金钥匙”。问题提得巧妙，能使双方在和谐愉快的氛围中交流思想，沟通感情，达到谈话的目的，而愚蠢的问题则只能倒人胃口，让对方感到失望和为难，甚至陷入尴尬的境地。所以，即使对于谈话这样较为随意的沟通，也要认真做好准备，尤其是重要的谈话更是如此。首先要根据谈话的动机和目的设计问题，问题宜明确具体，且具有启发性；然后，再视问题的内容选择合适的提问方式，或正面直问，或迂回侧问，亦或假言设问、步步追问等。要使提问达到想要的效果，必须做到以下几点：① 不要提出明知对方不能或不愿回答的问题；② 不要故作高深、盛气凌人，要给人以真诚和信任的形象；③ 提问要适时、适地、适人；④ 要巧妙地诱导对方说出心里话。

（2）了解对方的信息。这包括两方面含义：一是指领导者要了解和掌握一些谈话对象的个人情况，如性别、年龄、文化素养等，因人而异地进行交流。二是指双方在谈话交流过程中，领导者要注意观察和体会对方的心理状态、外在反应，方便灵活地调整谈话内容、节奏等，以精湛的语言文化修养树立起自己的良好形象，继而保证谈话工作的顺利进行。

（3）诚挚的倾听。谈话虽然以巧妙的提问开始，但从谈话的主动方来说，倾听显得更为重要，因为它可以让你获取信息，了解对方的状态，明白对方的意图和需求，使接下来的提问继续有效进行。倾听与听不同，听是对声波震动的获得，而倾听是把对方谈话的全部内容予以理解，并记忆。领导学家对这方面做过专门的研究，一个人听别人讲话，当时往往只能保持住内容的50%，48 小时后，保持率就会下降到25%左右。倾听不是单纯的身体反应过程，它同时需要作智力上、情感上的努力。一项统计表明，商界60%左右的误会可以在不善倾听方面找到根源，而来自笔误的误会仅占1%。倾听是一种需要加以锻炼发展的技巧，一定要“多听少说”。很多领导者都知道这个道理，他们清楚平时自己讲话的时候很多，所以在群众场合更注重倾听群众讲话，自己不轻易发表意见。“沉默是金”，多说并不一定意味着聪明，有时候后发制人更为有效。很多领导者对倾听做了专门的研究，并总结了倾听的规则，这个规则就是“只有真正弄懂对方讲话的全部含义，并加以记忆，你才能够去讲话”。这看起来容易，实际上做起来很难，需要领导者从内心将其摆放到重要的位置上去。

2．赞扬下属

赞扬是最好的激励方式之一，简单真切的溢美之词作用在人的内心需求上，无须花费成本却收效甚好。下属经常听到来自领导的真诚的赞美，会感到自身的价值获得了社会的肯定，有助于增强自尊心、自信心，进而激发努力行为，产生良好绩效。赞扬也是一门艺术，存在一定的技巧。

（1）赞扬要情真意切。不要为了赞扬而赞扬，赞扬应该发自领导者的内心。语言似乎有着一种独特的功能，无论从措辞还是口吻中都能让听者感受到是否真挚，如果下属感觉到领导者是故意在赞扬，自尊心就会受到伤害，甚至会产生逆反心理。所以，领导者应当由衷地赞扬下属，这就需要领导者树立正确的思想意识。领导者应该心胸豁达，对下属的独到见解、杰出才能、优秀品格及业绩都应给予客观的评价和肯定。但实际中却有些领导者深为自身素质较低而日夜忐忑，且角色固定心理较强，为了维持自己的权威，他将本应向下属表达的溢美之词吝啬地保留着，大有惜字如金之意的态势，这样很不利于下属的成长。

（2）赞扬要具体。领导者赞扬下属时应明确赞扬的原因，即突出赞扬的具体事情，这比笼统地赞扬其能力效果要好得多。因为用词过于含糊其实是毫无意义的，而由此带来的误解、混乱和窘迫也是很难避免的。一般认为，用语越是具体，表扬的有效性就越高，因为下属会由此而感到上级对自己的了解、认可和尊重，也利于他努力做好自己的工作。

（3）赞扬要把握好时机。在恰当的时间做恰当的事，往往事半功倍，领导的赞扬举动也不例外。一般来说，在下属做某件有意义的事情之前，领导对其所做的表扬是一种鼓励，有助于建立一个通往光明之路的新起点。工作结束时领导所作的总结性表扬无疑会给下属带来巨大的鼓舞。至于在下属行事的过程中是否应该融入领导的赞扬则存在一定分歧，有时对中间阶段工作的肯定会起到再接再厉的效果，可有时反而会增加下属的压力。所以对这一阶段的把握，领导者应该具体情况具体分析，总之要以促进工作圆满成功为准则。当然，领导者对下属的赞美也要讲究一个“度”字，适度表扬会让人感到自然舒适，否则会令人反感甚至尴尬。只有恰当的语言表达，才能真正实现心灵的沟通。

3. 批评下属

批评与赞扬都是领导工作中所采取的必要的强化手段。“人非圣贤，孰能无过”，无论何人从事何事，在适当的时候接受一定的批评和建议是必然的，也是必要的。批评的功效能发挥到什么程度，也是体现领导水平高低的标准之一。作为领导者，应尽量减少批评产生的负效应，减少被批评者的抵触情绪，以达到比较理想的批评效果。

从心理学的角度来分析批评行为，可以说，大多数人受到批评时，总感觉不像表扬那样舒服，在本能上对批评还是有抵触情绪的。尤其当人们很努力地付出后，自认为满意时受到的批评就更难被理解和接受。还有一点不得不承认的是，人们很喜欢辩解自己的行为。作为对批评产生的反应，辩解和抵触是不协调的，于是，如何降低这种不协调，要求领导者讲究一些方法和技巧。

批评采用“三明治”策略是一种不打击士气的正面性方法。所谓“三明治”策略，是指批评别人时，先找出对方的长处赞美一番，然后提出批评，最后再使用一些赞美的词语使整个谈话过程在友好的氛围中结束，这种批评是夹在两大赞美中的小批评，因此得名。这种批评方式在欧美的一些企业中比较常用，它的优点在于批评前的褒扬起到了替对方辩护的作用。除了具体事物中的差强人意之处，对方的能力、为人工作的努力等可以被肯定的地方由领导者表达出来，这也体现出领导做出的批评是对事不对人的。以此为铺垫，接下来的批评较单纯批评显然更容易让人接受，让自尊心有承受的能力，听起来也不那么刺耳。值得注意的是，这“赞扬—批评—赞扬”的三个小环节，对其各自扮演的角色领导者应该心里有数。领导者对下属进行诚恳客观的表扬之后再做出批评时，受首因效应的影响，批评的效果也许会有所减少，反而会将本应起辅助作用的表扬放大效应；但是若领导者需要深入分析下属的错误时，批评的近因效应又会比较强，此时前奏性的褒扬则显得过于虚伪，结果适得其反。不管怎样，语言作为一种交流工具，它本身具有很强的灵活性，相信语言上一些原则性的用法会给领导者的实际工作起到一定的指导作用。

分享案例

松下幸之助作为日本松下电器的总裁，其严谨与谦恭为世人所熟知，其领导也以要求严格而出名，这种严格使他的领导风格近乎苛刻，甚至时常发脾气，但有趣的是松下幸之助对于下属几乎从不说“不”。

一次，松下幸之助对公司的一位部门经理说：“我每天要做很多决定，并要批准他人的很多决定。实际上只有40%的决策是我真正认同的，余下的60%是我有所保留的，或者是我觉得过得去的。”经理觉得很惊讶，作为公司的总裁，松下幸之助几乎掌握着公司的所有决策的决定权，对于他认为不太满意或不同意的事，直接否决就可以，为什么还要批准呢？松下幸之助看出了助理的疑虑，接着说到：“你不可以对任何事都说不，对于那些你认为算是过得去的计划，你大可在实行过程中指导他们，使他们重新回到你所预期的轨迹。我想一个领导人有时应该接受他不喜欢的事，因为任何人都不喜欢被否定。”

由此可以看出，松下幸之助对于下属的批评之道无处不闪烁着智慧的光芒。他的管理理念也印证了作为一名领导者，对于下属的批评要考虑到下属的自尊心及承受能力，对下属的批评不妨由肯定开始，再将其引导到正确的方向上来，这样既保护了下属工作的积极性，也使下属更易接受客观的批评。

4. 做报告

做报告是领导者通过论述政治、经济、文化等现实问题，对公众产生导向、启示、动员等作用的讲话。报告的种类很多，常见的有政治报告、工作报告、动员报告、述职报告、总结报告等。从报告的结构顺序来说，总体上需要注意以下三个方面。

（1）开头要精彩。在一篇讲话中，开头给人的印象是最深刻的，因为这时人的注意力和兴奋点都处在比较好的状态，精彩的开头尤其能引起人的注意力，正所谓“良好的开始是成功的一半”。讲话中有一个引人入胜的开头，是获得成功的第一步。要想集中听众的注意力，首要的一点就是避免内容冗长啰嗦、空话连篇，这样听众会觉得乏味，没有亮点，很影响接下来的收听效果。开头语的内容要突出主旨，主要任务就是提出问题，说明会议的指导思想、任务以及要研究、讨论、解决的问题，交代清楚背景和情况，如会议是在什么情况下召开的，有什么意义等，还要阐明会议或讲话的宗旨和主要任务。总之，要简明扼要，切入主题。

（2）主体要饱满。讲话的主要部分关系着整个讲话的成败。这部分具体讲什么，怎么讲，讲到什么程度，要根据会议的性质和任务来确定。首先，内容上要紧扣开头语提出的论题或主旨，并对充实的内容进行透彻的分析，从多方面、多角度地阐明题意。其次，语言仍要精辟，要让人感到“字字珠玑，句句精彩”。邓小平曾把刚解放不久的重庆干部工作的紧急任务概括为九个字：“挂牌子，搭架子，摆摊子”，语言通俗，含义明确，回味无穷。最后，表达上要有逻辑性，应严谨严密，层次分明，条理清晰。在每个层意前可以通过设立小标题来引起听众的注意，序码的排列也能帮助听众理清思路，抓住脉络。

（3）结尾要圆满。讲话的结尾部分与开头遥相呼应，同样起到画龙点睛的作用。结尾圆满的讲话，能产生余音绕梁、耐人回味的感觉，也可发人深思，催人奋进。一般地，结束语，要么对整个讲话进行归纳总结，语言精准有力；要么是进一步提出展望，进行鼓舞和号召，所以要充满激情，以发挥巨大的鼓动力量。

5. 即席讲话

即席讲话是指在宴席或集会上临时所作的讲话。一般指事先没有做充分的材料和心理准备，现场发挥的成分较多，即席讲话是一个领导者经常要面对的。由于没有充分的准备，也没有现成的演讲稿，即席讲话更能体现领导者的综合素质，也是群众评价领导者能力、水平的一个重要方面。从某种意义上说，善于即席讲话是成为一名成功领导者的基本要求。

即席讲话考验着一个领导者的心理素质、应变能力、说话水平、文化修养等，所以较一般的讲话、写文章要困难得多，要掌握好这个紧张而又复杂的表达过程也是很不容易的。即席讲话与一个人的思想、知识、阅历、口气等有直接关系，尽管比较复杂，但绝不是高深莫测得无法掌握，作为一种语言表达方式，一定的技巧和规律还是可以被总结出来并给予领导者一些指导和帮助的。

首先，要做好一定的思想准备。领导者无论出席什么样的场合，随时都有讲话的机会，这一点要心中有数。所以，在会议或活动的过程中，对主题、议程安排、他人的发言等要认真听取和思考，在此基础上进行即席发言就不会显得慌乱。

其次，要有充分把握主题、选择话题的能力。任何会议或活动都有自己的主题，讲话要紧扣这个主题，否则就是跑题。在正确方向的指引下，领导者的讲话要想打动听众，还要有自己独特的观点和见解，即在主旨背景下选择好自己的话题，该话题可以是自己熟悉和感想比较深的，容易谈出深度、谈出心意的；也可以侧重于听众的喜好，选择那些与听众关系密切，听众愿意听，能给人启发的内容作为话题。总之，要选择一个适当的角度显示出自己的独到之处，先讲是出奇制胜，后说则后发制人，把握住展现自己风采的好机会。

最后，即席讲话的效果如何，精妙结束语的点睛作用不可小觑，它甚至会使整篇讲话的效果出人意料。结尾不应冗长拖沓，把握好分寸——言不必尽，让人回味无穷。讲话结束的方式有很多，可以是格言式、号召式，也可以是引述式、幽默式，还可以是赞颂式、呼吁式等，不论哪种，干净利落、点到为止即是最好状态。

6. 记者招待会

记者招待会又称新闻发布会，是社会组织或个人根据自身的某种需要，邀请有关新闻单位的记者、编辑、主持人以及社会听众，宣布某一消息，并接受参加者提问的一种特殊会议。政府机关、社会团体、企业、个人在有重大事情、活动时，往往以举行记者招待会的形式来向新闻界提供情况、传播信息。招待会有正式和非正式两种。招待会也是领导者与新闻界和社会公众联络的重要形式，是一种极具轰动效应的领导活动。在记者招待会上，领导者语言字字句句都要斟酌，抑扬顿挫都要讲究，出口成章，挥洒自如。戴高乐说：“凡是我要告诉人们的重要事情，我都思考良久，一一形成文字，背得烂熟。”招待会上领导者对重大政治、外交问题，语言艺术上既要有历史的纵深感，又要富有鲜明的时代感，对立场和主权问题，要雄辩高亢，具有巨大的力量。

分享案例

1997年日益临近时，英国方面曾不断试探中国关于解决香港问题的立场和态度。1982年9月24日，邓小平在人民大会堂会见来访的撒切尔夫人。邓小平对撒切尔夫人说，我们对香港问题的基本立场是明确的，一个是主权问题，中国在这个问题上没有回旋余地。坦率地讲，主权问题不是一个可以讨论的问题。现在时机已经成熟了，应该明确肯定：1997年中国将收回香港。如果中国在1997年，也就是中华人民共和国成立48年后还不把香港收回，任何一个中国领导人和政府都不能向中国人民交代，甚至也不能向世界人民交代。如果不收回，就意味着中国政府是晚清政府，中国领导人是李鸿章！

对个别不怀好意的记者的故意刁难，可适当回敬几句风趣的话，引起哄堂大笑，巧妙地把对方顶回去。有一回戴高乐总统举行记者招待会，反对派《震旦报》的记者假惺惺地问道：“共和国总统的身体如何？”戴高乐当即回答：“我的身体很好。可是请您放心，我是免不了要归天的。”另一回，对类似的提问，他又多说了几句：“人总归要死的，戴高乐也一样。也许就在今晚，也许在半年或一年之后。如果我果真想让某些人高兴而让另一些人难受的话，我要说，我还能活上10年、15年”。

对不便于回答的问题，要用机智幽默语言，令人捉摸不透。周总理举行记者招待会，介绍我国建设成就，一个西方记者说：“请问，中国人民银行有多少资金？”国库有多少资金那属于高度的经济秘密，周恩来委婉地说：“中国人民银行的货币资金嘛？有18元8角8分。”当他看到众人不解的样子，又解释说：“中国人民银行发行的面额为10元、5元、2元、1元、5角、2角、1角、5分、2分、1分的10种主辅人民币，合计为18元8角8分……”

相反，如果在记者招待会上，不讲究语言艺术，经常失言，就会让自己的形象大打折扣。如果再长个不负责任的烂嘴，口无遮拦，就更会丢人现眼。

分享案例

2009年1月12日，任期还有一周的美国总统布什在白宫新闻发布室举行了他本人的最后一场记者招待会。在会上，布什虽承认自己在8年任期内有失误，但却再次为自己任内的所作所为辩护。就在他为自己辩解的发言中，布什面对众多记者冒出了一句“名言”：“Sometimes you misunderestimated me.”（有些时候，你们错误低估了我）。有评论说，此言首先让白宫现场的记者，以及观看实况转播的全世界电视观众乐了一阵子，紧接着让报纸杂志的读者也开怀大笑。但记者们似乎不买布什的账，连珠炮般追问布什关于阿富汗战争、伊拉克战争、卡特里娜风灾和金融风暴等令他最为头疼的问题。布什终于有些按捺不住，特别是当被问及美国的海外形象低落时，他有点愤怒地说："我不认同这说法"。

在美国乃至全世界特别是西方世界，从民间到政界，从个人到媒体，对于布什的讽刺恶评几乎在他任期内就没有间断。关于对布什的失言或言辞错误的批评和讽刺，更是数不胜数。在美国，竟然有商家把布什总统经常在公众场合讲错的一些话汇集成为一本日历。这家日历生产商别出心裁地把日历题名为《他们"错误低估"了我——布什总统之奇怪语言》，在每一页上都印上他的"失言金句"，堪称另类"每日一句"。此话会成为布什失言之"经典"。现在，虽然布什已经离开美国总统位子，但其失言"经典"还在继续流传。

三、领导者的语言风格

领导者的语言风格是语言方法和技巧的表现形式，语言风格是否得体影响语言的表达效果。领导者在实践中要注意对语言风格的选择，以使语言能够得到恰如其分的表达。

（一）平易通俗

讲话的目的是让人听懂，这也是对讲话者最基本的要求。领导讲话时如果单纯求奇、求新，卖弄辞藻，不仅让人接受起来感到吃力，还会影响听众的情绪，反感其矫揉造作的表现，对领导者的印象大打折扣，所以，语言选择要尽量通俗易懂，拉近与说话对象的距离。通俗的语言再加上平易近人的态度，能体现领导者亲切待人、不摆架子的优良品质，实现领导者求实务实的工作作风，从而使朴实无华的语言魅力发挥得淋漓尽致，增强亲和力。

分享案例

毛主席在论述中国革命的战略问题时曾经说，"贾宝玉的命根子是他脖子上那块石头、那块玉，蒋介石的命根子是他的军队，要掐他的命根子就要消灭他的军队，缴他的枪，抓他的俘虏。所以红军打仗，不在于一城一地的得失，要在运动中消灭敌人。要运动，也就是说要走路。说到走路，连三岁的小孩子都会，说到行军打仗，那就是好大的学问。我们是打得赢就打，打不赢就走，赚钱就来，赔本不干。"1927年9月，大革命失败后，红军主力向井冈山进发，由于部队刚刚受挫，战士们信心低落。毛泽东利用战士们为老乡挑水的机会，在水缸旁用浓厚而洪亮的口音给战士们作形势报告："现在蒋介石好比一口大水缸，我们红军好比一块石头。水缸样子挺大，但经不起石头一击。我们这块小石头一定能砸烂蒋介石这口大水缸。"毛主席的讲话，红军战士、伙夫都听得懂，这就是中国革命的战略问题。

分享案例

1942年，在美国、英国、苏联等国家抗击纳粹德国的关键时刻，罗斯福总统终于在白宫记者招待会上露面了。此时作为反法最前线的英国由于黄金外汇枯竭，无力从美国手中获取军事装备，作为盟友，罗斯福深知唇亡齿寒的道理，如果英国被纳粹德国击败，势必会威胁美国的利益，因此，美国理应全面支持英国。所以，罗斯福召开这次记者招待会的目的是为了说服国会中那些只注重眼前利益的议员，使《租借法》能顺利通过。罗斯福从容地坐在大家面前，在简单介绍了《租借法》的内容后，他说到："假如我的邻居家失火，在数百英尺以外，我有一条浇花用的水管，要是马上借给邻居就可以接上水龙头从而帮他灭火，这样不仅帮他救了火还可以避免火势蔓延到我家来，但是这是不是说明我要在借给他之前跟他讨价还价说：'喂，伙计，这个管子值15美元，你先给我钱我才能借给你。'""在这种危急的情况下，邻居哪有时间去找钱呢？所以我觉得只要在灭火后他把管子还给我的话，还是不要这15美元比较好。如果灭火后水管还完好无损，他或许还会跟我道谢，而如果他把水管弄坏了，再让他赔钱我也不会吃亏啊。"

罗斯福总统的这番表述，言简意赅、浅显易懂，将《租借法》的意义表述得淋漓尽致，他对议员晓之以理，动之以情，不仅说服议员通过了这项法案，还赢得了当时的英国首相丘吉尔等许多反法西斯国家领导人的高度赞扬。

（二）生动幽默

生动幽默的语言可以创造亲切、愉快的临场气氛，通过笑的媒介产生思想的共鸣，让听者感受到领导者传递的信息，领悟其旨趣和哲理，增进领导者与被领导者感情的交流和思想的沟通，可谓"言有穷而情不可终"。

分享案例

1942年2月，毛泽东同志到中央党校作《整顿党的作风》的政治报告。在报告讲到最后的时候，下面的同志情绪开始松懈，有的甚至开始溜号。毛主席掏出一盒香烟，用手指往里慢慢地掏烟，但掏了一会儿也没见掏出来，显然是差不多抽光了，过了一会儿，他笑呵呵地掏出仅有的一支烟，夹在手上，举到空中，对大家幽默地说："最后一条！"这一语双关，妙趣横生，使大家的倦意在笑声中一扫而光。

1956年，周恩来总理在中南海勤政殿餐厅招待外国友人吃饭。宴会的最后一道菜是汤。汤里放了一些竹笋刻制的"卍"（读"万"，意为吉祥），翻个之后就成了"卐"。外国客人大惊，周恩来笑着说："让我们一起动手，消灭法西斯！"

一次记者招待会上，西方记者问道："中国最近打下了美制U-Z型高空侦察机，请问是用什么武器？导弹吗？"外交部长陈毅举起双手在空中做了一个动作，告诉记者说："我们用竹竿把它捅下来的!”在这种场合里遇到涉及军事机密的提问，陈毅用幽默的语言代替了“无可奉告”这样陈词滥调的外交性语言，收到了很好的效果。

幽默感也是现代人应该具备的良好素质。对领导来说，在风云变幻的外交舞台上，生动幽默的语言可以机智地应付各种复杂场面，收到出奇制胜的效果，甚至可以化险为夷；在唇枪舌剑、惊心动魄的竞选场上，幽默也会帮助竞选者摆脱困境，脱颖而出。此外，幽默语言的具体表现形式也是多种多样，如一语双关、欲扬先抑、巧设喻体、反唇相讥、借题发挥、转移对象等。幽默的确可以带来诸多好处，但领导者还要清楚地认识到，幽默只是一种手段而非目的，要把握好使用它的尺度，让它成为语言交流的“润滑剂”。

分享案例

当年基辛格陪同尼克松总统访华时，曾给周恩来出过一道难题：“我们美国人都昂头走路，而你们中国人则喜欢低头走路，这是为什么？”周恩来哈哈一笑，风趣地回答到：“那是因为我们中国人是上山，走上坡路，你们美国人是下山，走下坡路的缘故!”周总理依基辛格带玄机的话而借形表意，反倒占据上风，幽默之中尽显英雄本色。

有一次，孙中山在广东大学（今中山大学）讲民族主义。礼堂小，听众多，天气闷热，有人没精打采。这时，孙中山便穿插一个故事：“那年我在香港读书时，看见许多苦力工人聚在一起谈得很起劲，听的人都在哈哈大笑。我觉得奇怪，便走上前去。有一个苦力对我说：‘后生哥读书好了，知道我们的事于你无益。’又一个工人告诉我：‘我们当中一个行家，牢牢记住那马票上面的号码，把它藏在日常用来挑东西的竹杠里。等到开奖，竟真的中了头奖，他欢喜万分，以为领奖后可以买洋房、做生意，这一生再也不用这根挑东西的杠子过生活了，就把竹杠狠狠地扔到大海里，连那张马票也一起丢了。因为钱没有到手先丢了竹杠，结果是空欢喜一场。’”孙中山风趣的故事使台下响起了一片笑声，那些打瞌睡的人禁不住跟着笑了起来。孙中山接着归到本题：“对于我们大多数人，民族主义就是这根竹杠，千万不能丢啊。”

孙中山的话言之有物，生动形象，使人们通过联想产生了“具象”，而且这个“具象”的愿望与结果又严重背离，从而达到了强烈的幽默效果。人们在笑声中明辨是非，认识了真理：千万不能丢掉民族主义。

分享案例

毛泽东是一位公认的幽默大家。他早在1929年为红四军干部制定《教授法》时，就在第六条中规定："说话要有趣味。"凡是与毛泽东交谈过的人，都为他那幽默风趣的语言所折服。

1947 年，蒋介石全面进攻解放区失败后，把战略改为"重点进攻"。1947 年 3 月 13 日，胡宗南率兵进犯延安。50 多架敌机对延安狂轰滥炸了一整天。

那天下午，敌机扔下的一颗重磅炸弹在王家坪毛泽东的窑洞门前不远处爆炸，一阵山摇地动之后，便见硝烟弥漫，负责保卫毛泽东的卫士很为他的安全担忧，警卫参谋贺清华心急如焚地推门而入，但见毛泽东从容自若，跟没事儿似的，他右手拿着的那支笔正在大地图上移动着。他身旁的彭德怀目不转睛地注视着那支笔的笔尖。

贺清华的推门而入惊动了毛泽东，但他的注意力还在那张地图上。他看着地图问："客人走了吗？"

贺清华丈二和尚摸不着头脑，他愣了：哪有客人呀？于是反问："谁？谁来了？"

"飞机呀，"毛泽东微笑着说，"真是讨厌，喧宾夺主。"大家听毛泽东这么一说，都笑了起来。

一个卫士拿着散落在门前的一块炸弹碎片给毛泽东看。毛泽东接过来掂量一下，又风趣地说："嗯，发财发财，能打两把菜刀呢。"

1951 年，时任中国人民志愿军司令员的彭德怀，从抗美援朝战场回京向毛泽东述职。

谈话间，毛泽东开玩笑说："德怀呀，你我都是同石头有缘分的。你的字号叫石穿，我的乳名叫石三伢子，我们两个同是石头。"彭德怀谦虚道："我岂敢与主席相比。主席是块稀世宝石，我彭某只不过是一块冥顽不灵的顽石。两者之间，有天壤之别！"毛泽东摆摆手说："不，同样都是石头嘛。我们两块石头，一块扔给了杜鲁门（时任美国总统），一块扔给了麦克阿瑟（时任侵朝美军总司令）！"两人相顾，发出会心的笑声。

（三）简洁明快

讲话干净利落、遣词造句扼要精练是领导者语言艺术的又一基本要求。简洁、精练的语言能够反映一个领导者的口头表达能力和知识水平。简洁并不意味着简单，也不是简短，而是指丰富、充实、深刻的内容与准确精练、流利的表述恰当地结合起来，表达的内容没有和主题不相干的东西，语言上也没有多余的口头语和附加物。西方的谚语中讲"简约是财富之魂"，我们讲"惜语如金"，莎士比亚说："简洁是智慧的灵魂。"简洁明快的语言，常常可以产生魅力，给人干脆利落之感，让人在短时间内充分了解讲话内容，不会因冗长繁琐而生厌烦。有些领导者在讲话时就没有意识到简洁的重要而陷入长篇大论的误区，以为这样能彰显风采、引人关注，实则不然。不抓住听者心态，不顾及听众反应的讲话，也许讲话者是津津有味，听众则备感无聊乏味，讲话产生如此效果的领导者其风采又从何谈起。所以，领导者讲话要言简意赅，用精辟的语言明确表明观点、要求、态度，以干练的姿态令人叹服。邓小平同志的女儿毛毛写《我的父亲邓小平》这本书，采访父亲时问他文革时期在"五七"干校参加劳动的岁月里，脑子里想的什么，小平同志想了想，只说了两个字“等待”。小平同志和撒切尔夫人谈判的时候，说：“香港一定要收回，我们希望通过谈判收回，和平收回，谈判收不回，也要收回。”铿锵有力，掷地有声。这样的领袖人物既是我国改革开放的总设计师，也是一位语言大师。

分享案例

同胞们：

我再次被我的祖国召唤来履行首席执行官的职责。当将来适当机会来临时，我将努力表达我对这非凡荣耀的高尚情感和统一的美国民众寄予我的信心。在总统行使任何官方职责之前，宪法要求就职宣誓。在你们面前，这就是我要承诺的誓言：在我的政府行使职务期间，如有任何明知故犯地违反已有的禁令，我不但将遭受宪法的处罚，而且还将受到出席这庄严仪式的诸位的谴责。

这是华盛顿总统的连任就职演说，堪称历史上最简短明快的总统就职演说。

（四）比喻生动

比喻是根据联想，抓住不同事物之间的相似点，用一事物来描述所要表现的另一事物的修辞方式。比喻是对事物的特征进行描绘或渲染，使事物生动、具体，给人以鲜明深刻的印象；比喻是用浅显常见的事物对深奥的道理加以说明，使说理深入浅出。领导者善于运用比喻，就会使抽象的事物具体化，让人便于接受；使深奥的事物浅显化，帮人加深体味；使概括的东西形象化，给人鲜明的印象。1946年，胡宗南进攻延安，毛泽东坚持要最后撤离。突然一颗重磅炸弹就在毛泽东住的窑洞前爆炸了，毛泽东这时正聚精会神地绘制调兵路线图，同志们为他捏了一把汗。毛泽东突然问身边工作人员：“客人走了吗？”“谁？谁来了？”工作人员问。“飞机呀”，毛泽东用手往上指指又说：“喧宾夺主，讨嫌嘛！”毛泽东同志把物当人，寓庄于谐，以险为安，洒脱大度，展现了“任凭敌人万千重，我自岿然不动”的领袖风范。

分享案例

《邹忌讽齐王纳谏》讲述的是邹忌通过自己日常生活中发生的事情，循序渐进地劝谏齐威王广开言路、修明政治的故事。

邹忌身高八尺多，形体容貌光艳美丽。一天早晨邹忌穿戴整齐问妻子到：“我同城北徐公比，谁漂亮？”妻子答道：“您漂亮极了，徐公哪里比得上您呢？”之后，他又问他的妾：“我同徐公比，谁漂亮？”妾说：“徐公怎么能比得上您呢？”第二天，有客人从外面来，邹忌同他坐着闲聊，邹忌又问他：“我同徐公比，谁漂亮？”客人说：“徐公不如您漂亮。”又过了一天，徐公来了，邹忌仔细地看他，觉得自己不如徐公漂亮；再照镜子看看自己，觉得自己远远不如徐公漂亮。晚上躺着想这件事，说：“我的妻子认为我漂亮，是偏爱我；妾认为我漂亮，是害怕我；客人认为我漂亮，是有求于我。”

于是邹忌上朝拜见齐威王，说：“我确实知道自己不如徐公漂亮。可是我妻子偏爱我，我的妾害怕我，我的客人想有求于我，他们都认为我比徐公漂亮。如今齐国有方圆千里的疆土、一百二十座城池，宫中的妃子、近臣没有谁不偏爱您，朝中的大臣没有谁不害怕您，全国范围内的人没有谁不有求于您，由此看来，大王您受蒙蔽很深啦！”

齐威王听邹忌分析得很有道理，于是下令：“大小官吏百姓能够当面指责我的过错的，受上等奖赏；书面劝谏我的，受中等奖赏；能够在公共场所批评议论我的过失，并能传到我的耳朵里的，受下等奖赏。”命令刚下达，许多大臣都来进谏，宫门前庭院内人多得像集市一样；几个月以后，还不时地有人偶尔来进谏；满一年以后，即使有人想进谏，也没有什么可说的了。

（五）委婉含蓄

将想表达的意思以合理的方式直白地表达出来，收到的效果往往直接、有效，但有时委婉含蓄的语言表达也能达到直抒胸臆的效果，甚至比直白的效果更好。含蓄委婉就是不直接吐露本意，而采取其他方式迂回婉转地加以表达，让对方领悟“言外之意”，从而实现讲话的目的。这种表达不是无原则、浪费时间和精力，而是带有较强的目的性，是建立在明确思想原则基础之上的、受特定语言环境影响的一种表达方式。这种语言表达技巧经常出现在领导者语言交际中，如在领导说服、教育人的时候，这种方式就很奏效。一方面对讲话者来说，可以将一些当面难以启齿而又不能不说出来的话表达出来；另一方面对接受者来说，可以免除尴尬窘迫的状态。“言无务为多而务为智，无务为文而务为察。”就是这个道理。在领导活动中，领导者与被领导者之间本来就存在一定的距离，交流的话题也有一些很敏感，直言不仅不会起到应有的作用，很可能适得其反。倘若以委婉含蓄的方式、诚恳的态度进行不是说服的说服，其效果之妙令人叫绝。再加上含蓄委婉的语言本身就耐人寻味，所以它也是批评语言的“主力军”，它可以减少误解，化解矛盾，让对方诚挚接受，达到直言难以达到的效果。拿破仑被任命为进攻意大利方面联军总司令以后，为严格整顿所率部队的军纪军容，他特意把队伍带到阅兵场上。他看着身材很高的奥热罗将军说：“将军，你的个子正好高出我一头。可要是你不听我指挥的话，我就会马上消除这个差别。”在这里拿破仑改变了“消除事物差别”的语言环境，将它运用于“消除身材上的差别”，不听指挥就掉脑袋，这种转移式幽默柔中带刚，给对方造成的震慑力远远超过体罚谩骂、暴跳如雷粗暴做法的效果。

第四节　中国领导者的微言大义

一、毛泽东的微言大义

微言大义，就是用含蓄微妙的语言，通俗地表达精当深远的义理。语出汉·刘歆《移书让太常博士书》：“及夫子殁而微言绝，七十子卒而大义乖。”《汉书·艺文志》：“昔仲尼没而微言绝，七十子丧而大义乖。” 在我们党的历史上，微言大义是历代领导人的风格和传统。

（一）“枪杆子论”——武装夺取政权

1927年8月7日，中共中央在湖北汉口召开紧急会议，对大革命失败的原因进行总结。与会的不少人对陈独秀、共产国际代表、苏联顾问在处理国民党、农民土地、武装斗争等问题上表现出的右倾倾向提出了尖锐的批评。毛泽东在发言中指出，党中央所犯错误中的一个错误是不认识军队的极端重要性。他强调全党“要非常注意军事，须知政权是由枪杆子中取得的”。毛泽东的这个“枪杆子论”切中要害地指明了大革命失败的经验教训，也为中国革命的基本方式指明了正确的方向。枪杆子里面出政权思想后来成为党创建、领导和掌握人民武装并进行斗争的行动口号。在当时的中国，由于封建的分割，地主或资产阶级的集团或政党，谁有枪谁就有势，谁枪多谁就势大。蒋介石看军队如生命。他创造了一个庞大的“中央军”，有枪杆子则有权这个基点，他是抓得很紧的。辛亥革命以后，一切军阀也都爱枪如命，他们都看重了“有枪则有权”的原则。这些情况决定了中国革命的敌人是十分凶恶和异常强大的，不仅有强大的帝国主义和封建势力，还有勾结帝国主义、封建势力的大资产阶级。在这样的敌人面前，革命人民只有拿起枪杆子，才能以革命的暴力战胜反革命的暴力，以革命战争推翻强大残暴的反动政权。八一南昌起义打响了武装反抗国民党反动派的第一枪，中国共产党领导下的人民军队由此诞生，新中国就是在枪杆子中取得的。

（二）“赶考论”——经受住糖衣炮弹的袭击

在中国革命即将取得全面胜利、新中国建立前夕的1949年3月23日，中共中央从西柏坡起程前往北平时，毛泽东说：“今天是进京的日子，不睡觉也高兴呀。今天是进京‘赶考’嘛。进京‘赶考’去，精神不好怎么行呀？”周恩来也说：“我们应该都能考试及格，不要退回来。”毛泽东说：“退回来就失败了。我们绝不当李自成，我们都希望考个好成绩。”从此，“赶考”成为具有特殊意义和深远历史影响的话题，在中国共产党和新中国的历史上留下了久久不绝的回响。

历代农民起义很少有成功的，究其原因无非是骄傲自满，脱离群众，唯我独尊，在政权即将建立之际，禁受不住糖衣炮弹的考验，功亏一篑，饮恨终身，如李自成、洪秀全就是前车之鉴。对于即将到来的全面胜利，党内的骄傲情绪，以功臣自居的情绪，停顿起来不求进步的情绪，贪图享乐不愿再过艰苦生活的情绪，可能生长。能不能保持清醒的头脑，能不能跳出“成功—骄傲—腐化—失败”的历史周期率，成为对全党及每一个党员干部的重要考验。在革命胜利后，敌人将会用“糖衣裹着的炮弹”来征服革命者的思想。敌我斗争的领域将主要由军事战场转向思想战场。可能有这样一些共产党人，他们是不曾被拿枪的敌人征服过的，他们在这些敌人面前不愧英雄的称号；但是经不起人们用糖衣裹着的炮弹的攻击，他们在糖弹面前要打败仗。在这个重大历史关头，党所面临的挑战是十分严峻的。所以毛泽东进京之前语重心长地说这是进京“赶考”，告诫全党全军在胜利面前要保持清醒头脑，在夺取全国政权后要经受住执政的考验，务必使同志们继续地保持谦虚、谨慎、不骄、不躁的作风，务必使同志们继续地保持艰苦奋斗的作风，保持和人民的血肉联系，以免重蹈覆辙，功败垂成。

（三）“纸老虎论”——藐视反动派

1946年8月，蒋介石的百万大军正在关内各个战场上猛烈地进攻人民解放军。6日下午3时许，雨过天晴。毛泽东在延安杨家岭窑洞前一棵苹果树下的石桌旁，会见了第五次到访中国的美国进步作家和记者安娜·路易斯·斯特朗。主客间在交流了对中国内战和前途的看法后，话题由国内形势转到了国际形势。斯特朗提出这样一个问题：“如果美国使用原子炸弹呢？如果美国从冰岛、冲绳岛以及中国的基地轰炸苏联呢？”毛泽东自信地回答说：“原子弹是美国反动派用来吓人的一只纸老虎，看样子可怕，实际上并不可怕。”毛泽东进一步解释道：“一切反动派都是纸老虎。看起来，反动派的样子是可怕的，但是实际上并没有什么了不起的力量。从长远的观点看问题，真正强大的力量不是属于反动派，而是属于人民。”

当时担任临时翻译的美国医生马海德最初把“纸老虎”一词译成“稻草人”，斯特朗一时不理解，脸上显露出迷惑的神情。毛泽东忙请斯特朗解释英文中“稻草人”是何意思。听了斯特朗的解释后，毛泽东摇了摇头，告诉斯特朗，他所说的“纸老虎”，不是插在田地里用来赶鸟和吓唬小孩子的稻草人，而是样子看起来像只可怕的老虎，但实际上是纸糊的，一受潮它就发软，一下雨就会把它冲跑。毛泽东解释后，在谈话中继续使用“纸老虎”这个词。他说：“在1917年俄国二月革命以前，俄国国内究竟哪一方面拥有真正的力量呢？从表面上看，当时的沙皇是有力量的；但是二月革命的一阵风就把他吹走了。归根结底，俄国的力量是在工农兵苏维埃这方面。沙皇不过是一只纸老虎。”毛泽东接着说：“希特勒不是曾经被人们看作很有力量的吗？但是历史证明了他是一只纸老虎。墨索里尼也是如此，日本帝国主义也是如此。”毛泽东坚定地说：“蒋介石和他的支持者美国反动派也都是纸老虎。”

后来，斯特朗撰写了《中国人征服中国》一书，其中介绍了这次访谈，向全世界传播毛泽东“一切反动派都是纸老虎”的著名论断。这个论断很快传遍国内外，并且武装了中国人民的思想，增强了中国人民的胜利信心，在人民解放战争中，起到了极其伟大的作用。1960年，斯特朗在其《一个现时代的伟大真理》文章中，又满怀深情地回忆起这次谈话：“毛主席是14年前在延安时说帝国主义和一切反动派都是纸老虎的。现在这已成为有历史意义的历史名言了。”1973年，基辛格来到中国见毛泽东。谈话间基辛格突然问道：“听说主席阁下正在学英语？”毛泽东回答：“只会几个单词，如‘Papertiger’之类的。”在场的人开怀大笑。“Papertiger”在英语中是纸老虎的意思。基辛格后来才明白，毛泽东曾用这个词来形容貌似强大的国民党反动派，后来又用它来比喻帝国主义。时至今日，毛泽东“一切反动派都是纸老虎”的著名论断仍然对当前的国际军事斗争具有十分重要的指导意义。

（四）“弹钢琴论”——统筹兼顾的工作方法

毛泽东的“弹钢琴”思想出自《党委会的工作方法》这篇文章。毛主席认为，作为主要领导同志，不同于一般人，面对各种复杂的工作，要能够眼观六路，耳听八方。毛泽东提倡要学会统筹兼顾，并形象地称之为“弹钢琴”，他说“党委的同志必须学会‘弹钢琴’。”“弹钢琴要十个指头都动作，不能有的动，有的不动。但是，十个指头同时都按下去，那也不成调子。要产生好的音乐，十个指头的动作要有节奏，要互相配合。党委要抓紧中心工作，又要围绕中心工作而同时开展其他方面的工作。我们现在管的方面很多，各地、各军、各部门的工作，都要照顾到，不能只注意一部分问题而把别的丢掉。凡是有问题的地方都要点一下，这个方法我们一定要学会。钢琴有人弹得好，有人弹得不好，这两种人弹出来的调子差别很大。党委的同志必须学好‘弹钢琴’”。

“弹钢琴”要注意细节，要心中有“谱”。一个音符错了，整个曲子也就砸了。“弹钢琴”还要胸中有“数”。钢琴有多少键，每个键能弹出什么音符，必须了如指掌。胸中有数的一个重要内容，是对成绩和缺点有数。“要划清正确和错误、成绩和缺点的界限，还要弄清它们中间什么是主要的，什么是次要的。例如，成绩究竟是三分还是七分？说少了不行，说多了也不行。一个人的工作，究竟是三分成绩七分错误，还是七分成绩三分错误，必须有个根本的估计。如果是七分成绩，那么就应该对他的工作基本上加以肯定。把成绩为主说成错误为主，那就完全错了。”当然，即使取得了十分的成绩，也不能骄傲，“力戒骄傲。这对领导者是一个原则问题，也是保持团结的一个重要条件。就是没有犯过大错误，而且工作有了很大成绩的人，也不要骄傲。”

毛泽东同志最善于运用“弹钢琴”的工作方法。在民主革命时期，毛泽东往往给人挥斥方遒、气势磅礴的感觉，其实他是非常注重细节的。在指挥一场战斗之前，甚至战士碗里有没有肉，他也要关注和嘱咐。在运用数据方面，毛泽东也不同于一般人。例如，他对中国革命的定位，就是从中国占90%以上的农民这一“百分比”作出的。没有注意和了解这一数据，他就不可能到农村去“闹革命”，不可能得出中国革命是“无产阶级领导下的农民战争”，不可能开辟出农村包围城市、武装夺取政权的道路。在这一时期，毛泽东一方面强调中心工作是军事和打仗，另一方面又号召做好其他一切革命工作。1933年，在中央苏区的一次经济建设工作会上，他说：“革命战争是当前的中心任务，经济建设事业是为着它的，是环绕着它的，是服从于它的。”但是，不能因此而不抓好经济工作，相反，“革命战争的激烈发展，要求我们动员群众，立即开展经济战线上的运动，进行各项必要和可能的经济建设事业”。在他看来，只有开展经济战线方面的工作，发展红色区域的经济，才能使革命战争得到相当的物质基础，才能扩大红军，打败敌人。当然，“中心工作”之外不只是“经济工作”，如思想政治工作、政权工作、文化工作、教育工作、宣传工作、党的建设、统战工作、对外工作等。毛泽东都能做到统筹兼顾，把钢琴弹得有声有色，轻松自如地驰骋在“可上九天揽月，可下五洋捉鳖”领导智慧天地。

在社会主义革命和建设时期，毛泽东对“弹钢琴”的运用集中体现在“十大关系”的处理上。他指出，在重工业和轻工业、农业的关系问题上，要用多发展一些农业、轻工业的办法来发展重工业；在沿海工业和内地工业的关系问题上，要充分利用和发展沿海的工业基地，以便更有力量来发展和支持内地工业；在经济建设和国防建设的关系问题上，提出把军政费用降到一个适当的比例，增加经济建设费用。只有把经济建设发展得更快了，国防建设才能够有更大的进步；在国家、生产单位和生产者个人的关系问题上，三者的利益必须兼顾，不能只顾一头，既要提倡艰苦奋斗，又要关心群众生活；在中央和地方的关系问题上，要在巩固中央统一领导的前提下，扩大地方的权力，让地方办更多的事情，发挥中央和地方两个积极性；在汉族与少数民族的关系问题上，要着重反对大汉族主义，也要反对地方民族主义；在党和非党的关系问题上，共产党和民主党派要长期共存，互相监督；在是非关系问题上，对犯错误的同志要实行“惩前毖后，治病救人”的方针，要允许人家犯错误，允许并帮助他们改正错误；在中国和外国的关系问题上，要学习一切民族、一切国家的长处，包括资本主义国家先进的科学技术和科学管理方法。对这些矛盾的处理上，统筹兼顾，而不是顾此失彼的“弹钢琴”方法，对我们今天的领导工作仍具有重要的启示和借鉴意义。

二、邓小平的微言大义

（一）“猫论”——生产力标准

“猫论”非常著名，源自蒲松龄的《聊斋志异》手稿本卷三《驱怪》篇末中的“异史氏曰：黄狸黑狸，得鼠者雄！”之语。狸者，猫也。翻译成白话就是：“不管黄猫黑猫，只要抓住老鼠就是好猫！”“不管黄猫黑猫，只要抓住老鼠就是好猫”，一句很平常的民间谚语，形象生动，被一个时代的伟人邓小平所提及所运用，并作为生产力标准，就具有了微言大义的浓浓色彩，这句名言早已蜚声中外。

邓小平的“猫论”最早见于 1962 年 7 月他的两次讲话中，一次是 7 月 2 日他在接见共青团三届七中全会全体同志时讲的，另一次是他在中央书记处会议讨论农业如何恢复问题的讲话中讲的：“不管黄猫黑猫，哪一种方法有利于恢复生产，就用哪一种方法。我赞成认真研究一下包产到户。”由于当时处于经济异常困难时期，为了渡过难关，某些地区出现了包产到户等形式，这些形式尽管受到农民欢迎，生产也有所恢复，但在当时都是不合法的。邓小平用“黄猫黑猫”这个比喻，主要是为了形象地阐明“在生产关系上不能完全采取一种固定不变的形式”，而应当哪种形式在哪个地方能够容易比较快地恢复和发展生产，就采取哪种形式。虽然“黄猫黑猫”论当时受到了错误的批判，但这个比喻阐明的大道理却得到普遍认同和赞成。尤其是在改革开放之后，“黄猫黑猫”论重新提起，改变了过去凡事都要先以意识形态考量、凡事都要先从政治着眼、凡事都要先问问教条的思维习惯，使人们做事情时活泛了头脑，拓宽了思路，中国大地上也出现了一种前所未有的经济发展态势，中国改革开放这三十多年取得的令世人瞩目的辉煌成就也证明了邓小平“猫论”带给中国的益处。

（二）“摸论”——大胆地试，大胆地闯

“摸着石头过河”思想是邓小平等同志在我国改革开放初期提出来的。在改革开放中，“摸论”及其理论展开正确指导了中国的改革，促进了中国的发展。

我们所进行的改革，在世界上没有现成的模式可以套用，也没有现成的经验可以借鉴，更没有现存路径可走，就要大胆地试，大胆地闯。但是这种“试”和“闯”又绝不能让局部的损失影响稳定的大局，不能脱离有中国特色的社会主义道路的正轨。用邓小平的话说：“我们只能在干中学，在实践中摸索。”也就是“摸着石头过河”。目的是过河，手段是“摸”。坎坷的过河之路，我们必须小心谨慎、稳重，真切地感受每一分触感的疼痛与顺畅，勿忘

踩平的每一个突兀。只有这样，才能熟悉过往，掌握好前进的方向，才会越走越稳，越走越快。

“摸着石头过河”，反映了我们党解放思想，实事求是，勇于实践，积极探索发展规律，敢于走前人没有走过的道路的精神，丰富和发展了科学社会主义理论。在任何一项改革中，中央都是采取了由点到面，逐步推进的方式，增强了改革过程的可逆性和可调性。试验成功了就推广，不成功就调整，局部的损失不会影响稳定大局，一步一步，改革不断推进，开放不断扩大，逐步走上中国特色社会主义道路的正轨，国民经济保持了健康、快速发展的良好态势。

（三）“不争论”——实践是检验真理的标准

新中国成立后，我国政治经济领域的决策无论大小都展开过轰轰烈烈的争论。那时的“群众运动”和“大民主”极为社会推崇，特别是“文化大革命”时，还把“大鸣、大放、大辩论、大字报”作为“大民主”的载体写入宪法。事实上争论并没有带来思想的统一，中央和地方一些人无休止地争论国家政策改革的姓氏，弄得人心惶惶，吓得地方政府缩手缩脚，严重阻碍了深化改革、扩大开放的事业的进行。用邓小平的话说：“改革开放迈不开步子，不敢闯，说来说去就是怕资本主义的东西多了，怕走资本主义道路。首先遇到的是意识形态上的障碍，最根本的是纠缠姓‘社’还是姓‘资’的问题。”改革的步伐遇到了前所未有的挑战。就是在这种背景下，邓小平坚持“实践是检验真理的唯一标准”这一马克思主义最基本的原理，认为，一条思路、一个观点、一种办法，是否正确，要由实践做结论，要“拿事实来说话”，不要在“争论”上耗费时间和精力，“不争论”应运而生。

“1979年6月18日，万里在出席五届人大二次会议期间就土地改革问题请示邓小平，邓小平回答说：“不要争论，你就这么干下去就完了，就实事求是干下去。”后来，邓小平把这概括为：允许试，允许看，不强迫。本着这个方针，中央1980年9月召集省、自治区、直辖市党委第一书记会议，决定由各省根据本地具体情况自己拿主意，叫“你走你的阳关道，我走我的独木桥”。邓小平认为：“改革开放会有不同意见，但那也是出于好意，一是不习惯，二是怕，怕出问题。”就是在这种争论中邓小平将“不争论”政策化了。邓小平说：“对改革开放，一开始就有不同意见，这是正常的。不搞争论，是我的一个发明。不争论，是为了争取时间干。一争论就复杂了，把时间都争掉了，什么也干不成。不争论，大胆地试，大胆地闯。”走出一条加速发展的新路子，我们的事业才有希望。“不争论”这一论断结束了我国由经济形态领域延伸开的轰轰烈烈的大讨论，结束了意识形态领域姓“社”还是姓“资”的束缚，解放了人们的思想，为我国经济建设发展抓住机遇期争取了宝贵时间，极大地推进了我国的社会进步和经济发展。

（四）“三步走论”——发展战略目标

战略包含战略方向和战略目标、战略步骤等，其中的战略目标是为达到一定的战略目的而采取的有计划的行动次序和结果。战略目标是战略活动的基本路径和方向，战略目标具有阶段性的呈现，任何有计划的战略行动都必然是有目标的阶段性行动，前一个目标（或阶段）为后一个目标（或阶段）创造条件，后一目标是前一目标的继续和发展，使整个战略目标得以实现。邓小平提出的“三步走论”，用微言大义的形式阐释了我国发展的战略目标，是制定战略目标的成功典范。

1984 年 10 月 6 日，在会见参加中外经济合作问题讨论会的中外代表时，邓小平用简明的“两步走”来概括中国的中长期发展战略，他说：我们第一步是实现翻两番，需要二十年，还有第二步，需要三十年到五十年，恐怕是要五十年，接近发达国家的水平。此后，他多次谈到第二个翻两番，即到 21 世纪中叶达到人均国民生产总值四千美元，建成中等发达水平的国家。1987 年 8 月 29 日，邓小平在会见意大利共产党领导人时明确阐述了“三步走”战略：我国经济发展分三步走，20 世纪走两步，达到温饱和小康，21 世纪用三十到五十年时间再走一步，达到中等发达国家水平。这就是我们的战略目标，这就是我们的雄心壮志。党的十三大明确而系统地阐述了“三步走”的发展战略，即第一步，从 1981 年到 1990 年实现国民生产总值比 1980 年翻一番，解决人民的温饱问题；第二步，从 1991 年到 20 世纪末，使国民生产总值再增长一倍，人民生活达到小康水平；第三步，到 21 世纪中叶，人均国民生产总值达到中等发达国家水平，人民生活比较富裕，基本实现现代化。十三大闭幕后，“三步走”战略通过舆论宣传家喻户晓。中国人民在成功实现了“三步走”战略的第一步和第二步目标的基础上，正在为第三步战略目标的实现而奋斗。

三、胡锦涛的“不折腾”论

胡锦涛主席在纪念中国共产党的十一届三中全会召开 30 周年大会上，用“不动摇、不懈怠、不折腾”的微言，来表明中国坚持走有中国特色的社会主义道路的决心。“不折腾”是中国北方广大地区一个城乡老少皆知的民间用语。折腾原来有三层含义：翻过来倒过去；反复做某事；折磨。而“不折腾”就是不反复，不翻转，不折磨。

折腾，一般表现出三个特征：一是瞎折腾。那种目标不明、情况不明而拍脑门决策、拍胸脯表态、拍屁股走人的劳民伤财的项目和变来变去的“宏伟计划”，当属此类。二是穷折腾。贫穷状态下不思经济发展，而是在政治领域大做文章，如那些贫穷的国家，就是因为政变频仍、战乱不休而不断“折腾”，结果是越折腾越穷，越穷越折腾，国家政局不稳，人民生活在水深火热之中。三是乱折腾。本来发展的目标很明确，发展的道路很正确，老百姓本来的日子过得也好好的，但是有那么一些人总要千方百计地改弦更张生出些事来，折腾老百姓的安稳日子，反转风平浪静的社会气象。

历史上中国人民可谓饱受折腾之苦。在旧时代，频繁的改朝换代是折腾，血腥的军阀混战是折腾，派系的争权夺势也是折腾，闹得民不聊生，国破家亡。新中国成立后，又不幸经历了“大跃进”的折腾，“文化大革命”的折腾，闹得民生凋敝，经济几乎到了崩溃的边缘。历史经验早已表明，大折腾大倒退，小折腾小倒退，折腾不停，为害不止。知其反得其正，只有坚持“不折腾”才能凝聚人心，鼓舞斗志，聚精会神搞建设，全心全意促发展。

四、习近平的微言大义

读《习近平谈治国理政》，其关于国家向何处去，民族向何处去，世界向何处去；改革、反腐、治党、强军、外交等，都有深度的思考。从微言大义上讲，可以概括为“九论”，具体如下。

（一）“根魂论”——传统文化

习近平总书记《谈治国理政》一书的 79 篇著作中，对中国的传统文化给予了十分充分的运用。他指出：优秀传统文化是一个国家、一个民族传承和发展的根本，如果丢掉了，就割断了精神命脉。对于中华民族而言，我们的优秀传统文化就是我们中华民族的“根”和“魂”。

所谓传统文化，就是文明演化而汇集成的一种反映民族特质和风貌的民族文化，是民族历史上各种思想文化、观念形态的总体表征。中国的传统文化以儒家为内核，还有道教、佛教等文化形态，包括古文、诗、词、曲、赋、民族音乐、民族戏剧、曲艺、国画、书法、对联、灯谜、射覆、酒令、歇后语等。习近平指出：“中华民族有着 5000 多年的悠久历史和灿烂文化，而且中华文明从远古一直延续发展到今天。为什么中华民族能够在几千年的历史长河中顽强生存和不断发展呢？很重要的一个原因，是我们民族有一脉相承的精神追求、精神特质、精神脉络。”

习近平总书记，不仅自己特别钟爱传统文化，而且反复告诫领导同志要学习传统文化，从中汲取治国理政的智慧。习近平在 2009 年中央党校春季开学典礼上要求“领导干部多读优秀传统文化书籍，经常接受优秀传统文化熏陶。”“吸收前人在修身处事、治国理政等方面的智慧和经验，养浩然之气，塑高尚人格，不断提高人文素养和精神境界。”在 2014 年 10 月 13 日主持政治局第十八次集体学习时他又说：“对绵延五千多年的中华文明，我们应该多一份尊重，多一份思考。对古代的成功经验，我们要本着择其善者而从之、其不善者而去之的科学态度，牢记历史经验、牢记历史教训、牢记历史警示，为推进国家治理体系和治理能力现代化提供有益借鉴。”领导干部还应该了解一些文学知识，通过提高文学鉴赏能力和审美能力，陶冶情操，培养高尚的生活情趣。许多老一辈革命家都有很深厚的文学素养，在诗词歌赋方面有很高的造诣。总之，学史可以看成败、鉴得失、知兴替；学诗可以情飞扬、志高昂、人灵秀；学伦理可以知廉耻、懂荣辱、辨是非。

习近平总书记在讲话中还大量地引用传统文化的至理名言、诗句等。2012 年 11 月 29 日，习近平同志和新一届中央领导集体在参观《复兴之路》展览时提出：“实现中华民族伟大复兴，就是中华民族近代以来最伟大的梦想。”他用“雄关漫道真如铁”、“人间正道是沧桑”和“长风破浪会有时”三句诗来回顾和描述了中华民族怀揣梦想、矢志奋斗的昨天、今天和明天。习近平同志还指出：“中华文明绵延数千年，有其独特的价值体系。中华优秀传统文化已经成为中华民族的基因，植根在中国人内心，潜移默化影响着中国人的思想方式和行为方式。今天，我们提倡和弘扬社会主义核心价值观，必须从中汲取丰富营养，否则就不会有生命力和影响力。例如，中华文化强调‘民惟邦本’‘天人合一’‘和而不同’，强调‘天行健，君子以自强不息’‘大道之行也，天下为公’；强调‘天下兴亡，匹夫有责’，主张以德治国、以文化人；强调‘君子喻于义’‘君子坦荡荡’‘君子义以为质’；强调‘言必信，行必果’‘人而无信，不知其可也’；强调‘德不孤，必有邻’‘仁者爱人’‘与人为善’‘己所不欲，勿施于人’‘出入相友，守望相助’‘老吾老以及人之老，幼吾幼以及人之幼’‘扶贫济困’‘不患寡而患不均’等。像这样的思想和理念，不论过去还是现在，都有其鲜明的民族特色，都有其永不褪色的时代价值。”

一个民族的文明进步，一个国家的发展壮大，需要一代又一代人接力努力，需要很多力量来推动，核心价值观是其中最持久最深沉的力量。我们提出的社会主义核心价值观，就是对中国传统文化的继承、提升和发展，富强、民主、文明、和谐是国家层面的价值要求，自由、平等、公正、法治是社会层面的价值要求，爱国、敬业、诚信、友善是公民层面的价值要求。社会主义核心价值观，实际上回答了我们要建设什么样的国家、建设什么样的社会、培育什么样的公民的重大问题。当一个国家的治理有了根植于自己文化的价值观做精神支撑，国家治理体系和治理能力现代化必然就有了绵绵不绝的血脉和根深蒂固的基础。

（二）“补钙论”——理想信念

习近平强调：“理想信念就是共产党人精神上的‘钙’，没有理想信念，理想信念不坚定，精神上就会‘缺钙’，就会得‘软骨病’”。

新形势下，我们党承担的历史使命重大，面临的风险和考验也在加大。一些腐败分子说，本不想腐，可诱惑来了，还是把持不住。为什么会“把持不住”呢？很关键的一点就是因为理想信念不坚定。“不想腐”的思想基础不牢固，缺乏应有的定力。定力不足、基础不牢，诱惑之风一吹，自然动摇。

看了腐败分子忏悔录发现，谈及落马原因时，与理想信念滑坡和法纪意识淡薄等内容相关的关键词，出现比率超过95%。“信仰”“纪律”“底线”“廉洁”“信念”“思想滑坡”等词汇是高频词，“放松了世界观的改造”“在金钱（美色）的诱惑面前失去了抵抗力”“脱离了组织生活”“法律意识淡薄”等语句最为常见。干部被“围猎”，权权交易、权钱交易、权色交易，搞利益输送，缘于理想信念的缺失。

习近平强调：“理想信念坚定，是好干部第一位的标准，是不是好干部首先看这一条。”如果理想信念不坚定，不相信马克思主义，不相信中国特色社会主义，政治上不合格，经不起风浪，这样的干部能耐再大也不是我们党需要的好干部。只有理想信念坚定，用坚定理想信念练就了“金刚不坏之身”，干部才能在大是大非面前旗帜鲜明，在风浪考验面前无所畏惧，在各种诱惑面前立场坚定，在关键时刻靠得住、信得过、能放心。

习近平指出：“革命战争年代，检验一个干部理想信念坚定不坚定，就看他能不能为党和人民事业舍生忘死，能不能冲锋号一响立即冲上去，这样的检验很直接。和平建设时期，生死考验有，但毕竟不多，检验一个干部理想信念是否坚定确实比较难，X光、CT、核磁共振成像也没有办法。”“当然，也不是不能检验。那就主要看干部是否能在重大政治考验面前有政治定力，是否能树立牢固的宗旨意识，是否能对工作极端负责，是否能做到吃苦在前、享受在后，是否能在急难险重任务面前勇挑重担，是否能经得起权力、金钱、美色的诱惑。这样的检验需要一个过程，不是一下子、经历一两件事、听几句口号就能解决的，要看长期表现，甚至看一辈子。”

（三）“圆梦论”——民族复兴

履新伊始，习近平总书记以民族复兴的气概开创性地提出“中国梦”的伟大愿景。堪称治国理政的“点睛之笔”。

习近平同志指出，中国梦是中国特色社会主义的大众化版本，二者目标是一样的，都是要全面建成小康社会，都是要实现民族的伟大复兴。习总书记在不同场合、不同语境、不同问题，阐述了中国梦的不同内涵，对世界而言就是和平发展之梦，合作共赢之梦；对国家而言就是国家富强、民族振兴、人民幸福；对个人而言就是各尽所能、各得其所、和谐相处，人生出彩。这是他为对接“两个 100 年”奋斗而提出来更高层次的共同目标，是当代中国凝聚共识、攻坚克难的精神旗帜。

一代有一代的“中国梦”，中华民族即使处于艰难困苦之境，也从未冷却畅想未来的热情。1910 年晚清小说家陆士谔在《新中国》中，虚构了四十多年后在上海浦东，举办了一场万国博览会。1920 年孙中山完成了《建国方略》，规划中国未来——铁路进藏、三峡水库、利用外资、快速崛起。他因这些设想，被西方记者视为“狂人”。如今回望，当年诗意而又颇为心酸的畅想，今天早已实现。1956 年 11 月，毛主席在《纪念孙中山先生》一文中，正式提出了“中国梦”：再过四十年，进入到 21 世纪时，中国的面目更加要大变，应当对于人类有较大的贡献。

今天的中国梦，不是空谈，它有着高度约束力的时间表、路线图、方向盘。百年梦想的深入人心，必然会凝聚起团结奋进的磅礴力量，推进“中国梦号”巨轮乘风破浪，朝着民族复兴的主攻方向，勇往直前。英国最大的广告和公关集团 WWP 集团在英国议会下议院发布《中国梦的力量与潜力》调查报告显示，有 92%的受访中国民众知道中国梦，其中八成是从网上获悉。相比之下，只有 81%的受访美国人听说过美国梦，而听说过英国梦的英国人只占 10%。报告认为，中国人的个人梦与国家梦紧密交织，中国梦的吸引力未来可超越美国梦，中国将会成为理想国度。

2014 年 12 月 14 日，习近平在江苏考察调研时提出了全面建成小康社会、全面深化改革、全面推进依法治国、全面从严治党这“四个全面”，并在 2015 年 2 月 2 日中央党校举办的省部级主要领导干部专题研讨班上把这“四个全面”定位为党中央的“战略布局”。他指出，这“四个全面”每一个“全面”都有重大战略意义，应该相辅相成、相互促进、相得益彰、协调推进；同时，他强调“全面建成小康社会是我们的战略目标，全面深化改革、全面依法治国、全面从严治党是三大战略举措”，即这“四个全面”实际是“1+3”布局，是战略目标和战略举措相协调的治国理政战略布局。“战略目标”和“战略举措”不能等量齐观。我们全面深化改革也好，全面推进依法治国也好，全面从严治党也好，都是为了全面建成小康社会。

（四）“鞋子论”——中国道路

道路关乎党的命脉，关乎国家前途、民族命运、人民幸福，关乎世界社会主义的兴衰成败。在中国这样一个经济文化十分落后的国家探索民族复兴道路，是极为艰巨的任务。

习近平说：“履不必同，期于适足；治不必同，期于利民。”一个国家发展道路合不合适，只有这个国家的人民才最有发言权。正像我们不能要求所有花朵都变成紫罗兰这一种花，我们也不能要求有着不同文化传统、历史遭遇、现实国情的国家都采用同一种发展模式。否则，这个世界就太单调了。2013 年 3 月 23 日，正在俄罗斯访问的习近平总书记在莫斯科国际关系学院发表演讲时说，“鞋子合不合脚，自己穿着才知道。一个国家的发展道路合不合适，只有这个国家的人民才最有发言权”。

“鞋子合脚论”是一个浅显又通俗的道理，用来说明一个国家的发展道路，具有微言大义。冷战结束后，美国将“民主”作为其外交战略的一个支柱，将“自由市场”理论看作解决经济问题的灵丹妙药，要把“美国的鞋子”推广到全世界，并为此设立专门基金，组建有关政府机构和非政府组织到世界各地去兜售。美国还迫使一些发展中国家“削足适履”，甚至对不穿“美国鞋子”的国家就要受到指责甚至制裁。

过去二十多年，一些国家盲目地或者被西方强迫穿上西方的政治、经济和金融等“不合脚的鞋”，不仅把脚弄疼，还把路走偏了，引起了社会动荡和经济濒临崩溃。苏联解体前后，一些俄罗斯政治势力一度认为只要俄罗斯实行了“民主”，同西方就是“一家人”了。结果是异想天开，美国为首的北约不断东扩挤压俄罗斯的战略空间，在俄罗斯后来开始调整内外政策、坚持走自己的道路时，美国等西方国家又诋毁俄罗斯政府“鞋穿走样了”，甚至搞出各种小动作来干涉俄罗斯内政。事实上，美国兜售它的“鞋子”就是为了它自己的战略利益。

让你病的人，给不了你药。自己的道路，必须自己选择。中国特色社会主义道路，就是在中国共产党领导下，立足基本国情，以经济建设为中心，坚持四项基本原则，坚持改革开放，解放和发展社会生产力，巩固和完善社会主义制度，建设社会主义市场经济、社会主义民主政治、社会主义先进文化、社会主义和谐社会，建设富强、民主、文明、和谐、的社会主义现代化国家。有了自己的道路，就要坚持“道路自信”，就不怕别人颐指气使，不要管别人说什么，狗再叫，骆驼照样走大道。

习近平总书记对我们的党和国家充满自信。他较为注重使用“中国”二字，如“中国梦、中国目标、中国道路、中国理论、中国制度、中国精神、中国力量、中国声音、中国表述和中国话语”等概念。中国的国际战略正在从“韬光养晦”变成有所作为，在国际舞台上扮演着更为关键的角色，“中国因素”“中国符号”，日渐成为影响世界历史进程的重要力量。越来越多的国家和人民愿意尊重中国的声音，关心中国的故事，认同中国的道路，学习中国的经验。

（五）“啃骨头论”——改革攻坚

改革就是要释放生产力。习近平指出：“我们要通过深化改革，让一切劳动、知识、技术、管理、资本等要素的活力竞相迸发，让一切创造社会财富的源泉充分涌流。”中国改革经过三十多年，已进入深水区，可以说，容易的、皆大欢喜的改革已经完成了，好吃的肉都吃掉了，剩下的都是难啃的硬骨头。

“硬骨头”就是改革中的突出问题，改革就是由问题倒逼而产生，问题是时代的必然，改革是时代的呼唤。改革敢于“啃骨头”，就是要敢于打破固有利益格局，触动利益集团，让经济持续健康发展。改革还要转变政府职能，建设服务型政府。要用政府权力的“减法”换取市场活力的“加法”，彻底理清政府与市场之间的边界，进一步精简办事程序，进一步简化、减少不必要的政府干预，放开市场准入，提升市场活力。“啃骨头”是深化改革的硬仗，路径已经很清楚了，关键是要选择一个什么样的态度？在接受谢尔盖·布里廖夫的专访时，习近平总书记已经明确表态：“改革再难也要向前推进，敢于担当，敢于啃硬骨头，敢于涉险滩。”习近平还强调遇到难题，要有“逢山开路、遇水架桥”的“啃骨头”精神。有了这样的精神，改革中的任何顽瘴痼疾、障碍藩篱定能解决和突破。

（六）“法治论”——以法治国

习近平的“法治论”其亮点体现在：（1）把法治看作是治国理政的基本方式，强调要运用法治思维和法治方式来处理问题，这就要求：第一，目的合法；第二，权限合法；第三，手段合法；第四，程序合法。（2）强调要把权力关在制度（蕴含法治）笼子里，让民主在法治框架中运行，把法治看作是治理公共权力的主要方式。（3）把公平正义看作政法工作的核心价值，看作司法的底线。习近平告诫司法工作者：“要坚守职业良知、执法为民，教育引导广大干警自觉用职业道德约束自己，做到对群众深恶痛绝的事零容忍、对群众急需急盼的事零懈怠，树立惩恶扬善、执法如山的浩然正气。要信仰法治、坚守法治，做知法、懂法、守法、护法的执法者，站稳脚跟，挺直脊梁，只服从事实，只服从法律，铁面无私，秉公执法。要靠制度来保障，在执法办案各个环节都设置隔离墙、通上高压线，谁违反制度就要给予最严厉的处罚，构成犯罪的要依法追究刑事责任。”习近平还强调：“各级领导干部要带头依法办事，带头遵守法律，牢固确立法律红线不能触碰、法律底线不能逾越的观念，不要去行使依法不该由自己行使的权力，更不能以言代法、以权压法、徇私枉法。要建立健全违反法定程序干预司法的登记备案通报制度和责任追究制度。”

（七）“打铁论”——从严治党

在治国与治党的关系上，习近平总书记秉持的理念是“治国必先治党，治党务必从严”。习近平总书记在与中外记者见面时说，“打铁还需自身硬”。打铁还需自身硬是一句中国传统白话，人们常挂嘴边。如果文雅一点解释，就是孔子说的“其身正，不令而行；其身不正，虽令不从”。倘若说得再具体一点，就是明代政治家钱琦在《钱公良测语》中所云：“治人者必先自治、责人者必先自责、成人者必须自成。”这些说法的核心，就是做官的必须具有极高的素质。

我们党现在无论是面对国内的“铁”还是国外的铁都是比较硬的。既然“铁”比较坚硬，且要把“铁”打好，那么“打铁”的主体必须“硬”。思想过硬，就是坚持理论自信，自觉用中国特色社会主义理论武装自己的头脑，不断增强自己党性觉悟，矢志不渝地为共产主义奋斗；作风过硬，就是思想作风要实事求是、公道正派，工作作风高效、务实，拼搏进取；生活作风严肃端正、健康向上，能力过硬，就是想干、会干、能干、干成事，放在哪里都胜任工作，干什么都让组织放心；　学习过硬，就是勤于学习，学理论、学政策、学知识、学科学，做学习的带头人；形象过硬，就是用权上不私不滥，钱财上不贪不占，作风上不吹不拍，女色上不淫不乱，坐在台上敢说硬话率先垂范，走在路上身正心安不怕人指指点点。习近平指出：“如果自身不硬，逃避退缩，得过且过，‘打铁’的锤就举不起来，即便举起来，也可能下点不准，坚硬的‘铁’也打不好。”习近平总书记的许多重要讲话和活动，一以贯之的红线，就是“打铁还需自身硬”。这是代表他治国理政的一个标志性符号。

（八）“笼子论”——治理腐败

权力是人民赋予的，是为人民服务的。但是没有约束的权力就会产生胡来和腐败。习近平指出：“我一直说，鱼和熊掌不可兼得，当官就不要发财，发财就不要当官，这是两股道上跑的车。”如何治理腐败？习近平提出了“笼子论”。他指出：“权力没有关进制度的笼子里，腐败现象就控制不住。”“建章立制非常重要，要把笼子扎紧一点，牛栏关猫是关不住的，空隙太大，猫可以来去自如。”所谓“牛栏关不住猫”，说的是制度太原则、太笼统，缺乏具体操作性。其次，有了制度，重要的是要严格执行。如果不执行或执行不力，制度就会成为当作摆设的“花瓶”或吓人用的“稻草人”，久而久之就会产生愈演愈烈的“破窗效应”。

面对现阶段腐败现象易发多发的严峻形势，如果对腐败分子不进行严厉的查处，就难以形成反腐败的威慑力，再多的廉政说教都会显得苍白无力。只有惩处有力，对腐败案件查深、查细，让腐败者“政治上身败名裂，经济上倾家荡产”，才能震撼干部的心灵，收到预防腐败的良好效果。

把权力关进笼子里，也是建立生态政治环境，预防腐败的重要举措。因为好的环境可以改造人，坏的环境也可以改变人。政治生态环境好，坏人不敢做坏事；政治生态环境不好，好人也会做坏事。因为常在河边走不湿鞋，难；出淤泥而不染，更难；船晃人不动，难上加难。有了生态的政治环境，就能挡住河边的水、清除池塘的淤泥、把稳行进中的船，就能最大限度地保护和挽救一大批干部。

（九）“踏石论”——真抓实干

关于真抓实干，习近平强调“踏石留印、抓铁有痕”。他还指出：“空谈误国，实干兴邦”，“一分部署、九分落实”，这都是在强调真抓实干、刚性执行。习近平进一步指出：“要真正做到一张好的蓝图一干到底，切实干出成效来。我们要有钉钉子的精神，钉钉子往往不是一锤子就能钉好的，而是要一锤一锤接着敲，直到把钉子钉实钉牢，钉牢一颗再钉下一颗，不断钉下去，必然大有成效。如果东一榔头西一棒子，结果很可能是一颗钉子都钉不上、钉不牢。我们要有‘功成不必在我’的精神。一张好的蓝图，只要是科学的、切合实际的、符合人民愿望的，大家就要一茬一茬接着干，干出来的都是实绩，广大干部群众都会看在眼里、记在心里。”

道不可坐论，德不能空谈。树高千尺，必有其根；秋天果实，必有春天的故事。命运之神最昂贵的微笑，是靠真抓实干获得的。领导干部要笃实，扎扎实实干事，踏踏实实做人。于实处用力，从知行合一上下工夫。

真抓实干，也是领导干部必须具备的担当精神，“为官避事平生耻。”担当大小，体现着干部的胸怀、勇气、格调，有多大担当才能干多大事业。人世间的美好梦想，只有通过真抓实干才能实现；发展中的各种难题，只有通过真抓实干才能破解；前进征途上的一切辉煌，只有通过真抓实干才能铸就。十八届五中全会第一个百年目标到了决战阶段。风已至，鼓已擂，成败在于“踏石留印、抓铁有痕”的真抓实干。

案例讨论

【前言】

20世纪50年代的世界外交舞台似乎专为周恩来而设。1954年日内瓦会议，周恩来“舌战群儒”，赢得了外交舞台第一流人物的地位。1955年，在躲过克什米尔公主号暗杀事件后，周恩来不畏艰险出席“万隆会议”，再次淋漓尽致地发挥了折冲樽俎、协和万邦的外交艺术，数次力挽狂澜，将会议一步一步引向求同存异、和平共处精神的胜利。

会议之前：未雨绸缪，制定攻守总方略

在赴印尼出席“万隆会议”之前，周恩来审时度势，认真分析当时的国际形势，为中国代表团制定了战略总方针：在妥协中坚持原则，在和解中达到目的。这显然是一个以柔克刚的、唯一现实可行的、正确的战略方案。还在亚非会议刚酝酿时，周总理就在日内瓦会议休会期间闪电般地访问了印度和缅甸。亚非会议开幕前夕，他不是直飞万隆，而是特地绕道去缅甸同尼赫鲁等人再次会晤，正式达成中立主义国家与社会主义国家在亚非会议上合作的君子协定，为之后的亚非会议奠定了良好的基础。

会议之中：彰显伟人气魄，三次力挽狂澜

第一回合：伊拉克代表首先发难，总理发言掷地有声

在万隆会议召开之初，总体上还是倾向于亲善和合作。但在第一天会议快要结束时，伊拉克的发言人法迪尔·贾马利开始疯狂地攻击共产主义。他宣称当时世界上存在着三股扰乱和平、和谐的国际性势力，其中第三股就是共产主义。他声称共产党已经创造了一种“新形式的殖民主义”，并号召非共产党国家认真对待共产主义危险的严重性。贾马利的发言犹如向平静的湖面投下了一块巨石，瞬间激起了轩然大波。第二天，大会公开发言形式急剧恶化。

周恩来当机立断，抓住时机发表演说，周总理演说的第一句话就掷地有声，明确指出：“中国代表团是来求团结而不是来吵架的。”先前紧张的会场气氛一下子松弛了下来，也打破了美国妄图让“万隆会议”演变为一场意识形态大战的阴谋。周恩来巧妙的语言既申述了中国的立场，又给与会者留下了一种自我克制、通情达理的印象。最为重要的是，周恩来发言中贯穿始终的中心思想——求同存异，实际上为与会国提供了互相合作的基本准则，而这也是后来被称为“万隆精神”的主干。至此，周恩来以他的真诚和机智巧妙化解了第一次危机。

第二回合：锡兰总理节外生枝，周总理机智巧避锋芒

两天的公开发言结束之后，“万隆会议”进入秘密会议阶段。这个阶段，锡兰总理科特拉瓦拉充当了第二次进攻的号手（当时锡兰的反共立场非常极端和强硬），他直截了当地说，台湾应成为一个独立国家，并建议将台湾置于联合国或者亚洲国家的共同托管之下。在随后举行的会议上，科特拉瓦拉又公然提出要像反对西方殖民主义一样反对苏联殖民主义。共产主义与反共产主义的意识形态的论争眼看就要剑拔弩张了。

但是第二天，科特拉瓦拉一改前一天的语调，委婉地说他的发言无意把会议引向分裂。为什么他一夜之间在语气上发生了这么明显的变化呢？人们注意到，在前一天下午的会议结束后，过了很长一段时间，周恩来和科特拉瓦拉才从会议室里并肩走出来，随后周恩来的发言也丝毫没有要进行针锋相对决战的姿态，而是一副温和、和解的态度。他称自己和科特拉瓦拉已经在私下通过交谈彼此取得了谅解，虽然他无法同意科特拉瓦拉新式殖民主义的解释，但是他仍在里面找到了共同的东西，并赞赏科特拉瓦拉积极的精神。周恩来就这样化解了科特拉瓦拉所设置的障碍。

第三回合：中立国与结盟国家激烈交锋，周恩来选择时机后发制人

随后中立国家与亲西方的国家为中立和结盟问题又吵得不可开交，在这个过程中，周恩来几乎一言未发，其实他是在冷眼观察，等候时机。当中立国领导人印度总理尼赫鲁被亲西方国家攻击得异常愤怒时，周恩来不失时机地站了出来，灵巧地避开争论，重申求同存异的主导思想，宽宏大量地建议把有人不喜欢的共处改为联合国宪章中的和平共处，将五项原则改为七项原则。周恩来充满和解精神的讲话再次平息了争论，使误入歧途的会议又回到了正确的轨道。

会场之外：伺机连走妙棋，奠定会议胜局

妙棋一：态度民主，承诺友好

亚非会议上的外交是全方位展开的，周恩来不仅在会场内独领风骚，在会场外也是尽显其外交才华。在亚非会议期间，周恩来利用一切机会在私人宴会上、茶会上与亚非国家的领导人进行频繁的接触。在所有的外交场合，周恩来谦虚和善、平易近人，非常民主地对待亚非的弱小国家代表。在私下的交往中，周恩来不失时机地向东南亚国家作出口头上的友好承诺和保证，消除它们对中国的畏惧心理，还穿针引线地安排有矛盾的国家举行会见。

妙棋二：把握时机，声东击西

最能体现周恩来高超外交艺术的是亚非会议期间两件引起轰动的事。一件事是中国与印尼签订的“关于双重国籍问题的条约”。当时中国华侨的双重国籍问题已经困扰了中国和南亚国家几十年。虽然这个问题与亚非会议并不相干，但是周恩来却选择在亚非期间签订这个条约，而且正是在 4 月 22 日会议陷入僵局的时候签约，这反映了周恩来声东击西的匠心。

妙棋三：以退为进，借题发挥

亚非会议期间另一件影响最大、最富于戏剧性的事，就是周恩来关于中国愿意同美国谈判以缓和台湾地区紧张局势的声明。鉴于当时的国际形势，中国需要与美国展开谈判，缓和紧张局势以赢得时间加紧新中国的建设，增强中国的实力，而且当时中国已经在一些重要的外交场合就这一意向作了一些试探，但条件并不成熟。就在亚非会议举行的第四天，锡兰总理科特拉瓦拉在会外突然提出了这一问题，周恩来抓住机会以退为进，名正言顺地发表了台湾问题的声明，向世界人民表达了中国的和平诚意，并促成了自 1955 年 8 月 1 日开始的前后长达 15 年的具有重大战略意义的中美大使级谈判。

当年周总理在“万隆会议”期间所表现出的卓越外交艺术至今仍然具有极其深刻的现实意义。今天的亚非国家之间虽然也存在一些矛盾，但总体上亚非国家作为发展中国家的共性已经大大超越彼此之间的不同，因此更有利于中国尊重世界的多样性，实施求同存异、和平共处的政治主张，与亚洲、非洲、拉丁美洲以及北美和欧洲等国家展开积极的合作，营造一个有利于中国发展的朋友遍天下的国际环境。

讨论问题：

1．试分析该案例体现了哪些方面的领导者语言艺术。

2．结合案例，谈谈语言艺术的功能和语言艺术与场合的关系。

3．请阅读周恩来在“万隆会议”闭幕式上的发言，分析其所体现的高超语言艺术。

参考文献

[1] 习近平．习近平谈治国理财[M]．北京：外文出版社，2014．
[2] [美]凯利·普度．西点的 10 堂领导课[M]．路大永，译．北京：中信出版社，2007．
[3] [美]基斯·哈勒尔．领导大智慧[M]．朱建平，译．杭州：浙江人民出版社，2008．
[4] 陈秀梅，甘玲，于亚博．领导者应对突发事件的理论与实务[M]．北京：人民出版社，2005．
[5] [美]约翰·福尔曼．从领导到领袖[M]．刘舒，孙圆儿，译．北京：中国经济出版社，2005．
[6] 南怀瑾．南怀瑾讲述领导的艺术[M]．苏州：古吴轩出版社，2008．
[7] 和仁．领导四书[M]．西安：西北大学出版社，2008．
[8] [美]理查德．L.哈格斯，罗伯特．C.吉纳特，戈登．J.柯菲．领导学：在实践中提升领导力[M]．朱丹，译．第 6 版．北京：机械工业出版社，2009．
[9] [美]安弗莎妮·纳哈雯蒂．领导学[M]．第 4 版．王新，陈加丰，译．北京：机械工业出版社，2007．
[10] 仵凤清，胡阿芹，等．领导学：方法与艺术[M]．北京：机械工业出版社，2009．
[11] 谭劲松，陈国治．现代领导方法与领导艺术[M]．杭州：浙江大学出版社，2007．
[12] 骆建彬．卓越领导国学讲堂[M]．北京：北京大学出版社，2008．
[13] 孔维民．东西方领导者行为分析——领导心理学新论[M]．济南：山东人民出版社，2007．